海原年鉴

2023

海原县委党史和地方志研究室　编

方志出版社
Publishing House of Local Records

图书在版编目（CIP）数据

海原年鉴. 2023 / 海原县委党史和地方志研究室编.—
北京：方志出版社，2023.12
ISBN 978-7-5144-5846-6

Ⅰ. ①海… Ⅱ. ①海… Ⅲ. ①海原县—2023—年鉴
Ⅳ. ①Z524.34

中国版本图书馆CIP数据核字（2023）第253296号

责任编辑：王海荣
责任校对：张玉霞
责任印制：梅中英
出 版 者：方志出版社
地　　址：北京市朝阳区潘家园东里9号（国家方志馆4层）
邮　　编：100021
网　　址：http://www.zgfzcb.cn
发　　行：方志出版社图书营销中心（010-67110500）
印　　刷：银川市昊博彩色印刷有限公司
开　　本：889毫米×1194毫米　1/16
印　　张：29
字　　数：639千字
版　　次：2023年12月第1版
印　　次：2023年12月第1次印刷
定　　价：298.00元

《海原年鉴(2023)》编纂委员会

《海原年鉴(2023)》编纂人员

编辑说明

一、《海原年鉴》是由中共海原县委、海原县人民政府主办，海原县委党史和地方志研究室编纂的具有年度资料性质的地方综合年鉴，创刊于2011年，连续公开出版，2015年开始一年一卷，《海原年鉴（2023）》为第十二卷。

二、《海原年鉴（2023）》以马克思列宁主义、毛泽东思想、邓小平理论、“三个代表”重要思想、科学发展观、习近平新时代中国特色社会主义思想为指导，坚持辩证唯物主义和历史唯物主义的立场、观点和方法，存真求实，全面、客观、准确地反映2022年海原县区域发展所取得的新成就。

三、《海原年鉴（2023）》收录的文字、图片时限为2022年1月1日至12月31日。凡在文中直书月、日的，均指2022年内的日期，文中“年内”指2022年内。书中涉及其他年份的时间均标明年份。

四、本卷年鉴设有特载、大事记、海原概览、组织机构与组成人员名录、中共海原县委、海原县人大、海原县人民政府、政协海原县委员会、纪检监察 巡察、群众团体、法治 军事、经济管理、工业、海兴开发区、商贸流通、金融保险、农业农村、乡村振兴、交通运输、邮政通信、住房和城乡建设、自然资源和生态环境、教育体育、科学技术、文化旅游、卫生健康、社会生活、应急管理、乡镇（街道）概览、人物 荣誉、附录共31个类目。除特载、大事记、附录外，均为条目体。条目标题采用黑体字并加【】表示，少数包含多方面的内容的条目则在文内用阿拉伯数字序号标示各段内容的主题。特载刊载年末中共海原县委常委会工作报告和海原县人民政府工作报告。大事记采用编年体记述，按月日依次记述。人物 荣誉收录逝世的海原县知名人物传略，新闻人物和获省部级以上荣誉的先进模范个人和先进模范集体简介，年内新任的副县级以上领导干部简介，受到市级以上表彰奖励先进个人和先进集体名录等。全书用规范的语体文、记述体，直陈其事，文字力求简洁、朴实。

五、文中“自治区”均指“宁夏回族自治区”，“市委”均指“中共中卫市委”，“县委”均指“中共海原县委”，“党员”均指“中共党员”，“党建”工作均指“中国共产党的建设”工作。

六、入鉴的资料、图片均由各供稿单位确定专人撰写或提供，并经主要负责人审核，编辑部撰写了部分资料并统纂全书。因统计时间、口径不同等原因，个别数据在不同稿件中可能不尽一致，引用时请以海原县统计公报数据为准。

七、文中数字用法、标点符号用法分别采用国家标准《出版物上数字用法》（GB/T 15835—2011）、《标点符号用法》（GB/T 15834—2011），计量单位采用国家技术监督局1993年12月发布的《量和单位》系列国家标准。考虑到社会使用习惯，全书中“亩”不统一换算，1公顷=15亩。

2022年7月5日，自治区党委书记、人大常委会主任梁言顺（右二）到海原县华润五丰肉类食品公司调研肉牛产业高质量发展情况（左鸣远摄）

2022年7月6日，自治区党委书记、人大常委会主任梁言顺（前排右四）到海原县曹洼乡牛王谷中国（宁夏）良种牛繁育中心，了解繁育中心建设运营及良种牛胚胎、冻精等技术研发情况（左鸣远摄）

2022年5月14日，自治区党委常委、组织部部长石岱（前排中）到海原县地震博物馆调研，中卫市委书记张利（右二）、市委副书记、海原县委书记佘瑞东（前排左一）陪同（赵廷虎摄）

2022年7月21日，自治区政府副主席吴秀章（前排右四）在海原县调研特色产业发展情况

2022年3月10日，自治区民政厅厅长蒋文龄（前排中）在海原县调研民政工作

2022年11月1日，中卫市委书记张利（左一）到海城镇高台村调研并作党的二十大精神宣讲报告

2022年5月6日，中卫市委副书记、市长马洪海（左一）到海原县调研督导巩固拓展脱贫攻坚成果同乡村振兴有效衔接整改工作

2022年11月19日，中国共产党海原县第十五届三次全体委员会议召开

2022年6月23日，海原县人大常委会举行新任命人员宪法宣誓仪式

2022年3月18日,2022年海原县第一批重大项目集中开工现场推进会在西安供水项目施工现场举行

宁夏中部干旱带西安供水工程施工现场

2022年4月,清水河城乡供水工程海兴开发区至原州区段开工建设

2022 年建成的关桥乡千亩设施农业示范基地

2022 年，宁夏南华山国家级自然保护区管理处办公大楼建成并投入使用

2022 年，海原县非物质文化遗产传承基地（海原县博物馆）对外开放

2022年改造完成的海原县牌路山烈士陵园

2022年5月12日，海原地震博物馆改扩建工程完成并投入试运营

新建的海原县东城小区夜景

位于西安镇园河村大沟门自然村的海原县新希望牧业有限公司万头奶牛场鸟瞰图(摄于2022年8月)

海原县新希望牧业有限公司万头奶牛场一隅

奶牛场80位紧挨转盘

海原五丰肉类食品有限公司

海原县卡立方智能科技有限公司

宁夏中车新能源有限公司生产车间

2022年春，南华山进行生态修复

海原秀美山川

绿染天都山

山水环绕的郑旗乡盖牌村旅游景区（摄于2022年7月）

2022年8月，西安镇甘盐池“人民公社”怀旧打卡地开始接待游客

2022年9月10日，贯塘乡后塘村农业休闲观光园开园

2022年8月19日，海原县在西安镇举办以“悠悠丝路情 醉美滩羊肉”为主题的第三届乡村文化旅游节暨甘盐池首届滩羊文化美食节

关桥乡方堡村梨园风情区一隅(摄于2002年4月)

2022年1月19日，举行海原县2022年文化科技卫生“三下乡”活动启动仪式

2022年6月10日，海原县举行2022年“文化和自然遗产日”非遗宣传展演活动

如火如荼的海原县乡村“村BA”赛事

2022年7月15日，海原县举行千人健步行职工健身活动

2022年2月15日，海原县举行元宵节社火巡演

李俊乡党员干部婚嫁高额彩礼专项整治会召开

2022年8月4日（农历七月初七），海原县在南门广场举行2022年移风易俗青年集体婚礼

2022年1月18日，海原县举行向荣立一等功的郑旗乡撒台村战士撒占才家报喜活动

2022年1月10日，海原县公安局举行“人民警察节”荣警仪式暨“热血铸警魂”主题活动

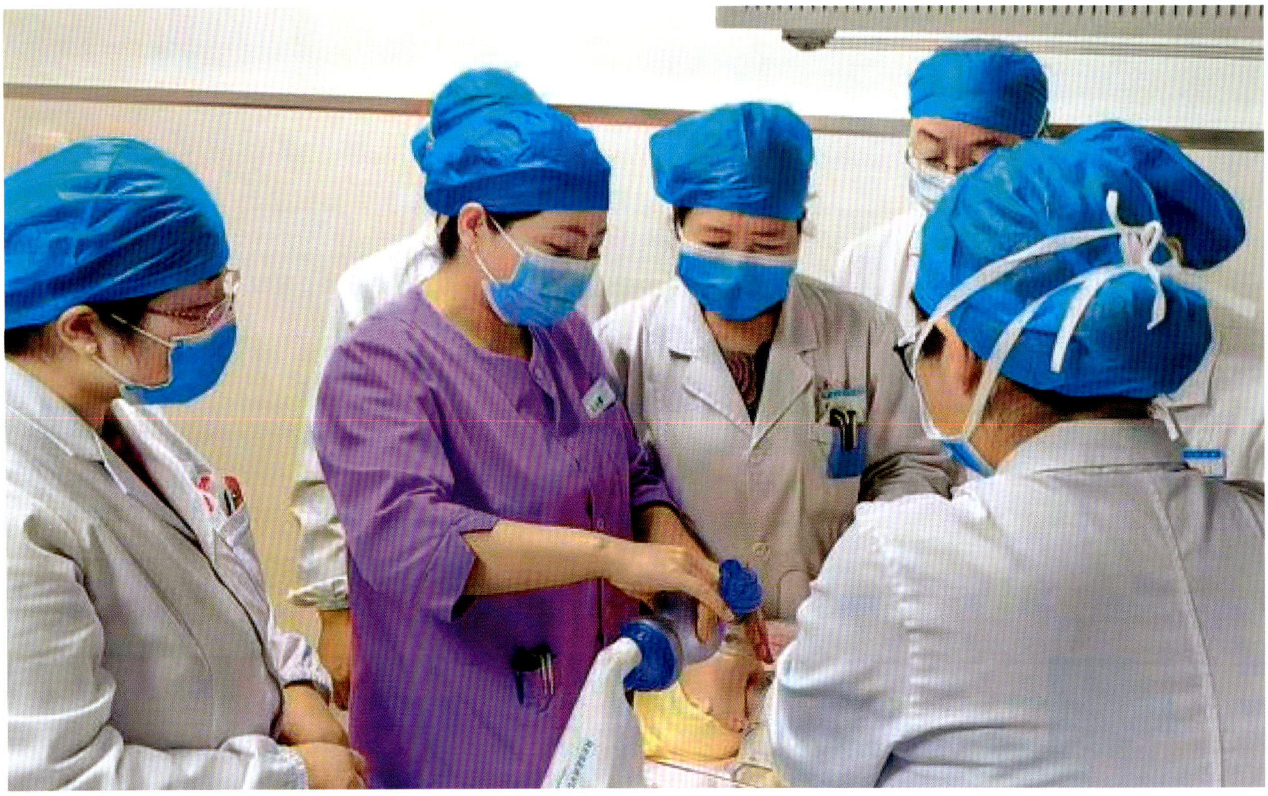

2022 年 5 月 12 日，海原县人民医院产科护士长马小琴（左一）在岗位上度过了她的第十八个护士节（王文革摄）

“主题党日活动”开在生产一线

目　录

特　载

大事记

海原概览

组织机构与组成人员名录

中共海原县委

海原县人大

海原县人民政府

政协海原县委员会

纪检监察 巡察

群众团体

法治　军事

经济管理

工 业

海兴开发区

商贸流通

金融保险

农业农村

乡村振兴

交通运输

邮政通信

住房和城乡建设

自然资源和生态环境

教育体育

科学技术

文化旅游

卫生健康

社会生活

应急管理

乡镇(街道)概览

人物　荣誉

附　录

特 载

中共海原县委常委会工作报告

——在中国共产党海原县第十五次代表大会第四次全体会议上

中卫市委副书记、海原县委书记、海兴开发区党工委书记 佘瑞东

（2022年12月19日）

今年是党的二十大胜利召开之年，也是十五届县委全面履职的开局之年。一年来，面对经济下行压力持续加大和新冠疫情反复冲击，县委常委会坚持以习近平新时代中国特色社会主义思想为指导，深入学习贯彻党的二十大精神和习近平总书记视察宁夏重要讲话重要指示批示精神，全面贯彻落实党中央决策部署和区市党委工作要求，坚定信心不动摇、担当实干不懈怠、守正创新不折腾，统筹发展和安全，团结带领广大党员干部群众，在感恩奋进中抢抓机遇，在攻坚克难中砥砺前行，全县经济社会各项事业高质量发展迈上了新的台阶。

一、旗帜鲜明讲政治，坚定不移用习近平新时代中国特色社会主义思想和党的二十大精神统一思想、统揽全局

县委常委会坚持以党的政治建设为统领，深刻领悟“两个确立”的决定性意义，不断增强“四个意识”、坚定“四个自信”、做到“两个维护”。

我们坚持把党的领导贯穿各项工作始终，坚定不移维护以习近平同志为核心的党中央权威和集中统一领导，严格执行新形势下党内政治生活若干准则，严格遵守重大事项请示报告制度，始终在思想上、政治上、行动上同以习近平同志为核心的党中央保持高度一致。充分发挥县委总揽全局、协调各方的领导作

用，带头贯彻民主集中制，加强对大局大势的把握、对重大问题的研究、对重要工作的部署，定期听取人大常委会、政府、政协、法检两院党组和基层党组织、群团组织工作报告，确保党的领导贯穿经济社会发展各领域、全过程。突出议事协调机构牵头履职作用，各方面工作有机衔接、协调联动的整体效应凸显。

我们坚持以党的创新理论武装头脑，对习近平总书记重要讲话、党中央召开的重要会议、出台的重要文件、部署的重要工作，县委常委会都第一时间传达学习、贯彻落实。党的二十大召开后，以县委全会形式对党的二十大精神深入学习、全面领会，研究出台《关于认真学习宣传贯彻党的二十大精神的实施方案》，动员全县上下切实把思想和行动统一到党的二十大精神上来。深入推进党的二十大和习近平总书记视察宁夏重要讲话指示批示精神“大学习、大讨论、大宣传、大实践”活动，及时举办学习研讨班，开展各类宣讲1060场次，全县科级以上干部轮训实现全覆盖，创新举办“南华山学堂”为干部及时“聚能充电”，“总书记怎么说我们就怎么做，不仅要做到而且要做好”已经成为海原政治生态最鲜明的政治底色。

我们坚持以高度的政治自觉对标对表、狠抓落实，县委常委会班子成员分头深入一线开展调查研究、理清发展思路，研究出台了《贯彻落实自治区第十三次党代会报告主要任务分工落实方案》和“大学习、大讨论、大宣传、大实践”活动《实施方案》，明确了贯彻上级精神、推动海原发展的重点路径和重要举措，确保中央决策部署和区、市工作要求在海原落地生根、开花结果。聚焦自治区第十三次党代会“12345”总体战略部署，县委常委会审时度势、科学决策，鲜明提出创建铸牢中华民族共同体意识示范县、乡村全面振兴示范县、生态文明建设示范县、高端肉牛产业示范县战略目标，制定实施方案，明确“时间表”“路线图”，坚定了全县上下锚定目标再加力、奋楫争先勇担当的信心和决心。

二、众志成城克时艰，奋力夺取疫情防控和经济社会发展双胜利

县委常委会始终坚持把发展作为第一要务，坚决落实“疫情要防住、经济要稳住、发展要安全”的重要要求，全县经济社会实现平稳健康发展。

经济增长稳中有进。坚持把项目建设作为经济社会发展的“强引擎”，建立“一个项目、一个领导、一套人马、一抓到底”推进机制，每季度举行1次重大项目集中开工仪式，定期听取汇报、解决问题，全年开工建设项目122个，招商引资到位资金34.4亿元，卡立方智能卡研发项目建成投产，4.13万亩高效节水灌溉工程建成达效，李旺汽车物流园、中部干旱带西安供水水源工程、海平高速等重大项目加快推进，西气东输三线工程（海原段）开工建设，经济增长后劲更强。全面落实中小微企业各项利企政策和各项支持扩大消费政策，累计退税减税降费1.55亿元，带动消费32.2亿元。预计全年实现地区生产总值98.96亿元、增长8%左右；规上工业增加值增长5%；完成固定资产投资66.9亿元、增长10%左右；社会消费品零售总额31.1亿元、增长5%左右；一般公共预算收入2.57亿元、同口径增长14%左右。

产业发展势头强劲。以打造高端肉牛产业示范县为目标，全面推行“家庭农场养殖母牛、公司和大户集中育肥、龙头企业精深加工、线上线下品牌营销”发展模式，强力推进“两调一增”，加大良种基础母牛补栏补贴力度，着力实施“牛王谷”、肉牛精深加工二期等补链延链强链项目，全县肉牛养殖户达2.8万户，肉牛存栏达15.1万头，其中基础母牛存栏达9.3万头、良种化率达到90%，迈出了从卖育肥牛转向卖优质冻精、卖良种牛犊、卖种子牛的第一步。坚决担起粮食安全政治责任，全年粮食总产量达23.2万吨，增长12.4%，增幅居全区第二。突出“天然、绿色、有机、富硒”产品定位，加快推进“一乡一业”“一村一品”，建成马铃薯“五位一体”标准化示范基地20万亩，打造小杂粮和瓜菜示范基地各5万亩。“宁电入湘”前期工作有序推进，新增3家规上企业，总量达到12家，预计产值达24.6亿元，增长42.3%。积极创建国家全域旅游示范县，关桥乡关桥村入选全国乡村旅游重点村，全县旅游收入达2121万元。

改革创新动能凸显。深化“放管服”改革，行政审批“好评率”达100%，乡镇民生服务中心、村(社区)民生服务代办点办件量居全区第一。用水权跨区域交易、山林地经营权流转实现零的突破。创新设立“农地贷”，发放农村产权抵押贷款46笔，减费让利478万元。以全国农民合作社质量提升整县推进试点任务为契机，新培育评定国家级示范社8家，自治区级示范社26家。深化国资国企改革，企业发展活力有效激发。加快科技创新步伐，全社会R&D经费投入增长45.5%，成功培育国家高新技术企业1家、国家和自治区科技型中小企业12家、自治区农业高新技术企业和技创中心3家，科技赋能高质量发展成效显著。

三、一以贯之优生态，建设天蓝地绿水美的美丽家园

县委常委会自觉践行习近平生态文明思想，牢固树立绿水青山就是金山银山的理念，加快建设生态文明建设示范县，生态环境质量明显改善。

生态保护扎实推进。坚持山水林田湖草沙一体化保护和系统治理，石峡口水库被列为自治区重要湿地，南部水源涵养工程、中部防沙治沙工程加快实施，西华山国家草原自然公园试点任务全面完成。恢复治理遗留矿山46个，完成坡改梯4.85万亩，水土流失治理程度达66%，成功入围国家水土保持示范县(区)。3.8万亩压砂地全部完成退砂，跟进实施高标准农田水利建设、骨干水利工程以及后续配套产业，生态修复助力产业高质量发展效益显著。自治区第五督导组反馈问题全部整改销号，一批群众反映突出的生态环境问题得到有效解决。

污染治理成效显著。统筹推进“四尘同治”“五水共治”“六废联治”，全年空气质量优良天数达标率达到93%，超额完成自治区下达的任务目标。农村水源地规范化建设建成见效，清水河海原段水质稳定达标。持续推进农村垃圾“村收集、乡运转、县处理”机制，所有乡镇实现垃圾填埋场全覆盖。加强土壤环境保护，不断强化农业面源污染防治，深入开展化肥农药减量增效行动和“清废行动”，土壤环境质量总体保持稳定。

国土绿化提质增效。科学开展国土绿化行动，大力实施县城绿化、乡村绿化、主干道路绿化、庭院经济林建设“四大工程”，建立县乡村三级林长组织体系，推动林草湿资源网格化管理，累计完成植绿增绿24.76万亩，全县森林覆盖率达11.37%、草原综合植被盖度达65.7%，绿色成为海原经济社会发展的鲜明底色。

四、全心全意惠民生，不断提升人民群众获得感、幸福感、安全感

县委常委会始终坚持以人民为中心的发展思想，聚焦群众急难愁盼问题，深入推进“六大提升行动”，切实办好民生实事，扎实推进共同富裕。

脱贫成果持续巩固。紧盯“两个高于”目标，严格落实“四个不摘”要求，围绕626户2682名“三类重点人群”，常态化开展“四查四补”，建立“两天一督查、一周一调度、半月一评促”工作机制，持续壮大脱贫产业，全面巩固“两不愁三保障”和饮水安全成果，脱贫人口人均纯收入达14153元、增长16.44%，居全区第三，坚决守住了不发生规模性返贫底线。深化闽宁协作、央企定点帮扶和社会帮扶，持续做好移民群众产业、就业、社会融入三件事，抢抓乡村振兴国家重点帮扶县重大机遇，务工就业10.8万人，创收18.9亿元，脱贫群众内生动力不断增强。国家和自治区后评估反馈的221个问题已高质量完成整改，脱贫基础更加坚实、成效更可持续。

乡村振兴全面推进。加快建设乡村全面振兴示范县，创新推行“一表两图三清单”机制，大力发展乡村特色产业，健全完善联农带农富农机制，不断拓宽就业务工渠道，预计全年城乡居民人均可支配收入分别增长9%和12%左右，真正让老百姓尝到了“甜头”、跑在了前头。注重从县内外“选”“请”“派”，打造了一支高素质、高标准的乡村振兴队伍。全县所有村集体经济年经营性收入均达5万元以上，全年收益5400万元、增长23.7%。打造16个农村环境综合整治示范村，美丽庭院创建率达到50%，乡村面貌显著提升。大力实施文明素养提升行动，扎实开展乡村精神文明建设，新时代文明实践中心（站所）实现全覆盖，常态化开展各类道德模范评选活动，文明乡风更加浓郁。

民生福祉不断增进。始终坚持将财政支出80%以上用于保障和改善民生。围绕“办好人民满意的教育”目标，新建扩建海原县第八小学、兴海中学等项目15个，新增学位3600个，顺利通过自治区“互联网+教育”达标县验收，“大班额”“大校额”“入园难”问题得到有效解决。深入实施全民健康水平提升“十大工程”，扎实推进公立医院改革与高质量发展示范行动，健康促进县通过国家验收，“互联网+医疗健康”示范创建有序推进。大力实施文化惠民工程，非遗传承基地、地震博物馆开放运营，常态化举办乡村文旅活动，群众精神文化生活日益丰富。深入实施城乡面貌提升行动，完成县城棚户区改造403套、更新供热管网7.2公里、改造提升老旧小区5个，优化市政道路5条，县城综合服务功能进一步提升。全面实施全民参保计划，城乡居民医疗保险人数达到37.1万人，超额完成自治区下达参保任务。

五、共治共享齐发力，推动县域社会治理体系和治理能力现代化

县委常委会始终坚持党的领导、人民当家做主、依法治国有机统一，认真贯彻落实总体国家安全观，大力推进民主政治和平安海原、法治海原建设，社会治理体系和治理能力现代化水平大幅提升。

民主政治建设取得新进展。推行全过程人民民主,巩固生动活泼、安定团结的政治局面。支持人大、政府、政协和监委、法院、检察院依法履职、开展工作。加强人大建议、政协提案督办力度,组织人大、政协参与督导重大项目建设、文明城市创建、乡村振兴等重点工作,更好保障人大代表、政协委员履职尽责。完善大统战工作格局,各民主党派、工商联围绕大局献计出力,各群众团体联系群众作用充分发挥,巩固发展了大团结大联合的生动局面。持续巩固拓展双拥模范县城创建成果,成功创建3个全国示范型退役军人服务站,17名海原籍现役军人荣获"三等功",陆战英雄撒占才荣获"一等功",为宁夏近年唯一。切实加强党管武装工作,国防动员和后备力量建设基础不断夯实。

法治海原建设迈出新步伐。认真贯彻落实习近平法治思想,持续推动法治海原、法治政府、法治社会一体建设,扎实开展"八五"普法,深化法律服务惠民工程,群众法治获得感日益提高。加快法治政府建设,行政机关负责人出庭应诉率达100%,乡镇(街道)综治中心、村(社区)法律顾问实现全覆盖,关桥乡关桥村获评"全国民主法治示范村"。严格落实司法责任制,执法司法制约监督体系不断完善。深入推行"人民调解+特邀调解+速裁"方式和"法官+网格员"调解模式,积极推进无诉讼行政村创建,形成了办事依法、遇事找法、解决问题用法、化解矛盾靠法的法治环境。

民族宗教工作开创新局面。全面贯彻党的民族政策,以创建铸牢中华民族共同体意识示范县为抓手,扎实推进"5585"创建模式,广泛开展"红石榴家园"创建活动,不断巩固民族团结进步示范县创建成果,着力促进各民族广泛交往、全面交流、深度交融,"三个离不开""五个认同"思想牢牢扎根全县各族群众心中。始终坚持我国宗教中国化方向,依法管理宗教事务,不断巩固"三化"治理成果,依法打击非法宗教活动,坚决防范和抵御境外宗教渗透,宗教领域和谐稳定。

社会治理效能实现新提高。持续完善"1+6+1"社会治理体系,创新推行"社会治理红黑榜","平安海原"扎实推进。全面开展维护社会稳定风险隐患大排查大化解大整治行动,坚持领导接访、下访和包案化解信访矛盾工作机制,妥善解决了一批群众反映强烈的突出问题,成功创建"全国信访工作示范县"。常态化开展扫黑除恶斗争,严厉打击"黄赌毒""食药环""盗抢骗"等违法犯罪行为,电信诈骗和刑事案件发案率分别下降52%和29.1%,公众安全感测评居全区前列,反电诈工作位居全区前五。深入开展安全生产隐患大排查大整治和自建房安全专项整治行动,交通事故率下降41.6%,全年未发生较大以上安全生产事故。

六、管党治党强根基,推动新时代全面从严治党纵深发展

县委常委会全面落实新时代党的建设总要求,持之以恒推进全面从严治党向纵深发展、向基层延伸。

宣传思想工作深入人心。坚持党管宣传、党管意识形态、党管媒体不动摇,深入实施习近平新时代中国特色社会主义思想教育培训计划和宣传贯彻党的二十大聚力工程,推动党的理论创新成果入脑入心。建立网络意识形态风险分析研判机制,"抓早抓小及时防范化解网络舆论风险”和“构建舆论管控信息共享平台”工作经验在全区推广。持续开展社会主义核心价值观“六进”活动，全面推行网格化创城管理模式，自治区文明县城创建加快推进，“文明有礼”正能量不断积聚放大。举办首届海原·漳浦文化艺术交流活动，促进闽宁两地人文相亲、精神相依。

基层组织建设全面加强。持续深化农村党建“一抓两整”“六查六强”行动，创建党建示范村107个、示范乡镇9个，整顿提升软弱涣散和薄弱村党组织17个，曹洼乡白崖村基层组织建设做法被央视《焦点访谈》报道；创建“让党中央放心、让人民群众满意”模范机关30个，全县符合条件的非公经济和社会组织党组织覆盖率均达到100%。成立国有企业党委、“小个专”行业党工委和货运行业综合党工委，打造海原县货运行业“塞上红运”党建品牌。强化党员教育管理，巩固农村发展党员违规违纪整治成果，党员先锋模范作用在疫情防控等大战大考中充分彰显。

干部人才队伍建设持续强化。深入实施干部政治能力和专业能力提升“两大工程”，开展全覆盖阶段性工作综合评价和政治素质考察，奖励先进、鞭策后进，不断调整理顺干部合理流动机制，优化乡镇部门领导班子结构，共提拔任用干部87名，职级晋升145名，让“实干者实惠、吃苦者吃香、有为者有位”在全县蔚然成风。严格落实领导干部能上能下规定和“三个区分开来”要求，调整免职不在状态或不适宜担任现职干部3名，4名处分期满后符合条件且表现优秀的领导干部重新使用或提拔使用。坚持党管人才，大力实施“内培外引、项目聚才、人才回归、人才走访”计划，各类人才聚集一线前沿创新创业、建功立业。

党风廉政建设深入推进。坚持严的主基调不动摇，严格落实中央八项规定及其实施细则精神和自治区加强作风建设“八条禁令”，持之以恒纠治“四风”，违规收送红包礼金和不当收益，违规借转贷或高额放贷等专项整治成效明显。坚持“三不”一体推进，精准运用“四种形态”，深化标本兼治，扎实开展群众身边腐败和不正之风、工程建设政府采购、卫生健康等重点领域专项治理，全年共受理问题线索277件、立案71件、处分74人，群众满意度持续提升。常态化开展廉政警示教育，推动廉洁文化建设走深走实。不断强化政治巡察功能，完成十五届县委两轮9个乡镇巡察任务，有序推进8个县直部门常规巡察，巡察利剑作用充分彰显。

一年来，县委常委会高度重视自身建设，坚持用习近平新时代中国特色社会主义思想武装头脑、统揽全局，深刻领悟“两个确立”的决定性意义，坚定维护习近平总书记党中央的核心、全党的核心地位，坚定维护党中央权威和集中统一领导，认真贯彻民主集中制，全面落实重大事项请示报告制度，持续改进作风，加强廉洁自律，为全县党员干部树立了标杆、作出了表率。

事非经过不知难，成如容易却艰辛。这些成绩的取得，是以习近平同志为核心的党中央领航定向、英明决策的结果，是区、市党委坚强领导、大力支持的结果，是历届四套班子密切配合、接续奋斗的结果，是广大干部群众凝心聚力、务实苦干的结果。在此，我代表县委常委会，向各位委员、候补委员，并通过你们向全县广大干部群众和所有关心、支持、参与海原经济社会发展的各界人士，表示衷心的感谢和崇高的敬意！

在肯定成绩的同时，我们清醒地认识到，县委常委会的工作与中央和区市的要求、人民群众的期待还存在一定差距，主要是县域经济实力弱，财政自给率低，经济发展的质量和效益还不高；民生事业发展相对滞后，不平衡、不充分的问题尚未完全解决，巩固拓展脱贫攻坚成果同乡村振兴有效衔接任务还十分繁重；生态环境脆弱，水资源利用效率不高；县域社会治理能力和水平还有待进一步提升；作风建设成果还不稳固，从严管党治党任务依然艰巨，等等。对这些困难和问题，我们将高度重视、深入研究，切实采取有力措施加以解决。

政府工作报告

——在海原县第十八届人民代表大会第二次会议上

中卫市政协副主席、海原县县长、海兴开发区管委会主任　张　鹏

（2022年12月21日）

各位代表：

现在，我代表县人民政府向大会报告工作，请予审议，并请县政协委员和其他列席会议的同志提出意见。

一、2022年工作回顾

2022年，是海原发展进程中极为重要的一年。这一年，大事要事凝聚人心。党的二十大、自治区第十三次党代会胜利召开，科学擘画了以中国式现代化全面推进中华民族伟大复兴的宏伟蓝图，系统描绘了全面建设社会主义现代化美丽新宁夏的美好愿景，激励全县上下踔厉奋发、勇毅前行，奋力谱写新时代海原高质量发展新篇章。自治区党委、政府主要领导先后莅临海原调研，帮助我们理思路、教方法、解难题，赋予海原新的机遇和使命，给了我们极大鼓舞、支持与动力！全县干部群众倍感振奋、倍增信心、倍添干劲！

2022年，是海原发展进程中殊为不凡的一年。这一年，非凡成就鼓舞人心。面对大事难事叠加的复杂局面，面对新情况新挑战交织的严峻考验，面对改革发展稳定的繁重任务，我们统筹疫情防控和经济社会发展，海原人民期盼已久的中部干旱带西安供水工程开工建设，将极大改善区域生态环境、有效涵养地下水源，新增扬黄节水高效农业12万亩，带动6.5万名群众增收致富，实现生态改善、产业增效、农民增收“三重效益”。我们铆足干劲大抓发展、抓大发展、抓高质量发展，克服疫情影响，全县经济总量加快向百亿元迈进，基本完成了全年经济社会发展主要目标任务，预计实现地区生产总值98.96亿元、增长8%左右；规上工业增加值增长5%左右；完成固定资产投资66.9亿元、增长10%左右；社会消费品零售总额31.1亿元、增长5%左右；一般公共预算收入2.57亿元、同口径增长14%左右；城乡居民人均可支配收入分别增长9%、12%左右。

（一）强化巩固促提升，乡村振兴绘就新画卷。扎实推进巩固拓展脱贫攻坚成果同乡村振兴有效衔接，整合资金6.72亿元，实施项目67类1338个。严格落实“四个不摘”，紧盯626户2682名“三类重点人群”，坚持动态监测、精准帮扶，坚决守住不发生规模性返贫底线。持续巩固“两不愁三保障”成果，完成危房改造355户、抗震宜居房改造142户，新增及改造自来水入户720户，救治大病患者1471人次。聚焦“两个高于”目标，制定“一表两图三清单”，

脱贫群众人均纯收入达到14153元，增长16.44%，居全区第三。深化闽宁协作、央企定点帮扶和社会帮扶，闽宁资金投入8600万元，争取华润帮扶资金3600万元、部门帮扶资金2459万元，实现消费帮扶3.2亿元，高端肉牛精深加工、闽宁科技园等一批产业项目持续提质增效，乡村全面振兴风帆正劲。

（二）聚焦特色提质效，产业发展迸发新动能。围绕自治区“六新六特六优”产业布局，加快构建现代产业体系。特色农业提质增效，培育壮大“一主四特”产业，实施“牛王谷”、肉牛精深加工二期等项目，新建出户入场养殖园区8个，全县肉牛存栏达15.1万头，良种率达90%。坚决扛起粮食安全政治责任，完成粮食种植114万亩，总产量达23.2万吨，增长12.4%，增幅居全区第二。突出绿色有机，打造马铃薯“五位一体”标准化示范基地20万亩、小杂粮和瓜菜示范基地各5万亩，枸杞种植面积稳定在3.2万亩以上。新型工业转型升级，全力做好“宁电入湘”前期工作，天津津通铁塔光伏电力支架、赫迪新能源装备制造等延链、补链、壮链项目落地建设，深圳智能卡制造等项目相继投产。新增中原塑业、卡立方、宏顺建材3家规上企业，总量达12家，预计规上工业总产值达24.6亿元，增长42.3%。现代服务业增量扩容，开展高频次、多形式促消费活动，发放消费券2370万元，带动消费1.3亿元。积极推动县乡村三级物流配送体系建设，建成智慧分拣配送中心，线上助农销售额达4000万元。成功举办第五届文化旅游节系列活动，关桥乡关桥村、方堡村分别入选全国乡村旅游重点村和宁夏特色旅游村，全年吸引游客79万人次，旅游收入达2121万元。

（三）突出重点补短板，城乡面貌实现新提升。坚持“人民城市人民建、人民城市为人民”理念，实施地震遗址二期绿化、第二污水处理厂二期扩建等19个市政项目，完成棚户区改造403套，康乐、邮政等5个老旧小区旧貌换新颜。改造提升政府东西街、东城路等5条主干道路，县城道路通行能力极大优化，城市形象、城市品质和居民幸福指数得到大幅提升，干部群众纷纷点赞，赢得一致好评。创新实施热源调配工程，城市供热实现互联互通，新增供热面积50万平方米，节省投资2200万元，供热保障能力得到极大提升。推行城区卫生综合保洁市场化服务，优化调整公交线路7条，建立物业信用档案和黑红名单制度，城市管理更加精细、更有温度。实施李旺镇自治区重点小城镇建设，打造农村人居环境整治示范村16个，乡村面貌焕然一新。加快完善配套基础设施，4.13万亩高效节灌工程建成达效，升级改造国省干线145公里，建设村组道路127公里。优化调整海原至海兴开发区公交运营方案，加快6辆新能源公交车采购进度，实行票价政府补贴，增加营运时长和发车频次，提供更加经济、便捷、舒适的出行保障，“县区一体”融合发展取得实质性进展。

（四）系统治理绿山川，生态环境得到新改善。全方位、全地域、全过程加强生态环境保护，恢复治理矿山矿点46个，完成坡改梯4.85万亩，水土流失治理程度达66%。建成投运关桥、史店污水处理站，清水河海原段水质稳定达标，土壤环境质量总体保持稳定，空气质量优良天数比例达到93%，较去年增加20天。坚决整改各类环保督察反馈问题，有序推进第二轮中央生态环保督察组反馈14项整改任务，全面整改销号自治区督查反馈11个问题。实施绿化造林24.76万亩，完成西华山国家级草原自然公园生态修复5600亩，全县森林覆盖率从10.24%提高至11.37%，草原综合植被盖度达65.7%，自然资源局荣获全国绿化先进集体，海原的天更蓝、山更绿、水更清。

（五）强化保障惠民生，人民福祉实现新跨越。把80%以上的财力用于民生，10件民生实事高质量办结，群众幸福指数不断攀升。就业目标超过预期，开展各类技能培训2577人次，发放创业贷款8124万元，转移就业10.8万人，创收18.9亿元，城镇登记失业率控制在5%以下。教育质量稳步提升，投入1.6亿元，实施海原八小、兴海中学扩建等项目15个，新改建校舍8.1万平方米，新增学位3600个。全面推行学前教育和义务教育初始年级"划片+摇号"入学政策，落实校长教师交流轮岗299人，"大班额、大校额"等问题有效解决。健康海原扎实推进，建成投运郑旗卫生院、西安卫生院发热门诊，新建社区卫生服务中心和李旺卫生院门诊楼，医疗健康总院实体化运行。深入推进"互联网+医疗健康"，县人民医院与10家区内外三级医院、19家县内乡镇卫生院建立"远程会诊"平台，城乡居民医保参保率达98%以上。社会保障不断完善，城乡低保、特困供养群体和残疾人保障持续提标，发放救助资金3.5亿元。积极创建全国未成年人保护示范县，建设中心敬老院养护楼和树台乡养老院，改造提升海兴区敬老院。开展"崇军行动"，完成牌路山烈士陵园改扩建，成功创建3个全国示范型退役军人服务站，17名海原籍现役军人荣获"三等功"，为国争光的陆战英雄撒占才荣获"一等功"，系宁夏近年唯一。文化事业繁荣发展，免费开放非遗基地和地震博物馆，完成柳州城、北嘴城址等国家级文保单位修缮保护。2022年百姓春节联欢晚会被评为"全国乡村'村晚'示范展示项目"，花儿艺术演艺公司和电影服务中心获评"第九届全国服务农民、服务基层文化建设先进集体"。社会治理持续深化，全面铸牢中华民族共同体意识，民族团结、宗教和顺、社会稳定的良好局面持续巩固。常态化推进扫黑除恶斗争，电信诈骗和刑事案件发案率分别下降52%和29.1%，李旺镇派出所荣获"全国爱民模范集体"。统筹发展和安全，坚决彻底整改国务院安委办督办消防安全问题，扎实开展安全生产百日专项整治行动，交通事故率下降41.6%，应急管理局荣获"全区应急管理系统先进集体"。深化全域创建"食品药品安全区"，连续8年保持食品药品安全"零事故"。

（六）大胆探索闯新路，深化改革激发新活力。深入推进"放管服"改革，建成一体化在线政务服务平台，将24个部门608项事项全部纳入一窗综合受理系统。全面推行"双随机、一公开"，新增市场主体2529户，退税减税降费1.55亿元。深化农村改革，发放农村土地承包经营权抵押贷款46笔842万元。有序推进"六权"改革，成交全市首例100万立方米黄河水指标跨区域交易，流转山林地7358亩，打造4个林下经济示范基地，处置闲置、批而未供土地574亩，2个项目排污权纳入自治区公共资源交易平台交易。坚持创新驱动，卡立方、国华农机分别认定为国家高新技术企业和自治区农高企业，全社会R&D经费投入增长45.5%。着力招大引强，实施招商引资项目30

个，到位资金34.4亿元，同比增长119.8%。

国家安全、国防动员、人民防空、民兵预备役等工作全面加强，总工会、团县委、妇联、科协、文联、工商联、残联、红十字会等群团组织桥梁纽带作用充分发挥，行政执法、调查统计、防震减灾、慈善老龄、史志档案等工作取得新成效。

（七）真抓实干提效能，自身建设取得新突破。坚定不移把政治建设摆在首位，深入开展党的二十大和习近平总书记视察宁夏重要讲话指示批示精神“大学习、大讨论、大宣传、大实践”活动，深刻领悟“两个确立”的决定性意义，增强“四个意识”、坚定“四个自信”、做到“两个维护”，“总书记怎么说我们就怎么做，不仅要做到而且要做好”成为海原干部最鲜明的政治品格。坚决贯彻党中央、国务院、区市党委、政府和县委各项决策部署，政府常务会议及时传达学习县委常委会会议精神，“三重一大”事项全部按要求提请县委研究，确保做到依法决策、科学决策、民主决策。自觉接受人大法律监督和政协民主监督，办复人大代表意见建议28件、政协提案37件。修订政府工作规则和政府常务会议、专题会议工作规则，进一步规范政府工作程序。坚持政府常务会议学法“第一议题”制度，政府班子成员带头出庭应诉，政府系统依法行政能力和水平不断提高。大力推行“周计划、日安排”“经济运行一周一研判、半月一调度、一月一分析”和“领导包抓”“观摩评促”等机制，每周对阶段性重点工作梳理盘点、强调部署，努力用政府的“辛苦指数”换取经济的“上升指数”、群众的“幸福指数”、社会的“满意指数”、发展的“安全指数”。坚持把“严”的主基调贯穿始终，扎实开展违规收送红包礼金和不当收益及违规借转贷或高额放贷专项整治，全面推进粮食购销、工程建设政府采购、医疗卫生、国有产权交易等重点领域专项治理，着力营造风清气正的政治环境。

各位代表！一年来，困难比预料得多，结果比预想得好。全县干部群众“实”字打底、“干”字当头，顽强拼搏、昂扬向上，在大战大考中奋力谱写“水、乡、城、人、治”五篇文章，“五个海原”建设迈上新台阶。扎实做好“水”的文章，美丽海原建设呈现生动画卷。荣获“2022年度国家水土保持示范县”，全县森林覆盖率提高1.13个百分点，为近年之最，生态底色愈加厚重。扎实做好“乡”的文章，富裕海原建设迈出坚实步伐。8000多名干部下沉一线，深入开展“大起底大排查大整改”，打了一场漂亮的翻身仗，脱贫群众收入水平显著提高、乡村面貌焕然一新。扎实做好“城”的文章，繁荣海原建设实现新的跨越。坚持以卫生县城、文明县城创建为抓手，重精品、强管理，建成防洪排涝、道路升级、小微公园、便民停车场等一批市政配套项目，极大完善了城市功能、提升了城市品质，城市自信充分彰显、城市形象更加靓丽。扎实做好“人”的文章，幸福海原建设取得重要成就。牢记人民至上，坚持群众路线，全面实施“六大提升行动”，尽心尽力解好“急难愁盼”题，用心用情办好“烦心揪心”事，发展成果更多更公平惠及全县人民。扎实做好“治”的文章，和谐海原建设实现积极进展。坚持以“小网格”撬动基层“大治理”，全面构筑起联防联控、群防群控的抗疫防线，基层治理精细化、法治化水平不断提升，荣获首批“全国信访工作示范县”。

各位代表！志不求易者成，事不避难者进！即将过去的2022年，全县上下团结一心、拼搏进取，在自我加压中争先进位，在实干担当中勇开新局，彰显了海原人民在美丽新宁夏建设进程中不能落后、也不甘落后的志气、骨气和底气！我们深知，以习近平同志为核心的党中央坚强领导、掌舵领航，是我们战胜一切困难的根本保证；区市党委、政府的深切关怀、有力支持，是我们奋勇前行的强大动力；县委统揽全局、科学决策，是我们真抓实干的关键支撑；县人大、政协的有效监督、协力同行，是我们依法履职的坚实保障；全县人民的顽强拼搏、风雨同舟，是我们接续奋斗的力量源泉。回望这一年，每一个拼搏的日子都闪闪发光，每一段难忘的记忆都温润人心，每一个人都很了不起，我们必须倍加珍惜！在此，我代表县人民政府，向在各个岗位付出智慧、心血和汗水的全县各族人民，向人大代表、政协委员，向各民主党派、工商联、无党派人士、党外知识分子、社会各界人士和老领导老干部，向无私帮扶、支持海原发展的中央“组团式”帮扶团队、漳州市漳浦县、华润集团和区市各帮扶单位、企业，向奋战在抗疫一线的白衣战士、社区工作者、新闻工作者、志愿者、快递小哥、环卫工人们，向驻海单位、武警官兵、公安干警和消防指战员，向所有关心、支持、推动海原发展的各位领导、企业家、同志们、朋友们，致以崇高敬意和衷心感谢！

各位代表！思危方可居安，知忧才能克难！站位新起点、立足新阶段，全县经济社会发展还面临不少困难挑战：发展不足仍是最大实际，海原虽然摆脱了贫困，但县域经济实力弱，财政自给率低，城乡发展不平衡，经济下行压力依然较大，稳经济、保增长、促发展还需付出艰苦努力；质量效益偏低仍是最大难题，农业产业链条短，工业底子薄，服务业层次低，重大项目接续不足，龙头企业带动力不强，转方式调结构任务艰巨；创新能力较弱仍是最大瓶颈，科技和人才基础薄弱，创新驱动能力不强，重要领域、关键环节改革亟须突破，市场主体活力和民营经济实力有待增强，营商环境尚需进一步优化；历史欠账较多仍是最大现状，县城棚户区改造存量任务大，公共服务均等化和城乡基础设施建设、民生保障等方面还有不少短板，森林覆盖率在全区靠后，生态环境依然比较脆弱；个别干部能力水平与高质量发展要求不相适应仍是最大制约，个别干部缺乏担当精神，斗争本领不强，实干精神不足，推动发展和服务群众的能力水平还需进一步提高。特别需要说明的是，虽经不懈努力，但规上工业增加值与预期目标相差10个百分点，固定资产投资与预期目标相差5个百分点，社会消费品零售总额与预期目标相差3个百分点，对此，诚恳接受人民代表的批评。我们必须正视问题，不遮掩、不回避，敢于较真碰硬，在发现问题中直面矛盾，在解决问题中勇毅前进。只要我们咬定青山不放松、坚持不懈抓落实，就一定能够破冰突围、逆势赶超，开创海原高质量发展新局面！

二、2023年主要目标和重点任务

2023年是全面贯彻党的二十大精神、全面建设社会主义现代化国家的开局之年，是贯彻落实自治区第十三次党代会部署、实施“十四五”规划承上启下的关键一年。当前，我县正处于战略机遇叠加期、政策红利释放期、蓄积势能进发期、稳中向好窗口期，中央和区市一系列稳经济、保增长、促发展政策措施集中释放，全县发展的基础更牢、后劲更强，各族群众对美好生活的向往更加强烈，海原发展到了可以大有作为、也应该大有作为的关键期。我们要坚定发展信心、保持战略定力，巩固发展当前全县上下人心思齐、人心思进、人心思干的大好局面，勇挑重担、争先进位，在全面建设社会主义现代化美丽新宁夏中展现海原担当、作出海原贡献。

2023年政府工作的总体要求是：坚持以习近平新时代中国特色社会主义思想为指导，全面贯彻党的二十大精神，深入贯彻落实习近平总书记视察宁夏重要讲话和重要指示批示精神，全面落实自治区第十三次党代会、市第五次党代会和县第十五次党代会部署要求，坚持稳中求进工作总基调，完整准确全面贯彻新发展理念，更好统筹疫情防控和经济社会发展，更好统筹发展和安全，以建设“四个示范县”为统揽，以推动经济社会高质量发展为主线，以提高人民生活品质为根本目的，坚定信心、同心同德，埋头苦干、奋勇前进，确保实现“三个高于”目标，奋力谱写全面建设社会主义现代化美丽新宁夏海原篇章。

经济社会发展主要预期目标是：地区生产总值增长8%左右，固定资产投资增长13%左右，地方一般公共预算收入增长6%，社会消费品零售总额增长5%，城乡居民人均可支配收入分别增长9%和12%，城镇调查失业率控制在5%以内，节能降碳和主要污染物排放完成区市下达任务。

坚持以共同富裕为“第一要事”，奋力打造“乡村全面振兴示范县”。抢抓国家重点帮扶县重大机遇，坚决守住不发生规模性返贫底线，统筹推进“五大振兴”，优化乡村基础设施和公共服务布局，促进农业高质高效、乡村宜居宜业、农民富裕富足，力争脱贫群众人均收入同比增长15%以上。

坚持以绿色发展为“第一遵循”，奋力打造“生态文明建设示范县”。统筹实施小流域综合治理、水源涵养、生态修复、防沙治沙、生态经济林、城乡绿化美化和污染治理“七大工程”，水土流失治理程度达到67.5%，空气质量优良天数比例稳定在90%以上，草原综合植被盖度达到66%以上。

坚持以民族团结为“第一基石”，奋力打造“铸牢中华民族共同体意识示范县”。以铸牢中华民族共同体意识为主线，持续推行“5585”创建模式，积极打造铸牢中华民族共同体意识主题公园、教育基地等一批实体化、大众化的实践基地，着力构建中华民族共有精神家园、共同富裕幸福家园、守望相助和谐家园。

坚持以产业强县为“第一路径”，奋力打造“高端肉牛产业示范县”。坚持把高端肉牛产业作为壮大县域经济、促进共同富裕的主攻方向，抓实抓细饲料供给、标准养殖、良种繁育、精深加工、冷链物流、粪污处理、动物防疫、品牌培育“八大体系”建设，全力打造“中国西部牛王谷”、国家级高端肉牛养殖示范基地，全县肉牛存栏量达19万头，基础母牛良种化率达到93%以上。

各位代表！任重千钧，唯有担当。实现上述目标，无论困难挑战有多大，我们都要坚决贯彻县委决策部署，保持再出发的心态、冲锋者的姿态、加油干的状态，落实落实再落实、实干实干再实干，向着既定目标勇毅前行！

（一）坚持项目为王，在扩大有效投资上展现新作为。深入开展“扩大有效投资巩固提升年”活动，全力抢进度、精准抓招商、深度谋项目，以“两大任务”为高质量发展蓄动能、增后劲。

着眼长远谋项目。紧盯国家、自治区政策及资金投向，滚动完善项目库，专班推进、定期调度，在前期70个、145亿元的项目库基础上，抢抓中央支持黄河流域生态保护和高质量发展先行区建设等机遇，精准有效谋划储备一批打基础、管长远、惠民生的大项目、好项目，全年向上争取资金50亿元以上。聚焦重点、精准发力，争取国家级肉牛产业示范园、沙坡头区至海原高速公路、通用机场、环县经海原至中川铁路等项目早日进入国家和自治区盘子，形成压茬推进、滚动接续的良好格局，确保持续投资有抓手、长远发展有后劲。

强化保障促项目。完善县级领导包抓调度和重点项目协调机制，做好用地、用能、用工等要素保障，推动海平高速等33个续建项目如期复工，肉牛精深加工三期、新能源产业集群一期风电塔筒制造基地、天然气综合利用、宝中铁路扩能改造（海原段）、寨海高速、环县至海原（褚家湾）铁路、同心至海原公路升级改造、海原九小、宁南医院专家楼等86个新建项目如期开工，力争完成年度投资87亿元以上，以项目大建设助推海原经济大发展。

激活平台引项目。大力建设闽宁科技园和海兴开发区农副产品加工园“两个平台”，扎实开展招大引强突破行动，聚焦华润、中车、卡立方等“链主”企业，围绕新能源装备制造、轻纺服装、智能卡加工制造、农副产品精深加工等优势产业，大力发扬千山万水、千言万语、千辛万苦、千方百计的“四千”精神，深化以商招商、以情招商、产业链招商，争取引进一批延链、补链、强链项目，加快形成产业集群，力争全年实施招商引资项目30个、到位资金50亿元以上。

（二）坚持以农为本，在乡村全面振兴上展现新作为。扎实推动巩固拓展脱贫攻坚成果同乡村振兴有效衔接，加快实现农业强、农村美、农民富，打造塞上乡村乐园。

巩固拓展脱贫成果。统筹整合资金6.75亿元以上，严格落实“四个不摘”，健全防止返贫动态监测帮扶、脱贫群众稳定增收长效机制，继续推行“一表两图三清单”，突出解决好移民产业、就业和社会融入三件事，坚决守牢不发生规模性返贫的底线。全面落实帮扶政策，新增脱贫小额信贷4亿元，脱贫人口、监测对象“乡村振兴健康保”“政策性农业保险”参保全覆盖。深化拓展华润五大领域帮扶协作，争取闽宁资金8600万元以上，实施闽宁科技园二期等项目，有效补齐产业发展、公共服务等短板弱项。

夯实农业发展基础。严格落实粮食安全和耕地保护党政同责，坚决遏制耕地“非农化”、基本农田“非粮化”，完成粮食种植110万亩。大力发展高效节水农业，推动西安供水工程建成通水，同步建成4万亩田间配套高效节水工程和160万方抗旱应急水源工程，实施好投资5000万元以上的彩票公益金支持压砂地退出区产业结构调整项目，因地制宜发展覆膜甜瓜、优质粮食、冷凉蔬菜等产业，带动群众增收。强化农业科技支撑，加快自治区有机旱作农业科技示范展示区建设，争取自治区科技项目30个以上。大力发展绿色农业，坚持“强龙头、补链条、促集群”，做大做强海兴开发区农副产品加工园，聚焦“一主四特”产业，倾斜项目资金，加快布局冷链仓储物流，建设绿色食品加工基地1个，培育引进自治区级农业产业化龙头企业1个，构建“粮头食尾”“农头工尾”产业链，绿色食品加工业总产值达3.5亿元以上，推进农业产业化、标准化、园区化、规模化、特色化发展。

建设塞上乡村乐园。把乡村建设摆在重要位置，高标准打造美丽宜居村庄1个、人居环境整治示范村16个，改造户厕3000座，完成自来水入户320户，改造提升农村危房及抗震房100户。推进“全域公交”建设，新增和更新客运车辆20辆，实施村道硬化60公里、生产砂砾路50公里、村道安全生命防护工程100公里，畅通乡村交通路网。推行“村集体经济组织+新型农业经营主体+小农户”发展模式，探索形成风险共担、利益共享的联农带农机制。完善“131”乡村治理模式，总结推广乡村文明“积分制”等经验做法，深入开展移风易俗，涵育文明乡风、良好家风、淳朴民风。

（三）坚持产业为重，在加快转型升级上展现新作为。进一步调结构促升级、稳链条强集群、补短板固优势，全面促进产业转型升级、提质增效。

加快农业产业集群发展。围绕“一主四特”产业，抓紧抓实肉牛产业高质量发展，依托产业发展集团，建好小南川牧场、牛医院、有机肥加工、精饲料加工等项目，完成5万头良种基础母牛电子耳标佩戴，提升肉牛养殖信息化水平。加快打造中国西部“牛王谷”，投入使用牛王谷研发中心培训基地，推动年生产胚胎500枚、优质冻精200万剂。持续落实高端肉牛“两调一增”举措，外调基础母牛补栏3万头以上，不断提高肉牛养殖到户率。支持产业集团做深做精肉食品加工，加快构建以运输冷鲜肉、冰冻肉为主的现代化冷链物流体系，打通供应链，推动从养殖加工“最先一公里”走向城市配送“最后一公里”。扎实开展种植业“三品一标”提升行动，建好20万亩马铃薯“五位一体”标准化示范基地，高标准打造北部海城、中部贾塘、东部七营三大小杂粮核心种植区，面积稳定在30万亩。依托西安高标准设施蔬菜现代园、三塘一坪现代农业产业园等产业园区，打造5万亩冷凉蔬菜基地、1万亩硒甜瓜高效生产示范园区、5000亩“五优”蔬菜生产基地，面积稳定在13万亩以上。

加速工业企业扩规增量。扩规提速打造新能源产业基地，争取建设海兴开发区“绿电园区”，天津津通铁塔光伏电力支架、赫迪新能源装备制造等项目建成投产，新建华电老旧风机“以大代小”等容改造等项目，加快引进一批塔筒、叶片、铸件生产等上下游企业，开工建设330千伏升压站1座，争取将主干电网纳入“宁电入湘”外送通道项目整体规划，不断延伸产业链、提升价值链。加强企业梯次培育，新增规上工业企业和“专精特新”工业企业各1家，规上工业增加值增长15%以上。

促进现代服务业健康发展。积极创建自治区级全域旅游示范区，打造红色游、乡村游、自驾游等精品旅游线路，力争实施生态观光自驾游配套设施、震柳地震地质公园等文旅项目，因地制宜开发农家餐饮、旅游消费、农事体验、休闲观光等产品，打造古城商业特色街区2个，丰富城市夜游。持续深化县乡村三级物流体系建设，提高电子商务公共服务水平，打造海原县牛羊肉产业直播电商示范基地和农产品品牌孵化基地，“线上直播+线下仓储式卖场”同步发力，推动特色农产品市场化、品牌化、标准化发展，力争全年农特产品线上销售额突破1亿元。

（四）坚持品质为先，在打造宜居县城上展现新作为。加快以县城为重要载体的城镇化建设，推动产城融合、城乡互动、协调共生，打造颜值更高、功能更优的新型城镇。

以更高标准推进城市更新。树牢“精明增长”和“紧凑城市”理念，提升改造利民、图书馆等4个老旧小区，新建保障性租赁住房100套以上，加快建设明珠·南华府、格兰丽都、闽宁华府二期等商住小区，持续提高群众住房品质和居住环境。加快新型城市基础设施建设，实施建筑垃圾填埋场等一批市政项目，打造柳荫路绿色生态廊道，逐步打通永乐街、惠民街等“断头路”，构建更加便捷安全的城市交通体系。聚焦“小切口”、体现“大民生”，科学合理配建一批停车场、健身步道、小微公园等服务设施，着力打造高效、便捷的“10分钟生活服务圈”。

以更大力度推进县区融合。以聚人气、添活力为目标，全面落实产业发展一体化布局、社会事业一体化布置、招商引资一体化考虑、重点项目一体化推进、财政资金一体化统筹，形成目标同向、措施一体、优势互补、互利共赢的“县区一体”深度融合发展格局。扎实推进海兴二中、海原八幼、公共实训基地等民生项目，加快优质公共资源向海兴区富集。深化干部群众交流互动，持续规范城区一体化公交运营，探索“朝九晚五”工作制，支持引导相关单位在海兴区设点办公，推动服务前移。积极向上争取项目，分片分类分步更新改造老旧道路、供排水、电网，推动城区亮化、生态湿地管理等市场化运营，打造宜居宜业宜游的高品质开发区。

以更实举措推进精细管理。坚持精细管理和文明提升内外兼修，加快推进小区管理物业化、街面管理责任化、市场管理规范化，深化“以克论净”卫生保洁机制，深入开展交通秩序、市容市貌、车辆停放等整治行动，持续提高小区业主委员会覆盖面，切实解决车难停、路拥堵、物业弱等问题，努力建设生态宜居、避暑休闲、精致精美的人民城市。

（五）坚持生态为基，在厚植绿色底蕴上展现新作为。深入贯彻习近平生态文明思想，全面加强生态文明建设，协同推进降碳、减污、扩绿、增长，坚决守好改善生态环境生命线。

扎实推进污染治理。编制“碳达峰”行动方案，严格落实项目准入审查机制，坚决遏制“两高”项目盲目发展。持续推进“四尘”同治、“五水”共治、“六废”联治，改造城乡冬季清洁取暖120万平方米，清水河海原段水质稳定达到Ⅳ类以上。实施农药化肥“减量增效”行动，农用残膜回收率达到90%以上，畜禽粪污资源化利用率达到95%以上。坚决整治环保突出问题，实现环境质量稳中向好、好中向优，让清新空气、清洁水体、清净土壤成为全县人民最普惠的福祉。

扎实推进生态修复。坚持山水林田湖草沙一体化保护和系统治理，全面落实河湖长制、林长制，治理河道16.1公里，新建大中型淤地坝2座，新增坡改梯3万亩，治理水土流失120平方公里，形成以梯田、淤地坝、水库为骨干的拦洪减泥体系。实行最严格的生态环境保护制度，落实草原、河道等生态损害赔偿制度，要让破坏生态者付出代价，让保护生态者获得收益。

扎实推进国土绿化。聚焦“山区林草化、城镇园林化、道路林荫化、庭院果园化”目标，加快实施宁夏南部生态保护修复8.68万亩、南华山人工促进生态修复5万亩、蚂蚁森林2.1万亩、草原修复2.1万亩、庭院经济林0.9万亩，全年完成营造林20万亩，森林覆盖率达到12%，持续厚植生态底色。

（六）坚持改革为要，在激活发展动力上展现新作为。进一步解放思想、大胆探索，创造更多“海原经验”，打造更多“海原模式”，不断增强高质量发展的动力活力。

持续优化营商环境。纵深推进“放管服”改革，推行政务服务“集成办”“免证办”，85%政务服务事项“一网通办”“全程网办”，持续打造审批更简、流程更优、服务更好、企业和群众获得感更强的政务服务环境。建设高标准市场体系，接续推出便民利企“微改革”举措，坚定不移支持民营经济发展，构建亲清政商关系，严格落实退税减税降费等一揽子政策，让企业放心投资、安心经营、专心发展。

深化重点领域改革。全面深化“六权”改革，以市场化机制盘活闲置土地，提升改造机井智能化计量设施800套，建立林草综合管理服务系统。围绕“双控”“双碳”目标，加快调整产业结构、推广低碳模式，稳妥推进初始用能权确权、有偿使用、交易等工作。推进国企改革实现新突破，组建产业发展集团，整合肉牛集团、文旅集团等国有企业，推行“一套人马、多块牌子”，持续深化管理体制、人事薪酬、运营模式等制度创新，在政策资金上加大倾斜，在要素配置上大力优化，鼓励国有资本与社会资本合资合作，在基础设施、产业投资、交通物流、新能源、天然气经营等多个领域充分发挥国有企业龙头引领作用，带动“一主四特”等优势产业规模化、标准化、品牌化发展，努力实现从“有”到“大”、从“大”到“强”、从“强”到“优”的蝶变。

推动更高水平创新。实施创新驱动战略，加大资金投入，全社会R&D经费投入增长20%，县级财政科研投入增长10%以上。试行“揭榜挂帅”“赛马制”等科技项目，依托华润、闽宁科技园等创新研发平台，实施自治区县域科技成果示范推广项目5个以上、登记科技成果3项，培育科技型中小企业3家、认定农业高新技术企业1家，推动以科技创新为核心的全面创新。

（七）坚持人民至上，在增进民生福祉上展现新作为。坚持以人民为中心，持续加大财政投入，用心用力保障和改善民生，着力解决好群众急难愁盼问题，让人民群众生活得更加幸福。

实现更加稳定更可持续的就业。强化就业优先政策，切实做好高校毕业生、农民工等重点群体就业，开展职业培训2000人次，转移就业9万人，劳务创收19亿元以上。推进创业服务提升，新增创业担保贷款5000万元以上，扶持高校毕业生、种植养殖大户创业带动就业1500人以上。加大就业困难人员帮扶力度，落实灵活就业人员社保补贴，新增城镇就业1000人以上，确保每一个有就业意愿的人都能通过辛勤劳动获得自身发展的机会。

发展更加均衡更为优质的教育。坚持教

育优先发展，实施兴海中学、三小、七幼等新建改扩建项目，有序撤并关桥乡田湾小学等8所办学规模萎缩教学点，盘活优质教育资源。坚持“划片+摇号”入学政策，推进学前教育普及普惠发展、义务教育优质均衡发展；坚持高考综合改革，推进高中教育特色化发展；坚持服务县域经济，推动职业教育提质培优；坚持城乡一体，推进优质学校带动薄弱学校，让集团化办学落地见效。加强教师培训和完善教师奖励激励机制，全力抓好新时代“三级三类千万”强师工程落实，打造“四有”好老师队伍，弘扬尊师重教社会风尚。

提供更加完善更高质量的健康服务。全面推进健康海原建设，科学精准做好疫情防控，成功创建自治区卫生县城。实施公立医院改革与高质量发展示范项目，建设县人民医院心血管内科等临床重点专科7个，建立健全县域医共体信息化平台，推进县级公立医院电子病历、智慧服务、智慧管理“三位一体”的智慧医院建设。促进中医药传承创新发展，加强中医院康复中心、“治未病”中心建设，提升中医药服务能力。持续开展“优质服务基层行”，创建国家标准乡镇卫生院1家、基本标准卫生院2家，努力为群众提供全方位全周期健康服务。

构建更加全面更多层次的社保体系。全面实施全民参保计划，调增城乡居民基础养老金标准，基本医疗保险参保率稳定在98%以上，特困人员参保率达到100%。持续提高低收入家庭、生活困难群众基本生活救助水平，切实兜牢困难群体民生保障网，努力让每一位困难群众求助有门、受助及时。全面提升养老服务质量，完成100户居家适老化改造，构建居家社区机构相协调、医养康养相结合的多层次养老服务体系。加强双拥共建，常态化开展退役军人走访慰问。扎实做好居民生活必需品、重要农副产品保供稳价，守好群众“米袋子”“菜篮子”。

繁荣更加充实更高质量的多彩文化。创新实施文化惠民工程，积极申报长城国家文化公园建设保护规划等项目，精心组织“群文风采大展演”等活动，上演花儿歌舞剧《不负青山不负塬》。强化文物和文化遗产保护，实施祁家堡红一军团指挥所、贺堡红二方面军指挥部临时驻地遗址和金佛沟、元龙山石窟等文物文化保护修缮工程。深化全民阅读活动，建设书香海原，编辑出版“海原县守护黄河根脉”系列文化丛书，新建4个城市社区阅读空间，打造城市“15分钟阅读圈”。

（八）坚持生命至上，在统筹发展安全上展现新作为。坚定不移贯彻总体国家安全观，加快推进社会治理体系和治理能力现代化，最大限度汇聚团结力量、营造安全环境。

坚决防范化解风险。坚持尽力而为、量力而行，持续完善政府债务风险防范化解机制，坚决遏制增量、化解存量，债务风险稳定保持在绿色等级。着力防范化解金融风险，严厉打击非法集资，强化脱贫小额信贷逾期贷款清收，重拳打击金融诈骗等违法金融活动，牢牢守住不发生区域性、系统性金融风险的底线。

守牢安全发展底线。增强“时时放心不下”的责任感，深化道路交通、建筑施工、人员密集场所等重点领域隐患排查整治，坚决遏制重特大事故发生。加快大应急体系建设，健全预报预警、应急响应、现场处置、快速反应机制，强化食品药品监管执法，努力实现高质量发展和高水平安全良性互动。

提升基层治理水平。健全共建共治共享的社会治理制度,持续完善网格化管理、精细化服务、信息化支撑的基层治理平台,做实"村居上报、乡镇吹哨、部门报到"服务响应机制。坚持和发展新时代"枫桥经验",畅通和规范群众诉求表达、利益协调、权益保障通道,推动领导约访下访,及时把矛盾纠纷化解在基层、化解在萌芽状态。建设更高水平"平安海原",常态化开展扫黑除恶斗争,建好用好"雪亮工程",重拳严打各类违法犯罪。全面贯彻党的民族宗教政策,促进各民族广泛交往、全面交流、深度交融,坚决守好民族团结生命线。

三、切实加强政府自身建设

各位代表,实干托起梦想,奋斗成就未来。新征程、新使命对政府工作提出了新的更高要求,全县政府系统将始终坚持"三个务必",干在实处、落在细处,以建设人民满意的服务型政府为统领,忠诚履职,锐意进取,加压奋进,在新的赶考路上交出优异答卷。

(一)旗帜鲜明加强政治建设。持续学习宣传贯彻党的二十大精神和习近平总书记视察宁夏重要讲话和重要指示批示精神,在理论武装中涵养政治素质,在联系实际中把握大政方针,始终胸怀"两个大局"、牢记"国之大者",深刻领悟"两个确立"的决定性意义,增强"四个意识"、坚定"四个自信"、做到"两个维护",把习近平新时代中国特色社会主义思想转化为坚定理想、锤炼党性、指导实践、推动工作的强大力量,坚决做到总书记有号令、区市有部署、县委有要求、政府见行动、落实有成效。

(二)一以贯之坚持依法行政。深入践行习近平法治思想,自觉运用法治思维和法治方式履职尽责、推动发展。严格落实重大行政决策程序和政府法律顾问制度,严格规范公正文明执法,推动政府领导行政诉讼"出庭又出声",有效促进行政争议实质性化解。积极践行全过程人民民主,自觉接受人大法律监督、政协民主监督,主动接受社会监督、舆论监督,确保行政权力始终在阳光下运行。

(三)真抓实干提升政府效能。坚持人民至上,厚植为民情怀,诚心诚意、尽心竭力为群众办实事、解难事、谋幸福,用政府的担当作为换来千家万户的幸福安康。牢记空谈误国、实干兴邦,把抓落实作为政府工作的生命线,扎实开展"作风提升年"活动,大力弘扬"严细深实勤俭廉+快"的工作作风,坚持"工作项目化、项目清单化、清单责任化、责任成效化",践行"一线工作法",不做表面文章、不搞形象工程、不求短期效益,对定下的事情、部署的工作立说立行、马上就办,紧盯不放、一抓到底,树立"今天再晚也是早,明天再早也是晚"的理念,以高效率赢得高质量、以快节奏换来快发展。

(四)团结奋斗凝聚磅礴力量。力量生于团结,事业成于奋斗。牢牢把握团结奋斗的时代要求,树立促进团结奋斗的鲜明导向,不利于团结奋斗的话不说,不利于团结奋斗的事不做,对破坏团结奋斗的事敢于斗争、坚决斗争。大力发扬"不到长城非好汉"的革命精神、激发"走好新时代长征路"的奋斗精神、弘扬"社会主义是干出来的"实干精神,高扬团结奋斗之帆、砥砺团结奋斗之志,调动一切积极因素,团结一切力量,心往一处想、劲往一处使,在党的旗帜下团结成"一块坚硬的钢铁",让干部敢为、企业敢干、群众敢首创在海原大地蔚然成风。

（五）动真碰硬严守清廉本色。认真履行全面从严治党主体责任，全面推进政府系统党风廉政建设，加强重点领域、关键环节的廉政风险防控，强化审计监督、统计监督，严肃查处侵害群众利益的问题。从严落实“过紧日子”要求，严控“三公”经费和一般性支出，把有限的资源和财力用在推动发展、改善民生上。锲而不舍落实中央八项规定及其实施细则精神，严格执行自治区“八条禁令”，驰而不息纠治“四风”问题，始终保持为民务实清廉的政治本色。

各位代表！时代因奋斗而进步，事业因实干而出彩。让我们更加紧密地团结在以习近平同志为核心的党中央周围，坚持以习近平新时代中国特色社会主义思想为指导，在区市党委、政府和县委的坚强领导下，牢记领袖嘱托，担当使命任务，自信自强、守正创新，撸起袖子加油干，风雨无阻向前行，为奋力谱写全面建设社会主义现代化美丽新宁夏海原篇章而团结奋斗！

名词解释

1.“四个不摘”：摘帽不摘责任、摘帽不摘政策、摘帽不摘帮扶和摘帽不摘监管。

2.“三类重点人群”：脱贫易返贫户、边缘易致贫户、突发严重困难户。

3.“两个高于”：脱贫人口收入增速高于当地农民收入增速，脱贫地区农民收入增速高于全国、全区农民收入增速。

4.“一表两图三清单”：“一表”，收入增加计划表；“两图”，村庄规划图和产业布局图；“三清单”，问题、项目和责任清单。

5.“六新六特六优”产业：“六新”产业即新型材料、清洁能源、装备制造、数字信息、现代化工、轻工纺织；“六特”产业即葡萄酒、枸杞、牛奶、肉牛、滩羊、冷凉蔬菜；“六优”产业即文化旅游、现代物流、现代金融、健康养老、电子商务、会展博览。

6.“一主四特”产业：以高端肉牛为主导产业，以小杂粮、马铃薯、瓜菜、枸杞经果林为特色的“一主四特”产业。

7.马铃薯“五位一体”：马铃薯起垄、施肥、播种、覆膜及膜上覆土垄面集雨技术。

8.“五优”蔬菜基地：品种优、技术优、管理优、品质优、价格优的蔬菜基地。

9.“双随机、一公开”：在监管过程中随机抽取检查对象，随机选派执法检查人员，抽查情况及查处结果及时向社会公开。

10.“六权”改革：用水权、土地权、排污权、山林权、用能权、碳排放权。

11.“六大提升行动”：居民收入提升行动、移民致富提升行动、教育质量提升行动、健康水平提升行动、文明素养提升行动、城乡面貌提升行动。

12.“四个示范县”：乡村全面振兴示范县、生态文明建设示范县、铸牢中华民族共同体意识示范县、高端肉牛产业示范县。

13.“三个高于”目标：经济发展速度高于全区平均水平、城乡居民收入增速高于全区平均水平、农村居民收入增速高于城镇居民。

14. 乡村“五大振兴”：产业振兴、人才振兴、文化振兴、生态振兴、组织振兴。

15.“5585”创建模式：“5”即聚焦中华民族共同体意识显著增强、推进现代化建设取得显著成效、各民族交往交流交融显著拓展、治理能力和治理水平显著提升、示范创建质量和水平显著提高“五大目标”；“5”即实施党员干部培元固本、青少年学生夯基育苗、各族群众凝心聚魂、社科理论正本清源、中华民族共有精神家园建设“五大工程”；“8”即开展各民族交往交流交融促进、创建工作提质增效、建设先行区促进共同富裕、公共服务保障能力和水平提升、法治保障同权、民族事务依法治理、民族领域风险隐患防范化解、民族工作夯基培才“八大行动”；“5”即健全组织领导、考核评价、督促检查、协调联动、激励促进“五项机制”。

16.“两大任务”：招商引资和争取项目资金。

17.“两个平台”：闽宁科技园和海兴开发区农副产品加工园。

18.“131”乡村治理模式：“1”即强化党的领导；“3”即推进自治、法治、德治“三治”融合；“1”即建好数字乡村“一朵云”。

19.高端肉牛“两调一增”：调大基础母牛比例、调优良种牛结构、增加小群体养殖规模。

20.“三品一标”：指品种培优、品质提升、品牌打造和标准化生产。

21.“两高”项目：高耗能、高排放的项目。

22.“四尘”同治：煤尘、烟尘、汽尘、扬尘“四尘”同治。

23.“五水”共治：饮用水源、黑臭水体、工业废水、农田退水、城市污水“五水”共治。

24.“六废”联治：建筑垃圾、生活垃圾、危险废物、畜禽粪污、工业固废、电子废弃物“六废”联治。

25.“揭榜挂帅”“赛马制”：“揭榜挂帅”也被称为科技悬赏制，是一种以科研成果来兑现的科研经费投入体制，由政府组织面向全社会开放征集科技创新成果的一种非周期性科研资助安排。“赛马制”是针对同一悬赏标的，允许2～3个牵头单位同时立项。项目前期，实行平行资助；过程中，定期考核，优胜劣汰；项目后期，聚焦优势主体，最终审核验收。

26.“四有”好老师：有理想信念、有道德情操、有扎实学识、有仁爱之心的“四有”好老师。

27.“三个务必”：务必不忘初心、牢记使命；务必谦虚谨慎、艰苦奋斗；务必敢于斗争、善于斗争。

大事记

1月

4日　县委书记杨青龙主持召开中共海原县委第十五届常务委员会2022年第1次(扩大)会议，学习传达中卫市第五次党员代表大会及中卫市第五届人民代表大会第一次会议、中卫市政协第五届委员会第一次会议精神，研究贯彻落实意见。

是日　海原县委召开党的建设领导小组会议，听取县委有关部门工作汇报，审议通过了县委农办提交的《海原县村级集体经济发展奖励暂行办法(送审稿)》。

5日　海原县医疗健康总院成立暨揭牌仪式在县人民医院举行。海原县健康总院以县人民医院为龙头，整合海原县中医医院、海原县疾控中心、海原县妇计中心、19家乡镇卫生院、6家社区卫生服务站组建而成，在海原县人民医院加挂"海原县医疗健康总院"的牌子。总院实行人员、资金、业务、信息、药械的"五统一"管理，形成集管理、服务、发展、利益、责任"五位一体"的紧密型医共体，实现县域内医疗卫生机构技术、设备、设施和人力资源有效整合。健康总院的成立，这标志着海原县推进医共体改革工作取得阶段性成果。

6日　水利部办公厅副主任李晓琳、自治区水利厅副厅长张伟一行到海原县，对水利部党组直接组织和推动的"我为群众办实事"项目进行评估验收。

7日　海原县召开青年发展工作联席会议第二次全体会议，通报《海原贯彻落实〈宁夏回族自治区中长期青年发展规划(2019—2025年)〉分工方案》贯彻落实情况，安排部署下一阶段工作。县委常委、组织部部长李雪峰参加会议。

8日　凌晨1时46分，青海省门源县发生6.9级地震，海原县城震感明显。

是日　海原县委召开2021年度全县党组织书记抓基层党建、落实党风廉政及意识形态工作责任制述职述责述廉评议会。

9日　县委书记杨青龙主持召开中共海原县委第十五届常务委员会2022年第2次(扩大)会议，研究审定县委十五届二次全会相关事宜。

是日　海原县委召开全面推行林长制启动会暨县级总林长第一次会议，安排部署海原县全面推行林长制工作。

10日　自治区体育局党组成员、副局长董文到海原县督查指导体育行业安全生产、疫情防控、消防和燃气安全工作。

14日 春节前夕，海原县将制作的10万套共20万张以“感恩奋进”为主题的新年挂历，向群众免费发放，送去新年祝福。

15日 中国共产党海原县第十五届委员会第二次全体会议在海原县人民政府礼堂召开。中卫市委副书记、海原县委书记杨青龙主持会议，并作县委常委会工作报告。会议审议通过了《海原县创建铸牢中华民族共同体意识示范县实施方案（草案）》和县委委员、候补委员任免的决定（草案），圈选出海原县出席中共第二十次全国代表大会和中共宁夏回族自治区第十三次党代会代表推选人选。县委副书记、县长张鹏在会上总结2021年全县经济工作，安排部署2022年经济工作。

17日 海原县召开打击治理电信网络诈骗犯罪工作推进会，听取《海原县2021年度全县打击治理电信网络新型违法犯罪工作情况》的通报，研究审定《海原县打击治理电信网络诈骗犯罪实施方案》，安排部署打击治理电信网络诈骗犯罪工作。

19日 海原县文化科技卫生“三下乡”启动仪式暨“雷锋日”活动在海城镇武塬村举行，全县30个部门（单位）的志愿者参加活动。

22日 海原县社会保险事业管理中心被人力资源和社会保障部授予“全国人力资源社会保障系统优质服务窗口”称号。

26日 县委书记杨青龙主持召开中共海原县委第十五届常务委员会2022年第4次（扩大）会议，传达学习自治区“两会” 精神，安排部署贯彻落实工作。

是日 海原县委召开党风廉政建设和反腐败斗争工作领导小组2022年第1次会议。

是日 海原县人民政府办公室印发《海原县人民政府工作规则》《海原县人民政府常务会议工作规则》《海原县人民政府专题会议工作规则》，进一步推进政府工作规范化、科学化、制度化、民主化、法治化。

28日 县直机关工委召开2021年度党支部书记抓基层党建述职评议考核会。

是日 中卫市退役军人事务局局长马斌、中卫市军分区动员处处长、海原县政府副县长马海燕、海原县人武部政委及县退役军人事务局和乡镇主要负责人一行到一等功臣撒占才家中，举行一等功臣喜报送达仪式。

是月 海原县交通运输执法大队联合运管部门对辖区危险品运输公司、超载源头企业等重点企业持续开展网格化执法巡查。至4月，累计出动执法人员285人次，开展联合执法15次，共查处超限车辆53辆；开展质量安全监管7次，发现问题隐患5处，下发整改通知书2份，隐患消除及整改工作成效显著。

2月

8日 海原县人民政府办公室印发县政协十二届一次会议提案建议办理工作“五定”方案，对县政协十二届一次会议提交的31件政协委员提案和6件建议，明确办理单位、责任领导、办结时限、和质量要求。

是日 中共海原县纪委召开十五届二次全会。

9日 县委书记杨青龙主持召开中共海原县委第十五届常务委员会2022年第5次（扩大）会议，听取县人大常委会、县人民政府、县政协、县人民法院、县人民检察院党组工作汇报。

是日　张鹏兼任海兴开发区管委会主任，张振红不再兼任。徐青山任海原县人民法院代院长，李明琮调职。

10日　海原县设立乡村振兴基金。基金资金主要来源为乡村振兴融资担保基金和乡村振兴贷款风险补偿基金合计25685万元。基金由县财政局统一管理，主要用于支持乡村产业发展和公共基础设施建设，支持脱贫户、监测户、新型农业经营主体，致富带头人等发展肉牛、枸杞等特色产业发展。重点扶持专业大户、家庭农场、农民合作社、农业产业化龙头企业等新型农业经营主体，致富带头人、脱贫户、监测户以及符合政策支持的中小微企业。

是日　海原县政协主席丁志爱主持召开县政协十二届一次常委会会议。

11日　海原县汽车站、海原县全民健身中心、海原县政务服务中心3所红十字应急救护站建成启用。这是海原县红十字会自成立以来首次采用政府投资与民间筹资形式共同开展的公益设施建设。

是日　海原县在县文化馆举行新时代文明实践大讲堂"一等功臣"撒占才宣讲报告会，全县100余名干部群众参加。

14—15日　海原县在县委党校举办"三农"干部"大学习大轮训大宣讲"专题培训班。全县科技特派员、"三区"人才、科技服务中心全体职工等160余人参加培训。

21日　海原公安启动"护学岗"工作机制，出动民警，在辖区中小学门前及周边道路，指挥疏导维护交通秩序。

22—23日　海原县科技特派员及"三区"人才"大学习大轮训大宣讲"培训班在县城举行。

23日　海原县召开全县新型城镇化建设工作及2022年市政道路建设协调会。

24日　海原县与厦门市同安区2022年闽宁协作劳务洽谈会在海原县城召开。组团到访的同安区7家企业参加了海原县2022年"春风行动"专场招聘会，为海原提供2000余个就业岗位。

25日　海原县退役军人事务局、县人武部为三河镇、七营镇、李旺镇、红羊乡、关桥乡等乡镇的立三等功现役军人家庭送去喜报。

28日　海原县举办2022年"春风行动"专场招聘会，集中为城乡劳动力提供稳岗就业帮扶。招聘会吸引了石嘴山市、福建省厦门市等地23家企业参加，为海原县农村劳动力、返乡返岗农民工、高校毕业生、退役军人、残疾人员，特别是脱贫人口、农村低收入人口等各类群体提供6850个就业岗位。

3月

1日　海原县举行全县"学雷锋志愿服务月"启动仪式。

4日　自治区水利厅副厅长麦山到海原县调研河道行洪治理情况。

5日　海原县开展全县"雷锋精神"集中宣讲活动，干部群众共200余人参加活动。

7日　佘瑞东任中卫市委副书记、海原县委书记、海兴开发区党工委书记；杨青龙调职。

是日　自治区退役军人事务厅厅长范锐君一行，到海原县调研指导退役军人就业创业、服务保障、红色教育基地工作落实情况。

7—8日 自治区政协副主席郑震带领自治区党委第五督查调研组到海原督查调研。

8日 县委书记佘瑞东主持召开中共海原县委第十五届常务委员会2022年第6次(扩大)会议,听取县新冠疫情防控工作汇报,研究部署疫情防控工作。

10日 自治区民政厅厅长蒋文龄到海原县调研民政工作。

15日 海原县通过了水利部(黄委会)县域节水型社会达标建设复核。

是日 海原县市场监管、农业农村、司法、消防、石油、水投、电信、银行等多个部门、单位和企业,联合开展"3·15"共促消费公平主题宣传活动。

是日 海原县梳理发布近年侵害消费者权益的十个典型案例,震慑违法者,警示经营者。

是日 截至2022年3月15日,海原县已连续7年保持食品、药品、特种设备安全"零事故"。

16日 县委书记佘瑞东主持召开中共海原县委第十五届常务委员会2022年第7次(扩大)会议,传达学习全国、自治区和中卫市"两会"精神,研究贯彻落实意见。

是日 李明挂职任海原县委委员、常委、副书记,挂职期限为两年。

18日 中卫市召开全市建设黄河流域生态保护和高质量发展先行市2022年第二次视频推进会,通报全市重点项目建设情况,听取各县(区)重点项目建设情况汇报,安排部署下一步工作。市委副书记、县委书记、海兴开发区党工委书记佘瑞东,市委常委、统战部部长万学道,市人大常委会副主任景兆珍,县人大常委会主任杨和,县政协主席丁志爱等在海原县分会场参加会议。

是日 海原县2022年第一批重大项目集中开工仪式,在中部干旱带西安供水工程施工现场启动。2022年度,海原县计划实施项目117个,年度计划总投资84.6亿元。

18—19日 海原县开展第一季度重大项目暨重点产业现场观摩评促活动。

20日 自治区水利厅副厅长王岚海带领水利厅有关处室负责人一行12人,到海原县调研水利高质量发展工作。

22日 中卫市委书记、市人大常委会党组书记张利到海原县调研督办统筹疫情防控和经济社会发展工作。他在调研中强调,要全面落实中央和自治区各项决策部署,统筹抓好疫情防控和经济社会发展,奋进新征程、建功新时代、展现新作为。

23日 海原县召开2022年创建自治区文明县城指挥部会议暨创城工作推进会,通报2021年创建自治区文明县城工作情况,安排部署2022年创城工作。会议由县委副书记、县长张鹏主持,市委副书记、县委书记佘瑞东在会上讲了话。

是日 海原县召开全县领导干部廉政警示大会。

是日 自治区政协常委、教科卫体委员会副主任马平安一行11人,赴海兴开发区开展"加强人才队伍建设,为先行区建设提供人才支撑"专题协商调研。

是日 海原县人民政府公布海原县第三批文物保护单位,甘盐池红军总部遗址、祁家堡子红一军团临时指挥所遗址、贺家堡红二方面军总指挥部临时驻地遗址、红井子红二方面军指挥部驻地遗址、走路川红二方面军总指挥部驻地遗址、双河堡红二方面军总指挥部遗址等六处红色革命遗址被命名为县级文物保护单位。

24—25日 县政协调研组对全县“植绿增绿”“厕所革命”工作开展情况进行调研。

28日 市委副书记、县委书记余瑞东到海城镇调研产业布局及村级集体经济发展情况。

30日 海原县委召开理论学习中心组2022年第3次(扩大)学习会议。

31日 经中共海原县委第十五届常务委员会2022年第8次(扩大)会议研究审定,同意县人民政府党组提交的《关于审定撤销甘盐池种羊场代管盐池村职能移交西安镇规范管理的请示》。

是日 海原县司法局组织召开“调解九进 服务万家”活动视频推进会,对活动进行再部署,通过推动人民调解进社区网格、进法庭、进派出所、进校园等,分层递进,构建网格解纷格局。

是月 清明节前,海原县制作集中祭祀牌、印发“文明祭扫 平安清明”倡议书1.5万份,倡导群众通过敬献鲜花、绿化植树、踏青遥祭、经典诵读、网上祭祀、集体共祭、社区共祭等文明祭扫方式怀念逝者、寄托哀思。

是月 海原县牌路山烈士陵园改扩建工程被列为全国县级以下英雄烈士纪念设施整修工程项目。

4月

11日 海原县公安局创新警务模式,社区民警主动向群众亮身份、展作为,将“社区警务公示牌”张贴在学校、商场、各娱乐场所、银行、企业的醒目位置,让群众需要时能够第一时间找到社区民警,既方便群众与公安机关交流沟通,又实现宣传防范全覆盖,还有助于进一步强化疫情防控工作,压紧压实“五包一”工作的落实。

13日 海原县召开2022年全县双拥工作领导小组第一次会议。中卫市政协副主席、海原县县长、海兴开发区管委会主任张鹏出席会议并讲话。

是日 中卫市委常委、宣传部部长高鹏到海原县调研指导新时代文明实践中心建设、创建自治区文明县城、移风易俗等工作。

15日 中卫市委副书记、海原县委书记余瑞东调研全县教育工作。余瑞东先后深入三中、一小、一中,实地查看各学校的校园环境、文化建设、硬件设施等情况,详细了解疫情防控、基础教育质量提升、教师队伍建设、“双减”、课后服务及五项管理等工作,并与学校负责人深入交流探讨,听取意见建议。

18日 自治区地方志办公室主任贠有强到海原县调研扶贫志编纂工作情况。

21日 海原县人民政府决定撤销甘盐池种羊场代管盐池村职能,移交西安镇实行规范管理。

是日 海原县人民政府发出《关于提高我县城乡居民最低生活保障标准及孤儿养育津

贴标准的通知》，决定海原县城市最低生活保障标准由每人每月600元提高到650元，财政月人均补差水平不得低于455元，农村最低生活保障标准由每人每年4560元提高到5520元，财政月人均补差水平不得低于322元的要求分别提高城乡居民最低生活保障标准。

是日 海原县第一届“互联网+创新素养教育”暨学科教师优质课比赛在海原三中举行。

21—22日 自治区政协农业和农村委员会一行11人到海原县，就“努力延长农副产品产业链、价值链，提高农民收入水平”开展专题调研。

22日 海原县马铃薯旱作节水技术集成创新与示范现场培训会在海城镇堡子村举行。宁夏大学教授陈彦云在现场会上授课。全县马铃薯种植大户、农机具制造商、科技特派员、“三区”人才、当地农户等40余人参加现场培训。

是日 县委书记佘瑞东主持召开十五届海原县委2022年第10次常委（扩大）会议，安排部署疫情防控和深化改革工作。

是日 海原县委召开理论学习中心组2022年第4次（扩大）会议。

25日 海原县人武部、退役军人事务局等有关部门工作人员，到退役军人李建新家中，将全县首张优待证送到他手中并进行现场激活。这标志着海原县退役军人优待证发放工作正式开始。

26日 海原县委召开党的建设领导小组2022年第1次会议，安排部署组织、宣传思想和意识形态、统一战线、政法等党建工作。

27日 自治区红十字会党组成员、副会长兼秘书长刘雁平带队，到海原县史店乡苍湾村调研指导“博爱家园”项目。

27—28日 海原县政协调研组对全县巩固脱贫攻坚成果、提升城乡居民收入情况开展协商调研。

5月

6日 海原县人民政府下发《关于开展水库、淤地坝、蓄水池安全隐患大检查的紧急通知》，在全县开展安全生产及常态化疫情防控大排查、大整治专项行动。

是日 自治区纪委副书记、监委副主任马文娟到海原县调研巩固拓展脱贫攻坚成果同乡村振兴有效衔接专项监督工作。

是日 中卫市委副书记、市长马洪海到海原县高崖乡新民村、三河镇代店村、贾塘乡南河村等地调研巩固拓展脱贫攻坚成果、群众增收、产业发展等工作。副市长马自忠陪同调研。

7日 县委书记佘瑞东主持召开中共海原县委十五届常务委员会2022年第12次（扩大）会议，听取全县1—4月经济运行情况汇报，分析当前经济形势，安排部署下一步工作。

是日 海原县委召开农村工作领导小组2022年第2次会议，研究审定巩固拓展脱贫攻坚成果同乡村振兴有效衔接有关工作方案。

是日 海原县委召开统一战线领导小组2022年第1次会议，安排部署统一战线工作。

8日 海原县第二批50个重点项目集中

开工。全年计划实施项目117个，总投资288亿元，年度投资84.6亿元。已开（复）工项目90个，开工率76.9%。第一批集中开工项目46个，已开工44个，开工率95.7%。第二批集中开工项目50个，总投资44亿元，年度计划投资20亿元。

是日　中部干旱带海原县西安供水水源工程开工建设。工程项目总投资6.97亿元，主要以固海扬水七干渠为水源，通过建设4级扬水泵站、铺设70.94公里供水管道，将黄河水扬至590余米，并输送至海原县西安灌区，为海原县关桥、西安、海城3个乡镇12万亩高效节水灌溉农田提供水源。项目实施后，不仅能替换和压减当地地下水开采量，逐步恢复地下水位，改善区域生态环境，提高6.5万余名群众的生活水平，又能促进流域水网、县域水网构建和库坝池水网水体互联互通，提高水资源利用效率。

10日　自治区党委宣传部副部长杨柳率调研组到海原县调研深化铸牢中华民族共同体意识宣传教育、构筑中华民族共有精神家园、提升基层思想政治工作质量和水平、开展“强国复兴有我”群众性主题宣传教育活动等开展情况。

11日　自治区药品监督管理局党组书记、局长王生礼到海原调研食品药品安全科普教育基地建设、基层药品安全监管等工作。自治区药监局综合处、政策法规处、人事与老干部处负责人参加调研。县政府副县长马海燕陪同调研。

是日　中卫市政协副主席杨树春一行11人到海原县，就“实施能耗‘双控’行动，推动工业经济高质量发展”开展协商调研。

13日　自治区科技厅调研组一行到海原县，就旱作节水农业发展情况进行调研。

是日　据《中卫日报》报道：截至5月13日，海原县县级河长累计巡河48人次，乡级河长巡河712人次，村级河长巡河1265人次，共排查整治“四乱”问题21个；累计投入机械42个台班，人工128个工日，清理整治河道内杂物垃圾547吨，排查整治河道“四乱”问题成效显著。

17日　自治区政协人口资源环境委员会主任杜正彬一行12人到海原县，就专题议政性常委会会议题“以‘绿能开发、绿氢生产、绿色发展’为抓手，加快先行区建设”中的“绿能开发”开展调研。

19日　中卫市政协主席杨文生、副主席盛建宁一行5人到海调研西河河道治理情况。

19—20日　平罗县政协主席任学成率团到海原县，考察学习农村人居环境整治“四化四美四到位”工作经验。

20日　海原县“互联网+城乡供水”开工建设。

23日　海原县开展全县巩固脱贫攻坚成果同乡村振兴有效衔接发现问题大起底大排查大整改及产业发展观摩评促活动。

24日　中卫市人大常委会副主任马丽率调研组到海原县调研环境保护检察公益诉讼工作开展情况。

26日　海原县政协举办政协委员及机关干部素质能力提升培训班。

26—27日　自治区人大常委会副主任杨玉经率检查组到海原县，检查《宁夏回族自治区促进民族团结进步工作条例》实施情况。县人大常委会主任杨和陪同。

27日 海原县召开青年志愿者协会成立大会暨第一次全体会议。

30日 海原县召开习近平总书记视察宁夏重要讲话精神宣讲报告会，邀请自治区宣讲团成员田俊秀作宣讲报告。

是日 县委书记佘瑞东主持召开中共海原县委十五届常务委员会2022年第14次（扩大）会议。

是日 自治区科技厅二级巡视员徐万仁、科技特派员创业指导服务中心主任杨勇军一行五人，到海原县调研国家乡村振兴重点县海原科技特派团工作开展情况。县委副书记李明陪同调研。

是日 海原县以"喜迎二十大，同心护未来"为主题的未成年人保护宣传月启动仪式在县城南门广场举行。活动由县民政局牵头，县人民检察院、县人民法院、县教体局等26个成员单位相关领导、学生代表、社区志愿者代表、社会组织代表等参加。

是日 县委常委、组织部部长李雪峰主持召开关桥乡关桥村推动组织振兴、建设红色美丽村庄推进会。

31日 海原县委宣传部联合县科技局、县科协，开展了以"走进科技 你我同行"为主题的2022年海原县科技活动周暨科技工作者日宣传活动。

是日 海原县委宣传部举办"海原县2022年喜迎党的二十大和自治区第十三次党代会'迎端午 诵经典 传文明'朗诵会活动"。

是月 海原县以城乡新时代文明实践所（站）为阵地，在全县开展"拒绝高额彩礼　推进移风易俗"集中宣传活动。宣传活动以移风易俗志愿服务队为主力，通过文化演出、入户宣传、包保劝导等举措，深化移风易俗工作。

是月 常伟海任海原县委委员、常委、纪委书记、代理监委主任；张晓华调职。

6月

1日 海原县四套班子领导佘瑞东、杨和、丁志爱等深入县特殊教育学校、海原一小、三河学区富陵幼儿园、海兴实验小学开展走访慰问活动，向全县少年儿童送去节日祝福和礼物，对广大少儿工作者辛勤付出表示衷心的感谢。

是日 海原县第一期政府消费券在中国银联"云闪付"App进行投放。当天共投放2500张，登录"云闪付"App领取消费券后，可到定点超市、商铺等处享受购物满减活动。

是日 中卫市抓党建促乡村振兴现场推进会在海原县委党校礼堂召开。

6日 中卫市委副书记、海原县委书记佘瑞东到海原县4个考点学校调研指导高考准备工作。

9日 11时00分，海原县发生3.6级地震，震源深度12千米，震中位于西安镇高岘村。

是日 中卫市政协副主席吕玉兰率调研组到海原县，就"全域食品药品安全市"创建工作情况开展视察。

是日 吴忠市利通区政协副主席马金良率队到海原县，考察学习落实《中央关于加强和改进新时代市县政协工作的意见》精神和基层政协建言资政促进当地特色产业发展工作。

是日 自治区党校副校长张继业到县委

党校(行政学校)考察指导工作。

10日 海原县组织机关党员干部集中收看中国共产党宁夏回族自治区第十三次代表大会开幕大会实况直播。

是日 由海原县委常委会举办的“南华山学堂”在县政府礼堂开课。“南华山学堂”按照“缺什么、补什么”的原则,授课主体以各乡镇、部门(单位)主要负责人、各行业专家等人才为主,授课内容聚焦需要推动的政策方针、工作亮点和经验及典型案例等。课堂授课方式以线下集中学习培训为主,每月举办1~2次,每次1~2人授课。

13—14日 海原县政协组织部分委员围绕“海原县基础教育质量提升进位情况”开展专题协商调研。

14日 自治区人大常委会副主任姚爱兴带领调研组到海原县调研基础教育质量提升行动实施情况及督办“双减”工作落实情况。市人大常委会副主任景兆珍、县人大常委会主任杨和、县政府常务副县长冯磊及县教体局主要负责人陪同调研。

是日 海原县红十字会联合县委宣传部、卫健局及相关医疗单位开展“6·14”世界献血者日志愿服务活动。

15日 海原县召开领导干部大会,学习贯彻落实自治区第十三次党代会精神,安排部署“大学习、大讨论、大宣传、大实践”工作。

16日 海原县在县城南门广场集中开展2022年“安全生产月”和“安全生产万里行”宣传咨询日集中宣传活动。

17日 自治区第十三次党代会代表李玉兰为海原县教育系统党员干部作了题为《全面贯彻落实自治区党代会精神,倾情贡献海原教育人力量》的专题报告。

20日 自治区人社厅党组成员、驻厅纪检监察组组长于晓峰一行到海原开展社保基金管理问题专项整治及人社部反馈意见问题整改情况、近三年职业技能培训开展与培训补贴资金使用管理情况调研工作。

22日 市人大常委会副主任田风才到海原县督办人大代表重点建议落实情况。

23日 截至6月23日,海原县累计建成公共租赁住房3691套,其中低保户分配1225套,占比33%。

25日至7月1日 海原县政协主席丁志爱率团赴甘肃省、陕西省就“厕所革命”和提升城乡居民收入开展实地考察学习。

28日 截至6月28日,海原县河道治理完成沟道浆砌石基础砌筑2.3公里、河道疏浚2.9公里、河道堤防3.8公里。

是日 中卫市人大常委会副主任韩秉文到海原县督办人大代表重点建议(西安供水工程)办理情况。

30日 海原县召开2022年以“涵养清廉家风·弘扬廉洁文化”为主题的领导干部家属座谈会。

是日 中卫市人大常委会主任崔昆一行到关桥乡开展“讲好红色故事、传承红色基因”主题活动,并前往海城镇武塬村考察巩固拓展脱贫攻坚成果同乡村振兴有效衔接工作、代表工作室运行情况。

是月 陶洪波任海兴开发区管委会常务副主任(正处级),冯磊任海原县委常委、县人民政府常务副县长。

7月

1日 中卫市委副书记、市长马洪海到海原县部分乡镇、企业，调研督导“稳经济、保增长、促发展”工作，强调要坚持以习近平新时代中国特色社会主义思想为指导，深入学习贯彻自治区第十三次党代会精神，对标新目标、新要求、新部署，为建设乡村全面振兴样板区、全面建设社会主义现代化美丽新宁夏作出新贡献。

是日 海原县政协在关桥乡麻春村农民田间培训学校举办肉牛养殖实用技术培训班。培训班邀请县农业农村局高级畜牧师田进吉以“科学技术引领现代畜牧业发展”为题，全面系统讲解如何选择优良品种肉牛、合理搭配饲草料等。培训班还安排了互动环节，养殖群众针对在肉牛养殖过程中存在的问题提问，授课老师耐心细致地解答。

1—2日 海原县第一届阳光体育大课间比赛在县全民健身中心举办。来自全县中小学34支代表队1700余人参加比赛。

5日 市政协副主席严玉华率调研组到海原县，就“六大提升行动”(指自治区提出的居民收入提升、移民致富提升、教育质量提升、健康水平提升、文明素养提升、城乡面貌提升六大行动)开展调研协商。

是日 海原县举行2022年首届新时代文明实践志愿服务项目大赛。

5—6日 自治区党委书记、自治区人大常委会主任梁言顺到海原县调研实施城乡面貌提升行动和肉牛产业高质量发展情况。梁言顺在调研中要认真贯彻落实习近平总书记视察宁夏重要讲话和重要指示批示精神，全面落实自治区第十三次党代会部署要求，大力实施产业振兴战略和城乡面貌提升行动，让乡村成为老百姓幸福生活的乐园。自治区领导雷东生、王和山、刘可为、郑震一同参加调研。

7日 县委书记余瑞东主持召开中共海原县委十五届常委会2022年第16次(扩大)会议，学习传达自治区党委书记、自治区人大常委会主任梁言顺在海原县调研时的讲话精神，研究贯彻落实意见。

是日 自治区水利厅副厅长张伟带领水利厅工程建设与运行管理处、农水处及自治区水利勘测设计院负责人一行，到海原调研中部干旱带西安供水水源工程、清水河流域城乡供水海原支线工程建设情况。

是日 海原县召开学习贯彻自治区第十三次党代会精神自治区宣讲团宣讲报告会暨县委理论学习中心组2022年第7次(扩大)学习会议。自治区宣讲团成员蔡珺作自治区第十三次党代会精神宣讲报告。

13日 海原县举办首届新时代文明实践志愿服务项目大赛。

是日 海原县召开全县违规收送红包礼金和不当收益及违规借转贷或高额放贷专项整治工作动员部署会议。

13—15日 海原县在史店乡田拐村举办了以“相约红梅杏园 乐享农家生活”为主题的第五届文化旅游节系列活动暨田拐红梅杏采摘节活动。

14日 海原县政协主席丁志爱主持召开县政协十二届二次常委会会议。

是日　海原县在县城举办2022年企业家创新精神培育培训班。自治区科技厅生产力促进中心、宁夏中瀚中天税务师事务所有关专家到会授课，全县24家企业单位及科技局干部职工50余人参加培训。

18日　海原县召开县委、县政府办公大楼避险搬迁工作协调会。

19—20日　海原县政协经济委组织部分委员就“创建自治区肉牛标准化养殖示范县”工作开展协商视察。

20日　海原县科协被中国科协办公厅评为“2022年全国科技工作者日活动优秀组织单位”。

21日　自治区人民政府副主席吴秀章率自治区科技厅、自治区农业农村局有关负责人到海原县海城镇武塬村，就小杂粮渗水地膜技术引进与示范推广工作进行调研，要求坚持技术示范，加强技术指导，做好技术创新。余瑞东、张鹏等县领导陪同调研。

是日　自治区残联党组书记马如林到海原县海城镇慰问残疾人家庭。县委书记余瑞东陪同慰问。

22日　海原县代表队在“中国体育彩票杯”宁夏第五届农民篮球争霸赛中获得亚军。

是日　海原县在县委党校举办全县学习贯彻自治区第十三次党代会精神“微宣讲”大赛。

26日　自治区政协主席崔波一行到海原县调研农业产业化发展情况。

是日　中卫市政协副主席杨树春率调研组到海原县，就铸牢中华民族共同体意识开展视察调研。

是日　永宁县政协副主席张文霞率团到海原县考察学习政协工作。

27—28日　银川市政协副主席马元文率团调研考察海原县农村人居环境工作。

28日　海原县委召开动员会议，安排部署关于广泛开展习近平总书记视察宁夏重要讲话和重要指示批示精神“大学习、大讨论、大宣传、大实践”活动。

是日　海原县召开全县违规收受红包礼金和不正当收益及违规借贷或高额放贷专项整治工作推进会。

是日　中卫市人大常委会主任崔昆、副主任田风才到海原县调研人大工作开展及特色产业发展情况，并看望慰问部分退役军人。县领导余瑞东、杨和陪同。

29日　县委书记余瑞东主持召开中共海原县委十五届常委会2022年第19次（扩大）会议，传达学习自治区党委和政府领导对“海原县学生溺水事故”批示精神，研究贯彻落实意见。

是日　海原县委召开农村工作领导小组2022年第3次会议，研究审定《海原县高端肉牛产业示范县实施方案》和《海原县建设乡村全面振兴示范县实施方案》。

是日　自治区人社厅党组成员、副厅长肖生勤一行到海原调研就业创业工作。

8月

2日　海原县政协组织视察组，对县域主要河流生态治理情况视察，并召开座谈会。

是日　海原县组织召开全县旱作农业集成技术观摩交流会。全县科技特派员代表、各新型农业经营主体负责人、种植养殖大户及科技局干部职工等50余人参加观摩交流。

是日 自治区退役军人事务厅副厅长海国率队到海原县检查指导牌路山烈士陵园改扩建项目。

是日 海原县举办“礼约鹊桥 情定南华”——海原县2022年移风易俗青年集体婚礼。

4日 由海原县委、县政府主办，县委宣传部、文明办、团委以及县民政局承办的“礼约鹊桥 情定南华”移风易俗青年集体婚礼，在该县南门广场举办。共10对新人参加。

是日 海原县学习贯彻习近平总书记视察宁夏重要讲话和重要指示批示精神暨自治区第十三次党代会精神专题培训班在县委党校开班。全县各单位、各乡镇科级干部参加培训。在开班仪式上，县委书记佘瑞东作了以《牢记嘱托 感恩奋进 奋力打造“四个示范县”为全面建设社会主义现代化美丽新宁夏贡献海原力量》为题的专题辅导报告。

6日 海原县公安局城关派出所接到群众报警，称海原县老城区某小区五楼，一名大约十三四岁的小女孩要跳楼轻生。接报后，城关派出所副所长黄学栋立即组织警力赶赴现场，最终女孩被成功救下。

8日 海原县政协组织视察组，围绕“全县用水权改革”开展协商视察，并召开了座谈会。

12日 海原县2022年县城片小升初电脑随机派位工作在全民健身中心举行，引起社会广泛关注。海原县教体局班子成员、部分人大代表、政协委员、公证人员、校长代表、教师及家长代表现场监督此次电脑随机派位全过程，并面向社会开通了网络直播通道。

13日 傍晚开始，海原县出现强降雨天气，截至14日00时30分，海城镇累计降雨量130毫米，史店乡米湾村113.4毫米，贾塘乡后塘村89.4毫米，郑旗乡中坪村82.6毫米，海城镇谢塬村81.24毫米，郑旗乡郑旗村65.44毫米，西安镇小河村38.4毫米，西安镇白吉村32.44毫米，其他乡镇均在10毫米以下。此次降水天气过程中，海城镇累计降雨量130毫米，为1961年有气象记录以来历史极值。

14日 海原县红十字会对接香港红十字会，为“8·13”强降雨灾区发放救助物资。

15日 海原县“崇军行动”正式启动，全县首批43家企业、商家进一步整合优抚资源营造尊崇氛围，共同致力于为驻海原部队现役军人、全县退役军人和其他优抚对象提供真真切切的优先待遇和优质服务。

16日 县委书记佘瑞东主持召开海原县委十五届常委会2022年第20次(扩大)会议，传达学习自治区党委书记梁言顺对“强降雨导致海原县7个乡镇遭到洪涝灾害”批示精神，听取县防汛抗旱指挥部办公室关于“8·13”强降雨抢险救灾情况汇报，安排部署汛期安全生产工作。

17日 自治区政协副主席杨培君到海原县山门村调研村级集体经济发展情况。县委常委、常务副县长冯磊陪同调研。

是日 自治区人力资源社会保障厅一级巡视员孙晓军一行到海原对自治区人才工作重点任务推进情况进行调研。

19日 中卫市人大常委会主任崔昆到海原县视察中卫市五届人大一次会议代表提出建议办理情况。县领导佘瑞东、杨和陪同。

是日　海原县人大常委会副主任杨常林率组视察全县高端肉牛产业发展情况暨高端肉牛产业示范县创建工作。

19—21日　海原县在西安镇举办了第三届乡村文化旅游节暨甘盐池首届滩羊文化美食节活动。

21日　海原县委常委、宣传部部长丁芳召集县委宣传部、县委党史和地方志研究室、县乡村振兴局负责人，研究部署《海原县扶贫志》编纂工作。

22日　自治区党委党史研究室调研组一行到海原县调研红色革命遗址遗迹保护和开发利用工作。

23日　海原县召开扶贫志编纂工作安排部署会，通报海原县扶贫志编纂工作进展情况，安排部署下一步工作。县委副书记李明在会上作动员讲话。

25日　海原县人大常委会主任杨和调研县城棚户区改造工作，督导南苑明珠房地产开发项目建设情况。

26日　中卫市委副书记、市长马洪海到海原县调研督导疫情防控工作。

28日　截至目前，海原县已完成三河、七营、西安、李俊、红羊、关庄、树台、九彩8个乡镇70个行政村的山林资源划界及权属调查登记工作，确权登记山林资源面积188.34万亩。林地“一地多证”面积1622.4亩，涉及344户；地类重叠面积21985.68亩，涉及2461户。

29日　自治区人大常委会副主任董玲到海原县调研生态环保和安全生产工作。

30日　据《中国青年报》报道：宁夏海原县新一轮新冠疫情袭来，面对疫情防控的严峻形势，海原县新时代文明实践所（站）组织志愿者下沉到疫情防控一线，开展疫情防控志愿服务，助力疫情防控任务，以实际行动践行奉献、友爱、互助、进步的志愿精神。

31日　海原县委宣传部组织志愿者开展“扫黄打非·护苗”宣传活动，通过解读、派发传单、绿书签等宣传方式，引导青少年远离有害信息，多读书、读好书，自觉抵制侵权盗版和“黄”“非”出版物。

是月　据统计，海原县近五年来累计完成生态建设任务80余万亩，预计到2022年年底全县森林覆盖率提升到10.98%，草原综合植被覆盖度稳定在65%以上，生态绿色成为海原发展的鲜明底色。

9月

1日　海原县人大常委会主任杨和主持召开县十八届人大常委会第4次会议。

2日　自治区科技厅牵头在海原县召开自治区重点研发计划“海原县有机旱作及高效节水农业技术集成创新与示范项目”现场观摩会。自治区党委农办、自治区政府研究室、自治区农业农村厅、自治区乡村振兴局、宁夏农林科学院、宁夏大学相关领导、专家，部分县区科技局负责人，海原县相关部门及乡镇领导、海原县科技工作者50余人参加了观摩会。

是日　海原县退役军人事务局、海原县高级中学和海原一中联合开展了以“讲述峥嵘故事 赓续精神血脉”为主题的百场国防形势报告会。

5日　海原县以“网络安全为人民，网络安全靠人民”为主题的网络安全宣传周启动仪式在南门广场举行。

是日 海原县公安局举行返赃大会，将近期侦破系列盗窃案追回的现金24.7万元、摩托车1辆、电动车7辆、手机3部、对准仪1套、风速仪4个、扭力扳手2个等集中返还给受害群众。

6日 县退役军人事务局联合县人武部前往西安镇、九彩乡、李旺镇、海城镇为海原县5名立“三等功”现役军人家庭送去立功喜报和慰问金。

6—7日 自治区党委党史研究室副主任饶彦久率调研组到海原县调研红色革命遗址保护利用情况，并对关桥堡红军西征记忆馆展厅进行现场审查。

7日 海原县召开全县铸牢中华民族共同体意识示范县创建暨民族团结进步月启动仪式。

9日 海原县召开2022年教育工作会议。会议由中卫市政协副主席、海原县县长张鹏主持，中卫市委副书记、海原县委书记佘瑞东参加会议并讲话。会议对全县基础教育质量提升工作、党建和思想政治工作、“双减”工作等先进集体和优秀共产党员、优秀班主任、“四有”好老师等先进个人进行表彰奖励。

10—12日 海原县在贾塘乡后塘村举办了农业休闲观光开园活动。

15日 县委宣传部、县文明办、县新时代文明实践中心举办了海原县新时代文明实践大讲堂——“中国好人”李世有同志先进典型事迹宣讲报告会。

是日 自治区残联党组成员、副理事长董万军到海兴开发区残疾人就业基地，调研基地经营和吸纳残疾人就业情况，了解发展过程中存在的困难和问题。

15—16日 海原县人大常委会副主任马光智率组视察县十八届人大一次会议代表建议意见办理情况。

18日 海原县红十字会联合县中医医院开展“世界骨髓日”志愿服务活动。

27日 国家乡村振兴局发展中心调研组到海原县海城镇调研产业发展情况。县委副书记、县长张鹏陪同调研。

是月 “9·20”新冠疫情发生后，共青团海原县委招募青年志愿者239名，组建青年突击队18支，成立“青春战疫”青年突击队临时团支部1个，巡逻小组27组，主动参与疫情防控政策宣传、物资配发等志愿服务。

10月

15日至11月1日 海原县团委、县青年志愿者协会联合各乡镇、街道，精准摸排因疫情影响不能回家的学生需求，组织20余名志愿者收集学生家长送来的棉衣、学习用品、常用药品、电脑等学生所需物资，经集中消毒、分拣、包装、编号后，整理成909个包裹，由志愿者跟随邮政快递车统一配送到银川、石嘴山、吴忠、固原等自治区内27所高校、中职和中学的909名海原学子手中，并免费为他们每人赠送一个抗疫小礼包，让在外求学的海原每一名学子感受到温暖。

26日 海原县委召开传达贯彻中共二十大精神会议及县委理论学习中心组学习会议，集中学习习近平总书记在中共二十大上所作的工作报告。市委副书记、县委书记佘瑞东主持会议并讲话，他要求全县党员干部要层层跟进，抓好党的二十大精神学习；广泛深入开展宣传宣讲；健全机制，抓好督促落实。

31日　海原县科技服务中心召开科技成果转让签约仪式，成功转让海原县首批科技成果，将《海原县优势特色小杂粮产业高效优质栽培技术》和《海原县马铃薯种薯繁育及旱作节水高效种植技术》的使用权转让于企业。

是月　截至10月底，海原农商行已向3629户个体工商户及小微企业发放贷款6亿多元。

11月

1日　中卫市委书记张利到海原县海城镇调研重点工作进展情况，并向乡村干部作党的二十大精神宣讲报告。市委副书记、县委书记余瑞东陪同调研，并主持宣讲报告会。

9日　中国共产党海原县第十五届委员会第三次全体（扩大）会议在县政府礼堂会议室召开。会议审议通过了《中共海原县委关于认真学习宣传贯彻党的二十大精神的实施方案》。

是日　海原县公安局启用警犬，开展街头治安巡逻。

10日　海原县政协主席丁志爱主持召开县政协十二届三次常委会会议。

11日　自治区党委召开学习贯彻中共二十大精神中央宣讲团报告会，海原县领导干部在海原分会场参加会议。

17日　自11月以来，海原县公安局交警大队持续开展冬季道路交通安全整治行动，先后查处超载22起、超速1起、非法改装36起、货车不按规定车道行驶58起、涉及电动车违法213起，劝导农用车500辆次，涉及行人违法86起，警示教育群众1873人次；发放宣传材料4462份，张贴横幅25条，海报207份。

18日　据《宁夏日报》报道：截至11月18日，海原县菌菇种植户328户、种植128万棒，投入闽宁协作专项资金600余万元，种植总收入达700万元以上，户均收入2.2万元。

19日　海原县政协主席丁志爱主持召开县政协十二届四次常委会会议。

27日　文化和旅游部发布《关于第四批全国乡村旅游重点村名单和第二批全国乡村旅游重点镇（乡）名单的公示》，海原县关桥乡关桥村入选第四批全国乡村旅游重点村名单。

29日　海原县发布疫情防控市民诉求排忧解难热线汇总，将全县25个政务服务便民热线、16个县直相关部门政务服务便民热线及微信公众号及疫情防控期间服务热线电话“打包”公布，为群众诉求提供方便。

12月

2日　海原公安局成功破获一起偷越国（边）境案，抓获犯罪嫌疑人1名。

5日　李雪峰任海原县委副书记；康晓伟任海原县委委员、常委、组织部部长。

6日　据《中国消防》杂志报道：在宁夏海原县城，一对3岁左右的双胞胎在红绿灯路口玩耍，热心女子陪着这俩孩子在那等了很久，也没等到孩子家人，担心发生危险，便将俩儿童送到附近消防站求助。经消防员联系，民警迅速赶到，经反复查问，顺利将两名走失儿童安全送回家中。

9日 中共海原县委召开十五届四次全体代表会议。

10日 据新华社报道：在宁夏海原县苋麻河湿地公园的水面上，水鸟时而展翅翱翔，时而觅食嬉戏，构成了一幅美妙的画卷。近年来，随着海原县生态环境的逐步改善，引来大批鸟类在此栖息繁衍。

14日 据宁夏新闻网报道：海原西安供水水源工程拉管段顺利贯通，工程最艰难的部分完成。目前，完成整体工程形象进度的89%，完成投资3.3亿元；供电工程塔基已经全部完成，正在组装施工，计划明年1月底完成水泵机组安装调试，2月底完成调试运行，计划3月底向海原关桥灌区具备通水条件。

是日 海原国华农机制造有限责任公司被评为自治区农业高新技术企业。该企业是海原县首个获此殊荣企业。

是日 海原县2022年度自主就业退役士兵适应性培训开班，来自全县18个乡镇的退役士兵参加培训。

15日 自治区地方志办公室召开会议，对《海原县扶贫志》编写大纲进行评审。

15—18日 海原县为全县优抚对象开展免费健康体检。

19日 中国共产党海原县第十五届委员会第四次全体会议在县政府礼堂举行。

20—21日 海原县政协召开第十二届委员会第二次会议。

27日 经中卫市发改委批复，华润海原县华润变（330千伏）200兆瓦/400兆瓦时新能源共享储能电站110千伏输变电工程项目立项。该项目位于海原县郑旗乡，工程总投资约4746万元，由华润风电（海原）有限公司出资新建110千伏升压站1座，主变容量2×100千伏安，配套系统及电气二次设备等，新建线路长3.1公里。

29日 据《宁夏日报》报道：连日来，海原县向符合条件的30家帮扶车间兑付就业补贴821人253.48万元。

是日 海原县水务局被授予全国水土保持工作先进集体称号。

海原概览

基本县情

【县名由来】 海原县城所在地古称洒水平，北宋时建天都寨，隶属西安州。西夏时改名东牟会，元时改称海喇都。"海喇都"系蒙古语词汇，西北民族大学蒙古文化历史专家乔日普吉（蒙古族）解释其汉语直译为"边关、前哨、哨位"之意，系元史所称成吉思汗去世之地"哈老徒"的蒙古语汉字异写。明初赐为楚王牧场，设海喇都营，今海原县城遂被称为海喇都城，因名字拗口，常被简称为海城。清乾隆十四年（1749年），平凉府盐茶厅同知移驻海喇都城，别称盐茶厅城。清同治十三年（1874年），裁撤盐茶厅同知，设立海城县，隶属固原直隶州。1914年，因与奉天省海城县（今辽宁省海城市）重名，遂被改名为海原县。

【地理位置】 海原县地处宁夏回族自治区中南部山区之六盘山西北麓，位于北纬36°06′～37°04′、东经105°09′～106°10′。东连吴忠市同心县、固原市原州区和甘肃省环县，南毗固原市西吉县、甘肃省会宁县，西邻甘肃省白银市平川区，北靠中卫市沙坡头区。东西长约108公里，南北宽约90公里。县人民政府驻地海城街道，北距中卫市157公里，东北距银川市280公里。

【建置沿革】 海原历史悠久，早在距今2.2万年的旧石器时代，先民就在此地繁衍生息。距今约5000年～3800年，创造了辉煌的"菜园文化"。春秋时期，县境为戎人牧区。战国时期，为义渠国属地。秦属北地郡。西汉元鼎三年（前114年），属安定郡之安定属国。魏晋时先后受屠各、鲜卑等少数民族控制。十六国时，先后被前赵、后赵、前秦、后秦等割据。北魏太延二年（436年）属高平镇，正光五年（524年）属原州。隋大业元年（605年）在海原县境东部置他楼县，隶属平凉郡，为海原最早的县级建制。唐武德元年（618年），他楼县隶属原州。唐贞观六年（632年），唐在他楼县置缘州，领突厥降户。唐神龙元年（705年），唐废他楼县，以其地置萧关县（县治白草军城），属原州。唐广德元年（763年），陷于吐蕃。大中三年（849年）唐收复萧关；唐大中五年（851年），以萧关置武州，领萧关县，隶属关内采访使。唐中和四年（884年），武州侨治于潘原（在今平凉市），萧关县废。五代时，长期受吐蕃、党项羌族控制。西夏时期，今海原县称天都，长期被西夏控制。西夏在天都设南牟会（亦名鼐摩会）。北宋元符元年（1098年），宋夺取天都,次年筑南牟会新城,建西安州,属泾原路。北宋大观二年(1108年),置怀德军于平夏城,县境东部属之。北宋靖康元年(1126)年,西夏复夺西安州。金天会八年(1130年),金占领西安州,隶渭州路(治今甘肃平凉)。金天眷元年(1138年),金将西安州割隶南宋;金天眷三年(1140年),西安州又被金占领,仍隶渭州路。金皇统二年(1142年),改隶临洮府路;金皇统六年(1146年),金以西安州等地赐西夏。南宋宝庆三年(1227年),蒙古占领西安州,属中兴府。蒙古中统二年(1261年),属西夏中兴等路行省(今银川市)。元世祖至元七年(1270年),属新设立的亦集乃路(今内蒙古额济纳);元世祖至元十八年(1281年),西夏中兴等路行省撤销,设立甘肃中书行省,西安州属之。蒙古初期,海原县境东部沿袭金制,属镇戎州。元世祖至元七年,属陕西行省巩昌府路镇原州(今甘肃镇原);元世祖至元十年(1273年),归开成府路开成县管辖。明初,海原属陕西布政司平凉府管辖,被分赐楚、沐、韩、肃四藩王为牧场。明洪武二十三年(1390年)置海喇都营。明成化五年(1469年)置西安州守御千户所,明成化十二年(1476年)置镇戎守御千户所,均属固原卫管辖。清初,海原县境归平凉府盐茶厅同知代管。清乾隆十四年(1749年)盐茶厅同知由固原城移驻海喇都(海喇都城简称海城)。清同治十三年(1874年)裁厅设海城县,属固原直隶州。1914年,海城县因与奉天省海城县同名,被更名为海原县,隶属甘肃省平凉专

表1　2022年海原县各乡镇行政区划情况表

乡镇名称	村(居)民委员会名称	数量(个)	面积(平方公里)
海城镇	山门、水洼、段塬、高台、堡子、武塬、王井、北海村	8	241.40
三河镇	村:黑城、唐堡、四营、六窑、富陵、鹭海、苋麻、代店、辽坡、团庄、红城、坪路、小河;社区:兴业、凤凰	15	262.40
西安镇	菜园、薛套、胡湾、西安、小河、园河、范台、白吉、付套、盐池	10	518.80
李旺镇	李果园、团庄、李旺、马莲、红圈、杨山、北滩、罗川、杨堡、二道、韩府、七百户、新源、团结	14	346.30
七营镇	砖窑、张堡、五营、马莲、七营、南堡、马堡、下套、杨堡、八营、北咀、盘河、柴梁、高崖	14	267.96
贾塘乡	南河、贾塘、后塘、黄坪、王塘、马营、双河、堡台、贾塘新村	9	301.02
关桥乡	贺堡、方堡、马湾、张湾、关桥、脱场、八斗、王湾、冯湾、罗山、麻春	11	584.41
高崖乡	香水、红古、红岸、联合、草场、三分湾、高崖、高湾、新民、振兴	10	127.21
甘城乡	甘城、吴渠、双井、乔畔、久坪、三台、武塘	7	228.29
郑旗乡	西沿、郑旗、吴湾、撒堡、南山、撒台、中坪	7	357.34
史店乡	米湾、史店、苍湾、徐坪、田拐、大川、前川	7	265.85
曹洼乡	曹洼、脱烈、白崖、冶套、硝沟	5	222.97
九彩乡	九彩、元套、新庄、马圈	4	169.69
李俊乡	团结、李俊、蔡祥、红星、联合、蒿滩	6	210.55
红羊乡	杨明、张元、安堡、术川、红羊、红堡、前进、刘套、石塘	9	340.11
树台乡	大嘴、树台、二百户、浪塘、红井、相桐、新庄、龚湾、韩庄	9	387.48
关庄乡	高台、关庄、窑儿、庙湾、宋庄	5	125.60
海城街道办	社区:东城、南苑、西湖、北坪、团结、文联、黎明、幸福、建设	9	31.47
合计		159	4988.85

区。1949年8月11日,海原解放,属甘肃定西地区。1950年6月,复归平凉专区辖。1953年12月,改属甘肃省西海固回族自治区。1955年11月,西海固回族自治区改为固原回族自治州,海原县属之。1958年10月,宁夏回族自治区成立,海原县隶属固原专区。1970年,固原专区改为固原地区行政公署,海原县属之。2022年7月,固原撤地设市,海原县属之。2004年2月,海原划归新成立的中卫市管辖。

【行政区划】 2022年末,海原县总面积为4988.85平方公里。下辖海城、西安、李旺、七营、三河5个镇,高崖、甘城、关桥、史店、贾塘、郑旗、曹洼、九彩、李俊、红羊、树台、关庄12个乡,及海城街道办,代管甘盐池种羊场。4月21日,海原县人民政府决定撤销甘盐池种羊场代管盐池村职能,移交西安镇规范管理。年末,全县有村委会148个、居委会11个。

【人 口】 2022年11月末,全县户籍人口132130户、455611人。总人口中城镇户籍人口90202人,较上年增加89人(城镇人口比重为19.80%),乡村户籍人口365409人(占总人口的80.20%);男性人口235798人,女性219813人,男女性别比为107(以女孩为100);回族人口333539人(占总人口的73.21%),汉族人口120950人(占总人口的26.55%),东乡族等其他少数民族1122人(占总人口的0.25%,其中东乡族900人)。18岁以下人口135666人,同年龄段比2021年减少3748人;18岁至34岁人口126344人,同年龄段比2021年减少149人;35岁至59岁人口143689人,同年龄段比2021年增加1845人;60岁以上人口49912人,同年龄段比2021年减少296人。全

表2 2022年海原县各乡镇人口统计表

乡镇	户数(户)	人口(人)	城镇人口(人)	乡村人口(人)	性别	
					男(人)	女(人)
海城镇	23799	74256	49442	24814	37471	36785
李旺镇	12138	42360	8356	34004	21781	20579
三河镇	15244	51050	28202	22848	26351	24699
七营镇	9512	34033	4202	29831	17862	16171
西安镇	8979	31437		31437	16387	15050
高崖乡	7490	28701		28701	14833	13868
甘城乡	2526	8492		8492	4484	4008
关桥乡	9142	31672		31672	16394	15278
贾塘乡	9087	31649		31649	16501	15148
郑旗乡	6003	23542		23542	12197	11345
史店乡	6690	23715		23715	12319	11396
曹洼乡	2783	8965		8965	4692	4273
李俊乡	2444	8703		8703	4410	4293
九彩乡	1876	6928		6928	3633	3295
红羊乡	4288	14065		14065	7511	6554
树台乡	7542	27763		27763	14567	13196
关庄乡	2587	8280		8280	4405	3875
合计	132130	455611	90202	365409	235798	219813

注:海城街道办户籍人口统计在海城镇户籍人口数中

县共出生人口5126人，出生率为11.25‰，出生率较上年下降1.39‰；全年死亡人口1806人，死亡率为3.96‰，死亡率较上年下降0.49‰；全年出生、死亡相抵净增3320人，人口自然增长率为7.29‰，自然增长率比上年下降0.9‰。2022年，全县迁入2284人，(其中自治区外迁入159人)，迁入率为5.01‰，迁入率比上年下降0.88‰；迁出4628人(其中前往自治区外426人)，迁出率为10.15‰，迁出率比上年下降1.16‰。

【文化遗存】 海原是陇山文化的重要发祥地之一，历史文化底蕴厚重，积淀了灿烂的历史文化遗存，并形成了具有鲜明特征的新石器时期菜园文化、丝绸之路文化、边塞文化、地震文化和红色文化等多元的地域文化。其中，新石器文化遗存主要有菜园文化遗存、水冲寺遗址、柴梁遗址等。丝绸之路文化遗存有唐代石门关、石峡关和萧关县址，以及天都山、金佛沟、元龙山、龙山凤岭、玉泉山等石窟组成的“石窟走廊”。北宋、西夏时期边塞文化遗存主要有西安州古城址、萧关古城址、天都寨址、临羌寨址、荡羌寨址、通峡寨址、九羊寨址、胜羌寨址、绥戎寨址、定戎寨址等。元代边塞文化遗存有蒙古堡庙、塌城子、脱烈堡等。明代边塞文化遗存有明代固原内边墙(盐池段)、干盐池城、红古城等。1920年海原大地震遗存主要有哨马营震柳、李俊海子、唐家坡田埂错断、小山地堑等。红色革命遗址主要有关桥堡会议遗址、甘盐池红军总部遗址、贺家堡红二方面军总指挥部临时驻地遗址、祁家堡子西方野战红一军团临时指挥部等。

自然环境

【地形地貌】 海原县地处黄土高原西北部，属陇中山地与黄土丘陵区，群山连绵，沟壑纵横，地形破碎；地势由南西向北东倾斜，东部清水河河谷平原较平坦而开阔。县境山峰主要有南华山、西华山、月亮山、庙山、瓜瓜山、凤凰山等。境内最高峰为南部的南华山主峰马万山，海拔2955米，为六盘山脉第一高峰；最低点为东北部高崖乡红古村，海拔1330米。

【气　候】 海原气候属典型中温带大陆性季风气候，春暖迟、夏热短、秋凉早、冬寒长，气候特征明显，光能丰富。温度沿等高线分布，春季气温回升较快。降水量少且受地形影响，雨季集中，南北干湿不均；十年九旱，风大沙多；风向多为东南风，西、西北风次之，最少为东北风。

2022年，海原县平均气温为9.1℃，年总降水量为342.4毫米，年日照时数为2410.5小时。与历年平均值相比：气温偏高1.4℃，降水偏少16.6毫米，日照偏少292小时。年一日最大降水量为103毫米，出现在8月14日；年极端最高气温为35.3℃，出现在7月7日，比历史最高值偏低0.3℃；年极端最低气温为-18.7℃，出现在12月17日，比历史最低值偏高7.1℃。2022年度气温2月、12月偏低，其余各月均偏高；降水2月、4月、7月、8月偏多，其余各月均偏少；日照6月、9月偏多，其余各月均偏少。年内出现2次扬沙天气，4次大风天气，53次轻雾天气，5次雾天气，9次浮尘天气，7次霾天气。

【水 文】 海原县境地表水系主要有清水河、祖厉河两大水系。其中清水河流域面积6291平方公里，占全县总流域面积的97.88%。主要河道有清水河、祖厉河、西河、中河、苋麻河、石景河等。河流多为间歇河，水量小，且季节性变化大。地下水主要分布在南华山和西华山山前洪积扇区，水量较丰沛，埋藏浅且水质好。

【自然资源】 海原县地处宁夏中部干旱带，土地资源丰富，生产潜力大，且有分区发展农业、林业、牧业的有利条件。矿产储量少，但种类较多，主要有煤、油页岩、铜、金、铁、铅、石膏、耐火黏土、水泥用黏土、大理岩、花岗闪长岩、白云岩、硅石、砂砾石、硫铁矿、盐硝、磷、砖瓦黏土等18种。全县野生植物99科415属、744种。野生动物主要有脊椎动物5类163种，包括鱼类6种、两栖类3种、爬行类9种、鸟类107种、哺乳类38种，节肢、软体、环节动物有5种，昆虫有548种。

海原特产

【海原牛肉】 海原县是宁夏“六盘山牛肉”产区之一，自古有“畜牧为天下饶”之说，空气清洁、水源洁净，气候凉爽，光照充足，得天独厚的气候条件，为海原肉牛产业发展创造了优越的资源禀赋，已成为如今海原县的“主导”产业。海原牛肉外在特征突出，肌肉红润、有光泽，组织结构细密；脂肪呈乳白色，大理石花纹均匀丰富；瘦肉多、脂肪少，肉中带筋、筋中带肉，肉质鲜嫩，富有弹性，受到了广大消费者的喜爱。与普通牛肉相比，海原牛肉更具营养价值，蛋白质含量高，富含人体所需的7种必需氨基酸及微量元素，均为平均水平的3倍。2022年末，全县肉牛存栏15.1万头，出栏7.2万头，年商品量1.15万吨，产值突破8亿元。全县肉牛标准化养殖龙头企业、合作社及家庭农场276家，大型屠宰加工厂2家，科研院所1家，良种繁育中心1家，牛肉商标12个，1家企业产品纳入全国特质农品名录、3家企业被农业农村部确认为全国农产品全程质量控制技术体系（CAQS-GAP）试点生产经营主体。

【海原牛杂】 海原牛杂是海原县众多菜品中的一道特色菜，是用牛肉和牛的其他内脏熬上几个小时做成的一种食品，可以吃的方法有很多，比如说牛杂火锅、牛杂串、牛杂碎等。制作时需以“十三香”为主要香料，牛之杂有牛肚、牛肺、牛肠、牛肝等。

【海原小茴香】 海原小茴香是海原县优势特色产业之一。海原县将其作为当地经济发展的优势特色产业和农民增收的主要途径，推进小茴香绿色高效高产创建，建设小茴香标准化生产基地，从生产源头提高小茴香质量。2010年9月13日，中华人民共和国农业部批准对“海原小茴香”实施农产品地理标志登记保护。海原小茴香颗粒饱满，为长椭圆形，有的稍弯曲，两端略尖。色彩多为淡绿色，纵向竖纹相间，也有黄绿色的。具有特殊的香辛气味，口感有轻微的辛辣感。鲜嫩茎叶可做茴香菜，籽粒用于调味品和中药材；内在品质钙、钾、镁、反式茴香脑均优于参照值。截至2022年末，海原小茴香种植面积达到3000公顷，年产量1万吨，产值突破1亿元。全县有小茴香生产经营主体12家，有3

家企业已认证绿色食品、特质农品及全国农产品全程质量控制技术体系(CAQS-GAP)试点生产经营主体。2022年12月14日,海原小茴香被农业农村部纳入全国名特优新农产品名录。

【海原香水梨】 海原香水梨是海原县优势特色产业之一。海原县推动"农业+旅游"深度融合发展,将香水梨产业打造成休闲观光农业,促进农民就业增收。海原香水梨果实近圆形,色泽金黄,肉软味美,平均单果重120克左右。鲜梨清黄鲜亮,果皮薄,若藏至冬季果皮变黑,果肉冻结,俗称"冻梨",融化后果肉则成一包香水,食用时撕破表皮,吸吮果肉,酸甜可口;内在品质可溶性糖及微量元素均高于同类产品。截至2022年末,海原香水梨种植面积达到1000公顷,年产量4万吨,产值突破1亿元。全县已有香水梨生产加工企业10家,有3家企业已认证绿色食品。2021年9月13日,农业农村部农产品质量安全中心评审确认,将"海原香水梨"纳入全国名特优新农产品名录。

【海原小米】 海原小米是海原县优势特色产业之一。空气清洁、气候凉爽、光照充足、土壤通透性好等独特的地理区位、气候条件和肥沃的土壤为海原小米提供了独特的自然条件,使这里出产的小米绿色天然、口感独特、品质上乘。海原小米历来有"赛参汤"之美称,其颗粒均匀饱满,色泽黄亮,营养丰富,易烹饪,黏糯爽口,味微甜,闻起来有一股浓浓的清香味;内在品质蛋白质、脂肪、硒及其他微量元素均高于同类产品,营养丰富、清香怡人。截至2022年末,海原小米种植面积达到10000公顷,年产量6万吨,产值突破3亿元。全县已有小杂粮龙头企业、合作社、家庭农场28家,大型加工厂2家,有6家企业已认证绿色食品、特质农品及全国农产品全程质量控制技术体系(CAQS-GAP)试点生产经营主体。2021年9月13日,农业农村部农产品质量安全中心评审确认,将"海原小米"纳入全国名特优新农产品名录。

【海原藜麦】 海原藜麦具有独特的营养价值,尤其抗旱特性较强,近年来越发受到人们的关注和认可,市场前景大,种植效益高。截至2022年底全县累计种植1810亩。

【海原马铃薯】 海原马铃薯是海原县优势特色产业之一,有悠久的种植历史和栽培经验,主产区位于海原县南部,因海拔高、气候凉爽、光照充足、土壤通透性好等优越的地理位置及气候条件,为马铃薯产业发展提供了资源优势,使这里出产的马铃薯绿色天然、口感独特。2010年9月13日,中华人民共和国农业部批准对"海原马铃薯"实施农产品地理标志登记保护。海原马铃薯,薯形规则,表皮光滑,红皮黄肉,适宜鲜食采用。煮食时,口感香而滑润,风味独特,烹菜时香味四溢,口感较好,不易断裂。与同类产品相比,海原马铃薯更具营养价值,淀粉含量高,富含人体所需的矿物质及微量元素,均高于平均水平。截至2022年末,海原马铃薯种植面积达到20000公顷,年产量45万吨,产值突破5亿元。全县已有马铃薯龙头企业、合作社23家,大中型加工厂4家,有5家企业已认证绿色食品、有机食品及全国农产品全程质量控制技术体系(CAQS-GAP)试点生产经营主体,获得第十五届、第十六届、第二十届、第二十一届中国绿色食品博览会金奖。

【海原红葱】 海原红葱是海原县优势特色产业之一(瓜菜产业),很久以前就已有品牌优势,民间流传的俗语"西安州的人,李旺堡的葱,贺家堡的韭菜,马营的蒜"即是明证。气候凉爽、光照充足和肥沃的土壤为海原红葱提供了独特的自然条件,使这里出产的红葱绿色天然、口感独特、品质地道。

海原红葱株高50厘米左右,葱白长20~25厘米,上细下粗呈鸡腿状,葱白粗壮、鲜嫩、紧实,老熟后成褐红色的葱衣包裹葱白。叶为长圆锥形,中空,叶色深绿。香味浓郁、辛辣,适宜熟食,干物质含量高,耐储藏。与同类产品相比,海原红葱更具营养价值,维生素C和胡萝卜素含量高,富含人体所需的微量元素,高于类比参照值的3倍以上。截至2022年末,海原红葱种植面积达到1600公顷,年产量4.8万吨,产值突破2亿元。全县已有红葱生产经营主体16家、红葱商标4个,有3家企业已认证绿色食品及全国农产品全程质量控制技术体系(CAQS-GAP)试点生产经营主体。2022年12月13日,农业农村部农产品质量安全中心评审确认,将"海原红葱"纳入全国名特优新农产品名录。

【海原西瓜】 海原西瓜是宁夏"中卫硒砂瓜"产区之一,也是海原县优势特色产业之一(瓜菜产业),种植历史悠久。气候温和、昼夜温差大、光照充足、空气干燥以及土壤通透性好等独特条件,为海原西瓜产业发展创造了优越的自然资源,使这里出产的西瓜绿色天然、口感独特。2008年11月3日,中华人民共和国农业部批准对"海原硒砂瓜"实施农产品地理标志登记保护。海原西瓜果实椭圆形,浅绿色底,深绿色锯齿状条带,皮厚小于1.3厘米,平均单果重7.3千克左右,果肉红色,汁液丰富,口感甜爽,商品性好;质酥脆,籽粒小,浅褐色,不倒瓤;中心与边可溶性固形物梯度小;果皮密度大,硬韧度高,极耐贮运。与同类产品相比,海原西瓜更具营养价值,维生素C和可溶性固形物均高于类比参照值的2倍左右。截至2022年末,海原西瓜种植面积达到3300公顷,年产量15万吨,产值突破2亿元。全县已有西瓜生产经营企业、合作社26家,等级筛选加工企业1家,商标16个,有3家企业已认证绿色食品、中国良好农业规范,1家企业产品纳入全国特质农品名录。2019年10月21日,宁夏回族自治区商务厅评审认定为"宁夏优品"。

【海原杂豆】 海原杂豆含有大量的纤维素,富含氨基酸、钙离子、铁离子等物质,能维持人体的营养平衡,降低骨质疏松的概率。全县种植杂豆3万亩,年产量2300吨。

【海原枸杞】 海原枸杞是"宁夏枸杞"产区之一,也是海原县优势特色产业之一,国家中医药管理局将宁夏定为全国的药用枸杞产地,引入全国十大药材生产基地之一。产区因昼夜温差大、光照充足、空气干燥以及土壤通透性好等独特条件,出产的枸杞口感独特,营养丰富。海原枸杞果呈长圆形,色泽红艳,颗粒饱满,大小均匀,籽少肉厚,甘甜不腻,果柄痕多为白色或黄色,自然风干,口感纯正;泡水清淡,裸籽轻,大多上浮在水面。与同类产品相比,海原枸杞营养更丰富,富含人体所必需的多种营养物质,其中β-胡萝卜素、维生素E和枸杞多糖的含量比其他产地的枸杞高出10%~70%。截至2022年末,海原枸杞种植面积达到2100公顷,年产量0.7万吨,产值

2800万元。全县已有枸杞生产经营企业、合作社13家，等级筛选加工企业4家，商标8个，有1家企业被确认为全国农产品全程质量控制技术体系（CAQS-GAP）试点生产经营主体。

（海原县农业农村局）

2022年国民经济和社会发展情况

【概　况】 2022年，海原县实现地区生产总值98.86亿元，按不变价格计算，同比增长6.0%；其中，第一季度同比增长7.5%；第二季度同比增长5.8%；第三季度同比增长4.0%，第四季度同比增长6.0%。第一产业增加值18.57亿元，同比增长5.70%；第二产业增加值23.97亿元，同比增长16.6%；第三产业增加值56.32亿元，同比增长2.6%。从三次产业对经济增长的贡献看，第一产业对经济增长的贡献率为18.9%，拉动经济增长1.1个百分点；第二产业对经济增长的贡献率为54.8%，拉动经济增长3.3个百分点；第三产业对经济增长的贡献率为26.3%，拉动经济增长1.6个百分点。

【农业经济】 2022年，海原县农业经济稳定增长，实现农林牧渔业总产值37.72亿元，同比增长6.1%；完成增加值19.31亿元，同比增长5.8%。其中，完成农业总产值21.12亿元，同比增长2.7%；完成畜牧业总产值14.83亿元，同比增长12.2%；完成林业总产值0.62亿元，同比增长60.2%；完成农林牧渔服务业总产值1.15亿元，同比增长8.2%。全县粮食总产量23.23万吨，比上年增加2.56万吨，同比增长12.4%。其中，夏粮产量1.08万吨，同比增长29.1%；秋粮产量22.15万吨，同比增长11.7%。全县猪牛羊禽肉产量2.12万吨，同比增长6.0%；其中，猪肉产量0.22万吨，同比下降10.4%；牛肉产量0.99万吨，同比增长8.6%；羊肉产量0.87万吨，同比增长10.0%；禽肉产量0.04万吨，同比下降19.7%。牛奶产量3.5万吨，同比增长26.1%；禽蛋产量0.27万吨，同比下降21.3%。年末生猪存栏2.19万头，同比下降6.3%，出栏2.83万头，同比下降11.5%；牛存栏14.64万头，同比增长14.9%，出栏6.12万头，同比增长8.4%；羊存栏61.57万只，同比增长26.3%，出栏49.91万只，同比增长9.2%；家禽存栏20.47万只，同比下降4.6%，出栏22.97万只，同比下降11.1%。

【工　业】 2022年，海原县工业增速保持增长。规模以上工业累计实现总产值同比增长40.8%，增加值同比增长1.0%。规模以上工业经济增长主要依赖宁夏中车新能源有限公司、宁夏深拓新能源有限公司两家新建企业带动，其总产值占全县工业总产值的比重为59.9%、2.8%。2022年，海原县能源消耗逐渐趋于平缓。由于规模以上工业企业数量翻倍（2021年年底4家，2022年新增入库5家，年末在库规上企业9家），能源消耗量持续增高，全年全县规模以上工业综合能源消费量同比增长9.4倍，规模以上单位工业增加值能耗同比增长9.3倍。

【现代服务业】 2022年，海原县交通运输产业蓬勃发展，累计培育货运企业82家，在册货运汽车8914辆，行业从业人员2.8万人，四季鲜、联富汽贸城集散效应逐步显现。引导现代农业经营主体参加“宁夏名优特色农产品促消费”“闽宁特产线上行”“晒文旅·晒优品·

促消费”等活动，销售各类优质农产品0.9亿元。加快服务业基础设施建设，实施综合产业区仓储中心改造项目，建成投运国家电子商务进农村综合示范平台，进一步完善县乡村三级物流配送体系。积极落实区市各项支持扩大消费政策，统筹2370万元直接带动消费1.3亿元，全县快件进港量650万件，出港量35万件，完成下乡物流配送330万件。全县实现消费帮扶销售额3.2亿元。

【固定资产投资】 2022年，海原县固定资产投资同比增长9.3%。总投资中，县属投资同比下降22.9%；区属投资同比增长67.5%。县属投资中，房地产投资同比下降38.4%；项目投资同比下降16.3%（其中，第一产业投资同比增长262.2%，第二产业投资同比下降50.0%，第三产业投资同比增长26.1%）。新能源投资同比下降59.3%。民间投资同比下降82.1%。

【消费市场】 2022年，海原县有限额以上入统企业10家，其中限额以上批发企业3家，零售企业2家，住宿企业2家，餐饮企业1家，零售个体2家；限额以下抽样调查单位24家（含企业和个体）。全年完成全社会消费品零售总额29.46亿元，同比下降0.6%。城镇地区零售总额16.73亿元，同比增长1.0%；乡村地区零售总额12.73亿元，同比下降2.5%。批发业零售额9.51亿元，同比增长0.3%；零售业零售额16.91亿元，同比下降1.1%；住宿业零售额0.14亿元，同比下降14.4%；餐饮业零售额2.90亿元，同比增长0.4%。餐饮收入3.04亿元，同比下降0.4%，商品零售26.42亿元，同比下降0.6%。

【财政收支】 2022年，海原县一般公共预算收入完成2.50亿元，完成年度预算106.4%，同比增长5.1%，扣除留抵退税因素后增长11.6%。其中，税收收入完成1.24亿元，完成年度预算88.3%，同比下降8.9%，扣除留抵退税因素后增长2.9%，占一般公共预算收入的54.6%；非税收入完成1.26亿元，完成年度预算的133.6%，同比增长23.8%。全县一般公共预算支出完成62.17亿元，同比增长0.6%。

【金融信贷】 2022年末，海原县金融机构人民币各项存款余额100.05亿元，同比增长10.9%。其中，住户存款余额65.00亿元，同比增长14.9%；非金融企业存款余额9.89亿元，同比增长30.9%；机关团体存款余额25.13亿元，同比下降3.5%。人民币各项贷款余额87.26亿元，同比增长10.0%。其中，住户贷款余额74.70亿元，同比增长14.1%；企（事）业单位贷款余额12.56亿元，同比下降9.3%。

【生态环境】 2022年，海原县深入开展蓝天、碧水、净土“三大行动”，紧盯PM2.5、PM10和优良天数等指标，扎实开展扬尘、煤尘、烟尘、汽尘污染4项整治，清理整治非法销售散煤摊点2处，完成高崖乡和七营镇等15个清洁煤配送中心，有效遏制“两高”项目发展；对全县46家遗留矿山开展了排查整治，开工建设清水河海原段历史遗留废弃矿山生态修复及国土综合整治项目；强化饮用水源地保护管理，水质均达到Ⅲ类标准，达标率为100%。加强野生动物联防联控，国家重点保护野生动植物物种数保护率达到95%以上；完成西华山国家草原自然公园草地改良0.56万亩。完成植绿增绿24.76万亩，森林覆盖率达到11.37%、草原植被盖度达到65.7%。

【城乡建设】 2022年，海原县持续提升城镇品质，完成政府街等5条市政道路提级改造，全面提升供水、供热等市政管网改造，供水普及率99%，排水普及率96%，集中供热覆盖率98.5%，绿化覆盖率39.5%。完成了邮政局等5个老旧小区改造，基本建成格兰丽都、北苑小区，开工建设闽宁华府二期、明珠南华府等小区。常住人口城镇化率35.61%。全县重点小城镇和农村人居环境整治示范村建设进度进一步加快，开工建设李旺镇高质量小城镇项目，建成农村人居环境整治示范村16个。升级改造国省干线160公里，建设村组道路200公里。

【乡村振兴】 2022年，海原县全面总结脱贫攻坚经验，保持延续脱贫攻坚责任体系不变，持续巩固“两不愁三保障”及饮水安全成果。建立健全农村低收入人口监测帮扶机制，紧盯626户2682名“三类重点人群”强化帮扶工作。脱贫群众人均纯收入达到14153元，增长16.44%。把产业作为巩固拓展脱贫攻坚成果的关键、乡村振兴的重点，整合资金6.72亿元，重点抓好高端肉牛产业，完善肉牛产业“6+1”体系，合理布局马铃薯、小杂粮、瓜菜、枸杞种植面积。完成高标准农田12.5万亩，“一村一年一事”事项148项。突出开展“五清一改一绿化”，农村人居环境不断改善，脏乱差现象有效治理，户厕改造建设2159座，建成关桥乡、史店乡污水处理站，春季造林及村庄清洁行动共植树0.93万亩，完成农村人居环境综合整治示范村16个。

【民生服务】 2022年，海原县教育事业高质量发展。实施薄改、普通高中改造等项目，新建、改扩建校舍面积8.1万平方米，维修学校49所。新建3所“互联网+教育”标杆学校，组织教师参加各级各类培训7102人次。全县学前三年毛入园率90.47%，7～15岁小学适龄儿童、少年入学率100%，高中阶段毛入学率94.93%。文化事业持续开展。成功举办各类群众文化活动350余场次；农村电影放映2100余场次；创排文艺作品20余部。打造了甘盐池人民公社、贾塘农业采摘观光园等特色游项目，关桥村和方堡村被评为宁夏特色旅游村，关桥村被文旅部评定为全国乡村旅游重点村。累计吸引游客79万人次，旅游收入0.21亿元。卫生服务能力明显增强。有序开展全民健康水平提升行动，健康促进医院实现全覆盖，健康促进学校、机关、企业、社区（村）分别达到78.8%、74%、50%、26%。全县脱贫人口、三类重点监测对象、大病、重病患者季度履约率均为100%，高血压、糖尿病等四种慢病季度履约率达96.63%，基层医疗卫生服务能力持续提升。健康促进县建设顺利通过国家评估验收。社会保障服务能力不断提升。全年劳务协作输送转移就业人员30余批2071人；组织各类就业培训2577人次，购买“铁杆庄稼保”70599人，全年转移就业10.8万人（脱贫劳动力40525人），创收18.9亿元。发放全民创业贷款8124万元、失业保险基金支出953万元；企业、机关事业单位、城乡居民基本养老保险参保率达100%以上，新开工项目工伤保险参保率达96%。城乡低保、特困供养群体和残疾人保障持续提标，发放救助资金3.5亿元。

【营商环境】 2022年，海原县聚焦优化营商环境工作中的短板弱项，持续优化营商环境，全面提升营商环境服务水平。采取“政府基金+商业银行”合作模式，按照10倍比例撬动银行贷款，扩大信贷规模，共撬动贷款2.23万笔16.5亿元，有力缓解了企业融资难、融资贵等问题。努力打造"一窗式受理、一站式服务、一条龙服务"的行政审批服务平台，优化流程、压缩时限。一窗综合办理事项12万余件，办件指标位居全区第一，网办率为85.8%以上。乡镇民生服务中心办件量8.7万件，村（社区）民生服务代办点办件量4.5万件，两项指标均位居全区第一。"互联网+监管"监管事项517项，覆盖率为77.37%，位居全区县（区）第四。"12345"政务热线共受理群众诉求4916件，办结4861件，办结率达98.9%。

【"六权"改革】 2022年，海原县"六权"改革不断深化。有序推进土地权改革，变更登记农村承包地确权5532户，新增土地承包经营权登记确权1.65万亩，土地托管面积68.15万亩次，抵押土地面积1434.2亩，发放农村土地承包经营权抵押贷款46笔842万元，全县承包地确权登记颁证工作基本完成。持续推进用水权改革，开展全市首例黄河水跨区域水权交易，颁发农业、工业用水权证44个。不断推进山林权改革，完成山林地确权登记工作，山林资源确权登记面积达到440.8万亩，流转山林地面积7358亩，打造林下经济示范基地4家。扎实推进排污权改革，完成排污权制度建设、排污企业监管、排污权交易等工作，建立排污权统一交易平台。用能权和碳排放权改革全面启动。

（海原县发改局）

组织机构与组成人员名录

中共海原县第十五届委员会

·县委常委会·

书　记　杨青龙(回族,3月调职)
　　　　佘瑞东(3月任职)

副书记　张　鹏　薛军勇(2月调职)　李　明(回族,2月挂职)　李雪峰(12月任职)

常　委　张晓华(5月调职)　于建涛　强　斌(回族,6月调职)　田风明(回族)
　　　　刘文杰　曾小明(挂职)　丁　芳(女,回族)　采澎涛　常伟海(5月任职)
　　　　冯　磊(6月任职)　康晓伟(12月任职)

·县纪委监委·

【中共海原县纪律检查委员会】

书　记　张晓华(5月调职)　常伟海(5月任职)

副书记　马　宁(回族)　董治耀　马如龙(挂职)

常　委　马亚军(回族)　王国明　王　静(女)　田　军(回族,11月调职)
　　　　陈　伟(11月任职)

【海原县监察委员会】

主　任　张晓华(6月调职)　常伟海(6月代理)

副主任　常伟海(6月任职)　马　宁(回族)　董治耀　马如龙(挂职)

委　员　马亚军(回族)　王国明　王　静(女)　田风贵(回族)

·县委部门·

【县委办公室】

主 任 秦 勇(11月调职) 田进虎(回族,11月任职)

副主任 石洪国(11月调职) 田彦贵(回族,3月任职) 苟 明(11月任职)

县委办挂牌单位:

【县委保密局】

局 长 秦 勇(兼任至11月) 田进虎(11月兼)

【县委督查室】

主 任 苟 明(11月兼任)

【县委机要局】

局 长 秦 勇(兼任至11月) 田进虎(11月兼任)

副局长 马进龙(回族)

【县档案局】

局 长 秦 勇(兼任至11月) 田进虎(11月兼)

【县委组织部】

部 长 李雪峰(任至12月) 康晓伟(12月任职)

常务副部长 王 成(回族,4月调职) 太耀坤(6—11月任职) 王 枭(11月任职)

副部长 马建勋(回族) 杨治平 张国慧(女)

县委组织部挂牌单位:

【县直机关工委】

书 记 李雪峰(兼任至12月) 康晓伟(12月兼任)

副书记 王 成(兼任至4月) 太耀坤(6—11月兼任) 王 枭(11月兼任)

【县非公有制经济组织和社会组织党工委】

书 记 马建勋(兼)

副书记 黄勤虎(11月调职)

【县离退休老干部党工委】

书 记 马建勋(兼)

专职副书记 马晓峰(回族)

【县委老干部局】

局 长 马建勋(兼)

【县关心下一代工作委员会】

主　任　李正虎(回族)

副主任　刘正权(6月任职)　马兴旺(回族,6月任职)

【县委宣传部】

部　长　丁　芳(女,回族)

常务副部长　刘风贵(回族)

副部长　肖瑞清　周　琳(女,回族)

县委宣传部挂牌单位:

【县精神文明建设指导小组办公室】

主　任　刘风贵(兼)

【县新闻出版局】

局　长　肖瑞清

【县国防教育办公室】

主　任　刘风贵(兼)

副主任　周　玲(兼)

【县委统一战线工作部】

部　长　田风明(回族)

常务副部长　王占福(回族,任至5月)　张东雄(5月任职)

副部长　罗尚东(回族)　杨　林(回族)

县委统战部挂牌单位:

【县民族宗教事务管理局】

局　长　王占福(兼任至5月)　张东雄(5月兼任)

【县委政法委员会】

书　记　于建涛

第一副书记　刘福林

常务副书记　高　勇(回族)

副书记　李小锋(回族)　黄　富　王占福(兼任至6月)　张东雄(6月兼任)

【县委政策研究室】

主　任　常贤明(回族)

副主任　田彦贵(回族,3月调职)　马彦龙(回族)

【县委网络安全和信息化委员会办公室】
主　任　马进堂(回族,1月任职)
副主任　田兴国(回族)　李红梅(女,回族,3月任职)

【县委机构编制委员会办公室】
主　任　李成虎(回族)
副主任　王彦宏(回族,11月调职)　杨　梅(女,回族)　田　福(回族,11月任职)

【县委巡察领导小组办公室】
主　任　马亚军(回族)
副主任　赵建华(6月调职)　田向福(回族,11月任职)
县委巡察办挂牌单位:
【县委巡察组】
副组长　田向福(回族,任至11月)　王彦宏(回族,11月任职)　田亚鹏(回族)

·县委直属事业单位·

【县委党校(行政学校)】
校　长　李雪峰(兼任至12月)　康晓伟(12月兼任)
常务副校长　张汉东(回族,6月任职)
副校长　李　力(回族,主持工作至6月)　李小宝

【县委党史和地方志研究室(县志办)】
主　任　田玉龙(回族)
副主任　段玉梅(女,任至11月)　张　荣(11月任职)　秦卫民

【县融媒体中心(县广播电视台)】
主　任　田彦秀(女,回族,任至11月)　马学文(回族,11月任职)
副主任　马启峰(回族)　李建祥(11月任职)

·县群众团体·

【县总工会】
主　席　杨常林(兼)

常务副主席 田彦仓(回族)

副主席 李颖宇(女,回族,任至11月) 杨志福(回族,11月任职) 顾 娟(女,兼) 马治兰(女,回族,挂职至10月)

【共青团海原县委员会】

书 记 魏世英(女)

副书记 马生龙(回族) 郝 骞

【县妇女联合会】

主 席 张晓霞(女)

副主席 邵淑霞(女) 马晓英(女,回族) 刘 晶(女,挂职至6月) 苏 霞(女,6月挂职)

【县工商业联合会】

党组书记 杨 林(回族)

主 席 任艳秀(女)

副主席 田振国(回族) 田海英(回族)

【县文学艺术界联合会】

主 席 李存福(回族,任至4月) 马正福(回族,4月任职)

副主席 田文宝(回族,11月任职) 胡玉蓉(女,任至11月) 仇建国(回族)

【县科学技术协会】

主 席 刘一祖(1月任职)

副主席 马 彪(回族,任至8月) 张怀东 郭宏义(11月任职)

【县残疾人联合会】

理事长 郭维廉(女)

副理事长 马志强(回族,任至11月) 田贵川(回族) 摆玉福(回族,11月任职) 马 林(回族,9月挂职)

【县伊斯兰教协会】

会 长 马宏吉(回族,不驻会)

常务副会长 金录岐(回族)

副会长 李玉海(回族,任至11月) 田禧裕(回族)

【县红十字会】
会　长　刘文杰(兼)
常务副会长　田兴贵(回族)
副会长　李廷虎(回族)　马忠玉(兼)

海原县第十八届人大常委会

·县人大常委会·

主任、党组书记　杨　和(回族)
副主任　杨常林(回族)　马光智(回族)　薛鹏飞(12月调职)　冯　帆(女)
马晓宏(12月当选)

·县人大常委会工作机构·

【办公室】
主　任　李金龙(回族)
副主任　李晓梅(女,回族,4月任职)
【法制工作委员会】
主　任　田　埂(回族)
【财经与农业和环境保护工作委员会】
主　任　石彦才(回族)
【教育科学文化卫生工作委员会】
主　任　杨文珂(回族)
【代表联络选举与民族宗教外事侨务工作委员会】
主　任　郑海明

海原县人民政府

·县人民政府·

县长、党组书记　张　鹏

常务副县长、党组副书记 强　斌（回族，6月调职） 冯　磊（6月任职）
副县长 刘文杰 曾小明（挂职） 刘福林 贾治林 王银军 王金中（挂职）
马海燕（女，回族） 吴佳伟（12月任职）

·县人民政府工作部门·

【县政府办公室】
主　任 马海军（回族）
副主任 王　刚 曹　瑾（4月调职） 陈结定（挂职） 李　煜（回族）
县政府办挂牌单位：
【县外事办公室】
主　任 马海军（兼）
【县政务公开办公室】
主　任 马海军（兼）
【县信访局】
局　长 曹　瑾（兼任至3月） 王　刚（3月兼任）
副局长 蒲生荣（回族）

【县发展与改革局】
局　长 杨卫国
副局长 张信平 邓向鹏（回族） 马小明（回族，任至12月）
县发改局挂牌单位：
【县粮食与物资储备局】
局　长 杨卫国（兼）
副局长 马小明（兼任至11月）

【县教育体育局（教育工委）】
书　记、局　长 王占福（回族）
副书记 刘正权（4月调职） 赵建华（4月任职）
副局长 岳海伟（11月调职） 杨　成（回族） 孙晓红（女，任至11月）
金晓娟（女，回族，11月任职）
党组成员 刘建霞（女，11月任职）
县教育体育局挂牌单位：
【县政府教育督导室】
主　任 王占福（兼）
副主任 岳海伟（兼任至11月）

【县科学技术局】

局　长　高启平

副局长　余卫东(任至11月)　马阳青(回族)　董立国(挂职至9月)

【县工业信息化和商务局】

局　长　田应鹏(回族)

副局长　周金平(回族,2月调职)　马小锋(回族)　卢彦琦(回族)　蔡　伟(挂职至9月)

【县公安局】

局　长、党委书记　刘福林

党委副书记、政委　安　云

常务副局长　马正科(回族)

副局长　李建伟　代志勇

党委委员　田志伟(回族)　田志龙(回族,11月调职)　魏克栋(11月任职)

【县民政局】

局　长　杨立廷(回族)

副局长　买玉珠(回族)　麦　荣

【县司法局】

局　长　杨宝林

副局长　杨彦虎(回族,任至11月)　马汉贵(回族)　王　澎　金　明(回族,11月任职)

【县财政局】

局　长　罗发强(回族)　副局长　单广义(回族)　马正当(回族)　黄晓萍(女)
李　华(挂职至9月)

县财政局挂牌单位:

【县金融工作局】

局　长　罗发强(兼)

副局长　马正当(兼)

【县人力资源与劳动保障局】

局　长　张成静

副局长　王红霞(女,任至11月)　杨占海(回族)　缑甜甜(女,11月任职)

【县自然资源局】
党委书记　李　静
局　长　田小武(回族)
副局长　李　静(兼)　田治贵(回族,3月任职)　张　旭(3月任职)　杨彦宝(挂职至9月)
　　　　张文倩(女,挂职至9月)
县自然资源局挂牌单位:
【县林业和草原局】
局　长　田小武(兼)
副局长　张　旭(4月兼任)

【县住房和城乡建设局】
副局长　赵旭辉(任至11月)　冯兴伟(回族)　王兴杰　田智坤(回族,挂职至9月)
　　　　马进锋(回族,挂职至9月)
县住建局挂牌单位:
【县城市管理综合执法局】
副局长　赵旭辉(兼任至11月)

【县交通运输局】
局　长　罗成礼(回族)
副局长　田　瑞(回族,4月任职)　方成明　冯克勇　买成伟(回族,挂职至9月)
　　　　李　强(5月挂职)
县交通运输局挂牌单位:
【县交通战备办公室】
主　任　罗成礼(兼任)

【县水务局】
局　长　张广平
副局长　田兴明(回族,7月调职)　陈学明(任至9月)　李伟宝(回族)
　　　　田　涛(挂职至9月)　蒲成龙(回族,挂职至9月)

【县农业农村局】
局　长　田风奇(回族,5月调职)　洪兴志(回族,5月任职)
副局长　刘一祖(1月调职)　杨忠栋(回族,12月调职)　马小虎(回族,11月任职)
　　　　邹德强　高　强(回族,挂职至9月)

【县文化旅游广电局】

局　长　周玉宁（回族）

副局长　张　荣（11月调职）　田志鹏（回族）

县文广局挂牌单位：

【县文物局】

局　长　周玉宁（兼）

副局长　张　荣（兼任至11月）

【县卫生健康局】

党委书记　张志春（回族）

局　长　张志春（4月兼任）

副局长　张志春（主持工作至4月）　田进生（回族，任至4月）　马忠玉（回族）
王　军（4月任职）

【县退役军人事务局】

局　长　田　波（回族）

副局长　张汉旭　马德友（回族）　孙玉东（兼任至11月）　张　鑫（11月兼任）

【县应急管理局】

局　长　马守玉（回族，3月调职）　李金星（女，回族，3月任职）

副局长　冯　智（7月去世）　田术吉（回族）　李忠荣（回族）

【县审计局】

局　长　包兆武

副局长　杨平献（回族，任至11月）　冯进寿　马　杰（回族，11月任职）

【县市场监督管理局】

局　长　单进虎（回族，任至6月）　马守玉（回族，6月任职）

副局长　杨进林　张汉祥（回族）　吴鹏江

【县统计局】

局　长　田进虎（回族，11月调职）
马会珍（女，11月任职）

副局长　马会珍（女，任至11月）　马凯崟（回族）

【县乡村振兴局】

局　长　穆　华(回族,1月调职)　洪兴志(回,3—5月任职)　郭建巍(5月任职)

副局长　李万贵(回族)　李文林(回族)　蒙文瑞(女)　高　敏(回族,1月调职)
余正帮(回族,任至9月)　陈纯美(挂职)

【县医疗保障局】

局　长　薛正东(回族)

副局长　樊　军　罗玉奎(回族)

【县审批服务管理局】

局　长　李忠国(回族)

副局长　马进海(回族)　赵全国(回族)

·县人民政府直属企事业单位·

【县机关事务服务中心】

主　任　马学文(回族,1—11月任职)　石洪国(11月任职)

副主任　郭亚斌(回族)　冯　强(1月任职)

【县地震局】

局　长　田建彪

副局长　马运选(回族)　赵廷虎

【县供销社】

主　任　肖东坡(任至11月)

支部书记　丁生国(11月任职)

【县肉牛产业发展集团有限公司】

董事长　杨永生(回族)

董　事　谢迪霞(女)

总经理　杨永生(兼)

副总经理　石会刚

【县文化融创旅游发展集团有限责任公司】

董事长　李志强(回族)

总经理　罗绍君（回族）

监事会主席　马德云（回族）

·学校、医院·

【海原县第一中学】

校　长　王宗龙（任至11月）　岳海伟（11月任职）

【海原县高级中学（原海原县回民中学）】

校　长　卢俊才（回族，11月任职）

【海原县兴海中学】

校　长　李彦豹（任至8月）

【海原县职业教育中心】

校　长　郭志宏

【海原县医疗健康总院（1月成立）】

书　记　张志春（回族，1月任职）

院　长　殷　军（1月任职）

【海原县人民医院】

院　长　殷　军

【海原县中医医院】

院　长　马尚钰（回族）

【宁南医院】

院　长　李德银（回族）

政协海原县第十二届委员会

·县政协·

主席、党组书记　丁志爱

党组副书记　田风明（兼）

副主席　田风梅（女，回族）　王建平　麻德明（回族）

秘书长　包国成

·县政协组成机构·

【办公室】

主　任　包国成(兼)

副主任　卢延春(回族)

【提案与委员联络委员会】

主　任　李德军(回族)

副主任　马应强(回族,任至2月)　罗成祚(回族,2月任职)

【经济法制与环境保护委员会】

主　任　宋海山

副主任　张继路

【科教文卫体与民族宗教委员会】

主　任　马仲明(回族,任至2月)　周金平(回族,2月任职)

副主任　李德才

【社会治理委员会】

主　任　李　云(回族,任至5月)　田风奇(回族,5月任职)

副主任　金晓娟(女,回族,11月调职)　赵旭辉(11月任职)

海原县人民法院、海原县人民检察院

·海原县人民法院·

党组书记　李明琮(1月调职)　徐青山(1月任职)

院　长　李明琮(1月调职)　徐青山(3月代,12月当选)

副院长　徐青山(3月任职)　贺小平(回族)　杨　红(女,回族)　杨　涛(1月任职)

党组成员　马忠义(回族)　黄勤虎(8月任职)　马正荣(回族,11月任职)

·海原县人民检察院·

检察长　郭孟强

副检察长　田晓荣(回族)　王秉威　田风海(回族,3月调职)　倪良伟(3月任职)

党组成员　李建保(回族)　马　宇(回族)　田　龙(回族,8月任职)

摆玉福(回族,兼任至11月)　罗成虎(回族,11月兼任)

乡镇(街道)

【海城镇】

党委书记 罗永平(回族)

副书记、镇长 王珲敏

人大主席 顾一凡

副书记 李增明(回族) 李卫东(4月挂职)

纪委书记 马 青(女,回族)

组织委员 马正伟(回族)

副镇长 马俊义(回族) 田广科(回族) 田家碧(女,回族)

【三河镇】

党委书记 白向平

副书记、镇长 马月芳(女,回族,5月调职) 秦 勇(11月任职)

人大主席 马宝虎(回族)

副书记 魏克明

纪委书记 李小虎(回族)

组织委员 单慧玲(女,回族)

副镇长 马瑞蓝(女,回族,3月调职) 马治锋(回族) 田治贵(回族,3月调职) 余 军(回族,11月任职) 陈万宁(11月任职)

【李旺镇】

党委书记 李金星(女,回族,3月调职) 王 成(回族,4月任职)

副书记、镇长 李广强(回族)

人大主席 马维虎(回族)

副书记 李 波

纪委书记 王 芳(女,回族,11月调职) 马进龙(回族,11月任职)

组织委员 田 福(回族,11月调职) 赵 冀(回族,11月任职)

副镇长 金 涛(回族) 何相君 马国珍(回族)

【西安镇】

党委书记 洪兴志(回族,1月调职) 杨永和(回族,1月任职)

副书记、镇长 冯向辉

人大主席 杨 辉(回族,11月调职) 曹国材(11月任职)

副书记 苟 明(11月调职) 冯彦茂(回族,11月任职) 白海波(4月挂职)

纪委书记 马建福(回族)

组织委员 田进权(回族)

副镇长 马永远(回族) 马 丽(女) 田海平(回族)

【七营镇】

党委书记 锁鹏珠

副书记、镇长 杨万龙(回族)

人大主席 王小平(回族)

副书记 李金龙(回族)

纪委书记 黄登明

组织委员 褚亚龙

副镇长 常贤亮(回族) 马麒麟(回族) 王振鹏

【高崖乡】

党委书记 田 璟(回族)

副书记、乡长 姚治军

人大主席 马进堂(回族,1月调职) 杨 辉(回族,11月任职)

副书记 张黎明(回族)

纪委书记 丁良栋(回族)

组织委员 缑甜甜(女,11月调职) 李 娜(女,回族,11月任职)

副乡长 虎 平(回族,12月调职) 马百宝(回族) 赵元宝

【甘城乡】

党委书记 妥成军(回族)

副书记、乡长 李 军

人大主席 卢建宏

副书记 张占生(回族)

纪委书记 马学虎(回族)

组织委员 王钰琴(女)

副乡长　蔺永平　罗　贵（回族）　褚静瑞

【关桥乡】

党委书记　冯　磊（兼任至6月）　田兴明（回族，7月任职）

副书记、乡长　郭建巍（5月调职）　罗成玉（回族，11月任职）

人大主席　罗成玉（回族，任至11月）

副书记　杨忠信（回族，3月任职）　王世博（挂职）

纪委书记　田　龙（回族）

组织委员　李　娟（女，回族）

副乡长　李　明（回族）　吴春江　陈万宁（女，11月调职）　杨震霄（回族，12月任职）

【贾塘乡】

党委书记　田　平（回族，5月调职）　马月芳（女，回族，5月任职）

副书记、乡长　王建勋

人大主席　李永彬

副书记　刘盼文（挂职至4月）　陈志峰（4月挂职）　杨忠信（回族，3月调职）
朱德勇（3月任职）

纪委书记　肖进民

组织委员　李世民（回族）

副乡长　马瑞智（女，回族）　张斌兴（9月调职）　田国锋　罗占飞（11月任职）

【郑旗乡】

党委书记　马维国（回族）

副书记、乡长　李文福（回族）

人大主席　卢泽萍（女）

副书记　周　鹏

纪委书记　王　华

副乡长　田智坤（回族）　金　强

【史店乡】

党委书记　丁　毓

副书记、乡长　杨如海（回族）

人大主席　马进中（回族）

副书记　罗建忠（回族）

纪委书记 李 军(回族)
组织委员 马 青(女,回族)
副乡长 马海玉(回族) 李青芳(女,回族)

【李俊乡】
党委书记 周宏财(回族)
副书记、乡长 李 云(回族)
人大主席 马小虎(回族,11月调职) 马小明(回族,11月任职)
副书记 王春梅(女,回族) 褚忠诚(挂职)
纪委书记 周小燕(女)
组织委员 白立忠(回族)
副乡长 兰生明(回族) 张正宇(回族)

【九彩乡】
党委书记 陈冬子(回族)
副书记、乡长 李文霞(女,回族)
人大主席 杨 立
副书记 郭天猛
纪委书记 马忠贵(回族,11月调职) 马风举(回族,11月任职)
组织委员 王永丽(女,12月调职)
副乡长 杨有贵(回族) 杨向阳(女)

【曹洼乡】
党委书记 田 地(女,回族)
副书记、乡长 张元彻
人大主席 刘康林
副书记 马志忠(回族)
纪委书记 夏学鹏
组织委员 孙晓伟
副乡长 罗宗荣(回族) 罗彦平(回族)

【树台乡】
党委书记 曹 昀

副书记、乡长　李　瑛（回族）
人大主席　田彦虎（回族）
副书记　马全德（回族）　马建斌（回族，5月任职）
纪委书记　张渊鹏（回族）
组织委员　郑　虹（女，回族，1月任职）
副乡长　马治琪（回族）　周　黎（回族）　赵　鹏

【红羊乡】
党委书记　杨永和（回族，1月调职）　高　敏（回族，1月任职）
副书记、乡长　太耀坤（6月调职）　杨忠栋（11月任职）
人大主席　李文平（回族）
副书记　李进军（回族）
纪委书记　王有虎（回族）
组织委员　朱继文
副乡长　郭晓文　马小军（回族）　李　兰（女，回族）

【关庄乡】
党委书记　祁国福
副书记、乡长　王　枭（11月调职）
人大主席　曹国财（7月调职）
副书记　尹雪峰
纪委书记　李学虎（回族）
组织委员　马小龙（回族）
副乡长　张腾飞　张　敏（女，回族）

【海城街道办】
党工委书记　田风明（回族，任至4月）　黎恩生（回族，4月任职）
副书记、主任　黎恩生（回族，任至4月）　曹　瑾（4月任职）
副书记、纪工委书记　魏岳峰
副主任　田文宝（回族，11月调职）　田海梅（女，回族）　陈　伟（任至11月）　郭军红　勉学弢（回族，11月任职）　海明凤（女，回族，11月任职）

海兴开发区党工委、管委会

·海兴开发区·

书　记　杨青龙（兼任3月）　佘瑞东（3月兼任）

副书记、主任　张振红（兼任至2月）　张　鹏（2月兼任）

副书记、常务副主任　薛军勇（2月调职）　陶洪波（4月任职）

委员、纪委监委书记　李耀邦（回族）

委员、副主任　糟会杰（回族）　杨宝银　孙占宏（6月调职）

·海兴开发区工作部门·

【纪检监察工委】

书　记　李耀邦（兼）

副书记　陈俊鹏（5月免职）　王　剑（8月任职）

【办公室】

主　任　李海军（回族）

副主任　佘文华（女，回族）　马旭龙（回族）

【经济发展局（招商局、行政审批局）】

局　长　刘　顺

副局长　何振强（回族）

【财政金融局（国有资产监督管理委员会）】

局　长　柳映祖

副局长　邹　敏

【规划建设局】

局　长　王光明

副局长　丁春江（回族）　李培刚

【社会事务局(法制办)】
局　长　李成文(回族)
副局长　马国玲(女,回族)

【安全生产监督管理局】
局　长　杨　鑫(回族)

甘盐池种羊场

·甘盐池种羊场·

书记、场长　任进文
副书记、副场长　邢连平
委员、副场长　刘风武(回族)
委　员　贺　鹏(回族)　李凯华(回族)

·甘盐池种羊场工作部门·

【党政办公室】
主　任　李凯华(兼)
【社会事务科】
科　长　贺　鹏(兼)
【计划财务科】
科　长　马应财(回族,任至12月)
【综治科】
科　长　赵志俊(回族)

自治区、市属驻海原单位

【南华山国家级自然保护区管理处】
主　任　张维军(9月任职)
副主任　王继飞(4月任职)　魏学理(12月任职)

【县税务局】

党委书记、局长 王建新(8月调职) 张绪东(8月任职)

副局长 周文礼(回族) 马 瑜(回族) 张莎莎(女) 黑艳丽(女,回族)

纪检组长 李亚宁

【中卫市生态环境局海原县分局】

局 长 张汉东(回族,6月调职) 张斌兴(7月任职)

副局长 马新民(回族) 杨志军(回族,8月任职)

【县气象局】

局 长 杨文宝(回族)

副局长 马慧萍(女) 白志清(回族)

【县消防救援大队】

大队长 陈奇伟

教导员 纳鹏英(2月调职) 何正旺(6月任职)

【中国人民武装警察部队海原县中队】

指导员 冯 彬

中队长 申立涛

副中队长 赵伟杰

【县调查队】

队 长 李 楠(女,回族)

纪检员 柳苗峰(女,任至1月) 李 磊(回族,3月任职)

【国家电网海原县供电公司】

经理、党总支书记 马国锋(回族)

党总支书记、副经理 穆海龙(回族)

副经理 黄玉平 虎生江(回族)

【国家电网海兴供电公司】

经理、党总支书记 王文军

党总支书记、副经理 王福莹

副经理　王　成　申新远

纪委委员　王成军

【县烟草专卖局(烟草公司)】

局长(经理)　罗淑莉(女,11月调职)

副经理　孙　平(回族,3月任职,9月调职)

副局长　穆　军(回族,3月任职)

【中国农业银行海原县支行】

党委书记、行长　王　伟(10月调职)　杨德虎(回族,10月任职)

副书记、副行长　林华聪(1月任职)

副行长　李志明(回族,6月调职)　马　成(回族,6月调职)　马园军(6月任职)　王国玲(女,10月任职)

纪委书记　于武奎

【宁夏海原农村商业银行股份有限公司】

党委书记、理事长　景海昆

党委副书记、行长　勉礼德(回族)

党委委员、监事长　曹永国

党委委员、副行长　许海顺

党委委员、纪委书记　马灵海(回族)

行长助理　鲁仲福(3月任职)　范晓文(3月任职)　程继银(3月任职)

【中国邮政储蓄银行海原县支行】

行　长　刘　静

副行长　高永祖(任至5月)

【建设银行海原县支行】

行　长　李学艳(女)

副行长　黄佳锋(2月任职)　卢文庆

【宁夏银行海原县支行】

行　长　李永刚(11月调职)　姚　利(11月任职)

行长助理　李金亮　田跃川

【石嘴山银行海原县支行】

行　长　张　鹏

【中国人寿保险公司海原分公司】

总经理　白　冰

总经理助理　王　梅　黄　鹏(3月任职)

【中国财产保险公司海原分公司】

总经理　任　佳

副总经理　田　军

经理助理　孙尚杰

【自治区盐业管理局海原分局】

局　长　王洪强

【中国邮政海原分公司】

总经理　冯仲宝(回族)

副经理　马博琛(回族)　田福全(6月调职)　张　静(女,7—12月任职)

【中卫市住房公积金管理中心海原分中心】

主　任　包兆文

副主任　田生智(回族)

【中国电信海原分公司】

总经理　李国梁

专职副书记　段有柱(7月调职)　李莹洁(女,回族,7月任职)

副总经理　陆　青(7月调职)　魏龙飞(7月任职)

总经理助理　王朔齐

【中国移动海原分公司】

总经理　沈治亮

经理助理　马兴国(回族)

【中国联通海原分公司】

总经理　訾少强（4月调职）　周小东（回族，4—10月任职）　逯少辉（10月任职）

【中国广电宁夏网络公司海原分公司】

总经理　庞　成（回族）

副经理　罗成文（回族）

【中国石油中卫销售分公司海原党支部】

书　记　王安稼（2月任职）

副书记　吴填魁

【宁夏海原新华书店有限公司】

经　理　殷大伟

副经理　麦　军

【县地震台】

台　长　程鹏图

中共海原县委

综 述

【政治建设】 2022年,中国共产党海原县委员会(以下简称海原县委)坚持把党的领导贯穿各项工作始终,坚决维护以习近平同志为核心的党中央权威和集中统一领导,严格执行新形势下党内政治生活若干准则,遵守重大事项请示报告制度,始终在思想上、政治上、行动上同以习近平同志为核心的党中央保持高度一致。充分发挥县委总揽全局、协调各方的领导作用,带头贯彻民主集中制,加强对大局大势的把握、对重大问题的研究、对重要工作的部署,定期听取县人大常委会、县政府、县政协、县法院、县检察院党组和基层党组织、群团组织工作报告,确保党的领导贯穿经济社会发展各领域、全过程。突出议事协调机构牵头履职作用,各方面工作有机衔接、协调联动的整体效应凸显。

【理论武装】 2022年,海原县委坚持以党的创新理论武装头脑,对习近平总书记重要讲话、党中央召开的重要会议、出台的重要文件、部署的重要工作,县委常委会都第一时间传达学习、贯彻落实。党的二十大召开后,以县委全会形式对党的二十大精神深入学习、全面领会,研究出台《关于认真学习宣传贯彻党的二十大精神的实施方案》,动员全县上下切实把思想和行动统一到党的二十大精神上来。深入推进党的二十大和习近平总书记视察宁夏重要讲话、重要指示批示精神"大学习、大讨论、大宣传、大实践"活动,及时举办学习研讨班,开展各类宣讲1060场次,全县科级以上干部轮训实现全覆盖,创新举办"南华山学堂"为干部及时"聚能充电","总书记怎么说我们就怎么做,不仅要做到而且要做好"已经成为海原政治生态最鲜明的政治底色。

【贯彻落实上级党委决策部署】 2022年,海原县委班子成员分头深入一线开展调查研究、理清发展思路,研究出台《贯彻落实自治区第十三次党代会报告主要任务分工落实方案》和《"大学习、大讨论、大宣传、大实践"活动实施方案》,明确了贯彻上级精神、推动海原发展的重点路径和重要举措,确保中央决策部署和自治区、市工作要求在海原落地生根、开花结果。聚焦自治区第十三次党代会"12345"总体战略部署,县委常委会审时度势、科学决策,鲜明提出创建铸牢中华民族共同体意识示范县、乡村全面振兴示范县、生态文明建设示范县、高端肉牛产业示范县战略目标，制定实施方案，明确"时间表""路线图"，坚定了全县上下锚定目标再加力、奋楫争先勇担当的信心和决心。

【疫情防控】　2022年，海原县委坚持人民至上、生命至上，落实第九版防控方案、二十条优化措施、"新十条"措施不动摇、不走样，沉着应对"8·24""9·20"等多轮疫情冲击，建立核酸异常快速反应、核酸检测比对、健康风险评估等机制，形成流程化应急处置、模块化高效运行、一体化精准防控、最大化保障民生的海原战法，实现了用最短时间、最小代价取得最好防控成果。全县各级党组织坚决扛起疫情防控政治责任，广大党员干部主动戴党徽、亮身份、做表率，医护人员、公安干警、社区工作者闻令而动、接续奋战，45万海原儿女自觉服从配合防控大局，展示了党群干群团结一心、众志成城，抗击疫情的良好面貌。"司机之家"暖心服务模式被自治区肯定推广。做实优化小网格精细化管理机制，推行校园"小手拉大手"宣传活动，"每个人都是健康第一责任人"的意识在群众中树得更牢了。

【经济发展】　2022年，海原县委坚持把项目建设作为经济社会发展的"强引擎"，建立"一个项目、一个领导、一套人马、一抓到底"推进机制，每季度举行1次重大项目集中开工仪式，定期听取汇报、解决问题，全年开工建设项目122个，招商引资到位资金34.4亿元，卡立方智能卡研发项目建成投产，4.13万亩高效节水灌溉工程建成达效，李旺汽车物流园、中部干旱带西安供水水源工程、海平高速等重大项目加快推进，西气东输三线工程（海原段）开工建设，经济增长后劲更强全面落实中小微企业各项利企政策和各项支持扩大消费政策，累计退税减税降费1.55亿元，带动消费32.2亿元。

【产业发展】　2022年，海原县委以打造高端肉牛产业示范县为目标，全面推行"家庭农场养殖母牛、公司和大户集中育肥、龙头企业精深加工、线上线下品牌营销"发展模式，强力推进"两调一增"（调优基础母牛结构、调优良种牛结构、增加小群体养殖规模母牛），加大良种基础母牛补栏补贴力度，着力实施"牛王谷"、肉牛精深加工二期等补链延链强链项目，全县肉牛养殖户达2.8万户，肉牛存栏达15.1万头，其中基础母牛存栏达9.3万头、良种化率达到90%，迈出了从卖育肥牛转向卖优质冻精、卖良种牛犊、卖种子牛的第一步。坚决担起粮食安全政治责任，全年粮食总产量达23.2万吨，增长12.4%，增幅居全区第二。突出"天然、绿色、有机、富硒"产品定位，加快推进"一乡一业""一村一品"，建成马铃薯"五位一体"标准化示范基地20万亩，打造小杂粮和瓜菜示范基地各5万亩。"宁电入湘"前期工作有序推进，新增3家规上企业，总量达到12家，预计产值达24.6亿元，增长42.3%。积极创建国家全域旅游示范县，关桥乡关桥村入选全国乡村旅游重点村，全县旅游收入达2121万元。

【改革创新】　2022年，海原县委深化"放管服"改革，行政审批"好评率"达100%，乡镇民生服务中心、村（社区）民生服务代办点办件量居全区第一。用水权跨区域交易、山林地经营权流转实现零的突破。创新设立"农地贷"，发放农村产权抵押贷款46笔，减费让利478万元。以全国农民合作社质量提升整县推进试点任务为契机，新培育评定国家级示范社8家，自治区级示范社26家。深化国资国企改革，企业发展活力有效激发。加快科技创新步伐，全社会R&D经费投入增长45.5%，成功培育国家高新技术企业1家、国家和自治区科技型中小企业12家、自治区农业高新技术企业和技创中心3家，科技赋能高质量发展成效显著。

【生态保护】 2022年，海原县委坚持山水林田湖草沙一体化保护和系统治理，石峡口水库被列为自治区重要湿地，南部水源涵养工程、中部防沙治沙工程加快实施，西华山国家草原自然公园试点任务全面完成。恢复治理遗留矿山46个，完成坡改梯4.85万亩，水土流失治理程度达66%，成功入围国家水土保持示范县（区）。3.8万亩压砂地全部完成退砂，跟进实施高标准农田水利建设、骨干水利工程以及后续配套产业，生态修复助力产业高质量发展效益显著。自治区第五督导组反馈问题全部整改销号，一批群众反映突出的生态环境问题得到有效解决。

【污染治理】 2022年，海原县委统筹推进“四尘同治”“五水共治”“六废联治”，全年空气质量优良天数达标率达到93%，超额完成自治区下达的任务目标。农村水源地规范化建设建成见效，清水河海原段水质稳定达标。持续推进农村垃圾“村收集、乡运转、县处理”机制，所有乡镇实现垃圾填埋场全覆盖。加强土壤环境保护，不断强化农业面源污染防治，深入开展化肥农药减量增效行动和“清废行动”，土壤环境质量总体保持稳定。

【国土绿化】 2022年，海原县委科学开展国土绿化行动，大力实施县城绿化、乡村绿化、主干道路绿化、庭院经济林建设“四大工程”，建立县乡村三级林长组织体系，推动林草湿资源网格化管理，累计完成植绿增绿24.76万亩，全县森林覆盖率达11.37%、草原综合植被盖度达65.7%。

【脱贫成果巩固】 2022年，海原县委紧盯“两个高于”目标，严格落实“四个不摘”要求，围绕626户2682名“三类重点人群”，常态化开展“四查四补”，建立“两天一督查、一周一调度、半月一评促”工作机制，持续壮大脱贫产业，全面巩固“两不愁三保障”和饮水安全成果，脱贫人口人均纯收入达14153元、增长16.44%，居全区第三，坚决守住了不发生规模性返贫底线。深化闽宁协作、央企定点帮扶和社会帮扶，持续做好移民群众产业、就业、社会融入三件事，抢抓乡村振兴国家重点帮扶县重大机遇，务工就业10.8万人，创收18.9亿元，脱贫群众内生动力不断增强。国家和自治区后评估反馈的221个问题已高质量完成整改，脱贫基础更加坚实、成效更可持续。

【乡村振兴】 2022年，海原县委加快建设乡村全面振兴示范县，创新推行“一表两图三清单”机制，大力发展乡村特色产业，健全完善联农带农富农机制，拓宽就业务工渠道，预计全年城乡居民人均可支配收入分别增长9%和12%左右。注重从县内外“选”“请”“派”，打造了一支高素质、高标准的乡村振兴队伍。全县所有村集体经济年经营性收入均达5万元以上，全年收益5400万元、增长23.7%。打造16个农村环境综合整治示范村，美丽庭院创建率达到50%，乡村面貌显著提升。实施文明素养提升行动，扎实开展乡村精神文明建设，新时代文明实践中心（站所）实现全覆盖，常态化开展各类道德模范评选活动,文明乡风更加浓郁。

【社会民生】　2022年,海原县委始终坚持将财政支出80%以上用于保障和改善民生。围绕"办好人民满意的教育"目标,新建扩建海原县第八小学、兴海中学等教育项目15个,新增学位3600个,顺利通过自治区"互联网+教育"达标县验收,"大班额""大校额""入园难"问题得到有效解决。深入实施全民健康水平提升"十大工程",扎实推进公立医院改革与高质量发展示范行动,健康促进县通过国家验收,"互联网+医疗健康"示范创建有序推进。实施文化惠民工程,非遗传承基地、地震博物馆开放运营,常态化举办乡村文旅活动,群众精神文化生活日益丰富。实施城乡面貌提升行动,完成县城棚户区改造403套、更新供热管网7.2公里、改造提升老旧小区5个,优化市政道路5条,县城综合服务功能进一步提升。实施全民参保计划,城乡居民医疗保险人数达到37.1万人,超额完成自治区下达参保任务。

【民主法治】　2022年,海原县委推行全过程人民民主,巩固生动活泼、安定团结的政治局面。支持县人大、县政府、县政协和县监委、县法院、县检察院依法履职、开展工作。加大人大建议、政协提案督办力度,组织人大、政协参与督导重大项目建设、文明城市创建、乡村振兴等重点工作,更好保障人大代表、政协委员履职尽责。完善大统战工作格局,各民主党派、工商联围绕大局献计出力,各群众团体联系群众作用充分发挥,巩固发展了大团结大联合的生动局面。持续巩固拓展双拥模范县城创建成果,成功创建3个全国示范型退役军人服务站,17名海原籍现役军人荣获三等功,陆战英雄撒占才荣获一等功,为宁夏近年唯一获此殊荣的现役军人。切实加强党管武装工作,国防动员和后备力量建设基础不断夯实。认真贯彻落实习近平法治思想,持续推动法治海原、法治政府、法治社会一体建设,扎实开展"八五"普法,深化法律服务惠民工程,群众法治获得感日益提高。加快法治政府建设,行政机关负责人出庭应诉率达100%,乡镇(街道)综治中心、村(社区)法律顾问实现全覆盖,关桥乡关桥村获评"全国民主法治示范村"。严格落实司法责任制,执法司法制约监督体系不断完善。深入推行"人民调解+特邀调解+速裁"方式和"法官+网格员"调解模式,积极推进无诉讼行政村创建,形成办事依法、遇事找法、解决问题用法、化解矛盾靠法的法治环境。

【民族宗教】　2022年,海原县委全面贯彻党的民族政策,以创建铸牢中华民族共同体意识示范县为抓手,扎实推进"5585"创建模式,广泛开展"红石榴家园"创建活动,不断巩固民族团结进步示范县创建成果,着力促进各民族广泛交往、全面交流、深度交融,"三个离不开""五个认同"思想牢牢扎根全县各族群众心中。始终坚持依法管理宗教事务,不断巩固"三化"治理成果,依法打击非法宗教活动,促进宗教领域和顺。

【社会治理】　2022年,海原县委持续完善"1+6+1"社会治理体系,创新推行"社会治理红黑榜","平安海原"扎实推进。全面开展维护社会稳定风险隐患大排查大化解大整治行动,坚持领导接访、下访和包案化解信访矛盾工作机制,妥善解决了一批群众反映强烈的突出问题,成功创建"全国信访工作示范县"。

常态化开展扫黑除恶专项斗争，严厉打击“黄赌毒”“食药环”“盗抢骗”等违法犯罪行为，电信诈骗和刑事案件发案率分别下降52%和29.1%，公众安全感测评居全区前列，反电诈工作位居全区前五。深入开展安全生产隐患大排查大整治和自建房安全专项整治行动，交通事故率下降41.6%。

【宣传思想】 2022年，海原县委坚持党管宣传、党管意识形态、党管媒体不动摇，深入实施习近平新时代中国特色社会主义思想教育培训计划和宣传贯彻中共二十大聚力工程，推动党的理论创新成果入脑入心。建立网络意识形态风险分析研判机制，相关工作经验在全区推广。持续开展社会主义核心价值观“六进”活动，全面推行网格化创城管理模式，自治区文明县城创建加快推进，“文明有礼”正能量不断积聚放大。举办首届海原·漳浦文化艺术交流活动，促进闽宁两地人文相亲、精神相依。

【基层组织建设】 2022年，海原县委持续深化农村党建“一抓两整”“六查六强”行动，创建党建示范村107个、示范乡镇9个，整顿提升软弱涣散和薄弱村党组织17个，曹洼乡白崖村基层组织建设做法被央视《焦点访谈》报道；创建“让党中央放心、让人民群众满意”模范机关30个，全县符合条件的非公经济和社会组织党组织覆盖率均达到100%。成立国有企业党委、“小个专”行业党工委和货运行业综合党工委，打造海原县货运行业“塞上红运”党建品牌。强化党员教育管理，巩固农村发展党员违规违纪整治成果，党员先锋模范作用在疫情防控等大战大考中充分彰显。

【干部人才队伍建设】 2022年，海原县委深入实施干部政治能力和专业能力提升“两大工程”，开展全覆盖阶段性工作综合评价和政治素质考察，奖励先进、鞭策后进，不断调整理顺干部合理流动机制，优化乡镇部门领导班子结构，共提拔任用干部87名，职级晋升145名，让“实干者实惠、吃苦者吃香、有为者有位”在全县蔚然成风。严格落实领导干部能上能下规定和“三个区分开来”要求，调整免职不在状态或不适宜担任现职干部3名，4名处分期满后符合条件且表现优秀的领导干部重新使用或提拔使用。坚持党管人才，大力实施“内培外引、项目聚才、人才回归、人才走访”计划，各类人才聚集一线前沿创新创业、建功立业。

【党风廉政建设】 2022年，海原县委坚持严的主基调不动摇，严格落实中央八项规定及其实施细则精神和自治区加强作风建设“八条禁令”，持之以恒纠治“四风”，违规收送红包礼金和不当收益，违规借转贷或高额放贷等专项整治成效明显。坚持“三不”一体推进，精准运用“四种形态”，深化标本兼治，扎实开展群众身边腐败和不正之风、工程建设政府采购、卫生健康等重点领域专项治理，全年共受理问题线索277件、立案71件、处分74人，群众满意度持续提升。常态化开展廉政警示教育，推动廉洁文化建设走深走实。不断强化政治巡察功能，完成十五届县委两轮9个乡镇巡察任务，有序推进8个县直部门常规巡察，巡察利剑作用充分彰显。

（任永刚）

县委全体会议

【中共海原县第十五届委员会第二次全体（扩大）会议】 1月15日，中国共产党海原县第十五届委员会第二次全体（扩大）会议在县人民政府礼堂会议室召开。会议由县委常委会主持。县委领导杨青龙、张鹏、薛军勇、张晓华、李雪峰、于建涛、强斌、田风明、丁芳出席会议，并在主席台就座。中共海原县第十五届县委委员、候补委员参加会议。不是县委委员、候补委员的在职副县级以上中共党员领导干部、县纪委常委、各乡镇党委政府主要负责人、县委各部门、各群众团体、县直各部门（单位）主要负责人、部分自治区市驻海原单位主要负责人、县属企业主要负责人、不是中共党员的在职副处级以上领导干部列席会议。会议应到委员36名、候补委员7名，实到会委员29名、候补委员5名，符合法定人数。会议传达学习贯彻中国共产党第十九届中央委员会第五次全体会议精神、中央民族工作会议精神、全国宗教工作会议精神、中央经济工作会议精神；自治区党委第十二届十三次、十四次全体会议精神、自治区党委经济工作会议精神；中卫市委第五次代表大会精神、中卫市人大、政协“两会”精神等。会上，市委副书记、县委书记杨青龙就深入学习贯彻党的十九届六中全会精神讲话，并代表县委常委会向大会作工作报告。会议（书面）报告了县委书记抓基层党建工作情况、县委党风廉政建设主体责任落实情况、2021年度干部选拔任用工作情况、2021年度海原县党费收支和管理情况；（书面）就《中共海原县委关于创建铸牢中华民族共同体意识示范县实施方案（讨论稿）》作说明。县委常委、组织部部长李雪峰就《中国共产党海原县委关于免去郝新城等同志县委委员、候补委员的决定（草案）》、《中共海原县委关于递补刘风武等同志为县委委员的决定（草案）》和圈选海原县出席中国共产党第二十次全国代表大会和中共宁夏回族自治区第十三次代表大会推荐人选作说明。经分组讨论审议，会议通过了《中国共产党海原县第十五届委员会第二次全体会议决议（草案）》《海原县创建铸牢中华民族共同体意识示范县实施方案（草案）》《中共海原县委关于免去郝新城等同志县委委员、候补委员的决定（草案）》《中共海原县委关于递补刘风武等同志为县委委员的决定好（草案）》。会议对党风廉政建设主体责任和意识形态责任制落实情况进行民主测评；对县委2021年度选人用人和新提拔干部进行民主评议；对领导干部政治素质进行反向民主测评；对领导班子和领导干部年度考核进行民主测评；对市直各部门（单位）为基层减负工作进行满意度测评。会议圈选出海原县出席中国共产党第二十次全国代表大会和中国共产党宁夏回族自治区第十三次党代会代表推荐人选。会上，县委副书记、县长张鹏还对海原县2021年经济工作进行总结，并安排部署了2022年经济工作。市委副书记、县委书记杨青龙作会议总结讲话。

【中共海原县第十五届委员会第三次全体（扩大）会议】 11月9日，中国共产党海原县第十五届委员会第三次全体（扩大）会议在县人民政府礼堂会议室召开。会议由县委常委会主持。县委领导余瑞东、张鹏、李明、李雪峰、于建涛、田风明、丁芳、采澎涛、常伟海、冯磊出席会议并在主席台就座。中共海原县第十五届县委委员、候补委员参加会议。不是县委委员、候补委员的在职副县级以上中共党员领导干部、县纪委常委、各乡镇党委政府主要负责人、县委各部门、各群众团体、县直各部门(单位)主要负责人、部分自治区市驻海原单位主要负责人、县属企业主要负责人、不是中共党员的在职副处级以上领导干部列席会议。会议到会委员31名、候补委员4名,符合法定人数。会议学习了中国共产党第二十次全国代表大会精神传达提纲、《中共中央关于认真学习宣传贯彻党的二十大精神的决定》,传达学习了自治区党委十三届二次全体会议精神、《中共宁夏回族自治区委员会关于学习宣传贯彻党的二十大精神的意见》和中卫市委五届五次全体会议精神、《中共中卫市委关于学习宣传贯彻党的二十大精神的实施意见》。会上,市委副书记、县委书记余瑞东就《中共海原县委关于认真学习宣传贯彻党的二十大精神的实施方案(讨论稿)》作说明;县委常委、组织部部长李雪峰就《中共海原县委关于免去李明琮等同志县委委员的决定(草案)》《中共海原县委关于递补罗永平等同志为县委委员的决定(草案)》作说明。会议审议通过了《中共海原县委关于认真学习宣传贯彻党的二十大精神的实施方案》《中共海原县委关于免去李明琮、田平等同志海原县委委员的决定》《中共海原县委关于递补罗永平、曹昀等同志为海原县委委员的决定》;通过了《中国共产党海原县第十五届委员会第三次全体会议决定(草案)》。县委书记余瑞东在会上做了讲话。他在讲话中要求全县各级党组织和党员干部要全面深入系统学习党的二十大精神,全面抓好党的二十大精神的贯彻落实。

【中共海原县第十五届委员会第四次全体会议】 12月19日,中国共产党海原县第十五届委员会第四次全体会议在县人民政府礼堂会议室召开。县委领导余瑞东、张鹏、李明、李雪峰、于建涛、田风明、丁芳、采澎涛、常伟海、冯磊、康晓伟出席会议并在主席台就座。会议由县委常委会主持。中共海原县第十五届县委委员、候补委员参加会议。不是县委委员、候补委员的在职副县级以上中共党员领导干部、县纪委常委、各乡镇党委政府主要负责人、县委各部门、各群众团体、县直各部门(单位)主要负责人、部分自治区市驻海原单位主要负责人、县属企业主要负责人、不是中共党员的在职副处级以上领导干部列席会议。会议学习贯彻中国共产党第二十次全国代表大会精神,中央经济工作会议精神,中国共产党宁夏回族自治区第十三届委员会第二次全体会议精神、中国共产党中卫市第五届委员会第六次全体会议精神;听取并讨论了余瑞东代表县委常委会所作的工作报告;书面提交了县委领导班子述职述责述廉述法情况及县委书记述职述责述廉述法情况报告、县委书记抓基层党建工作情况报告、县委党风廉政建设主体责任落实情况和党风廉政建设监督责任落实情况报告、县委意识形态工作责任制落实情况报告;审议并通过了《中国共产党海原县第十五届委员会第四次全体会议决议》;对党风廉政建设主体责任和监督责任落实情况、党内政治生态状况测评；对县委书记抓基层党建工作情况进行民主评议；对“一把手”述责述廉进行调查测评；对意识形态工作责任制落实情况和市直各部门（单位）为基层减负工作满意度进行测评。

（任永刚、马小花）

县委常委会会议

【概　况】 2022年，中共十五届海原县委常务委员会共召开29次会议，学习贯彻习近平总书记重要讲话精神和中央及自治区、市党委决策部署，制定重大决策部署，研究审定全县重大事项，讨论干部选拔任用，充分发挥县委总揽全局、协调各方的领导作用。为了减少会议频次，常委会还套开各议事机构专题会议，提高工作效率，将更多的时间留给各级领导干部到一线去抓落实、促发展。

【第1次常委会会议】 1月4日，市委副书记、县委书记杨青龙主持召开十五届海原县委2022年第1次常委会会议。张鹏、薛军勇、张晓华、李雪峰、于建涛、强斌、田风明、丁芳出席会议。县人大常委会主任杨和、县政协主席丁志爱全程列席会议。县人大常委会、县政府、县政协全体领导，海兴开发区分管领导、县法院院长、县检察院检察长、甘盐池种羊场负责人及县委各部门、各群众团体、县直各单位、自治区市驻海原相关单位负责人、各乡镇（街道办）党（工）委主要负责人列席相关议题会议。会议传达学习了中国共产党中卫市第五次代表大会精神、中卫市第五届人民代表大会第一次会议精神和政协中卫市第五届委员会第一次会议精神，研究贯彻意见；研究审定了《海原县政治生态分析报告（送审稿）》和《海原县政治生态评价报告（送审稿）》；研究了党的建设工作（套开县党的建设领导小组会议），听取县委部门工作汇报，审议了《海原县关于进一步加强模范机关建设的实施方案（送审稿）》《海原县关于党支部规范化建设的实施方案（送审稿）》《海原县村集体经济发展奖励暂行办法（送审稿）》；审定了县委组织部提交的《海原县排查整顿农村发展党员违规违纪问题认定及处理意见（送审稿）》。会议还研究了干部事宜。

【第2次常委会会议】 1月9日，市委副书记、县委书记杨青龙主持召开十五届海原县委2022年第2次常委会会议。张鹏、薛军勇、张晓华、李雪峰、于建涛、强斌、丁芳出席会议。县人大常委会主任杨和、县政协主席丁志爱全程列席会议。县人大常委会、县政府、县政协全体领导，海兴开发区分管领导、县法院院长、县检察院检察长、甘盐池种羊场负责人及县委各部门、各群众团体、县直各单位、自治区市驻海原相关单位负责人、各乡镇（街道办）党（工）委主要负责人列席相关议题会议。会议传达学习了习近平主席2022年新年贺词、在中国文联第十一次全国代表大会、中国作协第十次全国代表大会上的重要讲话精神，关于不断巩固拓展党史学习教育成果、做好“三农”工作、党内法规工作的重要指示精神，自治区党委书记陈润儿在自治区党委2021年第49次常委会会议传达学习时的讲话精神，研究贯彻意见；传达学习了习近平总书记在中共中央政治局专题民主生活会上的重要讲话精神，研究贯彻意见；传达学习了自治区党委经济工作会议精神，听取县人民政府党组关于2021年全县经济社会发展情况汇报和2022年经济工作建议；研究了县委第十五届二次全会相关事宜，审议了《县委常委会工作报告（送审稿）》、《县委落实党风廉政建设主体责任报告（送审稿）》、《县委落实意识形态工作责任报告（送审稿）》、《县委书记抓基层党建工作情况报告（送审稿）》、《2021年干部选拔任用工作报告（送审稿）》、《2021年度海原县党费收支和管理情况报告（送审稿）》、《关于调整递补县委委员的请示》、《关于推荐海原县出席党的二十大和自治区第十三次党代表大会代表候选人推荐人选的请示》、《中共海原县委员会关于创建铸牢中华民族共同体意识示范县实施方案（讨论稿）》及《说明（讨论稿）》等文稿；研究了全面推行林长制工作（套开县全面推行林长制启动会暨县级总林长第一次会议），审议了《海原县林长制组织体系建设方案（送审稿）》《海原县级林长制会议制度（试行）（送审稿）》《海原县级林长制信息通报制度（试行）（送审稿）》《海原县级林长制县级督办制度（试行）（送审稿）》《海原县级林长巡林巡草工作制度（试行）（送审稿）》《海原县级林长制督查考核办法（试行）（送审稿）》《海原县级林长制督查考核细则（试行）（送审稿）》《海原县林长公示牌设置实施方案（送审稿）》《海原县2022年全面推行林长制工作要点（送审稿）》《海原县总林长令关于开展林长巡林巡草工作的通知（送审稿）》等文稿，安排部署了海原县全面推行林长制工作；审定了县人民政府党组提交的《关于安排2021年新增地方债资金使用计划及县住建局等单位使用财政资金有关事项的请示》、《中部干旱带海原西安供水水源工程PPP项目建设方案（送审稿）》、《关于核增中小学校绩效工资有关问题的请示》，县政协党组提交的《关于召开县政协十二届一次常委会会议的请示》、《县政协常委会2022年工作要点（送审稿）》等事宜。会议还研究了干部事宜。

【第3次常委会会议】 1月15日，市委副书记、县委书记杨青龙主持召开十五届海原县委2022年第3次常委会会议。张鹏、薛军勇、张晓华、李雪峰、于建涛、强斌、田风明、丁芳出席会议。会议听取中共海原县委十五届二次全体会议各组审议讨论情况汇报，研究了关于海原县出席党的二十大和自治区第十三次党代会候选人推荐人选圈选办法（草案）。

【第4次常委会会议】 1月26日，市委副书记、县委书记杨青龙主持召开十五届海原县委2022年第4次常委会会议。张鹏、薛军勇、张晓华、李雪峰、于建涛、强斌、田风明、丁芳出席会议。县人大常委会主任杨和、县政协主席丁志爱全程列席会议。县人大常委会、县政府、县政协全体领导，海兴开发区分管领导、县法院院长、县检察院检察长、甘盐池种羊场负责人及县委各部门、各群众团体、县直各单位、自治区市驻海原相关单位负责人、各乡镇（街道办）党（工）委主要负责人列席相关议题会议。会议传达学习了习近平在省部级主要领导干部学习贯彻党的十九届六中全会精神专题研讨班精神，自治区党委书记陈润儿在自治区党委2022年第1次常委会会议传达学习时的讲话精神，习近平总书记对政法工作重要指示精神，研究贯彻意见；传达学习了自治区“两会”精神，安排部署贯彻落实工作。会议套开了县党风廉政建设和反腐败斗争工作领导小组2022年第1次会议，研究审定了县纪委监委提交的《关于召开中国共产党海原县第十五届纪律检查委员会第二次全体会议的请示》；听取了县纪委监委2021年工作汇报，研究审定县纪委监委提交的《中国共产党海原县第十五届纪律检查委员会第二次全体会议工作报告》。会议研究审定了县人民政府党组提交的《海原县矿山地质环境治理恢复整治工作方案（送审稿）》《海原县地上附着物和青苗补偿标准的请示》《海原县2022年春节走访慰问困难群众活动实施方案（送审稿）》《海原县压砂地退出区产业接续发展实施方案（送审稿）》等。会议还研究了干部事宜。

【第5次常委会会议】 2月9日，市委副书记、县委书记杨青龙主持召开十五届海原县委2022年第5次常委会会议。薛军勇、张晓华、于建涛、强斌、田风明、丁芳、采澎涛出席会议。县人大常委会主任杨和、县政协主席丁志爱全程列席会议。县人大常委会、县政府、县政协全体领导，海兴开发区分管领导、县法院院长、县检察院检察长、甘盐池种羊场负责人及县委各部门、各群众团体、县直各单位、自治区市驻海原相关单位负责人、各乡镇（街道办）党（工）委主要负责人列席相关议题会议。会议传达学习了习近平总书记赴山西看望慰问基层干部群众、在中共中央政治局第三十六次集体学习、在二〇二二年春节团拜会上的重要讲话精神，在北京2022年冬奥会欢迎宴会上的致辞；传达学习了习近平总书记在中央政治局常委会会议听取全国人大常委会、国务院、全国政协、最高人民法院、最高人民检察院党组工作汇报和中央书记处工作报告时的重要讲话精神，自治区党委常委会听取自治区人大常委会、县政府、县政协、县人民法院、县人民检察院党组工作汇报会议精神，听取县人大常委会、县政府、县政协、县人民法院、县人民检察院党组工作汇报；传达学习了全国组织部长会议精神及自治区党委组织部部长石岱在自治区党委组织部2021年度工作总结会上的讲话精神，研究贯彻落实意见；传达学习了全国、全区宣传部长和统战部长会议精神，研究贯彻落实意见；传达学习了中央政法工作会议、自治区党委政法工作会议精神，研究贯彻落实意见。会议审定了县人民政府党组提交的《关于加强社会主义法治文化建设的实施方案（送审稿）》《关于海原县“互联网+城乡供水工程”特许经营项目政府方出资代表、合资协议、特许经营协议的请示》和县委政法委提交的《关于在党校及全县中小学开展国家安全教育的实施方案（送审稿）》等。

【第6次常委会会议】 3月8日，市委副书记、县委书记余瑞东主持召开十五届海原县委2022年第6次常委会会议。张晓华、李雪峰、于建涛、强斌、田风明、曾小明、丁芳、采澎涛出席会议。县人大常委会主任杨和、政协主席丁志爱全程列席会议。县人大常委会、政府、政协全体领导，海兴开发区分管领导、县法院院长、县检察院检察长、甘盐池种羊场负责同志及县委各部门、各群众团体、县直各单位、区市驻海相关单位负责人、各乡镇（街道办）党（工）委主要负责人列席相关议题会议。会议传达学习了习近平总书记在2022年春季学期中央党校（国家行政学院）中青年干部培训班开班式上的重要讲话精神，研究贯彻意见。会议研究疫情防控工作(套开县委应对新冠疫情工作领导小组第23次会议),传达学习了《自治区应对新冠疫情工作指挥部关于加强全国“两会”和北京冬奥残奥会期间新冠疫情防控工作的通知》,国家卫生健康委党组书记、主任马晓伟在全国疫情防控视频会商会议上的讲话;听取县新冠疫情防控工作指挥部工作汇报,研究部署当前疫情防控工作。会议还研究了县委组织部提交的《关于推荐第十三届自治区党委委员、候补委员候选人初步人选的请示》事宜。

【第7次常委会会议】 3月16日,市委副书记、县委书记余瑞东主持召开十五届海原县委2022年第7次常委会会议。李明、张晓华、李雪峰、于建涛、强斌、田风明、曾小明、丁芳出席会议。县人大常委会主任杨和全程列席会议。县人大常委会、县政府、县政协全体领导,海兴开发区分管领导、县法院院长、县检察院检察长、甘盐池种羊场负责人及县委各部门、各群众团体、县直各单位、自治区市驻海原相关单位负责人、各乡镇(街道办)党(工)委主要负责人列席相关议题会议。会议传达学习了十三届全国人大五次会议精神、全国政协十三届五次会议精神,自治区、中卫市传达贯彻全国两会会议精神,研究贯彻意见;传达学习了自治区党委秘书长雷东生在全区党内法规工作会议、保密工作会议、机要密码和电子政务内网工作会议上的讲话精神,研究贯彻意见;传达学习了自治区党委人才工作会议精神、全区组织部长会议精神,研究贯彻意见;传达学习了全区维护政治安全工作部署会议精神,全区、全市反诈人民战争工作部署会精神,研究贯彻意见,听取全县反电信网络诈骗工作汇报。会议研究了县委全面依法治县工作(套开县委全面依法治县委员会第5次会议),研究了《海原县关于中央依法治国办第八督察组督察宁夏反馈意见整改方案(送审稿)》《县委全面依法治县委员会2022年工作要点(送审稿)》,审议了《海原县2021年度法治政府建设情况报告(送审稿)》。会议审定了《海原县委常委会2022年工作要点(送审稿)》《2022年海原县全面从严治党党风廉政建设和反腐败工作主要任务分工方案(送审稿)》《2022年“全县领导干部廉政警示教育周”活动方案(送审稿)》。会议研究了农业农村工作(套开县委农村工作领导小组2022年第1次会议),传达学习中央、自治区市党委农村工作会议精神;审定了《海原县2022年巩固拓展脱贫攻坚成果同乡村振兴有效衔接实施方案(送审稿)》《海原县2022年农业产业高质量发展政策支撑方案(送审稿)》《海原县2022年深入推进“四大提升行动”实施方案(送审稿)》《海原县2022年统筹整合使用财政涉农资金实施方案(送审稿)》《海原县2022年度乡村振兴“一村一年一事”行动实施方案(送审稿)》《海原县2022年农村人居环境整治提升行动实施方案(送审稿)》《海原县2021年巩固脱贫成果后评估发现问题整改工作方案》《海原县2022年肉牛标准化养殖示范县建设方案(送审稿)》等农业农村工作文稿。会议审定了县人民政府党组提交的《海原县落实市委涉粮问题专项巡察组巡察反馈问题整改方案(送审稿)》《海原县海润农业有限公司债权债务清理及债务偿还工作方案(送审稿)》;审议了县人民政府党组提交的《关于建设海原县社区卫生服务中心项目的请示》《海原县2022年市政道路基础设施建设项目的请示》《关于中国(宁夏)良种牛繁育中心运营有关事宜的请示》《关于提请研究海原县向阳小区4#住宅楼灾损评估及安置处理意见的请示》等事项。会议还研究了干部事宜。

【第8次常委会会议】 3月31日,市委副书记、县委书记余瑞东主持召开十五届海原县委2022年第8次常委会会议。张鹏、李明、张晓华、李雪峰、于建涛、强斌、田风明、曾小明、丁芳、采澎涛出席会议。县人大常委会主任杨和、县政协主席丁志爱全程列席会议。县人大常委会、县政府、县政协全体领导,海兴开发区分管领导、县法院院长、县检察院检察长、甘盐池种羊场负责人及县委各部门、各群众团体、县直各单位、自治区市驻海原相关单位负责人、各乡镇(街道办)党(工)委主要负责人列席相关议题会议。会议传达学习了习近平总书记对东航客机坠毁作出的重要指示和国务院总理李克强批示精神;习近平总书记在中央政治局常委会会议上关于从严抓好当前疫情防控工作的重要讲话精神,国务院副总理孙春兰在全国疫情防控工作电视电话会议上的讲话精神,研究贯彻意见;传达学习了《中共中央办公厅 国务院办公厅印发〈关于更加有效发挥统计监督职能作用的意见〉的通知》,研究贯彻意见;传达学习了自治区、中卫市工程建设政府采购等重点领域突出问题专项治理工作领导小组第三次会议精神,研究县人民政府党组《关于审定〈2022年海原县深化工程建设政府采购等领域专项治理开展国有产权土地矿业权交易等重点领域突出问题专项治理工作方案(送审稿)〉的请示》《关于审定〈海原县卫生健康领域突出问题专项治理工作方案(送审稿)〉的请示》。会议研究了意识形态工作(套开县委意识形态工作领导小组会议暨第3次意识形态风险分析研判会议),传达学习市委宣传工作会议精神;研究县委宣传部《关于审定〈海原县防范意识形态领域渗透破坏专项行动实施方案(送审稿)〉的请示》;通报了2022年需要重点防范的意识形态领域风险点。会议研究了县人大常委会党组《关于审定召开十八届人大常委会第2次会议的请示》;县人民政府党组《关于审定〈海原县2022年扶持壮大村集体经济项目实施方案(送审稿)〉的请示》《关于审定〈海原县深化应急管理综合行政执法改革实施方案(送审稿)〉的请示》《关于审定〈海原县第五届文化旅游节系列活动方案(送审稿)〉的请示》《关于审定撤销甘盐池种羊场代管盐池村职能移交西安镇规范管理的请示》《关于审定提高海原县城乡居民最低生活保障标准及孤儿养育津贴标准的请示》《关于审定设立"富民贷"风险补偿基金的请示》;县委组织部《关于设立海兴开发区党工委人民武装部有关事宜的请示》;县委宣传部《关于审定〈海原县委理论学习中心组2022年专题学习计划(送审稿)〉的请示》;县委政法委《关于审定〈海原县维护政治安全工作实施方案(送审稿)〉的请示》;县委政研室《关于审定〈中共海原县委员会 海原县人民政府关于进一步加强基层治理体系和治理能力现代化建设的实施方案(送审稿)〉的请示》;县委巡察办《关于审定〈中共海原县第十五届委员会巡察工作规划(2022—2026年)(送审稿)〉的请示》;县文联《关于审定〈海原县文学艺术界联合会第三次代表大会筹备方案(送审稿)〉的请示》等事项。会议还研究了干部事宜。

【第9次常委会会议】 4月8日,市委副书记、县委书记余瑞东主持召开十五届海原县委2022年第9次常委会会议。张鹏、张晓华、李雪峰、于建涛、强斌、田风明、丁芳、采澎涛出席会议。县人大常委会主任杨和、政协主席丁志爱全程列席会议。县人大常委会、县政府、县政协全体领导,海兴开发区分管领导、县法院院长、县检察院检察长、甘盐池种羊场负责人及县委、县政府有部门(单位)负责人、各乡镇(街道)负责人、县应对新冠疫情工作指挥部8个工作专班、5个督导检查组负责人列席相关议题会议。会议主要研究了疫情防控工作(套开县委应对新冠疫情工作领导小组第24次会议),传达学习了自治区党委应对新冠疫情工作领导小组第23次和24次会议、自治区政府第116次常务会议精神,自治区党委书记梁言顺、自治区政府主席咸辉在同心县督导检查疫情防控工作时的讲话精神,市委应对新冠疫情工作领导小组第22次会议、市应对新冠疫情工作指挥部第47次全体会议精神;听取县新冠疫情防控工作指挥部工作汇报,研究部署当前疫情防控工作。会议还研究了干部事宜。

【第10次常委会会议】 4月22日,市委副书记、县委书记余瑞东主持召开十五届海原县委2022年第10次常委会会议。张鹏、李明、张晓华、李雪峰、于建涛、强斌、田风明、曾小明、丁芳、采澎涛出席会议。县人大常委会主任杨和、县政协主席丁志爱全程列席会议。县人大常委会、县政府、县政协全体领导,海兴开发区分管领导、县法院院长、县检察院检察长、甘盐池种羊场负责人及县委各部门、各群众团体、县直各单位、自治区市驻海原相关单位负责人、各乡镇(街道办)党(工)委主要负责人列席相关议题会议。会议传达学习了习近平总书记在海南考察时重要讲话精神,研究贯彻意见;传达学习了习近平总书记在北京冬奥会、冬残奥会总结表彰大会、参加首都义务植树活动时的重要讲话精神,研究贯彻意见;传达学习全区关工委工作会议精神,研究贯彻意见,并听取了县关工委2021年工作汇报;传达学习了习近平总书记关于安全生产重要论述及重要指示批示精神、观看了《生命重于泰山——学习习近平总书记关于安全生产重要论述》,传达学习自治区党委办公厅、自治区人民政府办公厅印发的《关于进一步加强全区安全生产工作的若干措施》的通知,市委安全生产专题会议精神,听取了近期安全生产工作情况汇报。会议研究了疫情防控工作(套开县委应对新冠疫情工作领导小组第25次会议),传达学习了自治区党委应对新冠疫情工作领导小组第25次会议精神,自治区党委书记梁言顺再到同心调研疫情防控工作的讲话精神;听取了县新冠疫情防控工作指挥部工作汇报,研究部署当前疫情防控工作。会议研究了县委全面深化改革工作(套开县委全面深化改革委员会第8次会议),传达学习了中央全面深化改革委员会第二十三次、二十四次会议精神,自治区党委全面深化改革委员会第十六次、十七次会议精神;研究了县委政研室《关于审定〈海原县委全面深化改革委员会2022年工作要点(送审稿)〉的请示》;听取了水务、自然资源等部门关于水权、土地权、山林权、排污权等“四权”改革的工作汇报。会议研究了县人民政府党组《关于审定实施海原县李旺镇中心卫生院门诊楼项目的请示》；县委办公室《关于审定〈中共海原县第十五届委员会常务委员会工作规则（送审稿）〉的请示》；县委统战部《关于审定〈海原县2022年开斋节慰问活动方案（送审稿）〉的请示》；县委政法委《关于审定〈2022年平安县城（平安海原）创建推进方案（送审稿）〉的请示》《关于审定〈全县维护社会稳定风险隐患大排查大化解大整治行动方案（送审稿）〉的请示》；县委政研室《关于审定〈海原县2021年效能目标管理考核结果（送审稿）〉的请示》等事项。会议还研究了干部事宜。

【第11次常委会会议】　4月26日，市委副书记、县委书记余瑞东主持召开十五届海原县委2022年第11次常委会会议。张鹏、李明、张晓华、李雪峰、于建涛、强斌、田风明、曾小明、丁芳、采澎涛出席会议。县人大常委会主任杨和、县政协主席丁志爱列席会议。会议通报了干部考察结果；研究了县纪委监委《关于审定〈关于给予田某政务撤职处分〉的请示》；研究了干部事宜。

【第12次常委会会议】　5月7日，市委副书记、县委书记余瑞东主持召开十五届海原县委2022年第12次常委会会议。张鹏、李明、张晓华、李雪峰、于建涛、田风明、刘文杰、丁芳出席会议。县人大常委会、县政府、县政协全体领导，海兴开发区分管领导、县法院院长、县检察院检察长、甘盐池种羊场负责人及县委各部门、各群众团体、县直各单位、自治区市驻海原相关单位负责人、各乡镇（街道）党（工）委主要负责人列席相关议题会议。会议传达学习了中共中央政治局会议、中共中央政治局第三十八次集体学习会议精神，自治区党委常委会会议、全区一季度经济形势分析会精神、自治区党委书记梁言顺在中卫调研时的讲话精神，市委常委会2022年第23次会议精神，听取了全县1—4月经济运行情况汇报，分析当前经济形势，研究部署下一步工作；传达学习了习近平总书记在博鳌亚洲论坛2022年开幕式上发表主旨演讲、对湖南长沙居民自建房倒塌事故作出重要指示、在中国人民大学考察时的重要讲话、给北京科技大学老教授的回信、给首届全民阅读大会和青蒿素问世50周年暨助力共建人类卫生健康共同体国际论坛的贺信、给中国航天科技集团空间站建造青年团队的回信精神；传达学习《信访工作条例》，中央信访工作联席会议精神，自治区2022年第1次信访联席会议精神，研究贯彻意见。会议研究了农村工作（套开县委农村工作领导小组2022年第2次会议）、统战工作（套开县委统一战线工作领导小组2022年第1次会议）；县人民政府党组《关于审定〈海原县李旺镇重点小城镇三年建设方案（送审稿）〉的请示》《关于审定海原县李旺镇重点小城镇市政道路建设的请示》《关于审定〈海原县关于实施科技强县行动提升县城创新能力的实施意见（送审稿）〉的请示》《关于审定海原县城综合保洁市场化服务事项的请示》；县委政研室《关于审定〈海原县2021年度效能目标管理考核结果（送审稿）〉的请示》等事项。

【第14次常委会会议】　5月30日，市委副书记、县委书记余瑞东主持召开十五届海原县委2022年第14次常委会会议。李明、李雪峰、于建涛、田风明、曾小明、丁芳、常伟海出席会议。县人大常委会主任杨和、县政协主席丁志爱全程列席会议。县人大常委会、县政府、县政协全体领导，海兴开发区分管领导、县法院院长、县检察院检察长、甘盐池种羊场负责人及县委各部门、各群众团体、县直各单位、自治区市驻海原相关单位负责人、各乡镇（街道）党（工）委主要负责人列席相关议题会议。会议传达学习了习近平总书记在庆祝中国共产主义青年团成立100周年大会上的重要讲话精神，自治区党委常委会会议暨理论学习中心组学习会会议精神，自治区党委、市委学习贯彻习近平总书记在庆祝中国共产主义青年团成立100周年大会上的重要讲话精神座谈会会议精神，研究贯彻意见；传达学习了中共中央政治局常委会会议精神，国务院联防联控机制电视电话会议精神，自治区党委常委会会议精神，自治区党委应对新冠疫情工作领导小组第27次、28次会议精神，市委应对新冠工作领导小组第27次会议精神，安排部署下一步工作；传达学习了全国稳住经济大盘电视电话会议精神，自治区党委常委会会议精神，自治区稳经济保增长促发展电视电话会议精神，全市经济工作调度会议精神，研究了贯彻意见；套开平安海原建设协调小组2022年第1次会议暨基层社会治理工作推进会和县委网络安全和信息化委员会第4次会议；研究了县人民政府党组《关于审定〈海原县2022年闽宁协作工作方案（送审稿）〉的请示》《关于审定中部干旱带海原西安供水水源工程管理有关事项的请示》《关于审定海原县东西区供热站热源调配工程的请示》《关于审定棚户区改造安置房回购资金的请示》《关于审定海原县三中宿舍楼北侧城墙及东侧围墙加固除险项目的请示》《关于审定实施海原县公共实训基地建设项目的请示》《关于拨付机关事业单位缴费工资基数调整后社会保险费单位配套资金的请示》《关于审定〈海原县花儿艺术演艺有限公司改革实施方案（送审稿）〉的请示》《关于审定2022年农村公路项目建设的请示》；县纪委监委《关于审定调整优化县纪委监委派驻机构的请示》；县委宣传部《关于审定〈关于巩固拓展党史学习教育成果推动党史学习教育常态化长效化的实施方案（送审稿）〉的请示》；县委统战部《关于审定〈海原县伊斯兰教第六次代表大会筹备方案（送审稿）〉的请示》等事项。会议还研究了干部事宜。

【第15次常委会会议】 6月28日，市委副书记、县委书记余瑞东主持召开十五届海原县委2022年第15次常委会会议。张鹏、李明、李雪峰、于建涛、田风明、曾小明、常伟海、冯磊出席会议。县人大常委会主任杨和全程列席会议。县人大常委会、县政府、县政协全体领导，海兴开发区分管领导、县法院院长、县检察院检察长、甘盐池种羊场负责人及县委各部门、各群众团体、县直各单位、自治区市驻海原相关单位负责人、各乡镇（街道）党（工）委主要负责人列席相关议题会议。会议传达学习了中共中央政治局第三十九次集体学习会议精神，习近平总书记在四川考察时的重要讲话精神，习近平总书记对档案工作的重要批示精神，习近平总书记致中国宋庆龄基金会成立40周年、中国儿童中心成立40周年、2022年“6·5”环境日国家主场活动、《大公报》创刊120周年的贺信精神，致第二次中国—太平洋岛国外长会议、第二十五届圣彼得堡国际经济论坛全会的致辞精神，给尼雷尔领导力学院南部非洲六姊妹党中青年干部研讨班全体学员、陆军步兵学院2022届全体学员回信精神，全国档案局长馆长会议精神；传达学习了第九次全国信访工作联席会议精神，听取全县信访工作情况汇报；传达学习了自治区第十三次党代会精神、自治区党委《关于深入学习宣传贯彻自治区第十三次党代会精神的通知》精神，研究县委宣传部《关于审定〈中共海原县委员会关于深入学习宣传贯彻自治区第十三次党代会精神的通知（送审稿）〉的请示》，研究县委办公室《关于审定〈海原县贯彻落实自治区第十三次党代会报告主要任务分工落实方案（送审稿）〉的请示》；传达学习自治区党委书记梁言顺在十三届自治区党委2022年第1次、第2次常委会会议、带领新一届自治区党委常委班子在将台堡接受长征精神再教育时的讲话精神，自治区建设黄河流域生态保护和高质量发展先行区推进会精神，市委常委会会议精神；传达学习了中共中央办公厅《关于加强巡视整改和成果运用的意见》，全国巡视工作会议暨十九届中央第九轮巡视动员部署会议精神，听取十五届县委第一轮巡察综合情况汇报；传达学习了全市城市基层党建引领基层治理现场推进会精神、全市抓党建促乡村振兴现场推进会精神，研究贯彻意见，并听取了县级领导包抓整顿农村软弱涣散党组织情况汇报；传达学习了《中卫市领导干部请托插手干预重大事项记录报备制度（试行）》《关于6起党员干部和公职人员酒驾醉驾典型问题的通报》；套开了县委全面依法治县委员会第6次会议，研究了县委全面依法治县委员会办公室《关于审定〈海原县关于中央依法治国办实地督察反馈意见整改总结（送审稿）〉的请示》《关于审定〈海原县法治政府建设实施方案（2022—2025年）（送审稿）〉的请示》；研究了县人民政府党组《关于审定〈海原县2022年发展高端肉牛产业补充政策（送审稿）〉的请示》《关于审定〈海原县2022年树台乡相桐村等高标准农田建设项目方案（送审稿）〉的请示》《关于审定盘活使用财政存量资金的请示》《关于审定安排2022年新增地方政府一般债权资金（第一批）使用计划的请示》；县委办公室《关于审定〈县委常委工作分工（送审稿）〉的请示》；县委组织部《关于成立中国共产党海原县国有企业工作委员会的请示》《关于审定2021年度县委管理领导班子和领导干部年度考核情况的请示》《关于审定〈中共海原县委常委会讨论决定任免干部票决办法（试行）（送审稿）〉的请示》等事项；套开县委国家安全委员会第4次会议，研究了县委国家安全委员会办公室《关于审定〈中共海原县委员会国家安全委员会2022年工作要点（送审稿）〉的请示》《关于审定〈海原县数据安全工作协调机制工作方案（送审稿）〉的请示》《关于审定〈海原县加强数据安全工作重点任务分工方案（送审稿）〉的请示》，听取了全县维护政治安全“十大专项行动”推进情况汇报。会议还研究干部事宜。

【第16次常委会会议】　7月7日，市委副书记、县委书记佘瑞东主持召开十五届海原县委2022年第16次常委会会议。张鹏、李明、李雪峰、于建涛、田风明、丁芳、采澎涛、常伟海、冯磊出席会议。县人大常委会主任杨和全程列席会议。县人大常委会、县政府、县政协全体领导，海兴开发区分管领导、县法院院长、县检察院检察长、甘盐池种羊场负责人及县委各部门、各群众团体、县直各单位、自治区市驻海原相关单位负责人、各乡镇(街道)党(工)委主要负责人列席相关议题会议。会议传达学习了自治区党委书记梁言顺在海原调研时的讲话精神,研究贯彻意见;传达学习了自治区安委会2022年第3次全体(扩大)会议精神,听取全县上半年安全生产工作情况汇报,安排部署下一阶段全县安全生产暨“百日专项整治行动”工作;研究了县人民政府党组《关于县委和县政府办公楼各单位避险搬迁的请示》《关于审定〈海原县高端肉牛产业示范县实施方案(送审稿)〉的请示》;县委办公室《关于成立县委和县政府办公楼各单位避险搬迁工作领导小组的请示》;县委统战部《关于审定〈海原县建设铸牢中华民族共同体意识示范县实施方案(送审稿)〉的请示》等事项。

【第17次常委会会议】 7月19日,市委副书记、县委书记余瑞东主持召开十五届海原县委2022年第17次常委会会议。张鹏、李明、李雪峰、田风明、曾小明、丁芳、常伟海、冯磊出席会议。县人大常委会主任杨和列席会议。会议研究了县纪委监委《关于给予李志成开除党籍开除公职处分的请示》;传达学习了自治区党委办公厅《关于印发〈开展违规收送红包礼金和不当收益及违规借转贷或高额放贷专项整治工作方案〉的通知》。

【第18次常委会会议】 7月27日,县委副书记、县长张鹏主持召开十五届海原县委2022年第18次常委会会议。李明、于建涛、田风明、曾小明、丁芳、采澎涛、常伟海、冯磊出席会议。县人大常委会主任杨和列席会议。会议研究了民主推荐干部事宜。

【第19次常委会会议】 7月29日,市委副书记、县委书记余瑞东主持召开十五届海原县委2022年第19次常委会会议。张鹏、李明、李雪峰、田风明、曾小明、常伟海、冯磊出席会议。县人大常委会主任杨和全程列席会议。县人大常委会、县政府、县政协全体领导,海兴开发区分管领导、县法院院长、县检察院检察长、甘盐池种羊场负责人及县委各部门、各群众团体、县直各单位、自治区市驻海原相关单位负责人、各乡镇(街道)党(工)委主要负责人列席相关议题会议。会议传达学习了习近平总书记在湖北武汉考察时、新疆考察调研时、庆祝香港回归祖国25周年大会暨香港特别行政区第六届政府就职典礼、金砖国家工商论坛开幕式、金砖国家领导人第十四次会晤、全球发展高层对话会上的重要讲话精神,就研究吸收网民对党的二十大相关工作意见建议作出的重要指示精神,给中国国家博物馆老专家、参加海峡青年论坛的台湾青年、种粮大户的回信精神,致“全球发展:共同使命与行动价值”智库媒体高端论坛贺信、向全球重要农业文化遗产大会、世界青年发展论坛、第二届中非和平安全论坛贺信精神;传达学习了习近平总书记关于加强和改进人民政协工作的重要思想,《中国共产党政治协商工作条例》精神,研究县人民政协党组《关于审定〈关于自治区党委督查组督查调研中央和自治区党委政协工作会议精神贯彻落实情况反馈问题整改方案(送审稿)〉的请示》《关于审定〈关于加强和改进新时代海原县政协工作的实施意见(送审稿)〉的请示》《关于审定〈关于加强和改进新时代海原县政协工作实施意见的任务分工方案(送审稿)〉的请示》;传达学习自治区党委和政府领导对“海原县学生溺水事故”批示精神,研究贯彻意见;研究县人民政府党组《关于审定〈海原县古韵南华乡村振兴项目实施方案(送审稿)〉的请示》《关于审定〈海原县生态文明建设示范县创建工作实施方案(送审稿)〉的请示》《关于审定实施2022年海原县曹洼乡等第二批村组硬化路项目的请示》《关于审定实施海原县第一中学附属工程的请示》等事项;套开了县委农村工作领导小组2022年第3次会议,研究县委农村工作领导小组办公室《关于审定〈海原县高端肉牛产业示范县实施方案(送审稿)〉的请示》《关于审定〈海原县村级集体经济管理暂行办法(送审稿)〉的请示》《关于审定〈海原县建设乡村全面振兴示范县实施方案(送审稿)〉的请示》等。

【第20次常委会会议】 8月16日,市委副书记、县委书记余瑞东主持召开十五届海原县委2022年第20次常委会会议。张鹏、李明、李雪峰、田风明、丁芳、采澎涛、常伟海、冯磊出席会议。县人大常委会主任杨和全程列席会议。县人大常委会、县政府、县政协全体领导,海兴开发区分管领导、县法院院长、县检察院检察长、甘盐池种羊场负责人及县委各部门、各群众团体、县直各单位、自治区市驻海原相关单位负责人、各乡镇(街道)党(工)委主要负责人列席相关议题会议。会议传达学习了习近平总书记在十九届中共中央政治局第四十一次集体学习、中央统战工作会议、党外人士座谈会、省部级主要领导干部“学习习近平总书记重要讲话精神 迎接党的二十大”专题研讨班上的重要讲话精神,参观“领航强军向复兴——新时代国防和军队建设成就展”时的重要讲话精神,给中国共产党与世界马克思主义政党论坛、国际民间社会共同落实全球发展倡议交流大会致贺信精神,给“中国好人”李培生、胡晓春回信精神,给马耳他中学“中国角”师生复信精神;传达学习了自治区党委书记梁言顺在《自治区党委办公厅〈紧急信息(第393期)——强降雨导致海原县7个乡镇遭受洪涝灾害〉》上的批示精神,听取县防汛抗旱指挥部办公室关于“8·13”强降雨抢险救灾情况和下一步工作汇报,安排部署汛期安全生产工作;研究了县人民政府党组《关于审定〈海原县2022年肉牛精深加工二期项目建设方案(送审稿)〉的请示》《关于审定解决2022年度校(园)长津贴、班主任津贴和寄宿制学校绩效工资等费用的请示》;县委办公室《关于成立更名撤销调整规范有关议事协调机构的请示》;县委组织部《关于审定〈海原县加强退出领导岗位干部管理办法(试行)(送审稿)〉的请示》;县委统战部《关于审定〈拟推荐全市民族团结进步表彰大会先进集体和先进个人名单(送审稿)〉的请示》;县残联党组《关于审定〈海原县县乡残联、村残协换届工作实施方案(送审稿)〉的请示》等事项。会议套开了县委财经委员会2022年第1次会议,研究了县委财经委员会办公室《关于审定〈关于建立健全海原县国民经济和社会发展第十四个五年规划和二〇三五年远景目标纲要实施机制的意见(送审稿)〉的请示》;听取全县争取资金、重点项目、招商引资推进情况汇报和相关部门(单位)表态发言;通报了全县上半年经济运行情况,安排部署下半年经济工作。会议还研究了干部事宜。

【第21次常委会会议】 10月18日,市委副书记、县委书记佘瑞东主持召开十五届海原县委2022年第21次常委会会议。张鹏、李明、李雪峰、于建涛、田风明、丁芳、常伟海、冯磊出席会议。县人大常委会主任杨和、县政协主席丁志爱全程列席会议。县人大常委会、县政府、县政协全体领导,海兴开发区分管领导、县法院院长、县检察院检察长、甘盐池种羊场负责人及县委各部门、各群众团体、县直各单位、自治区市驻海原相关单位负责人、各乡镇(街道)党(工)委主要负责人列席相关议题。会议传达学习了中国共产党第十九届中央委员会第七次全体会议精神;传达学习了习近平总书记在8月30日、9月9日中央政治局会议、上海合作组织成员国元首理事会第二十二次会议、辽宁考察调研、参观"奋进新时代"主题成就展、会见C919大型客机项目团队代表时的重要讲话精神,对四川甘孜泸定县6.8级地震、国防和军队改革研讨会作出的重要指示精神,给世界职业技术教育发展大会、第五届中非媒体合作论坛、2022年中国国际服务贸易交易会、2022全国专精特新中小企业发展大会、产业链供应链韧性与稳定国际论坛、第七届中国—亚欧博览会、2022年国际和平日纪念活动、中国新闻社建社70周年、"中国农民丰收节"的贺信精神,给外文出版社外国专家、北京师范大学"优师计划"师范生、山东省地矿局第六地质大队全体地质工作者的回信精神,给"里斯本丸"号船幸存者家属的复信精神(书面);传达学习了中央审计委员会第五次会议精神,自治区党委审计委员会第八次会议精神;传达学习了《关于4起违反中央八项规定精神典型问题的通报》《关于中宁县疫情防控失职失责问题问责情况的通报》;传达学习了全国、全区安全生产电视电话会议精神,国务院安委会第三督导检查组来宁开展安全生产大检查"回头看"督导检查汇报会议精神,自治区党委书记梁言顺关于生态环保和安全生产督导检查工作的批示精神和视频督导调度全区安全生产工作时的讲话精神,听取全县关于自治区生态环保和安全生产督导检查、暗访督查反馈问题整改情况汇报,安排部署问题整改和风险隐患整治工作。会议套开了县委应对新冠疫情工作领导小组第29次会议暨县安全风险研判防控工作机制第2次会议,传达学习中央、自治区、市有关疫情防控领导讲话精神;听取"9·20"疫情处置情况汇报,安排部署下一步工作;听取行业领域重大安全风险研判防控工作情况汇报(书面汇报);通报了全县当前安全形势。会议套开县委退役军人事务工作领导小组2022年第1次会议,听取全县退役军人事务工作情况汇报(书面);研究了退役军人事务工作领导小组办公室《关于审定〈海原县退役军人工作政策制度改革实施方案(送审稿)〉的请示》《关于审定〈海原县2022年度退役军人工作"任务清单"(送审稿)〉的请示》《关于审定〈关于曹海亮等9名退役士兵安置方案(送审稿)〉的请示》。会议研究了县人民政府党组《关于审定〈关于中央财政支持海原县公立医院改革与高质量发展示范项目三年行动实施方案(2022—2024年)(送审稿)〉的请示》《关于审定〈海原县2022年统筹整合使用财政涉农资金(调整)实施方案(送审稿)〉的请示》《关于审定开工建设2022年宁夏清水河(海原县段)综合治理工程的请示》《关于审定实施兴海中学扩建项目的请示》《关于审定〈海原县城2022—2023年集中供热运营方案及补充方案（送审稿）〉的请示》《关于审定实施海原县第二污水处理厂Ⅱ期扩建项目的请示》《关于审定〈2022年新增地方政府一般债券资金（第二批）使用计划和调整部分新增一般债券项目资金〉的请示》；县委督检考办《关于审定〈海原县2022年度效能目标管理考核办法（送审稿）〉的请示》；县委宣传部《关于审定〈海原县新时代文明实践县、乡镇、村（社区）三级书记任务清单（送审稿）〉的请示》等事项。会议还传达学习了《中共中央关于印发〈中国共产党处分违纪党员批准权限和程序规定〉的通知》精神。

【第22次常委会会议】 11月8日，市委副书记、县委书记佘瑞东主持召开十五届海原县委2022年第22次常委会会议。张鹏、李明、李雪峰、于建涛、田风明、曾小明、丁芳、采澎涛、常伟海、冯磊出席会议。县人大常委会主任杨和、县政协主席丁志爱全程列席会议。县政府副县长贾治林、王银军及县委、县政府有关部门（单位）负责人列席相关议题会议。会议传达学习了习近平总书记在10月25日中共中央政治局会议、二十届中共中央政治局第一次集体学习、军队领导干部会议、瞻仰延安革命纪念地、在陕西延安和河南安阳考察时的重要讲话精神，在第五届中国国际进口博览会、《湿地公约》第十四届缔约方大会开幕式上的致辞精神，向中国国际可持续交通创新和知识中心成立、美中关系全国委员会年度晚宴、俄罗斯中国友好协会成立65周年、2022年世界城市日全球主场活动暨第二届城市可持续发展全球大会、第31届阿拉伯国家联盟首脑理事会会议的贺信精神，《中共中央关于认真学习宣传贯彻党的二十大精神的决定》，自治区传达贯彻党的二十大精神会议精神，10月25日自治区党委常委会会议精神，自治区党委十三届二次全会精神，10月29日和11月3日自治区党委常委会会议精神，10月31日和11月2日市委常委会会议精神；研究了《关于召开中国共产党海原县第十五届委员会第三次全体会议的请示》，审议了《中共海原县委员会关于认真学习宣传贯彻党的二十大精神的实施方案（送审稿）》及《实施方案说明（送审稿）》和《关于免去、递补县委委员的请示》等县委第十五届三次全会相关事宜；研究了县人民政府党组《关于审定〈海原县涉粮问题整改清单（送审稿）〉的请示》。会议还研究干部事宜。

【第23次常委会会议】 11月9日，市委副书记、县委书记佘瑞东主持召开十五届海原县委2022年第23次常委会会议。张鹏、李明、李雪峰、于建涛、田风明、丁芳、采澎涛、常伟海、冯磊出席会议。县人大常委会主任杨和、县政协主席丁志爱列席会议。会议听取了县委十五届三次会议分组审议讨论《中共海原县委员会关于认真学习宣传贯彻党的二十大精神的实施方案（讨论稿）》等4个文件情况汇报。

【第24次常委会会议】 11月10日，市委副书记、县委书记佘瑞东主持召开十五届海原县委2022年第24次常委会会议。张鹏、李雪峰、于建涛、田风明、丁芳、采澎涛、常伟海、冯磊出席会议。县人大常委会主任杨和、县政协主席丁志爱列席会议。会议研究了民主推荐干部事宜。

【第25次常委会会议】 12月7日，市委副书记、县委书记佘瑞东主持召开十五届海原县委2022年第25次常委会会议。张鹏、李明、李雪峰、于建涛、田风明、曾小明、丁芳、采澎涛、常伟海、冯磊、康晓伟出席会议。县人大常委会主任杨和、县政协主席丁志爱全程列席会议。县人大常委会、县政府、县政协全体领导,海兴开发区分管领导、县法院院长、县检察院检察长、甘盐池种羊场负责人及县委各部门、各群众团体、县直各单位、自治区市驻海原相关单位负责人、各乡镇(街道)党(工)委主要负责人列席相关议题。会议传达学习了习近平总书记在江泽民同志追悼大会上的悼词,在视察军委联合作战指挥中心、出席二十国集团领导人第十七次峰会、亚太经合组织第二十九次领导人非正式会议上的重要讲话,对河南安阳市凯信达商贸有限公司火灾事故的重要指示,致国际竹藤组织成立25周年志庆暨第二届世界竹藤大会、世界互联网大会乌镇峰会、第6届中国—南亚博览会、联合国/中国空间探索与创新全球伙伴关系研讨会、发展中国家科学院第16届学术大会暨第30届院士大会、第四届中俄能源商务论坛的贺信,向“声援巴勒斯坦人民国际日”纪念大会致贺电,向“杂交水稻援外与世界粮食安全”国际论坛发表书面致辞,给中国航空工业集团沈飞“罗阳青年突击队”队员们的回信精神;传达学习了《自治区党委常委会关于坚定维护以习近平同志为核心的党中央集中统一领导的若干规定》;传达学习全区巡视工作会议暨十三届自治区党委第一轮巡视动员部署会会议精神,听取关于对西安镇等5个党委巡察情况的综合汇报,研究县委巡察办《关于更新县委巡察“两库”(巡察组长库、巡察人才库)人员建议名单的请示》;传达学习关于韩某某严重违纪违法案件的通报、关于何某严重违纪违法案件的通报、《关于5起群众身边腐败和不正之风典型案例的通报》;研究了县人大常委会党组《关于补选县十八届人民代表大会出缺代表的请示》;县人民政府党组《关于审定〈海原县贯彻落实第二轮中央生态环境保护督察反馈意见整改方案(送审稿)〉的请示》《关于审定〈海原县落实全区、全市稳经济保民生政策措施的实施方案(送审稿)〉的请示》《关于实施海原县关桥乡冯湾村压砂地退出区产业配套现代高效节水农业项目的请示》《关于解决教育缺口资金的请示》《关于解决历年交通建设项目缺口资金的请示》《关于解决海兴开发区保运转、涉法涉诉和化解历年债务资金的请示》《关于解决县城集中供暖拖欠燃煤资金的请示》《关于解决2021—2022年度县城供热季供暖补贴的请示》《关于解决政府投资项目资金的请示》;县委办公室《关于审定〈调整县委常委工作分工(送审稿)〉的请示》;县委组织部《关于推荐自治区第十三届人民代表大会代表初步人选的请示》《关于补选市第五届人民代表大会代表人选的请示》等事项。会议还研究了干部事宜。

【第26次常委会会议】 12月19日,市委副书记、县委书记佘瑞东主持召开十五届海原县委2022年第26次常委会会议。张鹏、李明、李雪峰、田风明、曾小明、常伟海、冯磊、康晓伟出席会议。县人大常委会主任杨和、县政协主席丁志爱全程列席会议。县人大常委会、县政府、县政协全体领导,海兴开发区分管领导、县法院院长、县检察院检察长、甘盐池种羊场负责人及县委各部门、各群众团体、县直各单位、自治区市驻海原相关单位负责人列席相关议题会议。会议传达学习了12月16日中央经济工作会议、12月6日中共中央政治局会议精神，学习习近平总书记在中共中央征求经济工作意见和建议党外人士座谈会时的重要讲话，对非物质文化遗产保护工作作出重要指示，在首届中国—阿拉伯国家峰会开幕式上的主旨讲话，向国史学会成立30周年的致信，在《生物多样性公约》第十五次缔约方大会第二阶段高级别会议开幕式上的致辞，向第十五届中国—拉美企业家高峰会发表的书面致辞，给沙特中文学习者代表的复信精神，12月12日自治区党委常委会会议精神；传达学习《自治区党委办公厅 关于印发〈宁夏回族自治区推进领导干部能上能下实施细则〉的通知》精神；传达学习了中卫市委五届六次全体会议精神。会议套开了县委全面深化改革委员会第9次会议，传达学习中央全面深化改革委员会第二十六次、二十七次会议，自治区党委全面深化改革委员会第十八次、十九次、二十次会议，“六权”改革推进会，全区全面深化改革推进落实会议暨专题培训班会议精神；研究县委全面深化改革委员会办公室《关于审定〈贯彻落实自治区第十三次党代会精神纵深推进全面深化改革的实施方案（送审稿）〉的请示》；听取了海原县承担国家和自治区级改革试点暨“六权”改革推进情况汇报。套开县委统一战线工作领导小组2022年第3次会议，传达学习自治区统战工作会议和全区宗教工作会议精神，研究贯彻意见；研究县委统一战线工作领导小组办公室《关于审定〈海原县党外知识分子第二届换届工作方案（送审稿）〉的请示》；听取全县铸牢中华民族共同体意识示范县创建工作和宗教工作汇报。会议研究了《关于召开中国共产党海原县第十五届委员会第四次全体会议的请示》《县委常委会工作报告（送审稿）》等县委第十五届四次全会相关事宜；研究了县人民政府党组《关于审定〈海原县2022年闽宁协作社会帮扶工作方案（送审稿）〉的请示》《关于审定〈海原县2023年肉牛精深加工三期项目建设方案（送审稿）〉的请示》；县委政法委《关于审定〈关于新形势下加强反恐怖工作的实施方案（送审稿）〉的请示》；共青团海原县委《关于审定〈海原县共青团基层组织改革工作实施方案（送审稿）〉的请示》《关于审定〈海原县关于全面加强新时代少先队工作的实施方案（送审稿）〉的请示》；县残联党组《关于召开海原县残疾人联合会第八次代表大会的请示》等事宜。

【第27次常委会会议】 12月19日，市委副书记、县委书记佘瑞东主持召开十五届海原县委2022年第27次常委会会议。张鹏、李明、李雪峰、于建涛、田风明、曾小明、采澎涛、常伟海、冯磊、康晓伟出席会议。县人大常委会主任杨和列席会议。会议专题听取中共海原县委十五届四次全体会议传达学习了分组审议讨论《县委常委会工作报告》《中国共产党海原县第十五届委员会第四次全体会议决议（讨论稿）》情况汇报。

【第28次常委会会议】 12月19日，市委副书记、县委书记佘瑞东主持召开十五届海原县委2022年第28次常委会会议。张鹏、李明、李雪峰、于建涛、田风明、曾小明、采澎涛、常伟海、冯磊、康晓伟出席会议。县人大常委会主任杨和、县政协主席丁志爱全程列席会议。县人大常委会、县政府、县政协全体领导，海兴开发区分管领导、县法院院长、县检察院检察长、甘盐池种羊场负责人及县委各部门、各群众团体、县直各单位、自治区市驻海原相关单位负责人列席相关议题。会议传达学习了中卫市第五届人民代表大会第二次会议精神、政协中卫市第五届委员会第二次会议精神。套开了县党风廉政建设和反腐败斗争工作领导小组2022年第2次会议，传达学习《十九届中央纪律检查委员会向中国共产党第二十次全国代表大会的工作报告》、自治区纪委《印发〈关于进一步发挥改革效能有力推进纪检监察监督巡视巡察监督与审计监督贯通协同高效的实施意见〉的通知》、自治区纪委《关于王勇严重违纪违法案件的通报》；听取了海原县2022年党风廉政建设和反腐败工作情况汇报。会议研究了县人大常委会党组《关于召开海原县第十八届人民代表大会第二次会议的请示》《关于海原县第十八届人民代表大会第二次会议主席团、秘书长、主席团常务主席、执行主席和副秘书长建议名单的请示》《关于海原县第十八届人民代表大会第二次会议代表团编组、团长、副团长建议名单的请示》《关于海原县第十八届人民代表大会第二次会议列席人员建议名单的请示》《关于海原县第十八届人民代表大会第二次会议议案审查委员会、计划预算审查委员会组成人员建议名单的请示》等海原县第十八届人民代表大会第二次会议事宜；审议了海原县第十八届人民代表大会第二次会议相关报告。会议研究了县政协党组《关于审定〈关于加强政协协商于党委政府决策之前和决策实施之中的实施意见（送审稿）〉的请示》；县委组织部《关于县第十八届人民代表大会第二次会议相关职务候选人建议人选的请示》《关于成立海原县第十八届人民代表大会第二次会议及政协海原县第十二届委员会第二次会议临时党组织的请示》《关于审议〈县第十八届人民代表大会第二次会议选举办法（草案）（送审稿）〉的请示》等事宜。会议还套开了县委外事委员会第1次会议，传达学习党的二十大精神（报告第14部分），十三届自治区党委外事工作委员会第一次会议，全区涉外安全工作会议，五届市委外事工作委员会第一次会议精神；听取外事工作情况汇报；研究县委外事委员会办公室《关于审定〈关于构建党总揽全局协调各方的对外工作大协同格局的实施方案（送审稿）〉的请示》等。

【第29次常委会会议】 12月30日，市委副书记、县委书记佘瑞东主持召开十五届海原县委2022年第29次常委会会议。张鹏、李雪峰、于建涛、田风明、曾小明、丁芳、采澎涛、常伟海、康晓伟出席会议。县人大常委会主任杨和、政协主席丁志爱列席会议。会议专题研究民主推荐干部结果。

（任永刚）

县委办工作

【政治建设】 2022年，海原县委办夯实政治根基，突出绝对忠诚的政治品格。把“党办姓党、绝对忠诚”作为办公室全部工作的生命线，坚决做到绝对忠诚、绝对纯洁、绝对可靠。始终牢记政治机关属性，树牢“四个意识”、坚定“四个自信”，坚决拥护“两个确立”，做到“两个维护”，自觉把坚决维护习近平总书记党中央的核心、全党的核心地位，坚决维护党中央权威和集中统一领导作为最高政治原则和根本政治规矩。自觉加强政治历练，善于从政治上看问题，自觉从政治上去思考、谋划和推动工作，不断提高政治判断力、政治领悟力、政治执行力。强化理论武装，深化求真务实的工作作风。坚持把学习贯彻习近平新时代中国特色社会主义思想作为首要任务，纳入党组织理论武装“主修课”、党员干部思政教育“必选项”、列为党建考核“必答题”、内部巡察督查“必考项”，县委办全体党员干部自觉用习近平新时代中国特色社会主义思想武装头脑，指导工作，持续深入学习习近平总书记关于党的建设、乡村振兴、生态环保、民族宗教等方面的重要论述和视察宁夏重要讲话精神。不断开展文稿能力提升、党政公文格式、党史学习教育专题辅导培训，不断提升学习针对性和实效性。严格对标区市标准，对会务、组织、宣传、安保、后勤、纪律监督、疫情防控等工作进行了统筹安排，力求办文“案无积卷”、办会“精益求精”、办事“事不过夜”，推动各项工作高效运转、高质量完成。

【文稿制发】 2022年，海原县委办始终做好“四个把握”(把握中央的大政方针，把握自治区市党委部署要求，把握县委中心工作，把握县委领导的工作思路)，坚持文稿限时办结、会商和审核制度。全年共完成各类文稿276篇，撰写各类汇报75篇，表态讲话类138篇，其他63篇。强化信息调研服务，全年共向区、市上报信息710余条，编发《海原信息》10期，为县委了解重要工作动态、掌握社情民意起到了积极作用。

表3 2022年中共海原县委发文一览表

月	日	文号	文件标题
1	15	海党发1号	关于中共海原县委员会推荐中国共产党第二十次全国代表候选人推荐人选的报告
1	15	海党发2号	关于确定中共海原县委员会出席中国共产党宁夏回族自治区第十三次代表大会代表候选人推荐人选情况的报告
3	14	海党发3号	关于终止杨青龙同志中卫市第五次党代会代表资格的请示
3	17	海党发4号	关于印发《海原县委常委会2022年工作要点》的通知
4	7	海党发5号	关于印发《中共海原县第十五届委员会巡察工作规划(2022—2026年)》通知
4	15	海党发6号	中共海原县委 海原县人民政府关于印发《关于进一步加强基层治理体系和治理能力现代化建设的实施方案》的通知
5	8	海党发7号	中共海原县委 海原县人民政府关于印发《海原县2021年度巩固拓展脱贫攻坚成果同乡村振兴有效衔接考核评估问题整改方案》的通知
5	5	海党发8号	关于印发《中共海原县第十五届委员会常务委员会工作规则》的通知
5	9	海党发9号	中共海原县委员会 海原县人民政府关于印发《海原县2022年全面推进乡村振兴重点工作实施方案》的通知
5	9	海党发10号	中共海原县委员会 海原县人民政府关于印发《国家乡村振兴重点帮扶县海原县巩固拓展脱贫攻坚成果同乡村振兴有效衔接实施方案》的通知
5	19	海党发11号	中共海原县委员会 海原县人民政府关于印发《海原县关于实施科技强县行动提升县域创新能力的实施意见》的通知
7	7	海党发12号	中共海原县委员会关于深入学习宣传贯彻自治区第十三次党代会精神的通知
7	7	海党发13号	中共海原县委员会关于印发《海原县贯彻落实自治区第十三次党代会报告主要任务分工落实方案》的通知

续表3

月	日	文号	文件标题
7	29	海党发14号	关于广泛开展习近平总书记视察宁夏重要讲话和重要指示批示精神“大学习、大讨论、大宣传、大实践”活动的实施方案
9	9	海党发15号	中共海原县委员会 海原县人民政府关于表彰2021—2022学年度全县教育工作先进集体和先进个人的决定
9	13	海党发16号	中共海原县委员会 海原县人民政府关于废止和宣布失效涉计划生育县委文件的决定
9	22	海党发17号	中共海原县委印发《关于进一步加强作风建设提升工作质效实施方案》的通知
9	30	海党发18号	关于海原县有关县级领导同志疫情防控和经济补短板任务分工的通知
11	15	海党发19号	印发《关于认真学习宣传贯彻党的二十大精神的实施方案》的通知
12	30	海党发20号	中共海原县委员会 海原县人民政府 关于印发《关于新形势下加强反恐怖工作的实施方案》的通知
12	31	海党发21号	中共海原县委员会 海原县人民政府关于印发《关于贯彻落实自治区第十三次党代会精神纵深推进全面深化改革的实施方案》的通知

表4 2022年中共海原县委办公室发文一览表

月	日	文号	文件标题
2	18	海党办发1号	关于印发《海原县委常委会2021年度党史学习教育专题民主生活会整改清单》的通知
2	18	海党办发2号	中共海原县委办公室 海原县人民政府办公室印发《关于加强社会主义法治文化建设的实施方案》的通知
2	22	海党办发3号	关于印发《中共海原县第十五届委员会第一轮巡察各巡察组组长副组长及工作人员授权任职和巡察组任务分工》的通知
2	21	海党办发4号	中共海原县委办公室 海原县人民政府办公室关于印发《海原县2022年项目建设攻坚行动方案》《海原县2022年县级领导包保重点项目“五定”方案》的通知
3	2	海党办发5号	中共海原县委办公室 海原县人民政府办公室关于印发《海原县推进全域科普工作实施方案》的通知
3	16	海党办发6号	关于印发《2022年海原县全面从严治党党风廉政建设和反腐败工作主要任务分工方案》的通知
4	9	海党办发7号	关于印发《海原县维护政治安全工作实施方案》的通知
4	11	海党办发8号	中共海原县委办公室 海原县人民政府办公室关于印发《海原县党委和政府及有关部门生态环境保护责任》的通知
4	14	海党办发9号	关于印发海原县文学艺术界联合会第三次代表大会筹备实施方案的通知
4	14	海党办发10号	中共海原县委办公室 海原县人民政府办公室关于印发《海原县“扩大有效投资攻坚年”活动实施方案》的通知
4	6	海党办发11号	关于印发《海原县2022年宣传思想工作要点》的通知
4	14	海党办发12号	中共海原县委办公室 海原县人民政府办公室关于印发《海原县深化应急管理综合行政执法改革实施方案》的通知
5	12	海党办发13号	中共海原县委办公室 海原县人民政府办公室关于2021年度效能目标管理考核结果的通报
5	26	海党办发14号	关于印发《贯彻落实〈海原县委常委会2022年工作要点〉重点工作分工方案》的通知
6	2	海党办发15号	关于调整优化县纪委监委派驻机构的通知
6	6	海党办发16号	关于印发《海原县巩固拓展党史学习教育成果推动党史学习教育常态化长效化实施方案》的通知
6	7	海党办发17号	关于印发《关于巩固全县政法队伍教育整顿成果推进全面从严管党治警的实施方案》的通知
6	9	海党办发18号	关于印发《海原县宣传贯彻习近平总书记在庆祝中国共产主义青年团成立100周年大会上的重要讲话精神工作的方案》的通知
6	27	海党办发19号	关于印发《中共海原县第十五届委员会第二轮巡察各巡察组组长副组长及工作人员授权任职和巡察组任务分工》的通知
6	29	海党办发20号	关于县委常委工作分工的通知

续表4

月	日	文号	文件标题
6	29	海党办发21号	中共海原县委员会 海原县人民政府关于印发《海原县天然林保护修复制度实施方案》的通知
6	27	海党办发22号	关于印发海原县花儿艺术演艺有限公司改革实施方案的通知
7	7	海党办发23号	关于印发《自治区第十三次党代会精神宣讲工作方案》的通知
7	27	海党办发24号	中共海原县委办公室 海原县人民政府办公室关于印发《海原县"十四五"退役军人服务和保障规划》的通知
8	5	海党办发25号	中共海原县委办公室 海原县人民政府办公室关于印发《海原县生态文明建设示范县创建工作实施方案》的通知
8	1	海党办发26号	中共海原县委办公室 海原县人民政府办公室关于印发《海原县属国有企业违规经营投资责任追究暂行办法》的通知
8	15	海党办发27号	关于建立干部下沉网格包保机制的通知
8	18	海党办发28号	印发《关于加强和改进新时代海原县政协工作的实施意见》的通知
8	25	海党办发29号	中共海原县委办公室 海原县人民政府办公室关于印发《海原县生态环境风险和安全生产隐患大起底大排查大整治实施方案》的通知
8	28	海党办发30号	关于印发《海原县委"大学习、大讨论、大宣传、大实践"活动推进工作机制》
8	14	海党办发31号	印发《关于加强新时代廉洁文化建设的实施方案》的通知
9	8	海党办发32号	中共海原县委员会办公室 海原县人民政府办公室印发《关于建立健全〈海原县国民经济和社会发展第十四个五年规划和二〇三五年远景目标纲要〉实施机制的意见》的通知
9	16	海党办发33号	中共海原县委员会办公室 海原县人民政府办公室关于印发《海原县2022年古韵南华乡村振兴项目实施方案》的通知
9	25	海党办发34号	关于印发《海原县文明素养提升行动 实施方案》的通知
10	21	海党办发35号	中共海原县委办公室海原县人民政府办公室关于印发《海原县政府投资建设项目招投标管理办法(试行)》《海原县政府采购项目采购管理办法(试行)》的通知
10	25	海党办发36号	关于印发《海原县新时代文明实践县、乡镇、村(社区)三级书记任务清单》的通知
8	14	海党办发37号	中共海原县委员会办公室 海原县人民政府办公室关于印发《海原县建设乡村全面振兴示范县实施方案》的通知
10	26	海党办发38号	中共海原县委办公室 海原县人民政府办公室关于印发《海原县2022年度效能目标管理考核办法》的通知
11	2	海党办发39号	中共海原县委办公室 海原县人民政府办公室 海原县人武部政治工作科 关于印发《海原县退役军人工作政策制度改革实施方案》的通知
11	14	海党办发40号	关于印发《海原县深化安全可靠应用替代工作实施方案》的通知
11	25	海党办发41号	关于印发《中共海原县第十五届委员会第三轮巡察各巡察组组长副组长及工作人员授权任职和巡察组任务分工》的通知
11	22	海党办发42号	关于印发《全县党的二十大精神宣讲工作方案》的通知
11	30	海党办发43号	印发《关于深入开展党的二十大和习近平总书记视察宁夏重要讲话指示批示精神"大学习、大讨论、大宣传、大实践"活动的实施方案》的通知
12	7	海党办发44号	关于县委常委工作分工的通知
12	11	海党办发45号	中共海原县委员会办公室 海原县人民政府办公室关于印发《海原县贯彻落实第二轮中央生态环境保护督察反馈意见整改方案》的通知
12	13	海党办发46号	中共海原县委员会办公室 海原县人民政府办公室关于印发《海原县落实〈全区、全市稳经济保民生政策措施〉的实施方案》的通知
12	21	海党办发47号	关于印发《海原县共青团基层组织改革工作实施方案》的通知

【文件办理】 2022年，县委全年发文19份，办公室发文101份；处理中央来文73份、自治区来文820份、市级来文487份、县级来文252份，文件转办无延误、无滞留。印发《中共海原县委员会办公室关于对文件制定及规范性表述等问题提醒的通知》，持续改进文风，提高文稿质量。

【会务服务】 2022年，海原县委办对标对表自治区有关规定和标准，从会议筹备、通知、组织、服务等细节入手，不断健全完善会议流程，形成了规范、严谨、高效的会议制度和机制。截至年底，共组织县委各类会议153次，其中，县委常委会（扩大）会议25次，全国、自治区和中卫市视频会议71次，各类座谈会18次，其他各类部署会、推进会等39次。

【考察调研和公务活动保障】 2022年，海原县委办牢牢把握各类考察调研工作重点，认真领会工作要求，从筛选考察调研点位、路线优化、统筹协调、简介材料审核、展板设计制作、组织执行、服务保障等方面精心谋划、认真筹备。截至年底，共承接各级各类考察调研32次，其中，省部级领导考察调研9次，其他各级各类考察调研23次。

【督查督办】 2022年，海原县委办紧紧围绕县委各项重点决策部署，开展督查督办43次，撰写督查专报和汇报23份，下发督查通报5期、督办通知单41份，督办县委领导批示46件次、书记信箱162件次。

【机要保密】 2022年，海原县委办机要人员坚持24小时值班，收发办理电报100余份，电子政务内网收文3000余份，开展保密工作专项检查4次，并统一配发国产化涉密单机、涉密打印机、扫描仪63台，保密柜78个，集中组织保密培训5次，规范相关保密工作事项5项，制作保密工作宣传片3部，有效防范各类失泄密问题的发生。

【国安工作】 2022年5月中旬，海原县将县委国安办从县委政法委调整到县委办公室，理顺国安工作的体制机制。研究制定了《海原县数据安全工作协调机制工作方案》《海原县加强数据安全工作重点任务分工方案》《关于进一步加强情报工作的通知》等，进一步完善了国家安全工作体系。

【信息调研】 2022年，海原县委办注重发挥党委信息“千里眼、顺风耳”作用，紧紧围绕中央和自治区、中卫市精神的贯彻落实、县委中心工作的措施落地，全年向自治区党委办公厅上报调研报告45篇。建立信息报送工作制度，全年向自治区、市上报紧急信息10余条。加快推进全区档案信息化建设，通过馆际共享服务系统上传73条档案开放条目数，提高了档案服务的整体功能。

（任永刚）

组织工作

【概　况】 中共海原县委员会组织部是县委主管组织建设、干部工作、公务员工作、老干部工作和人才工作的职能部门，挂直属机关工作委员会、老干部局、公务员局牌子，非公有制经济组织和社会组织工作委员会、离退休干部工作委员会设在组织部。设办公室、干部一室、干部二室、干部人事档案室、组织一室、组织二室、人才与公务员管理室7个内设机构。2022年，县委组织部有公务员19名，事业编制人员

2名，参公人员8名，工勤人员1名。

【干部选拔任用】 2022年，海原县全年提拔干部6批、87人，其中，乡村振兴及疫情防控一线干部52人，公务员职级晋升140人，其中，乡镇干部57人，占40%；县以下事业单位管理岗职员等级晋升20人；择优选派32名长期在基层一线默默奉献、埋头苦干干部担任乡镇“四中心”主任。先后开展2021年度领导班子和领导干部年度考核，对20个领导班子开展政治素质专项考核，评定年度领导班子优秀等次21个、领导干部优秀等次126名，对考核排名靠前的3名乡镇党政正职予以重用，5名副科级干部提拔为正科级，对考核排名靠后的7名领导干部转任职级公务员，提拔被问责处分影响期满的干部4名，建立“红黑榜”机制，确定红榜人员23名；提拔“85后”年轻干部48名（占比55%），“90后”年轻干部21名（占比24%）。

【干部教育培训】 深入实施“新时代基层干部主题培训行动计划”和“换届后领导班子培训计划”，组织开展习近平总书记视察宁夏重要讲话和重要指示批示精神“大学习、大讨论、大宣传、大实践”活动，先后举办各类主体班22期，培训干部5538人次，干部网络培训参学率、结业率均达到100%；持续实施青年骨干培养计划，组织召开年轻干部座谈会，举办学制2个月的中青年干部培训班；持续实施干部政治能力和专业能力提升“两大工程”，创新开设“南华山学堂”，打造“学、训、研、宣”一体化平台；先后选派37名年轻干部参与巡察、信访、驻村工作，23名年轻后备干部担任隔离点点长，抽调160名干部在隔离点工作，135名干部赴抗疫重点乡镇最前沿，120名机关干部、170名公安干警、120名医护人员赴中宁支援疫情防控工作，推动干部在实战考场历练本领、履职担当。

【干部监督管理】 按照“主动监督、前移关口”的思路，紧盯“一把手”及关键岗位领导干部“关键少数”，从严落实领导干部任期经济责任审计、出国境审批、请销假管理、谈心谈话等制度，新任职干部廉政谈话、选人用人知识测试87人次。对不胜任现职、履职尽责不到位等干部给予党纪政务处分10人，组织处理14人，充分利用“12380”干部举报平台，全年接收举报8件，第一时间予以核查办理反馈。制定出台《海原县干部监督信息沟通办法（试行）》，推动干部监督信息沟通日常化，推动干部监督由单一化向整体化转变。研究制定《海原县加强退出领导岗位干部管理办法（试行）》，提出28条具体要求，形成以制度管人管事的良好机制。

【公务员管理】 2022年，制定下发了《关于进一步加强公务员平时考核工作的通知》，进一步规范平时考核程序，扎实开展公务员平时考核工作。2022年新招录公务员90人，选调生8人，为全县公务员队伍注入新鲜血液，充实乡村振兴一线力量。在全区第六届“人民满意公务员”“人民满意公务员集体”评选活动中，推荐全区“人民满意的公务员”1人，并记二等功。

【农村基层党建】 2022年，海原县深化农村“一抓两整”（抓乡促村、整乡推进、整县提升）示范创建和“百万移民致富提升”行动，完成17个乡镇党委领导班子和148个村“两委”班子换届“回头看”工作，创建并命名党建示范村127个、示范乡镇14个；常态化整顿提升17

个软弱涣散和薄弱村党组织，培育村党组织带头人345名、产业带头人1687名、村级后备力量530名，选派驻村干部431人，确定227名导师帮带401名“新农人”，村（社区）干部、驻村干部、党务干部等实现培训全覆盖。

【机关党建】 2022年，海原县深入开展机关党建“三强九严”工程、“五型”模范机关创建活动，完成42个“让党中央放心、让人民群众满意”模范机关命名工作，扎实开展机关党建结对“互观互检”活动，推动机关党建与业务工作深度融合。

【城市党建】 2022年，海原县立足城市党建引领基层治理重点任务，制定城市基层党建引领社区治理任务清单，结合反诈宣传和疫情防控工作，统筹党建资源、服务资源和社会资源，理顺“社区党支部（党总支）—网格（小区）党小组—院落（楼栋）党员中心户”三级网格管理机制，督促81个机关单位到社区报到，开展服务工作。建立社区治理“一书三单”，加大“业主委员会”组建力度，引导“蒲公英”“海通”等社会组织参与社区治理，建立“红石榴”“爱心敲门”等志愿服务队57支，开展各类志愿服务活动100余场次，组织4600余名党员干部及志愿者参与社区疫情防控，凝聚起社区治理强大合力。

【非公企业和社会组织党建】 2022年，海原县持续扩大非公企业和社会组织党建覆盖，成立“小个专”行业党委和货运行业综合党委，为6个“小个专”党建工作指导站配备兼职工作人员12名，指导18个乡镇（街道）成立货运行业党支部，组建3支志愿服务队，建立“基层党委+企业+党员司机+货车司机”协作互助机制，建成并运行海原县货运行业“塞上红运”党建项目，研发运行货运行业党建管理系统，大力建设“红色驿站”“司机之家”，特别是疫情防控期间，积极在海兴开发区高速服务区设立货车司机货物取送点，为2万余名货运司机解决生活难题；成立海原县外卖行业联合党支部，非公企业和社会组织党组织实现应建尽建。

【其他各领域党建工作】 认真落实国有企业党建在完善公司治理中加强党的领导的实施意见，扎实开展“六化六提升”工程，成立国有企业党工委，理顺管理组织构建体系；推进中小学校、公立医院党组织规范化建设，完善中小学校、公立医院党组织领导的校（院）长负责制，结合“县管校聘”改革任务一体推进党组织领导的校长负责制，完成50%的目标任务。成立医疗健康总院党委，实行党委领导下的院长负责制；理顺民办学校党组织隶属关系，选好配强民办学校党组织负责人，抓好民办学校党建工作重点任务落实。

【人才工作机制】 2022年，海原县坚持党管人才，成立县委人才工作领导小组，明确部门职责，推动形成党委统一领导，组织部门抓“牵头”，职能部门抓“具体”，各用人单位抓“落实”，社会力量广泛参与的人才工作格局。定期召开人才工作领导小组会议，研究制订海原籍优秀人才回乡就业创业行动计划、海原县“人才+特色产业”行动计划和教育、医疗、科技特派团“组团式”帮扶实施方案等政策文件，形成更加完备的人才制度体系。

【人才引育】 2022年，海原县积极开展“六类人才”（党政人才、企业经营管理人才、专业技术人才、高技能人才、农村实用人才、社会工作人才）底数盘点工作，全面掌握人才数量、结构，扎实开展“订单式”“导向式”“需求式”

人才培训，累计培育农村实用人才、文化旅游、交通物流、电子商务等各类人才2万余人次。推荐“西部之光”访问学者、“青年拔尖人才”“青年托举人才”“基层之星”研修人才17名。先后与福建省交流选派专业技术人才112名，培养急需紧缺高层次人才15名，柔性引进行业专家11名，公费师范生39人，农村订单定向医学生33人，进一步弥补了海原县专业人才短板。扎实开展高素质农民职称评审工作，经市级审批核准，6人评审取得高素质农民职称，进一步激发乡村振兴一线人才活力，为破解乡村振兴人才瓶颈注入源头活水，为乡村振兴拓宽引才育才路。

【人才管理使用】　2022年，海原县聚焦“一主四特”产业发展，对接17名科技特派团帮扶专家，围绕农作物旱地高产和肉牛高效育肥及粪污无害化环保处理等方面进行了新技术示范和突破，建立技术示范基地8个，初步构建小杂粮、肉牛、绒用羊高效技术服务体系，打造马铃薯高质量发展科技示范园区和种薯繁育、专用薯生产及精深加工三大基地。深化“政校企”合作，建设完善肉牛七大体系、小杂粮、马铃薯等特色产业高效服务体系，建设产业示范基地55个，累计引进新技术示范新品种133项，解决技术问题45项。打造三河、关桥、史店人才工作站，积极推动424名专技人才到基层一线建功立业，优化基层服务质量。充分利用“组团式”帮扶的人才优势和资源禀赋，发挥好传帮带作用，引进推广新技术68项，培训医疗、教育、科技等本土人才6670人次，着力提升海原县重点行业发展水平。

【人才服务保障】　2022年，海原县财政列支人才工作专项资金400万元，拨付115万元用于人才安家费、人才公寓建设等服务保障工作，新建人才公寓34套，协调解决人才住房保障、配偶安置、子女入学、看病就医等问题，让人才切实感受到“海原温度”。推荐3名专技人才参加自治区高层次人才休假疗养活动，春节期间慰问各类人才50余名，把重视人才、服务人才、激励人才的理念贯彻到实际工作中，激励引导人才爱党报国、敬业奉献、服务人民。

【老干部工作】　2022年，紧紧围绕迎接党的二十大和自治区第十三次党代会这条主线，认真落实全国老干部工作“双先”表彰大会、全国老干部局长会议精神和县委各项部署要求，坚持政治统领、党建引领，以实施“五项行动”为抓手，发挥“五老”优势作用，深入推进“五老”关爱工程，切实抓好离退休干部党组织建设、落实“两项待遇”、教育服务管理等各项工作。成立自然资源局离退休干部党支部，推动老党员组织生活全覆盖。举办离退休支部书记培训班1期30余人，组织集中宣讲报告会3场次200余人次。坚持围绕中心、服务大局，充分发挥老干部、老党员、老专家作用，助力乡村振兴。已组建老科协“科技帮扶”、老干部活动中心“夕阳红”、关工委“青少年普法”等志愿服务队3支，新组建退休教师志愿队；开展农业、健康科普宣传、疫情防控、关心下一代等志愿服务20余次，受益近千人，引导老同志为促进海原经济社会发展建言献策、发挥正能量；落实离休干部家庭医生签约服务，协调社区提供“助老帮老”服务，深入开展“服务送上门”“登门入户解难题”等专项活动，真实解决老干部所忧所盼。走访113人次，发放慰问金11.4万元，丧事慰问3人次，报销医药费用10余万元。不断丰富老干部精神文化生活，以“我们的节日”主题实践活动为载体，开展纪念革命先烈等系列活动。组织老干部参与全区“喜迎二十大、建功新时代”主题征文比赛、文艺展演活动、“建言二十大”以及“我看中国特色社会主义”等主题活动，其中在主题征文活动中，县委组织部被评为优秀组织奖，获一等奖1人、三等奖2人、优秀奖3人。2022年“99公益日”网上募捐活动，共募集善款42.1288万元，位列全区第二。

【组织队伍建设】 2022年，海原县委组织部不断强化组工干部思想教育，坚持推行“一周一次集中学习、一期组工讲坛，一月一期专题党课、一次党性实践”学习教育机制，扎实开展“三会一课”“主题党日”活动，着力增强组工干部的党性意识、岗位意识、服务意识。结合不同岗位实际，采取“驻村培养”、重点帮带、以老带新等办法，引导组工干部练好学习积累功、调研总结功、思考创新功、实干宣传功、修养进取功等“基本功”，不断提升工作业务能力。着眼推进组织工作规范化、制度化、信息化，对照组织工作形势要求、短板问题以及部机关运行管理需求，细化规范档案管理、公文运转、办文办会、安全保密、卫生环境等机关事务办理原则、具体标准、工作职责和运行规程，推进部机关规范管理、高效运转。

（海原县委组织部）

宣传工作

【概　况】 海原县委宣传部内设海原县文明办、国防教育办、扫黄打非办、新闻出版局、新时代文明实践指导服务中心5个机构。核定公务员（参公管理人员）编制8个，事业编制4个。2022年有在编干部8人，中共党员5人。

【理论宣传】 2022年，海原县完成县委理论学习中心组学习13次，开展理论研讨会2次。组建宣讲团，宣讲1060场次。广泛开展“大学习、大讨论、大宣传、大实践”活动，创新举办“南华山学堂”5期，打造习近平新时代中国特色社会主义思想“七进”“三进”示范点5个。完成党史学习教育资料收集归档，开展体验式学习150余场次，推动党史学习教育常态化。动员3000余名志愿者参与疫情防控，招募13名爱心妈妈结对20多个家庭照护“留守儿童”，建立“1+N”市民诉求排忧解难专班，办结民生诉求627件。举办“学习强国”达人挑战赛、“微宣讲”大赛和云宣讲、理论征文活动；开展“雷锋精神宣讲”22场次，发布文明实践微课堂20期，拍摄推送中国梦主题曲《领航》。

【舆论引导】 2022年，海原县围绕“奋进新征程 建功新时代”开展系列宣传报道，在中央及自治区市主流媒体推介外宣稿件600余篇。拍摄“肉牛标准化养殖”短视频20期，为推动肉牛产业发展擂鼓助阵。县内采编新闻被各主流媒体刊播355条、“学习强国”学习平台刊播27条。先后开设48个栏目，制作短视频121个，传播疫情防控的政策措施，不断凝聚抗疫力量。强化社会宣传，制作悬挂擎天柱、大型广告牌16块、电子屏标语260多个、横幅300余条、道旗灯箱400余个，营造良好宣传氛围。印制10万套以“感恩奋进”为主题的新年挂历，组织千名基层干部深入群众家中发放宣传张贴，引导广大干部群众听党话、感党恩、跟党走。落实新闻发言人制度，确认县级新闻发言人2名，提供重要新闻线索20余条，围绕疫情防控配合市委相关部门举办2次新闻发布会，开展重点工作新闻发布5次。

【意识形态工作】 2022年，海原县建立月度重点领域、季度全县领域风险分析研判、随时统筹调度的工作机制，召开领导小组会议、风险研判例会9次，开展防范意识形态领域渗透破坏专项行动，梳理9个清单共24个风险点，完成9个乡镇党委专项检查和各党委（党组）半年督查、全年考核。清理陈旧广告标语200余处，严格落实论坛、讲座、报告会、研讨会报备制度。扎实开展“清朗”、网上“扫黄打非”、文娱领域等各类网络乱象综合治理行动，清理低俗视频、问题信息等300余条，封停快手账号12个，处置涉“三化”问题视频、图文信息150余条。妥善化解网络风险，“抓早抓小及时防范化解网络舆论风险”等典型经验，在全区网信工作推进会上进行推广。

【精神文明创建】 2022年，海原县常态化地对文明单位、乡镇进行抽查，年末，8个村镇和单位被评为区级文明村镇、单位和校园。召开自治区文明县城创建推进大会，落实了“1+8”重点工作，推进全民文明素养提升。先后召开3次移风易俗推进会，建立乡村两级包保宣传劝导机制，开展移风易俗宣传月活动，选拔33名宣讲员全覆盖宣讲，编排9个节目巡回演出，举办青年集体婚礼，创新开办5期“乡村干群有话说”等媒体专栏，推动文明新风浸润人心。开展各类道德模范推荐评选活动，指导评选移风易俗示范户37户，道德模范99人，选树健康家庭50户、最美家庭25户、好媳妇10名、好婆婆5名。推荐上报10名“新时代好少年”“中国好人”“宁夏好人”，举办“中国好人”李世有事迹宣讲报告会，推动形成崇德向善的社会氛围。

【新时代文明实践】 2022年，海原县召开新时代文明实践推进会议、观摩评促会、培训会，建成1个中心、17个所、159个站、1个广场、2个分中心、2个基地，实现阵地建设全覆盖。构建三级书记任务清单，推进“一站一品”建设，打造关桥乡新时代文明实践所“红色教育”品牌，高崖乡新民村“文明实践长廊”和贾塘乡黄坪村文明实践公园等，举办新时代文明实践大讲堂，推进文明实践工作走深走实。开展志愿项目培育会，建立项目库29个，形成各具特色的志愿服务项目。开展首届志愿服务项目大赛，组建文明实践讲师团，线上录制微课堂20期，线下宣讲11期。组建多支志愿服务队伍，培育“假期儿童陪伴”“疫情防控”“爱心洗衣房”“小小红色讲解员”等志愿服务特色项目，努力营造“向善、向好、向上”文明之风。

【文化宣传】 2022年，海原县实施文物保护工程，完成七营北嘴城址、柳州城址修缮保护工程项目及17处红色文物保护碑标识立竖、文化遗址认定和公布，推动文物与相关行业融合发展。营造清朗文化环境，深化“扫黄打非”行动，召开联席和培训会议，开展专项检查、县区交叉检查7次，查办案件3例。推进校园“饭圈”乱象整治、“春秋季开学季前”专项整治行动，立案查处1起无证经营书店，收缴违规书籍260余本，有力维护文化市场秩序。丰富文化艺术生活。开展诵读国学经典、阅读征文等系列活动，推进“书香海原”建设。举办百姓春节联欢晚会，被评为“全国乡村春晚示范展示项目”。激发文化创新创造活力，参加西北五省（区）宁夏花儿歌会，4名歌手分别摘得银奖、铜奖。编排舞蹈和小品获得中卫市表演和创作一等奖。推动文化惠民工程，花儿艺术演艺有限公司和电影服务中心获评第九届全国服务农民、服务基层文化建设先进集体。创新举办首届海原·漳浦文化艺术交流活动，拓宽漳海两地深度协作。举办“岁月留痕”老旧照片展览，激励广大干部群众感恩新时代、奋进新征程。

【基础建设】 2022年，海原县召开县文联第三次代表大会，完成文联换届选举工作。调整配齐全县18个乡镇（街道）和所有村（社区）宣传委员和宣传干事，扎实开展“四力”教育实践、“讲政治、担使命、守纪律”教育活动，广泛开展党的二十大和习近平总书记视察宁夏重要讲话、重要指示批示精神“大学习、大讨论、大宣传、大实践”活动。全面落实干部教育培训，举办宣传思想、“扫黄打非”工作等辅导培训5次，参加自治区、市、县举办的各类培训班17期。

（撒小龙）

统战工作

【概　况】 海原县委统一战线工作部（简称统战部）内设办公室、宗教股、民族股、综合股4个股室，核定行政编制16人，工勤编2人，实有人员16人。

【铸牢中华民族共同体意识示范县创建】 2022年，海原县制定《关于创建铸牢中华民族共同体意识示范县实施方案》，全面推进铸牢中华民族共同体意识示范县的创建工作。1.周密安排部署。各乡镇、各部门把“创建铸牢中华民族共同体意识示范县”纳入“一把手工程”，主要领导亲自研究、亲自部署、亲自落实、做到既“挂帅”又“出征”。成立由乡镇党委书记任组长、政府乡长任副组长、其他班子成员为成员的创建工作领导小组，制定创建工作方案，召开专题会议，全面安排部署。并定期召开专题会议，研究解决创建工作中的重点难点问题，为创建工作的顺利推进提供了强有力的组织保证。营造浓厚氛围。各乡镇、各部门不断创新宣传形式，拓宽宣传渠道，开展丰富多彩的宣传教育活动。在汽车站、公交站等交通枢纽，医院、政务中心、社区等服务区域，广场、街区等人流量大的地点，悬挂“中华民族一家亲、同心共筑中国梦”等内容横幅80多条，刷写固定标语180多条，发放民族工作理论政策法规读本2000余册、宣传彩页20000余份，集中宣传22场次，制作大型宣传广告牌19块、宣传展板180多块，利用乡镇、街道、宗教活动场所的电子屏循环播放“铸牢中华民族共同体意识、喜迎党的二十大胜利召开”宣传标语40多条，形成了强有力的宣传声势。2.凸显活动主题。以“民族团结进步宣传月”为载体，紧紧围绕铸牢中华民族共同体意识这条主线，组织开展了以“铸牢中华民族共同体意识 喜迎党的二十大胜利召开”为主题的群众文艺演出、“推广普通话 铸中华民族共同体意识”主题宣传周、“铸牢中华民族共同体意识 喜迎党的二十大胜利召开”主题演讲比赛等活动，唱响“民族大团结、奋进新时代”主旋律，以新面貌、新状态、新风尚迎接中共二十大胜利召开，不断引导全县各族干部群众牢固树立休戚与共、荣辱与共、生死与共、命运与共的共同体理念。3.发挥示范引领作用。各乡镇(街道办)、各部门(单位)坚持示范引领、整体推进、全面覆盖,着力打造示范点建设,充分展示全县示范成效。史店乡、高崖乡等乡镇深入挖掘经济社会建设中民族团结进步的感人小故事,编撰石榴籽故事丛书;李俊乡、九彩乡、李旺镇、七营镇等乡镇以铸牢中华民族共同体意识为核心内容,分条块、分区域制作宣传栏、宣传长廊、固定标语、大型宣传牌、墙体绘画、“民族团结议事亭”积极打造铸牢中华民族共同体意识主题公园;曹洼乡在全区民族团结进步创建示范乡的基础上,紧扣“铸牢中华民族共同体意识”这一主题,结合全乡在脱贫攻坚、产业发展、生态建设的成效,移风易俗、脱贫致富等方面的先进典型事例和先进人物等着力打造铸牢中华民族共同体意识教育基地;贾塘乡、关庄乡、树台乡等乡镇依托村(社区)新时代文明实践站集中打造各具特色的示范点,西安镇、红羊乡等乡镇开展了“铸牢中华民族共同体意识、喜迎党的二十大胜利召开”主题演讲比赛活动;街道办、关桥乡、李俊乡等乡镇利用中秋佳节组织开展“社区邻里节”、联谊会、送温暖等活动;关桥乡、郑旗乡等乡镇开展大学生资助活动;甘城乡等乡镇开展铸牢中华民族共同体意识主题党日活动;县检察院、县教育体育局等部门开展“民族团结进步故事我来讲”、铸牢中华民族共同体意识主题演讲比赛等活动。通过示范点建设,以点带面、示范引领,为全面深入持久开展创建工作奠定了良好基础。

【学习贯彻全国宗教工作会议精神】　2022年,海原县各级党委(党组)自觉把学习贯彻习近平总书记在全国宗教工作会议上的重要讲话精神作为一项重要政治任务,把习近平总书记在全国宗教工作会议上的重要讲话精神纳入全县各级党委(党组)理论学习中心组学习内容,纳入党校培训内容,引导广大党员干部特别是党政领导干部学深悟透习近平总书记重要讲话的精神实质、丰富内涵和实践要求,不断提高处理宗教事务、解决宗教问题的能力水平。在县委党校举办了2期村级“两委”班子培训班,专题传达学习全国宗教工作会议精神;举办4期宗教人士、寺管会主任及统战干部培训班,1043名宗教人士和寺管会成员参加培训学习。分层次、分阶段、有重点地面向宗教界人士开展会议精神宣讲解读,以乡镇为单位,分片举办宗教人士和寺管会成员培训班,教育宗教界人士准确把握全国宗教工作会议精神和党的宗教理论政策。扎实开展崇俭戒奢教育活动。各乡镇街道办充分利用“三定”学习平台,组织集中学习培训,教育引导宗教教职人员牢固树立“厉行节约、崇尚简朴”的理念,围绕商业化、贪大求奢、借教敛财、铺张浪费等方面开展全面排查整改。

【宗教事务管理】　2022年,海原县坚持依法依规治理,宗教法治化水平不断提高。修改完善了宗教活动场所学习、人员、财务管理等10项制度。结合场所实际,督促每个宗教活动场所各项管理制度上墙,公开透明,自觉接受信教群众的监督。根据《宗教活动场所财务监督管理办法(试行)》要求,全县各宗教场所均成立民主理财和财务监督小组,配备财务人员,建立银行公户账号,完善财务管理制度,定期公开财务支出,消除了因财务不公开引发的矛盾。对海城街道办宗教活动场所全部实行第三方银行代理记账试点工作，管理场所财务。全面推行综合评价和资格退出机制，打破教职人员资格“终身制”，实行定期学习培训和约谈教育。严格实行宗教教职人员聘任制度，规范选聘程序。2022年颁发教职人员聘任书54份，杜绝了未办聘书开学或开学后再办聘书等现象的发生。严把考察关口、反复酝酿协商、广泛听取意见，圆满完成县伊斯兰教协会换届工作。持续深化宗教场所“五进”活动，对部分宗教场所宣传栏、橱窗、标语等出现内容表述不准确或不规范现象，个别场所出现国旗破损等情况进行边查边改。加大《互联网宗教信息服务管理办法》宣传力度，印制《互联网宗教信息服务管理办法》宣传读本10000份、宣传彩页20000份，分发到各乡镇、各宗教活动场所。集中开展民族宗教类有害信息出版物音视频及有害信息治理专项行动工作。

【宗教领域安全专项整治】 2022年，海原县对全县702处宗教场所存在的建筑、用电、消防纠纷等方面风险隐患进行全面摸排，共排查场所593处，存在建筑安全隐患的59处，已整改54处，正在整改的5处。

【民族宗教领域风险隐患排查】 2022年，海原县各乡镇坚持半月“一排查一报告制度”，对辖区宗教领域矛盾纠纷进行排查化解，共发现矛盾纠纷9起，已调解9起。在乡村集市、宾馆酒店、出租房屋等人员聚集、位置醒目的地方张贴《非法宗教活动区分界定和依法处置工作告知书》1500余份，深入宣传非法宗教活动的情形和危害。

【常态化宗教工作联席会议机制】 2022年，海原县定期不定期召开宗教工作联席会议，对全县宗教领域存在的风险隐患进行分析研判。全年共召开宗教联席会议8次。

【疫情防控】 中宁县“9·20”疫情发生后，海原县委统战部加强正面宣传和解释引导工作，指导县伊协发布倡议书。按照属地管理原则，指导各乡镇、各村委会加强对宗教活动场所的管理，县委统战部成立3个督查组，深入各乡镇（街道）明察暗访等方式，对全县702处宗教活动场所疫情防控情况进行全覆盖、拉网式督查，发现问题，及时反馈、现场（限期）整改。乡镇（街道办）对辖区宗教活动场所每天进行一次全方位巡查检查，及时堵塞漏洞，确保各项防控措施落实到位。

（马启才）

政策研究

【概　况】 2022年，海原县委政策研究室（简称政研室）有工作人员7名，其中行政编6名，后勤服务事业编制1名。

【政策研究】 2022年，海原县委政研室全年先后起草《关于进一步加强基层治理体系和治理能力现代化建设的实施方案》《2022年全县重点调研任务的通知》《海原县2022年度效能目标管理考核办法》《海原县2022年度效能目标管理考核细则》等指导性文件，发挥了参谋助手作用。主动参与全县农业产业高质量发展扶持政策、种植业结构优化调整、村集体经济发展、高端肉牛产业发展补充政策和“四个示范县”建设实施方案等重要文件起草和政策制定工作，疫情期间，起草的《关于海原县货车司机高速公路取送物品处置情况的专报》获自治区政府领导点赞。搜集整理高质量发展、移风易俗、乡村振兴等方面的创新做法编印《工作参阅》3期，围绕学习贯彻党的二十大精神推出专刊2期，为各级领导干部提供有益工作参考。深化县情大调研活动，分领域分层级提出参考调研课题70余项，筛选优秀调研报告编印成册，其中牵头撰写的《金融支持肉牛产业发展情况调研报告》获自治区党委办公厅评为优秀调研报告，《关于柠条饲草化利用的调研报告》为加快打造高端肉牛产业示范县提供有益参考。撰写理论文章《深耕“三农”沃土 做强富民产业以高质量发展谱写乡村振兴新篇章》《奋力打造“四个示范县”为全面建设社会主义现代化美丽新宁夏贡献海原力量》刊发在《宁夏工作研究》上。

【深化改革】 2022年，海原县委政研室作为县委深化改革委员会办公室，制定县委深改委2022年工作要点，谋划重点改革任务77项，除自治区市未出台改革方案的事项外，县直部门年度重点改革任务全面完成，“六权”改革重点任务取得了明显成效。健全完善改革任务落实工作机制，推动实现改革任务项目化、项目清单化、清单责任化、责任具体化，对提交县委常委会、县政府常务会议审定的改革方案进行实质性审查20余次，提出具体修改意见300余条。将全面深化改革纳入全县效能目标管理范围，牵头开展改革督察2轮，召开工作调度推进会2次、专项改革小组工作调度会5次，成立海原县用能权和碳排放权2个改革专项小组。推动2项国家级改革试点工作和跨区域用水权交易取得历史性突破。以思想大解放推动改革大落实，分领域凝练总结具有海原特色的原创性改革案例51篇，审编成册宣传推广，其中《育强产业振兴“生力军” 蹚出联农带农“新路子”》《创新水资源管理模式 让群众用上“明白水”》《海原县“五措并举”为行政审批“瘦身”》等多篇典型案例刊发在中卫改革动态和各级有关媒体上；《探索“草原+公园”生态保护新途径》试点建设经验被国家林业和草原局采纳并推广。

【效能目标考核】 2022年，海原县委政研室作为县委考核办公室，坚持以考促效，在真督实考中推动工作落实。以年度效能目标考核取得新突破为目标，建立“年初建账”“年中查账”“年底交账”考核任务落实机制，牵头召开自治区效能目标管理考核工作调度会2次，集中协调解决重点任务落实不快、不细、不实问题。下发工作提示8份，压实各单位考核落实责任。注重把考核工作抓在平时，创新开展阶段性工作考评，联合县委组织部从业务工作落实和班子成员队伍建设两个方面真督实考，有力助推重点任务落实、工作作风转变、工作效能提升。制定全县2022年效能目标管理考核办法及细则，优化完善考核体系，创新改进考核方式，优化考核分组，精准设置考核项目和赋分分值，创新开展乡镇反向测评县直部门，完成2022年度效能考核成绩汇总工作，切实发挥了考核导向作用。

【作风建设】 2022年，海原县委政研室坚持从严从实管理干部，用制度管权管事管人，加强干部教育培训常态化，建立“传帮带”等行之有效的制度规范，使想干事、干成事成为广大干部的自觉追求，实现“要我干”到“我要干”转变。注重在大疫大考中磨砺干部，全员下沉社区网格，创新“五个更”“摸、筛、篦三步走”防疫模式，为织密筑牢疫情防控屏障提供“鲜活”案例；在关键时刻选派骨干力量投身疫情防控指挥部和集中隔离点，牵头撰写的《关于海原县货车司机高速公路取送物品处置情况的专报》得到自治区政府领导批示肯定，凸显了政研担当。认真履行党风廉政“一岗双责”，深入开展“廉政警示教育周”、节前廉政提醒谈话、倡廉助廉座谈会、违规收送红包礼金和不当收益及违规借转贷或高额放贷专项整治等，不断筑牢党员干部廉洁从政思想根基，增强廉洁定力。对标新时代档案信息化建设，在县直部门率先完成纸质档案数字化管理，对1979—2020年档案电子化处理，实现档案管理信息化、标准化、规范化。

（张佳蓓）

网络信息

【概　况】 海原县委网络安全和信息化委员会办公室（简称县委网信办）于2019年1月成立，为县委工作机关，对外加挂海原县互联网信息办公室牌子，下设海原县网络信息管理服务中心（副科级事业单位）。核定编制9名，其中行政编制5名、事业编制4名。

【工作机制】 2022年，海原县委网信办认真落实中央、自治区、市、县党委网信委会议精神，对标自治区、市、县党委决策部署，强化责任落实、紧盯目标不放松，对网络宣传、网络舆论引导、网络综合治理、网络安全保障等工作持续跟踪督办。重大事项、重点工作及时向县委请示报告，组织召开了县委网信委第4次会议，制定下发了《海原县2022年网信工作要点》《海原县关于贯彻落实〈宁夏回族自治区“十四五”时期网络安全和信息化发展规划〉重点任务的分工方案》，牢牢掌握网络意识形态主动权。

【网络舆论引导】 2022年，海原县委网信办持续深化习近平新时代中国特色社会主义思想、党的二十大精神网上宣传活动，组织县政府网、党建网等网站和新媒体平台开设“感恩奋进新征程 建设美丽新宁夏”“网络中国节”“二十大时光”“热烈庆祝党的二十大胜利召开”等专题专栏，及时转载推送中央、自治区、中卫市和海原县相关稿件800余篇。

【网络综合治理】 2022年，海原县委网信办不断健全完善对属地各类网络平台台账动态更新、分类管理机制。严格落实《宁夏属地网络平台日常巡查通报制度（试行）》，扎实开展“清朗”、网上“扫黄打非”等专项治理行动，依法依规处置违规平台和账号12个，清理低俗、虚假信息、“三化”问题信息等450余条，约谈教育低俗恶搞、传播宗教内容网络主播31人次，受理网民举报19起，及时排查校正内容表述错误30余条，书面约谈有关信息内容表述错误单位7个，网络空间更加和谐清朗。

【网络安全管理】 2022年，海原县委网信办强化网络平台监管，动态更新全县各类网站、新媒体平台基本情况，筑牢网络安全防线。在党的二十大和自治区第十三次党代会召开前，及时印发《海原县落实党委（党组）网络安全工作责任制清单》《海原县迎接服务保障党的二十大 确保网上政治安全、意识形态安全和网络安全工作方案》等文件，加强24小时应急值班值守，全力做好网络安全保障工作，切实维护网络安全。主动查找、防范、清除网络安全隐患，对全县27个涉网单位开展联合执法检查3次，监测处置网络安全漏洞1500余个。2022年，海原县未发生网络安全事件。

（李红梅、田宗龙）

机构编制

【概　况】 中共海原县委机构编制委员会，是县委议事协调机构。县委机构编制委员会办公室（简称机构编办）为县委机构编制委员会的办事机构，承担县委机构编制委员会的日常工作，作为县委工作机关，归口县委组织部管理。挂海原县事业单位登记管理局牌子。核定行政编制8名，实有人员7名。

【重点领域体制机制改革】 2022年，海原县推进文物管理、应急管理综合行政执法等重点领域体制机制改革。调整外事工作机构设置，增设司法局内设机构“行政复议与应诉室”，在县文物管理所加挂“海原县博物馆”牌子，县委机要局增挂密码管理局牌子，切实推动各项工作有效落实。深化公立医疗卫生机构改革，组织开展公立医院机构编制及相关情况调研，为进一步推进公立医院改革和乡镇卫生院按标准核定编制奠定基础。

【县乡综合行政执法联动机制】 2022年，海原县巩固深化乡镇机构改革成果，开展对整合基层审批服务执法力量改革的调研，研究制定进一步优化乡镇机构编制管理的具体措施，强化党建引领基层治理的制度机制，推动完善精干高效、富有活力的基层治理体系。开展“乡呼县应”执法联动改革试点，探索建立以乡镇综合执法办公室为平台的县乡执法联动工作机制。

【重点领域机构编制保障】 2022年，海原县给县文物管理所、残疾人康复和就业服务中心、政务服务中心、红十字会、督查督办服务中心各统筹调剂2名事业编制，确保机构编制资源配置科学合理；将海原县畜牧产业发展服务中心由农业农村局所属副科级单位调整为县政府直属事业单位，归口农业农村局管理；管好用好周转池编制，在210名周转池编制基础上，配合人社、教体部门公开自主招聘自治区核增未达标的87名中小学教职工，做好“县管校聘”编制核定，结合全县实际和师生比重新统筹分配各校教职工编制，进一步盘活全县教师资源，优化师资配置。

【机构编制评估跟踪问效】 2022年，海原县召开事业单位述职评估工作汇报会，对自然资源局所属12个事业单位的职责履行、编制使用效益等情况进行评估；对海兴开发区、甘盐池种羊场职责履行情况进行调研评估，并就存在问题提出对策建议。

【事业单位登记管理和机构编制监督检查】 2022年，海原县完成120个事业单位法人年度报告公示，按照15%的比例从全县年度报告公示单位中随机抽取海原县档案馆等20家事业单位进行了核查，变更法人证书内容77项，注销事业单位2个，登记新设事业单位1个，不定期对机构编制管理和执行情况进行监督检查，针对个别单位超编问题，下发了整改通知书，督促限期整改。

【实名制信息库更新】 2022年，海原县按照“控住总量、盘活存量、动态调整”原则，对全县机构、总编制、实有人员、在编人员等进行全面梳理核对。按照各部门“三定”规定和相关机构编制文件，对实名制库信息管理平台党群部门和实有人员情况等各项数据进行逐一核对，保证平台数据与单位实际相一致。实时更新实名制信息库，严把入编审核关，对每年新招考的行政、事业单位、高层次人才人员信息和特岗转正教师信息进行入库备案。

（杨　阳）

党校教育

【概　况】 中共海原县委党校（海原县行政学校）是海原县委直属事业单位，由县委组织部代管。其主要职责是围绕国际国内出现的新情况和新问题，宣传马克思列宁主义、毛泽东思想、邓小平理论、“三个代表”重要思想、科学发展观、习近平新时代中国特色社会主义思想及党的路线、方针政策；对重大社会现实问题尤其是海原县经济社会发展过程中的重大战略问题开展理论研究，提出对策建议，为县委、县政府决策提供理论支持。2022年，海原县委党校（行政学校）有教职工16人（不含校长），内设办公室、财务室、教务教研室、总务室4个科室。

【理论宣讲】 2022年，海原县委党校紧跟县委工作安排，主要围绕中央重大决策部署和自治区、市、县党委、政府中心工作，结合党的二十大精神、“雷锋精神”、国防教育、移风易俗、习近平总书记视察宁夏重要讲话精神、自治区第十三次党代会精神等主题开展理论宣讲。全年共计到全县各乡镇（街道）和机关单位宣讲、授课81场次，辅导人数达5588人次，宣讲工作的有序开展，推动了党的创新理论走到群众身边，走进群众心里。

【干部教育培训】 2022年，海原县委党校（行政学校）与市、县相关部门联合举办、承办各类主体培训班、业务培训班共31期、113天，先后培训学员5866人次。

【理论研究和教学科研】 2022年，海原县委党校坚持“用学术讲政治”，着力在教学、科研、资政服务一体化上下功夫，督促引导教科研人员及时跟进时政，掌握前沿理论，提升政治敏锐性，站稳政治立场，推动教科研水平整体提升。全年开展教师集体备课会3次，实施“师资素质提升工程”，参加全区党校系统理论研讨会1次；选派1名骨干教师赴自治区党校挂职锻炼，选派1名年轻干部到县级专班跟班学习、1名年轻干部参与县委巡察，通过抽调历练和实践锻炼，进一步增强干部专业本领和履职能力；组织党员干部积极参加市、县各类评比活动，在全市党校系统微党课比赛、全县自治区第十三次党代会精神微宣讲等活动中成绩优异；围绕中心、服务大局，深入开展调查研究，组织教师围绕党的十九届六中全会精神、“社会主义是干出来的”“党的二十大精神”撰写理论征文13篇，围绕海原县经济社会高质量发展撰写决策咨询报告9篇；围绕自治区第十三次党代会精神撰写调研报告4篇。其中《年轻干部要练就“四种本领”》一文获得市级三等奖。

（梅　涛）

史志编纂研究

【概　况】 海原县委党史和地方志研究室

（简称党研室）为海原县委直属事业单位，参照公务员法管理。2022年核定编制7人，实有8人，其中班子成员3人（一正二副）。工作人员中50岁以上4人，30岁以下3人；中共党员4人。

【《海原县扶贫志》编纂】 2022年，《海原县扶贫志》顺利启动编纂。1.精心编纂方案。5月，按照县委分管领导要求，在赴已经出版《扶贫志》的固原市和正在启动编纂扶贫志的永宁县地方志部门学习交流的基础上，重新修订了《〈海原县扶贫志〉编纂方案》，按照扶贫志编纂新要求，结合海原县实际，认真研讨，精心制定了《海原县扶贫志》编写大纲及任务分工，上报县委审定。2.适时启动编纂。8月23日，县委召开《海原县扶贫志》编纂工作安排部署会，调整充实了编纂工作领导小组，由县委、县政府主要领导担任双组长，县委副书记担任第一副组长，有关领导任副组长，扶贫志编纂有关单位部门负责人为成员，下设办公室于县委党史和地方志研究室，由县委副书记李明同志兼任办公室主任，县委政府有关领导兼任副主任，在党研室设《海原县扶

表5 2022年海原县委党校（行政学校）承办干部教育培训一览表

月	日	举办单位	培训内容	期数（期）	人数（人）
1	11—12	海原县委宣传部	海原县宣传思想工作培训班	1	108
1	17—22	中卫市委组织部	全市村“两委”乡村振兴主题培训暨农村党员冬季轮训示范培训班	2	266
2	14—22	海原县委	全县三农干部“大学习大轮训大宣讲”专题培训班	3	660
2	16—18	海原县教体局	全县中小学党组织书记（专职副书记）校（园）长（副校长）和责任督学能力提升培训班	1	265
2	23—25	海原县委组织部	全县农村党员冬季轮训示范培训班	1	300
2	27—3.1	海原县公安局	海原县公安局辅警政治轮训培训班	2	265
3	4—7	海原县妇联	海原县妇联干部素质能力提升培训班	1	181
3	9—11	海原县委组织部	全县换届后乡镇领导班子成员培训班	1	113
6	6—10	自治区红十字会	自治区红十字会2022年度第27期应急救护师资培训班	1	32
6	8—8.10	海原县委组织部	全县中青年干部培训班	1	50
6	12—15	海原县委统战部	全县宗教教职人员和寺（观）管会主任及统战干部专题培训班	4	1100
6	20—24	海原县委组织部	全县2022年入党积极分子和发展对象培训班	1	240
6	28—29	中卫市委统战部	中卫市2022年第一期宗教人士培训班	1	80
6	29—7.3	海原县委组织部	全县驻村干部能力素质提升专题培训班	1	295
7	4—5	海原县人大常委会	海原县十八届人大代表履职能力提升培训班	1	127
7	13—21	海原县民政局	全县村（社区）干部能力素质提升培训班	3	718
7	31—8.2	海原县委组织部	2022年全县党务工作者能力素质提升专题培训班	1	155
7	31—8.4	海原县委组织部	2022年全县到村任职选调生能力素质提升培训班	1	34
8	4—24	海原县委	县委管理科级领导干部学习贯彻习近平总书记视察宁夏重要讲话和重要指示批示精神暨自治区第十三次党代会精神专题培训班	2	529
9	14—17	海原县教体局	海原县2022年新入职教师岗位能力提升培训班	1	186
9	18—19	海原县委组织部	县直属机关工委2022年党员教育培训班	1	182

贫志》编辑部，调整、充实工作专班人员，全力投入资料征集工作。3.及时调整编纂大纲。9月中旬自治区扶贫志篇目大纲印发后，及时与自治区地方志办公室对接，对《海原县扶贫志》编目大纲进行调整完善后，及时下发各参编单位。修改完善后的《〈海原县扶贫志〉编目大纲》已报自治区地方志办公室审定。经自治区与地方志办公室评估上报，《海原县扶贫志》被中国地方志指导小组列为“全国扶贫志精品书目”。4.培训指导跟进服务。8月29日，及时组织召开扶贫志编纂业务培训会，对各参编单位编纂人员进行培训。专班人员及时跟踪督查指导，推动工作顺利进行。针对受疫情影响，各单位工作进展不平衡的突出问题，于10月30日及时组织召开推进会，通报进展，促推工作。各参编单位克服疫情影响，资料收集和编纂工作顺利进行，预计11月底完成资料上报，进入总纂阶段。

【《海原年鉴》编纂】 2022年，海原县委党史和地方志研究室完成《海原年鉴（2021）》编纂工作，进入出版程序；积极争取县政府领导支持，及时足额解决《海原年鉴（2021）》编纂出版经费，为出版创造条件。及时启动《海原年鉴（2022）》编写工作，由一名副主任专门负责年鉴资料征集工作，各供稿单位积极配合，《海原年鉴（2022）》初稿基本完成。

【红色革命遗址保护】 2022年，海原县委党史和地方志研究室积极做好红色革命遗迹保护宣传工作。协助文物部门继续对县内已经普查登记的红色革命遗址遗迹实施立牌宣传保护；协助县退役军人事务局做好牌路山烈士陵园纪念碑文文稿的起草把关工作；协助甘盐池种羊场、县旅游集团做好甘盐池红色革命遗址遗迹的保护和开发策划工作；积极配合关桥堡红军西征展厅做好布展工作，严格把好意识形态关口；制定了《县委党史和地方志研究室关于开展红色革命遗址调研普查工作的方案》，开展红色遗迹普查研究工作。

【《海原红色故事》编纂】 2022年，海原县委党史和地方志研究室编纂完成《海原红色故事》送审稿，并完成文字排版和校对工作。

【史志宣传】 2022年，海原县委党史和地方志研究室协助县委有关部门开展宣讲工作，主动配合海原县新时代文明实践讲师团、红色宣讲队伍，开展党史、新中国史、改革开放史、社会主义发展史、海原县地方党史以及革命前辈家风故事的宣传宣讲活动，讲好红色故事，传承红色基因；精心组织“5·18”地方志宣传日活动，在海城街道办幸福社区开展“地方史志图书进社区活动”，向社区捐赠史志图书百余册，并向社区群众进行海原县历史文化宣讲工作；创建“海原史志”微信公众号，成功搭建史志宣传平台；积极与区内外史志部门开展史志交流活动，使海原县史志图书走出海原，扩大影响力。

【机关政治建设】 2022年，海原县委党史和地方志研究室坚持以政治建设为统领，全面推进党的政治建设、思想建设、组织建设、作风建设、纪律建设，将制度建设贯穿其中。深入推进政治机关意识教育，把坚定捍卫“两个确立”、坚决做到“两个维护”的政治要求贯穿党史和地方志工作全过程各方面。深入开展“传承党的百年光辉史基因、铸牢中华民族共同体意识”主题教育。坚定不移全面从严治党，压紧压实主体责任，认真执行党中央关于全面从严治党的重大决策部署，坚持党建与业务工作同谋划、同部署、同落实、同检查，加强“五型”模范机关建设，进一步提升机关党的建设质量，推进党建引领党史和地方志工作高质量发展。

【干部队伍建设】 2022年，海原县委党史和地方志研究室加强新入职史志工作人员的专业知识培训学习，提高专业技能，努力建设“能写会讲善研究”的新时期史志队伍；积极统合县内党史和地方历史研究方面有专长的人员开展史志研究工作，壮大史志研究队伍，发挥老干部和专业人才的“传帮带”作用，进一步提高年轻干部的专业素养；开展海原年鉴编写线上培训指导工作，对供稿单位报送的年鉴稿，严格把关，耐心指导，帮助他们提高业务素质。

【疫情防控】 “9·20”新冠疫情暴发后，海原县委党史和地方志研究室按照县委安排，6名在岗党员干部于9月21日全员及时下沉海城街道办南苑社区粮食局小区，开展疫情防控工作，圆满完成了疫情防控工作任务。

（余小艳）

档案管理服务

【档案管理】 2022年，海原县档案部门压实党管档案政治责任，始终牢记“档案工作姓党”政治属性，坚决扛起“为党管档、为国守史、为民服务”职责使命，认真学习习近平总书记关于做好档案工作重要指示批示精神，坚决贯彻落实自治区市档案部门的工作要求，压实各级立档部门党组织领导责任，确保档案事业始终沿着正确方向前进。提升档案工作综合能力。组织档案系统干部职工认真学习习近平总书记对档案工作的一系列重要论述和党的二十大、自治区第十三次党代会精神等，深入学习新修订的《中华人民共和国档案法》、国家档案局8号令等政策法规，不断提升档案工作人员的业务能力和水平，切实增强做好档案工作的责任感和使命感。

【档案工作机制】 2022年，海原县档案部门健全完善档案工作机制和管理制度。坚持制度优先，以制度规范档案管理，不断完善档案工作体制机制，建立党委领导、档案部门归口负责、各方面共同参与的档案工作体制，定期听取档案部门工作汇报，具体协调解决档案事业发展经费不足、档案专业人才欠缺、信息化建设落后等问题，确保开展档案工作更有力度、更加顺畅。

【档案业务指导】 2022年，海原县档案部门发挥局馆协同工作机制优势，全面落实《机关档案管理规定》《机关文件材料归档范围和文书档案保管期限规定》，印发《关于全面推行机关档案分类方案、文件材料归档范围和档案保管期限表三合一制度的通知》，组织各乡镇、部门归集整理文件材料和文书档案，推进档案工作规范化建设。实地对县人社局、县水务局、南华山管理处等单位档案工作进行督导检查，发现问题及时整改，确保档案资料收集完整、分类准确、应归尽归。

【档案法规宣传】 2022年，海原县档案部门组织档案系统领导干部参加“新修订档案执法公益大讲堂”培训、“6·9”国际档案日线上专题讲座、“6·9”国际档案日宣传活动等，通过发放宣传资料、现场讲解、悬挂横幅等多种方式宣传新修订的《中华人民共和国档案法》，共发放《中华人民共和国档案法》《宁夏回族自治区档案条例》宣传资料800余份。

【档案规范管理】 2022年，海原县档案部门对档案方面的地方性法规、地方政府规章和行政规范性文件进行梳理，及时推进立改废工作，确保与新修订的档案法精神衔接协调。全年对2018年11月至2021年2月期间制定的有效的党内规范性文件进行全面清理，对2014年、2018年、2019年三次清理后继续有效的党内规范性文件进行再次清理。

【"两类"档案收集归档】 2022年，海原县档案部门扎实推进"两类档案"（脱贫攻坚档案和疫情防控档案）收集归档工作。1.规范收集整理精准扶贫档案。把精准扶贫档案归集整理移交工作作为重要政治任务，督促有关部门、乡镇严格按照档案工作要求，完整归集综合类、精准识别类、精准施策类、精准脱贫类四大类档案，同步做好照片、视频等影像资料的收集整理。全年完成档案收集整理和数字化18542盒、6722件，挂接入馆37385条。2.及时规范收集整理疫情防控档案。按照区市相关要求，指导各单位认真做好疫情防控工作各类文件材料的接收、征集、整理、归档工作，并组织专人对疫情防控档案整理情况进行了专项督查检查，对整理滞后的单位进行了通报并督促整改。全年完成2020—2021年疫情防控档案收集整理和数字化218盒、2675件，挂接入馆587条。同时，全年共接收档案289盒、3557件。其中，县委办（2018—2020年）文书档案170盒、1747件；政研室文书档案119盒、1810件。

【档案利用服务】 2022年，海原县档案部门依法为社会各界人士提供咨询、调卷查档、出印证明等服务。全年共接待社会各界档案利用者56人次，查阅档案362卷（盒），提供复印件231页，其中，通过馆际共享服务系统与协查档案馆（西吉县档案馆）配合，查阅档案1人次，上传71条档案开放条目数。

（任永刚）

海原县人大

综 述

【概 况】 2022年，海原县第十八届人大常委会共召开6次常委会会议、8次主任会议，听取和审议“一府一委两院”工作报告15项，开展视察检查和专题调研12次，提出审议意见28条，依法作出决议决定14项，任免国家机关工作人员68人次，圆满完成了十八届人民代表大会一次会议确定的各项工作任务。

【理论武装】 2022年，海原县人大常委会深入学习习近平新时代中国特色社会主义思想、党的二十大精神、习近平法治思想和习近平总书记关于坚持和完善人民代表大会制度的重要思想，把习近平总书记重要讲话指示批示列为党组会议第一议题和理论学习中心组首学内容，坚持领导干部带头学、常委会组成人员专题学、人大代表履职学、机关党员干部例会学，实现人大常委会组成人员、各级人大代表和机关干部全覆盖。先后召开党组会议22次，党组理论学习中心组学习14次，机关干部职工集体学习会29次，开展交流研讨62人次，深入学习原文原著，深刻领会精神实质，准确把握核心要义，坚持用党的创新理论武装思想、指导实践、统领新时代人大工作。

【贯彻落实县委决策部署】 2022年，海原县人大常委会坚持把人大工作放在县委总体工作布局和全县发展大局中谋划，全面贯彻落实县委重大决策部署，始终围绕县委中心工作制定并实施年度监督计划，向县委请示报告工作12次，县委常委会研究人大工作6次。人大县级领导认真履行包抓乡镇职责，现场督导重点产业、重点项目、重点工作落实，坚决扛起巩固脱贫攻坚成果、促进乡村全面振兴、疫情防控等重点工作督导责任，深入一线，驻乡指导、实地督导，切实做到县委有号召、人大有行动。

【从严治党】 2022年，海原县人大常委会全面加强人大机关思想建设、组织建设、作风建设、纪律建设、制度建设和党风廉政建设。扎实推进机关党建“三强九严”工程，人大党组会议研究党建工作12次，听取机关党组党建、党风廉政、意识形态工作汇报4次。扎实开展违规收送红包礼金和不当收益及违规借转贷专项整治和领导干部廉政警示教育周活动，严守政治纪律政治规矩，严明纪律作风，严格落实中央八项规定精神和自治区“八条禁令”，驰而不息纠“四风”树新风，被国家发改委等四部委命名为“全国节约型机关”，成功创建“让党中央放心、让人民群众满意”模范机关。

（李晓梅）

人民代表大会会议

【县第十八届人民代表大会第二次会议】 12月20—22日，海原县第十八届人民代表大会第二次会议在县城召开，会议由中卫市委副书记、县委书记、海兴开发区党工委书记余瑞东主持。会议应到人大代表241人，实到代表219人。会议听取和审议通过县长张鹏所作的《海原县人民政府工作报告》、县人大常委会主任杨和所作的《海原县人大常委会工作报告》、县人民法院代院长徐青山所作的《海原县人民法院工作报告》、县人民检察院检察长郭孟强所作的《海原县人民检察院工作报告》；审查和批准海原县2022年国民经济和社会发展计划执行情况与2023年国民经济和社会发展计划（草案）的报告；批准2023年海原县国民经济和社会发展计划；审查和批准海原县2022年财政预算执行情况与2023年财政预算（草案）的报告；批准2023年全县财政预算；选举县第十八届人民代表大会常务委员会副主任、委员，县监察委员会主任，县人民法院院长。会议选举马晓宏为海原县大会常委会副主任，王枭、杨辉、马小明3人为海原县第十八届人民代表大会常务委员会委员；常伟海为海原县监察委员会主任，徐青山为海原县人民法院院长。

（李晓梅）

10月31日，海原县人大常委会组织视察代表意见建议和民生实事办理情况（李晓梅摄）

人大常委会会议

【概　况】 年内，海原县第十八届人大常委会共召开5次常委会会议（县第十八届人大常委会第一次会议于2021年12月20日召开），学习贯彻落实全国和自治区、市及海原县委决策部署精神，听取县人民政府工作汇报，审议重大事项，决定人事任免。

【第二次常委会会议】 4月24日，县人大常委会主任杨和主持海原县第十八届人大常委会第二次会议。会议学习《中华人民共和国宪法》《中华人民共和国民法典》《中华人民共和国地方各级人民代表大会和地方各级人民政府组织法》部分内容，传达学习全国、全区、全市“两会”精神，听取审议县人民政府关于全县压砂地退出种植、生态修复、后续产业培育情况报告及县人大常委会视察报告，县人民政府关于中部干旱带西安供水工程及全县重点水利工程建设情况报告及县人大常委会视察报告。审议委员辞职议案和人事任免议案。会议接受王存栋辞去海原县第十八届人民代表大会常务委员会委员职务的请求，接受李明琮辞去海原县人民法院审判员、审判委员会委员、院长职务的请求；决定任命张志春为县卫生健康局局长、李金星为县应急管理局局长、马守玉为县市场监督管理局局长、洪兴志为县乡村振兴局局长；任命李晓梅为县人大常委会办公室副主任；任命徐青山为县人民法院审判员、审判委员会委员、副院长、代理院长；杨涛为海原县人民法院审判员、审判委员会委员；张东亮为县人民法院审判委员会委员、刑事审判庭庭长；李燕为县人民法院审判委员会委员、综合审判庭庭长；杨勇为县人民法院西安法庭庭长；赵廷梅为县人民法院审判员。

【第三次常委会会议】 6月23日，县人大常委会主任杨和主持海原县第十八届人大常委会第三次会议。会议传达学习自治区第十三次党代会精神；学习《中华人民共和国乡村振兴促进法》《宁夏回族自治区建设黄河流域生态保护和高质量发展先行区促进条例》；听取审议县人民政府关于全县巩固拓展脱贫攻坚成果同乡村振兴有效衔接工作暨大起底大排查大整改工作推进情况工作报告及县人大常委会视察报告；审议人事任免议案。会议接受张晓华辞去海原县监察委员会主任职务的请求，决定任命洪兴志为县农业农村局局长、郭建巍为县乡村振兴局局长；任命常伟海为县监察委员会副主任、代理主任；任命杨涛为县人民法院副院长；倪良伟为县人民检察院检察员、监察委员会委员、副检察长；马珉为县人民检察院检察员。

【第四次常委会会议】 9月1日，县人大常委会主任杨和主持海原县第十八届人大常委会第四次会议。会议学习《中华人民共和国监察法》；审议《县人大常委会会议事规则（草案）》和《县人大常委会组成人员守则（草案）》；听取审议县人民政府《关于2022年上半年国民经济和社会发展计划执行情况的报告》《关于2021年财政决算（草案）和2022年上半年财政预算执行情况的报告》《关于2021年度财政预算执行及其他财政收支情况的审计工作报告》《关于国有资产管理情况的报告》《关于政府债务管理情况的报告》；听取审议《县人大常委会财经农环工委关于2021年财政决算（草案）的审查报告》；听取审议县人民政府《关于全县高端肉牛产业发展情况暨高端肉牛产业示范县创建工作的报告》及县人大常委会视察报告；审议了人事任免议案。会议接受薛鹏飞辞去海原县人大常委会副主任职务的请求，同意免去强斌县人民政府副县长职务。

【第五次常委会会议】 12月8日，县人大常委会主任杨和主持海原县第十八届人大常委会第五次会议。会议传达学习中国共产党第二十次全国代表大会精神；学习《宁夏回族自治区环境保护条例》《宁夏回族自治区促进民族团结进步工作条例》；听取审议县人民政府《关于生态环保暨生态建设示范县创建工作情况报告》《关于“八五”普法进展情况工作报告》《关于县十八届人大一次会议代表建议意见及2022年民生实事办理情况的报告》；听取审议县人民政府关于2022年财政预算调整方案的议案及县人大常委会财经农环工委审查报告，县监察委员会、人民法院、人民检察院专项工作报告，县人大常委会法制工委关于2022年规范性文件备案审查工作情况的报告；审议关于调整县第十八届人大常委会代

6月23日，新任命人员举行宪法宣誓仪式(李晓梅摄)

表资格审查委员会组成人员的议案、关于调整县第十八届人民代表大会部分选区名额的议案；审议代表、委员辞职议案和人事任免议案；补选中卫市第五届人民代表大会代表。会议选举曹雪峰、唐红涛、冯磊、康晓伟、徐青山为中卫市第五届人民代表大会代表；决定任命吴佳伟为县人民政府副县长、马会珍为县统计局局长；任命李百强为县人民法院李旺法庭庭长。

【第六次常委会会议】 12月20日，县人大常委会副主任杨常林主持海原县第十八届人大常委会第六次会议。会议传达学习自治区党委人大工作会议、中卫市“两会”、县委十五届四次全会精神；学习《中华人民共和国全国人民代表大会和地方各级人民代表大会选举法》《中华人民共和国全国人民代表大会和地方各级人民代表大会代表法》；听取县第十八届人民代表大会第二次会议筹备情况汇报，审议关于召开县第十八届人民代表大会第二次会议的决定(草案)；审议会议议程、日程(草案)、主席团、秘书长名单(草案)、主席团常务主席、执行主席、副秘书长名单(草案)、议案审查委员会、计划预算审查委员会组成人员名单(草案)；审议代表团分团编组和团长、副团长、列席会议人员名单、主席台就座人员名单(草案)；审议县人大常委会工作报告(草案)。

(李晓梅)

视察监督

【重点产业监督】 2022年，海原县人大常委会围绕全县“一主四特”产业布局，对高端肉牛产业发展和高端肉牛产业示范县创建开展专题视察检查，组织代表、委员先后深入西安胡湾养殖专业合作社、曹洼宁夏(海原)良种牛繁育中心、三河富陵肉牛养殖园区等7个产业发展基地和养殖示范村开展实地视察，听取审议县人民政府专项工作汇报，反馈意见建议8条，以监督实效推进重点产业发展，促进农业提质增效、农民增收致富。

【重大项目监督】 2022年，海原县人大常委会组织代表、委员对重点水利、交通项目、新型城镇化进行视察检查，先后深入中部干旱带西安供水工程、高效节水灌溉工程试点项目、海平高速、省道205、城市道路等12个项目现场，17个人居环境示范村开展督查检查，听取审议县人民政府专项工作报告，反馈意见建议15条，推进重大项目建设落地见效，城乡基础设施明显改善，新型城镇化水平不断提升。

【民生保障监督】 2022年，海原县人大常委会围绕巩固拓展脱贫攻坚成果、促进乡村全面振兴和“六大提升行动”推进情况，先后深入关庄等8个乡镇、26个重点脱贫村开展了多轮督导调研，紧盯“两个高于”“四个不摘”和“四查四补”反馈问题24条。围绕“8·24”“9·20”突发疫情，人大县级领导率先垂范，驻乡指导、一线督导，人大机关党员干部下沉社区，24小时值守，确保县委、县政府各项防控措施落实落细落地，助力全县打赢疫情防控阻击战歼灭战。围绕增进民生福祉，组织代表、委员对10件民生实事办理情况开展监督检查，办结率、满意度均为100%，人民群众获得感幸福感不断增强。

【生态建设监督】 2022年，海原县人大常委会自觉践行习近平生态文明思想，牢固树立绿水青山就是金山银山的理念，先后对生态文明建设示范县创建、压砂地退出种植生态恢复后续产业培育、城乡植绿增绿等工作进行了专项视察检查。深入南部生态保护修复、中部防沙治沙工程等重大生态建设项目现场，关桥麻春、冯湾、高崖草场等硒甜瓜主产区开展实地检查督导，专题听取和审议县人民政府专项工作报告，反馈意见建议7条，有效促进了重点生态项目进展，全县生态环境质量稳步提升，生态文明建设成效明显。

（李晓梅）

4月20日，海原县人大常委会组织视察压砂地退出种植、生态修复、后续产业培育情况（李晓梅摄）

依法履职

【人大代表履职培训】 2022年，海原县人大常委会围绕学习贯彻党的二十大精神、中央人大工作会议精神、《中华人民共和国地方各级人民代表大会和地方各级人民政府组织法》《中华人民共和国乡村振兴促进法》《信访

表6 2022年海原县人大常委会视察监督活动一览表

月	日	内容	地点	视察成果
4	20—21	视察压砂地退出种植、生态修复及后续产业培育工作情况；视察中部干旱带西安供水工程及全县重点水利工程建设情况	先后深入西安镇园河村，关桥乡麻春村、冯湾村，高崖乡草场村；海城镇高台村白石头河、史店乡仓湾村、西安镇黄湾村西和中型灌区、中部干旱带西安供水工程关桥段、李俊乡海子水库、杨明河等视察点	进行现场评议反馈，共提出建议意见9条
6	20—21	视察全县巩固拓展脱贫攻坚成果同乡村振兴有效衔接工作暨大起底大排查大整改工作推进情况	先后深入海城镇武塬村、史店乡苍湾村、三河镇富陵村、七营镇七营村、李旺镇新源村等视察点	提出建议意见3条
8	19	视察全县高端肉牛产业发展情况暨高端肉牛产业示范县创建工作	海原县智通养殖专业合作社、宁夏（海原）良种牛繁育中心、宁夏（海原）肉牛交易市场、富陵村肉牛养殖园区等企业合作社及部分农户养殖场	提出建议意见4条
10	31	视察代表建议意见和民生实事办理情况及生态环境保护暨生态建设示范县创建情况	海原县第二幼儿园学前教育质量提升示范点、东城小区供热站改造提升项目点、曹洼乡肖沟村宁夏南部生态保护和修复项目建设点、海兴开发区车管所车辆业务便民服务站等	提出建议意见7条
11	1	检查全县"八五"普法工作进展情况	三河镇凤凰社区、关桥乡关桥村等	提出建议意见3条

工作条例》等内容，举办县十八届人大代表履职培训班，参训代表123人；组织人大代表参加自治区市人大组织的自治区十三次党代会精神等专题培训班学习66人次，实现市县乡三级人大代表培训全覆盖。邀请和组织人大代表列席人大常委会会议6次、政府常务会议27次，参加视察检查、专题调研、经济观摩、媒体问政等活动70人次，不断拓宽代表知情渠道，引导人大代表积极参政议政，不断提高代表履职水平。

【人大代表意见建议办理】 2022年，海原县人大常委会把办理代表建议意见作为人民群众参政议政的重要平台，充分发挥人大监督作用，不断完善人大转办督办工作机制，协助区市人大围绕农业产业化、重点项目建设、民族团结进步创建、代表重点建议办理等开展视察检查及调研11次，先后3次深入乡镇督导代表建议办理工作，十八届人大一次会议确定的28件代表建议意见全部办结，答复率满意率均为100%。

【代表“双联”机制】 2022年，海原县人大常委会不断完善人大代表“双联”制度(常委会委员联系人民代表，人民代表联系基层群众)，充分发挥乡镇“人大代表之家”“人大代表工作室”阵地作用，巩固代表履职工作机制，每季度至少走访联系选民和基层单位1次、每届至少提出1件意见建议、每届向选民或所在选区述职1次。组织开展“人民选我当代表、我为人民办实事”等主题实践活动，各级人大代表累计进站参加活动18次，联系选民1.8万人次，征集各类建议意见11条，协调处理信访问题75件，进一步密切了人大代表与群众联系。

【依法审议“一府一委两院”工作】 2022年，海原县人大常委会围绕全县经济社会发展目标，听取审议县人民政府国民经济和社会发展计划执行情况、财政预算执行情况、国有资产管理、政府债务化解、财政收支审计等情况的报告；听取县监察委员会廉政教育专项工作报告，深入法、检“两院”实地检查案件审理、法律监督、政法队伍建设等工作，组织人大代表参加检察开放日和旁听庭审活动37人次，支持和推动“两院”深化司法体制改革，巩固政法队伍教育整顿成果，依法维护社会公平正义。

【依法决定重大事项和人事任免】 2022年，海原县人大常委会围绕县委决策部署和人民群众普遍关心的热点难点问题，加强调查研究，集中民意民智，对经济社会发展具有根本性、全局性、长远性的重大事项依法作出决议决定。审查批准了2021年财政决算和2022年县级财政预算调整方案，依法作出《关于深入开展第八个五年法治宣传教育的决议》。坚持党管干部原则，依法任免国家机关工作人员68人次，严格规范供职承诺、会议审议、

8月31日，海原县人大常委会组织检查县法院、县检察院工作(李晓梅摄)

投票表决和宪法宣誓等法律程序，确保县委人事意图通过法定程序顺利实现。

【依法监督法律实施】 2022年，海原县人大常委会围绕“科学立法、严格执法、公正司法、全民守法”，坚持人大常委会例行学法制度，组织委员认真学习《中华人民共和国宪法》《中华人民共和国民法典》《中华人民共和国地方各级人民代表大会和地方各级人民政府组织法》《中华人民共和国全国人民代表大会和地方各级人民代表大会代表法》等法律和《宁夏回族自治区促进民族团结进步工作条例》等地方性法规。深入农村、社区对“八五”普法推进情况进行实地检查，听取审议县人民政府普法专题工作汇报。严格落实备案审查制度，审查县人民政府规范性文件3件，组织清理计划生育等方面规范性文件2次，增强了备案审查工作的法律性和严肃性。积极配合区市人大常委会开展立法调研和执法检查7次，反馈意见建议22条，加快推进法治政府和法治海原建设。

（李晓梅）

海原县人民政府

综　述

【概　况】 2022年,海原县实现地区生产总值98.86亿元,增长6.0%左右;规模以上工业增加值增长5%左右;完成固定资产投资66.9亿元,增长10%左右;社会消费品零售总额29.46亿元,同比下降0.6%左右;一般公共预算收入2.50亿元,同比增长5.1%;城乡居民人均可支配收入分别增长9%、12%左右。

【荣　誉】 2022年,海原县扎实做好"水"的文章,美丽海原建设呈现生动画卷,荣获"2022年度国家水土保持示范县";扎实做好"治"的文章,和谐海原建设实现积极进展;坚持以"小网格"撬动基层"大治理",全面构筑起联防联控、群防群控的抗疫防线,基层治理精细化、法治化水平不断提升,荣获首批"全国信访工作示范县"。

【巩固拓展脱贫攻坚成果同乡村振兴有效衔接】 整合资金6.72亿元,实施项目67类、1338个。严格落实"四个不摘",紧盯626户、2682名"三类重点人群",坚持动态监测、精准帮扶,坚决守住不发生规模性返贫底线。持续巩固"两不愁三保障"成果,完成危房改造355户、抗震宜居房改造142户,新增及改造自来水入户720户,救治大病患者1471人次。聚焦"两个高于"目标,制定"一表两图三清单",脱贫群众人均纯收入达到14153元,增长16.44%,居全区第三。深化闽宁协作、央企定点帮扶和社会帮扶,闽宁资金投入8600万元,争取华润帮扶资金3600万元、部门帮扶资金2459万元,实现消费帮扶3.2亿元,高端肉牛精深加工、闽宁科技园等一批产业项目持续提质增效,乡村全面振兴风帆正劲。

【产业发展】 围绕自治区"六新六特六优"产业布局,加快构建现代产业体系。特色农业提质增效,培育壮大"一主四特"产业,实施"牛王谷"、肉牛精深加工二期等项目,新建出户入场养殖园区8个,全县肉牛存栏达14.85万头,良种率达90%。坚决扛起粮食安全政治责任,完成粮食种植114万亩,总产量达23.23万吨,增长12.4%,增幅居全区第二。突出绿色有机,打造马铃薯"五位一体"标准化示范基地20万亩、小杂粮和瓜菜示范基地各5万亩,枸杞种植面积稳定在3.2万亩以上。新型工业转型升级,全力做好"宁电入湘"前期工作,天津津通铁塔光伏电力支架、赫迪新能源装备制造等延链、补链、壮链项目落地建设,深圳智能卡制造等项目相继投产。新增中原塑业、卡立方、宏顺建材3家规上企业，总量达12家，规模以上工业总产值达24.6亿元，增长40.8%。现代服务业增量扩容，开展高频次、多形式促消费活动，发放消费券2370万元，带动消费1.3亿元。推动县乡村三级物流配送体系建设，建成智慧分拣配送中心，线上助农销售额达4000万元。成功举办第五届文化旅游节系列活动，关桥乡关桥村、方堡村分别入选全国乡村旅游重点村和宁夏特色旅游村，全年吸引游客79万人次，旅游收入达2121万元。

【城乡建设】 实施地震遗址二期绿化、第二污水处理厂二期扩建等19个市政项目，完成棚户区改造403套，康乐、邮政等5个老旧小区旧貌换新颜。改造提升政府东西街、东城路等5条主干道路，县城道路通行能力极大优化，城市形象、城市品质和居民幸福指数得到大幅提升，干部群众纷纷点赞，赢得一致好评。创新实施热源调配工程，城市供热实现互联互通，新增供热面积50万平方米，节省投资2200万元，供热保障能力得到极大提升。推行城区卫生综合保洁市场化服务，优化调整公交线路7条，建立物业信用档案和黑红名单制度，城市管理更加精细、更有温度。实施李旺镇自治区重点小城镇建设，打造农村人居环境整治示范村16个，乡村面貌焕然一新。加快完善配套基础设施，4.13万亩高效节灌工程建成达效，升级改造国省干线145公里，建设村组道路127公里。优化调整海原至海兴开发区公交运营方案，加快6辆新能源公交车采购进度，实行票价政府补贴，增加营运时长和发车频次，提供更加经济、便捷、舒适的出行保障，“县区一体”融合发展取得实质性进展。

【生态环境】 全方位、全地域、全过程加强生态环境保护，恢复治理矿山矿点46个，完成坡改梯4.85万亩，水土流失治理程度达66%。建成投运关桥、史店污水处理站，清水河海原段水质稳定达标，土壤环境质量总体保持稳定，空气质量优良天数比例达到93%，较去年增加20天。坚决整改各类环保督察反馈问题，有序推进第二轮中央生态环保督察组反馈14项整改任务，全面整改销号自治区督查反馈11个问题。实施绿化造林24.76万亩，完成西华山国家级草原自然公园生态修复5600亩，全县森林覆盖率从10.24%提高至11.37%，草原综合植被盖度达65.7%，县自然资源局获评“全国绿化先进集体”。

【民生保障】 把80%以上的财力用于民生，10件民生实事高质量办结，群众幸福指数不断攀升。就业目标超过预期，开展各类技能培训2577人次，发放创业贷款8124万元，转移就业10.8万人，创收18.9亿元，城镇登记失业率控制在5%以下。教育质量稳步提升，投入1.6亿元，实施海原八小、兴海中学扩建等项目15个，新改建校舍8.1万平方米，新增学位3600个。全面推行学前教育和义务教育初始年级“划片+摇号”入学政策，落实校长教师交流轮岗299人，“大班额、大校额”等问题有效解决。健康海原扎实推进，建成投运郑旗卫生院、西安卫生院发热门诊，新建社区卫生服务中心和李旺卫生院门诊楼，医疗健康总院实体化运行。深入推进“互联网+医疗健康”，县人民医院与10家自治区内外三级医院、19家县内乡镇卫生院建立“远程会诊”平台，城乡居民医保参保率达98%以上。社会保障不断完善，城乡低保、特困供养群体和残疾人保障持续提标，发放救助资金3.5亿元。积极创建全国未成年人保护示范县，建设中心敬老院养护楼和树台乡养老院，改造提升海兴区敬老院。开展“崇军行动”，完成牌路山烈士陵园改扩建，成功创建3个全国示范型退役军人服务站，17名海原籍现役军人获“三等功”，为国争光的陆战英雄撒占才获“一等功”，系宁夏近年唯一。文化事业繁荣发展，免费开放非遗基地和地震博物馆，完成柳州城、北嘴城址等国家级文保单位修缮保护。2022年百姓春节联欢晚会被评为“全国乡村‘村晚’示范展示项目”，花儿艺术演艺公司和电影服务中心获评“第九届全国服务农民、服务基层文化建设先进集体”。社会治理持续深化，全面铸牢中华民族共同体意识，民族团结、宗教和顺、社会稳定的良好局面持续巩固。常态化推进扫黑除恶斗争，电信诈骗和刑事案件发案率分别下降52%和29.1%，李旺镇派出所荣获“全国爱民模范集体”。统筹发展和安全，坚决彻底整改国务院安委办督办消防安全问题，扎实开展安全生产百日专项整治行动，交通事故率下降41.6%，县应急管理局获评“全区应急管理系统先进集体”。深化全域创建“食品药品安全区”，连续8年保持食品药品安全“零事故”。

【深化改革】 深入推进“放管服”改革，建成一体化在线政务服务平台，将24个部门608项事项全部纳入一窗综合受理系统。全面推行“双随机、一公开”，新增市场主体2529户，退税减税降费1.55亿元。深化农村改革，发放农村土地承包经营权抵押贷款46笔、842万元。有序推进“六权”改革，成交全市首例100万立方米黄河水指标跨区域交易，流转山林地7358亩，打造4个林下经济示范基地，处置闲置、批而未供土地574亩，2个项目排污权纳入自治区公共资源交易平台交易。坚持创新驱动，卡立方、国华农机分别被认定为国家高新技术企业和自治区农高企业，全社会R&D经费投入增长45.5%。着力招大引强，实施招商引资项目30个，到位资金34.4亿元，同比增长119.8%。

【政府效能建设】 海原县人民政府坚定不移把政治建设摆在首位，深入开展党的二十大和习近平总书记视察宁夏重要讲话、重要指示批示精神“大学习、大讨论、大宣传、大实践”活动，深刻领悟“两个确立”的决定性意义，增强“四个意识”、坚定“四个自信”、做到“两个维护”，“总书记怎么说我们就怎么做，不仅要做到而且要做好”成为海原干部最鲜明的政治品格。坚决贯彻党中央、国务院和自治区、中卫市党委、政府及海原县委各项决策部署，县政府常务会议及时传达学习县委常委会会议精神，“三重一大”事项全部按要求提请县委研究，确保做到依法决策、科学决策、民主决策。自觉接受人大法律监督和政协民主监督，办复人大代表意见建议28件、政协提案37件。修订政府工作规则和政府常务会议、专题会议工作规则，进一步规范政府工作程序。坚持政府常务会议学法“第一议题”制度，政府班子成员带头出庭应诉，政府系统依法行政能力和水平不断提高。大力推行“周计划、日安排”“经济运行一周一研判、半月一调度、一月一分析”和“领导包抓”“观摩评促”等机制，每周对阶段性重点工作梳理盘点、强调部署，努力用政府的“辛苦指数”换取经济的“上升指数”、群众的“幸福指数”、社会的“满意指数”、发展的“安全指数”。扎实开展违规收送红包礼金和不当收益及违规借转贷或高额放贷专项整治，全面推进粮食购销、工程建设政府采购、医疗卫生、国有产权交易等重点领域专项治理，着力营造风清气正的政治环境。

（李　煜）

县人民政府全体会议

【十八届海原县人民政府2022年第1次全体（扩大）会议】 2月10日，十八届海原县人民政府召开2022年第一次全体（扩大）会议。县人民政府县长、副县长、县政府组成部门、直属事业单位、各乡镇人民政府、海城街道办、甘盐池种羊场、区（市）驻海原有关单位及肉牛产业集团、文旅集团主要负责人参加会议。县政府办公室、县发改局、县工信商务局、县财政局、县农业农村局、县乡村振兴局全体班子成员列席会议。县委纪委监委、县委组织部、县委宣传部、县委统战部负责人邀请参加会议。会议传达学习了中央、自治区党委经济工作会议精神，自治区和中卫市“两会”精神，自治区和中卫市政府全体（扩大）会议精神，分解了政府工作报告任务。各副县长在会上安排部署分管领域工作。会议由县委常委、常务副县长强斌主持。市政协副主席、县政府县长、海兴开发区管委会主任张鹏在会上做了讲话。

（李　煜）

县人民政府常务会议

【概　况】 2022年，第十八届海原县人民政府共召开39次常务会议，学习贯彻习近平总书记重要讲话精神和中央及自治区、中卫市党委、政府及海原县委决策部署，制定法规政策和政府重大决策部署，研究审定县政府重大事项，安排部署重要工作。参加会议人员除县政府班子成员和组成部门负责人外，还邀请县委、县人大、县政协联系领导及县人大代表、政协委员代表列席会议。会议将学法列为第一议题。会议研究审议的重大决策事项，一般遵循“政府部门起草拟定、广泛征求意见、分管副县长主持召开专题会议讨论研究、提交政府常务会议研究审议、呈送县委常委会会议审议”的原则进行。

【第6次常务会议】 1月6日，县长张鹏主持召开县人民政府第6次常务会议。副县长强斌、刘福林、贾治林、王银军参加会议。县政协副主席田风梅、县人大代表王春华、县政协委员邵淑霞应邀列席会议。会议传达学习了中卫市第五次党代会、第五届人民代表大会第一次会议、政协中卫市第五届委员会第一次会议精神，《中华人民共和国土地管理法实施条例》和《自然资源部　农业农村部　国家林业和草原局关于严格耕地用途管制有关问题的通知》精神及十五届海原县委2021年第9次、第10次常委会（扩大）会议精神；学习了《中华人民共和国公职人员政务处分法》。会议研究了县自然资源局关于海原县农村集体建设用地使用权及房屋所有权确权登记发证的请示、关于收回海地(挂)字〔2013〕-18号国有建设用地使用权的请示,县财政局关于县公安局等单位申请使用财政资金有关事项的请示,县公安局关于拆除县公安局草原派出所办公用房的请示等事项;审议通过了《关于加强社会主义法治文化建设实施方案(送审稿)》《海原县百万移民致富提升行动新民村肉牛标准化养殖“出户入场”项目建设方案(送审稿)》《高崖乡新民村移民致富提升行动环境综合整治项目建设方案(送审稿)》《海原县政府机关餐厅运行方案(送审稿)》等文稿。会议还安排了疫情防控、安全生产、信访维稳等近期重点工作,对2022年各项重点工作提出高要求。

【第7次常务会议】 1月17日,县长张鹏主持召开县人民政府第7次常务会议。副县长强斌、冯磊、贾治林、王银军、马海燕出席会议。县人大常委会副主任薛鹏飞、县政协副主席麻德明、县人大代表卢小燕、政协委员马永胜应邀列席会议。会议学习了中央农村工作会议、自治区党委农村工作会议精神;传达学习了国务院安委办岁末年初安全防范工作视频会议、自治区安委会第四次会议精神;学习《中华人民共和国行政处罚法》。会议听取了全县2021年安全生产工作情况及全县根治欠薪工作汇报,安排部署下一步工作。会议审议通过了《海原县人民政府工作规则(送审稿)》《海原县人民政府常务会议工作规则(送审稿)》《海原县人民政府专题会议工作规则(送审稿)》《海原县矿山地质环境治理恢复整治工作方案(送审稿)》《海原县2022年春节走访慰问工作实施方案(送审稿)》《海原县压砂地退出区产业接续发展实施方案(送审稿)》等文稿;研究了县自然资源局关于海原县地上附着物和青苗补偿标准的请示、关于收回海地(G)〔2021〕-9号宗地部分国有建设用地使用权的请示、关于报废公务车辆的请示,县财政局关于县农业农村局申请使用财政资金有关事项的请示等事项。

【第8次常务会议】 1月27日,县长张鹏主持召开县人民政府第8次常务会议。副县长强斌、冯磊、贾治林、王银军、马海燕出席会议。县委常委采澎涛、县人大常委会副主任马光智、县政协副主席王建平、人大代表田晓丽、县政协委员马兰应邀列席会议。会议传达学习了自治区“两会”精神;传达学习了自治区安委会办公室关于做好国务院安委会考核2021年度省级政府安全生产和消防工作的通知精神,安排部署海原县迎接考核事宜;传达了自治区体育局感谢信;学习了《中华人民共和国公务员法》;传达学习十五届县委2022年第1次、第2次常委会(扩大)会议精神。会议审议通过了《海原县2022年项目建设攻坚行动方案(送审稿)》《海原县今冬明春暨疫情防控重要民生商品和能源保供稳价工作方案(送审稿)》等文稿;研究了县财政局关于县公安局等单位申请使用财政资金有关事项的请示,县退役军人事务局关于调整政策性安置退役士兵工资待遇和落实政策性安置转业士官优抚津贴的请示,县自然资源局关于收回宁夏南华山国家级自然保护区管理处部分国有存量建设用地使用权的请示、关于采购森林草原消防工具车辆的请示、关于实施海原县2022年中部防沙治沙建设工程的请示、关于实施海原县2022年南部水源涵养林建设工程的请示,县水务局关于海原县“互联网+城乡供水工程”特许经营项目政府方出资代表、合资协议、特许经营协议的请示等事项。会议还套开了2022年海原县征兵工作领导小组第1次会议。

【第9次常务会议】　2月14日，县长张鹏主持召开县人民政府第9次常务会议。副县长强斌、冯磊、刘福林、贾治林、王银军、马海燕出席会议。县人大常委会副主任薛鹏飞、县政协副主席田风梅、海兴开发区管委会副主任杨宝银应邀列席会议。会议传达学习习近平总书记在考察海南省、山东省和东北三省时关于粮食安全的重要讲话精神，研究贯彻落实意见；传达学习全国推动黄河流域生态保护和高质量发展领导小组全体会议精神和《宁夏回族自治区建设黄河流域生态保护和高质量发展先行区促进条例》；学习了《中国共产党章程》（总纲）和《宁夏回族自治区文化和旅游厅文物督察约谈办法》；传达了自治区文化和旅游厅致海原县成功举办百姓春节联欢晚会的感谢信。会议审议通过了《海原县海润农业有限公司债权债务清理及债务偿还工作方案（送审稿）》《海原县落实市委涉粮问题专项巡察组巡察反馈问题整改方案（送审稿）》《海原县体育场馆周边绿化美化亮化设计方案（送审稿）》等文稿；研究了县卫健局关于调拨固定资产的请示，县自然资源局关于海原县牌路山烈士陵园等建设项目收回国有土地使用权事宜的请示、关于收回县职业技术学院部分国有建设用地划拨用于公共实训基地项目建设事宜的请示，县住建局关于海原县向阳小区4号住宅楼灾损评估及安置处理意见的请示，县乡村振兴局关于海原县村级光伏扶贫电站所属公司人事任免的请示，县卫健局关于建设海原县社区卫生服务中心项目的请示、关于海原县人民医院妇儿综合楼项目验收及配套资金整合使用事宜的请示等事项。

【第10次常务会议】　2月21日，县长张鹏主持召开县人民政府第10次常务会议。副县长强斌、刘福林、王银军、马海燕出席会议。县人大常委会副主任杨常林、县政协副主席马天科、海兴开发区管委会副主任杨宝银及县人大代表刘忠、县政协委员罗玉群应邀列席会议。会议传达学习了习近平总书记关于信访工作的重要指示和国务院总理李克强批示精神，全国春季农业生产暨加强冬小麦田间管理工作会议精神；传达学习市委农村工作会议、全市建设黄河流域生态保护和高质量发展先行市2022年第一次推进会精神，安排部署近期重点工作；学习了十五届县委2022年第4次常委会（扩大）会议精神。会议通报了全县征兵工作进展情况和3～11岁人群新冠病毒疫苗接种进展情况，安排部署下一阶段工作；听取了矿山地质环境恢复治理工作进展情况汇报，安排部署下一阶段工作；审议通过《海原县2021年度法治政府建设情况报告（送审稿）》《海原县关于中央依法治国办第八督察组督察宁夏反馈意见整改方案（送审稿）》《海原县2022年农业产业高质量发展政策支撑方案（送审稿）》《海原县2022年肉牛标准化养殖示范县建设方案（送审稿）》《海原县2022年肉牛养殖饲草配送实施方案（送审稿）》《海原县2022年农村人居环境整治提升行动实施方案（送审稿）》《海原县2022年度乡村振兴“一村一年一事”行动实施方案（送审稿）》等文稿；研究了县财政局关于变更海原县惠民融资担保有限公司董事会监事会成员的请示、关于卫健局申请使用财政资金有关事项的请示，县人社局关于提高城乡居民基础养老金标准的请示等事项。会议还套开了2022年县安委会、县消委会第2次全体（扩大）会议。

【第11次常务会议】 3月14日，县长张鹏主持召开县人民政府第11次常务会议。副县长强斌、冯磊、刘福林、贾治林、马海燕出席会议。县人大常委会副主任马光智、县政协副主席王建平、海兴开发区管委会副主任杨宝银及县人大代表杨应福、县政协委员赵廷虎应邀列席会议。会议传达学习了中央领导、自治区领导关于审计工作重要指示批示和讲话精神、全国及全区审计工作会议精神、自治区党委审计委员会第6次会议精神；国务院总理李克强考察市场监管总局并主持召开发展壮大市场主体工作座谈会时的讲话精神、国务院副总理韩正在全国食品安全委员会第4次全体会议上的讲话精神；自治区工程建设政府采购等重点领域突出问题专项治理领导小组第3次会议精神，研究海原县贯彻落实意见；传达《自治区水利厅关于2021年度全区水土保持目标责任考核结果的函》；十五届县委第5次常委会（扩大）会议精神等。会议学习了《中华人民共和国乡村振兴促进法》；审议通过了《海原县审计局2022年度审计项目计划（送审稿）》《关于2021年及2020年以前年度审计查处问题整改情况的报告（送审稿）》《2022年海原县深化工程建设政府采购等领域开展国有产权土地矿业权交易等重点领域突出问题专项治理工作方案（送审稿）》《海原县卫生健康领域突出问题专项治理工作方案（送审稿）》《海原县2022年深入推进“四大提升行动”实施方案（送审稿）》《海原县2022年巩固拓展脱贫攻坚成果同乡村振兴有效衔接实施方案（送审稿）》《海原县2022年统筹整合使用财政涉农资金实施方案（送审稿）》《海原县第五届文化旅游节系列活动方案（送审稿）》等文稿；研究了县乡村振兴局关于设立“富民贷”风险补偿基金的请示，县文广局关于公布海原县第三批文物保护单位的请示，县住建局关于实施海原县2022年城市绿化项目的请示、关于实施海原县2022年市政道路基础设施建设项目的请示，县公安局关于立项海原县公安局基层派出所基础设施维修改造项目的请示、关于立项新建海原县公安局红羊派出所业务技术用房项目的请示，县自然资源局关于收回李旺镇人民政府部分国有建设用地使用权划拨用于李旺镇消防站项目建设事宜、关于收回海地（G）〔2019〕-12号国有建设用地使用权事宜、关于海地（G）〔2022〕-1号宗地国有建设用地使用权出让的请示、关于收回划拨海原县第一中学项目用地事宜，县卫健局关于建设海原县李旺镇中心卫生院门诊综合楼项目的请示，财政局关于自然资源局等单位申请财政资金有关事项的请示等事项。会议还套开了海原县应对新冠疫情工作指挥部第23次会议。

【第12次常务会议】 3月30日，县长张鹏主持召开县人民政府第12次常务会议。副县长强斌、曾小明、冯磊、刘福林、贾治林、马海燕出席会议。县人大常委会副主任薛鹏飞、县政协副主席麻德明、海兴开发区管委会副主任糟会杰及县人大代表姚成明、县政协委员田玉珍应邀列席会议。会议传达学习了十三届全国人大五次会议精神、全国政协十三届五次会议精神,自治区、中卫市传达贯彻全国两会会议精神;传达学习中办国办《关于更加有效发挥统计监督职能作用的意见》,研究海原县贯彻落实意见;传达学习全国、自治区、市森林草原防灭火工作电视电话会议精神和《河南郑州"7·20"特大暴雨灾害调查报告》,研究我县贯彻落实意见;传达学习了十五届县委2022年第6次常委会(扩大)会议精神,并学习了《中华人民共和国监察法》(第1~3章)。会议通报全县新冠病毒疫苗接种情况,安排部署下一步工作;审议通过了《海原县深化应急管理综合行政执法改革实施方案(送审稿)》《海原县2022年扶持壮大村集体经济项目实施方案(送审稿)》《海原县2022年"乡村振兴健康保"工作实施方案(送审稿)》《海原县2022年政策性农业保险实施方案(送审稿)》《海原县统筹整合使用财政涉农资金管理暂行办法(送审稿)》《海原县规范公务员工资津贴补贴实施方案(送审稿)》《海原县规范事业单位工作人员津贴补贴实施方案(送审稿)》等文稿;研究了县民政局关于提高海原县城乡居民最低生活保障标准及孤儿养育津贴标准的请示、关于撤销甘盐池种羊场代管盐池村职能移交西安镇规范管理的请示,县财政局关于农业农村局等单位申请财政资金有关事项的请示,县自然资源局关于提请审查海原县三河镇鹭海村等4个移民村(社区)村庄规划编制成果的请示、关于收回部分国有建设用地使用权划拨用于消防救援大队业务用房项目的请示,县卫健局关于报废海原县卫生健康系统特种车辆的请示、关于增配全县救护车辆的请示等事项。会议还就常态化疫情防控、防范化解风险隐患、扩大精准有效投资、推进产业转型升级、推进乡村振兴、推进城乡融合发展、改善生态环境、保障改善民生、改进作风等近期重点工作进行了安排部署。

【第13次常务会议】 4月9日,县长张鹏主持召开县人民政府第13次常务会议。副县长曾小明、冯磊、贾治林、马海燕出席会议。县人大常委会副主任杨常林、县政协副主席王建平、海兴开发区管委会副主任杨宝银及县人大代表马永梅、县政协委员田旭应邀列席会议。会议传达学习了习近平总书记在中央政治局常委会会议上关于从严抓好当前疫情防控工作的重要讲话精神,国务院副总理孙春兰在全国疫情防控工作电视电话会议上的讲话精神,研究贯彻落实意见;传达学习习近平总书记对东航客机坠毁作出的重要指示和国务院总理李克强批示及全国、全区安全生产电视电话会议暨自治区安委会2022年度第二次全体(扩大)会议精神、《国务院安委会办公室 应急管理部关于认真贯彻落实习近平总书记重要指示精神 举一反三坚决遏制重特大事故的通知》精神,研究贯彻落实意见;传达学习全国巩固拓展脱贫攻坚成果同乡村振兴有效衔接暨乡村振兴重点帮扶县工作推进会会议精神,研究贯彻落实意见;传达学习十五届县委2022年第7次常委会(扩大)会议精神;学习了《中国共产党纪律处分条例》(第一编 总则);审议通过了《海原县"扩大有效投资攻坚年"活动实施方案(送审稿)》文稿;研究了自然资源局关于批准供应海原县2019年农民宅基地集体建设用地的请示、关于批准供应海原县2021年农村村民住宅集体建设用地的请示、关于划拨海原县2021年第三批次城镇建设用地的请示、关于划拨华润海原呱呱山330千伏输变电工程项目建设用地的请示,县财政局关于李旺镇人民政府等单位申请财政资金有关事项的请示,曹洼乡人民政府关于新建职工周转宿舍项目的请示,李旺镇人民政府关于实施李旺重点小城镇市政道路项目的请示等事项。

【第14次常务会议】 4月13日,县长张鹏主持召开县人民政府第14次常务会议。副县长强斌、冯磊、刘福林、贾治林、马海燕出席会议。县人大常委会副主任冯帆、县政协副主席田风梅、海兴开发区管委会副主任糟会杰及县人大代表田红燕、县政协委员马艳应邀列席会议。会议传达学习了中央第四生态环境保护督察组向宁夏回族自治区反馈督查情况会议精神,研究海原县贯彻落实意见;传达学习《自治区安委会办公室关于认真学习贯彻梁言顺书记调研讲话精神的通知》精神;学习了《中华人民共和国国家安全法》;研究了全县双拥工作,套开2022年全县双拥工作领导小组第一次会议;研究了县教体局关于成立海原县第八小学、更改1所学校名称和撤销3所教学点的请示、关于拆除海原县第三小学一、二号教学楼和科技楼及新建教学楼项目的请示,县财政局关于工信商务局等单位申请财政资金的请示,县卫健局关于调整李旺镇中心卫生院门诊楼项目规划的请示等事项。会议还就疫情防控、迎接国务院安委会综合督查和考核巡查、春耕生产、项目建设、植绿增绿、招商引资、上半年经济工作观摩准备、巩固拓展脱贫攻坚成果同乡村振兴有效衔接等近期重点工作进行安排部署。

【第15次常务会议】 4月29日,县长张鹏主持召开县人民政府第15次常务会议。副县长强斌、曾小明、冯磊、刘福林、马海燕出席会议。县人大常委会副主任马光智、县政协副主席马天科、海兴开发区管委会副主任孙占宏及县人大代表李梅、县政协委员田贵川应邀列席会议。会议传达学习了习近平总书记在海南考察时的重要讲话精神,国务院总理李克强在经济形势部分地方政府主要负责人座谈会上的讲话精神,自治区党委办公厅、人民政府办公厅印发《关于进一步加强全区安全生产工作的若干措施》的通知和市委安全生产专题会议精神;传达了《自治区招商引资项目推进考核办公室关于一季度全区招商引资工作情况的通报》,漳浦县应对新冠疫情指挥部感谢信;通报了全县疫苗接种进展情况;学习了《信访工作条例》;审议通过了《海原县水库移民资产运行管理办法(送审稿)》《海原县2022年全面推进乡村振兴重点工作的实施方案(送审稿)》《海原县2021—2025年度巩固拓展脱贫攻坚成果同乡村振兴有效衔接实施方案(送审稿)》《海原县关于实施科技强县行动提升县域创新能力的实施意见(送审稿)》《海原县残疾人保障和发展"十四五"规划(送审稿)》《海原县2022年农村户厕改造建设项目实施方案(送审稿)》《海原县2021年度城乡建设用地增减挂钩工作实施方案(送审稿)》《海原县停车服务收费标准实施方案(送审稿)》等;研究了县工信商务局关于海原县综合产业区仓储中心资产划转有关事宜的请示、关于实施海原县综合产业区仓储中心改造项目的请示、关于回购海原县电商物流综合园电商中心部分楼层建设电子商务公共服务中心的请示,县教体局关于实施海原县第三中学、特殊教育学校和第一小学综合教学楼附属工程的请示,县住建局关于实施海原县2022年城区裸露地块植草治理项目的请示、关于实施海原县民兵训练基地建设项目的请示,县财政局关于县委办等单位申请财政资金的请示,县交通运输局关于交通综合执法专用车辆更新报废的请示等事项。会议还安排部署了近期重点工作。

【第16次常务会议】 5月9日,县长张鹏主持召开县人民政府第16次常务会议。副县长强斌、曾小明、冯磊、刘福林、贾治林、马海燕出席会议。县人大常委会副主任薛鹏飞、县政协副主席田风梅、海兴开发区管委会副主任杨宝银及县人大代表马佳媛、县政协委员田兴盛应邀列席会议。会议传达学习了习近平总书记关于国家粮食安全重要论述和重要指示批示精神,研究贯彻落实意见;传达学习自治区党委书记梁言顺在中卫市调研经济社会发展工作时的讲话精神,自治区财政厅关于修订印发《2022年度市县财政预算支出执行激励办法(试行)》的通知精神及十五届县委第8次常委会(扩大)会议精神;学习了《中卫市城市市容和环境卫生管理办法》;研究了县委编办关于解决基层整合审批服务执法力量改革工作经费的请示,县乡村振兴局及各乡镇脱贫攻坚档案整理费用事宜,县住建局关于海原县城综合保洁市场化服务事项的请示,县公安局关于实施海兴开发区智能交通设施改造项目的请示,县自然资源局关于收回海地(划)〔2020〕-9号国有建设用地使用权的请示、关于海地(G)〔2022〕-2号国有建设用地使用权出让方案的请示,县财政局关于高崖乡等单位申请财政资金的请示等事项。会议还就毫不放松抓好疫情防控、加快项目建设进度、加快植绿增绿补绿进度、全力保障农民工工资支付、认真做好市场保供、保障公共安全、做好应急值班值守、坚持清正廉洁过节等近期重点工作进行安排部署。

【第17次常务会议】 5月22日,县长张鹏主持召开县人民政府第17次常务会议。副县长强斌、冯磊、贾治林、马海燕出席会议。县人大常委会副主任马光智、县政协副主席王建平、海兴开发区管委会副主任杨宝银及县人大代表田小军、县政协委员马伟应邀列席会议。会议传达学习了习近平总书记对湖南长沙居民自建房倒塌事故作出的重要指示、国务院总理李克强批示及《关于立即开展中卫市自建房等建筑安全隐患排查整治工作的紧急通知》精神,研究贯彻落实意见;传达学习全区2021年度巩固拓展脱贫攻坚成果同乡村振兴有效衔接考核评估发现问题整改工作部署会精神,自治区乡村振兴局、自治区财政厅《关于2022年度衔接资金使用和项目库建设有关情况的通报(第二期)》精神和十五届县委2022年第10次常委会(扩大)会议精神;学习了《宁夏回族自治区实施〈医疗保障基金使用监督管理条例〉办法》;审议通过了《海原县农村客运高质量发展实施方案(送审稿)》文稿;研究了县交通运输局关于实施2022年农村公路建设项目的请示,县住建局关于实施海原县东西区供热站热源调配工程的请示、关于实施海原县三中宿舍楼北侧城墙及东侧围墙安全隐患除险加固项目的请示、关于实施2022年文体广场提升改造及街道补植工程的请示,县人社局关于实施海原县公共实训基地项目的请示，县农业农村局关于核销海原县农业机械化推广服务中心固定资产的请示，县教体局关于划拨原曹洼乡冶套小学校舍的请示，县机关事务服务中心关于旧公务车辆报废更新的请示，县自然资源局关于审查赫迪新能源建设项目规划方案的请示等事项。

【第18次常务会议】 5月27日，县长张鹏主持召开县人民政府第18次常务会议。副县长冯磊、刘福林、马海燕出席会议。县人大常委会副主任杨常林、县政协副主席麻德明、海兴开发区管委会副主任糟会杰及县人大代表鄢春霞、县政协委员金晓娟应邀列席会议。会议传达学习了自治区党委应对新冠疫情工作领导小组第28次会议及自治区应对疫情工作指挥部第22次全体会议精神和十五届县委2022年第12次常委会（扩大）会议精神；学习了《中华人民共和国法律援助法》；审议了《海原县人民政府法律顾问管理办法（送审稿）》《海原县人民政府法律顾问工作经费管理办法（送审稿）》《海原县法治政府建设实施方案（2022—2025年）（送审稿）》《海原县2022年法治政府建设工作要点（送审稿）》等文稿；研究了县司法局关于聘请县人民政府法律顾问的请示，县水务局关于中部干旱带海原西安供水水源工程PPP项目合同、股东协议的请示，生态环境分局关于2021年黄河宁夏段干支流及重点入黄排水沟上下游横向生态保护补偿资金用途的请示、关于2021年度中央财政污染防治专项资金用途的请示、关于实施七营镇、贾塘乡人民政府清洁取暖项目的请示，县自然资源局关于撤销潘震城林权证的请示，县财政局关于交通运输局等单位申请财政资金的请示，县公安局关于在东城路和政府街等4处路口新建交通设施的请示，县住建局关于申请拨付海原县四季鲜综合批发市场回购安置资金的请示等事项。

【第19次常务会议】 6月1日，县长张鹏主持召开县人民政府第19次常务会议。副县长强斌、冯磊、刘福林出席会议。县人大常委会副主任薛鹏飞、海兴开发区管委会副主任糟会杰应邀列席会议。会议传达学习了全国稳住经济大盘电视电话会议、自治区稳经济保增长促发展电视电话会议及全市经济工作调度会议精神，安排部署海原县稳经济保增长促发展工作；传达学习自治区党委常委会会议精神、《自治区推进新型城镇化工作领导小组关于2021年度住房保障工作目标责任考核结果的通报》《自治区财政厅关于印发2022年1—4月份市县财政预算执行考核情况的通知》精神；学习《中华人民共和国地方各级人民代表大会和地方各级人民政府组织法》；审议通过了《海原县全面加强药品监管能力建设的实施方案（送审稿）》《海原县花儿艺术演艺有限公司改革实施方案（送审稿）》《海原县关于深入推广福建省三明市医改经验 进一步深化医药卫生体制改革的实施方案（送审稿）》《海原县公立医院改革与高质量发展示范项目实施方案（送审稿）》《海原县2022年闽宁协作工作方案（送审稿）》等文稿；研究了县文广局关于做好迎接党的二十大和自治区第十三次党代会全县广播电视和网络视听行业安全大检查存在问题整改有关事宜的请示，县自然资源局关于划拨海原县2022年第二批次城镇建设用地的请示、关于收回部分国有建设用地划拨用于海原县社区卫生服务中心项目的请示，县教体局关于撤并海原县甘盐池中心小学的请示，县财政局关于住建局等单位申请财政资金的请示、关于化解相关单位隐性债务的请示，县人社局关于拨付机关事业单位缴费工资基数调整后社会保险费单位配套资金的请示等事项。

【第20次常务会议】 6月1日，县长张鹏主持召开县人民政府第20次常务会议。副县长曾小明、刘福林、贾治林、马海燕出席会议。县人大常委会副主任马光智、县政协副主席王建平、海兴开发区管委会副主任糟会杰及县人大代表田进军、县政协委员王海霞应邀列席会议。会议传达学习了《习近平法治思想学习纲要》(序：习近平法治思想是全面依法治国的根本遵循和行动指南)；学习了《中华人民共和国行政强制法》；传达学习全国稳就业工作电视电话会议、全国普通高等学校毕业生就业创业工作电视电话会议及全区稳就业促增收暨高校毕业生就业创业电视电话会议精神，自治区党委书记梁言顺到中卫调研黄河流域生态保护和高质量发展先行区建设、文化旅游产业发展情况时的讲话精神，《自治区百万移民致富提升行动2022年计划项目实施进展情况的通报》精神等；研究了县民政局关于拆除海原县应急救灾物资储备库的请示、关于实施海原县中心敬老院老年养护楼建设项目的请示、关于实施海原县树台养老院建设项目的请示，县农业农村局关于采购2辆业务用车的请示，县财政局关于公安局等单位申请财政资金的请示、关于中卫市高新技术产业开发集团有限公司向海原县人民政府借款的请示、关于拆除原财政局办公楼并核销资产的请示等事项；审议通过了《海原县2022年树台乡相桐村等高标准农田建设项目方案(送审稿)》。会议还就安全生产、疫情防控、疫苗接种、全员核酸检测、巩固拓展脱贫攻坚成果同乡村振兴有效衔接大起底大排查大整改工作、促进消费、廉洁过节、应急值班值守、信访维稳、落实稳经济促发展各项政策等近期重点工作进行了安排部署。

【第21次常务会议】 6月15日，县长张鹏主持召开县人民政府第21次常务会议。副县长曾小明、冯磊、刘福林、马海燕出席会议。县人大常委会副主任杨常林、县政协副主席麻德明、海兴开发区管委会副主任糟会杰及县人大代表杨淑萍、县政协委员马兰应邀列席会议。会议传达学习了全国自建房安全专项整治工作部际协调机制第一次全体会议暨全国自建房安全专项整治工作推进视频会议和《自治区安委会办公室 应急管理指挥部办公室关于开展"喜迎党代会 献礼二十大 忠诚保安全"专项行动的通知》《自治区应急管理厅关于进一步加强党的二十大和自治区第十三次党代会期间工矿企业安全生产工作的通知》精神；传达了《自治区人力资源和社会保障厅关于人力资源和社会保障部反馈调研检查问题整改情况的通报》精神；传达学习了市政府第18次常务会议精神；学习了《中华人民共和国民法典》第一编：总则；审议通过了《海原县2022年发展高端肉牛产业补充政策(送审稿)》；研究了县自然资源局关于收回部分国有建设用地使用权的请示。会议还套开海原县应对新冠疫情工作指挥部第28次会议。

【第22次常务会议】 6月27日，县长张鹏主持召开县人民政府第22次常务会议。副县长冯磊、贾治林、马海燕出席会议。县人大常委会副主任薛鹏飞、海兴开发区管委会副主任糟会杰及县人大代表卢延贤、县政协委员马春梅应邀列席会议。会议传达学习了自治区第十三次党代会、自治区党委十三届一次全体会议和自治区领导在中卫市代表团审议报告时的讲话精神，自治区政府第七次全体(扩大)会议精神及十五届县委2022年第14次常委会(扩大)会议精神；传达了《自治区财政厅关于印发2022年1—5月份市县财政预算执行考核情况的通知》《2022年5月市县直达资金支出考核情况通报》及自治区乡村振兴局《防返贫监测收入情况通报》；学习了《中华人民共和国环境保护法》；审议了《海原县妇女和儿童发展规划(2021—2030年)(送审稿)》《海原县农村土地承包及流转经营权抵押贷款试点工作实施方案(送审稿)》等文稿；研究了县发改局关于海原县消防救援大队业务用房建设项目的请示，县住建局关于实施海原县农村垃圾收运处理设施项目的请示，县自然资源局关于海地(G)〔2022〕-3号国有建设用地使用权出让方案的请示，县财政局关于李俊乡等单位申请财政资金的请示等事项。

【第23次常务会议】 7月1日，县长张鹏主持召开县人民政府第23次常务会议。副县长冯磊、曾小明、贾治林、马海燕出席会议。海兴开发区管委会副主任糟会杰及县人大代表罗成玉、县政协委员马艳应邀列席会议。会议传达学习了习近平总书记在四川考察时的重要讲话精神、第九次全国信访工作会议精神、自治区党委常委会会议和自治区经济形势分析座谈会精神；传达学习了《自治区防汛抗旱指挥部办公室关于认真学习贯彻自治区领导调研讲话精神 切实加强当前防汛救灾工作的通知》，通报全县防汛抗旱值班值守情况；传达学习《中卫市劳务中介组织和劳务经纪人奖补措施》；学习《中华人民共和国就业促进法》；研究了县财政局关于盘活使用财政存量资金的请示，县财政局关于安排2022年新增地方政府一般债券资金(第一批)使用计划的请示、关于农业农村局等单位申请财政资金的请示等。

【第24次常务会议】 7月7日，县长张鹏主持召开县人民政府第24次常务会议。副县长冯磊、曾小明、刘福林、贾治林、王银军、马海燕出席会议。县人大常委会副主任杨常林、县政协副主席田风梅、海兴开发区管委会副主任糟会杰及县人大代表马进中、县政协委员李贵苍应邀列席会议。会议传达学习了自治区党委常委会会议精神；传达学习了《宁夏回族自治区贯彻落实中央生态环境保护督察整改任务验收销号办法》《关于2022年度衔接资金使用和项目库建设有关情况的通报》；学习了《中华人民共和国大气污染防治法》；审议通过了《海原县古韵南华乡村振兴项目实施方案(送审稿)》；研究了县自然资源局关于划拨华润海原县水洼村分散式风电项目建设用地的请示、关于闽宁华府原幼儿园建筑更改房屋名称及用途的请示、关于实施清水河海原段历史遗留废弃矿山生态修复及国土综合整治项目(二期)的请示，曹洼乡人民政府关于将曹洼水利工作站划拨曹洼乡政府管理使用等事宜的请示、关于建设曹洼乡曹洼村华润希望乡村项目的请示，县交通运输局关于实施2022年海原县七营镇七营村硬化路等项目的请示、关于实施海原县树台至种田公路改造项目的请示等事项。

【第25次常务会议】 7月18日，县长张鹏主持召开县人民政府第25次常务会议。副县长冯磊、曾小明、刘福林、贾治林、王银军出席会议。县人大常委会副主任薛鹏飞、县政协副主席麻德明、海兴开发区管委会副主任糟会杰及县人大代表田蓉、县政协委员金晓娟应邀列席会议。会议传达学习了习近平总书记在湖北武汉考察时的重要讲话精神，自治区党委书记梁言顺在海原县调研实施城乡面貌提升行动和肉牛产业高质量发展情况时的讲话精神；学习《中华人民共和国节约能源法》；审议通过了《海原县建设高端肉牛产业示范县实施方案(送审稿)》；研究了县水务局关于开展跨区域水权交易的请示、县财政局关于自然资源局等单位申请财政资金的请示等事项。会议还通报全县新冠病毒疫苗接种情况，套开了县安委会2022年第四次全体(扩大)会议暨全县安全生产“百日专项整治行动”动员部署会议。

【第26次常务会议】 7月19日，县长张鹏主持召开县人民政府第26次常务会议。副县长冯磊、曾小明、刘福林、贾治林、王银军、马海燕出席会议。县人大常委会副主任杨常林、县政协副主席田风梅、海兴开发区管委会副主任杨宝银及县人大代表马进堂、县政协委员马海文应邀列席会议。会议传达学习了全国医改工作电视电话会议精神，研究贯彻落实意见；传达学习了自治区政府第126次常务会议精神、十五届海原县委2022年第15次常委会(扩大)会议精神；学习了《中华人民共和国传染病防治法》；审议通过了《海原县建设乡村全面振兴示范县实施方案(送审稿)》《海原县生态文明建设示范县创建工作实施方案(送审稿)》《海原县2022年八一建军节系列活动方案(送审稿)》等文稿；研究了县交通运输局关于实施2022年海原县曹洼乡等第二批村组硬化路项目的请示，县教体局关于划拨原关桥乡贺堡小学餐厅及校舍产权的请示、关于实施海原县第一中学扩建项目附属工程的请示，县财政局关于县委政法委等单位申请财政资金有关事项的请示等事项。

【第27次常务会议】 7月27日，县长张鹏主持召开县人民政府第27次常务会议。副县长冯磊、曾小明、刘福林、贾治林、王银军出席会议。县人大常委会副主任薛鹏飞、县政协副主席麻德明、海兴开发区管委会副主任糟会杰及县人大代表田蓉、县政协委员金晓娟应邀列席会议。会议传达学习了自治区党委常委会会议精神和《中共宁夏回族自治区委员会关于广泛开展习近平总书记视察宁夏重要讲话和重要指示批示精神“大学习、大讨论、大宣传、大实践”活动的实施意见》；学习了《中华人民共和国固体废物污染环境防治法》；通报了《自治区财政厅关于印发2022年1—6月份市县财政预算执行考核情况的通知》；传达学习十五届县委2022年第16次常委会(扩大)会议精神；听取了全县上半年经济运行情况汇报；审议通过了《海原县“查隐患、抓整改、严管理、保平安”交通运输领域安全专项整治行动实施方案(送审稿)》；研究了县公安局关于调整海原县公安局辅警及禁毒专干保障标准的请示、县财政局关于李旺镇等单位申请财政资金的请示事项。会议还就学习自治区第十三次党代会精神、新冠疫情常态化防控、打好稳保促“七大战役”等重点工作进行了安排部署。

【第28次常务会议】 8月9日，县长张鹏主持召开县人民政府第28次常务会议。副县长冯磊、刘福林、贾治林、王银军、王金中、马海燕出席会议。县人大常委会副主任杨常林、县政协副主席麻德明、海兴开发区管委会副主任杨宝银及县人大代表齐显玉、县政协委员李玉梅应邀列席会议。会议传达学习了省部级主要领导干部“学习习近平总书记重要讲话精神，迎接党的二十大”专题研讨班精神，自治区党委应对新冠疫情工作领导小组会议精神和自治区党委书记梁言顺调研督导中卫市疫情防控工作精神；通报了全区巩固拓展脱贫攻坚成果同乡村振兴有效衔接考核评估反馈问题整改工作进展情况；通报2022年下半年征兵工作进展情况，安排部署下一步工作；学习了《中华人民共和国河道管理条例》；研究了县水务局关于海原县用水权确权成果的请示，县公安局关于实施海原县境内部分道路交通安全隐患治理项目的请示，县农业农村局关于海原县小南川绿色生态肉牛养殖场一期项目建设方案的请示、关于海原县2022年肉牛精深加工二期项目建设方案的请示，县自然资源局关于收回部分国有建设用地划拨用于海原县三中宿舍楼北侧城墙及东侧围墙加固除险项目的请示、关于海地(G)〔2022〕-4号国有建设用地使用权出让实施方案的请示，县乡村振兴局关于海原县村级光伏扶贫电站所属公司人事任免的请示等事项。

【第29次常务会议】 9月1日，县长张鹏主持召开县人民政府第29次常务会议。副县长冯磊、刘福林、贾治林、王银军、王金中、马海燕出席会议。县人大常委会副主任杨常林、县政协副主席麻德明、海兴开发区管委会副主任杨宝银及县人大代表齐显玉、县政协委员李玉梅应邀列席会议。会议传达学习了《习近平谈治国理政》第四卷第五篇章“统筹疫情防控和经济社会发展”内容；传达学习了全国气象高质量发展工作电视电话会议和《气象高质量发展纲要（2022—2035年）》精神；传达学习了十五届县委2022年第19次常委会（扩大）会议精神；听取了全县信访工作汇报；审议通过了《海原县关于中央财政支持中卫市公立医院改革与高质量发展示范项目三年行动实施方案（2022—2024年）（送审稿）》《海原县集中供热承包管理经营方案（送审稿）》等文稿；研究了县卫健局关于解决乡村医生生活补助和社会保险费用的请示，县住建局关于实施海原县第二污水处理厂Ⅱ期扩建项目的请示、关于实施海原县西、南区供热站设备维修工程的请示、关于实施海原县运昌路、东盛路等道路和东城生态园水毁抢修工程的请示，县住建局和海兴开发区关于建立政府集中供热煤炭储备的请示，县自然资源局关于解决贾塘乡后塘村草畜一体化项目土地整治有关费用的请示，县水务局关于中部干旱带西安供水水源工程PPP项目使用国开行基础设施投资基金的请示，县教体局关于划拨红羊乡安堡村上甘小学固定资产的请示，县纪委监委关于申请报废、购置车辆的请示等事项。

【第30次常务会议】 9月9日，县长张鹏主持召开县人民政府第30次常务会议。副县长冯磊、贾治林、王银军、马海燕出席会议。县人大常委会副主任冯帆、县政协副主席王建平、海兴开发区管委会副主任糟会杰及县人大代表马兰、县政协委员王有生应邀列席会议。会议传达学习了自治区政府主席张雨浦调研中卫市经济社会发展情况时的讲话精神；听取了2022年全县行政应诉工作汇报；套开了县安委会、消委会第5次全体（扩大）会议；研究了县司法局关于划拨海兴开发区交通局附属楼用于司法局社区矫正中心业务用房的请示，县自然资源局关于划拨宁政土批字〔2014〕412号、〔2015〕376号批复中部分国有建设用地的请示、关于划拨宁政土批字〔2015〕222号批复中部分国有建设用地的请示，县教体局关于实施兴海中学扩建项目的请示，县公安局关于拆除公安局综合办公楼（城关派出所）及其附属设施的请示，县财政局关于公安局申请财政资金有关事项的请示等事项。

【第31次常务会议】　9月9日，县长张鹏主持召开县人民政府第31次常务会议。副县长冯磊、曾小明、刘福林、贾治林、王银军、王金中、马海燕出席会议。海兴开发区党工委委员、纪委书记李耀邦应邀列席会议。会议传达学习了自治区党委常委会会议精神和自治区党委书记梁言顺连线督导调度一线疫情防控工作时的讲话精神；听取县人大代表建议意见、政协委员提案建议办理情况汇报；审议通过了《海原县总体与专项应急预案（2022年修订）（送审稿）》《海原县2022年统筹整合使用财政涉农资金（调整）实施方案（送审稿）》《海原县落实自治区金融支持稳经济保增长促发展若干措施责任清单（送审稿）》《海原县城区声环境功能区划分方案（送审稿）》《海原县广电惠民工程促进乡村文化振兴实施方案（送审稿）》《海原县推进城区一体融合发展公交优化实施方案（送审稿）》《海原县2022年“基层服务专项计划”招募工作实施方案（送审稿）》《海原县城2022—2023年集中供热运营方案（送审稿）》等文稿；研究了安排2022年新增地方政府一般债券资金（第二批）使用计划和调整部分新增一般债券项目资金事宜，县水务局关于开工建设2022年宁夏清水河（海原县段）综合治理工程的请示，县财政局关于住建局申请财政资金的请示等事项。

【第32次常务会议】　10月11日，县长张鹏主持召开县人民政府第32次常务会议。副县长冯磊、曾小明、刘福林、贾治林、王银军、王金中、马海燕出席会议。海兴开发区党工委委员、纪委书记李耀邦应邀列席会议。会议传达学习了自治区党委疫情防控专题会议和自治区党委书记梁言顺研究调度经济工作时的讲话精神，安排部署了海原县疫情防控工作，要求全县上下要坚定信心、保持定力，统筹疫情防控和经济社会发展，从严从紧从细落实好各项防控措施，全力巩固来之不易的防疫成果；要抢抓有效时间，加快补齐经济工作短板，确保圆满完成全年目标任务。会议审议通过了《海原县2022年秋季植绿增绿建设方案（送审稿）》《海地（G）〔2022〕-5号国有建设用地使用权出让实施方案（送审稿）》文稿；研究了县应急管理局关于分配2022年自治区本级自然灾害救助资金的请示，县财政局关于预拨“9·20”突发疫情专项资金的请示，县工信商务局关于厦门鹭衫工贸有限公司服装加工、凯景塑胶有限公司智能卡PVC新材料生产加工、深圳市芯卡智芯科技有限公司智能卡标签中料制造项目招商引资合作事宜，县红十字会关于购置疫情防控所需物资及分配方案的请示，县自然资源局关于划拨宁政土地批字〔2014〕42号批次中剩余部分国有建设用地使用权的请示等事项。

【第33次常务会议】 10月13日，县长张鹏主持召开县人民政府第33次常务会议。副县长冯磊、曾小明、贾治林、王银军、王金中、马海燕出席会议。县人大常委会副主任马光智、县政协副主席王建平应邀列席会议。会议研究了县财政局关于住建局申请财政资金的请示和关于县城2022—2023年度集中供热承包管理经营服务采购项目采用竞争性谈判采购的请示。

【第34次常务会议】 10月20日，县长张鹏主持召开县人民政府第34次常务会议。副县长冯磊、曾小明、刘福林、贾治林、王银军、王金中、马海燕出席会议。县人大常委会副主任马光智、县政协副主席王建平、海兴开发区纪委书记李耀邦应邀列席会议。会议传达学习了党的十九届七中全会精神；传达了《自治区应对新冠疫情工作指挥部办公室进一步加强疫情防控内部信息管理工作的通知》和《中卫市人民政府办公室关于2022年第三季度值班工作情况的通报》；学习《中华人民共和国传染病防治法》；审议通过了《关于改革完善海原县粮食储备体制机制加强粮食储备安全管理的实施方案（送审稿）》《海原县涉粮问题整改清单（送审稿）》文稿；研究了县水务局关于扬黄灌区高效节灌工程高崖乡、李旺镇试点项目部分设计方案变更的请示，县农业农村局关于扬黄灌区高效节灌工程七营镇、三河镇试点项目部分设计方案变更的请示，县农业农村局关于实施冯湾村压沙地退出区产业配套项目的请示，县交通运输局关于2022年海原县脱场至草场和方堡至吴湾公路维修工程等项目建设的请示，县财政局关于住建局申请财政资金的请示等事项。

【第35次常务会议】 10月26日，县长张鹏主持召开县人民政府第35次常务会议。副县长冯磊、曾小明、刘福林、贾治林、王银军、王金中、马海燕出席会议。县人大常委会副主任马光智、县政协副主席王建平、海兴开发区管委会副主任杨宝银应邀列席会议。会议传达学习了中国共产党第二十次全国代表大会、中国共产党第二十届中央委员会第一次全体会议、中国共产党第二十届中央纪律检查委员会第一次全体会议、自治区传达贯彻党的二十大精神会议精神；传达学习了中央审计委员会第五次会议、自治区党委审计委员会第八次会议精神；审议通过了《海原县疫情防控生活必需品应急保供方案（送审稿）》《海原县全民健身实施计划（2021—2025年）（送审稿）》《海原县蓄水池、水库等防溺水预警监测项目实施方案（送审稿）》《海原县文化馆、图书馆、博物馆法人治理结构建设工作方案（送审稿）》《海原县关于深化公立医院薪酬制度改革的实施方案（送审稿）》等文稿；研究了县教体局关于实施海原县第八幼儿园项目的请示和关于实施海兴开发区第二中学二期及附属工程建设项目的请示，县民政局关于实施海原县城乡公益性墓地建设项目的请示，县财政局关于曹洼乡等单位申请财政资金的请示，县住建局关于实施海原县垃圾填埋场及周边附属工程水毁抢修工程的请示、关于实施海原县中水厂中水泵房迁移项目的请示等事项。

【第36次常务会议】 11月2日，县长张鹏主持召开县人民政府第36次常务会议。副县长冯磊、曾小明、贾治林、王银军、王金中、马海燕出席会议。县人大常委会副主任冯帆、县政协副主席王建平、海兴开发区管委会副主任杨宝银应邀列席会议。会议传达学习了习近平总书记在陕西延安和河南安阳考察时的重要讲话精神，自治区党委十三届二次全会精神；审议通过了《海原县2022年平价煤配送工作方案（送审稿）》《海原县原粮储备实施方案（送审稿）》和《海原县应急成品粮储备实施方案（送审稿）》文稿；研究了县自然资源局关于划拨海原县2022年第一、第三、第五、第六批次城镇建设用地的请示、关于供应海原县2022年第一批次农村村民住宅集体建设用地的请示等事项。

【第37次常务会议】 11月9日，县长张鹏主持召开县人民政府第37次常务会议。副县长冯磊、刘福林、贾治林、王银军、王金中出席会议。县人大常委会副主任杨常林、县政协副主席麻德明、海兴开发区管委会副主任杨宝银应邀列席会议。会议传达学习了自治区主席张雨浦到乡村振兴重点帮扶县海原县同心县调研时的指示精神，中国共产党中卫市第五届委员会第五次全体会议精神，十五届县委2022年第21次常委会（扩大）会议精神；传达了《自治区应对新冠疫情工作指挥部办公室关于印发全区新冠疫情防控措施简单化、层层加码、“九不准”等问题自查自纠工作方案的通知》《自治区应对新冠疫情工作指挥部办公室关于撤除区内市县界等检疫站点的通知》精神，安排部署下一步工作；学习了《中华人民共和国突发事件应对法》；调度了各乡镇农村居民人均可支配收入完成情况；听取了争取自治区支持建设海原县西安供水工程田间配套项目、牛王谷总体建设项目、新能源装备制造产业链项目、生态建设和保护项目等准备情况的汇报。会议还对近期重点工作进行了安排部署。

【第38次常务会议】 11月16日，县长张鹏主持召开县人民政府第38次常务会议。副县长冯磊、刘福林、贾治林、王银军、马海燕出席会议。县人大常委会副主任杨常林、海兴开发区管委会副主任糟会杰应邀列席会议。会议传达学习了贯彻党的二十大精神中央宣讲团报告会精神，自治区党委常委会会议暨应对新冠疫情工作领导小组会议、自治区新冠疫情防控工作电视电话会议精神；学习《中华人民共和国森林防火条例》；审议了《海原县恳请自治区支持解决问题的专报（送审稿）》《海原县建设全国“数字供销”示范县实施方案（2021—2025年）（送审稿）》文稿；研究了县公安局等部门申请财政资金的请示和县肉牛集团等国有企业解决注册资本的请示事项。会议还对近期重点工作进行了安排部署。

【第39次常务会议】 11月25日，县长张鹏主持召开县人民政府第39次常务会议。副县长冯磊、曾小明、贾治林、王银军、马海燕出席会议。县人大常委会副主任冯帆、县政协副主席田风梅、海兴开发区管委会副主任杨宝银应邀列席会议。会议传达学习了习近平总书记对河南安阳市凯信达商贸有限公司火灾事故重要指示、自治区安委办关于深刻汲取事故教训切实加强安全防范工作的紧急通知精神，11月21日自治区党委常委会会议精神；学习了《医疗保障基金使用监督管理条例》《宁夏回族自治区实施〈医疗保障基金使用监督管理条例〉办法》；审议了《海原县落实全区、全市稳经济保民生政策措施的实施方案（送审稿）》《关于进一步深化预算管理制度改革的实施方案（送审稿）》《海原县2022年耕地“进出平衡”实施方案（送审稿）》《海原县2022年设施农业重点项目耕地“进出平衡”实施方案（送审稿）》《海原县2022年林果种植项目耕地“进出平衡”实施方案（送审稿）》《海原县冬季清洁取暖工作实施方案（2022—2024年）（送审稿）》《海原县贯彻落实第二轮中央生态环境保护督察反馈意见整改方案（送审稿）》等文稿；研究了县财政局申请解决2022年度政策性农业保险保费县级财政补贴资金的请示和曹洼乡关于申请解决草畜一体化千头肉牛养殖场二期项目资金的请示事项。

【第40次常务会议】 12月2日，县长张鹏主持召开县人民政府第40次常务会议。副县长冯磊、曾小明、刘福林、贾治林、王金中、马海燕出席会议。县人大常委会副主任冯帆、海兴开发区管委会副主任杨宝银应邀列席会议。会议传达学习了国务院副总理孙春兰在国家卫生健康委座谈会上的讲话精神和自治区党委常委会会议暨应对新冠疫情工作领导小组第37次会议精神；学习《中华人民共和国水土保持法》；套开了全县安全生产防范暨森林草原防灭火会议；审议了《海原县发展高端肉牛产业地磅安装项目实施方案（送审稿）》《海原县2023年肉牛精深加工三期项目建设方案（送审稿）》等文稿；研究了县交通运输局等部门申请财政资金的请示事项。

【第41次常务会议】 12月7日，县长张鹏主持召开县人民政府第41次常务会议。副县长冯磊、曾小明、贾治林、王银军、王金中、马海燕出席会议。县人大常委会副主任马光智、县政协副主席麻德明、海兴开发区管委会副主任杨宝银应邀列席会议。会议传达学习了12月6日中共中央政治局会议精神，自治区党委重点项目谋划专题会议精神；学习《中华人民共和国宪法》；研究了县自然资源局关于2023年编制国土空间详细规划和“多规合一”实用性村庄规划的请示，县自然资源局关于供应S50海原至平川（宁甘界）公路工程建设用地的请示，县就创局关于申请解决2020—2022年创业担保贷款贴息资金的请示等事项。会议还对近期重点工作进行了安排部署。

【第42次常务会议】 12月12日，县长张鹏主持召开县人民政府第42次常务会议。副县长冯磊、曾小明、刘福林、贾治林、王银军、王金中、马海燕、吴佳伟出席会议。县人大常委会副主任马晓宏、海兴开发区管委会副主任杨宝银应邀列席会议。会议传达学习了自治区党委应对新冠疫情工作领导小组第38次会议精神，学习了《中华人民共和国反电信网络诈骗法》；审议了《海原县2022年闽宁协作社会帮扶工作方案（送审稿）》《海原县基本医疗保险支付方式改革实施方案（送审稿）》文稿；研究了县公安局等单位申请财政资金的请示事项。会议还对近期重点工作进行了安排部署。

【第43次常务会议】 12月18日，县长张鹏主持召开县人民政府第43次常务会议。副县长冯磊、刘福林、贾治林、王银军、马海燕、吴佳伟出席会议。会议审议了《政府工作报告（送审稿）》《海原县2022年民生计划（10件实事）执行情况和2023年民生计划（10件实事）的报告（送审稿）》《海原县2022年国民经济和社会发展计划执行情况与2023年国民经济和社会发展计划(草案)报告(送审稿)》《海原县2022年预算执行情况和2023年预算(草案)的报告(送审稿)》等文稿。

【第44次常务会议】 12月22日,县长张鹏主持召开县人民政府第44次常务会议。副县长冯磊、曾小明、刘福林、王银军、王金中、吴佳伟出席会议。县人大常委会副主任杨常林、政协副主席麻德明、海兴开发区管委会副主任杨宝银应邀列席会议。会议传达学习了中央经济工作会议精神;《自治区党委办公厅、人民政府办公厅关于2021年度自治区污染防治攻坚战成效考核情况的通报》和《自治区党委办公厅关于印发宁夏回族自治区推进领导干部能上能下实施细则的通知》精神,及中卫市"两会"精神;学习了《中华人民共和国统计法》;套开了全县资金支付、疫苗接种、医保征缴工作推进会;审议了《海原县公共租赁住房分配入住管理暂行办法(送审稿)》;研究了县财政局关于申请预拨疫情防控资金的请示和县住建局等单位申请财政资金的请示事项。

【第45次常务会议】 12月28日,县长张鹏主持召开县人民政府第45次常务会议。副县长冯磊、曾小明、刘福林、贾治林、王银军、马海燕、吴佳伟出席会议。县人大常委会副主任马光智、海兴开发区管委会副主任杨宝银应邀列席会议。会议传达学习了自治区党委十三届三次全会暨党委经济工作会议精神;学习了《中华人民共和国预算法》;通报了全县2023年度城乡居民医保征缴情况;听取海城镇、郑旗乡、甘城乡2023年度城乡居民医保征缴情况说明;研究了县自然资源局关于海原县国有建设用地使用权出让实施方案的请示,县水务局关于实施2023年海原县水土保持项目的请示,县财政局关于安排机关事业单位职业年金实账管理等资金的请示等事项。

(李 煜)

政务服务

【概 况】 海原县人民政府办公室(简称政府办),挂县信访局、县政府督查室、县政府外事办公室、县政务公开办公室牌子。内设文电室、秘书室、行政事务室、信访督办室、督查室、外事办公室、政务公开办公室7个科室。设主任1名,副主任3名(其中1名兼任信访局局长)。

【协调服务】 2022年,海原县政府办发挥办公室"桥梁纽带"作用,对各项重点工作,主动加强与自治区市政府办公厅(室)及各乡镇、各部门沟通协调,及时上传下达、督办落实,确保政令畅通,为各项工作顺利开展奠定了坚实基础。重点服务保障了自治区党委、自治区政府领导到海原调研、"漳浦·海原"互访互学交流会议、华润集团定点帮扶10周年座谈会、全县经济观摩评促等一系列大型会议活动。组织筹备政府常务会议、政府党组会议暨理论学习中心组会议69次。坚持以文辅政,起草了《政府工作报告》等一系列重要文件,全年制发各类文件540余件,起草各类讲话汇报材料420余份。按照"压缩数量、提高质量"原则,全面推行OA办公系统、"宁政通"App公文电子化无纸化处理转办,全年处理各类来文来电3800余份,确保公文流转及时、准确、安全和保密。

【信息调研】 2022年，海原县政府办紧扣县域经济社会发展的热点、难点、重点问题，按照“全办搞调研、全员写信息”的要求，拓宽信息渠道，及时从重点工作中搜集亮点，反映工作动态和社情民意，撰写形成了一批好经验、好办法，全年起草调研报告12篇、编发政务信息124篇，15篇被自治区和中卫市采用。严格落实24小时值班值守制度，及时上报、转办、处置各类突发事件20余起。

【督办服务】 2022年，海原县政府办围绕贯彻落实自治区市县党委、政府决策部署，紧扣全县工作大局，紧盯疫情防控、重大项目、安全生产、乡村振兴、生态环保、人大代表建议、政协委员提案办理等重点任务，制定督查工作要点并建立“马上办”督办台账，组织督导检查21次，撰写督查通报15期，督促相关部

表7 2022年海原县人民政府、县政府办公室重要发文一览表

月	日	文号	文件标题
1	26	海政发3号	关于印发《海原县人民政府工作规则》的通知
4	14	海政发15号	关于印发海原县统筹整合使用财政涉农资金管理暂行办法的通知
4	20	海政发61号	关于印发《海原县突发事件总体应急预案》的通知
1	12	海政办发1号	关于印发海原县松材线虫病疫情防控五年攻坚行动方案（2021—2025年）的通知
1	26	海政办发2号	关于印发《海原县人民政府常务会议工作规则》《海原县人民政府专题会议工作规则》的通知
3	31	海政办发13号	关于印发海原县2022年乡村振兴健康保工作实施方案的通知
3	31	海政办发14号	关于印发海原县2022年现代枸杞产业高质量发展任务分工方案的通知
4	11	海政办发16号	关于印发海原县2022年政策性农业保险实施方案的通知
4	20	海政办发19号	关于提高我县城乡居民最低生活保障标准及孤儿养育津贴标准的通知
4	20	海政办发20号	关于印发海原县粮食行业信用体系建设工作方案的通知
4	24	海政办发21号	关于印发《海原县地质灾害应急预案》的通知
5	7	海政办发23号	关于印发《海原县残疾人保障和发展“十四五”规划》的通知
5	26	海政办发26号	关于聘请县人民政府法律顾问的通知
5	27	海政办发27号	关于印发海原县2022年法治政府建设工作要点的通知
6	1	海政办发28号	关于印发海原县2022年政务公开工作要点的通知
6	28	海政办发35号	关于印发《2022年海原县深化“放管服”改革重点任务分工方案》的通知
6	28	海政办发36号	关于公布海原县人民政府2022年度重大行政决策事项目录的通知
7	4	海政办发41号	关于印发海原县农村客运高质量发展实施方案的通知
7	18	海政办发42号	关于印发《海原县妇女发展规划（2021—2030年）》和《海原县儿童发展规划（2021—2030年）》的通知
8	12	海政办发49号	关于印发海原县用水权确权成果报告的通知
10	30	海政办发59号	关于印发《海原县关于加快推进政务服务标准化规范化便利化的实施方案》的通知
11	10	海政办发67号	关于印发海原县行政许可事项清单（2022年版）的通知
12	27	海政办发85号	关于印发海原县城环卫综合保洁市场化服务监督考核管理办法的通知
12	28	海政办发86号	关于印发《海原县消防事业发展“十四五”规划》的通知
12	30	海政办发87号	关于印发《海原县2023年医疗人才“组团式”帮扶工作方案》的通知

门和乡镇高质量办结人大代表建议28件，政协提案37件，民生实事10件。

【政务公开】 2022年，海原县政府办持续拓展公开领域，加强社会关注度高、关系群众切身利益的重点领域信息公开。加强政策解读，发布图画、视频政策解读23篇，全县多元化政策解读比例达90%以上。充分听取并采纳群众意见建议，通过举办"政府开放日"、邀请代表参加政府常务会议、设置政务公开专区等举措，为群众提供优质高效的政务服务，督促办结答复网民留言和市、县长信箱62件，全县政务公开工作标准化规范化水平持续提高。切实做好政府网站和政务新媒体监测管理，确保在重大节日和重要时间节点网络安全。

【信访工作】 2022年，海原县政府办推进信访制度改革，扎实开展信访突出问题"百日攻坚行动"，共交办责任单位52件信访事项，办结51件，正在化解1件，有效利用信访资金化解信访积案10起，历年积累的"骨头案、钉子案"以及久拖不决的重复信访事项实现了全"清零"，全年答复信访事项457件(批)506人次。全国信访工作示范县8项创建指标均达标。

【疫情防控】 "9·20"疫情以来，海原县政府办积极承担指挥部办公室职能作用，抽调6名干部到指挥部集中办公，1名干部下沉集中隔离点任点长，1名干部驻点包抓高风险区，全体干部下沉社区值班值守，起草《海原县现阶段疫情防控工作方案》《关于开展健康评估工作的通知》等各类文件、汇报材料110余份，汇总《每日工作通报》等综合信息88期，组织自治区市县疫情防控视频调度会60余次。全年处理疫情防控工作各类文件1080余件，有力保障了全县疫情防控工作的有序推进。

【政治建设】 2022年，海原县政府办深入学习贯彻习近平新时代中国特色社会主义思想和习近平总书记视察宁夏重要讲话精神，扎实开展"大学习、大讨论、大宣传、大实践"活动，组织开展党组理论学习中心组学习会12次，干部集中学习41次，专题研讨交流党的二十大和自治区第十三次党代会精神4次，撰写交流发言材料78份，确保入脑入心、真学真用。深入贯彻落实民主集中制。认真落实民主集中制各项制度，对"三重一大"事项广泛征求各方面意见，一律由党组会议研究决定，全年召开党组会议13次，研究重大事项26件，确保决策科学、落实坚决。坚决贯彻落实各项决策部署。作为政治机关，对县委、县政府安排部署和县领导交办任务及时跟进、全过程跟踪落实，严守工作纪律和工作规矩，严格按照县人民政府工作规则和政府常务会议、专题会议规则，办文办会办事。

【党建工作】 2022年，海原县政府办党支部认真落实"三会一课"、主题党日、谈心谈话、民主评议党员等制度，开展主题党日活动11次，发展党员1名，接收预备党员3人，吸纳入党积极分子4人。

【党风廉政】 2022年，海原县政府办党组压实党组书记抓党风廉政建设第一责任人职责和其他班子成员"一岗双责"责任制，将党风廉政建设作为党组中心组学习和干部理论学习固定内容，扎实开展违规收送红包礼金和不当收益及违规借转贷或高额放贷专项整治专题民主生活会和组织生活会，举办"涵养清廉家风·弘扬廉洁文化"倡廉助廉座谈会，签订家属助廉承诺书34份。完善干部队伍管理制度，严格落实考勤、请销假、重大事项请示报告等制度。全体干部牢固树立节俭意识，政府办被国家机关事务管理局等四部委评为节约型机关。

【依法行政】 2022年，海原县政府办规范重要文件、重大事项及上会议题合法性审查流程，依法公开答复群众依申请公开事项11项，向市人民政府和县人大常委会报备规范性文件3件，依法行政、依法决策的能力水平不断提升。

【基层减负】 2022年，海原县政府办简化公文印发、研究事项上会流程，全年印发各类文件较2021年下降8%，全面推行视频会议制度，有效减轻了基层工作负担，提高了政府工作效率。

（李　煜）

政府信息公开

【概　况】 2022年，海原县紧紧围绕县委、县政府中心工作，坚持以人民为中心的发展思想，充分发挥以公开促落实，以公开促规范，以公开促服务作用，着力提升政务公开标准化规范化水平，全面推进决策、执行、管理、服务、结果公开，充分发挥了政务公开在建设法治政府、服务型政府等方面的促进作用。

【主动公开】 2022年，海原县汇聚13个领域全部公开事项，实现基层政务公开事项本地化目录和内容全面公开。全年，县政府门户网站累计发布信息6452条，出版《海原县人民政府公报》2期，每期500册。及时发布重大政策性解读文件12条，回应公众关注热点或重大舆情数量2次，并及时办理答复县长信箱94件，做到了“件件有答复，事事有回音”。举办“政府开放日”专场活动15场，收到市民提问39个，答复率100%。

【申请公开】 2022年，海原县政府信息公开办公室联合县司法局，加大对政府信息公开答复书的审核力度，进一步健全完善登记、审核、办理、答复、归档等工作制度，严格依法依规办理。完善申请办理会商机制，加强部门协作研究，防范法律风险。2022年，全县共受理政府信息公开申请11件，全部依法办结，未发生行政复议和行政诉讼情况。

【政府信息管理】 严格按照“三审”要求对稿件进行审核发布，以制度规范工作运行，做好政府信息管理，确保发布的信息合法、准确、真实；全面清理规范性文件，按照“谁起草、谁清理”和分级清理的原则，对以县政府和县政府办名义发布的现行有效规范性文件全面进行清理，有力维护了法治统一和政令畅通。

【平台建设】 持续强化政务新媒体监督、管理，着力提高政务新媒体的传播力、影响力、公信力，全县41个政务新媒体，均运行良好。通过《海原县人民政府公报》发布县政府规章和以县政府、县政府办公室名义发布的具有普遍约束力的规范性文件及其他文件等。扎实开展政府系统网络工作群清理，切实消除“指尖形式主义”，有效杜绝“指尖泄密”。

【监督保障】 2022年，海原县充分发挥好效能目标考核“指挥棒”作用，进一步压实各级各部门工作责任，明确工作人员职责，将政务公开工作纳入效能目标考核体系，对年度任务进行细分、量化，并实行政务公开常态化督促检查。同时以自治区政务公开工作的第三方评估为契机，从抓日常监管入手，以公开的内容时效性、准确性为监管重点，推动工作落实落细落到位。2022年海原县未出现因政府信息公开问题的责任追究情况。

（李 煜）

审批服务

【概 况】 海原县审批服务管理局（以下简称审批局）于2019年1月25日挂牌成立，为县政府组成部门。核定行政编制5名，2022年实有人员4人。管理的县政务服务中心为副科级事业单位，核定事业编制8名，2022年实有工作人员8人。政务服务中心下设县城政务大厅、海兴区政务大厅、车管所分厅、17个乡镇、1个街道办便民服务中心，159个村和社区便民服务站。县城政务大厅进驻的各单位办公场所使用人社局大楼一、二层，约2000平方米。共进驻全县40家单位,设置65个窗口，进驻工作人员146人；海兴区政务大厅使用原财政局大楼，共三层，建筑面积2400平方米，其中一楼为办公区、二楼为职工住宿区、三楼为会议室。海兴大厅设置35个窗口，进驻单位35家，进驻工作人员55人，主要服务海兴开发区企业及周边的三河镇、七营镇、李旺镇、高崖乡、郑旗乡、李俊乡、九彩乡、甘城乡共8个乡镇。

【“一窗受理、集成服务”工作模式】 2022年，海原县审批局将全县24个部门（单位）的608项政务服务事项纳入一窗综合受理系统，设置“一窗综合受理”窗口10个，负责政务服务事项的咨询、受理、收件、传递、出件、进度跟踪等工作。解决了办事群众在多个窗口来回奔跑的问题，工作效率不断提高。2022年，“一窗受理”共办理105546件。设置11个主题21项“一件事一次办”事项在一个窗口受理，同一材料不再重复提交。全年办理“一件事一次办”事项142件。打破地域阻隔和部门壁垒，推动更多政务服务事项“跨省通办”“区域通办”。2022年，共办理“跨省通办”“区域通办”事项1435件。

【宁夏政务服务“一张网”应用】 将全县34个部门（单位）分散的政务服务资源全部整合接入宁夏政务服务网，先后动态调整取消、下放事项8次，减少25项，新增34项。联通不动产登记、交通运管、人社一体化服务平台，数据和宁夏行政审批与公共服务系统平台数据共享，实现了办理的标准、形式、要件、时限等要素保持统一，网办率为85%以上。配合自治区构建“审管联动”一体化业务在线平台，有效提高审管工作效率。为34个部门、18个乡镇民生服务中心配备电子签章51枚，夯实“全程网办”“跨省通办”“区内通办”的基础。

【基层综合服务能力提升】 提升改造了全县17个乡镇和1个街道便民服务中心、159个村（社区）便民服务站标准化建设，合理布局大厅功能，规范了机构设置、服务事项、服务标准，统一了场所标识、服务设施、人员配备、服务流程。进一步完善基层治理。加大督查、检查、培训力度，使乡镇民生服务中心117项民生服务事项和村（社区）民生服务代办点42项事项能够接得住，让办事群众少跑路，打通服务群众“最后一公里”，办件量大幅提升。2022年，乡镇便民服务中心办件量105289件，村（社区）便民服务站办件量47097件，两项指标均位居全区第一。对便民服务中心分管领导、主任、工作人员及村（社区）便民服务站代办员分片进行3次培训。

【政务服务“好差评”制度完善】 加强对窗口工作人员的日巡查、周督查、周通报、月评比，评比“红旗窗口”以改促进，倒逼窗口工作人员转变作风，不断提高综合业务能力和服务水平。依托全国一体化在线政务服务平台，要求三级政务服务机构全面开展网上办理和“不见面”办理，办件量大幅提升。2022年，大厅办件量179647件，办件指标位居全区第一。在县、乡、村(社区)三级政务服务机构推行“好差评”制度，畅通评价渠道，解决群众“不能评”的问题，实现线下服务“一次一评”、线上服务“一事一评”。评价结果与窗口工作人员个人月度、季度、年度绩效考核挂钩。2022年，全县“好差评”评价数282231条，线上评价率81.4%，线下评价率100%，满意率100%，评价数位居全区第一。

【“零材料”办理、“一证(照)通办”和“证照免提交”办理】 2022年，海原县审批局梳理编制了《海原县“零材料”办理政务服务事项清单》和《海原县“一证(照)通办”政务服务事项清单》，涉及文广、市管、税务等20个部门共计147项事项。2022年，“零材料”办理50103件，“一证(照)通办”23315项。对72台高拍仪进行了功能升级，将电子证照录入工作纳入考核，加强监督检查，保证入库的证照数据准确、齐全有效，为做好证照的推广应用打下了坚实基础。2022年，电子证照入库15344件。

【“互联网+监管”】 2022年，海原县审批局梳理了全县25个部门(单位)的“互联网+监管”监管事项514项，覆盖率为76.46%，位居全区县(区)第四。“12345”政务热线办理效果显著。配备专人负责“12345”热线的转办、催办、督办、答复工作。2022年，共受理群众诉求4420件，办结4420件，办结率达99.25%，满意率达95.2%。

【疫情防控】 2022年，海原县审批局严格落实自治区、市、县疫情防控指挥部要求，安排专人值班值守，提醒办事群众全程佩戴口罩进入大厅。定期对大厅消毒，按时给工作人员配发一次性医用口罩和外科免洗消毒液，滚动播放自治区、市、县疫情防控相关政策规定。

(马志贵、刘晓桂)

机关事务服务

【概　况】 海原县机关事务服务中心是海原县人民政府直属正科级事业单位，核定事业编制12名，工勤编制1名，其中领导职数3名(一正两副)，实有在编人员10人。下设综合办公室、公务接待室、公车用车服务中心3个内设机构。服务业务范围主要包括全县公务接待、公车管理、公共机构节能、办公用房信息统计等工作。全县节约型机关创建单位共49家，截至2022年年底，创建成功40家，创建成功率81.6%。全县节水型单位创建对象180个，截至2022年年底，创建成功167个，创建成功率92.8%。

【公务接待】 2022年，海原县机关事务服务中心严格审批程序、接待范围、接待标准，从细处着手、小处着力，用心用力用情完成好每一项任务，把握好每一个环节、每一个细节，圆满完成了自治区第十三次党代会后勤保障及上级领导到海原考察调研等大型公务活动的接待及后勤服务保障工作。

【公车保障】 2022年，海原县机关事务服务中心制定了《海原县机关事务服务中心公务用车管理制度（试行）》《海原县机关事务服务中心司勤人员管理制度（试行）》，从7个方面对公车服务保障进行规范，严格落实定人定车，人随车动的运行管理机制，提升了车辆服务保障水平。2022年度报废处置旧公务车5辆，购置补充新车5辆。

【公共机构节能建设】 2022年，海原县机关事务服务中心广泛开展"落实双碳行动，共建美丽家园"全国低碳日和"绿色低碳，节能先行"节能宣传周活动，发放彩页5000余份，张贴宣传画50余张，悬挂横幅10条，传播习近平生态文明思想，普及节能常识，倡导节约能源、低碳环保的生产生活方式。对历年创建成功的30家节约型机关开展回头看，筛选出先进典型案例，推送至自治区节约能源资源示范案例库。联合县水务局、县卫健局、县教体局等部门对全县公共机构节水型单位创建暨节能降耗工作进行了督查指导。

【制止餐饮浪费】 2022年，海原县机关事务服务中心起草了《海原县政府机关餐厅管理暂行办法（试行）》，规范机关餐厅运行，厉行勤俭节约，杜绝奢靡浪费。组织开展反食品浪费政策宣传"云课堂"活动，进一步推进了反食品浪费法的宣传贯彻工作，增强干部群众爱粮节粮意识。

【机关事务服务规范】 2022年，海原县机关事务服务中心制定出台了《海原县机关事务服务中心公务用车管理制度（试行）》《海原县机关事务服务中心司勤人员管理制度（试行）》，编制了《海原县机关事务服务中心内部控制规范（试行）》，完善管理体制机制，加强内部控制，提高风险防范能力和运行效率，持续提升服务水平。将"互联网+"引入机关事务管理工作，有效运用公车、资产、餐饮、节能等信息平台，实现公务用车维保网上管理、应急保障智能调度、餐饮服务人脸识别支付等功能，切实提高机关事务工作效率。探索推行社会化服务。会议服务、机关食堂餐饮服务委托第三方提供服务，机关事务服务中心负责监管，有效提升了服务保障水平。

【队伍建设】 2022年，海原县机关事务服务中心将学习理论、提升素养和改进作风作为提升干部素质的重要抓手，共开展中心组学习，交流发言，组织开展"4+X"主题党日活动，党支部书记讲专题党课等。提高干部职工政治站位，引导干部职工从政治和大局高度认识和把握机关事务服务工作，清醒认识新形势下机关事务服务工作新使命、新任务和新要求，切实在规范化、精细化上下功夫，不断提高机关事务服务工作水平。强化干部职工责任意识，经常性组织干部职工认真学习机关事务服务有关政策法规，在机关事务服务中坚持原则，严格把关，正确处理工作中遇到的矛盾和问题，善于化解困境和难题，做到服务各环节、全流程不出问题。改进干部职工工作作风，要求干部职工善于总结，勤于反思，及时查找自己工作中存在的问题和不足，克服思想上等靠、主动服务不够，工作上疲沓、热情服务不够，细节上缺乏、精准服务不够等问题，不断提高工作主动性、积极性，注重细节、贴心服务，在细节上下功夫，在服务上见成效。

（田燕燕）

信访接待服务

【概　况】 海原县信访局是负责全县信访工作的综合协调机构，由县委办、政府办共同管理，以政府办管理为主。设行政编制4人，事业编制5人，2022年，实有行政编制4人，事业编制4人，在职8人。内设办公室（加挂信访联席会议办公室）、接访室、办信室（加挂网络信访室、督查室）、复查室4个科室。

【荣　誉】 2022年，海原县信访局获全国信访工作先进集体称号；海原县获全国信访工作示范县称号。

【来信来访】 2022年，信访系统共登记海原县群众来信、来访、网上投诉483件（批）、535人次，同比批次上升9.52%，人次上升8.96%。国家信访局登记海原县来信、来访、网上投诉共73批，同比批次下降3.95%，其中有32件为重复信访；自治区信访局登记海原县来信、来访、网上投诉37批，同比下降19.57%；中卫市信访局登记海原县来信、来访、网上投诉19批，同比批次下降36.67%；县信访局登记来信、来访、网上投诉354批、403人次，同比批次上升22.49%，人次上升18.88%。信访件“三率”（及时受理率100%、参评率97.30%、满意率90.00%）满意率较2021年有所提升。

【信访责任体系建设】 坚持和加强党对信访工作的全面领导，构建党委统一领导、政府组织落实、联席会议协调、信访部门推动、各方齐抓共管的信访工作新格局，不断健全完善“五位一体”信访工作新格局，认真落实“党政同责、一岗双责，属地管理、分级负责，谁主管、谁负责”的原则要求，建立县级领导联系督办重点信访事项和“三级书记抓信访”工作机制，责任单位主要领导自觉抓、主动抓信访的意识明显增强。2022年县委常委会会议、县政府常务会议研究信访工作4次，县委、县政府分管领导先后召开9次信访工作联席会议专题研究部署信访工作。县委、县人大、县政府、县政协四套班子领导严格按照《海原县2022年领导干部坐班安排》“做诊”县信访接访大厅，先后接待来访群众145批，189人次，作出批示8次，主动包案认领疑难信访件26件，亲自上手、现场督办，成功化解国家交办件贺某某、市级督办件王某某等问题，作出了示范引领作用。

【《信访工作条例》宣传】 3月，海原县开展《信访工作条例》（以下简称《条例》）宣传月活动。持续开展《条例》进乡村、进社区、进学校、进企业、进单位“五进”系列活动，利用政务新媒体、微信公众号、悬挂横幅标语、制作宣传展板等形式宣传《条例》。通过宣讲解读《条例》、知识问答、发放宣传单等活动，让党员干部群众掌握《条例》主要内容、领会核心要义，在全县范围内营造办事依法、遇事找法、解决问题用法、化解矛盾靠法的良好氛围。7月份，举办了信访业务培训班，邀请自治区信访局来访接待处给全县人大代表、乡镇（街道）部门（单位）分管领导及信访干事对《条例》进行了深入解读和宣讲，制作宣传展板20余块，悬挂标语横幅40余幅，发放《信访工作条例》读本、《条例知识问答》、宣传彩页等20000余份，现场答疑100余次，接受群众咨询150余次，近万名群众受到宣传教育。

【信访联席会议机制】 2022年，海原县18个乡镇（街道）实现信访工作联席会议机制全覆盖，通过定期召开信访工作联席会议、分析研判信访形势、研究处理突出信访问题，使统筹协调、整体推进、督促落实的职能作用进一步发挥；源头预防、排查梳理、纠纷化解、应急处置的信访矛盾综合治理机制构建持续加快，齐抓共管的信访工作格局更趋完善。定期组织研判会议，在各级重大活动期间，县信访局及时梳理、挑选疑难信访案件提交县联席会议，县委、县政府分管领导参与的信访案件协调会，统筹协调、共同推进化解。全年统筹中央信联办及县信联办疑难信访资金100万余元，化解信访案件10起，有力推动扭转了全县积案“成疾”问题，历年积累的“骨头案、钉子案”以及久拖不决的重复信访事项实现了全“清零”。

【“治重减积”和“百日攻坚”行动】 2022年，海原县把“治重减积”和“百日攻坚”行动纳入信访重点工作，结合实际制定了实施方案，严格落实多年来在信访工作中形成和建立的“双包保、两见面”“领导包保化解‘五定’方案”“解决群众反映强烈的突出问题‘回头看’”等行之有效的措施办法、制度规定，按照属地管理、分级负责，谁主管、谁负责的信访工作原则，通过签订责任书、明确责任分工、细化任务台账等方式，把压力和责任传导到基层和责任单位，实现“解决问题、思想疏导、帮扶救助、教育稳定、息诉罢访”一体化推进思路。中央信联办交办海原县的2批、52件重复信访积案，全部得到化解。7月，开展“学条例、解难题、提水平、见实效”百日攻坚行动，共交办责任单位52件信访事项，办结51件，正在化解1件。

【信访督查】 2022年，海原县将信访工作督查纳入党委、政府督查范围，将信访工作考核纳入效能目标考核，以督查考核推动责任落实。2022年共对履行信访责任不到的2家单位予以全县通报批评。

【信访事项办理】 2022年，海原县信访局坚持“日报告、周分析、月研判”制度，对每日信访情况及时分析研判，对重大信访事项及时向县委、县政府报告。同时梳理群众反映强烈突出问题，分门别类，研判分析下一步趋势，向县委、县政府提出针对性、建设性意见建议，为县领导及时掌握全县信访情况、解决信访突出问题提供科学依据。全年向县委、县政府报送日接访信息105条，报送年度、月度分析报告8份，呈报信息动态9期，书面督办责任单位42次、网上督办120次，电话督办54次、回访35次。

（顾　云）

政协海原县委员会

综　述

【概　况】 2022年，海原县政协常委会坚持以习近平新时代中国特色社会主义思想为指导，全面贯彻落实党的二十大和中央及自治区市县党委决策部署，紧扣团结和民主两大主题，发挥人民政协专门协商机构作用，积极探索协商民主实践，服务中心献良策、强化监督促落实、凝聚共识增合力、探索创新求实效，展现了新一届政协新气象，为推动全县经济社会高质量发展做出了积极贡献。

【政治建设】 坚持党的领导。中共海原县委高度重视政协工作，制定了《关于加强和改进新时代海原县政协工作的实施意见》，听取政协党组工作汇报，研究政协年度协商民主计划，着力破解“两个薄弱”问题。县政协常委会自始至终在县委的坚强领导下，主动负责、协调一致开展工作，做到一切重要安排在县委审批后实施。紧扣县委中心工作和阶段性任务，谋划开展政协工作，并自觉投身经济社会发展一线，积极参与“四个示范县”创建、重点产业、疫情防控和包保乡镇等工作，跟进督促指导，确保政协工作始终与县委中心工作同频共振、同向发力。

【理论武装】 充分发挥政协党组理论学习中心组学习引领作用，用习近平新时代中国特色社会主义思想和习近平总书记关于人民政协工作新要求武装头脑、指导实践、推动工作。扎实开展“大学习、大讨论、大宣传、大实践”活动，突出政协特色、发挥委员主体作用，以党内引领党外、分层次开展学习讨论，分享思想感悟、凝聚奋进力量。党的二十大闭幕后，及时召开政协党组会议、主席会议、常委会会议，层层传达学习，掀起学习宣传贯彻热潮。通过深层次、多形式、高频率、全覆盖学习交流，政协委员和政协工作者深刻领悟“两个确立”的决定性意义，切实做到“两个维护”的政治自觉、思想自觉和行动自觉。

【党建引领】 贯彻新时代党的建设总要求，探索建立了以党员委员为党建工作联络员的界别委员工作室，扎实推动“两会一联系、三个重要作用”制度落实和“两个全覆盖”，形成了立体式、纵深化党建工作新格局；定期听取各委（室）工作汇报，查找不足、增补措施，确保党中央和区市县党委决策部署落地见效。严格落实管党治党主体责任、班子成员“一岗双责”，持之以恒纠治“四风”，党内政治生活更加严肃规范；持续强化政协机关党的建设，扎实开展“三强九严”工程，以党建新成效引领政协工作再上新台阶。

【协商议政】 常委会紧扣全县中心工作，突出主责主业，坚持“双向发力”，创新举措，主动作为，积极开展多层次协商活动。围绕全县教育质量提升、推动教育总体水平争先进位开展了专题议政性常委会会议；围绕巩固脱贫攻坚成果、提升城乡居民收入和用水权改革、城乡人居环境整治等进行了专题调研协商，委员代表与政府分管领导、相关部门负责同志面对面协商议政、建言献策，激发了委员们参政议政热情。全年共开展调研视察考察7项，为县委、县政府集思广益、博采众议，科学、民主决策提供了有益参考。

【民主监督】 发挥政协协商式监督的重要作用，本着依章依规、实事求是的原则，就县域主要河流生态治理、自治区肉牛标准化养殖示范县创建等开展了监督性视察，起到了以协商促改进、以监督助落实的作用。有效发挥民主监督特色优势，听取经济运行、提案办理情况通报，选派80多名政协委员担任特约监督员、行风评议员、人民陪审员，委员们以认真负责的态度积极监督行政执法部门开展工作，在促进职能部门推进依法行政及司法公正等方面起到了积极作用。

【咨政建言】 创新协商方式、拓展协商深度，激发专委会优势活力，发挥其自主调研、灵活便利、务实高效特点。对163名县政协委员进行编组参与24个联系点活动，涉及15个乡镇、9个社区，通过委员基层联系点活动与县委、县政府一起把实事办实、好事办好，先后为红羊乡刘套村安装路灯、协调改造贾塘新村公厕等20余项。聚焦党政所需、群众所盼，发挥好“中间人”作用，专委会积极搭建有事好商量、众人的事情由众人商量、专题协商座谈会等平台，召开各类协商会议13次，撰写协商报告6篇，提出意见建议62条，精准建言谋良策。

【提案办理】 海原县政协十二届一次会议期间，共收到委员提案128件，经审查立案37件，坚持提案“清单式”管理、县委、县政府领导领衔督办等方式，委员提案办复率和办理结果满意率均达95%以上，提案促进民生实事办理的功效更为显著。充分发挥社情民意信息“直通车”优势，聚焦小切口服务大民生，走基层、访民意，共梳理反映接地气、连民心的社情民意信息18条，其中《关于解决劳务移民社区集体经济发展资金的建议》等4条得到自治区政协采纳，《关于贾塘乡步行街道路及供排水建设的建议》等10条得到县委、县政府主要领导批转，且均已办理落实。

【结对帮扶】 组织机关干部深入帮扶村（户）开展结对帮扶，研究增收办法，落实巩固措施；聚焦包保乡镇“一主四特”产业发展和群众生产生活开展调查研究，帮助基层群众解决困难和问题30多个。如为贾塘乡南河村委会安装了供暖设施，筹措资金2.7万元解决了贾塘新村8户农户生活困难问题，动员政协委员捐助3万元解决了曹洼等乡镇养殖困难户饲草料不足问题。引导政协委员积极参与扶贫济困献爱心活动，先后捐助取暖费、助学金等18.2万元，等等，进一步体现了委员就在身边的温暖情怀，也体现了委员助力巩固拓展脱贫攻坚成果同乡村振兴有效衔接的具体行动。

【疫情防控】 突发疫情期间，按照县委和县疫情防控指挥部要求，政协班子成员和机关党员干部闻令而动，成立工作专班，严格落实疫情防控各项措施。广大政协委员踊跃助力全县打赢疫情防控阻击战,30多名委员奋战在疫情防控一线,10多名民营企业家委员慷慨解囊捐资捐物合计约40万元,彰显了新时代政协委员的社会责任和使命担当。同时,通过微信发布了《致全体政协委员的倡议书》,引导委员准确、科学、正面宣传,起到了鼓舞人心、凝聚人心,汇集合力、传播正能量的积极作用。

【“四联四动”活动】 学习贯彻落实中央民族工作会议和全国宗教工作会议精神,充分发挥人民政协统一战线组织功能,立足县情探索开展“四联四动”活动,积极联系宗教部门、重点宗教活动场所、民主管理组织成员及宗教界人士,协助县委、县政府宣传政策、协调关系、化解矛盾、凝聚共识,为铸牢中华民族共同体意识示范县创建发挥了积极作用,得到自治区市政协主要领导的肯定,并推荐在全国政协组织召开的贯彻落实中央政协工作会议精神视频调研会上作了交流发言。

【政协委员联络】 立足政协专门协商机构平台作用和政协委员人才荟萃优势,探索建立界别委员工作室、委员会客室3个,并紧密结合“委员讲堂”“书香政协”等活动,专委会分期设置主题,邀请政治立场坚定、热心社会事业、具有专业特长的委员,对界别群众关切的压砂地退出相关政策及硒甜瓜栽植技术、肉牛养殖实用技术等及时进行了解读、宣讲和培训,消除了种植养殖群众疑虑,既增强了发展信心又统一了思想共识,打造了展现政协委员新时代新担当新作为的重要窗口和平台。创新开展了政协委员按界别联系社会组织活动,进一步拓宽了社会组织参与政协协商渠道,推动政协工作向基层延伸。

【政协宣传】 加强主席会议成员联系常委、常委联系委员、党员委员联系非党员委员工作,不断增进思想共识、努力形成工作合力。拓展传播共识渠道,通过宁夏政协“履职通”App等平台,加大对县委决策部署、重大活动等情况的宣传;组织委员赴外考察学习,配合自治区市政协和兄弟县区政协到海原调研交流20余次;积极参加全区政协系统党的建设、宣传思想、文史资料等经验交流会议,并在《华兴时报》等报刊发表理论文章5篇。通过开展多层次交流活动,宣传推介我县“一主四特”产业发展、农产品品牌建设、乡村旅游等方面的成功经验,增进了友谊、扩大了影响。

【政协制度建设】 立足新时代对政协工作的新要求,依章依规修订县政协全体会议、常务委员会工作规则和委员活动经费管理办法3项,制定委员会客室、界别委员工作室等工作办法3项。健全主席会议成员分工联系专委会、专委会对口联系界别委员工作机制,并从明晰职能职责、规范程序机制、提升协商能力、提高工作效率和工作质量等方面对专委会提出了要求、明确了措施;积极营造畅所欲言、各抒己见,理性有度、合法依章的协商氛围,专门协商机构建设稳步、有序推进。建立健全委员档案,强化委员履职考核,依《中国人民政治协商会议章程》免去委员8名,增补委员6名。

【履职能力提升】 按照“懂政协、会协商、善议政,守纪律、讲规矩、重品行”要求,实施新一届委员能力提升工程,举办委员培训班2期;分期分批组织委员参加专委会举办的各种业务学习和培训,引导委员深入学习习近平新时代中国特色社会主义思想和人民政协基本理论,以及提案、社情民意等业务知识,广大委员政治素养、业务水平得到提高，履职能力进一步提升。

【作风建设】 加强纪律作风建设，严格执行中央八项规定及其实施细则精神，坚持纠“四风”与树新风并举，深入开展违规收送红包礼金和不当收益及违规借转贷或高额放贷专项整治工作；严格遵守“协商议政七要七不要”“协商会议开法九条”“改进调研作风六可六不可”等规则，进一步强化纪律和规矩意识。积极创建模范机关，实施机关干部政治能力和业务能力双提升工程，增强真抓实干的本领，树立真抓实干的导向，着力促进机关干部讲政治、识大局、懂政协、强能力。

（张　磊）

县政协委员会议

【政协海原县第十二届二次会议】 12月19—21日，中国人民政治协商会议宁夏回族自治区海原县第十二届委员会二次会议在海原县城举行，会议应出席委员161名，实到126名。会议由县政协党组书记、主席丁志爱主持。中卫市委副书记、海原县委书记、海兴开发区党工委书记余瑞东出席会议并作了讲话。县政协副主席田风梅、王建平、麻德明出席会议。中共海原县委、县人大常委会、县人民政府会议听取并审议通过了县政协党组书记、主席丁志爱代表县政协十二届委员会常务委员会所作的工作报告和县政协党组成员、副主席田风梅代表县政协十二届委员会常务委员会所作的提案工作情况的报告。会议期间，与会委员们列席海原县人大十八届二次会议，听取并讨论了《政府工作报告》等；听取并审议通过了《县政协十二届二次会议政治决议》《县政协十二届二次会议关于提案审查情况的报告》。会议收到提案140件，并案为88件，立案38件，未予立案的提案中，18件作为社情民意信息转送相关部门处理。

（张　磊）

县政协常委会会议

【县政协十二届一次常委会会议】 2月10日，海原县政协十二届一次常委会会议召开。会议审议通过了《县政协十二届一次常委会会议议题（草案）》《县政协常委会2022年工作要点（审议稿）》《关于马仲明同志辞去政协海原县第十二届委员会委员的辞呈》《关于张正忠辞去政协海原县第十二届委员会委员的辞呈》《关于增补政协海原县第十二届委员会委员名单》；任命周金平为县政协教科文卫体委员会主任，罗成祚为县政协提案和委员联络委员会副主任；听取了各专委会2021年工作汇报。

【县政协十二届二次常委会会议】 7月14日，海原县政协十二届二次常委会会议召开。会议审议通过了《县政协十二届二次常委会会议议程（草案）》；免去有关人员县政协十二届委员会常务委员职务、撤销其县政协委员资格；会议围绕“全县基础教育质量提升”专题协商议政；县人民政府分管副县长王银军通报了全县基础教育质量提升情况；县政协教科文卫体委负责同志介绍《全县基础教育质量提升情况协商报告》的形成过程和主要内容；讨论修改《全县基础教育质量提升情况协商报告》。

【县政协十二届三次常委会会议】 11月10日，海原县政协十二届三次常委会会议在县政府礼堂二楼会议室召开。会议审议通过了《县政协十二届三次常委会会议议程（草案）》《县政协常委会贯彻落实党的二十大精神的实施意见》；审定了《中国人民政治协商会议海原县委员会全体会议工作规则》《中国人民政治协商会议海原县委员会常务委员会工作规则》；审议通过了有关人员辞去县政协十二届委员事宜。

【县政协十二届四次常委会会议】 12月19日，海原县政协十二届四次常委会会议在县政府礼堂二楼会议室召开。会议传达学习贯彻中国共产党第二十次全国代表大会精神、中央经济工作会议精神、中国共产党宁夏回族自治区第十三届委员会第二次全体会议精神、中国共产党中卫市第五届委员会第六次全体会议精神、中国共产党海原县第十五届委员会第四次全体会议精神；审议通过了《县政协十二届四次常委会会议议题（草案）》《县政协十二届二次会议手册》《政协海原县第十二届委员会常务委员会工作报告》《政协海原县第十二届委员会常务委员会关于十二届一次会议以来提案工作情况的报告》《政协海原县委员会2023年协商民主计划（草案）》。

（张　磊）

重要活动

【概　况】 2022年，海原县政协共围绕全县“植绿增绿、厕所革命”“巩固脱贫攻坚成果、提升城乡居民收入”“基础教育质量提升进位”“肉牛养殖示范县创建”“县域主要河流生态治理”“用水权改革”等内容开展调研视察协商活动7次，其中调研3次、视察3次、赴外考察学习1次，共形成调研视察报告6篇。

（张　磊）

表8　2022年海原县政协调研视察协商活动一览表

月	日	内容	地点	成果
3	24—25	调研“厕所革命”和“植绿增绿”情况	曹洼乡老虎村、三河镇富陵村、李旺镇李国园村	形成《全县厕所革命和植绿增绿情况协商报告》
4	27—28	调研全县脱贫攻坚成果、提升居民收入情况	深入关桥乡、李旺镇、七营镇等12个调研点	形成《巩固脱贫攻坚成果提升居民收入协商报告》
6	13—14	调研全县教育质量提升情况	深入新建第八小学、李旺新源幼儿园、县第九小学等8个调研点	形成《全县教育质量提升协商报告》
6	25—7.1	就“厕所革命”和“提升城乡居民收入”开展实地考察学习	甘肃省正宁县、陕西省吴起县等地	
7	19—20	调研全县高端肉牛产业示范县建设情况	深入关桥、高崖、李旺等7个乡镇的12个调研点	形成《打造高端肉牛产业示范县协商报告》
8	2	视察县域主要河流生态治理、推进黄河流域生态保护和高质量发展情况	深入西河、苋麻河、中河等7个视察点	形成《县域主要河流生态治理协商报告》
8	11	调研县用水权改革工作情况	深入七营镇、三河镇、贾塘乡等6个调研点	形成《全县用水权改革工作调研协商报告》

纪检监察　巡察

纪检监察

【概　况】 海原县纪委、监委是党统一领导下的反腐败工作机构，履行纪检、监察两项职责，实行一套工作机构、两个机关名称，共同设立内设机构。海原县纪委、监委共核定领导班子成员9名，其中，书记兼监委主任1名、副书记兼监委副主任3名（正科级）、纪委常委兼监委委员3名（含巡察办主任1名）、专职纪委常委和专职监委委员各1名，班子平均年龄40.5岁；设立副科级内设机构11个，分别是办公室、宣教政研室、党风政风监督室、信访室、案件监督管理室、案件审理室和第一、第二、第三、第四、第五纪检监察室；设立副科级事业单位1个（纪检巡察服务中心）；设立派驻纪检监察组8个，每组设组长1名、组员1名，负责监督全县53个部门（单位）；共核定人员编制59名（行政编47名、事业编12名），2022年末，实有人员55名，空缺4名行政编；巡察办共核定人员编制12名（行政编7名、事业编5名）；全县17个乡镇和1个街道均设立了纪（工）委（监察办公室），并设立书记（监察办公室主任）1名、纪检干事（监察员）1名；全县159个村（社区）均设立村（社区）务监督委员会，并设主任1名、委员2名。2022年，乡村两级纪检人员已全部配备到位。

【党支部换届】 海原县纪委监委党支部共有在职正式党员58名。支部委员会于1月6日完成换届，支委会成员共3人，班子平均年龄36岁。

【政治建设】 2022年，海原县纪委、监委始终把学习贯彻习近平新时代中国特色社会主义思想作为首要政治任务，坚持和完善集体学习制度，认真学习习近平总书记关于全面从严治党的重要论述，深入开展党的二十大和习近平总书记视察宁夏重要讲话、重要指示批示精神“大学习、大讨论、大宣传、大实践”活动，贯彻落实自治区第十三次党代会目标任务，持续巩固党史学习教育成果，引导全县纪检监察干部不断提高政治判断力、政治领悟力、政治执行力。全年共召开纪委常委会会议24次、理论学习中心组学习11次、干部集体学习24次，交流研讨52人次。

【政治监督】 2022年，海原县纪委、监委始终把全面从严治党要求贯穿于监督执纪问责全过程，落实到纪检监察工作各方面，协助县委制定了《关于2022年落实全面从严治党“两个责任”工作方案》，健全完善全面从严治党“三个清单”,不断加强对“一把手”和领导班子的监督,督促各级党组织履行好全面从严治党主体责任,全年共约谈党员领导干部54人次,对履行全面从严治党“一岗双责”不力的2名领导干部给予党内严重警告处分,配合区市纪委建立完善全县干部电子廉政档案8500余份,下发党风廉政建设责任制抄告单31份,向县委报告工作和请示重要事项20次,回复党风廉政意见152份4142人次。

【重点工作监督】 2022年,海原县纪委、监委始终与县委中心工作同频共振,聚焦建设黄河流域生态保护和高质量发展先行区先行市、巩固拓展脱贫攻坚成果同乡村振兴有效衔接、疫情防控等重大决策部署跟进监督、精准监督、全程监督。全年累计监督检查71次,下发纪检监察建议书9份。面对新冠疫情大战大考,全县纪检监察组织围绕政策执行、措施落实、纪律作风等方面,第一时间深入防控一线开展全覆盖督导检查,探索制定“246”问题整改机制,累计督促整改问题212个,制发专报4期、通报15期,问责处理28人,以精准问责倒逼责任落实。

【案件查处】 2022年,海原县纪委、监委全年共受理问题线索277件,立案71件,给予党纪政务处分74人、组织处理103人,移送检察机关1人,严肃查处县教体局营养办原主任李某某违纪违法案,持续释放越往后执纪越严的信号。精准运用“四种形态”处理干部319人次,其中,第一种形态245人次,占76.8%,第二种形态62人次,占19.4%,第三种形态6人次,占1.9%,第四种形态6人次、占1.9%。

【制度落实】 2022年,海原县纪委、监委严格落实“三会两书两报告”制度,做深做实查办案件“后半篇文章”,围绕加强队伍管理、强化村级资产监管、医疗耗材采购等关键岗位人员管理等事项,向28个部门(单位)下发纪检监察建议书50份,督促县教体局、县农业农村局、海城镇等单位召开以案促改专题民主生活会4场次,深挖监管漏洞,进一步完善制度,切实提升反腐治理效能。针对工程建设政府采购领域易发多发问题,研究制定《海原县政府投资建设项目招投标管理办法(试行)》《海原县政府采购项目采购管理办法(试行)》,为优化营商环境提供了重要纪律保障。

【廉政警示教育】 2022年,海原县纪委、监委持续深化以案为戒、以案示警、以案促改、以案正风工作,扎实开展“廉政警示教育周”活动,分层分级开展警示教育,通过观看警示教育片、编印典型案例警示教育读本,组织领导干部及其家属参观中卫市全面从严治党教育基地,举办家庭助廉讲座和廉洁文化书画展,组织重点岗位人员现场旁听职务犯罪案件庭审等方式,切实推动廉政警示教育融入日常、抓在经常。全年共开展廉政警示教育活动80余场次,开展家庭助廉回访56人次,对155名新任职领导干部进行廉政谈话,在《光明日报》、宁夏新闻网等多个媒体发布廉洁活动相关信息16篇,全面弘扬廉洁文化、倡树清风正气。

【作风建设】 2022年,海原县纪委、监委始终把作风建设摆在突出位置,对违规吃喝、餐饮浪费、上下班纪律、会风会纪等方面开展监督检查,全年累计开展作风监督检查29次,下发整改通知书12份,严肃查处5起违反中央八项规定精神案件,给予党纪政务处分5人。扎实开展违规收送红包礼金和不当收益及违规借转贷或高额放贷专项整治,先后有24名党员领导干部主动向廉政账户上交4.4万元以及5件物品，查办违规收送红包礼金问题线索4条，持续推动专项整治工作走深走实。

【全力保障巩固拓展脱贫攻坚成果同乡村振兴有效衔接】 2022年，海原县纪委、监委围绕整改落实2021年度巩固拓展脱贫攻坚成果同乡村振兴有效衔接考核评估反馈问题，进一步压紧压实各级整改责任，对考核靠后的10个乡镇主要负责人进行责任约谈。制发《关于2022年巩固拓展脱贫攻坚成果同乡村振兴有效衔接专项监督工作方案》，组织召开专项监督工作例会3场次，认真贯彻落实党中央及区市县党委关于巩固拓展脱贫攻坚成果同乡村振兴有效衔接决策部署，推进专项监督工作走深走实。全年共查处乡村振兴领域腐败和作风问题案件5件，问责处理9人。紧盯农村人居环境整治开展专项调研，撰写调研报告，为县委、县政府主要领导科学决策提供参考依据。

【重点领域专项治理】 2022年，海原县纪委、监委持续巩固"小鬼难缠""中梗阻"专项治理成果，扎实开展群众身边腐败和不正之风专项整治，结合农村"三资"腐败问题专项治理和基层小微权力"监督一点通"服务平台，推动全面从严治党向基层一线、向群众身边延伸，群众合法权益得到进一步维护，全年累计查处民生领域违纪违法案件15件，问责处理15人。围绕工程建设政府采购、卫生健康、国有产权、土地和矿业权交易等重点领域突出问题，共开展6轮次监督检查，下发整改通知书30份、整改建议书2份，有效推动行业部门作风建设走深走实。

【巡察工作】 2022年，海原县纪委、监委严格落实县委常委会会议、县委书记专题会议听取巡察情况汇报制度，完善巡察反馈和整改落实情况定期报告机制，压实巡察整改主体责任。完成十五届县委两轮9个乡镇党组织、82个村（社区）巡察，发现并反馈问题488个，问题线索6件，做到真改实改，确保整改任务落到实处。全年向职能部门共发出巡察整改建议21份，督促被巡察党组织制定整改措施145条，建立完善制度17项，问责追责9人次，挽回和避免经济损失15万元。

【巡察整改】 2022年，海原县纪委、监委始终把问题整改作为巡察监督的出发点和落脚点，切实履行日常监督责任。对3个乡镇、14个部门（单位）巡察反馈问题整改情况进行全面督查回访和指导，十四届县委巡察反馈问题完成整改3075个，整改率99.7%。涉粮专项巡察反馈问题完成整改9个，整改率90%。结合涉粮问题专项巡视巡察反馈问题，督促各成员单位和相关职能部门深入查摆问题13个。对十五届县委第一轮巡察整改工作进行督导回访，倒逼被巡察单位、相关职能部门及有关领导进一步扛起巡察整改责任。

【联动协作监督机制】 2022年，海原县纪委、监委持续深化"室组"联动监督和"室组地"联合办案制度机制，制发《关于建立乡镇（街道）纪（工）委与委机关纪检监察室协作区机制的实施方案》，全力构建"派驻机构+委机关内设部门+乡镇（部门）纪委"联动监督办案协作模式，整合全县纪检监察力量，有效解决乡镇办案力量薄弱、工作推进不平衡、职能作用发挥不充分等问题，不断提升纪检监察组织监督执纪执法效能。

【派驻机构改革】 2022年，海原县纪委、监委始终认真贯彻落实《纪检监察机关派驻机构工作规则》，对派驻监督范围和驻在部门进行调整优化，派驻纪检监察组组长全部兼任驻在单位党委（党组）成员，对7名派驻纪检监察组组长进行轮岗调整，持续推进派驻机构工作规范化、法治化、正规化建设。研究制定了派驻机构工作考核办法，有效调动了派驻干部工作积极性，激发了真抓实干、担当作为、创先争优的工作热情，切实提高了派驻监督质效。

【依法履职】 2022年，海原县监察委员会首次向县人大常委会报告廉政教育专项工作，监察体制改革有序推进。严格落实“三个区分开来”要求，坚持严管厚爱结合、激励约束并重，积极为敢于担当作为的党员干部撑腰鼓劲，先后对4名处分期满的干部予以提拔使用。坚持严查诬告陷害行为，积极为干部澄清正名，保护干部干事创业积极性。全年回访教育受处分党员干部69人次，确保干部卸下包袱轻装上阵，促进党员干部从“有错”向“有为”积极转变，让监督执纪执法既有“力度”也有“温度”。

（马丽娅）

巡　察

【概　况】 2022年，海原县先后开展3轮巡察，涉及9个乡镇党组织、8个部门（单位）党组织和82个村（社区）党组织，巡察利剑直插基层，切实打通全面从严治党“最后一米”。

【巡察主体责任落实】 2022年，海原县委常委会和巡察工作领导小组及书记专题会先后11次传达学习党中央和自治区市党委巡视巡察工作会议精神和相关文件、听取巡察工作汇报，研究贯彻落实意见，安排部署巡察工作。县委巡察工作领导小组严格审定年度工作计划、工作制度等重要文件，认真听取每一轮巡察情况汇报和专题报告，研究巡察发现的普遍性问题和重大问题。

【政治巡察】 2022年，海原县委牢牢把握“两个维护”根本任务，按照“三个聚焦”要求，突出监督重点，着力从政治上发现问题、辨别问题、解决问题，推动政治监督具体化、常态化。聚焦主责主业突出巡察重点。结合《中共海原县十五届委员会巡察工作规划（2022—2026年）》《中共海原县十五届委员会2022年巡察工作要点》等文件，围绕“三个聚焦”开展常规巡察，把巡察与巩固拓展脱贫攻坚成果同乡村振兴有效衔接、铸牢中华民族共同体意识、生态环境、肉牛产业、疫情防控及惠农利民政策落实等内容相结合，并将“一把手”监督纳入巡察内容，为县委科学评价干部提供参考。积极探索巡视巡察上下联动。按照区市巡视巡察机构工作统一部署，第一轮对三河镇党委开展“交叉巡察”，第三轮对农业农村局党委等8个单位党组织开展联动巡察，进一步做到问题共享、信息共享、成果共享，切实提升巡察工作成效。

【巡察工作创新】 2022年，海原县推行“12345”巡察工作方法，以“一个中心”“两个不少于”“三必到”“四深入”“五查看”巡察方式为主要抓手，即坚持以人民为中心的价值取向，把解决涉及群众生产生活的烦心事、操心事、揪心事作为第一要务；确保每个行政村走访不少于50户，每个自然村走访不少于6户；做到自然村、特殊人群、重点场所“三必到”；深入村院炕头、田间地头、帮扶车间及培训一线；重点查看脱贫户“两不愁三保障”中饮水安全，持续保障、脱贫户的各项政策有效落实情况及乡村两级干部履职尽责情况等，全面起底社情民意，着力掌握第一手资料，进一步提升了群众对巡察工作的知晓度和参与率，让乡村干部直接感受到巡察利剑就在身边。做深做实“三课”。充分整合巡察办、巡察组力量，做深做实巡前“预习课”、巡中“实操课”及巡后“评审课”，通过3次巡前集中培训，巡中阶段汇报、巡后办组联审等方式，帮助各巡察组筛选问题、把关定向、研判线索，进一步厘清工作思路，抓住工作重点，明确各步骤注意事项，持续提升巡察工作规范化水平。

【巡察情况通报机制】 2022年，海原县认真落实《海原县委巡察工作协作配合制度》，坚持每轮巡前向县纪委监委、县委组织部、县信访局、县审计局等相关单位发送征求意见函36份，系统收集巡察单位政治生态、领导班子建设、履行管党治党主体责任、重要问题线索、有关领导干部信访举报、督查通报以及需要巡察重点关注了解的问题等，全面精准制定作战图，奔着问题去，冲着问题巡，为顺利开展巡察工作奠定有效基础。同时，探索开展巡审联动，对高崖乡、统计局2个被巡察党组织同步部署、同步开展，相互借力，提升监督质效。

【巡察制度建设】 2022年，海原县结合市委巡察指导督导意见，进一步修订完善了《县委组织部巡视巡察整改日常监督暂行办法》《关于被巡察单位配合县委巡察组开展巡察工作的暂行规定》《海原县委巡察工作领导小组规则》等7项制度，为巡察工作规范有序开展提供了制度保证。

【巡察队伍建设】 2022年，海原县充分运用《海原县新任副科级干部参与巡察工作制度》《海原县后备干部参加巡察工作制度》等制度，重点抽调纪检监察、组织、审计、信访、等部门和单位骨干102名参加前三轮巡察工作，通过开展岗前培训、阶段汇报、巡中指导，切实提升巡察工作质效。邀请自治区市巡视巡察机构、巡察指导督导组等人员对巡察工作人员进行专题培训，通过巡前集中学、巡中临时党支部系统学、巡后联席座谈会交流学等多种形式，帮助巡察干部牢牢把握政治巡察定位，明白“巡什么、怎么巡、巡出什么效果”，切实提高巡察干部的政治素养和业务能力，从根源助力巡察工作纵深开展。全年选派3名干部参加自治区及市委巡察指导督导工作，1名干部参与巡视巡察风采展活动，2名巡察干部到纪委监委进行跟班学习，切实发挥传帮带“火种”作用，达到一人学习、众人受益、共同成长的效果。充分运用《关于加强巡察干部管理考核工作实施办法》等制度，对评估结果为优秀的巡察干部，在晋升职务、调整岗位(级别)、评先评优中优先予以考虑。2022年，向县委组织部推荐5名参与巡察的干部，提拔交流参与巡察的8名干部，切实将巡察一线作为发现、培养、锻炼干部的重要平台。

（海原县巡察办）

群众团体

总工会

【概　况】 2022年，海原县总工会充分发挥联系职工的桥梁纽带作用，坚持以习近平新时代中国特色社会主义思想为指导，深入贯彻落实习近平总书记关于工人阶级和工会工作的重要论述精神以及习近平总书记视察宁夏重要讲话精神，坚决贯彻落实党中央和自治区、市、县党委各项决策部署，围绕中心、服务大局，扎实做好疫情防控工作，聚焦主业主责，凸显作用作为，各项工作取得了新的进展和成效。被国家发改委、财政部等四部委联合评为“全国节约型机关”。

【思想政治引领】 2022年，海原县总工会把学习宣传贯彻习近平新时代中国特色社会主义思想、党的二十大精神、习近平总书记关于工人阶级和工会工作的重要论述以及视察宁夏重要讲话精神作为职工群众思想引领的首要政治任务，汇聚全县广大职工团结奋进的强大正能量，弘扬伟大建党精神，认真践行社会主义核心价值观。紧扣“强三性(政治性、先进性、群众性)”“去四化(机关化、行政化、贵族化、娱乐化)”的要求，先后组织开展了“迎新年展新貌·开新局谱新篇”庆“两节”、“阅享经典 品读人生”读书分享、第十届“书香三八”读书征文、全县“铸牢中华民族共同体意识 喜迎党的二十大胜利召开”主题演讲比赛等活动30余场次，覆盖职工4000余人。通过开展系列活动进一步教育引导全县广大职工群众深刻认识“两个确立”的决定性意义，进一步增强“四个意识”、坚定“四个自信”、做到“两个维护”，以丰富职工精神文化活动为载体，进一步引领全县职工群众坚定不移听党话、感党恩、跟党走，自觉在思想上政治上行动上同以习近平同志为核心的党中央保持高度一致。

【疫情防控】 “9·20”疫情突发以来，海原县总工会积极响应县委、县政府号召，第一时间选派15名干部下沉到建设社区、黎明社区，配合社区积极开展住户信息登记、风险人员排查管控、卡点值守、防控政策知识宣传、组织群众核酸检测等重点工作，2名党员干部主动请缨赴海兴开发区大转盘集中医学隔离点驻点开展疫情防控工作。同时，争取自治区、市总工会疫情防控专项资金38.5万元，助力全县疫情防控工作，向海兴开发区大转盘集中医学隔离点购置配送价值3.8万元的电脑、打印机、对讲机、生活用品等疫情防控物资。在疫情期间常态化组织开展送温暖慰问活动，积极筹措资金20.8万元慰问全县疫情防控一线医护人员和困难职工。同时，通过海原工会微信公众号发布各类疫情防控知识56篇，点击量近万次。

【宣传教育引导】 2022年，海原县总工会围绕县委中心工作，巩固深化自治区文明单位创建成果，依托新时代文明实践基地，先后组织开展了劳模“微宣讲”，组织开展了演讲比赛、“学习强国”达人挑战赛等6场次，有全县300多名职工参与；“迎新年展新貌·开新局谱新篇”庆“两节”等系列普惠活动，为全县广大职工群众送去春联和福字1200余副、幅，对快递员、环卫工人、出租车司机等新就业形态群体免费理发300余人，优惠购书40人；开展“阅享经典　品读人生”读书分享活动，为冯磊等25名青年职工赠送了书籍；开展第十届“书香三八”读书征文活动，征集作品127篇。上报各类信息95篇，被自治区市县采用6篇。

【职工文化建设】 2022年，海原县总工会举办“喜迎二十大 备战十六运”海原县（群众组）乒乓球选拔赛；举办“发展体育运动、增强人民体质”题词70周年全县职工羽毛球比赛；举办第三届全县“学习强国”达人挑战赛；开展“喜迎二十大 建功新时代”海原县“相约红梅杏园乐享农家生活”史店乡田拐红梅杏采摘节千人健步行活动，全县56家单位及史店乡职工群众1500余人参加活动；开展“弘扬端午文化 传我浓情粽香”端午节民俗活动；举办全县“铸牢中华民族共同体意识 喜迎党的二十大胜利召开”主题演讲比赛等活动，掀起全县职工群众学习和弘扬中华优秀传统文化的新热潮。组织推选5个优秀文艺节目参加自治区、市总工会“劳动者之歌”文艺会演，其中，舞蹈类获全区一等奖，音乐类获全区二等奖；组织参加市总工会举办的“喜迎党代会·献礼二十大”女职工演讲比赛和经审干部演讲比赛，张海燕荣获三等奖；组织摄影爱好者参加全市最美职工笑脸摄影展比赛，其中李军、马虹2人分获一、三等奖；组织参加全市“讲文明树新风、做文明有礼中卫人”职工视频征集比赛，其中李忠堂的《祖国知道我忠诚》荣获第二名。

【劳动技能竞赛】 2022年，海原县总工会围绕中心、服务大局，积极推进全县产业工人队伍建设改革，调整充实了县推进产业工人队伍建设改革协调小组，制定印发了《海原县2022年产业工人队伍建设改革工作要点》和任务清单。以“当好主人翁、建功新时代”为主题，举办养老、医疗护理、枸杞产品分拣、小杂粮包装、建筑施工等劳动和技能大赛7场次，通过竞赛活动进一步增强了职工群众及产业工人队伍技能水平和团队凝聚力。

【劳模管理服务】 2022年，海原县总工会深入学习贯彻习近平总书记致首届大国工匠创新交流大会贺信精神，采取线上线下相结合的方式，通过播放劳模事迹视频、现场组织丁晓龙、王建国等劳模深入企业一线开展劳模事迹宣讲10场次，大力弘扬劳模精神、劳动精神、工匠精神，在全社会营造尊重劳模、爱护劳模、学习劳模、争当劳模的良好风尚。丁晓龙等9名劳模自发组织开展向疫情防控人员慰问和志愿服务活动，向各值守卡点捐赠防疫物资和生活用品价值7.8万元。争取自治区、市总工会资金16.65万元对赵广等64名全国、省部级、市级劳模进行慰问和“两金”（生活困难补助金、特殊困难补助金）补助，“五一”期间县总工会又自筹资金3.2万元深入劳模家中走访慰问。同时，组织全县15名劳模、40名职工赴自治区内外疗休养。推荐丁晓龙、王建国劳模创新工作室积极参加区级劳模创新工作室评选活动。开展“安康杯”竞赛活动，征集“安全隐患随手拍”作品13个，组织企业开展安全生产知识竞赛答卷3000份。落实小微企业工会经费支持政策，返还海原县泰丰饭店管理有限公司等8家企业工会经费近10万元。

【普惠服务和精准帮扶】 2022年，海原县总工会紧紧围绕县委确定的“1355”工作总体要求和目标，抢抓国家乡村振兴重点帮扶县机遇，立足新发展阶段，完整、准确、全面贯彻新发展理念，融入新发展格局，以推动高质量发展为主题，聚焦职工群众收入提升，利用微信公众号加大就业信息宣传力度，联合县就业创业局开展适合农民工就业的技能培训2期100人，春送岗位活动5场次200人次，有效实现需求培训和社会就业相衔接；精准做好在档困难职工解困脱困工作，对87名在档困难职工经入户走访、电话回访等方式调查核实，实现脱困33人，解困22人，严格实行建档困难职工精准化动态管理。将杨翠花等61名建档困难职工申报自治区总工会予以帮扶，落实帮扶资金53.88万元。聚焦职工健康水平提升，县总工会联合县委组织部研究制定《关于做好全县干部职工健康体检工作的实施方案》，要求全县各单位高度重视，认真做好干部职工健康体检工作。同时，对符合职工医疗互助申请条件的魏克庆、田晓梅等45名职工发放医疗互助金近16万元，其中，海原一中职工邵步升报销互助资金高达5万元。聚焦基础教育质量提升，积极争取专项资金为海原一中等学校150名工会班困难家庭学生发放助学金39万元。六一期间，对包抓帮扶贾塘乡黄坪村、南河村、史店乡苍湾村的64名学龄儿童送去价值1.28万元的学习用品。聚焦关爱帮扶活动，“两节”期间慰问海原县宇涛工贸有限公司等4家困难企业，送去慰问金15万元，慰问马林等230名困难职工，发放慰问金46万元。开展新就业形态劳动者慰问活动，自“9·20”疫情发生后，筹措资金为受疫情影响的258名货运司机送去价值5.55万元慰问品。为1178名职工送去价值近9万元“夏送清凉”慰问品。为海原县消防救援大队消防官兵送去价值2300元“双拥”活动慰问品。全年共争取自治区、市总工会各类资金225万元，其中，自治区总工会204万元，市总工会21万元。

【基层组织建设】 2022年，海原县总工会以全区工会系统开展的“基层组织建设提质增效年”活动为契机，以非公企业为重点对象，深入开展25人以上企业建会、“九大产业”“八大群体”集中入会、新就业形态劳动者建会入会工作，新建基层工会组织21家，发展会员1410人，指导县人社局等10家基层工会依照民主程序和《中国工会章程》进行了顺利换届。创建海原县新希望牧业有限公司工会等“职工之家”3家。

【“互联网+工会”】 截至2022年年底，海原工会微信公众号发布各类信息277篇，阅读量27514次，微视频号发布各类视频15个，阅读量20792次。通过“宁工惠”、12351等渠道网上申请建会单位1家，职工入会9人；法律服务1起拖欠工资案。

【职工权益保障】 海原县保安服务有限公司、宁夏海原县肉牛产业发展集团有限公司被评为2022年自治区和谐劳动关系创建示范企业。依法维护全县女职工合法权益，针对女职工劳动保护特别规定，对全县12家企业发放“一函两书”(遵守劳动法律法规公开提示函和工会劳动法律监督意见书、工会劳动法律监督建议书)，督促协调海原县国华农机制造有限公司等3家企业落实女职工每月35元卫生补贴。聘请法律顾问在海原县新希望牧业有限公司工会等企业开展法律进企业宣讲活动5场次。高度重视信访维权工作，利用“12351”职工维权热线，网上受理办结张会祥等10名农民工欠薪案件2起。

【创建和谐劳动关系】 坚持按照“五个坚决”和“五个不发生”的工作要求，深入企业一线开展劳动领域政治安全风险隐患排查，签订劳动领域政治安全责任书23份。充分发挥县总工会、劳动监察和企业三方联合协调机制，联合县人社局研究下发“企业开展集体协商四季要约实施方案”，积极推进工资集体协商工作。在海原县泰丰饭店管理有限公司等58家企业开展集体协商，签订集体合同33份。

【女职工工作】 2022年，海原县总工会在企业广泛开展健康知识普及和职业病防治宣传等工作，深入机关企事业单位开展健康知识讲座4场次250人次，为209名女职工开展“两癌”免费筛查活动。

【工会自身建设】 2022年，海原县总工会坚持从严教育管理监督，着力提升工会干部思想政治素质和业务能力水平，举办全县工会干部综合能力提升培训班2期400人次。认真履行全面从严治党的政治责任和主体责任，以实施“三强九严”工程为抓手，严格落实“三会一课”及主题党日活动制度，扎实推进学习党的二十大及习近平总书记视察宁夏重要讲话和重要指示批示精神“大学习、大讨论、大宣传、大实践”活动，尤其把学习宣传贯彻党的二十大精神作为首要政治任务，通过党组理论学习中心组学习、辅导讲座、干部集中学习等多种形式持续学、深化学，同时，及时跟进传达学习党中央和自治区、市、县党委最新部署要求。先后组织党组理论学习中心组学习16次、党支部(扩大)学习52次、专题学习10次、交流研讨8次、专题宣讲2次、开展主题党日活动12次，举办主题培训班1期、读书班1期。积极推进在职党员进社区“双报到双服务”，在黎明社区、文昌小区入户开展电信反诈宣传3场次。持续巩固提升“让党中央放心、让人民群众满意”模范机关创建成果，不断提升党建工作水平，机关支部由两星级晋升为三星级。认真落实党风廉政建设主体责任，切实履行“一岗双责”，坚决执行中央八项规定实施细则和自治区“八条禁令”要求，扎实开展“廉政警示教育周”活动，组织全体党员和干部职工观看了《交易之警》《守机·危信》警示教育片，开展廉政提醒谈话40余人次，签订党员干部廉正廉洁承诺书15份。开展“涵养清廉家风 弘扬廉洁文化”活动，签订家庭助廉承诺书15份。召开违规收送红包礼金和不当收益及违规借转贷或高额放贷专项整治工作动员部署会、推进会、民主生活会、组织生活会和专题生活会，并签订承诺书。严格落实意识形态工作责任制，强化网络意识形态阵地管控。严格落实“三重一大”议事规则，健全完善规章制度，实行民主决策、科学管理，班子团结和谐、单位风清气正，政治生态良好。全年共召开党组（扩大）会议13次、党支部（扩大）会议24次、党员大会16次、领导干部讲党课4场次。

【财务经审工作】 2022年，海原县总工会严格按照《宁夏回族自治区基层工会经费收支管理实施细则》执行财务管理规定，建立完善内控机制，进一步规范财务运行管理，优化工会经费支出结构，切实加强工会资产监管，聘请第三方对县总工会本级固定资产进行了审计。组织对县总工会本级和45家基层工会2021年度经费预算执行、专项资金及工会经费收支管理使用情况进行全面审计，推动我县工会经费审查审计监督工作提质增效。

（李　军）

共青团

【概　况】 共青团海原县委员会（简称团县委）现位于海原县总工会五楼，正式在编干部职工5名，其中，公务员编4名（班子成员3名、工作人员1名），工勤编1名。

1月7日，海原县召开青年发展工作联席会议第二次全体会议（团委供图）

【主题教育实践活动】 2022年，共青团海原县委以迎接和学习宣传贯彻党的二十大精神为主线，组织各级团队组织反复研学习近平总书记在庆祝中国共产主义青年团成立100周年大会上的重要讲话精神，开展“喜迎二十大　争做好队员”朗诵比赛，“童心战疫　绘聚力量”主题绘画、书法比赛，“童心向党·唱支红歌给党听”视频展播等主题活动，在清明节前夕，开展经典诵读比赛、网上祭英烈活动，覆盖青少年群体达5万余人，切实引领全县广大青少年与党同心、跟党同行。在五四、六一期间开展全覆盖规范化入团、入队仪式，着力构建党团队育人链条相衔接。组织广大团员青年、少先队员认真学习领会和热议党的二十大精神，制作了青年学习手账，营造了学习宣传贯彻中共二十大精神的浓厚氛围，引领广大青年争做有理想、敢担当、能吃苦、肯奋斗的新时代好青年。

5月27日，海原县召开青年志愿者协会成立大会（团委供图）

【党史学习教育】 2022年，共青团海原县委开展“青春心向党　建功新时代”“讲好开学第一课”等主题活动，引领青少年从党的百年奋斗中汲取前进力量。充分利用“青年大学习”“青年讲师团”“青春海原”等固有品牌开展学习、宣传、宣讲活动，推送党史团史故事、铸牢中华民族共同体意识教育等内容30余期；组织各级团队组织开展"请党放心 强国有我"主题团队日活动60余场，开展宣讲活动12场次，覆盖青少年1500余人，让广大青少年感悟总书记嘱托、砥砺奋进之力。

【青年志愿者工作】 2022年，共青团海原县委发挥组织优势，凝聚青春志愿力量。开展乡村振兴青春建功行动。寒暑假启动实施了"返家乡"社会实践活动，组织710余名海原籍大学生参与政务实习、疫情防控、政策宣讲、"七彩假期"、课业辅导等志愿服务，其中七彩假期共有35支队伍130余人参与，在全县各村(社区)开展留守儿童陪伴、艺术公益培训、自护教育等志愿服务活动，覆盖青少年和留守儿童1000余人。常态化开展志愿服务活动。注册成立了海原县青年志愿者协会，建立四级志愿服务体系，完善志愿服务机制，"志愿汇"入驻志愿服务队402支、青年志愿者1374名。中高考期间，组织30余名青年志愿者开展"爱心助考 为梦护航"志愿服务活动，对接120余辆"爱心送考车"在县城范围内免费接送考生，为莘莘学子加油助威。组织开展"健康人生 绿色无毒"禁毒宣传活动，发动青年志愿者在社区、南门广场发放宣传资料100余份。"七夕"佳节之际，组织80余名青年志愿者在"海原县2022年移风易俗青年集体婚礼"活动上参与现场布置、秩序维护、后勤保障等志愿服务。主动投身疫情防控。"9·20"疫情发生后，招募青年志愿者239名，组建青年突击队18支，成立"青春战疫"青年突击队临时团支部1个，巡逻小组27组，主动参与疫情防控政策宣传、卡点值守、核酸检测、物资配发等志愿服务，同步开展青年志愿者典型挖掘和宣传工作，发布《我的青春战疫日记》微视频6期。同时，积极对接区内27所高校(中学)团委，联合邮政快递、韵达快递开展关爱在外学子"暖冬"行动，定向为海原籍自治区内上学的学生运送御寒衣物、常用药品等物资1030余件。广泛链接社会资源，组建了义剪青年志愿队，为各值守卡点、各乡镇(街道)的60余名防疫工作人员提供免费理发服务。

【服务青年工作】 2022年，共青团海原县委当好联系桥梁，服务青年健康成长。做好困难学生圆梦工作。实施黄河银行、"幻方"奖学金等奖助学金共计52.1万元，资助困难学生349名。发放了华润"一对一"、厦门大学研支团奖助学金、贝亲和铁榔头等奖助学金232万元，受益学生2159人。主动搭建平台，邀请4位心理咨询师走进海原一中、郑旗中学等5所学校，为中高考学生开展了考前减压讲座。推动青少年成长成才。在春节前夕，对25名特需关爱青少年和15名困难快递小哥开展了春节慰问活动，让广大青少年感受到党和国家的关怀。召开海原县青年发展工作联席会议第二次全体会议，督促各部门按照任务分工，积极主动开展工作，形成工作合力。启动实施"2022—2023'宁童安'预防未成年人犯罪社会工作服务项目"，结合"八五"普法，常态化宣传习近平法治思想、《中华人民共和国民法典》、《中华人民共和国未成年人保护法》等法律常识宣传20场次，累计覆盖青少年1000人次，着力维护青少年合法权益。聚焦青年"心声"主动发声。开展关心关爱困难青少年"点亮微心愿”活动，认领微心愿87个。牵头举办“礼约鹊桥 情定南华”海原县2022年移风易俗青年集体婚礼活动，10对新人心手相牵步入婚姻的殿堂，用实际行动履行移风易俗，倡导婚事新办、抵制高额彩礼，展现新时代青年良好精神风貌。联合农担公司推进“青农贷”项目，着力解决青年创业过程中的资金瓶颈问题。

9月20日，青年志愿者投身疫情防控（团委供图）

【共青团组织建设】 2022年，共青团海原县委扎实开展团组织规范化建设“对标定级”，参与率100%。新建团属社会组织2个，成立社会组织团组织2个、非公企业团组织7个，新增联系新兴领域青年10名。严格落实“三会两制一课”制度，严格按照标准和程序发展团员，积极完善“智慧团建”系统管理，对2021年新发展团员情况进行集中全面核查，并举一反三，坚持高标准严要求，统筹做好2022年发展团员984人。组织各基层团组织扎实排查整改违规使用团内标识。学补衔接率96%，升学衔接率97%。落实少先队阶梯式成长激励制度，率先落实县委负责同志担任县少工委名誉主任、团县委和教体局负责同志担任少工委主任，开展规范化分批入队和“红领巾奖章”争章活动，扎实推进“红领巾奖章”争章工作，颁发个人二星章400个，集体二星章61个（含中队37个，大队24个），“全团带队”工作取得明显成效。

（海原县团委）

妇 联

【概 况】 2022年，海原县妇女联合会内设办公室和妇儿工委办，办公室有编制6个，其中行政编制5个，事业编制1个，正式在编职工6人（主席1名、副主席2名，干部3名），其中党员干部4名。2018年换届后配备挂职副主席1名，兼职副主席3名，形成1正6副的班子格局。内设机构县妇儿工委办，主任由妇联主席兼任。

【党建引领】 2022年，海原县妇联认真贯彻学习习近平新时代中国特色社会主义思想及中央、自治区、中卫市、海原县重要会议精神，举办1期三级妇女干部素质能力提升培训班。组织基层妇联开展了“巾帼心向党 喜迎二十大”群众性主题宣传活动35场次，开展庆三八国际劳动妇女节运动会、联谊会。

【疫情防控】 2022年，海原县妇联强化防控措施，为打赢疫情防控阻击战贡献巾帼力量。自“9·20”疫情暴发后，抽调5名干部下沉社区开展疫情防控工作。指导基层妇联用活“妇联维权小程序”，解决群众心理、婚姻家庭矛盾纠纷。组建“临时妈妈”34名，匹配服务21对。联合开展“阅读抗疫 守护童心”线上志愿服务活动15期。

【关爱帮扶】 2022年，海原县妇联落实关爱帮扶，扎实为妇女儿童办实事。常态化开展“大走访大调研大排查+关爱帮扶”，成功调解婚姻家庭矛盾纠纷36户；落实“恒爱行动”项目，招募爱心妈妈300余人，为贫困儿童编制毛衣700余件。全年关爱慰问贫困妇女儿童379人，发放慰问品、慰问资金等19.74万元，为七营镇北咀村划拨帮扶资金1万元，发放妇女创业贷款近1000万元。开展“兰花芬芳巾帼红”6场次，“好宁嫂”巾帼家政志愿服务1期61户。

【重点项目】 2022年，海原县妇联实施重点项目，助力妇女创收致富。发放妇女创业担保贷款6143.9万元394户，落实贴息资金1166.82万元。落实“双培双带”项目资金45万元、创建创业创新基地2个配套资金6万元、实施村级组织能力提升项目12个村12万元。联合相关部门培训妇女1219人（举办高素质女农民培训班1期61人）。落实“两癌”“免费筛查+救助+保险+关爱”机制，救助“两癌”患者51人51万元，动员妇女购买“爱妮保”17822人178.22万元，共赔付64例117.55万元（其中乳腺癌3人30万元）。

【家庭文明建设】 2022年，海原县妇联聚焦家庭文明建设，营造和谐文明社会环境。选树市、县最美家庭123户，创建市、县级美丽庭院500户。举办线上亲子诵读比赛1场。开展线上线下家庭教育、健康知识等各类讲座171场次，受益2万余人。开展“涵养清廉家风弘扬廉洁文化”主题活动。组织干部及家属参观警示教育基地、召开廉政座谈会，签订廉政承诺书，举办家庭助廉知识讲座等活动。

【法治宣传】 2022年，海原县妇联开展各类法治宣传，提高全民法治意识。开展法治宣传活动，发放宣传彩页、宣传品3万余份。开展百千万巾帼大宣讲，举办“和谐婚姻大讲堂”“抵制高额彩礼”、未成年人保护、反诈骗、法治进校园宣讲100余场次6000余人次。畅通“12338”妇女维权热线，完善三级妇联接访制度。

【“两规划”颁布实施】 2022年，海原县妇联发挥牵头作用，推进《海原县妇女发展规划（2021—2030年）》和《海原县儿童发展规划（2021—2030年）》的颁布实施工作。

（田智梅）

科　协

【概　况】 2022年，海原县科学技术协会（简称县科协）有干部职工6名（其中公务员5名，工勤人员1名），有班子成员3名（其中主席1名、副主席2名）。内设办公室、财务室、科技馆。全县有基层农技协6家、县老科协1家，科普基地16家，农村中学科技馆14所。有流动科技馆科普大篷车1辆。

【全民科学素质行动】 2022年，海原县按步骤实施《海原县全民科学素质行动计划纲要实施方案（2021—2025年）》。县科技馆网络工作室聚焦“五类”人群（青少年、农民、工人、老年人、公务员）开展线上解读培训、科普理论讲堂、网络科普8期。

【科普宣传】 建立健全全媒体传播体系，利用媒体开设科普栏目、节目，网站、微博、微信、移动客户端、短视频等新媒体科普宣传58期，建立农村科普长廊8家、科普E站6家，传播科学知识。在海原县融媒体中心新闻节目宣传15期；编发科普信息100期，其中5条信息被中国科协网站转发刊登；在宁夏新闻图片网刊登12期；开展全国科普日活动周暨“5·30”全国科技工作者日“创新争先、自立自强”主题活动9场次，特色活动3场次，被中国科协办公厅评为“全国科技工作者日”活动优秀组织单位。

【全域科普工作】 2022年，海原县广泛征求意见，完善出台《关于推进全域科普工作的实施意见》。县科技馆科普品牌《网络科普，伴您同行》等活动在全区科协系统影响力强。疫情期间《心理健康咨询》微视频受到自治区党委领导点评，在全区推广使用。在“2022年全国科普日”活动期间，海原县科协牵头组织全县各单位开展10项重点活动，并上传科普中国网站246项典型案例，在全区排名第五，被推荐为全国优秀组织单位。

【“科技支撑乡村振兴”公益项目】 2022年，中国科协定点帮扶海原县。中国科协“科技支撑乡村振兴”公益项目“科创筑梦乡村科教服务站”项目在海原四中、海原五小建成样板间并开展培训活动。在海原县农业农村系统、卫健系统、教体系统开展线上培训2000多人次，赠送农业科普读物、报纸540册、份，科普读物进入新时代文明实践站。中华医学会捐赠700份科普资源包，分别在县科技馆及各乡镇开展了发放仪式，受益群众1500人。

【农村科普信息化队伍】 2022年，海原县农村科普信息化队伍不断壮大。各乡镇、部门建立了科普信息员管理员，推动“科普中国”落地应用。组织全县干部职工和城乡居民、安装使用“科普中国”App，推动注册人数1.5万人，占常住人口(33518人)的4.46%，注册榜、传播榜排名中卫市县(区)第一名。海原县科协被中国科协办公厅评为全国科普信息队伍建设优秀组织单位。

【“大科普”格局】 2022年，与县教体局建立中国流动科技馆第二课堂，全县中小学生参观县科技馆开展的“科创筑梦、助力‘双减’”等科普主题活动20项，全年参观人数1.5万余人次。乡镇科协、企业组织产业工人、农民相继走进科技馆，培育新时代科普传播人。

【“五类”重点人群科学素养提升】 走进社区、农村、敬老院，开展“科普进万家，关注老人行”“我帮老人用手机”等群众性科普活动。组织学生参加国家、自治区、市级青少年科技创新大赛2次和机器人创新大赛1次，海原二中获得中卫市第八届机器人创新大赛二等奖。实现优质科普资源下沉，联合西北农大、宁夏大学、西海固高端肉牛研究院，创建“八个一”科技志愿服务队伍，走进农村开展科普“进万家”活动。组织全县50名企业家走进科技馆，学习科学家精神，体验3D打印。组织全县4000多名在职领导干部、公务员、党员走进科技馆，弘扬科学家精神、工匠精神等，提高领导干部和公务员科学素质。

【科普设施建设】 2022年，投入项目资金246.46万元，打造新时代科普阵地。联合西北农大、宁夏大学、西海固高端肉牛研究院创建“肉牛科技小院”，下设7个基地(科普院)。“马铃薯科技小院”实现高质量科普服务。县科技馆免费开放，正常开馆，群众满意度达到98%以上。大篷车行程3万余公里。

【老科协助力乡村振兴】 2022年，组织海原县老科协，围绕“三大群体”，推动全域科普活动，着力打造“培训、技术、人才”三位一体服务体系，助力乡村振兴。全年在全县31个村、东城等7个社区举办各种培训班96场次，参加科普宣传活动30场次。培训农民4020多人次。11月，退休干部蒋儒龄获第三届宁夏离退休专业技术人才突出贡献奖。

【体制改革】 2022年，与宁夏西海固高端肉牛研究院建立信息化数字化科普培训基地，先后开展技术培训20次，线上培训2次。县农技协联合会联合西北农林科技大学林清等3名教授，创建高端肉牛科技小院，创新“八个一”服务机制。全民科学素质成员单位宁夏气象局局长罗慧带领气象团队考察学习科技小院。全区先后有12家单位到科技小院考察学习。县乡科协体系建设和“三长建三会”正在进行。

【“筑梦·流动十年”流动科技馆项目】 2022年，中国流动科技馆、海原县科技馆、农村中学科技馆“三馆”资源融合同步运行，剪辑科普宣传视频，数字化传播，先后制作海原科技馆《科普今日》《科普进行时》《科普周末日》《银发科普》等微视频237期，并向抖音、快手、微信、西瓜视频等网络平台推送播出，引导偏远山区农村中学科技馆科普活动有序开展。在中国流动科技馆项目资源带动下，海原县科技馆开展科普活动100余场次，累计入馆参观人数达4.8万人次，公众满意度达98%以上。县科协副主席张怀东获评中国科协“筑梦·流动十年”宣传活动优秀个人。

【科技小院】 海原县农技协联合会科技小院位于海兴开发区，是由西北农林科技大学林清等三位教授倡导建立的产、学、研一体化乡村振兴新时代科普服务基地，为西北农林科技大学教、学、研一体化提供服务。创新“八个一”（一个产业、一个基地、一位教授、一名实习研究生、一位土专家、一个科研课题、一项科研技术、破解一个难题）科普志愿者服务团队，与宁夏大学、县气象局、县科技局合作的雨露香梨地下渗灌科研项目，破解了干旱带发展庭院经济难题。

【海原县科技馆】 海原县科技馆位于海原县非物质文化传承基地，建筑面积2640平方米，于2022年1月投入使用。馆内设有“农耕文化”“我和我的祖国”“消防科普基地”“机器人展教科普基地”四大主题展区，包括“3D打印创客工坊”“网络科普工作室”两大特色功能室。

（张　茹）

工商联

【概　况】 2022年末，海原县工商业联合会（简称工商联）核定人员编制4个，实有工作人员6名，其中党组书记1名（兼县委统战部副部长），主席1名（无党派人士），副主席2名，工作人员2名（一人为2022年新录用公务员，一人占县委工勤岗编制）。全县有工商联会员63人，商会1个。执委34人，兼职企业家副主席13人。

【思想政治引领】 2022年，海原县工商联举办民营经济人士培训班1期，邀请自治区工商联主要领导宣讲中共十九届六中全会、全国“两会”、自治区十三次党代会精神和国家、自治区支持民营经济发展重大决策部署。举办民营经济人士政策解读培训班1期，邀请税务、建行等单位负责人解读国家、自治区减税降费政策和金融扶持政策；印发县工商联收集编印的《送政策进民企政策汇编》180余份。安排1名副主席赴银川市工商联观摩学习全区工商联系统互观互学互查互评活动；接待石嘴山市工商联、漳州市工商联和漳浦县工商联负责人及部分民营经济人士来海原县考察学习。通过不同形式交流互动，工商联机关干部及广大民营经济人士政策理论水平和业务技能得到了新提升。

【服务民营经济】 2022年，海原县工商联持续加大对海原建材行业商会的服务指导力度，成功在联富汽车城举办了家电家装促销活动。协调宁夏建设银行海原支行为商会企业、个体私营业主、产业致富带头人发放了1600余万元商业贷款，缓解了小微企业融资难问题。联合县人民检察院召开“涉案企业合规改革试点第三方监督评估机制建设联席”会议，与县司法局签订了“百所帮百会”协议，在县法律援助中心设立了民营企业法律咨询平台，联合县司法局聘请律师在国华农机制造有限公司举办了2022年律师进企业法治体检解难题培训班，广泛开展“法治体检”和法律知识免费咨询服务。

【组织体系建设】 2022年，海原县工商联围绕提升高端肉牛产业附加值，引导泰丰饭店牵头筹建海原县餐饮商（协）会，延伸肉牛产业链条。加强对非公企业党组织的服务引导，增强党组织的凝聚力、战斗力和号召力。全县共有非公企业党支部15个、党员66名，海原县工商联保持经常性与国华农机制造有限公司、泰丰饭店管理有限公司等企业党支部交流联系，以机关党建带企业党建。建立企业家副主席包抓小微企业制度，对县工商联第七届执委会选举产生的13名企业家副主席每人安排包抓1个小微企业，帮助小微企业转思路、调结构、强管理，以企帮企、以大带小。

【弘扬光彩精神】 2022年，海原县工商联联合市工商联和县工信局遴选了7家县内新能源国、央企和5家市属民营企业对三河镇富陵、李旺镇新源等12个移民重点村开展了一对一帮扶。协调福建漳浦县选配5家企业（单位）对海城镇武塬、曹洼乡白崖等5个脱贫示范村进行闽宁对口帮扶，并协调漳浦县工商联为县特教学校58名残障儿童送去了2.4万元慰问金。争取自治区工商联支持，遴选10家区属民营企业与关桥乡方堡、海城镇武塬等10个产业示范村签订村企帮扶协议。同时，协调10家企业购买了史店乡田拐村10万元红梅杏和宁夏艺恒农业发展有限公司销售的香水梨原浆、小米、黄米等8个品种20多样特色农产品，拓宽了特色产业销路。引导民营企业积极捐款捐物参与疫情防控工作。“9·20”疫情发生以后，倡导民营经济人士捐款捐物，为疫情卡点送餐送物，累计捐赠物资价值64万余元。

（刘永妍）

文 联

【概 况】 2022年，海原县文联坚持以习近平新时代中国特色社会主义思想为指导，紧密围绕“举旗帜、聚民心、育新人、兴文化、展形象”使命任务，认真履行“团结引导、联络协调、服务管理、自律维权”职能，圆满完成了文代会换届、海原漳浦文化艺术交流、文艺采风、书画展览和《南华山》刊发等重点工作。文联机关获评海原县2022年度“让党中央放心、让人民群众满意”模范机关。

【换届选举】 4月,海原县召开文联第三次代表大会,选举产生了新一届文联领导班子,高质量完成了换届选举工作。

【《南华山》期刊】 2022年,海原县文联认真把好《南华山》刊发作品的政治关、方向关、质量关,确保期刊高质量刊发。全年共刊发《南华山》期刊4期,其中,小说24篇、散文95篇、诗歌75首、摄影44幅、绘画12幅、剪纸11幅、刺绣13幅。

【海原漳浦文化艺术交流活动】 2022年,海原县文联在漳浦县和海原县两地举办了闽宁协作漳海情——首届海原·漳浦文化艺术作品交流展活动。共展出书法、美术、摄影、剪纸和刺绣等艺术作品180件,其中海原县100件、漳浦县80件。

【廉洁书画展】 2022年,海原县文联举办了“度中秋庆国庆·喜迎二十大”廉洁书画展,共展出76幅书画作品。通过线上线下相结合的方式,加强新时代廉洁文化建设。

【文艺志愿服务活动】 2022年,海原县文联开展了“我们的中国梦——文艺进万家”“书法进校园”“千名文艺志愿者进基层”等系列文艺志愿活动,共有500余人次文艺志愿者参加活动。组织文艺志愿者进农村、进社区、进学校、进军营、进企业、进机关“六进”志愿服务活动和志愿送春联、送福字、送窗花、送全家福“四送”活动。共送出春联、窗花和福字2000余副(幅)、全家福近百张。

【文艺采风活动】 2022年,海原县文联围绕“喜迎二十大”、贯彻落实自治区第十三次党代会精神、创建“四个示范县”“六大提升行动”等县委、县政府中心工作,组织各协会开展了“喜迎二十大　礼赞新海原”系列文艺采风及移风易俗宣传活动。创作出文学、美术、摄影、剪纸等作品120余篇(幅),发放移风易俗宣传单600余张。

【乡村摄影展】 2022年,海原县文联组织摄影家走进海城镇水洼、双墩村举办了“喜迎二十大　文艺进乡村”摄影展。共展出摄影作品80幅。举办手机摄影基础知识培训,参加培训人员近百人。

【“以艺抗疫”文艺创作】 2022年,海原县文联组织各协会文艺工作者用艺术创作激发抗疫正能量。创作出书法、美术、摄影、剪纸、刺绣、烙画等抗疫作品300余件,撰写“我的抗疫日记”10篇,制作美篇8篇,拍摄“居家小课堂”视频6条。

【“我们的节日”主题实践活动】 2022年,海原县文联组织开展了“喜迎二十大·文艺进乡村——我们的节日”主题实践活动。通过即兴演唱“花儿”、展示传统文化剪纸、为老百姓画像、拍摄节日活动照片等形式,丰富了群众的传统节日文化生活。

【文艺队伍建设】 2022年,海原县文联通过岗位“大练兵”和举办书法、电子琴、泥哇呜、花儿等培训班,打造一支在坚定理想信念争做勤奋好学上作表率、在锤炼思想品德争做服务协会上作表率、在夯实作风建设争做务实创新上作表率、在努力干事创业团结共事上作表率的文联干部队伍。选派作协会员参加2022年“文学润疆”全国多民族作家培训班、民协会员参加国家文旅部举办的“星绣未来,点亮乡村”培训班、书协会员参加宁夏文联第26期书法研修班及各协会优秀会员前往福建漳浦县开展文化艺术交流培训等。县作协主席田玉珍(笔名白鸽)加入了中国作家协会;县民协副主席乔亚茹创作的《忆童年》(刺绣)获得了宁夏回族自治区第十届文学艺术奖二等奖;县文联副主席、书协主席仇建国的《蓝色的帐篷》获得天安门文学散文大赛一等奖;县摄协会员田兴仁拍摄的《柳州古城韵》获得了中卫市文化遗产摄影大赛三等奖。

【制度建设】 2022年,海原县文联健全完善了《文联信息宣传工作奖励办法》等6项制度、研究制定了《海原县文联文学艺术创作基地和中华优秀传统文化传承基地管理办法(试行)》和《关于进一步加强所属文艺家协会管理运行工作的办法(试行)》等管理服务制度,使文联机关和各协会工作有章可循。

【文艺创作基地建设】 2022年,海原县文联在关桥乡梨花岛和西安镇甘盐池人民公社怀旧点创建了海原县文学艺术创作基地并挂牌运营,为全县各协会搭建了文学艺术创作平台。

(刘晓梅)

残　联

【概　况】 海原县残疾人联合会成立于1989年11月,核定编制11人,实有17人(其中三支一扶、西部计划、大学实习生、公益性岗位等6人)。2022年12月19—20日,海原县残联召开第八届残疾人代表大会,选举产生了新一届残疾人代表大会主席团和出席中卫市第四次代表大会的代表。会议期间还选举产生县残联新一届执行理事会和五大专门协会成员。全县现有乡镇残联18个,村(社区)残疾人协会159个,形成县、乡、村三级残疾人组织网络。

【脱贫攻坚成果巩固】 2022年,海原县制定了《海原县残疾人巩固拓展脱贫攻坚成果同乡村振兴有效衔接实施方案》,密切关注脱贫不稳定户、边缘易致贫户和突发困难户"三类人员"中500名残疾人口基本生活状况,建立县、乡、村三级残联组织联动机制,及时开展逐户逐人核实,摸清"三类"(智残、体残、肢残)特殊困难残疾人底数,建立了残疾人信息库并完善台账,每月定期向乡村振兴局、各相关部门反馈农村新增残疾人鉴定信息。实行残联干部"一对一"帮扶机制,将符合条件的惠残助残项目予以倾斜,并且加强同残工委成员单位的协调沟通,落实帮扶政策。对存在困难和致贫风险的残疾人,针对致贫原因,采取具体措施,协调有关部门开展有针对性的帮扶。对无劳动能力且无法通过产业就业获得稳定收入的残疾人,积极协调民政、医保等部门,落实低保、特困供养、医保等帮扶政策,做到困难一人,帮扶一人。投入资金40万元,积极鼓励100户"种植、养殖、加工"残疾人家庭创业增收,进一步巩固拓展残疾人脱贫攻坚成果同乡村振兴有效衔接。

【残疾人权益维护】 2022年,海原县为全县16~80岁3090名持证残疾人购买意外伤害保险。聘请评残专家上门办理残疾证108件,康复中心每月坚持利用周末时间,为23名不能到机构康复的儿童开展"送康上门"服务,确保"上门代办"服务全覆盖。制定印发了《海原县残联2022年困难残疾人家庭无障碍改造实施方案》,主要领导亲自督导并定期召开会议,研究解决工作中的重点、难点问题,确保残疾人家庭无障碍设施改造工作顺利开展。全年共投入资金91.5万元,为201户残疾人家庭进行了硬化坡道、安装移动坐便器等为内容的无障碍改造，切实解决了困难残疾人家庭实际困难，消除了困难残疾人居家行动障碍，提高了生活品质。

【残疾人康复服务】 2022年，海原县启动运行残疾人康复中心，配备了康复治疗仪器、文化活动等器材，增设了“爱心接力、循环使用”辅具免费借用服务站和残疾人辅具展厅，同时在各乡镇打造服务点7个，扩大了免费使用辅具的覆盖面；集中对95名符合条件的0～6岁残疾儿童、12名符合条件的7～14岁残疾儿童进行了康复训练，免费发放各类辅助器具583件，为154人次贫困精神残疾人免费发放价值5.3万元药品。

【残疾人就业创业与托养服务】 2022年，海原县采取线上线下相结合的方式，举办残疾人专场招聘会2场。对接人社部门按照公益性岗位10%比例安排残疾人及其家属就业的政策，拓宽残疾人就业渠道；根据市场需求有针对性地免费为残疾人提供职业技能和实用技术培训270人；通过个人申请、乡（镇）审核上报，为30名自主创业、灵活就业的残疾人发放补贴资金6万元；通过政府购买服务形式，结合农村人居环境整治，为200名符合条件的残疾人提供洗衣服、做饭、照顾起居、居室清洁、陪同看病、康复训练等居家服务。

【残疾人精神文化生活】 2022年，海原县开展各类活动，丰富残疾人精神文化生活。开展残疾人“文化活动周”活动，举办书法、绘画、摄影、手工艺品展览，集中展示残疾人文化艺术成果，推动基层残疾人文化活动深入开展，鼓励和引导残疾人积极参与文化生活。常态化开展文化进家庭“五个一”活动，利用国际残疾人日、全国助残日等残疾人重大节日，组织残疾人“读一本书、看一次电影、游一次园、参观一次展览和参加一次文化活动”，鼓励残疾人勇于走出家门，扩大“朋友圈”，提升融入社会的能力。组织开展“2022年残疾预防日主题活动”暨“2022年残健融合趣味运动会”，300余人参加了活动。　举办了“关爱孤残儿童，让爱洒满人间”为主题的助残日文艺会演，其间发放惠残政策宣传手册5000余本，宣传手提袋1000余份，全面展示残疾人自强不息风采。

【残疾人基本状况调查】 9月，海原县对全县17个乡镇分批次开展全国残疾人基本状况调查，系统进行使用和移动数据终端操作、助残惠残政策等内容的培训，组织乡村残联干部摸底调查，摸清了13321名持证残疾人基本信息、住房、教育、就业、社会保障等情况和需求，入户率达86.53%。

（单慧霞）

伊　协

【概　况】 2022年，海原县伊斯兰教协会（简称伊协）以“爱国爱教，维护稳定，服务社会”为宗旨，充分发挥伊协桥梁纽带作用，坚持我国宗教中国化方向，为促进海原县民族和睦、宗教和顺、社会和谐做出了不懈的努力。

【教育培训】 2022年，海原县伊协认真学习习近平新时代中国特色社会主义思想和中共十九大精神，教育引导干部职工和教职人员进一步增强“四个意识”，坚定“四个自信”，做到“两个维护”。组织“三定”学习和“三学一做”活动。督促教职人员学习习近平新时代中国特色社会主义思想，学习宪法和法律法规，学习中华优秀传统文化，并为他们印制了《海原县伊斯兰教教职人员“三学一做”主题教育学习笔记》，引导宗教人士加强学习，努力提高自身素质。加强教职人员教育培训。协助统战部门组织开展全县宗教教职人员和寺管会主任培训班，培训人员1245人；对新当选的49名伊协委员进行全面培训；积极推荐教职人员参加自治区、市举办的各类培训班72人次，推荐年轻教职人员深造本科班、研究生班16人。发放《新编“卧尔兹”演讲集》《宁夏穆斯林》等书籍等近2000册，供教职人员和信教群众学习参考，努力提高他们的综合素质。

【教职人员管理】 2022年，海原县伊协加强对全县伊斯兰教教职人员的管理，使教务工作走上了规范化、制度化轨道。按照新修订的《宁夏回族自治区伊斯兰教活动场所主要教职聘任实施办法》规定，加强聘任管理，严格聘任程序，按照“伊协推荐、民主管理、组织提名、乡村审核、信教群众选举、民宗局备案、县伊协聘任”的程序开展教职人员聘任工作。全年累计办理教职人员聘任书95份，并全部进行了登记备案。加强教职人员的考核指导，制定了《海原县教职人员考核细则》和考核负面清单，进一步细化了考核内容。每季度组织人员到乡镇指导考核，年终进行一次综合考核。进一步提升了考核的针对性和实效性。全县在册教职人员1139人中，海原县开学人员351人，外县开学人员181人，从事其他职业607人。对2021年考核不称职的49名人员全部进行约谈。创新了教职人员管理模式，制定了包抓联系工作制度和包抓联系工作职责，推行伊协领导包片、常委包乡包人、委员包人的包抓联系工作机制。

【引导宗教与社会主义相适应】 2022年，海原县伊协实行“伊协制定主题，教职人员撰写讲稿、乡镇审核、综合评比”的宣讲模式，广泛开展“卧尔兹”宣讲活动。年初制定了52个宣讲主题，将习近平新时代中国特色社会主义思想、中华优秀传统文化、民族宗教政策等内容纳入宣讲范围，丰富了宣讲内容，提升了宣讲水平和质量。组织7名优秀人员参加中卫市“卧尔兹”演讲比赛，组织2名优秀人员参加全区“卧尔兹”演讲比赛，均取得了优异成绩。9月7日，举办以“喜迎二十大，坚定跟党走”为主题的海原县第十七届“卧尔兹”演讲比赛。

【伊协换届】 6月27日，组织召开海原县伊斯兰教第六次代表大会。会议在县委的带领下，严格换届程序，严肃换届纪律，选举产生了新一届伊协领导班子及其成员，体现了知识化和年轻化，班子结构进一步得到优化。

【参与社会治理】 2022年，海原县伊协积极参与开展铸牢中华民族共同体意识示范县创建和巩固“三化”治理成果等重点工作，抽调3名领导分片包干，协调配合处理宗教领域矛盾纠纷5起。在疫情防控期间，严格执行县委、县政府疫情防控工作的各项规定，积极做好伊斯兰教宗教场所“两个暂停”规定，实行每天一报告制度。

（海原县伊协）

红十字会

【概　况】 海原县红十字会成立于2021年1月，核定编制3人。2022年，全县有基层红十字会组织31个（乡镇17个，街道办、甘盐池种羊场各1个，卫健系统6个、教育系统2个、村级红十字会3个、非公企业1个），有红十字应急救护师资36名，应急救护员1992人。

【组织体系建设】 2022年海原县红十字会持续推进红十字基层组织建设，全县红十字基层组织达到31个。开展红十字基层组织服务能力提升活动，建设完成西安镇、海城镇、海城街道办团结社区3个红十字基层组织示范点，有效提升了基层红十字会服务群众的能力和水平。

【应急救护能力建设】 1.开展红十字应急救护培训“五进”活动（进社区、进农村、进学校、进企业、进机关）。全年共开展应急救护培训“五进”活动76场次，应急救护宣教力度进一步加大，“人人学急救 急救为人人”的理念不断提升，公众自救互救意识和红十字应急救护知识的普及率进一步提高。2.开展红十字应急救护乡村行活动。以36个移民村为重点，在全县乡村两级开展红十字应急救护员培训，助力百万移民致富提升行动和健康水平提升行动。年内，共完成应急救护员培训2382人，普及性培训3574人。全县36个移民村应急救护员实现全覆盖，行政村应急救护员有效覆盖。3.推进应急救护服务阵地建设。采取政府投资和民间筹资的方式，完成县汽车站、全民健身中心、政务服务大厅3个应急救护站建设；关桥中学博爱校医室、史店乡苍湾村博爱家园项目建设相继完成；在县内重点公共场所投放AED7台，配备兼职红十字急救员15名，全县重点场所应急救护安全初步得到保障。4.锻造优秀应急救护师资团队。通过救护培训与志愿服务注册相结合的模式，共完成应急救护师资培训32人，应急救护志愿服务力量进一步壮大。

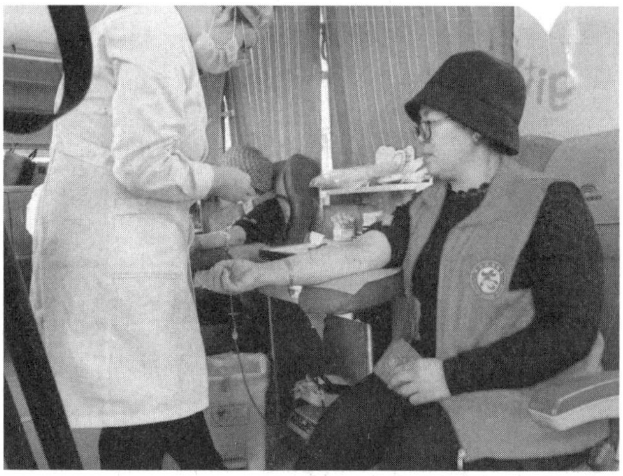

2月21日，海原县群众踊跃到县红十字会流动献血车参加无偿献血活动（杨彦强供图）

【人道救助】 1.开展“红十字博爱送万家”活动。争取区市红十字会资金和物资支持，在春节前开展困难群众慰问活动，共发放慰问物资价值39.34万元，受益群众2110人。2.实施“红十字天使计划”。开展“天使阳光”14岁以下先天性心脏病儿童及“小天使”0~18岁以下白血病儿童筛查救助工作，共筛查申请登记6名，力争上级红十字会予以救助。3.开展博爱助学活动。与自治区市红十字会对接，争取红十字基金或爱心人士开展贫困学生爱心资助活动，年内共资助困难学生9名。在全县开展“博爱一日捐”募捐活动，共募捐资金43.37万元，并利用捐募资金开展慰问退伍老兵，慰问无偿献血志愿者5人。4.开展抗洪救灾救助工作。争取上级红十字会为“8·13”海原县强降雨天气造成的灾害捐赠救灾物资价值15.59万元。

5月7日,海原县红十字会启动“博爱一日捐”捐赠活动,图为县政府机关捐赠现场(杨彦强供图)

【“红十字生命教育”活动】 1.开展无偿献血活动。通过红十字乡村行活动,在七营、李旺、西安等9个乡镇开展无偿献血活动11场次。动员全县广大干部群众积极参与无偿献血,截至年底共献血1060人次,献血量达19.2万毫升。2.打造“红十字救在身边——爱心相髓”品牌。开展造血干细胞捐献宣传动员和造干登记入库工作。共完成造血干细胞入库登记150人份,完成全年任务的100%。3.培育“红十字救在身边——生命接力”品牌。在全县广泛开展人体器官与遗体捐献宣传动员工作,截至年底,人体器官捐献登记入库193人份,完成全年任务的64%。这些活动的开展,有效提升了城市文明形象。

【志愿服务】 以“红十字乡村行”活动为主题,利用“3·5”雷锋日、“5·8”红十字博爱周、“5·12”防震减灾日、“6·14”无偿献血者日、“99公益日”、“9·15”世界骨髓捐献者日等节日开展志愿服务活动,在县城区和乡镇等人员密集地段,先后开展了以发放宣传资料、播放红十字运动、急救知识等宣传视频、并组织镇(乡)村干部及16~50岁的群众参与应急救护培训,同时开展义诊活动等志愿服务活动,开展志愿服务活动17场次,发放无偿献血、造血干细胞、人体和器官捐献等相关彩页13000余份、宣传袋3000余份、各类倡议书5000余份,公示、公开接收疫情防控物资和“博爱一日捐”善款使用说明两期,义诊500余人。

【疫情防控】 1.依法履职,全方位开展募捐。在县有线电视台,微信公众号等媒体向全社会发出疫情防控募捐倡议和捐赠流程说明,广泛动员社会各界踊跃捐款捐物,共接受捐款捐物价值317.03万元,其中,捐赠资金157.23万元,捐赠物资159.78万元。2.加强管理,物资保障高质高效。制定红十字会疫情防控应急预案和捐赠物资管理办法,按照“严谨、规范、透明、高效”的原则,依法依规接收和使用捐赠款物。在工作中坚决做到“四个到位”,即募捐依法依规,备案动员到位;完善捐赠手续,款物台账到位;加强捐赠管理,监督指导到位;积极沟通协调,人道服务到位。截至年底,共接受捐赠物资47批次,为全县疫情一线运送物资96车次。3.广泛宣传,主动接受社会各界监督。紧盯公开募捐资格、接受捐赠、分配使用、内部控制、公示公告五个环节,做到规范高效、公开透明。在县有线电视台对捐赠资金和物资的接受使用情况主动公示公开8次,接受审计、市场监管等部门督察2次,实现了款物调拨与信息公开同步。

(杨彦强)

法治 军事

政法委与综治

【概 况】 海原县委政法委有内设综合办公室、队伍建设和执法监督室、综治和基层平安建设室、维护稳定指导室、扫黑除恶斗争领导小组办公室。共有编制14人,其中行政编制13人(领导职数一正三副,一般干部9人),工勤编1人。有行政人员9人,政法委书记1人(由县委常委兼任),常务副书记1人,副书记2人。

2022年,海原县政法工作坚持统筹发展和安全总要求,以为党的二十大胜利召开创造安全稳定的政治社会环境为主线,从严从细从实抓好防风险、护稳定、保安全、促发展各项任务,创新建立"社会治理红黑榜",创建无诉讼行政村,统筹推进县级综治中心和矛调中心实体化运行机制,成功化解了一批信访积案,"全国信访工作示范县"成果得到巩固,反电诈工作位居全区前五,圆满完成了自治区第十三次党代会、党的二十大安保任务,公众安全感测评位居全区前列,政法工作高质量发展迈上新台阶,人民群众的幸福感、安全感得到了进一步提升。

【政治建设】 2022年,海原县委常委会研究政法议题7次,召开政法委员会全体(扩大)会议4次、平安海原建设协调小组会议1次、平安建设协调小组办公室会议4次、维护社会稳定风险隐患大排查大化解大整治行动部署会及推进会3次、打击整治养老诈骗专项行动推进会4次及政治安全工作会议暨反邪教会议等,全面贯彻《中国共产党政法工作条例》及自治区党委实施细则,严格落实政法委员会议、政法委员述职等制度,党领导政法工作科学化规范化制度化水平不断提升。

【政治安全】 2022年,海原县制定《海原县维护政治安全工作的实施方案》及10个专项行动方案等,严防严打"精神传销"有害培训,落实115个反恐重点单位安防措施。召开国家安全宣传教育工作会议,扎实开展"4·15"全民国家安全教育日宣传教育活动,打造总体国家安全观主题广场,开创国家安全人民防线建设新局面。

【风险防范化解】 2022年,海原县聚焦六大领域风险隐患,摸排矛盾问题和风险隐患360件(一般风险隐患348件、较大11件、重大1件),制定《化解攻坚"五定"方案》《挂牌督办通知》等,集中力量攻坚化解332件,化解率为

92.2%。推进2个专题14个行业专项整治三年行动，排查整改一般隐患2193处、重大隐患1处，行政处罚47次，停业整顿30家，罚款16.8万元，约谈警示117家，联合惩戒企业26家。排查整治夏季溺水安全隐患，加强安全宣传教育和舆情引导，确保社会面和谐稳定。

【平安海原建设】 2022年，海原县扎实开展为期三年的反诈人民战争，电信网络诈骗案件发案数和财损数实现“双下降”，破案率和挽损率实现“双上升”。扎实推进打击整治养老诈骗专项行动，制作微视频3个、编排小品2个巡演120场次，《谁动了婆婆的养老金》获“欢乐中卫”文艺会演一等奖。全县信访总量491件（批）、543人次，自治区、中卫市信访局登记来信来访网上投诉案件同比分别下降15.22%、36.67%，信访件“三率”满意率较2021年有所提升。不断提升立体化信息化治安防控能力和水平。2022年立刑事案件772起，同比下降26.1%；抓获犯罪嫌疑人353名，同比上升12.4%；破获盗抢骗现行案件330起，同比上升83.3%；9起八类刑事案件全部侦破。

【基层社会治理】 2022年，海原县制定《关于进一步加强基层治理体系和治理能力现代化建设的实施方案》《乡村治理2022年任务清单》，召开平安建设协调小组2022年第1次会议暨基层社会治理推进会，统筹推进7个领域工作落实。创建三星级及以上示范村党组织80个，实现社会组织、学校党的组织和工作全覆盖。创新开展“乡村发布会”，打造“党群服务+文明实践”综合体。深化“四议两公开”等议事决策制度，打造数字乡村治理示范点2个，提升农村治安防控能力。

【深化改革】 2022年，海原县创新“人民调解+特邀调解+速裁”方式和“法官+网格员”调解模式，创建“2+565”县域诉源治理品牌。出台贯彻落实《关于加强新时代检察机关法律监督工作意见》实施方案及分工方案。警务室整合配备社区民警77名、辅警50名。成立侦查监督与协作配合办公室。成立行政复议委员会，受理行政复议申请13件，接收行政应诉案件66件，落实行政负责人出庭应诉制度。

【政法队伍建设】 2022年，海原县巩固深化政法队伍教育整顿成果，推进全面从严管党治警常态化制度化，严格落实防止干预司法“三个规定”和新时代政法干警“十个严禁”，肃清流毒影响，净化政法机关政治生态。开展不当执法司法行为“大曝光”，让干警从个案中吸取教训，以案为戒、以案示警、以案促改、以案正风。2022年共处理违纪违法政法干警14人，同比下降57.6%。扎实开展违规收送红包礼金和不当收益及违规借转贷或高额放贷专项整治，深入开展自查自纠，各单位填报个人自查事项240余份，主动说明问题20余人，着力净化政法机关政治生态，锻造忠诚干净担当的高素质政法铁军。

（马　媛）

法治政府建设

【概　况】 中共海原县委员会全面依法治县委员会（简称法治委）是海原县委议事协调机构，统一部署和组织全面依法治县工作，直接受县委及其常务委员会领导，为县委服务、对县委负责。委员会设主任1人、副主任和委员若干人，委员由有关县领导及相关部门主要负责人组成。委员会下设办公室（简称法治办）于海原县司法局，负责处理委员会日常事务工作。委员会下设3个协调小组，即执法协调小组、司法协调小组、守法普法协调小组，承担委员会交办的相关工作任务。

【工作机制】　2022年，海原县法治委科学谋划推进法治政府建设，建立健全法治政府建设工作机制。1.强化党对法治政府建设的领导。县委和政府先后召开县委常委会、全面依法治县委员会、政府常务会议等会议，协调重大事项、解决重大问题。研究印发《海原县法治政府建设实施方案（2022—2025年）》《海原县2022年法治政府建设工作要点》等文件，认真谋划和推动落实法治政府建设各项重点工作。2.健全会前学法常态化机制。坚持党委（党组）理论学习中心组学法和政府常务会议会前学法制度，政府常务会议开展会前学法31场次，全县各级、各部门组织习近平法治思想专题学习110余场次，行政机关工作人员，特别是领导干部"关键少数"的法治意识明显增强，依法行政能力水平明显提高。3.加强法治督查跟踪问效。将法治政府建设列入全县年度督查检查考核计划，充分发挥督查工作对法治政府建设与责任落实的督促推动作用，紧紧围绕法治政府建设重点任务落实、党政主要负责人履行推进法治建设第一责任人职责等情况进行督查，全面掌握法治政府建设推进过程中的成效和问题短板，督促有关单位落实法治政府建设各项工作任务，先后开展法治建设专项督查2次，下发督查通报2期。4.示范创建激发内生动力。发挥示范创建找差距、补短板、激发内生动力的重要引领、带动作用，县人民政府积极参与2022年自治区法治政府建设示范创建活动，经综合评定申报了社会矛盾纠纷依法有效化解、重大突发事件依法预防处置2个单项示范创建项目，并完成网上申报工作，扎实推进法治政府建设示范创建。5.做好督察反馈整改落实。做好中央依法治国办第八督察组、自治区党委依法治区办实地督察反馈整改工作，着力推进督察反馈问题整改见效。研究制定《海原县关于中央依法治国办第八督察组督察宁夏反馈意见整改方案》《海原县贯彻落实自治区党委依法治区办法治建设实地督察反馈意见整改方案》，明确整改目标、责任单位和整改时限，反馈问题全部整改落实到位，实现整改工作常态化、整改效果长效化。

【"放管服"改革】　2022年，海原县出台《2022年海原县深化"放管服"改革重点任务分工方案》，细化10大类50条具体措施，各项改革任务均已完成。全县"一窗受理、集成服务"工作模式渐成亮点，全年共办理"一窗受理"105546件，"一件事一次办"事项142件、"跨省通办""区域通办"事项1431件。持续推行涉企经营许可事项告知承诺制，企业开办注销均实现税务、社保、市场监管等环节一日内办结。全面开展网上办理和"不见面"办理30余万件，办件指标位居全区第一。"零材料"办理、"一证（照）通办"和"证照免提交"办理有序推进，全年"零材料"办理50103件，"一证（照）通办"23315项。

【营造法治化营商环境】　2022年，海原县贯彻落实《优化营商环境条例》，强化公平竞争审查制度刚性约束，建立健全公平竞争审查工作机制，优化公平竞争审查方式。深入推进"双随机、一公开"监管，在宁夏"双随机、一公开"综合监管平台发布抽查工作计划127项，实际完成190项。检查市场主体2220户次，抽取执法人员816人次，对抽取的检查对象100%完成检查并全部公示，实现公示率100%。在"互联网+监管"系统中梳理出全县25个部门（单位）的监管事项514项，事项覆盖率为76.46%，位居全区县（区）第四。在全县三级政务服务机构推行"好差评"制度，评价数282231条，线上评价率81%，线下评价率100%，满意率100%，评价数位居全区第一。

【优化便民政务服务】　2022年，海原县将全县34个部门（单位）分散的政务服务资源全部整合接入宁夏政务服务网，先后动态调整取消、下放事项8次，减少25项，新增32项。联通不动产登记、交通运管、人社一体化服务平台，数据和宁夏行政审批与公共服务系统平台数据共享，实现了办理的标准、形式、要件、时限等要素保持统一，网办率达85.8%以上。配合自治区构建"审管联动"一体化业务在线平台，有效提高审管工作效率。为34个部门、17个乡镇民生服务中心配备电子签章51枚，夯实"全程网办""跨省通办""区内通办"的基础。

【推进政务公开】　2022年，海原县组织政府各部门围绕13个重点领域着力做好政务公开目录编制发布。主动公开事项覆盖了行政权力运行全流程和政务服务全过程，并将政务公开清单目录在县人民政府门户网站集中统一发布，接受社会监督。制发《海原县2022年政务公开工作要点》，分阶段推进基层政务公开标准化规范化建设。通过政府网站主动公开政府信息5000余条，规范重要文件、重大事项及上会议题合法性审查流程，依法公开答复群众依申请公开事项11项。

【规范重大决策】　1.加大备案审查力度。加强行政规范性文件和法治工作重要决定和方案备案审查，加大主动审查和专项审查力度。建立健全县委、人大常委会、政府之间的备案审查衔接联动机制，做到有件必备、有备必审、有错必纠。2022年，全县印发的4件行政规范性文件全部进行了合法性审查，并及时向县人大常委会及市人民政府进行了备案，自觉接受监督。2.持续开展全面集中清理。持续抓好全县行政规范性文件全面集中清理工作，全面清理与上位法不一致、不协调、不适应的政府规章和行政规范性文件，按照法定程序予以修改、废止，确保应改尽改、应废尽废、不留死角。先后开展涉及《优化营商环境条例》、生育保险内容专项清理，均符合规定。3.推进科学民主依法决策。贯彻落实《重大行政决策程序暂行条例》《宁夏回族自治区重大行政决策规定》，持续推行重大行政决策事项年度目录公开制度。第一季度完成《海原县2022年度重大行政决策事项目录》征集梳理工作，编制并公布2022年度重大行政决策事项7项，接受社会监督。各牵头实施单位均严格落实公众参与、专家论证、风险评估、合法性审查、集体讨论决定等法定程序，全程留痕。4.充分发挥法律顾问职能作用。切实加强党政机关法律顾问队伍建设，印发《海原县人民政府法律顾问管理办法》《海原县人民政府法律顾问工作经费管理办法》,充分发挥党政机关法律顾问在推进依法治县、依法执政、依法行政中的作用。全年共审查合同、协议7份,为重大决策提供合法性审查意见8份,办理涉法性事务101件,参与政府会议纪要合法性审查35次,就重大涉法涉诉事项报送法治专报4份。

【综合行政执法改革】 2022年,海原县印发《关于开展县乡综合执法联动改革的试点工作方案》,成立工作领导小组,研究解决县乡综合执法联动改革试点工作中的具体问题,推动各领域专业执法与基层综合执法有效衔接,确保综合执法联动改革试点工作任务全面完成。

【行政执法资格管理】 2022年,海原县落实行政执法人员持证上岗和资格管理制度,完成国家执法证申领换证345人,组织开展全县行政执法人员摸底排查工作,清理、调整不符合执法资格人员144人,完成270名行政执法人员综合法律知识网络考试报名和网络培训工作。

【规范行政执法行为】 2022年,海原县组织召开全县行政执法专题培训班1期,深入解读《中华人民共和国行政处罚法》及行政执法“三项制度”等内容,基层执法人员参训全覆盖。完成全县2022年度已结案263宗行政执法案卷评查工作,评选优秀案卷8宗并向自治区、市推荐上报,其中1宗执法案卷被评为全区行政处罚优秀案卷。海原县行政执法案例“销售含有国家禁止使用农药的芹菜案”被评为市级优秀典型案例,并入选《宁夏行政执法案例汇编》。

【重点领域执法】 2022年,海原县打击重点领域违法行为,全县各行政执法单位实施行政处罚881件次,行政强制29件次,开展行政检查4606次。向社会及时公布行政执法投诉举报方式和渠道,大力整治重点领域执法不作为乱作为突出问题,全年共受理行政执法监督案件2起,协同相关单位为当事人讨薪1.05万元。

【矛盾纠纷化解】 2022年,海原县构建人民调解、行政调解、司法调解相衔接的纠纷多元化解机制,创新“人民调解+特邀调解+速裁”方式和“法官+网格员”调解模式,推动从源头减少诉讼增量,开展诉前调解案件1922件,调解成功1057件。全县各级人民调解组织共参与排查化解各类矛盾纠纷2976起,调解成功1963起。达成人民调解协议申请仲裁裁决案件51起。

【普法宣传】 2022年,海原县以打造精品普法栏目为宗旨,播出《与法同行》电视访谈节目12期。培育“法律明白人”1200人和“法律明白人”骨干379人,群众的法治素养和乡村治理法治化进一步提升。利用重要时间节点广泛开展普法宣传,发放《中华人民共和国民法典》《法律援助法》等书籍6万余份和法治宣传品8000余份。在建成的海兴湿地公园、老城牌路山公园、七营镇文化广场建设法治文化广场,不断加强社会主义法治文化阵地建设。关桥乡关桥村获评第九批“全国民主法治示范村(社区)”,基层法治创建工作规范有序。

【公共法律服务体系建设】 2022年,海原县以“县、乡、村”三级公共法律服务实体平台为载体,发挥法律援助、公证等功能服务作用,加强县、乡、村(居)三级法律服务中心(站、室)建设力度,为村(居)配齐了法律服务自助终端机及可视电话,开通法律援助热线,打通了公共法律服务“最后一公里”。简化法律援助审批手续,扩大法律援助覆盖面,办理法律援助案件546件,受援人数935人,挽回经济损失418.36万元。办理各类公证事项207件,其中免费办理7件。

【行政复议和应诉工作】　2022年,海原县开展全县行政应诉突出问题专项治理,召开专项治理部署会议,审议印发《海原县关于开展行政应诉突出问题专项治理的实施方案》,推动行政争议实质化解。受理行政复议案件15件,已审理办结12件,召开案审会审理案件3件,作出撤销决定3件,通过接待行政复议相关人员56人,充分发挥行政复议内部纠错作用。全县各行政机关收到司法建议2份、检察建议182份,均已全部落实。2022年全县行政机关负责人应出庭应诉34件,实际出庭应诉34件,行政机关负责人出庭应诉率为100%。各级法院已审结行政案件65件,判决败诉9件,败诉率为13.8%,同比下降10.44%。加大行政败诉案件整改力度,先后两次对全县行政败诉案件进行通报并责令相关单位深刻剖析败诉原因。

【党政负责人履行法治建设第一责任人】2022年,海原县先后召开县委全面依法治县委员会会议2次、县政府常务会议2次,专题研究部署法治建设工作,制定印发《县委全面依法治县委员会2022年工作要点》《海原县法治政府建设实施方案(2022—2025年)》等文件。印发《2022年度学习宣传贯彻习近平法治思想工作方案》《海原县领导干部学法清单制度(试行)》,统一配发《习近平法治思想学习纲要》等书籍1900余本。县委理论学习中心组专题学习习近平法治思想2次,县政府常务会开展会前学法31次,示范引领各级各部门组织习近平法治思想宣讲90余场次,会前学法230余场次,法治专题讲座60余场次。落实重大行政决策程序和政府法律顾问制度,政府常务会议及时传达学习县委常委会会议精神,“三重一大”事项全部按要求提请县委研究,确保做到科学决策、民主决策、依法决策。全县各级党委(党组)专题听取上一年度乡镇各部门法治政府建设情况,研究解决法治政府建设有关重大问题40余次。坚持以学促考,扎实年终述法。将2022年度述法工作与年终述职深度融合,不断压实党政主要负责人履行推进法治建设第一责任人职责,各级领导干部学法用法守法和推进法治建设的自觉性明显增强。全县开展年终述法520余人,年终述法工作扎实推进。健全完善领导干部法律知识考试制度,推动以考促学、以考促用,全县考法人数达2500余人次。

(王太武、马　粉)

公　安

【概　况】　2022年,海原县公安局辖正科级派出所20个,内设副科级机构12个,监管场所2个。有总警力739人,其中政法专项编制259人、事业编制警务人员58人、工勤及联防37人、安置退转军人8人、辅警309人、禁毒专干68人。

【案件侦破】 2022年，海原县公安局常态化开展扫黑除恶，制定案件办理时间表、任务书、路线图，挂图作战，建立线索快速移交反馈、通报、督办等机制，推动案件分析研判，破8起涉恶九类案件，抓获犯罪嫌疑人15人。突出“百日行动”质效，发生刑事案件772起，同比下降26.1%，抓获犯罪嫌疑人353名，同比上升12.4%。破获盗抢骗现行案件330起，同比上升83.3%；紧盯命案积案，各警种、各部门坚持合成作战，全方位摸排相关线索，搜集命案在逃人员蛛丝马迹，侦破26年前田某某故意伤害致人死亡案。深入推进打击治理电信网络诈骗违法犯罪工作，电信网络诈骗案件同比下降49%，财损同比下降35.9%，破案率同比上升113%，挽损39.1万元同比上升22%，实现了“两升两降”的目标。强化行业领域综合整治，破获串通招投标案件5起，移送起诉12人；立非法占用农用地案件3起、非法采矿类案件1起，抓获犯罪嫌疑人5人；强化欠薪失信行为惩戒力度，南华山综合市场拒不支付劳动报酬立案，采取强制措施2人，为300余名农民工追回500余万血汗钱；破获全国扫黄打非办挂牌督办案件1起，抓获犯罪嫌疑人4人；侦破呱呱山赌博刑事案件1起，移送起诉7人，打掉了以田某某为首的赌博团伙，全面净化了社会风气；深入开展道路交通安全整治，查处各类交通违法行为6.6万余起；扎实推进道路交通事故预防“减量控大”工作，一般程序、死亡人数、受伤人数、直接经济损失分别同比下降41.6%、46.15%、51.5%、60.25%，为护航全县经济发展和社会大局稳定贡献了公安力量。

4月11日，海原县公安局社区民警挂牌亮相服务群众（周佳楠供图）

【公共安全】 2022年，海原县公安局以“百日行动”为载体，检查重点单位场所2887场次，整改各类隐患236处；排查农村道路、急弯险道等重点路段647处，整改交通安全隐患286处，注销黄标车、老旧车1043辆。推进“国家反诈中心”App注册，制作张贴社区警务公示牌，覆盖全县54个小区619栋居民楼1892个单元及所有村组，推动安装注册16万余人，使海原县成为全区5个最低发案率县区之一。组建60人特警队伍，购置18辆警用摩托车，设置4个屯警点，屯警街面、动中备勤，不断提高见警率、管事率，圆满完成党的二十大、自治区第十三次党代会等重大安保任务。

2月21日，海原县公安局“护学岗”民警在辖区中小学校门口疏导交通（周佳楠供图）

【警务改革】　2022年，海原县公安局落实派出所改革“两年规划”，在政策、编制、经费等方面全力保障和支持。优化设置125个警务室，为派出所补齐班子；向派出所充实警力46名，全县派出所民警占县级公安机关民警总数的50%；城乡社区民警65名，占派出所民警总数的51%，社区民警100%进社区（村）两委班子。投入建设资金1300余万元，改善基层派出所办公设施，使9个派出所实现了从“老旧危房”到“宽敞新屋”的转变；每年增加财政预算210余万元，提升辅警工资待遇并缴存公积金，人均增资500元；增加15个派出所餐厅经费，全额保障基层办公；租用新能源汽车10辆，更新补充执法执勤车14辆，为基层提供全方位支撑保障。持续打造一所一品牌、一室一特色，城关、三河派出所实行“一室两队”模式，其他13个派出所实行“一警多能”警务运行机制，创新“七融六合”工作模式、“红橙黄”三色预警机制、“四步三防”反诈工作法等7个经验做法，加快构建符合新时代要求、具有海原特色的基层警务机制。搭建“一体化、系统化、实战化”运行体系，推动“情指勤舆督”改革落地见效，被列为全区市域治理现代化试点工作优秀成果；充分发挥中枢统筹、警种联勤、响应处置作用，研判刑事类警情135起，治安类警情145起，配侦各类案件218起，抓获违法犯罪嫌疑人14人。建立全维、全程、全域、全链法治改革体系，案件办理呈现出“五降两升”的良好态势，执法质量大幅提升，扭转了法治工作长期滞后的被动局面，创新的工作做法在全区作了经验交流。持续推进“放管服”改革，办理公安政务服务5.7万件，开通身份证跨省办理业务和海兴区大型汽车业务，打通服务群众的“最后一公里”。

11月7日，海原县公安局首次将警犬投入街头巡逻队伍（周佳楠供图）

【公安队伍建设】　2022年，海原县公安局统筹推进“喜迎二十大、忠诚保平安”主题实践活动和“大学习、大讨论、大宣传、大实践”活动，采取“五学一研三讲”模式，开展学习研讨16次、支部书记和先进典型等讲授专题党课400余次。秉承服务宗旨，强化正面引导，利用“平安海原”公众号发布文章912篇，点击量达77.6余万次，国家级媒体刊发报道3次，自治区级媒体采用转发57次。持续巩固深化队伍教育整顿成果，建立健全“大监督”“大评查”“大督导”等28项制度体系，严格落实全面从严管党治警主体责任，有效运用执纪监督“四种形态”，市纪委立案调查3人，对2名民警给予党政纪处分及组织处理，固本培元，凝心铸魂，从源头上预防公安民辅警违纪违法问题的发生，筑牢了拒腐防变“防火墙”。坚持正向激励引导，发展预备党员14名，转正党员5名；完成了22人警务职级晋升工作；在急难险重中涌现出了一批先进集体和个人，其中，县公安局立集体二等功，李旺派出所获全国爱民模范先进集体，交巡警大队等3个单位立集体三等功，网安大队等7个单位荣获集体嘉奖，61名民警辅警立功受奖。

（周佳楠）

检　察

【概　况】　2022年，海原县人民检察院完成新一轮内设机构改革，现有内设机构5个，分设第一检察部、第二检察部、第三检察部3个业务部门，政治部（法警队）和办公室2个综合部门。现有人员编制数41个（中央政法专项编制36个，工勤编制5个）。实有政法专项编制检察干警33名，其中，员额制检察官13名、检察官助理6名、书记员2名、司法警察5名、司法行政人员7名。现有硕士研究生学历4人、大学本科学历28人、大专学历1人。设有党支部1个，有在职党员23名，发展对象1名，入党积极分子1名，退休党员9名。有工勤人员2名，聘任制书记员10名。

【荣　誉】　2022年，海原县人民检察院被评为支持地方经济发展先进单位、中卫市民族团结进步先进集体，被评为“让党中央放心、让人民群众满意”模范机关、第四届“全国检察官阅读”征文组织工作先进奖，在普法责任制履职评议中被评为“优秀”等次；2篇调研成果在西北五省区“天山论检”等全国性征文活动中获奖；申报立项、申请结项最高检和宁夏法学会等理论研究课题5项，课题申报实现0的突破；4个案例被最高检作为典型案例转发、5个案例被自治区检察院作为典型案例转发、2个案例被评为全区优秀案例；一名干警被自治区党委、自治区政府评为“平安宁夏”先进个人。

4月21日，海原县人民检察院督察组在西安镇盐池村开展“林长+检察长”生态保护督查（王华供图）

【服务保障乡村振兴】　2022年，海原县人民检察院完善《助力乡村振兴“检察+54544”行动实施方案》，细化分解任务、具体落实责任，发挥法治保障作用。向帮扶村兑付帮扶资金4万元，派驻3名优秀年轻干部组成乡村振兴工作队，脱产开展工作。用足国家司法救助政策，防范因案返贫等问题，对14人发放救助金15.5万元。严格落实检察长包抓乡镇工作，参与和组织开展大起底大排查大整改、基层矛盾纠纷化解、区域疫情防控等工作。全面参与城乡环境整治和污染防治，依法打击破坏环境资源和非法采矿等犯罪。构建“河长+检察长+警长”“林长+检察长”工作机制，全力守护碧水、蓝天、净土。

【疫情防控】　2022年，海原县人民检察院坚持疫情防控和业务工作“两手抓、两不误”，将各项疫情防控措施不折不扣落实到检察工作各环节、全过程。依法依规办理涉疫案件2件，推行“零接触”案件办理、“云连线”律师阅卷。坚持内外防控一起统筹、机关安全重点防范，先后派干部下沉耙子岖防控责任区300余人次，以严把出入关、消杀关、食品关、值守关、规范关、程序关为抓手，打出机关疫情防控“组合拳”，努力做到“管好自己的人”“看好自己的门”。

【涉案企业合规改革】　2022年，海原县人民检察院与县直企业管理部门建立沟通联系机制，进一步深化涉案企业合规审查改革，推动依法“能用尽用”。全面落实民营企业平等保护司法政策，加大对侵犯企业财产犯罪和涉民营企业财产执行监督力度。依法打击侵害民营企业合法权益的违法犯罪行为，起诉工程建设领域串投标犯罪5人。开展涉非公经济案件立案监督和羁押必要性审查、非诉执行监督专项活动，组织涉案民营企业刑事案件“挂案”清理“回头看”，全力维护企业合法权益。

3月1日，海原县人民检察院在法治教育基地开展“社检预未　共护未来”活动（王华供图）

【未成年人保护示范县创建】　2022年，海原县人民检察院融入“全国未成年人保护示范县”创建格局，建成“小白杨”检察工作室，改进检察校园青少年法治教育基地功能，发挥检察社区未成年人帮教中心作用，扎实开展未成年人保护法律监督专项行动，全力守护未成年人健康成长。办理涉未成年人权益保护领域公益诉讼案件6件，司法救助47人，监督撤案4件，民事支持起诉7件，制发“督促监护令”5份，预防教育进校园38次、进乡村24次、进社区16次，特殊预防20人，开展密切接触从业查询8468人，“一站式”办案、督促强制报告4次。

【刑事检察】　2022年，海原县人民检察院依法受理审查逮捕案件65件，受理审查并提起公诉175人。狠抓刑事案件质量，主动介入、自行补侦26件。依法发挥在公安机关挂牌成立的侦查监督与协作配合办公室作用，发现并监督立（撤）案28件、制发检察建议3件；持续推进“两法衔接”，全面落实“双向移送”线索要求，督促移送并立案涉嫌犯罪线索和案件9件、11人；统筹推进刑事执行检察，书面纠正社区矫正等刑罚执行和监管场所监管活动违法情形62起。

【民事检察】　2022年，海原县人民检察院坚持在监督中办案、在办案中监督，加大民事诉讼监督力度，办理民事检察监督案件67件，提出民事审判违法情形监督检察建议29件、民事执行违法情形监督检察建议27件。办理民事支持起诉8件。法院采纳检察建议并裁定再审和改判3件。积极推进虚假诉讼专项监督，办理民间借贷领域虚假诉讼案件1件，发现并移送立案涉嫌犯罪案件1件。

【行政检察】　2022年，海原县人民检察院借助“外脑智库”，聘请同级市场监督管理、水务等7家行政单位8名专业人员担任首批特邀检察官助理上岗履职，弥补检察机关专业领域“短板”弱项。依托行政检察“一手托两家”职能优势，依法加强对行政诉讼活动和行政行为的监督，针对发现的问题提出行政审判活动违法监督检察建议12件、行政执行（非诉执行）违法监督检察建议15件、行政行为违法监督检察建议2件。针对发现的行业乱象、监管漏洞，制发社会治理检察建议6份，并跟踪督促整改到位。

【公益检察】 2022年，海原县人民检察院立案审查生态环境和资源保护、食品药品安全和生活垃圾、河道污染、农残膜回收等公益诉讼案件77件，通过制发诉前检察建议或磋商督促行政机关履行职责。立案审查涉英烈保护、安全生产等新领域公益诉讼案件22件，制发诉前检察建议15件。办理的督促保护英烈纪念设施案被评为宁夏检察机关红色资源保护公益诉讼典型案例。

【政治建设】 2022年，海原县人民检察院深入学习宣传贯彻党的二十大精神和自治区第十三次党代会精神，扎实开展“大学习、大讨论、大宣传、大实践”活动，深刻领悟“两个确立”的决定性意义，增强“四个意识”、坚定“四个自信”、做到“两个维护”。全面落实《中国共产党政法工作条例》，巩固深化检察队伍教育整顿成果和党史学习教育成果，对标中央和区市县党委及上级检察院决策部署，完善和执行重大事项请示报告制度，向县委和上级检察院请示报告工作和事项30余件次，党组研究“三重一大”事项60余次，将党的领导贯穿于检察履职全过程。

9月8日，海原县人民检察院开展“检察开放日”活动（王华供图）

【县域社会治理】 2022年，海原县人民检察院推动基层治理“1+6+1”政策文件落实，深化更高水平平安建设。深入学习宣传贯彻实施《中华人民共和国反有组织犯罪法》，依法推动扫黑除恶斗争常态化。加大基层社会治理力度，制发社会治理检察建议19份。强化宣传，深入开展为期三年的“反诈人民战争”，扎实开展打击整治养老诈骗专项行动，创新“五进一建议”监督模式，共批捕起诉76人，制发检察建议3份。深化“根治农民工欠薪工作站”作用，督促移送、立案涉恶意欠薪案件3件，支持起诉追回农民工工资197万余元，办理的督促保护工程建设领域农民工劳动报酬权益案被最高检转发全国检察机关学习借鉴。结合实际推动落实“七号检察建议”和“八号检察建议”，走访调查、座谈交流、提前介入、合力攻坚、封堵漏洞。

【民族团结】 2022年，海原县人民检察院主动融入民族团结进步创建格局，贯彻落实中央民族工作会议精神和自治区市县部署要求，以铸牢中华民族共同体意识为主线，以“民族团结进步月”为载体，推动“党建+精神文明+业务+民族团结”融合发展，变司法办案为促进民族团结进步的主要阵地，变履职过程为普及民族团结政策、宣传法律知识、弘扬法治精神的第一现场，全力打造“示范单位”，以创建成果推动检察工作高质量发展。

【检察改革】　2022年，海原县人民检察院修订完善检察官权力清单，细化检察官助理、书记员岗位职责，进一步明确办案权限，落实司法责任制。完善执法司法监督制约机制，促进严格执法、公正司法。依法落实认罪认罚从宽制度，适用率92.54%，全面全部全程同步录音录像，促进认罪伏法、减少社会对抗。不断释放“少捕慎诉慎押”司法政策红利，不捕、不诉率同比分别上升11.33%、5.77%。推行以“案-件比”为核心的案件质量评价体系，“案-件比”降至1.14，以程序效率维护公平正义。推行入额院领导办理重大、疑难、复杂案件机制，办理案件125件、同比上升48.21%。探索加大大数据运用力度，提升办案质效。

【从严治检】　2022年，海原县人民检察院把机关党建、党风廉政建设、意识形态工作与业务工作同部署、同落实，层层签订目标管理责任书，逐级传导责任压力，推动全面从严管党治检责任落地落实。扎实开展违规收送红包礼金和不当收益及违规借转贷或高额放贷专项整治工作，全面接受市县纪委监委监督检查，改进机关和队伍管理方式，从严落实中央八项规定及其实施细则精神，与派驻纪检监察组建立联动机制，落实监督执纪“四种形态”，逐年建立检察人员司法廉政档案，严格执行防止干预司法“三个规定”，全面做好廉政风险防控。

7月22日，海原县人民检察院党支部组织党员干部在关桥红色遗址开展“益心为公促发展　红色精神代代传”主题党日活动（王华供图）

【机关党建】　2022年，海原县人民检察院牢固树立大抓基层的鲜明导向，坚持抓党建带队建促业务，突出党建引领，全力打造机关党建品牌，推动检察工作发展进步。党组书记亲自担任党支部书记，研究制定年度党建工作要点，分阶段专题研究推进党建工作，深化“党徽耀检·民生检察”“（6+2）X4”党建品牌，创建“让党中央放心、让人民群众满意”模范机关，加强支部规范化建设，推动党员活动阵地运用，强化党群团共建，推行领导干部讲党课、普通干警上讲台、感悟心得大家谈等机制，提升“三会一课”质量，创新主题党日形式，促进党建与业务融合发展。

【检察队伍建设】　2022年，海原县人民检察院落实相关政策要求，提请任命、调整、交流“80后”干部12人次。公开遴选、招录选调检察官、公务员、书记员10名，缓解力量不足问题。推行领导班子“周例会”机制，推行“分管+部门”区域管理机制，实行“只定目标不定任务”目标管理新模式，推行“三托一”岗位培训、“1+1”传帮带训、接续辅导等培训机制，推动工作良性运转、素能整体提升。对13人按照意向调整岗位，实现人尽其才、才尽其用。

6月20日，海原县人民检察院与沙坡头检察院开展结对共建主题党日活动(王华供图)

【检务管理】 2022年，海原县人民检察院突出公正司法和案件质量，不定期召开业务数据分析研判会商工作会议，分析核心业务数据运行态势，进行动态调度。修订完善检察人员、效能目标管理等考核细则和计分规则，把平时考评与业绩考评、评先选优有机结合起来，评选季度“检察之星”和“党员之星”，以司法办案质量、效率、效果为“指挥棒”推动业务高质量发展。定期组织开展案件质量常规评查、重点评查和专项评查，全程开展案件办理流程监控，实行核心业务数据周通报，推动业务工作平衡发展。充分发挥人民监督员对检察办案的“第三只眼”作用，实现“四大检察”“十种情形”全覆盖。全面深化检务公开，及时向外界发布检察信息，网络公开各类案件信息512条，自觉接受社会监督。依法保障律师执业权利，办理辩护与代理事项31件。

【基础设施建设】 2022年，海原县人民检察院完成检察服务中心重置迁移、检察听证室选址建设、远程视频会议系统更换升级等基础工程，实现窗口设置符合规范要求、办案设施功能优化、安全隐患全面排除。一体推进“业务应用系统”等智慧平台建设，全面运行2.0业务系统，实现网上办案和线上监管。接入“学习强国”学习平台，实现学习全覆盖。探索运用“瞩目”“小鱼易连”等手机会议视频系统，克服疫情影响，推动工作数字化、便捷化、持续化。聘请第三方开展内部财务审计，加强和规范政务管理。

(王　华)

法　院

【概　况】 2022年，海原县人民法院设政治部、法警大队、综合办公室、刑事审判庭、审管办、执行局、立案庭、综合审判庭8个内设机构和海兴开发区人民法庭、海城人民法庭、西安人民法庭、李旺人民法庭4个派出法庭。政法专项编制核定70人，占编干警63人，核定事业工勤编制4人，占编干警4人。2022年，共受理各类案件6912件，审(执)结6281件，结案率90.87%，同比上升8.88%，法官人均结案274件，同比上升27.7%。

【服务中心工作】 统筹抓好疫情防控，服务保障社会安全运行。疫情期间“诉讼服务不打烊”，依托智慧法院建设成果，通过远程提讯、网上立案、跨域立案、云庭审、云调解及电子送达等方式，最大限度满足群众司法需求，网上立案827件，跨域立案17件，线上调解案件1830件。响应县委号召，组织70余名干警深入社区、隔离点参与疫情防控，全力守护人民群众生命安全和身体健康。持续优化营商环境，服务保障县域经济建设。聚焦海原县产业布局和“四个示范县”建设，秉持谦抑、审慎、善意司法理念，坚持把服务营商环境理念贯穿到审判工作全过程，平等保护当事人合法权益，着力营造法治化、便利化、可预期的营商环境，有力推进全县法治化营商环境建设。主动融入县域治理，服务保障平安海原建设。在“党委领导、政府负责、社会协同、公众参与、法治保障”的社会治理大格局下，制定印发《持续加强诉源治理工作实施方案》，以矛盾排查化解为契机，积极开展诉源治理，与乡镇、街道、社区、机关协同进行“大排查、大化解、大整治”专项行动。深入开展“法律八进”活动，以案说法，广泛开展防电信、防养老诈骗等法律宣传活动，把矛盾纠纷化解在基层。受理案件数较2021年下降788件，社会矛盾纠纷有所缓解，诉源治理初见成效。依法保护生态文明，服务保障脱贫攻坚同乡村振兴有效衔接。认真贯彻中央、自治区市县落实建设黄河流域生态保护和高质量发展先行区推进会精神，围绕生态保护和先行区战略目标，重点从服务保护山水林田湖草沙等资源的合理利用入手，服务植绿增绿，支持政府清理破坏生态的采矿、采沙、建窑等行政执法活动，为巩固全县脱贫攻坚成果和乡村全面振兴发挥有力作用。

4月24日，中卫市法院诉源治理工作现场观摩推进会在海原县法院举行（县法院提供）

【刑事审判】　2022年，海原县人民法院受理刑事案件125件，审结115件，结案率92%，同比上升8.7%。坚持常态化开展扫黑除恶斗争，持续严惩抢劫、抢夺、故意伤害等暴力犯罪案件6件6人，重点打击危害公共安全、危险驾驶等案件38件38人，依法惩治贩卖、运输毒品等犯罪2件3人。依法公开审理社会反响强烈的李某某受贿一案，有力震慑了贪污腐败。对轻伤害、过失类犯罪，以修复社会关系为重，给予罪犯改过自新的机会。

【民商事审判】　2022年，海原县人民法院受理民商事案件4075件，审结3728件，结案率91.48%，同比上升6.91%。审理合同、民间借贷纠纷类案件2552件，维护公平正义，鼓励诚实守信。妥善审理婚姻家庭、赡养、抚养、继承、邻里纠纷等民生案件707件，抑制高价彩礼，引领淳朴民风，抵制恶俗陋习。快审快结交通事故损害赔偿、轻微伤害、侵占等损害案件211件，及时有效保护当事人合法权益。严格区分责任，严谨甄别良莠，公正审理甘盐池水塘溺亡、违法捕猎坠崖身亡等案件，让不法者担责，弘扬了社会正气。

【行政审判】 2022年，海原县人民法院受理行政案件90件，审结83件，结案率92.22%，同比上升13.7%。与县政府召开府院联席会，成立行政争议协调化解中心，制定印发《预防和化解行政争议府院联席会议制度》《依法推进行政争议协调化解工作实施方案》，推动行政机关主要负责人出庭应诉，当庭释法说理，与法院联动，有力化解行政争议案件11件。行政机关主要负责人出庭应诉率100%，行政机关败诉率同比下降11.5%。同时，向县政府推送行政白皮书，向有关部门发出司法建议11份，为行政执法建言献策，有力地推进法治政府建设。

【诉讼服务】 化解群众急难愁盼。以“为群众办实事示范法院”创建工作为抓手，深化“一站式”建设，推进诉讼服务大厅转型升级，为老弱、病、残、军等特殊群体提供优先引导服务，为普通群众提供便捷化服务，为当事人提供自助服务，让信息多跑路、群众少跑腿。加大司法救助力度，减缓免诉讼费4.78万元，发放救助金26万元，解决了诉讼群众的实际困难。扎实推进“基本解决执行难”向“切实解决执行难”迈进，开展“风暴行动”“联合执行”“假期执行”等系列专项执行活动，执结案件2355件，执结率89.71%，同比上升9.44%，执行到位金额7086.15万元，及时向人民群众兑现。摸排化解涉诉信访案件9件，回应群众诉求，维护社会稳定。聚焦提质增效目标。建立全流程诉讼引导，做实诉讼辅助、法律释明、判后答疑等工作，切实提高人民群众对判决结果的认可度，服判息诉率同比上升1.04%。以立案分流、诉前调解、小额速裁、轻刑快审等方式，做到简案快审、繁案精审，加快案件审理，审理期限同比减少4.2天，审判质效明显提升。夯实多元解纷基础。以平安海原建设“万人成诉率”考核和无诉行政村评选为抓手，坚持和发展新时代“枫桥经验”，因地制宜设立10个诉讼便民服务站，力争做到小事不出村、大事不出乡。坚持把非诉讼纠纷解决机制挺在前面，加强与各类调解组织、行业协会等社会力量有效衔接，推动基层治理协同共治、共建共享。加强诉前调解，聘请19名特邀调解员入驻法院调解中心，壮大调解队伍，加大调解力度，诉前调解成功1703件，调解成功率66.31%，取得了定纷止争的良好效果。立足县域交通事故多发的现状，成立道路交通法庭，打造“诉前调解+司法确认+现场立案”快速解纷平台，实现道路交通事故纠纷专业化的一站式处理。充分发挥人民法庭前哨作用，积极参与基层治理，西安法庭、海兴法庭被自治区高院授予“塞上枫桥人民法庭”称号。

【司法改革】 全面落实司法责任制综合配套改革。强化查明事实、实质化解纠纷理念，切实履行好基层法院职责，不断补短板、堵漏洞、强弱项，完善落实司法责任制、案件质量责任追究等制度，压实法官办案责任。激励院庭长带头办案，把院庭长办案情况纳入绩效考评体系，院庭长结案3776件，占全院结案的60.12%。统筹推进互联网司法和智慧法院建设，全面落实在线诉讼、在线调解和在线运行三大规则，为群众诉讼和法官办案提供智能化、一体化、协同化的智慧服务。健全完善监督制约机制改革。严格落实院庭长权责清单，强化院庭长对“四类案件”(指涉及群体性纠纷，可能影响社会稳定的案件；疑难、复杂且在社会上有重大影响的案件；与本院或者上级法院的判决可能发生冲突的案件；有关单位或者个人反映法官有违法审判行为的案件)监督管理，切实做到放权不放任、监管不缺位，着力解决不敢管、不愿管、不善管问题，确保审判权依法高效规范运行。通过加强审判态势分析，科学谋划审判执行工作，不断增强了审判管理的针对性、有效性。不断完善案件评查机制，制定《案件评查、回访工作实施方案》，评查案件5750件，着力构建“全生命周期”评价体系。

【作风建设】　2022年，海原县人民法院完善分层分类培训，协同推进线上线下培训。坚持开展庭审观摩、案件评比、优秀裁判文书评选等活动，吸收法官助理参与法官联席分析会、审委会的研判，不断提高法官准确适用法律、驾驭庭审、制作文书等业务能力。发挥资深法官的“传、帮、带”导师作用，引导青年干警更快更好地投身司法事业。对照《全区政法机关实施“3331”工程主要任务清单》要求，加强优秀年轻干部培养选拔。健全分类管理、考评、激励机制，有效激发干警干事创业活力。开展司法作风专项督察，严厉整治“四风”问题，坚决防止“四风”问题反弹回潮。组织干警集中学习宁夏第一批政法队伍教育整顿典型案例、警示录和区市县典型案例，强化不敢腐的震慑效应。大力发扬苦干实干精神，牢固树立全院上下“一盘棋”思想，加强干警团结协作。以指纹签到、业绩考评、目标考核等方式，切实改变干警“慵懒散”的状态、“干多干少一个样”的心态，争先创优蔚然成风。

【司法监督】　2022年，海原县人民法院主动接受人大和政协监督。向人大常委会专题汇报一站式建设和执行工作，向人大代表、政协委员专题通报法院工作情况，线上线下多种形式邀请代表委员旁听庭审、视察法院工作、开展座谈等30余人次。依法接受监察、检察机关监督。深入贯彻《中华人民共和国监察法》，自觉接受监察机关对法院工作人员的监督。支持检察机关依法履行监督职责，邀请检察长列席审委会8次。广泛接受社会监督和新闻媒体监督。落实院领导接待制度，邀请各界人士旁听庭审、见证执行，坚持以公开促公正树公信，依托审判流程、庭审活动、裁判文书、执行信息四大公开平台，互联网公布裁判文书1195份、直播庭审579场。

【政治建设】　2022年，海原县人民法院把牢政治方向，坚持党对政法工作的绝对领导，认真开展“两个确立”主题教育，常态化开展党史学习教育，引导党员干警深刻领悟“两个确立”的决定性意义，增强“四个意识”、坚定“四个自信”、做到“两个维护”。深入开展“大学习、大讨论、大宣传、大实践”活动，持续推动习近平总书记视察宁夏重要讲话和习近平总书记重要指示批示精神入脑入心、见行见效。严格执行《中国共产党政法工作条例》，坚持第一时间贯彻落实党和国家重大部署，第一时间向党委报告重大事项、重大案件9次，把党的领导落实到法院工作各方面全过程。坚守意识形态阵地。严格落实意识形态工作责任制，对意识形态工作定期分析研判，定期专题汇报，不断强化意识形态领域风险防控。紧盯党的二十大和自治区第十三次党代会等重要节点，认真排查立案、审判、执行工作中可能引发的矛盾纠纷，加强重大案件风险排查研判和应对，坚持“三同步”理念，切实维护司法领域意识形态安全。突出抓好法院微信公众平台信息发布审核，开展微信工作群的监督管理，掌控网络意识形态主导权，确保网络意识形态安全。坚持以党的政治建设为统领，认真开展“三会一课”、主题党日等活动，树牢坚定不移走中国特色社会主义法治道路的政治意识。及时传达贯彻执行上级党组织的决议、指示，开好民主生活会、过好组织生活会，用好批评与自我批评的武器，营造风清气正的政治生态。坚持从严治党。坚持“严”的主基调不动摇，从严正风肃纪，扎实开展违规收送红包礼金和不当收益及违规借转贷或高额放贷专项整治活动，常态化开展顽瘴痼疾整治，组织开展防止干预司法“三个规定”专项活动，全力配合县委政法委纪律作风巡查，完善党风廉政建设“三个清单”，主动整改突出问题8个，认真做好问题整改“后半篇文章”。坚持从政治上认识和抓好人民法院党风廉政建设和反腐败斗争，全力推进从严治党、从严治院、从严管理不断向纵深发展。

（海原县法院办）

司法行政

【概　况】 海原县司法局下设18个司法所和法律援助中心（公共法律服务中心）、公证处2个事业单位。局机关设办公室、法治股、行政复议与应诉室、基层股、社区矫正股、普法宣传办公室。2022年，实有工作人员135名，其中政法专项编制65人，工勤编制2人，事业编制14人，专职人民调解员35人、司法协理员18人。核定领导职数1正3副，下属18个司法所核定副科级领导职数18名。

【人民调解】 2022年，海原县整合矛盾纠纷调处资源，依托公共法律服务机构，成立了1个县级矛盾纠纷调解中心、18个乡镇级矛盾纠纷调解中心、37个村居级矛盾纠纷调解中心，为县域内矛盾纠纷排查化解工作提供了便利。打造矛盾纠纷多元化解“塞上枫桥”工作品牌，全面构建多元化矛盾纠纷化解机制，推进“一站式”矛盾纠纷多元调解中心建设。全年各级人民调解组织共参与排查化解各类矛盾纠纷2976起，调解成功1963起。其中，各乡镇村（居）人民调解组织共受理516起，成功491起，成功率95.1%；各专业性行业性调委会共受理调处矛盾纠纷462起，成功415起，成功率89.8%。已达成人民调解协议申请仲裁确认案件51起。成立了海兴开发区人民调解中心，并由县人民法院牵头，聘用了20名特邀调解员分配至各基层法庭，各级人民调解组织共受理法院转办诉前调解案件1922件，调解成功1057件。

【法治建设】 2022年，海原县严格落实《海原县关于全面落实普法责任制实施意见》，推进落实“谁执法谁普法”普法责任制。全县44个部门（单位）18个乡镇（街道）及时修订完善“四清单一办法”，进一步构建了部门分工负责、各司其职、齐抓共管的普法工作格局。

持续推动法治文化共建共享，打造法治文化广场等普法阵地，分别在老城区牌路山公园、海兴开发区湿地公园、七营镇七营村建成法治文化广场3处，并定期依托各普法阵地开展法治宣传或法治文化活动。发挥好新媒体宣传作用，加大法治宣传力度，开展《与法同行》电视访谈栏目，由各重点普法责任部门（单位）结合实际案例进行以案释法，参与节目录制，共录播电视访谈12期。“海原普法”公众号开设法治动态、工作交流、政策解读等十余个专栏，发布原创信息144篇，转载294篇，《宁夏日报》刊登信息12篇。积极指导督促各乡镇（街道）组织开展“法律明白人”选拔和培训工作，进一步提高农村普法骨干、法律明白人的法律知识水平，充分发挥其在提高农民法治素养、维护农民合法权益、预防和化解农村社会矛盾、促进“三治融合”中的示范引领作用，全县共培养“法律明白人”骨干379人、“法律明白人”1020人。

【社区矫正监管】 2022年，海原县有在册社区矫正对象114人。全年共上报重大事项11起，主要涉及社区矫正对象涉嫌余（漏）罪、被撤销缓刑、被给予治安管理处罚等事项，均已妥善处置，未造成严重后果。开展社区矫正安全隐患大排查大整治专项行动，共摸排走访64场次，摸排出涉黑涉恶、涉黄、涉赌、涉枪、涉邪教的重点社区矫正对象7人，经济有纠纷、家庭有矛盾、身体有重病、性格有偏激、精神有异常、生活无来源等“六类”社区矫正对象共5人，根据上述摸排结果逐一落实“问题清单”“责任清单”管理，严格落实“日排查、日上报”工作机制，坚持实施分类管理、个案矫正，做到“一人一策”。扎实开展“规范管理年”活动，完善了海原县社区矫正委员会议事规则和联席会议制度，明确细化各成员单位工作职责。修订了《海原县社区矫正突发事件应急处置预案》，成立了海原县社区矫正对象考核奖惩小组，明确了人员、职责和议事规则，规范和严格社区矫正对象考核奖惩、外出迁居审批等工作。在海原县老城区建设社区探索建立了海原县建设社区矫正工作站，组织引导村（居）民委员会、网格员协助开展社区矫正工作。落实精准监管措施，提升教育矫正效果。不断创新帮扶教育形式，加大帮扶教育力度。全面推行“4+4”教育矫正模式，发挥矫正小组、政府部门、社会组织、家庭成员4个力量，落实物质帮扶、能力培养、心理辅导、教育转化4个内容的教育帮扶模式，充分发挥教育矫正攻心治本作用。2022年，协调相关部门帮扶救助困难社区矫正对象累计65人次，帮扶资金共计79000元，为社区矫正对象办理低保2人，申请解决公租房1人。

（王太武、马　粉）

军　事

【概　况】 2022年，海原县人武部以迎接学习宣传贯彻党的二十大精神为主线，深入学习贯彻习近平新时代中国特色社会主义思想和习近平强军思想，不忘初心、牢记使命，团结带领所属人员按照“三情三实三致”理念要求，坚持抓班子带队伍、抓基层打基础，突出铸牢军魂、聚焦练兵备战、扭住主责主业、注重夯实基础、持续正风肃纪，加强科学统筹，狠抓督导落实，扎实推进年度各项工作落实，围绕举旗铸魂抓学习，在思想政治建设、备战打仗能力、国防动员准备、基层基础建设和军政军民团结上取得明显成效。县人武部被国家民委命名为“第十批全国民族团结进步示范区示范单位”。

【理论武装】 2022年，海原县人武部认真学习贯彻习近平新时代中国特色社会主义思想和习近平强军思想，深入学习宣传贯彻党的二十大精神，坚持读原著、学原文、悟原理，全年落实党委理论学习中心组13次集中学习，常态化组织每月经常性学习教育和每季度纪律党课。高质量抓好“忠诚维护核心，矢志奋斗强军”主题教育和民兵“铸牢中华民族共同体意识”专题教育，结合基干民兵分队训练大兴“强军思想进百连”活动，增强政治定力，永葆初心本色。

【党管武装】 2022年，海原县人武部坚持把加强党管武装作为一项严肃政治任务，狠抓落实质量。4月2日，协调召开人武部党委第一书记任职宣布大会；5月11日，对接县相关部门按时成立海兴开发区人民武装部；6月27日，召开党管武装工作会议，传达学习上级党委扩大会议精神，安排部署大项任务，结合实际调整武装专干，配齐装备器材，推进基层武装部规范化建设覆盖面。

【练兵备战】 2022年，海原县人武部认真学习贯彻开训动员令，按照上级统一部署开展“卫宁”系列演练，先后组织暴雨灾害处置、城市排涝、营门防卫、消防疏散等演练。组织基层武装部长、民兵教练员和基干民兵参加宁夏军区集训轮训、比武竞赛，1人取得无人机操作单项第二。严格落实首长机关训练，通过理论辅导、指挥演练，有效提高备战打仗指挥能力，参加军区指挥能力、参谋业务比武分别取得第6名和第5名。

【兵员征集】 2022年，海原县人武部狠抓征兵工作，紧盯大学毕业生征集这个重点，借助一等功臣撒占才搞好征兵宣传，严把政考体检关，完成全年新兵征集任务，大学毕业生比例达到41.6%，位列全区第三，全年实现零退兵目标。

【民兵工作】 2022年，海原县人武部坚持为战、能战、胜战目标导向，抓关键、勇创新、强质效，统筹推进潜力调查、民兵组织整顿；及时调整国动委人员编成，深挖动员潜力，搞好预征预储，分批整组点验，如期完成民兵训练基地建设，安全顺利完成年度基干民兵集中轮训，有效提升民兵分队军事素质能力。

【按纲抓建】 2022年，海原县人武部深入学习贯彻军委基层建设会议精神，聚焦“三个过硬”“四个坚持扭住”狠抓基层规范化建设。扎实开展“条令法规学习季”“基层风气整肃治理”“倾向性问题纠治”“保密工作专项整治”及“四严四整”等活动，落实经常性安全教育、训练、检查等制度，集中观看《铁纪强军》法纪教育片，紧盯安全措施漏洞，扎紧安全管理缺口。

【书香军营建设】 2022年，海原县人武部牢固树立“书香为战、书香育人”理念，因地制宜、精耕细作，更新完善营区宣传标语和楼道文化，利用电子屏轮播“微言妙语”，改建完善荣誉室，投入9.5万余元建成满足开展常规教育、个人学习、读书阅览、网上冲浪等多种需求于一体的新型图书阅览室，积极营造“爱读书、读好书、善读书”的良好新风尚。人武部书香军营建设受到宁夏军区首长高度赞扬，先后6次接待友邻单位参观。

【国防教育】 2022年，海原县人武部联合县委宣传部、消防大队、学校等单位，针对不同层次拓宽受众群体，先后开展5场专题国防教育讲座，提升全民国防意识。突出抓住文化广场、共建学校、帮扶乡村宣传阵地，构建先进军事文化体系，增大国防教育宣传覆盖面，营造爱党爱国爱军浓厚氛围。组织开展“饮水思源颂党恩”党日活动、“致敬英雄”故事会等，从中汲取政治营养、坚定政治信仰。

【双拥共建】 2022年，海原县人武部持续弘扬双拥传统，浓厚军民鱼水之情。春节、七一、八一期间军地携手走访为立功受奖现役军人和优秀士兵家庭送立功喜报，发放慰问金。慰问驻地部队、优抚对象、复退军人及现役军人家庭，发放慰问金。先后2次组织民兵参与驻地植树绿化、乡村治理等活动，联合县委宣传部、县退役军人事务局、县文广局等地方单位协办“国防教育暨军民鱼水情”专场文艺晚会，有序开展“崇军行动”，不断提升退役军人和家属获得感、幸福感，在全县营造了拥军爱军的良好社会风尚。

【乡村振兴】 2022年，海原县人武部积极响应党中央和习主席号召，主动聚焦党建产业兴旺、生态宜居、乡风文明、治理有效、生活富裕五个方面，全面助推乡村振兴有序发展，对定点帮扶的窑儿村，围绕“党建提星、产业提效、乡风提味、助学提志”四大赋能工程，围绕党建、产业、教育、文化、消费、医疗等方面，投入20.5万元经费助推窑儿村乡村振兴工作，协调相关单位拓宽产品销路，完成“一站九室”场所文化布展，搭建乡村振兴数字平台，开设积分超市，首创五星级党支部。帮助解决关庄乡九年一贯制学校供水设施改造，为全校学生购买校服206套，《宁夏日报》报道了人武部帮扶做法。

【疫情防控】 2022年，海原县人武部认真贯彻落实上级疫情防控要求，修订完善本级疫情防控预案，以严实举措有效应对“9·20”突发疫情，选派民兵奔赴海原县34个执勤点位，圆满完成疫情防控任务。人武部所属人员主动捐款1万元，购买医用一次性防护服、防护口罩等防疫物资，为抗击疫情尽绵薄之力。

（李　鹏）

经济管理

宏观经济管理

【概　况】　2022年，海原县实现地区生产总值98.86亿元，增长6%。其中第一产业增加值18.57亿元，同比增长5.7%；第二产业增加值23.97亿元，同比增长16.6%；第三产业增加值56.32亿元，同比增长2.6%。预计全年完成固定资产投资66.9亿元，同比增长10%左右；完成一般公共财政预算收入2.5亿元，同比增长5.1%；社会消费品零售总额29.46亿元，同比下降0.6%；城乡居民人均可支配收入分别为30980元、12745元，同比分别增长5.1%、8.5%；城镇登记失业率控制在5%以内，单位GDP能耗降幅和主要污染物消减量均完成上级下达目标，亿元GDP生产安全事故死亡率控制在区市下达指标内。

【经济运行调度】　2022年，海原县全力抓经济运行调度。1.全力落实报告制度。依法向县人大报告《关于海原县2021年国民经济和社会发展计划执行情况与2022年计划草案的报告》《海原县2022年上半年国民经济和社会发展计划(草案)》，并分解下达2022年经济社会发展总体计划指标，确定了全年指标的调度任务。向县财经委员会报告《关于建立健全〈海原县国民经济和社会发展第十四个五年规划和二〇三五年远景目标纲要〉实施机制的意见》，均已审议通过并执行。2.坚持调度分析制度。对照自治区市党委政府和自治区发改委关于稳增长工作安排，建立县稳增长联席会议机制，加大调度频次，组织召开6次调度会，以月保季、以季保年，全县经济运行总体平稳。

【经济政策落实】　2022年，海原县深入落实中央、区市县稳经济一揽子政策和接续政策，第一时间贯彻落实国务院稳住经济一揽子政策措施“33条”及其接续政策措施“19条”，积极落实自治区稳保促“50条”及配套政策措施“25条”和中卫市“八保一促”等政策措施。根据区市政策，按照上下对应、条条抓落实要求，结合海原县实际，起草形成《海原县关于贯彻落实国家和自治区市党委政府稳住经济大盘实施方案》等4个方案，实施激发市场活力稳住经济增长和优化营商环境若干措施，会同政府督查室定期抓好政策督查，确保政策有效落实。

【项目投资】　2022年，海原县坚持把推动高质量发展的主攻点放在项目上，多措并举，精准扩大有效投资。2022年计划实施项目117个，总投资288亿元，年度投资84.6亿元。年末已全部开(复)工。全年争取中央预算内投资项目18个,计划总投资3.77亿元,已全部开工。10个自治区“六个一百”重大项目全部开工,累计完成投资5.73亿元。1—11月,全县完成固定资产投资60.8亿元,同比增长5.5%,增速较一季度回正40个百分点。

【重点项目建设】 项目开工情况。截至10月已开(复)工项目103个,开工率88%。其中,产业基础设施项目17个,年度计划投资5.9亿元,占年度计划总投资10.7%;生态环保项目14个,年度计划投资2.8亿元,占年度计划总投资5.1%;基础设施项目38个,年度计划投资38.5亿元,占年度计划总投资69.1%;社会事业类项目26个,年度计划投资2.7亿元,占年度计划总投资4.8%;工业商贸及新能源项目8个,年度计划投资5.7亿元,占年度计划总投资10.3%。中央预算内项目推进情况。全年共争取中央预算内投资项目16个,计划总投资3.77亿元(其中下达中央预算内资金2.49亿元)。包括清水河综合治理、高标准农田、重点区域生态保护和修复、徐坪坡耕地水土流失综合治理等9个农业基础设施项目;中心敬老院扩建、第二小学“互联网+教育”、第三小学教学楼等5个社会事业类项目;第二污处理厂二期扩建、2022年邮政小区等5个城镇老旧小区改造配套设施等2个城市基础项目。年内,已开工项目14个,未开工项目2个(分别为海原县第二污处理厂二期扩建、清水河综合治理项目,现已挂网,计划10月下旬完成招投标并开工建设),开工率为87.5%。累计完成投资1.97亿元,投资完成率52%。“六个一百”重大项目推进情况。年初,自治区“六个一百”重大项目中,涉及海原县的有中部干旱带西安供水水源、互联网+城乡供水、出户入场养殖园区、扬黄灌区高效节水灌溉、高标准农田等18个项目。8月份,自治区又调整为10个项目,年度计划投资8.3亿元。9月底,10个项目已全部开工建设,开工率为100%,累计完成总投资5.73亿元,投资完成率69%。

县级重点项目推进情况。年初,县级领导包括重点项目有银川至昆明高速、海平高速、南部水源涵养林等17个,年度计划总投资45.9亿元。9月底,已开复工15个,未开工2个(其中,清水河流域城乡供水工程海原支线建设项目由于未列入自治区项目盘子,资金未落实,暂停工;100兆瓦屋顶分布式光伏发电项目由于光伏指标未明确,导致无法建设),开工率为88.2%,1—9月份预计完成投资29.13亿元,投资完成率63.54%。固定资产投资完成情况。前三季度预计完成固定资产投资52.66亿元,同比增长15.5%(其中1—7月份完成固定资产投资35.25亿元,同比增长5.7%;1—8月份完成固定资产投资43.4亿元,同比增长8.5%;9月份预计完成投资9.3亿元)。

【重点产业培育】 2022年,海原县坚持集群化、绿色化、链条化、融合化方向,强化项目带动、资源支撑,推动重点产业加快由粗放向集约、由低端向高端、由传统向现代转变。1.立足全县风光资源富集的优势,按照自治区主席张雨浦调研讲话要求,依托中车风机制造积极培育新能源装备制造“链主”企业,加快推进中车“一区三中心”项目。引进赫迪新能源装备制造和物流项目、天津津通铁塔及光伏支架制造项目落地开工。2.宁夏院双井50兆瓦光伏项目建成并网,华润金桥湾100兆瓦光伏、西气东输三线工程(海原段)开工建设,华电“以大代小”老旧风机更新前期工作加快推进,具备开工条件。330千伏变电站项目已获得自治区发改委同意。3.天然气综合利用项目已完成规划编制、推进方案和国有公司组建方案制定，项目可研、初步设计有序推进，开口事宜已基本敲定。

【节能减排】 2022年，海原县制定并印发了《海原县2022年度能源消费总量和强度双控工作分工方案》《海原县2022年节能宣传周活动实施方案》《海原县2022年节能宣传周和低碳日集中活动实施方案》和《节能监察通知书》等文件，督促相关单位开展节能监察工作。共设置宣传展板10余块，宣传横幅10余条，现场累计接受群众咨询200百余人次，发放各类宣传传单2000余份。同时，竞聘第三方机构启动编制《海原县碳达峰碳中和实施方案》，已经完成前期调研工作。

【安全生产】 2022年，海原县对长输油气管道及新能源发电企业开展安全生产监督检查，搭建安全生产监管工作桥梁，形成齐抓共管工作机制。强化管道保护应急救援处置，在海原压气站开展了联合应急演练活动，在李旺镇杨山村开展了安全生产月进社区主题宣传活动，扩大管道沿线居民群众对管道保护的知晓率，提升群众的参与度。

【经济体制改革】 2022年，海原县全力抓经济体制改革。1.积极落实各项改革举措。全面贯彻落实中央深改委和自治区审议通过的一系列事关全局的重大改革举措，不断深化“放管服”改革，深入推进“六权”改革，完善营商环境评价体系和评价机制，以改革促进开放、以开放倒逼改革，不断增强发展动力活力。加快推进高标准市场体系建设，全面落实市场准入负面清单制度。2.全力推进优化营商环境。出台《海原县2022年持续优化营商环境任务分工方案》，持续释放政策利好。围绕优化营商环境18项指标，明确海原县优化营商环境10个方面68项改革举措，推动企业年报自主公示、公共法律服务进企业服务营商环境等改革事项，深度挖掘优化营商环境创新做法和典型经验，进行宣传报道。3.全力提升服务水平。深化投资审批制度改革，进一步简化、整合投资项目报建手续，共审批项目343个，政府出资的投资项目审批234个。优化企业备案服务水平，积极为企业提供帮办服务，确保企业按期完成开办业务。共办理企业备案7家。按照“免申即享”的惠企政策，已为85家参保单位（企业）减免失业保险78.78万元，惠及职工3100人。4.强化诚信体系建设。制定印发《海原县2022年社会信用体系建设工作要点》，发挥牵头协调作用，公示信用信息3270条，其中，行政许可信息3071条，行政处罚信息199条。同时，有序开展失信约束措施清理规范、“屡禁不止、屡罚不改”严重违法失信行为专项治理、归集失信被执行自然人信息等相关工作。

表9 2022年经济体制改革任务完成情况表

改革事项 承办单位	任务（项）	完成（项）
海原县审批服务局	7	7
海原县交通运输局	5	5
海原县市场监管局	9	8
海原县住建局	1	1
海原县农业农村局	1	1
海原县财政局	1	1
海原县发改局	27	27
海原县公安局	1	1
海原县工信商务局	3	2
海兴开发区	3	3
合 计	58	56

【民生保障】 2022年，海原县全力抓民生保障。1.完善健全应急保障机制。出台改革完

善体制机制加强战略和应急物资储备安全管理实施方案,健全储备管理制度,落实好地方储备粮规模。2.强化价格监测和认证。密切关注市场动态,分析市场供求情况及价格运行趋势。共撰写价格监测信息9期、价格专报27期。向市发改委上报监测数据26份。全年共受理公安机关委托价格认证案件27起,涉案金额15万余元。同时,完成露地马铃薯、散养肉牛、散养肉羊等6个品种成本与收益数据收集及统计上报。3.强化煤炭保供工作。备案建设清洁煤配送中心19家,积极推进煤炭清洁储存、配送、使用。县发改局负责牵头协调,与国家能源集团宁夏煤业有限责任公司按550元/吨价格签订全县1923户困难群众平价煤保供协议,每户3吨,共计5769吨。并制定了《海原县2022年平价煤保供工作方案》,组织各乡镇(街道)与国家能源集团宁夏煤业有限责任公司签订具体采购合同、完成拉运配送工作。

【粮食安全】 2022年,海原县全力夯实粮食安全党政同责责任制。1.高质高效完成涉粮问题巡察整改。已全部完成自治区党委涉粮问题专项巡视组共反馈的6个问题和市委涉粮问题专项巡视组共反馈4个大问题9个小问题;县委涉粮问题专项巡察组反馈的3个方面8个大问题20个小问题,全年完成18个小问题的整改,剩余2个问题正在整改中。2.坚决落实原粮和成品粮储备任务。由中卫市地方储备粮有限公司代储原粮4000吨(小麦和水稻各2000吨)储备任务已经全部完成;600吨应急成品粮储备由县级8家代储企业全部代储完成。3.积极保障县级救灾物资储备和轮换工作。为进一步加大救灾物资储备力度,积极协调县应急管理局,确保救灾物资库存保有量。县发改局严格落实救灾物资监管、轮换和整理并库等日常工作。全年共发放各类物资共计18个品种、26962件,为全县突发性疫情提供坚实防控基础。

【效能目标考核】 2022年,海原县全力承接自治区效能目标考核。1.粮食安全考核方面。全县应储备应急成品粮以政府出资购买代储服务的方式,由县内粮油经销部共同承担。储备任务已全部落实到位。全县粮食应急供应网点应急成粮食保供已全部完成,经自治区粮食局考核全部达标合格;粮食行政执法有效落实,联合执法监察共计16次,全部达到自治区粮考办要求;共建成3个产后服务中心、2个粮库,粮食和物资储备仓储设施建设任务。建设完成3个优质粮食工程项目(粮食品种品质品牌提升项目2个,粮食机械装备提升项目1个)。2.固定资产投资方面。前三季度完成固定资产50.73亿元,固定资产投资增速为11.3%;前三季度制造业增速为-53%,前三季度增速民间投资增速为-75%。3.清洁能源产业方面。清洁能源产业重大项目实施开工率不足,老旧风机“以大代小”等容更新改造297兆瓦风电项目、2座共享储能电站项目、华润金桥湾光伏复合项目未按年初计划任务实施,预计存在扣分风险。4.优化营商环境方面。按照《海原县2022年持续优化营商环境任务分工方案》,从10个方面68项任务细化工作分工。同时,积极对接自治区发展改革委对全县营商环境各成员单位进行考核培训和资料辅导及填报工作。

【常态化疫情防控】 2022年,海原县全力抓好常态化疫情防控。按照《关于印发新型冠状病毒肺炎防控方案(第九版)的通知》和《国务院联防联控机制公布进一步优化疫情防控的二十条措施》要求，坚持对南门市场、成品粮食代储企业、原粮代储企业和应急粮网点及新能源企业进行常态化疫情防控措施落实。同时，严格按照县疫情防控指挥部统一部署，组织40余名干部职工迅速下沉到包保社区，分班实行24小时不断岗值守。同时，强化中高风险区返回海原大货车预警工作，点对点发送提醒短信、人盯人电话联系，提醒大货车司机掌握疫情动态，确保打赢“清零”攻坚战。

(何振强、海恭剑)

财　政

【概　况】 2022年，海原县地方一般公共预算收入完成2.5亿元，为年初预算的106%，同比增长5.1%，同口径增长11%，超收1500万元。一般公共预算支出完成62.05亿元，完成变动预算的93%。政府性基金预算收入完成0.35亿元，完成调整预算的100%。政府性基金预算支出完成1.35亿元，完成变动预算的90%。

【财政收支】 2022年，海原县坚持稳中求进工作总基调，全面加强财政收支运行分析研判，牢牢把握财政工作主动权，确保财政平稳运行，切实发挥财政在国家治理中的基础和重要支柱作用。1.挖潜增收。面对复杂严峻的经济形势和财源基础薄弱的实际困难，不断加强财政、税务、人民银行以及各征管部门的协调联动，强化收入征管，推进依法治税，挖掘增收潜力，确保预算收支平衡。精准吃透中央和自治区财政投资政策，紧盯资金动向，适时捕捉信息，统筹做好向上争取资金工作。在多方共同努力下，全县共争取上级补助资金58.55亿元，增长4%。2.坚持统筹兼顾。坚决贯彻党政机关过“紧日子”要求，预算压减一般性支出10%。从严核定“三公”经费，落实“只减不增”要求。清理上缴部门(单位)存款利息收入0.13亿元。盘活部门(单位)存量资金2.24亿元，统筹用于经济社会发展亟须领域，有效弥补财力困难。及时拨付下达预算资金和专项指标，保持财政支出强度，保障全县重大决策部署落实。3.严防债务风险。严格落实政府债务还本付息资金纳入预算管理要求，预算安排资金3.66亿元(其中申请再融资债券1.15亿元)，足额偿还政府债务到期本息。全县限额内政府性债务余额34.61亿元，其中一般债务28.55亿元、专项债务6.06亿元，均控制在法定限额内。2022年申请使用自治区新增地方政府债券资金1.52亿元，用于巩固脱贫攻坚成果同乡村振兴有效衔接、城市排水防涝等方面。全县政府债务风险等级为绿色，综合债务率76%。

【税费政策落实】 2022年，海原县严格执行大规模及阶段性支持疫情防控和经济社会发展的税费优惠政策，清理规范政府性基金和行政事业性收费项目，全县新增退税减税降费1.55亿元。对承租国有资产房屋的小微企业和个体工商户减免租金6.8万元。落实政府采购支持中小企业发展政策措施，调整价格评审优惠幅度，面向中小企业预留份额由30%以上阶段性提高至40%以上。投入资金0.12亿元，支持批零住餐及旅游类企业开展促销让利活动。安排资金0.17亿元,升级打造海原县智慧物流仓储配送中心、县域商业体系建设等。通过"832"平台采购脱贫地区农副产品,全年完成采购金额168.4万元,超额完成8.7%。

【金融扶持】 2022年,海原县引进工商银行在海原县设立分支机构。全县银行机构存款余额100.67亿元,同比增长8.47%;贷款余额86.14亿元,同比增长12.24%,贷存比提高到85.57%,其中涉农及小微企业贷款余额65.52亿元,占比76.2%;脱贫人口小额信贷余额1.91万户9.09亿元(当年新增贷款1.54万户7.56亿元)。发放富民贷1.34亿元。县农商行充分运用货币政策工具,向人民银行申请支农支小扶贫再贷款额度9.84亿元。汇集乡村振兴等基金3.2亿元,为中小微企业、专业合作社、家庭农场等市场主体担保贷款7.5亿元,免除担保费用322万元。全县政策性农业保险保费规模达到0.48亿元。

【支持打造"四个示范县"】 2022年,海原县支持各乡镇(街道办)新时代文明实践所(站)建设及打造铸牢中华民族共同体意识示范县。严格落实"四个不摘"要求,统筹整合财政涉农资金6.72亿元用于巩固脱贫攻坚成果同乡村振兴有效衔接,确保过渡期内政策和资金规模总体稳定,聚力打造乡村全面振兴示范县。筹措资金3.43亿元,支持完善活牛交易、屠宰加工及营销、良种繁育、肉牛"出户入场"养殖园区等全产业链,倾力打造高端肉牛产业示范县。投入资金4.95亿元,推进大气水体污染防治、农村生活污水处理、国土绿化造林、清水河综合治理、农村人居环境整治等项目,助力打造生态文明建设示范县。

【保障重点项目建设】 2022年,海原县支持推进创新驱动战略,县级R&D经费投入0.13亿元,同比增长10%。筹措资金4.51亿元,统筹实施县城市政道路提升改造、棚户区及老旧小区改造以及城市热源调配等项目,落实县城环卫保洁、园林绿化管护、路灯照明、污水处理以及集中供热等政府购买服务项目经费保障。投入资金1.32亿元,支持实施县城至海兴开发区城市公交一体化、村组道路硬化、农村公路养护等项目。发放耕地地力保护、实际种粮农民一次性补贴、春小麦种植等补贴资金1.38亿元,保障粮食安全。安排资金0.18亿元,推进李旺镇美丽集镇建设、关桥乡方堡村高质量美丽宜居村庄建设以及西安镇菜园村传统村落保护等项目落地。争取资金2.45亿元,支持实施中部干旱带海原西安供水水源工程、高标准基本农田建设等项目,进一步改善农业生产条件。

【民生保障】 2022年,海原县认真履行主体责任,统筹有限财力,进一步优化支出结构,加强"三保"支出预算保障和执行监测,兜牢兜实"三保"底线。全年落实"三保"支出37.39亿元,占财政总支出的62%。用于民生领域的支出比例达到80.2%。1.坚持教育优先发展。全县教育支出10.5亿元,支持落实生均公用经费、营养改善计划、寄宿生生活补贴、校长及班主任津贴、"双减"课后服务、政府购买学前教育保教服务等教育惠民政策,实施了海原一中及兴海中学扩建、海兴区初级中学及海原八小新建等教育质量提升项目。2.完善医疗服务体系。投入资金3.68亿元,全力保障疫情防控支出需求,落实公共卫生服务、医疗救助、城乡居民医疗保险补助等政策,推进医疗健康总院实体化运行，新建社区卫生服务中心、李旺镇中心卫生院门诊楼以及“互联网+医疗健康”等项目。3.加大公共文化投入。安排资金0.22亿元，支持实施天都山老庄乡村旅游综合体、生态观光自驾游配套设施、非物质文化遗产保护、乡村文化旅游等项目，促进自治区级全域旅游示范区创建。并落实“三馆一中心”免费开放、农村电影免费放映等文化惠民政策。4.积极促进社会治理。进一步完善公共安全、司法、应急管理、消防救援、信访维稳等经费保障机制，支持实施“雪亮工程”、文明县城创建等，推进法治政府和平安海原建设。创新财政金融支持“六权”改革方式，健全完善融资保险服务机制，发放农村产权抵押贷款46笔721万元，贷款利率在原基础上下降0.75%。5.持续完善社会保障。筹措资金1.68亿元，落实“三支一扶”、机关事业单位实习、失业保险稳岗返还、公益性岗位、义务兵优待金、退伍军人优抚等政策，支持实施中心敬老院养护楼、树台敬老院、牌路山烈士陵园改扩建以及公共实训基地建设等项目。拨付困难救助资金4.26亿元，保障低保户、特困供养户、高龄老人、孤儿、重度残疾等弱势群体及受疫情影响群众基本生活。

【财政管理】 2022年，海原县严格落实财政事权和支出责任，建立健全现代财政制度。扎实开展预算管理、国库管理、资产管理、债务管理等7个领域财经纪律专项整治活动，排查整改问题8个，维护财经纪律。将全县158个预算单位会计核算及实有账户资金全部纳入预算管理一体化系统，进一步规范财政资金核算管理。巩固政府采购领域专项治理成果，全年完成政府采购项目45个，采购金额3.2亿元，资金节约率5.9%。累计收到政府采购投诉13件，作出行政处罚决定书10份。积极开展会计信息质量专项检查，加强和规范代理记账机构监管。扎实开展国有产权交易领域突出问题专项治理，修订完善行政事业及国有企业产权交易制度6项，发现并整改问题25个，促进国有资产优化配置和有效利用。全面推进全过程预算绩效管理，加强绩效目标审核、中期执行监控以及绩效评价等工作。选取11个重点支出项目开展绩效执行中期监控。组织开展第三方绩效评价项目30个。完善财政直达资金监控机制，加强直达资金分配、下达、支付数据导入以及预警信息核实等工作。强化县属国有企业重组整合，清理“僵尸企业”和无主营业务企业9户。加快建立现代企业制度，推进县属国有企业完善治理结构，优化国有资本布局。

（马贵成）

税 务

【概 况】 2022年，海原县税务局内设12个职能科室、三个派出机构（海城税务分局、李旺税务分局、西安税务所）和一个事业单位（信息中心）。全局共有在职干部职工86人，少数民族干部37人，党员干部48人，负责征管增值税、企业所得税等18个税种，企业职工基本养老保险基金、城乡居民养老保险基金等8个社保费，教育费附加、地方教育附加等13项非税收入。年末，全局共有税务登记户6377户（其中，单位纳税人1691户，个体经营纳税人4686户；增值税一般纳税人278户，增值税小规模纳税人6099户），重点税源行业主要为房地产、建筑、金融保险、新能源发电等。

【税费收入】 2022年，海原县税务局共组织各项收入115387万元，同比增长26.5%，其中税收收入26403万元。上报税收分析1篇，减税降费专报5篇，撰写的《海原县辖区新能源企业税源调查报告》工作专报得到海原县委、县政府主要领导的肯定性批示。

【税收治理】 2022年，海原县税务局严格行政执法“三项制度”，认真执行“首违不罚”事项清单。进一步巩固和深化内控建设质量提升行动，制定了《海原县税务局内控建设防范风险提升行动实施方案》，深化普法责任制落实，加强对各部门税费政策落实检查督办，定期督导基层分局（所）严格执行税务行政处罚。实行“前置预审、业务分流”工作模式，将纳税人平均等候时间压缩40%，即办注销率达到100%。持续推广“非接触式”办税范围，加大电子税务局移动端缴纳税费的第三方支付应用。以税收征管质量5C监控评价为抓手，重点对一些风险较大的涉税事宜开展事中事后核查，尤其是增值税专票核查和当前大额退税减税等业务，打击偷骗税行为。通过政府协调，积极与财政、医保、资源、住建等部门建立联动机制，充分构建“政府主导主责、部门分工协作、合力推进划转”的工作格局。

【纳税服务】 2022年，海原县税务局优化纳税服务，持续优化税收营商环境。扎实落实好“500名税干进千家入万户”宣传退税减税降费政策活动。以局党委为中心，成立5个走访组，对辖区内企业开展分批次走访，问计问需。全年共走访企业314户，收集到企业意见建议7条。扎实开展“便民办税春风行动”。共组织线上、线下纳税人学堂5次，制作长图6期、视频2期，浏览量500余人次，帮助纳税人缴费人懂政策、能申报、会操作。建设“智慧办税大厅”。建成的24小时智慧办税服务厅可承接85%税收业务，集自助业务办理与人工交互功能于一体，能查、能问、能看、能办，实现了智慧办税、精准服务新体验。全年辅导纳税人网上办税办理事项10096项，非接触式办税率76.63%。开展前置辅导服务。建立“1+N”纳税咨询办理热线（“1部咨询电话+N个办理岗”），实时解决缴税费人问题。开展过程帮办服务。推行“税小杞放心办”“税小云贴心答”个性化服务，安排专人线上联系，线下代办，满足纳税人足不出户办理业务需求。提升细节服务。在智慧办税厅张贴24小时业务咨询电话和各类业务操作教学视频二维码，引导纳税人“码上学习”，印制简洁明了的操作流程手册，更方便纳税人自主办税。

【减税降费政策落实】 2022年，海原县税务局落实减税降费及退税缓税缓费7880万元。其中，累计为19户纳税人办理增值税留抵退税，涉及金额7644万元；累计为120户纳税人办理“六税两费”政策性减免93万元；累计为32户制造业中小微企业办理延缓缴纳110万元；累计为6户中小微制造业企业办理退税（费）33万元。

【减税降费服务】 “四优”做到退快。优化内部培训。对办税服务厅、分局（所）、税政等部门一线工作人员进行了相关系统培训，并利用“每日一题”加强政策学习理解运用，确保税务干部成为懂政策、会操作、善辅导、能解释的行家里手。优化政策辅导。依托“纳税人学堂”“获得”平台等，面向不同规模企业，为符合条件的纳税人进行了多次全覆盖、有重点、精准性的辅导培训。优化纳税服务。在办税大厅、智慧办税服务厅设置专岗负责退税咨询、辅导工作，并为所有申请留抵退税的纳税人发送一份温馨提示，保障纳税人的留抵退税事宜顺利进行。优化督察督办。建立“一册三表”、留抵退税“铁台账”等，详细记录企业信息、税款属期、政策适用等情况，密切跟踪留抵退税执行情况和办理进度，确保政策落实落细落到位。“四审”做到退稳。大厅初审研判。办税服务厅专岗受理退税申请，梳理归类退税企业信息，建立台账，初步核实纳税人退税资格、退税资料、退税范围和退税金额。岗位复审把关。压实基层守土责任，分局(所)和税政股认真审核大厅初审传递退库数据、政策依据的准确性，提前研判、排查、处置退税风险。团队会审复核。对无问题的推送领导审批岗审核，对存在风险的暂停办理，并转交风险防控组核查落实。领导终审堵漏。分管留抵退税领导全面审查、分别处理退税资料，对退库数据的准确性、政策依据等进行终审，发现问题及时退回重审或补正，终审无误加快审批速度，确保政策红利直达快享。“四防”做到退准。做细“人防”。集中17名业务骨干,组建三个风险防控组,充分发挥集体智慧和团队力量,加大对房地产、建筑、物流运输、商贸等大额申请退税企业的实地核查。做快“打防”。认真执行风控方案和操作指引数据赋能开展“一户式”分析、“一体式”应对。对涉嫌重大违法的纳税人，按规定及时上报稽查部门核实查处，有力维护国家税收安全。做严“督防”。由纪检组牵头，认真开展督察督办、纪律监督等，外防遵从风险，内防执法风险、廉政风险，持续释放从严监督强烈信号，确保退税经得起检验。做精“回访”。针对自治区、市税务局细化的留抵退税政策落实“回头看”任务清单，以西安特派办、自治区税务局推送的疑点数据为依托，各职能组在留抵退税申请、受理、审核等重点环节、关键领域进行“回头看”，及时纠正和化解留抵退税工作中苗头性、倾向性的问题。

【队伍建设】　2022年，海原县税务局着力加强干部队伍建设。抓绩效，有效激励干部。认真研读自治区税务局、市税务局对县税务局组织绩效考评规则及指标，将各部门重难点工作和自治区税务局、市税务局确定的年度重点工作纳入绩效考核，瞄准短板弱项，紧盯指标进度，及时进行考评情况通报及绩效讲评分析，形成“人人讲绩效、事事看绩效、个个重绩效”的氛围。抓学习，精心培育干部。制定并完善《以青年之绚丽绽放干部队伍建设“四色之花”暨海原县税务局青年干部素质提升行动方案》。充分利用“海税·星·课堂”“青年开讲啦”研讨班等平台，构建“讲解+研讨”学习机制，促使青年干部尽快掌握政策，补齐业务短板，夯实专业“基本功”。抓文化，切实凝聚干部。开展职工趣味运动会、庆祝三八国际妇女节系列活动，让干部彼此拉近距离，促进融合。举办1次“书香致远税韵至恒”读书分享会，鼓励青年干部多读书、读好书，提升思想境界。抓善待，切实关心干部。积极倡导“快乐生活、快乐工作”的理念，通过改造干部职工活动中心，建立各项兴趣小组，改善干部办公、住宿条件，丰富三餐菜品样式，提高餐饮营养质量，为外地单身青年干部解决住宿问题等，积极打造拴心留人的工作环境，真正做到让职工干得舒心、住得安心。

【机关政治建设】 2022年，海原县税务局树牢政治机关意识，严格落实“第一议题”制度，跟进学习党的二十大精神和习近平总书记最新重要讲话、重要指示和党中央经济工作决策部署，共组织“第一议题”学习23次，党委理论学习中心组学习15次，学习运用党的最新理论成果指导税收工作，确保税收改革发展方向不偏、重心不移。以“1+134”党建工作目标为抓手，创新提出“南华党旗红海税先锋行”党建服务品牌，制定印发《“南华党旗红海税先锋行”党建工作品牌创建实施方案》。持续巩固推进“六学”“五查”“四抓”“三诺”党建工作成效，不断推动提升党建规范化、标准化水平。2022年，局党组所属各支部开展了31次集中学习，主题党日38次，将6名发展对象吸收为预备党员，7名预备党员转正为正式党员，党员队伍不断壮大。

【从严治党】 2022年，海原县税务局召开2次全面从严治党专题会议，认真分析当前全面从严治党的形势要求，制定《2022年全面从严治党工作要点》，深化运用“四种形态”，注重抓早抓小、防微杜渐，一体推进“不敢腐、不能腐、不想腐”制度机制。深入开展“323纪律作风整治行动”，着力解决规矩意识淡薄、纪律执行不严、工作作风不实等问题。

（王　瑛）

审　计

【概　况】 海原县审计局核定人员编制17名，均为公务员编；核定领导职数3名（局长1名，副局长2名）。2022年末，实有人数17名（含借调农业农村局1名）。2022年，完成审计项目20个，审计发现各类问题81个，涉及金额72000余万元，推动有关单位建立健全制度3项，收缴财政资金1768.27万元，提出审计建议30余条。

【党管审计】 充分发挥县委审计委员会及其办公室作用，巩固和深化党对审计工作集中统一领导。2022年筹备召开县委审计委员会会议1次，传达学习了习近平总书记关于审计工作的重要指示批示精神、自治区党委审计委员会议精神、听取了2021年及2020年以前年度审计查出问题整改情况的汇报，审议通过了《关于调整县委审计委员会领导成员的请示》等相关文件，确定了年度审计项目计划。认真落实《市、县（区）审计机关重大事项报告工作规定》等制度，做好请示报告工作与审计成果统筹运用，当年共向县委、县政府呈送审计结果报告、审计工作报告、审计专报等5份，同时向上级党委审计委员会对相关重大事项按要求进行上报。

【政策跟踪审计】 完成了基础教育质量提升相关项目资金专项审计（调查）和2022年国家重大政策措施落实跟踪审计，对审计发现的县城内大班额现象仍然存在、乡村学校教师结构性短缺等10个问题，向被审单位提出审计建议9条，推动有关单位建立健全制度2项。

【预算执行审计】 2022年，在对2021年度县本级预算执行和其他财政收支情况审计的基础上，对12个部门（单位）进行了延伸审计，先后抽查了县住建局、县教体局、县卫健局等12个部门（单位），重点关注预算执行情况、项目资金使用效率及存量资金和闲置资产盘活等情况。通过审计，揭示财政资金支付进度缓慢，存量资金、利息等非税收入未及时上缴和已竣工项目未及时竣工决算等预算管理方面问题47个，提出有针对性的审计建议5条，推动有关单位建立健全制度1项，进一步规范了预算管理。

【经济责任审计】 深入贯彻《党政主要领导干部和国有企事业单位主要领导人员经济责任审计规定》，积极探索投资审计、自然资源资产审计与领导干部经济责任审计深度融合的审计方式，强化经济责任审计。全年完成经济责任审计项目7个，自然资源资产离任审计项目1个，揭示各类问题19个，提出审计建议11条，在促进领导干部规范用权、秉公用权、廉洁用权方面，充分发挥审计监督作用。

【政府投资审计】 全面贯彻落实《审计署关于进一步完善和规范投资审计工作的意见》，2022年完成海原华润五丰肉类食品有限公司高端肉牛精深加工项目竣工决算审计、海原县出户入场养殖园区建设项目全过程跟踪审计等政府投资项目3个，进一步规范投资项目管理。

【专项审计】 以兜住兜牢民生底线为目标，以重要民生资金和民生项目为切入点，按照自治区审计厅统一安排，配合完成网络安全和信息化建设、就业补助资金和失业保险基金审计等审计项目4个，努力把审计监督跟进到民生项目和资金的"最后一公里"，推动改革发展成果和各项政策更加惠及和保障民生。

【国有企业审计】 采取"五年一轮审"的方式，对县属国有企业进行审计。完成对涉粮企业政策落实情况审计调查项目和对老城区2021—2022年供暖成本的专项审计调查项目，揭示国有企业经营管理中的风险隐患，提出合理化审计建议6条，进一步推动国有企业规范运营管理，防止国有资产流失。

【审计整改】 2022年，海原县审计局严格落实审计整改督促检查责任，对审计查出的问题实行清单化管理，建立台账并根据整改进度及时进行更新，确保审计发现的问题及时整改到位，做到问题不整改不放过，整改不到位不放过，坚决杜绝表面整改、敷衍整改、虚假整改。全年针对审计发现的问题，已督促被审计单位制定整改方案或立行立改问题42个，整改率为52%。

【审计监督与纪检监察监督、巡视巡察监督贯通协同】 严格按照自治区党委审计办审计厅转发《〈关于进一步发挥改革效能有力推进纪检监察巡视巡察监督与审计监督贯通协同高效的指导意见〉的通知》要求，积极推动"三类监督"贯通协同，强化与纪委监委、县委巡察部门的联动配合，提升审计成果运用的综合效果。2022年，联合纪委监委向被审计单位下发督办通知单2份，向纪委监委、县委巡察部门报送审计报告、审计结果报告10余份，抽调审计业务骨干2人次配合和参与县委巡察工作，抽调1名审计人员参与县纪委监委工程建设政府采购领域突出问题专项整治工作。

（白云飞）

统 计

【概 况】 海原县统计局是主管全县经济社会发展信息和国民经济核算的县政府工作部门。核定编制14名(其中,行政编制7名、事业编制6名、工勤编制1名),2022年末,在编工作人员共13人,其中,行政编制7人、事业编制5人、工勤编制1人。在编人员中研究生学历1人,本科学历10人,大专学历2人。下辖1个事业单位(海原县统计普查中心)。

【统计调查】 2022年,海原县统计局紧盯全县经济社会发展主要目标任务,扎实开展全县社会发展各领域统计调查,工业、投资、商贸、服务业等专业人员完成月度、季度、年度定期报表审核验收汇总等工作。按时完成2021年四季度和2022年前三季度全县地区生产总值核算、能耗核算,充分发挥国民经济核算的龙头作用,加强核算与相关专业和相关部门之间的沟通协调,强化核算数据与相关专业和部门基础数据之间协调性的审核。

【统计入库入统】 2022年,海原县统计局抓好达标上限企业入库纳统工作。通过与县税务局、市场监管局、发改局、工信商务局等相关部门加强沟通协作,提前摸底、排查,充分利用"名录库资源",建立一张动态监测网,对培育企业全部纳入监测范围,应入尽入,应统尽统。自上年11月开展2021年年度和2022年月度统计调查单位审核确认工作以来,共组织四上企业和个体工商户入统15家。建立固定资产投资统计入库联动机制,形成投资入统合力,通过每月主动对接县发改、水务、交通、住建、教育等部门,使开工项目控制在统计监控范围内。建立入统台账,确保符合条件项目第一时间纳入统计库。2022年度,全县新入统投资项目120个,较上年同期增加40个,完成投资14.78亿元。

【统计监督】 在县政府第12次常务会上传达学习习近平总书记关于统计工作的重要论述和《关于更加有效发挥统计监督职能作用的意见》精神,向县人民政府专题汇报统计监督情况,推动领导干部牢固树立正确"数字关、政绩观"。研究制定《海原县统计局关于开展2022年统计数据质量核查的通知》,全面推进统计数据质量核查、入库退库核查和一套表调查单位核查。全县"四上"企业及固定资产投资项目单位核查132个,"四上"单位和固定资产投资项目入退库核查33个,全县"一套表"单位核查69个。认真组织实施统计执法检查工作,印发《海原县关于开展2022年统计执法检查工作的通知》,安排部署全县统计执法检查工作。完成14家统计调查单位执法检查工作。对4家数据质量有差错的调查单位下发了限期责令整改通知书。配合县纪委开展统计领域突出问题专项治理工作,促进统计监督与纪检监督相结合。

【统计基层基础建设】 贯彻落实全区"统计基层基础规范化建设制度落实年"活动,通过建立统计从业人员诚信档案、选取基层模范点等方式,带动全县基层统计基础工作向好发展。各专业人员按照制度要求,指导统计调查单位建立统计工作台账,从源头上抓好数据质量,确保统计数据的真实准确。采取线上与线下相结合的方式,举办全县统计业务培训会议,并联合乡镇、部门举办统计业务培训会议，对统计报表制度的新变化、新要求进行重点讲解和答疑。2022年，先后对工业、建筑业、房地产、投资、贸易及“四下”抽样调查单位开展统计业务知识培训10场、540余人次。

【统计分析】 围绕县委、县政府中心工作，以统筹推进常态化疫情防控和经济社会发展、推动高质量发展为重点，着力增强经济形势分析的敏锐性和及时性，完成了一批观点鲜明、有理有据、分析透彻的统计分析报告，为县委、县政府科学决策、精准施策提供可靠依据。在每季度全县经济形势分析会和每月政府常务会上高质量分析全县经济社会发展情况，为各级领导掌握全县经济形势提供了重要参考。截至10月末，共审核编发统计分析48篇。

【统计服务】 着力增强全县经济形势分析的敏锐性和及时性，编印发布《海原县国民经济和社会发展统计公报》《海原县经济要情手册》《海原县统计年鉴2010—2020年》等统计产品。为有效推进统计数据提供服务全面、及时、准确，给各部门及社会各界提供统计数据服务200余次，反馈征求意见函21次。依托政府网站等网络媒介，及时发布经济运行中新情况、新变化和苗头性问题，发布统计分析40篇，为高效统筹推进疫情防控和经济社会发展提供坚实统计支撑。

【统计宣传】 创新统计法治宣传方式，不断丰富统计法治宣传内容，持续推进统计法治宣传活动。以《中华人民共和国统计法》《宁夏回族自治区统计管理条例》《宁夏回族自治区规范统计行政处罚裁量权实施办法》《关于更加有效发挥统计监督职能作用的意见》为宣传重点，制作统计宣传折页、小册子，在企业入库、统计数据质量核查、执法检查、“中国统计开放日”重要时间节点、统计法治宣传活动等，向统计调查单位现场发放并解读有关内容，针对企业存在的问题，现场说法，有效提高了统计人员依法统计意识。加强统计法治宣传教育，全面落实统计“八五”普法教育规划，巩固拓展统计法律法规“五进”活动成果，努力营造依法统计、诚信统计的良好氛围。

【克服困难完成工作任务】 “8·25”“9·20”突发新冠疫情期间，恰逢8月份和1—9月份月度、季度统计报表报送期间，县统计局坚持一手抓疫情防控、一手抓统计工作，全局齐发力，各专业人员及时开展摸底沟通协调，全县统计报表报送工作严格按照规定时间不漏一户，全县前三季度统计报表工作如期上报，坚决做到疫情防控和统计工作两手抓、两不误，确保统计工作不间断、数据质量不下降。

（田世亮）

市场监管

【概　况】 海原县市场监管局内设局机关股室5个（办公室、市场规范管理股、食品安全管理股、药品化妆品医疗器械安全管理股、特种设备安全监察股），下辖海原县市场监管综合执法大队和城关、城郊、西安、李旺、七营、李俊六个派出监督管理所；在海兴开发区派驻有办公室一个；挂靠管理海原县个体私营企业协会和消费者协会两个社团组织。局内设市管局党委1个，有基层党支部9个，中共党员58名，占干部职工总数的61%。县编办核定编制86名（行政60名、事业26名）。2022年有在职人员80名（行政编54名、事业编25名、控编人员1名）。

【疫情常态化防控】 统筹推进疫情防控和监管服务工作，落实网格化管理制度，层层压紧压实防控责任。持续加强四季鲜市场、餐厅、药店、进口冷链食品、非冷链进口货物等重点领域、场所和人员风险管控。督促指导市场主体落实“一扫三查”、温馨提示、佩戴口罩、体温检测、喷洒消毒液、卫生清洁、索证索票、明码标价“八到位”。累计检查农贸市场8个40余次、生产经营主体27200余家次，规范未落实防控措施场所815家、责令停业整顿249家。对入海非冷链货物车辆落实查验、采样、消毒“三集中”措施，累计安全处置货物83车1271.13吨（进口1车34.6吨、国内82车1236.53吨）。

【应急期间防控】 组织工作人员24名下沉四季鲜市场服务困难群体12户13人、“五包一”人员33户84人。“9·20”以来督查检查企业商户43家次摊点3246个次、查验入市人员3.78万人次。结合创建自治区卫生县城、“食品药品安全区”等工作，落实场所码“红黑榜”制度和“一扫三查”等要求，累计贴黄牌规范356家、列入黑榜责令停业整顿106家。9680户商贸流通市场主体已推广使用“场所码”8892户、覆盖率91.8%，县城和海兴开发区覆盖率逾97.5%。

【市场保供稳价】 密切关注监测应急期间粮油蔬菜等群众生活必需品供销储运及价格动态，加大防疫物资和蔬菜等重点民生商品经常性执法检查力度。组织四季鲜市场14家蔬菜批发商户负责保供蔬菜调运，在县城9个社区22个小区设置29个粮油蔬菜保供点，分时段组织9家牛肉保供批发户在小区内供应肉类，组织25家定点药店为群众提供就近购药服务。组织供应蔬菜3200吨、米面628吨、食用油580吨、牛羊肉等肉类240吨。为七营、三河、李旺、高崖4个重点乡镇紧急调运牛肉25吨、蔬菜70吨、矿泉水4.2万瓶，有效保障了应急响应期间市场供应和群众生活需求，未出现断供抢购、哄抬物价、囤积居奇等现象。

【“食品药品安全区”全域创建】 对标对表《宁夏食品药品安全区建设评价验收细则》，先后召开创建工作推进会6次，制定印发《全域创建“食品药品安全区”自查问题清单》《全域创建“食品药品安全区”年度任务推进台账》等文件，层层传导压力和责任。组织开展元旦、春节、五一、十一等节日以及学校食堂、校园周边等专项行动，下发责令整改通知书161份、整改规范问题244个。

【食品安全专项行动】 通过日常监督检查、抽检监测、执法办案、投诉举报等渠道，实施全方位、多维度、拉网式大排查，检查食品生产经营户4287户，检查覆盖率86%。发现风险问题286个，已完成处置278个、完成处置比例97.2%。

【餐饮质量提升监管】 在全县学校食堂及餐饮服务单位推进量化分级、分级分类、“明厨亮灶”等工作，全县205所学校食堂全部实现“互联网+明厨亮灶”。先后开展春秋季学校食堂、中高考食品安全保障等专项整治。全县餐饮服务单位“明厨亮灶”完成率98%，量化分级完成率100%。对高速公路及公路沿线餐饮单位“脏乱差”现象进行专项整治，农村家宴备案报告等制度逐步建立完善。

【农村假冒伪劣食品专项整治】 全年检查食品生产经营户3205户次，现场整改各类问题196个，发放责令改正通知书119份。依法立案查处食品案件69件，收缴罚款16.01万元，销毁假冒伪劣食品5390公斤。

【食品安全抽检】 下达海原县食品抽检任务680批次（省抽二210批次、食用农产品240批次、“三小”230批次），已完成204批次、合格率100%。制定专项抽检任务150批次、完成70批次、合格率100%。指导快检任务2520批次，已完成1890批次，合格率99.95%。

【“两品一械”监管】 起草并提请政府下发《海原县全面加强药品监管能力建设的实施方案》，联合县卫健局、县医保局推进医疗机构“规范药房”建设，开展药品安全专项整治行动，依法查办“两品一械”案件31起、收缴罚没款10.11万元。涉药单位建立主体责任、风险隐患“两个清单”465份，发现隐患232处，整改到位210处。132家零售药店均纳入“阳光药店”管理系统，购买38台温湿度监测终端设备、零售药店配备到位率100%。下达海原县“两品一械”药品抽检任务61批次（药品42批次、化妆品17批次、医疗器械2批次），已完成57批次，收到检验报告22批次，合格率100%。全县建立并执行化妆品进货查验制度单位223家，组织开展“两品一械”宣传活动8场次。

【特种设备安全监管】 以气瓶及燃气领域为重点持续开展安全生产三年专项整治，特种设备使用单位风险管控和隐患治理双重预防体系进一步健全。气瓶充装单位实现电子追溯系统100%安装使用，风险管控公示制度企业推行覆盖率100%。结合第21个全国“安全生产月”等活动，组织开展“消除事故隐患、筑牢安全防线”为主题系列宣传活动。排查治理全县公共场所使用电梯、锅炉、压力容器等设备隐患，检查设备数282台（套），下发特种设备安全监察指令书25份，排查安全隐患45处已整改规范43处。责令停止使用超期未检特种设备6台，销毁县液化气公司报废气瓶40只。依法查办未经注册违法使用电梯案件1起，收缴罚款3万元。现场检查特种设备使用单位80家，出动安全监察人员310人次，下发特种设备安全监察指令书32份，责令停止使用超期未检特种设备12台，发现安全隐患53处，已整改53处。

【商事制度改革】 持续推行涉企经营许可事项告知承诺制，企业开办注销均实现税务、社保、市场监管等环节一日内办结。截至10月20日，全县注册登记各类市场主体21016户（家）。其中，各类企业2516户、农民专业合作社578户、个体工商户17922户。新注册各类市场主体2533户（家），其中企业新增270户、农民专业合作社新增29户、个体工商户新增2234户。

【“双随机、一公开”和“互联网+监管”】 2022年，下达跨部门联合任务总数28个、完成17个，抽取检查人员58个应检查对象122个。26个部门在宁夏“双随机、一公开”综合监管平台更新抽查事项清单132项，发布抽查工作计划3条。完善执法人员库64条，开展双随机抽查任务173项，完成任务122项。抽取执法人员367人次，涉及检查对象1737家。在“互联网+监管”系统发布监管信息8条，录入监管记录530条，131项检查事项中覆盖监管事项95项、覆盖率72.52%。

【信用监管】 2021年度未按时报送年报5644家（其中企业60家、合作社17家、个体工商户5567家）被列入经营异常名录。2022年，为1915户市场主体修复经营状态至正常状态，相关信息均共享至国家企业信用信息公示系统和“互联网+监管”系统。在宁夏“十公示系统”公示行政许可信息2783条、行政处罚信息89条，依法查办列入异常经营户系统案件43个。

【质量强县】 加强产品质量、服务和标准体系建设，组织农资、服装、儿童用品等商品质量抽检86批次，其中合格68批次、不合格9批次、未出结果9批次。2022年全县共申请商标225件、注册104商标件，共计有效商标861件。其中县农业技术推广服务中心注册“西海固”商标9类20个，作为全县区域公用品牌使用许可12家企业使用。组织校外培训广告管控暨“双减”检查，注销培训机构4家、变更10家。检定电子秤1214台、压力表253台、加油机650枪。县计量检定和食品检验检测中心建标及认证通过验收，具备检定资格。

【市场监管执法】 结合扫黑除恶斗争持续深入开展，先后组织扫黄打非、打击整治养老诈骗、打击电信诈骗、粮食市场整治等专项整治行动16次，开展民生领域“铁拳”行动、打击侵犯知识产权和制售假冒伪劣商品、“保健品”行业联合清理整治等专项行动11次。以创建自治区文明县城、卫生县城工作为契机，以县城四季鲜市场为重点，组织开展市场环境秩序综合整治，督导全县8个农贸市场开办方履行主体责任，持续实施划行规市集中经营。截至10月20日，全局依法查办产品质量、价格欺诈等各类经济违法违章案件160起、办结案件94起，收缴罚没款39.5万元。受理各类消费者投诉举报842件、挽回经济损失24万元。其中“12345”转办件429件、“12315”平台177件、信函电话等受理236件，办结答复率100%。

【食品药品安全科普教育基地】 筹措资金140余万元完成基地建设。基地着眼增强公众安全饮食用药意识，纵深推进“食品药品安全区”全域创建工作，依托海原县现代食品药品、科技、农业及教育等资源，高起点、高质量规划打造了全区首家食品药品安全主题科普教育基地。基地总面积1200平方米，集科普宣传、现场体验、互动交流、娱乐教育等功能于一体，开放使用后改进加强海原县公众食药安全知识科普方式，提高群众对全域创建“食品药品安全区”知晓率和满意度。根据主题和功能分为“三个中心”“两条长廊”“一间讲堂”，即食品药品安全科普体验中心、食品药品安全监管指挥中心、食品检验检测中心“三个中心”；全域创建“食品药品安全区”、食品药品安全科普知识宣传“两条长廊”；一间食品药品安全科普教育讲堂。

【特种设备风险防控和隐患治理公示制度】 对全县57家使用单位700台特种设备张贴或竖立安全公示牌。公示牌内容包含特种设备名称、数量、风险等级、安全管理员及使用单位名称、安全职责要求、安全责任承诺、安全管理负责人、作业人员等信息，督导企业落实安全生产主体责任。

【“互联网+”智慧监管服务指挥中心建设】 转变食品药品安全监管理念和监管方式，在县食品药品安全科普教育基地“互联网+”智慧监管指挥中心，进一步推进“互联网+明厨亮灶”、药品智慧监管平台建设与应用。全县205家学校食堂和规模餐厅、政府机关食堂全部纳入“互联网+明厨亮灶”智慧监管平台并与中卫智慧食安监管系统完成对接，125家“阳光药店”均纳入药品智慧监管平台系统，全面提高了监管执法效能。

（海原县市场监管局）

统计调查

【概　况】 国家统计局海原调查队（简称调查队）是国家统计局的派出机构，为正科级单位。既是政府统计调查机构，也是执行统计法规和统计制度的机关，在国家统计局委托宁夏调查总队的管理下，依法独立行使统计调查、统计监督的职权，独立向国家统计局上报调查结果，并对上报的调查资料的真实性负责。同时，承担地方政府委托的各项统计调查任务。2022年，国家统计局海原调查队完成了居民收支调查、农业调查、主要畜禽监测调查、劳动力调查、居民消费价格调查和小微企业跟踪调查的月度、季度和年度调查任务。完成了海原县政府委托的分乡镇收入调查。

【业务学习】 2022年，海原县调查队持之以恒抓好重大统计改革文件精神学习贯彻。年初，制定了《2022年海原调查队干部职工学法安排表》，将中央及区市重大统计改革文件以及《中华人民共和国统计法》《统计法实施条例》等统计法律法规作为常规学习内容，要求干部职工深入学习。全年共开展集中学习10次，干部职工讨论发言43人次，通过形式多样的深入学习，不折不扣把防范和惩治统计造假、弄虚作假落到实处。

【法治宣传】 2022年，海原县调查队以统计法治宣传月、“中国统计开放日”、“12·4”宪法宣传日等时间节点为契机，结合住户调查大样本轮换和业务培训，积极开展统计宣传工作，在17个乡镇43个村悬挂宣传横幅30余条，张贴宣传海报50余张，发放宣传彩页8000余份，制作了1篇微信公众号推文获各部门单位及调查户转发宣传，有效提高了海原县干部群众对统计法律法规的知晓度。

【制度建设】 2022年，海原县调查队先后修订、更新和完善了队内会议费、培训费、公务接待管理办法等内控制度，进一步推动各项工作朝着更加制度化、规范化、科学化和高效化目标发展。

【“双随机”抽查制度】 2022年，海原县调查队根据《国家统计局宁夏调查总队2022年统计执法“双随机”抽查实施方案》要求，各调查专业累计开展自查自纠6次。同时，坚持问题导向，积极整改，持续完善队内制度建设和流程规范，进一步夯实基层统计基础。5月，对主要畜禽专业开展“双随机”执法检查，通过实地核查进一步保证了调查数据质量，实现了统计执法“零”的突破。

【住户调查样本轮换】 2022年，海原县调查队积极沟通协调，与县农业农村局、人社局、相关乡镇召开住户调查大样本轮换协调推进会议6次，如期完成123个调查小区3670户的摸底调查，抽选出的16个调查点160户记账户的开户工作正在有条不紊地进行。

【业务培训】 2022年,海原县调查队各调查专业面向调查员、辅调员和调查户累计开展业务培训37次。住户调查通过月度工作例会和进村入户培训,不断规范工作流程、提高数据质量。主要畜禽监测专业面向辅调员开展了1次集中培训,提高了对调查指标的理解,提高了辅调员的工作水平。劳动力调查年内对调查员开展了1次集中培训,在入户调查技巧、指标理解等方面提升了调查员的能力。居民消费价格调查每月召开工作例会,加强对关系群众"米袋子""菜篮子"等重要商品价格的关注。农业调查高质量完成了大豆玉米带状复合种植调查和农作物对地抽样调查样本轮换工作。

【统计服务】 2022年,海原县调查队共完成快速调查27期,撰写调研分析报告104篇,被国家统计局工作信息网采用9篇,获县委、县政府主要领导批示31篇。编发政务信息、工作动态等51篇,被国家统计局工作信息网采用3篇。

(海原县调查队)

工　业

综　述

【概　况】 2019年2月，海原县撤销商务和经济技术合作局，设立海原县工业信息化和商务局(简称工信局)，核定行政编制5名，事业编制12名，核定领导职数3名。2022年，按照国家统计局关于上大中小微型企业划分办法，依据从业人员、营业收入、资产总额等指标或替代指标划分，海原县正常运营的各类民营企业836家。按照五大行业划分，现有工业企业43家，其中海兴开发区22家，老城区21家；商贸服务业企业29家；房地产建筑企业132家；农业合作社585家；交通运输企业47家。

表10　2022年海原县各类企业统计表

单位：家

企业类型		中型	小型	微型	合计
工业企业	海兴开发区	1	20	1	22
	老城区	2	18	1	21
商贸服务业企业		9	3	17	29
房地产建筑企业		27	83	22	132
农业合作社		—	—	585	585
交通运输企业		—	5	42	47
合计		39	129	668	836

【主要指标完成情况】 2022年，海原县完成招商引资项目28个，到位资金30.11亿元，同比增长92.4%；1—12月份规模以上工业企业产值24.19亿元，同比增长1%，成功培育“专精特新”企业1家，规模以上企业3家。

【工业经济发展】 截至2022年底，海原县有规模以上工业企业12家。其中新能源发电7家，新能源装备制造1家，轻工业制造1家。先后出台《关于印发海原县进一步加大民营经济发展支持力度的若干政策的通知》等文件，不断培育和发展壮大民营企业。2022年，全县完成工业产值25.7亿元，其中规模以上工业完成产值24.2亿元，增加值增速同比增长1%。

【工业扶持政策落实】 2022年，海原县完成5家企业技改，新增1家“专精特新”示范企业。投资967万元闽宁资金，完成帮扶车间技术改造、厂区维修。落实各类补贴、奖励资金423.625万元，申报财政贴息重点领域节能降碳改造升级资金1890万元。完成拖欠中小企业账款信访件5件，涉及资金226.24万元。新增中原塑业、宏顺建材、卡立方3家规模以上企业。

【重点项目推进】 2022年，海原县投资500万元实施综合产业区仓储中心改造项目，以海原县综合产业区仓储中心4655平方米库房为基础，改造扩容后建筑面积达到6195平方米，统筹国家电子商务进农村综合示范项目，打造集自动分拣、仓储转运、冷冻冷藏、同城配送及网货销售为一体的大型快递分拣配送中心。截至年底，该项目已投入使用。

（黎飞飞）

招商引资

【概　况】 2022年，海原县实施招商引资项目28个，实现到位资金30.11亿元，完成自治区下达招商引资到位资金目标任务30亿元的100.37%，完成中卫市下达招商引资到位资金目标任务50亿元的60.22%，比2021年同期到位资金15.65亿元增长了92.4%。

从重点产业看，聚焦“六特六优六新”产业项目20个，实际到位资金28.49亿元，占招商引资到位资金总额的94.62%，重点产业合作项目个数、到位资金均稳步增长；从投资规模看，当年计划投资5000万元（含5000万元）以上的项目11个，实际到位资金27.57亿元，占招商引资到位资金总额的91.56%；从来源地区看，京津冀地区、粤港澳大湾区项目分别为9个、11个，实际到位资金分别为7.17亿元、14.43亿元，占招商引资到位资金总额的71.74%；从行业来看，工业商贸项目21个，实际到位资金14.99亿元，占招商引资到位资金总额的49.78%。

【招商活动】 2022年，海原县稳步推进招商引资，出台《海原县2022年招商引资攻坚行动方案》《海原县招商引资政策若干规定》等文件，明确职责分工和考核指标，完善了资金奖补、税收优惠、要素保障及配套政策。开展专题招商工作20余次92人次，外地企业负责人到海原县考察洽谈60批次202人次。全年有投资意向且与企业有过对接交流的项目53个，投资达210.18亿元，均在积极跟进对接。

【项目储备】 2022年末，海原县共有新签约项目11个，计划总投资138.9亿元，其中东旭蓝天1000兆瓦超薄双玻高效光伏组件智能制造项目计划投资2.95亿元，特变电工新疆储能电池及配套产业项目计划投资12亿元，泉州卓邦织造布料生产加工项目计划投资0.8亿元，福建诏安福益食品梅好生活大健康产业园项目计划投资0.5亿元，重庆辉腾新能源装备制造项目计划投资20亿元，华润集团帮

表11　2022年海原县招商引资项目到位资金统计表

招商引资项目（个）	到位资金（亿元）	自治区下达任务（亿元）	完成率（%）	中卫市下达任务（亿元）	完成率
28	30.11	30	100.37	50	60.22%

表12　2022年海原县招商引资项目类型占比统计表

项目类型	引进项目（个）	到位资金（亿元）	占招商引资总金额比重
“六特六优六新”产业项目	20	28.49	94.62%
5000万元以上项目	11	27.57	91.56%
京津冀地区项目	9	7.17	71.74%
粤港澳大湾区项目	11	14.43	
工业商贸项目	21	14.99	49.78%

表13　2022年末海原县招商引资签约储备项目一览表

储备项目	计划投资(亿元)
中车株洲电力机车研究所“一区三中心”新能源产业基地项目	50
中电建、中车风电、中能众诚新能源产业集群项目	48
重庆辉腾新能源装备制造项目	20
特变电工新疆储能电池及配套产业项目	12
东旭蓝天1GW超薄双玻高效光伏组件智能制造项目	2.95
上海秦直道科技有限公司肉牛全产业链合作项目	2.65
泉州卓邦织造布料生产加工项目	0.8
深圳市芯卡智芯智能科技公司智能卡标签中料制造项目	0.5
深圳市鑫卡立方智能科技有限公司智能卡加工项目	0.5
福建诏安福益食品梅好生活大健康产业园项目	0.5
华润集团帮扶海原县合作项目	1
签约计划投资合计	138.9

扶海原县合作项目1亿元，上海秦直道科技有限公司肉牛全产业链合作项目计划投资2.65亿元，中电建、中车风电、中能众诚新能源产业集群项目计划投资48亿元，中车株洲电力机车研究所“一区三中心”新能源产业基地项目计划投资50亿元，深圳市芯卡智芯智能科技有限公司智能卡标签中料制造项目计划投资0.5亿元，深圳市鑫卡立方智能科技有限公司智能卡加工项目计划投资0.5亿元；拟签约项目8个，计划总投资44.3亿元，项目合作具体事宜进一步商谈中。

（黎飞飞）

闽宁科技园

【概　况】 2019年，海原县筹资1.47亿元建设闽宁科技园，园区占地面积59.82亩，建筑面积3.9万平方米，园区分两期建成7栋(三层)标准化厂房及相关配套设施。按照闽宁协作“优势互补、互惠互利、长期协作、共同发展”原则，在福建漳浦县挂职干部牵线搭桥下，先后引进海原县闽宁纺织制品有限公司、海原县闽宁电脑刺绣有限公司、海原县卡立方智能科技有限公司、宁夏芯卡智能科技有限公司、宁夏闽宁原工贸有限公司、宁夏深海物联智能科技有限公司、宁夏翰霖包袋纺织品有限公司7家企业入驻闽宁科技园。主要以生产加工服饰、智能卡、电脑刺绣、箱包等产品为主。通过精心孵育，闽宁劳务协作发力，闽宁科技园累计实现产值2亿元，累计吸纳解决1300余名劳动力就业，现有员工600余人，其中脱贫户等低收入群体300余人，为全县脱贫攻坚作出积极贡献，海原县闽宁纺织制品有限公司先后荣获“全国工人先锋号”“自治区脱贫攻坚先进集体”“自治区就业创业助力脱贫攻坚先进集体”等称号；海原县卡立方智能科技有限公司2022年纳入规上企业统计，获得国家级高新企业及创新型中小企业称号。

【海原县卡立方智能科技有限公司】 海原县卡立方智能科技有限公司成立于2018年11月27日，2019年5月入驻海原县闽宁产业园，先期使用C、D号两栋厂房共10800平方米，现已安装包括注塑机、绕线机、滴胶机、盖盖机、穿环机、合成机、激光机等设备，投产设备成本达上千万元。是一家规模以上企业，有员工150余人，其中女性职工占比90%，职工年龄平均为35岁。先后获得科技型中小企业、国家高新技术企业称号。该公司专业致力于RFID物联网行业中RFID接触式IC卡、非接触式IC卡、RFID物联网标签产品（低频、高频、超高频）、RFID各种射频识别腕带系列及RFID定制化产品的研发、设计、生产与销售。公司成立至今，不仅积极主动为海原县人民提供众多就业岗位，带动当地人民稳岗创收，创造价值达2000万元以上，同时扩大规模，带头以商招商，2022年下半年，又新引进宁夏芯卡智能科技有限公司，为当地提供上百个就业岗位，继续扩大规模，新增生产板块，预计2023年用工人数将达到400人以上。

【海原县闽宁电脑刺绣有限公司】 海原县闽宁电脑刺绣有限公司成立于2018年12月，2020年7月正式投产运营。公司集研发、设计、生产、销售于一体的全能型电脑刺绣厂，拥有自主品牌AZ同时接受来图来样私人定制，成熟的技术和高端生产设备以及稳定的业务团队能力均在行业内处于领先地位，并致力于研发智能刺绣徽章，物料环保，品质卓越，通过了国内和欧美行业内各项认证，其源头总工厂广东西萍刺绣有限公司是迪斯尼和沃尔玛的授权生产商，深受国内外客户和终端用户群体的好评和信赖。公司自投产以来，陆续培训解决了60多人就业岗位，其中建档立卡户约26人，2022年产值为500万元。

【海原县闽宁纺织制品有限公司】 海原县闽宁纺织制品有限公司成立于2017年7月份，由福建鸿兴纺织制品有限公司投资创办。公司是一家集研发、设计、生产、销售于一体的现代化服装纺织生产企业。自成立以来，为了帮助当地富余的劳动力解决就业问题，聘请高级熟练的管理人员，对所有新入职的员工，逐个进行带薪岗前培训2~3个月时间，并经考核后安排陆续上岗，同时在生产过程中，择优选拔培养了20多位本地的熟练工人担任班组长、品管等管理人员。企业自2017年10月投产以来，已陆续为当地创造了500多个就业岗位，其中建档立卡户100多人，2022年，企业员工平均月工资达到了2200元左右。同时还通过技术升级改造，承接了大量国外客户订单，并在周边村庄设置了扶贫车间，把生产订单直接安排到扶贫车间生产，实现了让工人在自家门口就可以上岗就业的梦想。2019年年产值达到了规模企业以上。2022年该企业产值为1500万元。

【宁夏闽宁原工有限公司】 宁夏闽宁原工贸有公司是厦门市鹭衫服装工贸进出口有限公司在宁夏投资的生产基地，是一家集自主生产、出口销售、国内销售于一体的公司。自1993年成立以来，该公司主要经营连体服、背带裤、工作套装、赛车服、厨师服等制服类产品。产品远销东南亚、澳洲、中东、欧洲等地，同时也大力开发国内市场，与多家企业建立长期合作关系。该公司入驻闽宁科技园后，已招聘员工120余人开始试生产。

【宁夏芯卡智能科技有限公司】 宁夏芯卡智能科技有限公司，成立于2022年10月25日，是一家专业致力于智能卡（RFID卡）智能设备生产与销售的科技型有限公司。产品广泛应用在公交、高速公路、校园、电信、网吧、商场、物流等消费及安全、识别领域。解决直接就业200人，间接就业500人，该项目已投产运营。

（黎飞飞）

国网海原县供电公司

【安全生产】 2022年，国网海原县供电公司对辖区内40条配网线路、1120个配电台区完成多轮次定期和特殊巡视。开展季节性负荷导致的异常配变监测治理工作，累计轮换(增容)变压器48台、台区间优化负荷切改31处、调整变压器档位92台、调整三相不平衡68台、用户侧加装无功补偿装置26户，异常配变同比减少74.1%。在保供和应急抢险中彰显责任，迅速响应为38处临时防疫卡点和核酸检测点接入临时电源，助力疫情防控，及时应对"8·13"海原特大暴雨灾害，投入力量积极配合开展抗洪抢险工作，安全高效完成受损线路的抢修复电，确保了电网安全。截至2022年底，海原电网长周期安全运行6758天。

5月8日，国网海原县供电公司在海城县水洼村实施低压老旧台区改造工程(田涛供图)

【工程建设】 2022年，国网海原县供电公司共完成投资项目44项，资金7518.36万元，改造低压老旧台区56个，低压线路124.02公里。在精准服务县城建设方面，总投资1471.87万元，对海原县政府东西街、东城路等5条主干道进行架空线路入地改造，消除架空线路通道安全隐患，满足了城区新增负荷接入需求，供电可靠性进一步提高。严把过程管控，高质量推进工程建设，宁夏海原水洼村分散式风电项目系统接入工程被评为宁夏公司"百佳工程"，并参与国网公司"百佳工程"评选。

8月20日，国网海原县供电公司"民族一家亲共产党员服务队"的工作人员到官桥乡贺堡村变电企业用户进行专项精准上门抢修服务(田涛供图)

【经营管理】 2022年，国网海原县供电公司积极主动对接服务业扩项目，完成业扩报装5475户，容量8.3万千伏安。持续优化营商环境，制定"阳光业扩"方案，坚决执行"三零"政策，降低客户办电成本，累计完成低压零投资3574户，投资业扩配套金额645万元，延伸0.4千伏线路349公里，架设杆塔1691基。营销安全稳步提升，营销小微现场全量纳入计划管控，累计开展用户安全用电检查1255次，下发隐患通知书336份，实现高危和重要用户安全用电检查全覆盖，切实提升客户侧安全用电管理水平。积极打造"互联网+"营销服务模式，优化线上线下一体化流程，推动供电服务模式创新。完成1个B级营业厅和8个C级乡镇供电营业厅，向智能型、市场型、体验型、线上线下一体化的转型改造，实现供电服务线上化、数字化、互动化，满足客户便捷化、多样化、个性化服务需求，全力打造县域特色供电服务示范。

【企业党建】 2022年，国网海原县供电公司充分发挥党建引领作用，积极承接公司战略目标，推进党建工作与生产经营深度融合，牢固树立"两个至上"理念，开展"党建+安全生产"，选树"无违章班组、党员身边无违章"先进典型，推进班组自主安全管理能力提升，夯实安全生产基础。高质量推进"民族一家亲"共产党员服务队建设，认真践行"人民电业为人民"企业宗旨。党员服务队通过"认亲家、走亲戚、办亲事"，解决群众所期所盼的问题，积极参与甘城乡武塘村"五包一"等多重帮扶和服务，实施结对联建、定点帮扶等工作，慰问困难群众25户，解决客户安全用电隐患45处，向武塘村捐赠价值2.16万元环保卫生车6辆，为武垴小学捐赠18套新校服，服务队累计开展各类服务活动317次，着力严抓廉洁自律，作风建设走深走实。扎实开展"正风肃纪警钟长鸣"专项活动，坚持落实"一岗双责"制度，严格执行廉洁自律和改进作风各项规定，不断完善加强主体责任、监督责任和协助职责，落实"四位一体"监督机制，实现对外服务和内部合规管理双提升。2022年，公司1人获评宁夏公司"劳动模范"；1人获评宁夏公司党的二十大保电先进个人；3人获评中卫公司先进生产（工作）者称号；2人获评中卫农村电力服务有限公司优秀供电所所长称号；7人获评中卫农村电力服务有限公司先进生产（工作）者称号；配电运检班获评中卫公司"工人先锋号"称号；关庄供电所顺利通过"四星级乡镇供电所"验收，并获评中卫农村电力服务有限公司"先进供电所"。2022年公司上下团结一心勇抗疫，克服疫情防控、人员隔离等不利因素，圆满完成2022北京冬奥会、全国"两会"、党的二十大等重大活动保电任务，受到公司领导和社会各界充分肯定和称赞。

海兴供电公司

【概　况】 国网宁夏电力有限公司中卫市海兴供电公司（简称海兴供电公司）为国网宁夏电力有限公司中卫供电公司下辖的县公司之一，位于中卫市海兴开发区人和路9号，成立于2011年3月。占地面积26979.8平方米，总建筑面积5620.4平方米。2022年末，海兴供电公司有正式员工53人。设有5个部室：综合管理部、运维检修部、营销部、安全监察部（保卫部）、发展建设部，5个班组：大客户班、供电服务班、营业班、配电运检班、带电作业班。管辖9个供电所（三河、七营、李旺、高崖、甘城、郑旗、贾塘、九彩、李俊）。承担着海原地区9个乡镇和海兴开发区3108平方公里、7.2万户用电客户、18.2万人的供电营业任务。有农电员工126人。辖区内110千伏变电站3座，容量204.5兆伏安；35千伏变电站5座，容量48.05兆伏安，10千伏公网线路30条（城网2条，农网28条），总长1195.87公里（城网30.4公里，农网1165.47公里），0.4千伏线路总长2949.51公里。公网配变1022台（城网6

台，农网1016台），专变1071台（城网155台，农网916台）。

【指标完成情况】 2022年，海兴供电公司累计完成售电量5.12亿千瓦时，完成年初计划5.39亿千瓦时的94.99%。应收电费2.16亿元，实收电费2.16亿元，电费回收率100%。分台区日达标率99.11%，400伏线损率3.35%。客户服务满意率97.94%，连续10个月实现95598“零投诉”。累计新增用户2240户，总计10.4万千伏安。其中10千伏及以上高压34户，合计容量3.9万千伏安；低压2206户，合计容量6.5万千伏安。10千伏同期线损达标率98.3%，同期提升2.07%。配变异常累计压降22台，同期下降59.09%。配电自动化覆盖率提升至87.01%，终端在线率达到99.94%，遥控使用率100%，遥控成功率100%。累计报修工单1162件，同期压降1106件，同期下降48.76%。累计完成供电可靠率99.8596%（目标值：99.82%），高于年度指标0.0396个百分点，户均停电6.091小时（下达指标小于9.5小时/户）。

【供电服务】 2022年，海兴供电公司严格落实公司供电服务十项措施，聚焦供电服务薄弱环节和问题短板，从健全机制、专业协同、隐患治理三方面入手，构建供电服务“三道防线”，扎实推进卓越服务提升行动，连续10个月实现“95598”供电服务“零投诉”。建立“营销抓总、专业协同、分级联动”机制，逐级拧紧供电服务责任链条。客户服务满意率连续6个月达到100%。建立供电服务“靶向”分析机制，以供电所为颗粒度，围绕6类15项重点业务，分析问题成因，提出整改措施，“95598”工单同比压降39.78%。建立县、所二级服务问题隐患台账，及时跟踪督办处理，累计解决频繁停电、抄表收费等突出问题89项，高效完成57项重要服务事项报备。

【安全生产】 2022年，海兴供电公司推进设备隐患专项治理，落实“五查五严”，森林草原火灾隐患治理“回头看”，根据季节性特点重点开展鸟害、树障、外破等隐患排查治理。共计发现缺陷3892处，消除3678处，消缺率94.53%。累计梳理配电二次缺陷375条，针对各类缺陷及问题，制定差异化整改措施，消缺率81%。推进带电检测技术应用，对重要电缆终端头开展地电波、振荡波带电检测。累计检测设备182台，发现并治理缺陷12处。

【数字化转型】 2022年，海兴供电公司借助LTU智能感知终端实时监测分析各级、各点电流差功能，现场精准定位异常，有效解决了分支箱对地漏电、电能表计量失准、线路末端电压低等台区线损治理的掣肘难题，16个长期高损台区线损率降至7%以下。加快配变融合终端建设及实用化进度，截至11月7日，已完成全年915台智能融合终端安装任务，融合终端覆盖率达到99%，初步实现了低压故障及时上报、拓扑动态识别、配网异常监测等数字化场景应用。针对九彩线、李俊线、小河线试点开展无线遥控试验，30条线路实现“保护+区域自愈+快速熔断”模式，自愈电网覆盖率达到100%。28条农网线路安装暂态录波故障指示装置，配网自动化覆盖率达到87.01%，终端在线率达到99.94%。遥控使用率100%、遥控成功率100%。

【配电网基础管理】 2022年，海兴供电公司全面开展“不停电”作业全面推广。截至11月9日，累计开展带电作业198项，其中消缺166

项，业扩工程12项，配合农网工程作业20项，减少停电0.9247万时户。全年新增投运5条线路无功补偿装置，更换8台高耗能变压器，现场投入105台配电变压器无功补偿装置，节电量53万千瓦时，10千伏线路线损率降低2.36%，线路降损成效显著。编制《网上国网推广应用通报》，从首次购电、坐收缴费、新装、换表四个维度每两周通报一次临柜客户推广情况，保证临柜客户开通率。成功解决三河苋麻五队、九彩马套等26个自然村老旧台区、低电压、负荷无法接入等困扰“百姓”用电的疑难问题，为地区经济发展增添了动力。完成2023年基建项目储备及批复17项，计划资金5579.77万元。

（海兴供电公司）

海兴开发区

综 述

【概 况】 海兴开发区位于中卫市南部、海原县东部三河镇境内,距离中卫市170公里、海原县55公里、固原市50公里。北依凤凰山,苋麻河、中河穿境而过,依山傍水,地势平坦。福银高速、萌(城)海(原)高速、405县道和宝中铁路从境内经过,交通便捷。规划总面积30.6平方公里,建成面积16平方公里,历经10余年建设,建成行政办公、生活居住、物流商贸、工业园区、生态休闲5个功能区,实现了水、电、路、气、热、电信、电视等"九通一平",工业体系逐步完善,发展基础不断夯实,发展后劲不断增强。绿化覆盖率50%,高氧低碳。城区内现有常住人口3.1万人。2020年12月,中卫市委调整海兴开发区管理体制,海兴开发区党工委、管委会仍作为市委、市政府正处级派出机构,交由海原县代管,主要负责招商引资、产业发展和开发区城市建设管理等职能。2022年海兴开发区始终坚持以习近平新时代中国特色社会主义思想为指导,全面贯彻落实党的二十大精神和自治区市县党代会精神,按照"疫情要防住、经济要稳住、发展要安全"的总体要求,紧紧围绕"县区一体"融合发展战略定位,抓招商,强建设,优服务,精管理,强力推进重点项目、重点任务、重点工作有效落实,经济社会各项事业呈现稳中有为、稳中有进、稳中提质的发展态势。海兴开发区管委会和宁夏中车新能源有限公司被宁夏制造强区建设领导小组评定为2022年度全区工业稳增长突出贡献单位和企业。

【经济发展】 2022年,海兴开发区完成工业总产值18.83亿元,工业增加值2.21亿元,固定资产投资1.63亿元,招商引资到位资金6.79亿元,实现税收0.5亿元。加大招商力度,坚持"走出去、请进来"招商思路,外出专题招商11次,接待中电建、薯味佳等公司到海兴考察12次,洽谈实施招商项目18个(洽谈9个、实施9个)。签约中电建新能源装备产业园、中车"一区三中心"新能源产业园、东旭蓝天光伏组件加工、特变电工(新疆)新能源储能等项目4个,协议总投资102.1亿元,新引进落地建设赫迪新能源装备制造及物流、津通铁塔及光伏支架加工2个项目,全力推动主导产业集聚集群发展。优化营商环境,协助9家企业完成登记注册、税务登记等手续,推动项目落地建设。完成2个招商项目土地招拍挂工作,供地72亩。认真落实"稳保促"会议精神,精准有效落实各项惠企政策,为企业减免各类费用285.9万元,兑付各类补贴180.6万元,协助申报“专精特新”企业1家,协助企业招工120余人。对小微企业孵化园厂房水、暖管道及道路进行维修改造,为入驻企业提供有力保障。加强项目建设管理,建立重点建设项目“五个一”包抓机制,强力推进重点项目建设。全年实施项目8个,年度完成投资1.5亿元。完成社会投资项目备案7个、政府投资项目审批5个。完成工程建设及政府采购项目专项治理17个。完成历年项目财务审计决算12个。储备污水管网提升改造、第二污水处理厂等项目10个,努力实现“谋划一批、实施一批、储备一批”的良性循环。完成工程建设及政府采购项目专项治理17个,完成历年项目财务审计决算12个。

【财政金融】 2022年,海兴开发区严格财政资金管理,资金使用中按照“保、控、管”优化支出结构,确保开发区机构运转正常和社会稳定。严格财务管理,制定了《海兴开发区财政资金审批管理暂行规定》《海兴开发区管委会项目资金管理暂行规定》,修订完善了《内部控制制度汇编》,进一步加强各类资金管理。持续做好预决算编制、预决算公开、资金审核、费用报销、账务记录、各类报表上报工作。严格政府债务管理,全年化解债务3682万元,有效降低政府债务风险。严格国有资产管理,开展对海兴开发区国有资产投资建设情况、行政办公楼、保障性住房、工业厂房、基础设施、办公设备及其他资产现状摸底排查、资料收集、调查研究,摸清国有资产底数,为进一步盘活国有资产,整合国有资产资源,发挥国有资产使用效益起到重要作用。

【规划建设】 2022年,海兴开发区坚持规划引领,将海兴开发区总体规划纳入海原县国土空间总体规划,有力保证了规划的合法延续。提高土地节约集约利用率,无偿收回中银绒业厂房建设用地,有效提高土地利用率。建成投入运行现代化城市供暖设施,进一步优化供暖管道、换热站、水、电、气、网等基础设施,城市保供能力进一步增强,实施了南北区供热系统提升改造项目一期、供热系统智能化改造等5个项目。持续开展植绿增绿大会战,栽植乔木类16778株、绿篱类12820平方米。坚持问题导向,配合海原县自然资源局开展自然资源领域突出问题治理等专项整治行动,所有问题全部整改到位。推行城市精细化管理模式,集中开展市容市貌专项整治4次,整治乱摆乱放、乱贴乱画、乱搭乱建等突出问题442起,维修照明亮化设施6328处、绿化设施279处、破损路面189处、节水改造公厕9座,更换雨水箅子、下水井盖128个。积极探索公共服务设施市场化运营模式,将污水处理厂、集中供热、垃圾填埋场、固废处置场全部委托于专业机构进行规范化标准化管理,同时对接引入共享单车企业投放共享单车2000辆,城市功能得到进一步完善。强化保障房管理,实物配租公租房80户,清退转租(借)22户,维修公租房50套,完成公租房管理系统信息录入,建立并使用租金线上缴费系统,保障性住房管理更加规范。

【社会事务】 2022年,海兴开发区按照“疫情要防住、经济要稳住、发展要安全”的总体要求,常态化开展疫情防控。持续推进法治海兴建设,以《中华人民共和国民法典》颁布2周年为契机,扎实开展“美好生活·民法典相伴”

系列活动及国家安全教育普法“四进”活动，以“学习宣传贯彻党的二十大精神，推动全面贯彻实施宪法”为主题，开展宪法公布施行40周年系列活动，悬挂横幅4条，发放宣传彩页、宣传品4000余份。邀请律师开展法律知识专题培训2次。聘请的法律顾问参与重要文件出台、重大合同签订和司法诉讼事项的合法性审查，共审查合法性文件5份、合同9份、参与行政诉讼案件1起。处理各类信访投诉件115起，协调解决农民工上访事项17起，清欠农民工工资78人53万元。扎实开展维护稳定风险隐患大排查大化解大整治行动，与辖区内各学校、医院、幼儿园、敬老院及文化娱乐场所等31家单位签订了安全责任书，督查文化娱乐场所10余次，社会秩序安全、和谐、稳定。向五家企业及非公企业党支部捐赠图书1740余本，丰富企业职工业余文化生活。

【安全生产】　2022年，海兴开发区以安全生产专项整治三年行动为抓手，强化安全隐患排查整治，坚决防范和遏制较大及以上事故发生，切实维护人民群众生命财产安全，开展重点时段安全检查督查，检查建筑施工、工商贸、特种设备、烟花爆竹、消防、危险化学品等重点行业领域，集中开展“5·12”防灾减灾日、“6·16”安全生产咨询日和“11·9”消防安全日培训。联合举办应急救援演练2次，增强应急救援能力，辖区全年未发生安全生产事故，安全形势总体平稳。

【生态环境】　2022年，海兴开发区坚持“四尘”同治，检查企业(单位)200余家次，强化区域大气污染协同治理，环境空气质量持续向好。坚持“五水”共治，紧盯治污设施运行，污水处理厂与生态湿地出水水质稳定达标，污水资源化利用率100%。坚持“六废”联治，规范固(危)废、医疗废物产生、贮存、处置全过程。排查环境风险5类20项，完成整改12项。各级督察反馈环保问题16项，完成整改13项，尚未完成整改的正在加紧积极整改，确保按期全部整改到位。受理群众投诉问题5项，办结率100%。同时，修编完善了《海兴开发区突发环境事件应急预案》，环境安全管控体系建设不断健全，年内未发生重大及以上突发环境事件。扎实开展各类环保宣传活动6场次，大力倡导绿色低碳的生产生活方式，进一步深化公众和企业的环境保护意识，营造良好的环境保护氛围。

（余文华、马旭龙）

海兴开发区园区重点企业

【宁夏中车新能源有限公司】　宁夏中车新能源有限公司于2021年注册成立，是湖南中车株洲研究所在宁夏设立的独立核算子公司。公司在海兴开发区投资建设风电整机装备制造项目，占地面积55.2亩，由政府代建完成了标准化厂房6554平方米、办公楼及其他附属设施2006平方米，已具备年产500台风电总装能力。该项目于2020年5月中旬开工，当年10月21日首台风机下线并实现批量生产，2021年组装2.5兆瓦~4.8兆瓦风电机组158台，完成产值5.73亿元，上缴税收300万元。“十四五”期间，公司将加大能源及装备制造产业投入，充分利用中卫市丰富的风、光资源和独特的区位优势，整合自身新能源产业链和供应链资源，以现有制造业产业为基础，引入上游叶片、塔筒、发电机、电缆线束、控制柜、结构件等配套产业落地海兴开发区，预计完成投资48亿元，2025年可实现产值100亿元以上，全力“延链补链强链”，形成“一园三中心”产业布局(新能源装备制造示范区、新能源产业集群服务中心、总部经济及新能源智能运维服务中心和智慧风电场管理中心)，将海兴开发区打造成西部地区风电整机及零部件制造产业基地和智能运维基地，助力海原县和海兴开发区经济高质量发展。

【宁夏亨通肉食品有限公司】 宁夏亨通肉食品有限公司始创于2010年10月，注册资金500万元，是一家集产品研发、加工生产、销售于一体的现代化综合型肉食品加工企业。总投资3000余万元，占地面积35亩，现有生产线4条，员工35人，拥有先进的生产工艺流程、专业的产品研发和销售团队，主要生产“伊昊”“散臻香”和“六盘古里”三个系列的营养早餐、卤蛋、火腿肠、豆干等共85个品种的熟肉系列产品，形成了“产品研发—生产加工—销售”为一体的经营模式。

【宁夏亿达利服饰有限公司】 宁夏亿达利服饰有限公司由铜陵东达服饰有限公司注册成立，总投资500万元，利用开发区原银海纺织产业园1栋厂房，建成服装生产流水线3条，机台设备70台(套)，员工70余人。该公司是一家集研发、设计、生产、营销、信息化于一体的现代化服装生产企业，主要经营服装生产、服饰设计、销售等，产品有校服、工装、睡衣等，主要销往西北地区、西南地区及出口欧洲国家。

【宁夏麦勒电器有限公司】 宁夏麦勒电器有限公司是一家集研发、生产、销售、售后于一体的大型现代化家用电器生产制造企业，成立于2017年8月，注册资本1000万元，主要的产品有洗衣机、冷柜、展示柜、商用冷链、小家电等各类家用电器。公司现有厂房车间7栋，洗衣机生产线2条，大型注塑机6台及辅助设备多台，员工50余人，主要依托宁夏家电行业协会，围绕西北地区这一产品营销核心，建立以宁夏地区企业直营，陕西、甘肃、青海、新疆、西藏、内蒙古等地区代理经销的销售模式，发展批发代理商30余家。

【宁夏嘉通卫生用品有限公司】 宁夏嘉通卫生用品有限公司是一家集从事生活用纸、一次性卫生用品加工、分包、销售及行业技术于一体的科技型民营企业。公司拥有自动化生产线6条，压花机、卷纸机、包装机、分切机等设备一应俱全，主要生产适合市场的高档压花卷纸、手帕纸、面巾纸等系列产品共计80多个单品，产品远销青海、甘肃、陕西榆林等地以及宁夏全境，与上百家大小供货商建立了长期稳定的业务关系。年可生产各类卫生纸产品2500吨，带动就业20余人。

【宁夏食来运转有限公司】 宁夏食来运转有限公司由宁夏食之家食品有限公司注册成立，是一家以生产面叶、面条、半干面等为主的食品加工企业，致力于营养面的改良、生产和营销，已形成集产品研发、生产加工、营销服务、品牌专营于一体的发展体系，产品深受固原、同心及周边地区广大消费者的喜爱，远销陕甘宁和内蒙古地区。有面叶、半干面生产线各1条，员工30余人，年可生产各类营养面1500吨。

【宁夏大河源中药饮片有限公司】 宁夏大河源中药饮片有限公司是一家中药饮片生产企业，主要依托当地及周边地区道地中药材资源，通过净制、切制、炮制、煅制、燀制等中药炮制方法生产各类中药饮片，于2020年5月份投产运营，现有职工人数24人，其中大中专毕业生11人，中初级职称6人，执业药师3人，主要生产黄芪、三七等中药饮片，具备年产中药饮片800吨能力，预计至年底产值可达500万元。厂区设有饮片生产车间、化验室、综合仓库、行政办公区及生活区。生产车间细分出净制、洗润、蒸煮、切制、炮制、煅制、内包、外包等操作间，通风、防尘、捕尘、除烟等设施配备齐全；化验室拥有高效液相色谱仪、气相色谱仪、生物显微镜等50多台套检验仪器，能够满足原辅料、中间产品、成品的性状鉴别、水分检测、总灰分检测、含量检测、二氧化硫残留量检测等需求。

【宁夏赫迪实业有限公司】　宁夏赫迪实业有限公司成立于2022年1月，公司注册资金600万元人民币，企业类型为有限责任公司，主要业务涉及机械零件、零部件加工；金属切割机焊接设备制造；运输货物打包服务等多项领域。在海兴开发区投资建设新能源装备制造及物流项目，计划总投资3200万元，总占地20.99亩，建成后日流通量达到600吨，年可配套风电机组第三方成套仓储配送服务及结构件加工500台/套。项目运营后，预计年配套风力发电机组2.X兆瓦、3.X兆瓦、4.X兆瓦、5.X兆瓦等机型第三方成套仓储与配送服务300台/套（24000吨），风电机组配套结构件加工能力为500台/套；实现年产值2400万元、上缴税收80万元。

【宁夏津通泓泽金属结构制造有限公司】　宁夏津通泓泽金属结构制造有限公司成立于2022年4月，注册资金2000万元，位于宁夏回族自治区中卫市海兴开发区小微企业孵化园以北，兴工街以西，振兴路以北，兴原西路以南1号，是一家从事新能源装备制造的加工企业。项目占地面积100亩，其中，一期占地50亩，主要生产光伏支架、电力、通信杆塔及类似钢结构加工等产品，主要设备包括铁塔和光伏支架生产线20条，设备270余台。初步设计光伏支架及电力、通信杆塔年产能共计4万吨，年产值3.5亿元；二期占地50亩，计划生产铁塔和镀锌，年产量4万吨。

【宁夏华盛工贸有限公司】　为巩固拓展脱贫攻坚成果同乡村振兴的有效衔接，海兴开发区依托海原县及周边地区优质蔬菜资源，大力发展绿色农副产品深加工产业，引导和支持宁夏华盛工贸有限公司与韩国（株式会社）海农公司、（株）农心公司及PPS种苗株式会社合作建设速冷库、速冻库建设项目，盘活企业原有土地、厂房资源，提高农副产品附加值，带动海原和海兴开发区经济高质量发展。该项目总投资7000万元，主要建设速冻库1000平方米、冷库3300平方米、蔬菜加工车间1300平方米，购置冷藏设备、风冷机组、冷却系统及蔬菜蒸煮加工生产线5条。主要生产各类泡菜产品，出口韩国。项目建成并满负荷运营后，预计日速冻果蔬产品400吨，年速冻果蔬产品14.6万吨。冷冻库新鲜果蔬产品最大储藏量达到6400吨。可带动周边蔬菜种植户约5000户，总增收5000万元，带动周边就业人数50人。

（余文华、马旭龙）

商贸流通

综　述

【概　况】 截至2022年底，海原县限额以上批发零售业和住宿餐饮业民营企业共18家，其中，2022年新增8家。为拓宽消费渠道，优化消费环境，健全和完善消费品市场流通体系，海原县制定了《海原县2022年巩固拓展消费帮扶提升行动工作方案》，以"九进九销"为主要途径，有序有效开展消费扶贫工作，全年完成社会消费品零售总额29.46亿元，同比下降0.6%。线上、线下销售额达3.22亿元，完成目标任务的100.6%。

【县域商业体系建设】 2022年，海原县加快发展商贸流通产业，制定了《海原县县域内商业体系建设方案(2022—2026年)》，争取项目补贴资金800万元，建设乡级商贸中心项目6个、商贸物流项目1个、农产品上行商品分拣包装及集配中心建设项目1个，正在施工。先后统筹资金2370万元，开展高频次、多形式促消费活动，带动消费1.3亿元。建设了夜间经济市场2个，填补了县内夜间经济空白。

【电子商务】 2022年，海原县开展电子商务创业就业知识培训和电商应用知识宣讲，参加人数930人以上；孵化电商企业5家，帮助10名电子商务创富带头人和10家当地企业入驻主流电商平台。编印下发电商知识教材1000余册，开设网络公开培训课程。建成海原县智慧分拣配送中心，11个乡镇快递物流中转中心和七营、三河2个乡镇电商服务中心。培育发掘电商产品130款，打造网红景点5个，开展直播带货活动80余场。全县农特产品线上销售额达到3000万元以上，较去年同期2400万元增长25%。

（黎飞飞）

粮食和物资储备

【粮食库存】 2022年，海原县粮食和物资应急网点储存大米40吨，面粉75吨，质量和数量均符合应急成品粮油储存要求，储存环境干净卫生，消防设施齐全。产后服务中心秋粮收购300吨。粮油应急保障中心(有限公司)库存313吨，完成了储存任务的96%。

【粮食安全宣传活动】 2月28日，海原县粮食和物资储备局开展了形式多样、内容丰富的粮食安全宣传活动。通过悬挂横幅、现场咨询、印发宣传材料等形式，进行全方位、多视角、多角度的宣传，向过往群众宣传讲解科学购粮、家庭储粮小妙招、爱粮节粮及海原县产后服务中心服务内容等相关知识。通过活动开展，提升广大市民的粮食安全意识，养成爱惜粮食、节约资源、合理消费的良好消费习惯和生活习惯。活动还通过公开承诺形式向广大市民发出倡议，争做爱粮节粮的倡导者、践行者和宣传者，从一点一滴做起，从珍惜粮食、反对浪费做起，把保障粮食安全变成每一位公民的实际行动。

【粮食科技周科普活动】 5月21—27日，海原县粮食和物资储备局在海原县城开展了为期一周的粮食科技周科普活动。科普活动以“科技兴粮储粮 创新有你有我”为主题，围绕科技兴粮、科技支撑优质粮食工程、粮油营养健康消费等开展宣传。在科普现场，通过悬挂横幅、现场咨询、印发宣传材料等形式，进行全方位、多视角、多角度的宣传，向过往群众宣传讲解科学购粮、家庭储粮小妙招、爱粮节粮及海原县产后服务中心服务内容等相关知识。

【粮食“十四五”规划评审会】 5月27日，海原县召开《海原县粮食“十四五”发展规划(2021—2025年)》(以下简称《规划》)专家评审会。通过前期充分调研、咨询论证、资料收集，结合省粮食和物资储备局及中卫市粮食局“十四五”发展规划，基本完成《规划》初稿的编撰工作，经过意见征求和多次修改完善，该《规划》在内容上，归纳了“十三五”期间粮食工作取得的成绩，指出了问题和不足，分析了当前的环境，面临的机遇和挑战，确定了“十四五”规划总体目标。

【应急成品粮储备库安全监管】 9月9日，海原县粮食和物资储备局组织对辖区内8家应急成品粮承储企业(粮油经销部)进行了专项检查。采取现场查看、实物盘点、账卡物核对等方式，分别对8家承储企业(粮油经销部)的成品粮油库存数量、粮油质量、储粮设施及安全、台账建立以及经营场所环境卫生等情况进行了检查。对消防安全落实情况进行检查，重点查看库房内用电、用气、用火及易燃物品管理是否规范，消防设施及设备是否能正常使用。经检查，承储企业(粮油经销部)能按照储备协议所要求的品种、等级、数量落实储备计划，建立管理台账，科学管理。但部分承储企业(粮油经销部)消防设备未摆放在规定位置，且库管人员对消防器材的使用方法不熟悉，检查人员现场责令整改并指导使用消防器材。

(何振强、海恭剑)

供销合作

【概　况】 截至2022年9月底，海原县供销系统实现销售总额7850万元，其中，消费品零售额840万元，售给农户的农业生产资料1570万元，农副产品销售额5450万元。

【农资供应】 2022年，海原县供销合作社发挥农资供应主渠道作用，积极组织各基层网点及农资经营企业全力做好春耕农资调用储备，保障春耕农资供应。全系统农资经营企业及网点共购进化肥6000吨，其中，尿素820吨、二胺1660吨、复合肥1230吨、碳铵980吨、有机肥1310吨，已销售尿素800吨、二胺1600吨、复合肥1200吨、碳铵900吨、有机肥1300吨。

【综合改革】 2022年，海原县供销合作根据自治区供销社关于深化供销社合作社改革重点工作任务安排，成立了综合改革工作领导小组，制定了《海原县供销社2022年深化供销合作社综合改革工作方案》，明确了目标任务。已建设乡镇为农服务综合体1个，改造升级农村综合服务社1家，创建村社共建示范点1个，落实示范社章程基层社1个，新增基层社社员3000人，新增土地全托管面积2万亩，新增农业社会化服务面积5万亩次。

【数字供销】 2022年，海原县供销合作实施“数字供销”全国示范区建设，做实做特用好用活“832平台”，有效带动“宁货出塞”“海品入闽”（注：海原特色农产品入闽南下），坚持“政府推动、市场主导、企业主体、社会参与、对口协作、互利共赢”原则，依托“扶贫832平台”销售海原县农副产品3000万元。

（丁生国）

石油销售

【概　况】 中国石油宁夏中卫销售分公司海原党支部共有员工77人，全县境内共有11座加油(气)站。2022年累计销售油品5.3万吨，年储油量5.7万吨。

【“四查四提升”强管理专项行动】 2022年，中国石油宁夏中卫销售分公司海原党支部深入开展“转观念、勇担当、强管理、创一流”主题教育和“四查四提升”(即查思想、提升斗争精神，查管理、提升合规运行，查技术、提升专业技能，查纪律、提升作风形象)强管理专项行动。1.提升加油站基础管理。每周坚持下站监督，抓落实整改，对加油站存在的问题进行曝光整改，小问题当场进行整改，对于党支部无法处理的问题，及时反馈到分公司的联络群，由分公司及时安排人员进行问题的销项。2.提升班前会质量。辖区内11座加油加气站按照加油站每天的实际情况坚持召开班前会，并且每天由站经理发到支部工作群里，由党支部书记和副书记亲自监督。通过坚持召开班前会，由站经理或班组长向员工传达公司最新的优惠政策和各类文件，让员工熟悉政策明白要求。班前会的持续召开还使员工分工明确，加油站的工作效率得到了很大的提升。3.提升现场服务水平。充分利用培训示范站，组织加油站所有人员开展了开口营销技能培训。

【销售业务】 2022年，中国石油宁夏中卫销售分公司海原党支部结合海原地域特点、工作实际情况，对各加油站制定了客户分布责任区域，由各加油站将区域进行分解，责任落实到个人，组织人员对周边村落、学校、单位和私人单位进行摸排调查，经过三轮筛选统计，得到加油站的客户分布，根据不同的客户类型和消费情况，完成精准营销，在今年的疫情影响非常大的情况下，海原党支部油品和非油品销售同比均为正增长。

【支部建设】 2022年，中国石油宁夏中卫销售分公司海原党支部认真执行“三会一课”制度，每月按时召开支部委员会议、党小组会议和主题党日，按季度开展党员大会和党课，谈心谈话实现全覆盖，全年召开支委会16次，组织党员、积极分子集中学习12次，召开党员大会4次、主题党日12次，党员集中上党课4次，从而确保支部所有党员的党内生活丰富多彩。党支部召开组织生活会，通过会前学习、民主评议、自我剖析等一系列方式让党员们查摆出自己的问题所在，及时整改自己的问题。11月份党支部成功举行了支部换届工作，选举出了新一届支部委员。

（中石油海原党支部）

烟草专卖

【概　况】 海原县烟草专卖局(分公司)成立于1994年,2001年上划,2004年7月由固原市局(公司)划归中卫市局(公司)管辖。县局(分公司)下设综合办公室、专卖监督管理科(专卖稽查大队、内部专卖管理监督派驻组)和市场部3个部门。2022年,有干部职工27人,其中,在岗职工25人,驻村帮扶1人,内退1人。在岗职工全部为大专及以上学历,在岗男职工16人,女职工9人,最小年龄职工22岁,最大年龄职工52岁,平均年龄42.7岁。

2月23日,海原县烟草专卖局联合公安、检察部门开展物流快递检查(张占锋供图)

【营销业务】 2022年,海原县烟草专卖局坚持"稳字当头、稳中求进"工作基调,准确把握区域市场消费需求,把市场状态的"均衡稳定"作为市场状态的晴雨表,突出辖区工程项目调研数据应用与经销数据市场分析,精准预测,加强区域一、二类卷烟订单满足率的研判,在满足市场需求的同时,确保销量与结构双轮高质量增长。将乡村振兴战略与区域农网终端建设相结合,深入落实推进农网终端建设"三大工程",确定了"强化素能、焕新形象、发挥功能、提升获利"的农网终端建设思路,形成"1个背柜,1个收银台+卷烟陈列、非烟商品、店堂环境必须改善"的"2+3"单体终端改造模式,通过重点打造、组织观摩、小组推进等方式,扎实推进零售终端形象"焕新靓化"工程,突出"红色+旅游+特产"的功能发挥与现代经营模式与经营意识在农网终端的根植,打造农网特色终端3户,农网示范店15户,农网终端示范街5条,农网终端整体形象与客户认同感明显提升。依托"我与客户共成长"主题营销活动,开展"三知六会、一口清""情景模拟、实操演练、技能评比"等营销队伍测试评比活动;以芙蓉王(荣耀细支)市场推广为抓手,组织零售客户开展芙蓉王(荣耀细支)"开口营销"短视频竞赛,"最美农网终端"评选、"终端微课堂"直播培训等活动,形成了营销队伍"一学一测一评一实操"的学习机制和"一观一微一互动"的客户培训模式,两支队伍"敢开口、会开口、巧开口"的能力有了进一步提升,农网终端建设的人才基础得到了夯实,队伍能力得到了有效提升。

【专卖管理】 2022年,海原县烟草专卖局把"净"末端与"控"网端作为推动卷烟打假打私能效提升的主要发力点,适时联合公安、市场监管、邮政等部门开展联合打假,形成了多部门打假打私监管合力。全年共查获物流寄递渠道涉烟案件21起,查获假私烟实物数量3.914万支,涉案金额7.1375万元。把模型分析和系统化终端治理作为推动卷烟市场监管成效提升的主要发力点,搭建诚信体系建设平台,采取精准化管理,推动市场监管工作高质量发展。全年查获真品卷烟案件69起,案值5万元案件5期,涉案卷烟37.418万支,同比2021年24.298万支,增加了13.12万支,增幅为54%,查获异常流入真烟数与当期销量的比值为0.12,系全区标杆。开展草专卖零售许可证“清网瘦身”专项整治。行政许可网上办结率为53.46%,网上办件好评率100%。行政许可证同比增长率下降13.4%,行政复议、诉讼败诉案件为“零”;零售许可“五日办结制”执行率100%;烟草专卖零售许可证使用不规范等问题“零”发生。以“专卖人员纪律和作风建设专项整治”“冬训”“述职述廉”活动为抓手,严格落实每周“三操一训”制度,着力推进专卖队伍准军事化管理工作走深做实。通过制作形象墙,配置瑜伽垫、拉力器、哑铃等体能训练器材和衣帽柜,业务知识口袋书,智能考试宝等,为准军事化管理做好基础设施保障。坚持在思想上谈心谈话、思政教育,在业务知识上日训练、周测试、月考试,在体能上开展队列和军体拳训练以及体能达标活动,切实提升了专卖人员服从命令、听从指挥、步调一致、雷厉风行、快速反应、落实高效的工作作风。

【物流管理】 2022年,海原县烟草专卖局以提升精益物流效率为前提,落实绿色低碳物流建设要求,全面落实推行塑模回收和无纸化签收工作,加强人员、资金货款和车辆安全精细严实管理,并通过定期不定期对送货线路进行调研,及时优化调整线路。全年单车日均送货量达到4461.04条,同比增加581.51条,单车日均送货户数达到119.86 户,同比增加7.54户。

【内部管理】 2022年,海原县烟草专卖局制定了“夺旗争先”月度评比工作实施方案和考核细则,注重员工行为的养成,激发全员工作激情和热情。精益改善全员参与率达到88%,“提升农网客户零包主导陈列面”和“提高行政执法案卷制作效率”2个QC课题成功发布,1个自主改善项目入选区局(公司)自主改善案例库。

11月中下旬,海原县烟草专卖局开展准军事化管理训练增强员工的凝聚力和战斗力(张占锋供图)

【安全管理】 2022年,海原县烟草专卖局严格落实安全生产责任制和常态化疫情防控各项措施,在疫情最为严重时期,不折不扣完成县委、县政府下达的任务,全体党员连续两个多月下沉任务社区积极参与疫情防控志愿服务,以实际行动践行“我为群众办实事”的初心和使命。全年共开展定期安全检查12次,专项检查4次,驾驶员培训教育12次,应急演练2次,全员交通安全警示教育6次,消防灭火自救专题培训1次,召开应对疫情防控领导小组会议9次。

【驻村帮扶】 海原县烟草专卖局自2015年以来,为积极响应当地县委、县政府脱贫攻坚工作号召,海原县局(分公司)先后派出2人到海原县李俊乡蔡祥村开展驻村帮扶工作。8年期间,驻村帮扶工作人员认真履职尽责,积极配合乡政府和村党委通过大力发展产业养殖、整治村容村貌、开展精准帮扶,全面助力乡村振兴取得丰硕成果。蔡祥村养牛户从2015年65户2022年的98户;完成渠道维修6.5公里,建设蔡祥扬水站截水墙100米,建设小型供水设施1座;实施危房改造35户,安装太阳能路灯80盏,建设生产路段3.1公里,建设养殖棚圈128座,标准化圈棚达到3500平方米。

(张占锋)

金融保险

金融管理

【银行信贷】　2022年,海原县持续关注信贷投放的主体、金额,确保银行对全县的信贷力度不减、总量逐年增加。截至10月底,全县银行机构贷款余额84.73亿元,同比增长10.70%,贷存比84.68%,其中,新增贷款6.01亿元,同比增长7.85%。

【优化信贷结构】　2022年,海原县围绕自治区"六新六优六特"产业发展布局,协调各银行机构加大企业、合作社等经营主体贷款需求的摸排,优化信贷结构,支持"六新六优六特"产业发展。截至10月底,投放"六新六优六特"产业贷款余额23.61亿元,小微企业贷款余额14.20亿元,其中新增投放2.05亿元,同比增长100.89%;涉农贷款余额62.85亿元,其中新增投6.06亿元,同比增长5.85%。

【"六权"改革】　2022年,海原县制定印发《海原县农村土地承包及流转经营权抵押贷款试点工作实施方案》《海原县金融保险业支持山林权改革的实施方案》等文件,进一步拓宽抵(质)押物范围。截至10月底,海原农商行成功发放农村产权抵押贷款46笔721万元。

【融资对接】　2022年,海原县积极搭建融资对接平台,收集整理金融支持小微企业发展政策、银行信贷产品和企业基本信息、经营情况、融资需求等方面的资料,建立金融服务台账,印发《海原县支持民营企业融资服务工作指南》,为企业融资提供方向。组织金融机构、担保公司及企业、合作社开展"小专精"的专场对接活动,努力促进"政银企担"交流合作,为企业与银行、担保之间搭建桥梁,实现企业与银行、担保共赢。先后召开"小专精"政银企会8次,完成融资7420万元。

【农业保险】　2022年,海原县加大政策性农业保险投保力度。按照自治区《宁夏回族自治区财政农业保险保费补贴管理实施办法》等相关文件,结合实际,制定《海原县2022年政策性农业保险工作实施方案》,将全县小茴香、中药材等特色优势产业新增纳入农业保险范围。前三季度,全县政策性农业保险实现保费收入4619.36万元,其中种植业保费收入2168.23万元,养殖业保费收入2343.98万元,森林险保费收入107.15万元;共完成理赔1301.28万元。

【"乡村振兴健康保"】　2022年,海原县加大"乡村振兴健康保"投保力度,截至10月底,"乡村振兴健康保"保费收入710.129万元,覆盖101447名脱贫人员(监测人员),共完成理赔260.27万元,实现大病补充医疗险、人身意外伤害险全覆盖。

【保险服务民生】 2022年,海原县提高保险服务实体、服务民生的能力。截至10月底,全县服务民生险种保障金额274.57亿元,完成理赔0.7亿元;服务实体险种保障金额0.91亿元,未产生理赔。

【政府与保险机构签订战略合作协议】 2022年,海原县贯彻落实《中共中央 国务院关于全面推进乡村振兴加快农业农村现代化的意见》精神,与5家保险机构签订《“乡村振兴健康保”保险协议》《海原县政策性农业保险承保机构遴选项目服务合同》《“森林险”保险协议》《团体人身意外伤害险协议书》《海原县“铁杆庄稼保”协议》《海原县2022年安置乡村公益性岗位商业意外伤害保险合作协议》《海原县民生救助公众责任保险合作协议》7项协议,精准对接脱贫户(监测户)及其他各类人员的保险需求。

【融资担保机构】 2022年,海原县注册资本金1亿元,设立海原县惠民融资担保公司,以较低的担保费率、相对宽松的反担保措施、创新的业务模式为海原县小微企业和“三农”群体融资提供担保服务,有效缓解了“融资难”“融资贵”问题。

【融资担保工作】 2022年,海原县印发《海原县设立乡村振兴基金实施方案》,设立乡村振兴基金25685万元,其中融资担保基金12240万元,产业融资担保风险补偿金4000万元。为充分发挥政府融资担保基金和风险补偿基金杠杆撬动、增信放大和风险分担作用,打好“银行+担保+企业(新型经营主体)”组合拳,县政府、担保与辖区内各银行机构签订三方合作协议,规定银担风险分担比例为2∶8,并与国担基金和自治区再担保签订合作协议,按协议确定风险分担比例。截至10月底,为全县中小微企业、合作社、致富带头人等新型经营主体提供担保贷款余额166笔16322万元,同比增长6.9%。其中,小微企业担保贷款30笔7070万元,“三农”担保贷款136笔9252万元,“支小支农”担保金额占直接融资担保比例的100%。2022年新增担保贷款86笔7420万元,其中小微企业担保贷款10笔2230万元,“三农”担保贷款76笔5190万元。

【减免担保费】 2022年,海原县惠民融资担保公司通过决议对中小微企业、合作社、家庭农场等法人主体及致富带头人类型贷款全额减免担保费;对个人生产经营类的贷款担保费按照0.2%年优惠费率执行。并通过“政银担”协议降息等方式,解决融资主体“融资难”“融资贵”问题,截至10月底,已累计为各类市场主体免除担保费用共计321万元,其中2022年免除担保费用22.3万元,全力降低企业融资成本。

(马贵成)

农业银行

【概　况】 农业银行海原县支行(简称海原县农行)属中国农业银行股份有限公司宁夏分行直管科级经营行,机关本部现设综合、风险、个金、对公、运财管理部和纪委办公室共6个职能部室,其中综合管理部、风险管理部、纪委办公室实行合署办公,辖4个营业单位

（城区3个、海兴开发区1个）。截至2022年末，农行海原县支行各项、单位、个人存款、各项贷款余额分别为29.35亿元、11.18亿元、18.16亿元和17.78亿元，同业存量市场份额分别为29.34%、31.93%、27.94%和20.37%。

【业务经营】 2022年，海原县农行年末人民币核心存款余额293451万元，净增26420万元；其中个人、对公存款分别净增13516万元和12904万元。年末各项贷款余额177766万元，净增11765万元；普惠型小微企业贷款余额43241万元，净增3317万元。全年收回已核销贷款126万元，完成分行计划的130%。开通智慧食堂8家，办理社保卡3503张，开通个人养老金账户586户。

【队伍建设】 2022年，海原县农行坚持正确的选人用人导向，适时选好配强中层干部、选优后备梯队。年内，公开选聘辖管中层干部6名，推选支行副职领导干部1名，推荐选拔初级青年英才1名。为持续加强客户经理队伍建设，制定《海原支行客户经理考核办法（试行）》，建立健全优胜劣汰竞争机制。推动网点定岗定编落地，根据网点规模、业务量、人员结构，精准核定网点人员，统筹制订轮岗计划。

【合规建设】 2022年，海原县农行强化风险前瞻预警和处置，把好客户准入关，加强真实性管理，做实贷款“三查”，严防新增客户、新增信用的风险。持续做好贷款质量管控，高度警惕客户评级及贷款形态下迁风险，加大潜在风险客户和问题客户风险化解。加大不良贷款处置力度，年内现金清收表内不良资产379万元，完成呆账核销本息合计1478万元。将风险资产处置情况纳入客户经理考核，考核情况与客户经理评优评先、聘任专业序列职务等进行挂钩。开展案例警示教育，教育引导干部员工增强规矩意识和风险意识。严肃责任追究，年内给予纪律处分3人次，其中记大过1人次、警告处分2人次。

【班子建设】 2022年，海原县农行坚持学深悟透力行习近平新时代中国特色社会主义思想，自觉将贯彻落实党的二十大精神作为全行工作的重中之重，组织党委理论学习中心组集中学习12次，党委班子成员讲授专题党课3次，宣讲党的二十大精神5次。紧紧围绕分行党委工作部署，以党的政治建设为统领，深入推进全面从严治党从严治行和党风廉政建设，努力为实现高质量发展提供坚强的保障，为全行业务经营发展提供了强大的精神动力和思想保证。

【党建引领】 2022年，海原县农行多措施推进党建模式。1.始终旗帜鲜明讲政治，学深悟透力行习近平新时代中国特色社会主义思想，自觉将贯彻落实党的二十大精神作为首要政治任务。坚持党建引领发展的总体思路，把党建工作融入业务经营全过程、各环节，聚焦服务乡村振兴、疫情防控等重点工作。2.积极发挥“两个作用”，建立党员“四队一岗”，先后有8个党支部、45名党员积极参与疫情防控志愿服务和金融服务保障工作，锤炼工作作风，强化奉献意识。3.向分行推选基层党建内训师1名，发展预备党员1人、培养入党积极分子3人。结合庆祝中国共产党成立101周年系列活动，召开“两优一先”表彰大会，开展第二届“党建杯”篮球比赛，颁发“光荣在党50年”纪念章。4.召开党委专题会议2次，落实分行《关于进一步加强和改进基层党建工作的实施意见》等，开展联系点调研12

次，落实“三会一课”等制度规定，提升基层党建工作实效。

【廉政建设】 2022年，海原县农行严标准推进廉政建设。1.严明政治纪律和政治规矩。坚持把党的政治纪律和政治规矩挺在前面，认真学习习近平新时代中国特色社会主义思想和党的二十大精神，捍卫“两个确立”，树牢“四个意识”，坚定“四个自信”，做到“两个维护”。2.认真履行管党治党责任。严格落实党委书记“第一责任人”责任，党委会专题研究全面从严治党工作4次，按季督促各责任主体依单履责，开展“一对一”谈话32人次，任前谈话8人次、约谈9人次，集体谈话1次。认领中央巡视反馈整改问题64项，措施163项，完成率100%。3.推进党风廉政建设和反腐败工作。通过反腐倡廉形势报告会、中心组学习会、员工会议、支部党员大会、专题廉政党课和开展系列警示教育等，教育员工明底线、知敬畏。

（顾丽萍）

农村商业银行

【概　况】 海原农村商业银行于2019年12月由原海原县农村信用合作联社改制而来。现有18家营业网点，员工220余人，已在全县148个行政村设立金融服务点，全面消除村级金融服务空白点，实现村级金融服务全覆盖，是县域营业网点最多、分布最广、支农力度最大的地方金融机构，先后获得“全国金融五一劳动奖状”、“全区脱贫攻坚先进集体”“金融支持牛产业先进集体”称号等。2022年末，资产总额71.67亿元，各项存款余额50.21亿元，各项贷款余额55.45亿元，存贷款规模稳居县域金融机构首位；拨备覆盖率为714.07%，资本充足率为22.44%。

【体制改革】 2022年，海原农村商业银行按照《宁夏银监局办公室关于开展第六批县级联社改制农村商业银行及普惠金融工作督导的通知》安排，顺利完成农商行改制，进一步厘清股东大会、董事会、监事会及高级管理层运行机制，激活现代银行发展活力。坚持将加强党的领导与完善公司治理有机结合，把党的领导写入公司章程，明确党组织在公司法人治理结构中的法定地位。制定《海原农商行2021—2025年发展规划》和《海原农商行2021—2025年完善治理体系和提高治理能力实施方案》，以制度建设为重点，以能力建设为关键，健全“四位一体”的公司治理机制，推动实现治理能力现代化。

【助力乡村振兴】 2022年，海原农村商业银行针对脱贫农户，以“扶贫小额贷款+商业贷款”的方式加大信贷支持，提高金融支持的针对性和实效性。截至2022年末，建档立卡脱贫户贷款1.31万户、6.44亿元。全力支持农村各类创业人员创业展业，带动创业人口增收致富。截至2022年末，投放全民创业贷款1417户、1.76亿元，妇女创业贷款1590户、2.20亿元。争取支农再贷款、扶贫再贷款等政策，进一步降低农户融资成本。截至2022年末，投放扶贫再贷款3.13亿元，支农再贷款5.73亿元。

【服务实体经济】 2022年，海原农村商业银行将支持肉牛产业作为“贷”动县域农民增收致富的核心支撑，与海原县政府签订合作协议，积极探索合作社+农户+信用贷款、产业链金融服务、担保公司+新型农业经营主体等模式，支持专业大户、家庭农场、农民专业合作社、农业龙头企业等新型经营主体发展规模生产、延长产业链。年末，涉农贷款4.18万户、44.21亿元，其中，农业种植贷款1.09万户8.34亿元，肉牛产业贷款1.32万户、16.3亿元。

【整村授信】　2022年，海原农村商业银行深入开展"整村授信"工程，将以"家庭户"为单位评级授信细化到以"个人"为主体开展评级授信，将传统农户、脱贫农户、新型农业经营主体、涉农龙头企业等所有涉农主体及"六新六特六优"产业等涉农项目纳入整村授信范围，全面推进涉农贷款由线下向线上平移。严格落实三包机制，从行领导到中层干部全力以赴协助支行白天采集信息、晚上评级授信审批、次日引导客户用信，全面提高工作效率。截至年末，完成农户评级、授信2.85万户，授信总额14.02亿元，评定信用村148个，全行客户经理人均管户近1000户。

【风险管理】　2022年，海原农村商业银行网点严格执行制度，条线管理部门加强指导、检查和监督，风险合规和审计纪检部门开展各项检查再监督，层层压实风险管理责任，确保制度执行到位、责任落实到位、监督检查到位、整改处罚到位。同时，出台不良贷款清收奖惩办法，加大不良贷款处置清收力度；出台尽职免责办法，解决客户经理后顾之忧，使客户经理放下包袱，轻装上阵，为实现海原农商行高质量发展铺好路、修好桥。

【社会责任】　2022年，海原农村商业银行全面下调小微贷款利率，认真落实无还本续贷和延期付息政策，帮助小微企业纾困解困。截至2022年末，普惠小微企业3666户、7.29亿元。在全县148个行政村，设立便民金融服务全面消除村级金融服务空白点；巧用微信群、公众号等定期发送金融产品、讲解惠民政策，让金融服务在线上实现互动；深入村组开展"金融夜校"集中宣传活动，把金融服务送到百姓家门口；积极反哺社会，持续参与和支持公益慈善事业发展，向环卫、医疗、教育等领域累计捐款捐物376.41万元。

（海原农商行）

宁夏银行

【概　况】　宁夏银行海原支行成立于2016年8月5日，注册地位于宁夏回族自治区中卫市海原县政府东街东城小区86号，法定代表人为姚利。经营范围包括一般项目：吸收公众存款，发放短期、中期和长期贷款；办理国内外结算；办理票据陈兑与贴现；从事银行卡业务；代理首付款项及代理保险业务；以及经银行业监督管理机构批准的其他业务。2022年末，海原支行有员工20人，其中，在册职工14人，劳务派遣人员6人。在册职工全部为本科学历。有班子成员一正二助理共3人。内设业务发展科、营业室和办公室。党支部有中共正式党员5人，比例为29%。

【资产负债】　2022年末，宁夏银行海原支行资产总额7.48亿元，较年初增加1.33亿元；负债总额7.48亿元，较年初增加1.33亿元。

【贷　款】　2022年末，宁夏银行海原支行各项贷款余额3.75亿元，同比增长20.58%。其中，对公贷款余额1.77亿元；个人贷款1.98亿元。普惠型小微企业贷款495户余额1.6亿元；肉牛滩羊产业贷款余额0.77亿元，同比增长48.08%；民营贷款余额3.63亿元，涉农贷款余额2.92亿元，线下个人消费贷款余额7589万元，线上贷款5082户，贷款余额10514万元。

【存　款】 2022年年末，宁夏银行海原支行各项存款余额7.3亿元，较年初增加1.29亿元，其中，对公存款余额4.9亿元，储蓄存款余额2.4亿元。各项滚动日均存款余额7.03亿元，其中：储蓄存款日均余额2.12亿元，对公存款日均余额4.91亿元。

【资产质量】 2022年年末，宁夏银行海原支行按照贷款五级分类，表内不良贷款余额1.32万元，较年初下降36万元；其他不良贷款余额4478.98万元，较年初下降559.43万元；现金收回已核销贷款29万元。

【经济效益】 2022年年末，宁夏银行海原支行实现账面利润857万元，同比增加135万元。

【客户类指标】 2022年年末，宁夏银行海原支行信用卡新增发卡923张，新增财私客户104户，新增有效对公结算账户9户，新增基金定投344户，新增特定乡村振兴卡2235张。

【站点建设】 2022年，宁夏银行海原支行响应乡村振兴战略和总行部署，在海原县建设23个"宁夏银行乡村金融服务站"。

（宁夏银行海原支行）

建设银行

【概　况】 2022年，建设银行海原支行设物理网点1个，附行式自助设备3台，智慧柜员机3台，裕农通金融服务点56个。正式职工15人，平均年龄33岁，其中，男性员工10人，女性员工5人。年末，一般性存款时点余额2.19亿元，贷款余额2.87亿元。

【小微贷款】 2022年，建设银行海原支行先后向格兰丽都、闽宁华府、海盛富城等小区发放按揭贷款1076万元，向行政事业单位员工发放"简易贷"1638万元；向个体工商户发放个体工商户经营性贷款4206万元；向下岗再就业人员发放创业担保贷款1180万元。

2月10日，建行海原支行信贷员赴养殖户家中开展贷前调查（建行供图）

【助力社会治理】 2022年，建设银行海原支行聚焦百姓民生，主动助力社会治理。政务服务方面，实现海原行政事业单位党费平台全覆盖，上万名党员通过建行党群平台线上缴费；住房服务方面，坚持房住不炒的定位，持续推进"数字房产"战略合作，做好公租房相关系统的建设推广，实现海原县公租房代收付系统和海兴区公租房云缴费系统上线。社会治理方面，为海原县七营镇润泽灌溉服务专业合作社、海原县李旺镇兴旺灌溉服务专业合作社等上线悦生活缴费平台，方便收费缴纳收取。

【助力乡村振兴】 2022年，建设银行海原支行通过56个“裕农通”服务点方便乡村农户办理存款、取款、转账、缴费等业务。向养殖、种植户、农业合作社等新型农业经营主体发放“塞上兴农贷”“塞上养殖贷”等农户生产经营贷款11232万元，有力支持当地红葱、马铃薯、小杂粮和肉牛产业等发展。

【履行社会责任】 2022年，建设银行海原支行向海原县九彩乡马圈村捐款7.98万元用于村民爱心超市及道路建设；向海原县红十字会捐款10万元用于购买防疫物资；响应海原县助学圆梦行动；海原支行员工积极投身到社区疫情防控工作中，助力打赢疫情防控攻坚战。

（建行海原支行）

邮政储蓄银行

【概　况】 2022年，邮政储蓄银行海原县支行（简称海原邮储银行）有员工21人，行领导班子1人，部门经理2人，营业中心3人，信贷经理8人，理财经理2人，客户经理2人，风险经理1人，业务主管1人，贷后管理1人。其中40岁以上的5人，全行平均年龄35岁。支行所有人员均为大专及以上学历，其中研究生2人，本科15人，高学历人才占到支行员工80%，员工学历高，学习能力强，工作能力强。该党支部成立于2013年1月，有在册党员10人，支部委员4人，党员数量占支行员工的47.6%。2022年，该党支部被自治区、市分行评为“先进党支部”。历年获大小荣誉38项，其中市级以上荣誉27项。先后获得宁夏金融先锋号、全区民族团结进步创建活动示范单位、支持地方经济发展先进单位、宁夏分行优秀扶贫示范支行和宁夏分行先进党支部等省级以上荣誉10项。该行党支部书记、行长刘静获评中国邮政储蓄银行工会“2020—2022年中国邮政储蓄银行巾帼建功标兵”、中共中国邮政储蓄银行中卫市分行委员会“优秀共产党员”、中国邮政储蓄银行宁夏回族自治区分行、中国邮政储蓄银行工会宁夏分行委员会“2022年度优秀支行长”、中共中卫市委员会、中卫市人民政府“全市民族团结进步先进个人”。

【个人业务】 2022年，邮政储蓄银行海原县支行个人金融业务较2021年同期稳健增长，各板块业务有序发展。保险业务再创新高。在2022年开门红活动中，海原县支行销售趸交保险407万元，期缴保险48.49万元。信用卡发展较2021年同期水平有所提升，全年发卡1058张，结存5309张，激活率、活跃率稳中有升，资产质量平稳可控。网点系统化转型工作扎实开展，全员营销技能和综合能力有了大幅提升，人员协同作业，快捷绑卡领跑市分行，绑卡2259户。做好财富转型工作，开展财商教育及财富周周讲活动64场次，区域理财销售支行进入全区百舸争流支行。手机银行为线上业务发展奠定良好基础，新增激活2321户。海原县支行在各家银行整体储蓄存款下降的趋势下，支行通过线上和线下共同营销的方式，稳住了支行储蓄余额态势，年度负188万元。对于个人客户营销系统，细化客户，准确定位，做好大客户跟踪深挖工作，对VIP及以上的客户实行CRM系统专人管理，尽量减少存量流失率，与客户密切互动，提升客户与支行之间黏性。

【公司业务】 2022年，邮政储蓄银行海原县支行实行全行营销公司户活动。为退役军人开通绿色通道，如遇特殊情况，支行提供优先服务，对出行不便的退役军人提供上门服务。结合自治区、市分行的各项政策，发动全行员工积极营销开立公司账户，全年累计开户85户。调整公司业务项目，走访海原县水务局、县乡村振兴局和县农业农村局，积极营销新的项目，并积极营销小微企业和收单商户，带动支行公司业务全面发展。

【小额信贷】 2022年，邮政储蓄银行海原县支行持续加强与县妇联、县劳动就业局合作，开展创业小额贷款工程，重点扶持有经济实体的、有资金需求的农村种植养殖青年群体，全年共计投放创业贷款105笔1624万元。通过线上线下多种渠道发放贷款，以有E捷贷、小额极速贷、线上信用户、移动展业作业等形式，简化资料和申请流程，缩短放贷时间，有力地提高工作质量和效率。年末，共计建设信用村94户，根据各个村的经济发展特点，农业产业化和种养大户的不同分类，支行派遣专人管理和维护。对于各自区域的专业合作社要求全部走访到位，通过联络致富带头人及村委干部的介绍，对于信用村的发展起到了重要作用。与县农业农村局合作，筛选出有一定规模的农业合作化龙头专业合作社，进行产品双向对接，加大涉农信贷领域的支持力度。与县邮政局合作，2022年新增融资E有400万元。

【风险防范】 2022年末，邮政储蓄银行海原县支行不良贷款结余381.15万元，逾期率0.72%，为全区最优。

（海原邮储银行）

石嘴山银行

【概 况】 石嘴山银行海原支行成立于2018年4月。2022年，有员工11人，其中，男员工7人，女员工4人；本科8人，专科3人。专科以上学历占比100%，本科以上学历占比72.7%。支行下辖1个对外营业网点，1个金融普惠便民服务站，服务站位于郑旗乡吴湾村，共铺设自助设备2台。截至2022年末，资产总额20145万元，各项存款余额28356万元，各项贷款余额19979万元。共服务结算客户23000余户，信贷客户2500余户。

【经营特色】 石嘴山银行海原支行自成立后，始终坚持以脱贫攻坚为主线，坚守市场定位，打造以“特色农业的银行、精准扶贫的银行”为己任，紧紧围绕总行工作计划，立足海原县的区域经济特点，把中小微企业、个体工商户、特色农业种养殖户作为最重要的服务对象，结合支行实际情况，持续加强基础管理、不断提升内控管理水平，继续加大市场开拓和客户营销力度，为海原县“一主四特”产业发展做出积极的贡献。截至2022年末，新增规模百头以上养殖场授信7户，新增贷款金额1200万元，涉农贷款余额10060万元，其中肉牛养殖贷款余额8900万元。

【助力乡村振兴】 2022年，石嘴山银行海原支行按照建设金融普惠便民服务站的要求，成立小组，积极调研区域村集体产业，物色站长人选，最终选定在郑旗乡吴湾村开立金融普惠便民服务站，并于6月14日举行开业庆典，该站点运营半年后，吴湾村贷款规模达

604万元，覆盖174户，占该村总户数的22.59%，切实打通金融服务的“最后一公里”。

【开户绿色通道】 2022年，为解决每个中标单位及时开立农民工工资专用账户，及时发放农民工工资，石嘴山银行海原支行设立开户绿色通道，确保当天开户，当天使用，同时不断总结经验，完善服务流程，聘请当地建筑项目劳资专管员，为员工详细讲解人社系统各种功能，各个环节紧密相扣，确保农民工工资顺利发放。2022年累计代发农民工工资2500人次。

【社会责任】 2022年，石嘴山银行海原支行积极向上级银行“爱心基金会”申请为海原县红十字会捐款20万元，以实际行动为海原县疫情防控工作贡献金融机构的一份力量。面对“9·20”新冠疫情，坚持业务、防控一起抓，该行员工们展现出了不怕苦、不怕累的敬业精神，建立下沉干部网格包片机制，主动参与到鼎城楼、文联巷和地震台联防联控，全力支持疫情防控工作。7月，该行为海原县捐赠压缩式清扫垃圾车1台。

（石嘴山银行海原支行）

人寿保险

【概　况】 2021年3月，中国人寿保险股份有限公司宁夏分公司海原支公司（简称海原人寿保险公司）迁址于海原县城政府东街泰丰大厦三楼，面积1200平方米。按照三定改革分类分级，该公司为D7类综合性公司，内设一室五部，即经理室、综合部、营销发展部、收展发展部、机构业务部、客户服务部。在编员工12人，其中，经理室成员3人，部门负责人5人。2022年底，保险代理销售人员队伍86人。公司下辖海城营销服务部、李旺营销服务部、三河营销服务部、七营营销服务部4个农网。

【保费收入】 2022年，海原人寿保险公司实现总保费收入5858万元，同比下降16.1%。其中首年期交保费收入730万元，同比下降18.5%；短期险保费收入1419万元，同比下降12.1%。续期保费收入3710万元。

【助力乡村振兴】 2022年，海原人寿保险公司先后开办政策性保险有乡村振兴健康保、农村小额全家福保险、妇女安康保险、残疾人意外伤害保险，涉及总受益人12.35万人。累计风险保障近百亿元。其中政策性乡村振兴健康保承保建档立卡户和监测户累计10.188万人，累计风险保额1049425万元；百姓保保险受益群众945户，累计风险保额7370.85万元；爱妮保保险受益群众1.619万人，累计风险保额81010万元；助残保保险受益群众3090人，累计风险保额20394万元；其他保险受益群众848人，累计风险保额1457.41万元；老龄保险受益群众294人，累计风险保额678.94万元；信用保保险受益人数7271人，累计风险保额58718.18万元。

【理赔情况】 2022年，海原人寿保险公司受理各类理赔案件1082件，赔款支出536.72万元。其中，乡村振兴健康保理赔案件579件，赔付金额275万元；信贷保险赔付102.3万元；农村小额全家福保险赔付5.5万元；老龄保险赔付5.37万元；其他保险赔付77.05万元。同时2022年为全县村“两委”班子人员开办村干部保险，承保725人，累计风险保额达2.17亿元。

【关注妇女民生】 2022年，海原人寿保险公司新增女性销售人员20人，其中15人按期晋升并成功实现了创业就业，为家庭增添了收入。同时，与海原县人民政府、海原县妇联对接民生工程，全年为15777名女性提供了国寿女性安康保险。

【定点帮扶】 2022年，海原人寿保险公司抽调2名政治素质过硬，群众工作基础扎实的干部到海原县关庄乡下窑儿村和红羊乡安堡村驻村扶贫。同时全司正式员工13人，以“1+5”结对帮扶海原县海城镇堡子村委“建档立卡户”60户。

【疫情防控】 2022年，海原人寿保险公司严格按照宁夏分公司党委和地方新冠疫情防控要求执行，未发生疫情风险性事件。全公司上下充分认识到疫情的严峻性、复杂性，高度重视疫情防控工作的重要性，成立了专项领导小组加强领导，关注疫情变化，加强预防疾病宣传，落实防控措施。同时，结合当地政府疫情防控要求，公司全体党员、员工及销售人员党员共14人自愿做起疫情防控志愿者，全年累计值守划片小区（向阳小区）31天，并为全县500余名志愿者免费提供保险保障。自觉服从疫情防控大局，主动投身疫情防控斗争，同时建立“党员示范岗”“党员责任区”“党员突击队”“党员服务队”活动台账。受到了县委领导的肯定，并被当地电视台作为“抗疫先进典型”报道。

（海原人寿保险公司）

财产保险

【概　况】 中国人民财产保险股份有限公司宁夏分公司海原支公司（简称海原财险公司）主要开办险种：财产损失保险、责任保险、信用保险、意外伤害保险、短期健康保险、农业保险、保证保险等人民币或外币保险业务，与上述业务相关的再保险业务；各类财产保险、意外伤害保险、短期健康保险及其再保险的服务与咨询业务；代理保险机构办理有关业务；以及经中国银行保险监督管理委员会批准的其他业务。公司内设经理室、综合部、理赔分部、农险部，下辖4个营销服务部，分别是贾塘营销服务部、三河营销服务部、李旺营销服务部、七营营销服务部。2022年，公司有员工26人，其中党员4人。至年末，公司全年各条线数据质量管理被评为全区A级，居全区第三。

【保费收入】 2022年，海原财险公司全年全险种保费收入11271.37万元。其中，机动车辆保费收入7206.47万元；农险保费收入3129.08万元；非车非农险保费收入935.82万元。

【赔款支出】 2022年，海原财险公司全年赔款支出共计9041万元。机动车辆保险赔款金额为4140.94万元，农险共计赔款3701.62万元，赔付率为118.3%。其他险种赔款金额为1198.44万元，为助推海原经济发展、造福百姓发挥了强大的保险保障功能。

【农业保险】 2022年，海原财险公司通过各种形式，推广宣传玉米、小麦、马铃薯、油料作物等四大农作物种植保险及露地蔬菜种植保险等，保障粮食、蔬菜生产安全。全年提供农业风险保障8.76亿元，为县域中标乡镇19769户农户提供种养两险风险保障，共计赔款3701.62万元。

【铁杆庄稼保】 2022年，海原财险公司先后为全县70599余名外出务工人员办理了"铁杆庄稼保"，为外出务工人员提供保险保障183.6亿元。截至年末共出险67笔，赔款金额836万元。

【农民工工资履约保证保险】 2022年，海原财险公司以保险保函形式替代备案保证金，为全县在建项目释放农民工工资保证金3600万元，充分发挥了信用保证保险的社会管理职能，切实帮助企业减轻负担。

【疫情防控】 2022年疫情期间，海原财险公司开展社区排查工作和疫情防控卡点值班值守。在包抓的向阳小区，共排查住户800余户人，协助医护完成实住1500人共6次突发疫情的所有核酸检测工作。

【诚信纳税】 2022年，海原财险公司累计缴纳各项税收470.4万元，其中上缴地税431.8万元，代收代缴车船税427.3万元。

（海原财险公司）

农业农村

综　述

【概　况】 海原县农业农村局，是海原县人民政府工作部门。海原县委、县政府农业和农村工作领导小组办公室（以下简称县农办）设在县农业农村局，接受海原县委、县政府农业和农村工作领导小组直接领导，承担海原县委、县政府农业和农村工作领导小组具体工作，组织开展“三农”重大问题的政策研究，协调督促有关方面落实县委县政府农业和农村工作领导小组决定事项、工作部署和要求等。海原县农业农村局下设10个机构，正科级单位1个：海原县畜牧产业发展服务中心；副科级单位4个，分别是海原县农业技术推广服务中心、海原县农业机械化推广服务中心、海原县农业综合开发服务中心、海原县农村合作经济经营管理站；不定级别事业单位3个，分别是海原县农业综合执法大队、海原县农村能源工作站、海原县动物疾控中心；内设机构2个，分别是海原县农产品质量安全中心、综合计划股。

2022年，海原县农业农村局有干部职工301人，其中研究生学历11人，大学学历146人，大专学历123人，其他21人。公务员10人，事业编制人员290（高级职称85人，中级职称110人，初级职称33人，技术员45人，其他28人）。有党员131人，其中在职在岗80人，退休51人。

【保障粮食安全】 2022年，自治区下达海原县粮食种植面积109.8万亩，完成粮食种植面积114.02万亩，完成率103.8%。其中，下达玉豆套种5万亩，完成5.55万亩；夏粮8.44万亩（小麦7.7万亩、杂豆0.74万亩）；秋粮105.58万亩（马铃薯30.98万亩、籽粒玉米38.15万亩、秋杂粮33.6万亩）。

【高端肉牛产业】 出台了《海原县2022年农业产业高质量发展政策支撑方案》《海原县2022年高端肉牛产业发展补充政策》《海原县2022年肉牛养殖饲草配送实施方案》《海原县2022年肉牛标准化养殖示范场户建设方案》《海原县2022年基础母牛扩群提质项目实施方案》系列方案。按照“家庭农场养殖母牛、公司和大户集中育肥、龙头企业精深加工、线上线下品牌营销”发展思路，推行“9721”模式，在区内外洽谈6次并以展柜的形式开放展示了海原县牛羊肉。牛王谷全面运行，谷内共有牛只208头。

【“菜篮子”“米袋子”工程】 重点建设马铃薯

"四位一体"标准化示范基地20万亩;建成马铃薯脱毒种薯一级种繁育基地8000亩;在海城、树台、关庄、贾塘等乡镇马铃薯主产区引进马铃薯新品种2个,建立标准化示范基地5700亩,年种植面积稳定在30万亩。瑞丰马铃薯制品有限责任公司淀粉加工开始运行,2家使用机械日分选能力达100吨的马铃薯分选包装合作社,现有马铃薯粉条加工机械2台。小杂粮产业。建立小杂粮标准化示范基地5个,每个基地示范面积0.1万亩,示范带动小杂粮标准化种植2万亩,推广张杂谷13号、张杂谷19号、固糜22号、信农1号等优新品种。瓜菜产业。全县瓜菜种植面积14.89万亩。打造菜心基地1500亩、辣椒标准化基地5000亩、番茄基地500亩、山门红葱基地6000亩、芹菜标准化生产基地2万亩。

【绿色食品产业】 创建绿色农产品基地。全年已申报8个绿色品牌认证、4个有机品牌转换期认证、6个特质农品认证、2个名特优新认证;1个GAP再次认证,已上报进行部级审核;5个GAP试点生产主体资质审核已通过,正在进行实地核查。推进绿色食品品牌认证。绿色品牌认证7个、有机转换期认证4个、特质农品4个;9家企业合作社参加"闽宁特产线上行"活动;11家企业合作社参加"宁夏名优特色农产品促消费活动"。保障农产品质量安全。以特色农产品为重点,开展快速检测和定量检测。种植业农产品快速检测147批次,合格率100%,定量检测57批次,合格率100%;配合市级例行监测38批次,合格率100%;配合区级监督抽检20批次,合格率100%;畜禽产品质量安全检测13批次。全年屠宰牛0.65万头左右,羊7.84万只,家禽5.6万羽;"瘦肉精"检测4286份,均未发现阳性。全县定点屠宰动物检疫率达100%,出场肉品持证盖章率达100%。促进消费扶贫交易量稳步增长。引导合作社、企业、家庭农场通过线上线下多渠道销售优质农产品,共销售各类农产品8700万元,其中通过国家832消费扶贫平台销售422万元。产业融合发展迈上新台阶。培育了宁夏锦彩生态农业有限公司小杂粮科技型企业,建成小杂粮精深加工厂。

【农业基础设施建设】 完成高标准农田建设12.5万亩。高效节水灌溉建设4.13万亩;关桥乡冯湾村压砂地退出区产业配套现代高效节水农业项目开始实施。完成"一村一年一事"事项148项。补贴农机购置资金1482.844万元,受益农户1377户,带动农户投入购机资金5405.3146万元。

【农村改革】 变更登记农村承包地确权5532户,新增土地承包经营权登记确权1.65万亩。遴选51家服务组织,托管面积68.15万亩次。扶持壮大村集体经济项目40个。全面运行农村产权流转交易中心,农村土地承包经营权抵押贷款46笔,抵押土地面积1434.2亩,贷款金额842万元。

【农业面源污染治理】 2022年,在全县肉牛养殖密集区建设7个粪污处理点,已完成4个,其余3个正在规划中。在海城镇武塬村,建立核心示范区2300亩全区稳粮保供绿色转型科技创新综合示范区,示范带动5700亩,示范21项、展示22项、试验33项,开展测土配方施肥技术各类田间试验10项,带动全县化肥使用量实现零增长。依托有机肥替代化肥项目及压砂地退化土壤生态修复耕地质量监测项目示范带动,堆制初级有机肥2.04万立方米，商品有机肥864吨，建设6个核心示范区，核心示范面积2.55万亩，采集土样及肥料样品25个，集成推广“有机肥+机械施肥+覆膜保墒水肥调控”，“有机肥+水肥一体化”，“有机肥+一次性施肥”，“有机肥+测土配方施肥”等化肥减量增效技术。开展农用残膜回收及污染防治，全县农用残膜回收点达到了20个，残膜加工企业2个。开展农作物秸秆禁烧管控和综合利用常态化巡查，累计出动执法人员285人次，执法车辆95辆次，发现焚烧现象56起，移送公安机关2起，均依法依规作了处理。

【农村人居环境治理】 2022年，全县共清理生活生产垃圾21万吨，清理河道沟渠118公里，清理农业生产废弃物7.4万吨，拆除危旧院落、残垣断壁350处，拆除乱搭乱建1310处。悬挂宣传横幅、张贴标语600条，发放宣传画册（单）3万余份，投入各类机械3400辆（台）次，群众参与环境整治1.41万人次。春季造林及村庄清洁行动共植树51万株9309亩，完成经济林4164株104亩。17个美丽宜居村庄（示范村）建设，已完成建设16个，1个美丽宜居村庄（示范村）列入下年续建。完成户厕改造建设2159座，完成率为108%；关桥乡、史店乡污水处理站已开工建设，现完成项目总工程量的95%以上。

（罗成林、方业成）

农业种植业

【概　况】 2022年，海原县共完成农作物种植181.2796万亩。粮食种植面积达114.02万亩，完成自治区下达任务的103.8%，其中夏粮8.44万亩（小麦7.7万亩，杂豆0.74万亩），秋粮105.58万亩（籽粒玉米41万亩，马铃薯30.98万亩，糜子7.1万亩，谷子9万亩，荞麦14.8万亩，大豆2.7万亩）；经济作物面积达67.2596万亩（油料8.61万亩，中药材1.66万亩，硒砂瓜5.04万亩，蔬菜9.85万亩，青贮玉米20.04万亩，禾草22.0596万亩）。

【马铃薯产业】 2022年，全县完成马铃薯“四位一体”标准化示范基地种植面积20万亩；采购马铃薯原原种600万粒、一级种薯4000吨（其中青薯9号3000吨、希森6号1000吨），免费发放给马铃薯种植户，完成原原种种植面积1323亩，一级种种植面积42168亩；建成马铃薯脱毒种薯一级种繁育基地8000亩；引进希森6号原原种100万粒、原种300吨，冀张薯12号原种300吨，建设希森6号、冀张薯12号等新品种引进示范基地5700亩；新品种引进试验示范4个，试验品种18个，面积500亩。进一步优化了海原县马铃薯品种。培育1家马铃薯淀粉加工企业，2家使用机械日分选能力达100吨的马铃薯分选包装合作社，引进马铃薯粉条加工机械2台，开展马铃薯产品精深加工，把马铃薯生产、加工、分拣包装和销售有机结合起来，延长产业链条。

【小杂粮产业】 2022年，在海城镇武塬村、高台村，贾塘乡王塘村、黄坪村，关桥乡八斗村，建立小杂粮标准化示范基地5个，每个基地示范面积0.1万亩，示范带动小杂粮标准化种植2万亩，主要推广张杂谷13号、张杂谷19号、固糜21号、信农1号等优新品种，采用“新品种、新技术、新机具、新模式”的四新技术，大力推广谷子、糜子、荞麦精量抗旱播种、地膜覆盖精量穴播、大垄双行种植等先进技术，提高杂粮作物产量和品质,推进小杂粮产业健康稳步发展,着力提升示范村的产业组织化水平,提高农户致富本领,增加农户收入。培育1家小杂粮精深加工厂,由华润五丰负责小杂粮精深加工产品研发、宣传推介、包装销售等,促进海原小杂粮向高端市场和高端消费群体销售。

【瓜菜产业】 2022年,综合考虑压砂地退出区群众发展意愿,因地制宜,科学规划,采取覆膜、设施拱棚的种植方式,种植以金城5号为主的西瓜和以"早香蜜""花姑娘"品种为主的甜瓜2.09万亩。压砂地退出区外,在贾塘、李旺、七营、高崖等乡镇种植西甜瓜2.98万亩。同时,在关桥乡麻春村建设西甜瓜良种繁育基地1个,开展西甜瓜优良品种引进筛选工作;在关桥乡冯湾村建设旱作节水转型示范基地0.22万亩(核心区220亩),开展露地覆膜和设施拱棚西甜瓜试验示范,为推动西甜瓜产业高质量发展夯实基础。在关桥、郑旗、三河等乡镇建成标准化西芹生产基地2万亩,在海城、李旺、史店等乡镇建成红葱示范基地2万亩,在西安镇建成菜心标准化基地0.15万亩,在西安、贾塘等乡镇建设辣椒示范基地0.5万亩。通过蔬菜标准园建设,培育蔬菜生产企业,加大对海原县蔬菜加工、分拣包装和销售,延长产业链。

【"稳粮保供"创新示范区建设】 2022年,在海城镇武塬村以小杂粮产业为主,整合地方特色粮油优势作物、旱作节水农业、测土配方施肥与化肥减量、小杂粮病虫害绿色防控等项目,加快粮油新品种新技术、旱作节水农业、有机肥替代化肥、谷豆(薯豆)轮作倒茬、休耕等技术的示范推广,形成"基地+技术+院所+企业+农户"的种植模式、按照"三品一标"行动,打造"五有"生产基地,着力建设稳粮保供绿色转型科技创新综合示范区1个。其中核心示范区1000亩,示范带动周边5000亩,开展示范9项、展示9项、试验12项。园区内小杂粮(谷子)亩产达到220公斤,较大田生产增产10%以上;化肥用量减少15%以上,水肥利用率达到41%以上;推进了农业绿色可持续发展,为稳定海原县粮食生产做出了典范。

【马铃薯新品种引进】 2022年,全县共引进希森6号、冀张薯12号、兴佳2号、后旗红等脱毒马铃薯种薯1600余吨,在全县推广种植面积达1.6万余亩,平均亩产2193.9公斤/亩,总产量达3.51万吨,总产值达7862.4万元,种植农户亩产值达2240元以上,关联农户233户。

【压砂地退出产业持续发展】 制定印发了《海原县压砂地退出区产业接续发展实施方案》,建立县乡村三级包保推进机制,出台多项补贴政策,按照"以水定地、以水定产"原则,因地制宜发展优势突出、市场需求量大、基础较好的西甜瓜产业。按照"退砂不退瓜"工作思路,结合退出区实际,科学布局种植养殖产业,实现应种尽种。2022年,压砂地退出后西甜瓜种植2.08万亩,西瓜主栽品种金城5号,甜瓜主栽品种"早香蜜""花姑娘"等。推广有机肥培肥熟化土壤技术、滴灌水肥一体化高效节水技术、测土配方施肥与化肥减量增效技术、秸秆还田等技术。对清砂退出的确权压砂地实施有机肥替代化肥示范推广项目,进行土壤改良和耕地地力提升;建成硒甜瓜良种繁育基地1个,开展西甜瓜优良品种引进和筛选工作,建成旱作节水转型示范基地0.22万亩(核心区220亩),开展露地覆膜和设施拱棚西甜瓜栽培、品种引进试验示范等，确保实现“退砂不退产业”和农民收入不减。

【植保质检】 1.预测预报。开展宁夏重大有害生物监测和预测预报工作，设置监测点36个，对主要农作物病虫害监测预报覆盖率达到100%，农作物病虫害预测预报准确率96%以上。发布中短期预报22期、植保情报18期。2.疫情监测。开展瓜类果斑病、瓜类黄瓜绿斑花叶病毒、大豆疫霉病、苹果蠹蛾等检疫性有害生物监测普查工作。全县设置疫情监测点12个。共抽样送检瓜类种子种苗样37个，其中砧木南瓜种子3个，西甜瓜种子种苗34个，全部为阴性；累计用检测条检测果斑病，150个，其中砧木南瓜种子10个，西瓜种子25个，西瓜种苗115个(6个无效)全部为阴性；抽检大豆种子样品8个，检出1个大豆疫霉病菌阳性(铁豆53)，已处置。6月8日海原县首次在高崖乡草场村，三分湾村两个监测点发现检疫性苹果蠹蛾成虫，危害程度2级，蛀果率为0，发生面积2亩。3.外来入侵普查。完成2022年第一、二轮踏查任务，踏查共涉及全县17个乡镇，覆盖面积达6463平方公里，发现刺苍耳、滨菊、王不留行、扁穗雀麦、黑麦草、绣球小冠花、矢车菊、欧洲千里光、反枝苋、凹头苋、皱果苋、欧洲庭荠等28种外来入侵植物，苹果蠹蛾1种外来入侵昆虫；正在完善第三轮踏查。除了对第一轮、第二轮踏查物种查漏补缺外，同时，三轮踏查重点将放在病虫害普查、标本采集和样地确定、完善材料等，掌握外来入侵物种的危害程度并确定相应的防治措施。

（罗成林、方业成）

畜牧业

【概　况】 2022年年末，海原县牛、羊、猪、鸡饲养量分别为22.05头、100.1万只、7.28万头、56.3万只；存栏分别为14.85万头、51.5万只、3.85万头、28.5万只，同比分别增长9.8%、5.6%、7.5%、7.1%；出栏分别达到7.2万头、50万只、3.43万头、27.8万只。肉类总产量21473吨，同比增长7.2%，鸡蛋产量2945吨，同比增长6.2%，奶牛9600头，同比增长20.6%，牛奶产量33810吨，同比增长20.6%。实现畜牧业产值18.42亿元，同比增长9.1%，人均牧业纯收入1052元。

【新型经营主体培育】 2022年年末，全县累计建成高端肉牛养殖示范村57个(其中千头以上养牛示范村10个、自治区级示范村4个)、标准化养牛示范场38个、养牛示范户886户、滩羊养殖示范村(自治区级)5个、肉牛改良点47处(其中五位一体畜牧科技服务点24个)；饲草配送中心6个；已登记备案的规模养殖场(小区)407个，其中，规模牛场、肉牛养殖合作社、家庭牛场累计达到268家，规模养羊场51个、规模养猪场36个、规模养鸡场52个；全县养牛户达到2.7万户，20头以上养牛大户1926户，50头以上养殖户存栏牛达6.5万头，万头养牛乡镇达到5个。

【肉牛标准化养殖示范县创建】 计划在李旺、贾塘、西安等16个乡镇培育打造肉牛标准化养殖示范场50个、标准化养殖示范户700户，实行养殖基础设施标准化建设、信息化管理、标准化管理、科学饲喂、粪污轻简化处理等。年内共计培育肉牛标准化养殖示范场26个、肉牛标准化养殖示范户685户。

【肉牛“出户入场(园)”建设】 年内计划新建肉牛“出户入场(园)”8个。年末,已建设完成高崖乡新民村、关桥乡脱场村、三河镇富陵村(二期)3个养殖园区,并已投入饲养生产,其余5个已完成养殖基础及附属设施建设。

【基础母牛提质增量】 实施肉牛“见犊补母”政策全覆盖,年内共计完成4.5万头。实施基础母牛补栏,年内计划县域外引进8月龄以上母牛3万头,年末,17个乡镇已累计引进补栏西门塔尔良种基础母牛0.96万头,补栏工作正在进行。实施冷配改良。年内计划采购西门塔尔肉牛冻精9.5万支,其中2022年计划任务5.5万支,往年剩余4万支,计划冷配改良肉牛5万头以上,加快全县肉牛品种改良。截至12月2日,已采购冻精6.6万支,发放冻精6.2万支,使用5.8万支,完成冷配改良肉牛3.2万头。

【中国(宁夏)良种牛繁育中心建设】 中国(宁夏)良种牛繁育中心已累计引进种牛93头,其中,肉牛公牛32头(西门塔尔31头,黑安格斯1头),奶牛公牛10头(荷斯坦7头,蒙贝利亚3头),种子母牛47头(西门塔尔41头,黑安格斯6头),附属工程和相关仪器设备等也已配套完善,并已全面投入运营,开展种质资源引进、联合育种等,并报请自治区农业农村厅启动建设肉牛种质资源库。

【滩羊产业】 制定《海原2022年滩羊营销中心建设方案》《海原县2022年滩羊产业养殖示范村建设》《海原县2022年滩羊养殖“300”模式家庭牧场培育项目实施方案》等政策性产业方案,为滩羊产业高质量发展提供指导性文件。1.羊良种补贴(滩羊种公羊调购)。从盐池县滩羊种公羊场引进良种滩羊种公羊500只,投放到西安、李俊等5个滩羊养殖重点区域乡镇,并发放到场(户)。2.滩羊示范村建设。将贾塘乡双河村打造成区级滩羊养殖示范村,培育养殖300只以上家庭农场5户、100~299只养羊大户15户、50~99只养羊大户28户。3.家庭牧场“300”模式新型经营主体培育。今年计划新培育“300”模式家庭牧场10个,要求环评土地备案手续、动物防疫合格证等齐全。已全部完成培育任务,并投入饲养生产。4.滩羊营销中心项目建设。计划新(扩)建滩羊加工营销冷链配送中心1处(海原县永盛屠宰有限公司)。已全部完成冷库、冷链等设施设备建设,并投入运营。

【草产业】 编制《海原县2022年高产优质苜蓿示范基地建设项目实施方案》《海原县2022年粮改饲项目实施方案》《海原县2022年饲草种植工作方案》等,继续推广青贮玉米、紫花苜蓿等优质牧草种植,加强牧草收获、加工、收储及利用,为牧草产业高质量发展提供指导性文件。高产优质苜蓿示范基地建设。计划种植高产优质苜蓿3800亩,实际种植3600亩。饲草种植。年内共种植一年生禾草21.2万亩,主要包括草谷子、燕麦、饲用高粱、糜草、饲用小黑麦等,其中利用撂荒地种植禾草达到10万亩。粮改饲。年内共计种植青贮玉米20万亩,制作完成青贮玉米17.8万吨。农作物秸秆黄贮。年内通过黄贮方式,共计加工调制玉米、小麦秸秆6.5万吨。饲草配送。鼓励支持饲草配送社会化服务组织有组织有计划向肉牛养殖脱贫户、监测户配送小麦秸秆等饲草,累计配送完成5200吨。

【粪污资源化利用】 成立了畜禽粪污资源化利用工作专班，对全县畜禽养殖场（户）进行了详细的摸底排查，对没有配套建设粪污堆积场及尿液贮存池的或没有达标的下发了专项整改通知，力求完善达标。结合2022年新建规模养殖场（户）、标准化养殖场（户）培育及粪污资源化利用项目建设，严格执行畜禽粪污资源化设施配套建设要求，配套建设粪污处理设施，支持养殖散户开展除臭剂、腐熟剂粪污处理新技术试点，年内累计完成肉牛标准化养殖示范户粪污轻简化处理600户，生物膜堆肥试点10户，效果明显。对全县录入备案的78家“直联直报”规模养殖场全部配套建设粪污处理设施，粪污设施配套率达100%。加强粪污集中处理点建设，围绕六盘山地区肉牛特色集群建设项目，在郑旗、李旺、李俊、三河等乡镇配套建设粪便收集无害化集中处理点4个。华润曹洼草畜基地、华润贾塘繁育基地建设粪污集中处理站，配套建设污水一体化处理站、堆粪场等设施设备。

【畜牧技术培训】 畜牧中心专门成立了畜牧技术培训工作专班，配合2022年肉牛标准化示范场（户）打造、“自治区三百三千科技推广”“肉牛产业发展人才培育项目”“农业科技活动周”“一对一定点产业帮扶”等科技活动，围绕肉牛、肉羊养殖户、家庭农场、合作社普遍存在的养殖管理粗放、养殖行为不规范、造成饲草料浪费严重、养殖成本高、效益低下等问题，组织专业技术人员拍摄肉牛养殖技术微课堂小视频20期，同步在海原县融媒体中心微信视频号、抖音、快手及农业农村局公众号、乡村养殖户微信群等网络平台传播量达6万次以上；先后组织专业技术人员深入史店乡大川、苍湾村，海城镇王井村，关桥乡脱场、王湾村，七营镇南堡、柴梁村等14个乡（镇）28个村举办肉牛肉羊养殖技术培训34场次，培训人员2890人次；配合自治区农业农村厅针对技术工作人员和养殖场负责人进行了3次视频培训；邀请国家肉牛牦牛产业技术体系、中国农学会等岗位科学家与本地土专家联合，以打造自治区级肉牛标准化养殖示范县为目标，以培育示范村、示范场、示范户为抓手，重点围绕肉牛养殖示范场户科学饲养、日粮配方设计筛选、饲草料加工调制及饲喂、冷配改良、高效繁殖、疫病防治、环境控制等推广综合配套实用技术，培训采取理论培训、入户指导、与养殖户互动、发放科普资料等多种形式，手把手深入浅出地向养殖户传授养殖技术和管理经验，解答养殖户提出的疑难问题，引导养殖户做到“良种、良料、良法（技术、管理）”结合，做到科学养殖、健康养殖。累计发放技术宣传资料13000余份、牛羊营养舔砖24吨，为海原县肉牛产业提质增效、健康发展提供了强有力的技术保障，取得了良好的效果，深受广大养殖户的高度赞扬和好评。

【草原生态补奖】 2022年，草原生态补奖政策涉及全县17个乡镇、海城街道办、南华山管理处和甘盐池种羊场、159个行政村（社区），补助面积366.2792万亩，补助农牧民102613户、421125人，补助资金2783.9万元。

【安全生产】 县畜牧中心指定专人包乡包场包片开展安全生产集中整治行动，针对本中心所涉及的规模养殖场、肉牛冷配点、社会化服务组织以及单位办公场、车辆使用安全等方面进行集中排查，全年累计排查养殖场78家260次，针对场内圈棚、青贮池、电、水、生产路线、机械设备、粪污处理池、消防设施等15项安全措施进行逐项排查，张贴安全生产防火警示牌98张，对有安全隐患的列出隐患清单，督促养殖主体及时整改，避免安全生产事故发生，时刻树牢红线意识和底线思维，同时也进一步强化安全生产监管责任，与涉及畜牧中心安全生产监管范围的规模养殖场、肉牛冷配点、社会化服务组织等都签订了安全生产责任协议，落实安全生产一岗双责责任制，确保畜牧产业行业领域安全生产各项监管措施落实落地。

（罗成林、方业成）

农业机械化

【概　况】 2022年，海原县农业机械化推广服务中心有干部职工27人，其中专业技术人员24人，高级职称8人，中级职称及以下18人。2022年年末，全县拥有农机总动力45.4万千瓦，拖拉机（联合收割机）14048台，其中，大中型拖拉机1556台，小型拖拉机12492台，联合收割机296台，履带式拖拉机343台。拖拉机驾驶员15628人。配套各类农机具32358台（套），农机从业人员7.3256万人。完成机耕地131.46万亩，机深翻29.5万亩，机播122.3万亩（玉米36.24万亩，马铃薯25.68万亩），机收77.2万亩（玉米32.24万亩，马铃薯21.49万亩），小麦、玉米、马铃薯机械化水平达到了97.5%、86.2%、69.4%。全县综合机械化水平65.24%，较上年提高2.16个百分点。

【机具检修】 2022年，海原县抽调农机技术人员深入田间地头开展农机具检修、调试和保养工作，引进和改装玉米大豆带状复合套种机械131台，代培检修人员85人次，检修保养各类农机具2265台。全县春耕春播期间生产投入各类农业机械达6800多台，其中，大中小型拖拉机1245台（辆），耕整地机械2600多台，播种机械3000台（套），保障了春耕春播生产正常开展。

【农机购置补贴】 2022年，海原县农机购置补贴资金1482.844万元（中央资金1452.187万元，自治区资金30.657万元），其中2022年下达1468万元，2021年结余14.844万元。截至10月，农机购置与应用补贴申请办理服务系统已受理农机补贴申请1359份，补贴各类农业机械1364台，补贴资金989.33万元（中央资金978.33万元，自治区资金11万元），受益农户1017户，带动农户投入购机资金3587.30万元。完成1081台农机具补贴结算，兑付补贴资金742.785万元。

【农机作业服务公司建设】 2022年，海原县新建了宁夏大疆农业机械化作业服务有限公司，完成公司注册、机库机棚建设及机具购置，制定了公司章程、制度等。建设机库、机棚、修理车间分别为975平方米、200平方米、60平方米。县级已验收，报请自治区验收通过。

【农机安全生产】 2022年，海原县农业机械化推广服务中心与辖区各乡镇（管委会）、农机作业服务公司、农机户签订农机安全生产责任书559份，其中乡镇（管委会）18份、农机作业服务公司6份、农机户535份。培训农机从业人员203人（含非驾驶操作人员），培训考证123人。拖拉机、联合收割机入户挂牌137台；拖拉机、联合收割机年度检验656台，驾驶员审验换证152人，签发联合收割机跨区作业证21张。共出动安全检查105人次，检查拖拉机、收割机258台，纠正违章26台次。

【春季覆膜保墒和残膜回收】 2022年，海原县旱作节水农业技术推广春季保墒覆膜计划覆膜面积20万亩，资金1970万元(中央扶贫衔接资金1470万元，自治区农财资金500万元)，计划采购地膜1600吨。实际完成覆膜面积19万亩，使用地膜1489吨，结余111吨，完成下达任务的95%；兑付资金1956万元，兑付率100%；结余地膜2023年继续使用。县政府与各乡镇签订了海原县2022年农用残膜污染专项整治责任书，县农业农村局安排工作人员包乡包片进行督导检查，督促乡镇组织作业公司、种植合作社及农户开展了残膜回收工作。截至10月，全县共有残膜回收网点22个，残膜加工企业2家。全县基本实现了县有加工企业、乡有回收网点、村有回收人员的残膜回收再利用体系。共出动检查指导技术人员46人次，下发整改意见书10份，印发宣传材料1万多份，投入残膜回收机械158台次，共回收残膜1024吨。

【耕地深松作业项目】 2022年，自治区下达海原县耕地深松作业任务3万亩，每亩补贴25元，共补贴资金75万元。海原县制定了《海原县2022年耕地深松作业项目实施方案》，通过对实施深松的农机服务组织进行招标，选择土地集中连片适宜深松的西安镇、树台乡、曹洼乡实施耕地深松作业。全县投入1S-200型、1SJ-250型、1SZL-220型等机深松作业机具11台(套)，实施深松整地面积3万亩，补助资金75万元。

【小杂粮全程机械化示范园区建设】 2022年，海原县农业机械化推广服务中心在贾塘乡王塘村依托海原县兴农农业机械作业服务公司，建设小杂粮全程机械化示范园区1个，建设面积1000亩，种植小杂粮(谷子)，重点示范推广小杂粮机械化耕整地、精量覆膜播种、施肥、植保、收获、秸秆打捆利用、农用残膜回收等技术。园区内实行全程机械化生产，机械化率达到100%。举办小杂粮机械化播种现场演示会1次、植保机械化作业1次、小杂粮机械化栽培技术培训班1期，培训农业经营主体技术人员、种植大户、农机手150人次。通过示范园区建设，加强农机农艺融合，充分发挥了小杂粮全程机械化种植示范园区辐射带动作用。

【农机质量监督管理】 2022年，海原县农业机械化推广服务中心利用“3·15”消费者权益日、中国农民丰收节等活动，通过多种形式大力开展农机产品消费警示、农业机械质量投诉监督管理、购机者的权利义务等知识宣传和各类农机具现场展示，印发宣传资料1万余份，编发信息2期，提高广大群众的维权意识。开展深松机、果蔬烘干机农机产品质量调查，按期进行质量调查和完成调查报告。共出动农机质量监督检查45人次，检查农机经营企业及农机作业公司12家。受理农机产品质量投诉2起，及时协调经销商和购机户，保障购机户权益。

【农机化信息宣传】 2022年，海原县农业机械化推广服务中心确定专人负责，及时上报农机购置补贴、新技术新机具示范推广、农机培训、园区建设、残膜回收等方面的重点工作和亮点工作，为农机化信息宣传营造了良好舆论氛围。全年印刷各类宣传材料3万余份，发送农机信息30篇，广播电视报道3次。先后选派10人次参加了区内各类技术培训，提高了农机专业技术人员的整体素质。

（罗成林、方业成）

农村经济管理

【农业生产托管服务】 2022年，海原县按照围绕“主导产业、突出重点环节、扩大覆盖范围、集中连片推进”原则，聚焦玉米、马铃薯、小杂粮、小茴香、香水梨、苜蓿等农作物积极开展生产托管服务工作。截至10月，已遴选61家服务组织，完成农业生产托管服务面积68.15万亩次，其中，耕51.4万亩次，种15.18万亩次，防1.57万亩次，涉及小麦、马铃薯、玉米、玉豆套种等作物，包含服务环节耕地整理、播种、飞防，促进了小农户生产和现代农业发展有效衔接。

【新型经营主体高质量发展培育】 1.培育发展新型经营主体。海原县农业农村局会同县财政局、县自然资源局、县市场监管局、县供销社，经现场考评，履行公开公示综合评审等程序后，完成县级示范社和星级农场评选创建工作。认定县级农民专业合作社示范社8家，二星级家庭农场36家。截至12月，在农经部门登记备案农民合作社359家（其中种植业144家、养殖业112家、种养结合34家、林业21家、服务业11家、其他行业37家），家庭农场达到730家。累计创建国家级示范合作社8家、自治区级示范合作社26家、市级示范合作社47家、县级示范合作社145家。2.推进新型农业经营主体高质量发展整县推进试点工作。2022年，自治区下达海原县新型经济主体培育资金总额148万元，用于支持新型农业经营主体共计13家。在全县选择新型经营主体或农业社会化服务组织5家，开展组织机构规范化、生产过程标准化、服务机制现代化的标准化创建；全县选择农民合作社2家、家庭农场2家、社会化服务组织1家，开展培育智慧型新型农业经营主体试点工作；创建新型农业经营主体联农带农示范单位3家。11月中旬完成验收、资金支付工资。3.开展村集体经济合作社联农带农试点工作。在全县18个乡镇中各遴选一个试点村，开展村集体经济合作社联农带农试点工作，项目启动资金为各试点村50万元，共计900万元。发挥村集体经济组织的带动作用，实现村集体经济发展与农户增收共赢的局面，树立一批村集体经济组织联农带农发展示范样板，推动全县全面深化农村改革工作迈上新的台阶。项目资金已拨付至各试点村经济合作社账户，正在组织项目实施。

【农村集体“三资”管理】 1.规范村集体资产台账管理。清查登记全县148个行政村货币资金4730.61万元，固定资产18932.7万元，资本201.14万元，未分配收益6536.59万元。集体土地总面积709.8万亩，其中农用地690.2万亩，建设用地19.4万亩。四荒地27.4万亩，待界定土地46.9万亩。圆满完成2022年农村产权制度改革信息报送和清查“三资”数据录入平台管理系统工作。2.规范村级财务指导管理。指导全县148个行政村和集体经济组织完成启用财务新账套，全部实行“政经”分离；对《海原县农村集体“三资”管理暂行办法》《海原县村集体经济组织资金使用管理办法》《海原县关于进一步规范和加强光伏扶贫工作方案》进行汇编，送达各行政村，指导乡镇规范村级财务收支，健全“村廉通”监督运行机制，保障村级各类资金安全使用。3.做好农村经济运行态势监测。70户农户家庭可支配收入监测分析工作正在进行，全县农村集体经济运行监测和三河镇六窑村、树台乡树台村、高崖乡香水村村级债务动态监测均已按照时限要求，及时上报监测数据和分析报告，为各级领导掌握海原县农村经济发展情况，提供了准确的第一手资料。

【扶持壮大村级集体经济】 按照“提升富裕村、壮大一般村、扶持薄弱村、消除空壳村”的发展思路，依托资源禀赋，通过盘活存量资产，挖掘资源性收入、提高经营性收入、增加服务性收入，开展招商引资、整合村级资金、引导村企合作等多种形式，把农村集体产权用活，进一步发展壮大村级集体经济。2022年，中央、自治区扶持壮大村集体经济项目40个。已完成村级申报、乡镇审核、县级评审工作，项目资金已拨付至各项目村经济合作社账户，正在指导监督项目实施。配合自治区、中卫市评估小组完成对全县2019—2022年扶持壮大村级集体经济项目实施情况进行现场评估工作。对评估组提出的问题建议，认真梳理总结，制订整改计划并将整改意见下发至各乡镇，正在对接指导整改，确保所有问题整改到位，推动全县壮大村集体经济健康有序发展。

【农村宅基地改革与管理】 印发《海原县宅基地工作实施方案》，依据权力下放、权责一致、精简高效的原则，进行宅基地管理。年末，村级宅基地摸底工作正在进行中。

（罗成林、方业成）

肉牛集团

【概　况】 宁夏海原县肉牛产业发展集团有限公司（简称海原肉牛集团）于2020年7月成立。该公司以县肉牛产业发展战略为导向，以支撑产业高质量发展为己任，持续围绕“6+1”产业体系谋篇布局。深入推进“华润海原草畜一体化项目”转型发展，与华润集团达成项目股权划转、代管运营、股权合作“三步走”合作战略，建成中国（宁夏）肉牛良种繁育中心、海原县活畜交易市场（海原牛市），成功协办海原县第六届高端肉牛大赛、开展1678亩牧草实验示范种植项目、引进并签约北京首农、北京苍穹2家合作企业，并按期投入运营，盘活李旺饲草中心和红城牛场，有效发挥了产业支撑、带动作用，为海原县打造国家级肉牛产业体系“一县一业”示范县奠定了坚实基础。

2022年，海原肉牛集团下辖五场（厂）一中心一院一站所[五场即曹洼万头育肥场、贾塘千头牛繁育场、三河饲草场、屠宰厂、活牛交易市场；一中心即中国（宁夏）良种牛繁育中心；一院即宁夏西海固牛产业发展研究院；一站所即530科技服务站]，下设8个子公司和1个合资公司，固定资产总额达3.5亿元，业务范围囊括肉牛改良、繁育、育肥、饲草加工配送、活牛贸易、科技服务、屠宰加工、品牌营销等，拥有员工48人，初步具备成为肉牛全产业链综合性企业条件。

【制度建设】 海原县肉牛集团自成立挂牌后，制定并完善了公司人事管理、考勤管理、出差管理、“三重一大”、项目建设等基本管理制度

(办法),为企业有序管理运营奠定了基础;完成了《肉牛集团三年规划(2021—2023年)》初稿,为企业发展指明了方向,明确了目标。

【海原县活牛交易市场建设】 该项目位于三河镇祁家堡,占地123亩,2021年10月建成,是六盘山片区乃至全区设施最完善、规模最大的活牛交易市场。市场于2021年12月9日投入试运营。2022年,海原县肉牛集团通过进村入户、走访周边市场等方式大力宣传,进场牛只数量相对稳定。截至2022年末,累计进场牛5800头,参与牛户863户,交易3208头,成交率55%。

【中国(宁夏)良种繁育中心建设】 该中心是海原县实施的肉牛产业重大项目,总投资5700万元,占地面积380亩,于2021年开工,年内建设完成。2022年,已与北京首农畜牧发展有限公司成立合资公司共同运营,引进种子公牛49头,种子母牛150头,生产繁育种子牛犊16头。

【草畜一体化项目】 自2021年7月以来,海原县肉牛集团贯彻落实《中共海原县委办公室海原县人民政府办公室关于印发〈关于推进"华润海原草畜一体化项目"运行合作工作方案〉的通知》文件精神,与华润五丰公司敲定了股权划转、代管运营、股权合作"三步走"接续合作方案,通过双方共同努力,2022年已完成了股权划转、代管经营,股权合作正在加快推进。

【牧草实验示范种植及饲草配送项目】 2022年,海原县肉牛集团在宁夏西海固高端牛产业研究院的指导下,在三河、贾塘、树台、曹洼四个乡镇开展苜蓿、燕麦、高丹草、苏丹草、甜高粱、定草一号等10余种"牧草试验示范种植项目"种植,试验田总种植面积1678亩。通过对比试验,基本掌握了各类牧草基本特征,种植方法及可利用价值,为下一步选育优质牧草提供了理论和数据支撑。给史店、关桥、西安三个乡镇的建档立卡户进行小麦秸秆的配送,已配送1360吨。腌制青储玉米9000吨,计划以低于市场价格的5%给养殖户配送。

【肉牛产业信息化品平台建设】 2022年,海原县肉牛集团在交易市场建立肉牛产业信息化平台,建立全县肉牛信息化监管体系、标准化养殖场体系、饲草料供应体系、卫生防疫标准化体系、肉牛溯源体系。通过数据分析及牛养殖全过程的监管,依托云计算和智能养殖设备在养牛业中的应用,实现肉牛养殖远程实时监管、生长养殖过程数据自动采集、牛只数据自动分析、牛场生产日常管理等功能,推动标准化养殖,提高基础母牛的受胎率、繁殖率、犊牛成活率,缩短产犊间隔,提高养殖场经营管理水平,并可同期预测牛只存栏量,为县委、县政府提供决策依据,推动肉牛产业高质量发展。

【"基础母牛银行"赊销款回收】 2022年,股权划转完成后,海原县肉牛集团接过县农业农村局赊销未回款8365万元,海润农业公司赊销未回款1609万元,合计赊销欠款9974万元。海原县肉牛集团组织成立3个清收小组,每组2人,在县农业农村局协调支持下对全县到期的赊销款进行回收,年末已收回140余户到期赊销款280万元。

【530科技服务】 2022年,海原县肉牛集团持续优化530服务站工作,规范服务站建设,建成树台、史店、李旺、三河四个服务站,公司选派5名专业兽医常年驻点,为各乡镇养殖户提

供冷配、疾病诊疗服务，24小时在岗，随叫随到，全年累计为全县各乡镇养殖户出诊13500余次，解决犊牛腹泻、肺炎、胀气、难产等各类病症5000余例，成为老百姓信赖的肉牛养殖“110”。股权划转后，肉牛集团进一步规范服务流程，统一收费标准，开放投诉渠道，建立起可追溯、可查询、可赔偿的服务机制，进一步提升了服务质量。

【肉牛研究院工作】 海原县肉牛集团接管肉牛研究院后，大力开展肉牛产业科技研究工作，继续以科技成果服务产前、产中和产后全过程，努力实现关键技术研发、技术产品开发、新型农民培训、发展模式探索、成果转化示范、产业技术服务六大服务功能，全力支撑海原县肉牛产业转型升级。2021—2022年在品种改良、母畜扩繁、饲草料加工配送、疫病防控方面、牛肉产品加工、技术人才培训等方面开展10项课题研究，形成7项技术专利，为海原县肉牛产业发展奠定良好技术支撑。

【屠宰加工与品牌营销】 海原县肉牛集团接管海兴开发区屠宰厂后，继续按照生产高品质牛肉理念，严选屠宰牛源，严把工艺规范，始终以客户需求为导向开展肉牛屠宰加工、销售业务，累计屠宰肉牛460头。积极配合海原县人民政府宣传推广“六盘山牛肉”品牌，成功与中央军区机关事务局下属京西宾馆达成战略合作协议，定期为京西宾馆供应牛肉产品，完成2批次1.1吨牛肉供应，参加深圳宁夏特产展销会、自治区农产品展销会等各类活动，有效提升了“六盘山牛肉”品牌知名度和美誉度。

【基础母牛调运】 根据中共海原县委农村工作领导小组办公室《关于印发做好2022年下半年高端肉牛产业发展实施方案的通知》精神，海原县年内将补栏3万头优质西门塔尔基础母牛，作为补栏工作责任单位之一，海原县肉牛集团闻令而动，迅速组建外调补栏专项工作组对标对表，按照国有企业大额物资采购一般程序要求，明确牛源标准、采购流程、引牛规范、牛只价格、结算规则等，组织专人赴通辽、吉林等地现场引牛，对引进牛只严格按照动物防疫要求实施前端后端各15日隔离。隔离期间注射口蹄疫、结节病疫苗，并进行布鲁氏杆菌全检，隔离期满投放交易市场，采用“一牛一价”微利模式供农户选择购买。截至年底已完成引牛2110头，组织树台、贾塘及部分养殖场进牛1380头（肉牛集团对接牛源，运输，疾病防疫、隔离等风险）。集团公司自己引牛730头，为农户补栏售出380头，红城牛场养殖350头。

【肉牛收购】 2022年，海原县肉牛集团组建专项收购组，高于市场价1元/公斤价格收购县内育肥牛。年末，通过实地赴贾塘双河、王塘、包家山、李旺杨堡、团庄、高崖红古、三分湾等地进村入户收牛，累计收购农户育肥牛303头，总计价值442万元，有效解决了农户卖牛难、卖牛贱问题。肉牛集团下属公司海润肉类食品有限公司已中标2022—2023学年营养餐第三标段，中标价846万元，预计用牛量400余头，届时将与“串串牛”及“育肥出栏架子牛”收购工作有机融合，屠宰牛全部来源于县内养殖户，真正做到让利于农，也将有效遏制农户养牛赚钱少、牛贩倒牛赚钱多怪相。

（杨永生）

水利水保

【概 况】 海原县水务局所属全额事业单位6个，分别是海原县农村供水管理中心、海原县河湖管理事务中心、海原县水土保持工作站、海原县水利工作站、海原县水政监察大队、海原县水务局树台水保试验站。海原县水务局有干部职工129人，其中，研究生学历5人，大学学历60人，大专学历58人，其他6人。公务员5人，事业编制人员124人（高级职称32人，中级职称63人，初级职称14人，技术员7人，其他8人）。30岁以下9人，占总人数的7%，30~45岁29人，占总人数的22.5%，45岁以上91人，占总人数的70.5%，平均年龄47.8岁。有党员76人，其中，在职在岗41人，退休35人。

11月12日，李俊海子水库加固除险工程施工现场（张海峰摄）

2022年，海原县实施水利项目38个，其中安全饮水项目4个、水土保持项目16个、节水灌溉项目5个、水旱灾害及水库移民项目13个，完成固定资产投资7.75亿元。完成河道治理5公里，疏浚河道5公里，治理山洪沟道12.78公里，发展高效节水灌溉面积2.04万亩，完成坡改梯5万亩，新增水土流失治理面积138平方公里。通过实施农村供水提标改造工程及大起底大排查大整改，全县常住户自来水入户率达到99.3%，集中供水率达到99.7%，供水保证率95%以上，水质符合生活饮用水卫生标准。

【库坝建设】 2022年末，全县共有水库51座，其中中型水库7座（分别是石峡口水库，中坪水库，撒台水库，苋麻河水库，照壁山水库，张湾水库，南坪水库），小（一）型水库23座，小（二）型水库21座，水库控制流域面积6489.42平方公里，总库容5.57亿立方米，有效库容0.22亿立方米，现蓄水水库21座（有灌溉任务的16座），蓄水量约为724.8万立方米。建成水土保持治沟骨干坝33座，中型淤地坝29座，小型淤地坝5座，完成病险淤地坝除险加固34座。

【水土流失治理】 2022年末，累计治理水土流失面积2910.53平方公里，治理程度66.0%。其中旱作基本农田（77862公顷）116.79万亩。水平梯田（72929.7公顷）119.39万亩，沟坝地（3666.7公顷）5.5万亩，压砂地（1266.7公顷）1.9万亩，造林（84434公顷）126.65万亩，种草（44531公顷）66.8万亩，封禁治理（88393.96公顷）132.59万亩。建成水土保持治沟骨干坝33座，中型淤地坝29座，小型淤地坝5座，完成病险淤地坝除险加固34座。

11月12日，九彩乡新修水平梯田俯瞰（张海峰摄）

【河道及沟道综合治理】　全县共有河道54条，总长度1292公里，其中县级河道11条，总长度为507公里，分别是清水河、西河、中河、苋麻河、贺堡河、杨明河、马营河、杨坊河、郑旗河、甘城沟、双井子沟（流域面积在1000平方公里以上的规上河流为清水河、西河、中河）。2022年末，已对7条县级河道进行治理，累计治理长度为159.55公里；乡级河道43条，总长度为785公里，已对28条乡级沟道进行治理，累计治理长度为22.52公里。共设置县级河长9名，县级检察长7名，县级警长6名，乡级河长69名，乡级检察长19名，乡级警长24名，村级河长125名，巡河保洁人员173名。全县共设有雨量站28处，其中，自动站14处，水文站3处（韩府湾、贺堡水文站和园河水文站）。共有配备预警广播130套，手摇报警器、铜锣各170个，视频监测站26处，水库大坝变形监测、渗流监测和水雨情监测11座。

【河长制工作】　2022年，海原县全面落实河湖长主体责任，督促各级河湖长履职尽责，进一步压实乡、村级河长及巡护保洁员责任，落实日常工作职责。开展以水域岸线划界确权结果为依据，对河道管理范围内的非法围垦地进行全面清查专项行动。结合“河长+检察长+警长”工作机制，查处违法围垦河道案件2起，完成水利部进驻式暗访问题1处，自治区暗访发现问题34处。在全县范围内对河湖“四乱”（乱占、乱采、乱堆、乱建）问题持续开展清理整治，累计排查、清理整治河湖“四乱”问题22个，其中乱堆问题21个，历史遗留乱建问题1个，已全部完成整改销号。累计投入投入机械105个台班，人工453个工日，清理转运垃圾1418吨，实现“四乱”问题动态清零。

【农业灌溉】　2022年末，全县有农业用水机井1239眼，小高抽24处，发展灌溉面积44.8万亩，其中扬黄灌区26.8万亩，井灌区15.7万亩、库灌区2.3万亩，发展高效节水灌溉面积23.3万亩。2022年自治区水利厅下达海原县黄河水指标1.131亿立方米，地表水400万立方米，地下水2100万立方米，固海扬水管理处下达海原县黄河水量农业灌溉6999.624万立方米，生活用水量989.376万立方米。截至10月底，农业灌溉实际用黄河水量6787万立方米，地表水175.59万立方米，地下水4815万立方米。完成全年灌溉水利用系数测算工作（2021年实测值0.685）。2022年，完成李旺镇、高崖乡高效节水灌溉工程试点项目、西河中型灌区续建配套与节水改造项目和小型农田水利工程维修项目。累计铺设各类管道388.5公里，新建蓄水池2座，各类建筑物1699座，水源首部枢纽5座，发展高效节水灌溉面积2.04万亩，蓄水池隐患整改22处，更换机泵8台（套），配套潜水泵15台。中部干旱带海原西安供水水源工程已完成一、二、三泵站主体工程，拉管完成7处，管沟开挖27公里，管道安装18公里，完成蓄水池改造4座，完成工程总体形象进度55%。

贺堡河河道综合治理成效（张海峰摄）

【防汛抗旱】 2022年,海原县严格落实防汛行政首长责任制,明确了全县所有防汛工程的“三个责任人”(行政责任人、技术责任人和巡查责任人),完成海原县水务局防汛抗险应急预案,指导编制完成县、乡、村三级山洪灾害应急预案,编制完成水库防汛抗险预案和调度运行计划。建立健全了防汛值班制度,落实了值班人员、值班责任,确保汛情、工情、雨情及时上传下达。及时对全县库坝“三个责任人”进行系统水旱灾害防御、库坝安全运行管理培训,在树台、李俊、史店开展了防汛应急演练。立足县情、水情实际,加大对县域内山洪沟道治理、淤地坝维修和重点水库改造力度,着力实施2022年公益性库坝项目及海原县2022年山洪灾害防治项目。全面维修雨水情监测系统及预警设备,保障系统正常运行。在原有物资齐全的基础上,新储备雨衣50件、雨鞋50双、雨伞100把、防汛灯50个、塑料编织袋20000条、铁锹100把、救生衣50件、汽油污水泵2套、吸尘管20米、活接头30副、输水软管1200米、水泵2套、汽油50升、柴油70升、汽机油30升、插板20个、电缆线400米,做到宁可备而不用,不能用而不备。

【水旱灾害防御】 2022年,海原县完成河道疏浚工程、山洪沟治理7条、阴洼沟、海子水库除险加固改造工程、海原县山洪灾害非工程措施项目、2022年水库后期移民扶持建设项目和42座库坝维修工程。完成河道治理5公里,疏通河道5公里,治理山洪沟道13.78公里。

【用水权改革】 2022年,成立海原县用水权工作领导小组和改革专班,印发了《海原县用水权改革实施方案》和《海原县用水权确权工作方案》,明确任务事项、完成时限、责任清单。全县有取水工程1462个(其中,机井1450眼,库坝及扬水站12座),认定整改类机井1329眼,退出类机井121眼。对取用淡水的328眼机井和12座水库规范办理取水许可证53个,对取用咸水的落实台账管理。安装计量设施1233套(其中,安装在线电子计量设施481套,机械计量设施752套)。建成县级水资源信息化监管平台,实现信息化、智能化管理。印发了《海原县用水权确权成果报告》,其中核定农业灌溉面积53.0万亩(确权面积35.73万亩),用水总量9898.83万平方米(确权水量7061.35万平方米),核定170户规模化畜禽养殖业用水总量112.71万平方米(确权水量77.46万平方米),26家工业企业用水总量25.19万平方米(确权水量18.62万平方米)。发放农业用水权证42本,工业用水权证2本。完成100万平方米黄河水2022—2023年两个年度跨区域水权交易,交易金额208.72万元。自2021年起对工业征收用水权有偿使用费,共收缴用水权有偿使用费9.21万元(全部缴纳至县财政专户)。建立农业水价综合改革“四项机制”,农业灌溉全部实行新水价,成立用水合作社15个,收缴水费1242万元(其中收缴骨干水费920万元),水费收缴率92%。持续建立健全取水许可与水资源税征收联动机制,实现用水信息、税费收缴共享,2022年度共收缴水资源税154.51万元。

【农村安全饮水】 2022年,全县已形成了以中南部连通工程为骨架,以南部、八斗、七营-李旺、后塘等23处工程为支撑的供水管网体系,实现了农村居民饮水安全全覆盖,在巩固维护好现有的供水工程成果的基础上,持续跟进新增户安全饮水保障。累计完成自来水入户78001户，建597座蓄水池，铺设管道1.2万公里，建成集中供水点336个，分散式供水227户，全县常住户自来水入户率达99%以上，集中供水率达99.7%，供水保证率达95%以上，水质符合生活饮用水标准，全县群众用上了稳定、安全、方便的饮用水。2022年农村供水提标改造工程、规模化养殖供水工程、分布式节水项目、农村供水维修工程、“互联网+城乡供水”工程。清水河流域城乡供水工程海原支线工程正在进一步优化论证方案，积极争取项目；2022年农村供水提标改造工程已完成主支管道铺设44公里，新建蓄水池11座，自来水入户320户，改造自来水入户400户；新建规模化养殖供水工程20处，铺设管道8.87公里，新建蓄水池15座；分布式节水项目正在积极申请黄河流域水生态环境治理项目；农村供水维修工程已完成前期排查976处整改维修，更换主支管道12公里；海原县“互联网+城乡供水”工程已完成工程网中各类阀井构件预制约80%，联户水表井及蓄水池围栏等工程已在9个乡镇全面开始施工，累计完成联户阀井改造1321座，信息网中海原县“互联网+城乡供水”管理服务平台用户账户已开通，泵站、蓄水池、分水井等信息已上传平台，组态画面已基本完成，海原总调中心设备已采购，正在进行安装。

8月18日，宁夏中部干旱带西安供水工程施工现场（张海峰摄）

【固定资产投资】 2022年，海原县计划实施水利水保项目40项，计划争取资金4亿元，完成固定资产投资7亿元。全年累计完成固定资产投资6.82亿元（其中，清水河城乡供水工程建设资金2.03亿元，中部干旱带西安供水水源工程2.06亿元，“互联网+城乡供水”工程0.82亿元，固海固扩改造工程0.33亿元），占年度计划92.4%。截至2022年10月底，争取落实资金23030.4万元（其中，水利厅资金14992.44万元，整合资金7409.60万元，自治区财政水价补贴资金628.36万元）。

【节水灌溉】 2022年，海原县完成李旺镇、高崖乡高效节水灌溉工程试点项目、西河中型灌区续建配套与节水改造项目和小型农田水利工程维修项目。

（张海峰）

乡村振兴

综　述

【概　况】 海原县乡村振兴局核定行政编制10名，设局长1名、副局长3名。下辖副科级事业单位海原县乡村振兴服务中心。

【决策部署】 2022年，海原县先后召开县委常委会会议、县政府常务会36次，县委农村工作领导小组会3次、专题会25次、工作推进会4次，传达学习中央和自治区市决策部署，研究部署巩固拓展脱贫攻坚成果同乡村振兴有效衔接各项事宜，抢抓国家乡村振兴重点帮扶县重大机遇，全面落实支持国家乡村振兴重点帮扶县101条具体举措，制定“1+14+6”工作方案（即1个《海原县2022年巩固拓展脱贫攻坚成果同乡村振兴有效衔接工作实施方案》、14个专项方案和6个提升方案），建立月通报、季调度、半年评比工作机制，明确包抓领导、推进计划、任务节点，有力有序高效推动落实。

【责任落实】 2022年，海原县严格落实“四个不摘”工作要求，继续实行书记县长“双组长”负责制，保持县级领导包抓乡镇和重点脱贫村、148名第一书记（工作队队长）驻村帮扶、6983名干部结对帮扶、1500余名乡村干部扎根一线的责任体系不变，安排131个部门（单位）帮扶148个重点脱贫村，层层压实责任、逐级传导压力，全面构建“党政同责、分级负责、各方协作”的工作格局。

【保障机制】 2022年，海原县完善资金保障机制，严格落实涉农资金统筹整合试点政策要求，全年整合各类涉农资金共67215.9万元其中，中央衔接资金43478万元，自治区衔接资金8979万元，其他资金14758.9万元，实施项目67类1338个。完善扶贫资产管理机制，完成扶贫资产清查登记7718个，总资产44.08亿元，全部移交和确权，确保扶贫资产发挥效益。完善项目库建设管理机制，完成2022年入库项目1338个，项目开工率100%。

（孙晓鹏、罗舒温）

脱贫成果巩固

【动态监测和帮扶】 聚焦重点区域，紧盯重点人群，实行“乡镇季度大排查大走访、部门帮扶月排查月上报”工作机制，规范识别纳入程序，及时纳入、跟进监测。2022年新识别纳入监测对象192户、813人。落实产业到户、就业到人

"一户一档"增收计划，按照"缺什么、补什么、强什么"原则，精准实施"一户一策"帮扶。健全完善县级领导包乡、部门包村、帮扶责任人包户的工作机制，常态化开展"四查四补"，紧盯"三类人群"，重点围绕收入支出、"两不愁三保障"和饮水安全动态新增问题及因病因灾因突发事件，开展动态监测、动态帮扶、动态清零，坚决守牢防止规模性返贫底线。

【产业振兴】 围绕自治区"六新六特六优"产业总体布局，紧盯全县"一主四特"产业，实施提质增效计划，推进农业产业现代化发展。聚焦高端肉牛主导产业，制定《海原县高端肉牛产业示范县方案》，大力推行"9821"模式，强力推进"两调一增"（调大基础母牛比例、调优良种牛结构、增加小群体养殖规模），建成中国（宁夏）良种牛繁育中心、高端牛交易市场和肉牛全产业链屠宰厂"三个平台"，全县肉牛饲养户达到2.8万户，存栏量15.1万头，基础母牛存栏达到9.3万头，良种化率达90%。依托"三带两园六基地"，突出"天然、绿色、有机、富硒"定位，加大新品种、新技术、新机械、新模式推广应用，建成马铃薯"四位一体"标准化示范基地20万亩、标准化冷凉蔬菜生产基地5万亩、小杂粮种植核心区3个，全县马铃薯、小杂粮、瓜菜、枸杞种植面积分别稳定在30.98万亩、30.9万亩、13.06万亩、3.2万亩。坚决扛起粮食安全政治责任，完成粮食种植面积114.02万亩，完成率104.6%。

【就业创业】 认真落实自治区关于进一步促进农民增收13条政策措施，大力开展"就业援助月""春风行动"和"点对点"输送，举办"就现在、向未来"高校毕业生专场招聘会等各类就业创业帮扶现场会18次，提供就业岗位2万余个，达成外出务工意向登记3200余人。加大转移就业力度，"点对点"输送30批2071人（脱贫劳动力215人）。克服疫情不利影响，主动对接青海、新疆等地人社部门，帮助4806名滞留人员转岗就业，完成转移就业10.8万人，创收18.9亿元。

【"三保障"和饮水安全】 巩固提升"三保障"和饮水安全成果。义务教育方面，继续落实"七长负责制""双线控辍制"和"四包责任制"，全县义务教育阶段适龄儿童（少年）入学率、小学六年和初中三年巩固率稳定在100%。基本医疗方面，继续落实"先诊疗后付费"政策和"三个一批"机制，完善脱贫人口就医保障体系，救治37种大病1505人、重病94人，脱贫人口和三类重点监测对象家庭医生签约率100%，大病、重病患者季度履约率均为100%。安全住房方面，紧盯返乡无房户、因灾受损房等特殊困难群众，完成危房改造355户、抗震宜居房改造142户。农村供水方面，实施农村供水提标改造工程，新增及改造自来水入户720户，提标改造供水能力不足的管道44公里，加快推进"互联网+城乡供水"工程建设。

【问题整改】 对国家和区市考核评估反馈问题举一反三、自我加压，扎实开展"大起底大排查大整改"行动，建立"两天一督查、一周一调度、半月一评促"工作机制，32名县级领导、8300多名县乡村干部下沉一线，逐乡逐村逐户逐人逐项穷尽问题，有力推动评估考核问题整改落实。截至年底，自治区2021年巩固脱贫成果后评估反馈的14个问题，主动认领13个问题，制定整改措施62条，全部完成整改。自治区审计厅对海原县巩固脱贫攻坚成果同乡村振兴有效衔接相关政策和资金审计反馈的16个问题，制定整改措施21条，全部完成整改。国家2021年巩固拓展脱贫攻坚成果同乡村振兴有效衔接考核评估反馈的14个方面57个问题、中卫市督导反馈的15个问题和全县重点工作督导检查、自查自纠发现的9个问题，一并纳入、一体整改，制定160条整改措施，全部完成整改。自治区乡村振兴局调研督导反馈63项155个具体问题，已完成整改。自行排查15个方面16304个具体问题，全部立行立改。

（孙晓鹏、罗舒温）

综合施策

【居民收入提升】 紧盯“两个高于”目标，全力推动城乡居民收入提升。实施“双增计划”，出台产业补贴政策3类9项，实施产业项目25项，促进农民稳定增收。强化转移就业，积极搭建就业平台，全力帮助企业纾困发展，提高稳岗能力，新增城镇就业1307人、失业人员再就业369人、困难人员就业105人。推进创业促就业，根据培训意愿开展创业能力培训325人、农村致富带头人培训237人，发放创业贷款532笔8124万元，培育创业实体511个，创造新岗位958个，带动就业2267人。实施公岗托底保就业，新增公益性岗位托底安置就业730人（乡村公岗570人），累计在岗7124人。稳步提升城乡低保、特困供养对象等特殊困难群体各项补贴标准，提高城乡居民、企事业单位退休人员养老保险待遇，不断提升工资收入。

【移民致富提升】 聚焦“一年一个样、三年大变样、五年上台阶”目标，紧盯移民群众收入增长目标任务，创新制定“一表两图三清单”工作机制（即：收入增收计划表，村庄规划图和产业布局图，问题、项目和责任清单），安排34个县级领导、36个部门、12个企业包抓36个安置点，精准实施帮扶，投入资金1.57亿元，实施项目78个，全力解决好移民产业、就业和社会融入3件大事。编制完成三河富陵、高崖新民等11个村庄“多规合一”规划设计，建设完成富陵村排水、新源村基础设施改造等项目；建设鹭海村、马堡村、新民村等养殖园区项目，建成移民点帮扶车间4个，带动286人实现就近就业创收，人均年收入2.5万元以上。完成技能培训1848人次、劳务输出11029人次，安排公益性岗位1068人，发放劳务奖补710.18万元，确保有劳动能力的家庭至少1人实现就业。

【教育质量提升】 坚持以基础教育质量提升“五大工程”（素质提升工程、质量兴校工程、师德建设工程、文化校园工程、平安校园工程）为载体，助推海原教育高质量发展。加强德育教育，深化体教融合，推动“五育并举”全面育人，海原县第二中学、第一小学成为自治区第一批创新素养教育“领航学校”。持续改善城乡办学条件，投资约3.2亿元，建成第八小学，新建第七、第八幼儿园、海兴开发区第二中学等学校，有效化解“大班额”“大校额”；迁址新建特殊教育学校，强化普惠性发展。深入开展基础教育质量提升“5+1”系列活动，落实“双减”及“五项管理”措施，实现义务教育阶段学校全覆盖。加强农村教师队伍建设，招聘教师173名，安排68名到农村学校任教；选派“三区”支教教师30名，城乡交流轮岗教师67名，乡村小规模学校“走教”教师20名，组织各类能力提升培训

4697人次。稳妥推进“县管校聘”改革工作，推行竞聘上岗制度，合理调整配备教师216名。推进教育督导机制改革，组建“政府督学+专兼职督学”督导队伍，实现6个片区54个法人单位挂牌督导全覆盖。

【健康水平提升】 完善城乡居民基本医疗保险制度，巩固住院待遇保障水平，二级医疗机构住院报销比例提高至87%。持续改善就医环境，改扩建乡镇卫生院5家，新设立因撤村并组标准化村卫生室6个、维护维修50个，新建海原县社区卫生服务中心和李旺中心卫生院门诊楼。优化医疗服务体系，全面推进医疗健康总院实体化运行，先后成立11个管理中心、5个业务中心和13个质控中心，对接派驻47名区市县医疗专业技术人员到县乡开展蹲点帮扶，全县医疗救治保障能力得到大幅提升。大力推广“互联网+医疗健康”服务，与多家区内外三级医院建立“远程会诊”平台。实施医疗卫生服务达标工程，李旺镇、三河镇、树台乡3家乡镇卫生院达到国家推荐标准，西安镇、七营镇等6家乡镇卫生院达到国家基本标准，乡村诊疗条件和就医环境显著改善。

【专项帮扶政策落实】 落实小额信贷帮扶政策，全县脱贫人口小额信贷余额为18406户87532万元，新增贷款16944户82703万元，户均贷款4.88万元，贷款覆盖率71.09%。发放“富民贷”贷款3143户14976万元。落实“乡村振兴健康保”政策，为101447脱贫人口和监测对象购买意外伤害保险、大病补充医疗保险及意外伤害医疗保险承保，理赔571笔270.43万元。实施“雨露计划”，资助6524人979.95万元。全面落实退耕还林、退牧还草等政策，续聘生态公益林护林员1270名。以“九进九销”为主要渠道，大力推介马铃薯、秋杂粮、牛羊肉等特色农产品，实现消费额达到3.22亿元，完成目标任务3.2亿元的100.6%。强化光伏电站运维管理和收益分配管理，新增安排光伏公岗131人，累计达到1541人，支付光伏收益资金6561.18万元，支付率67.9%。对脱贫人口、“三类人群”做到“应保尽保、应救尽救、应兜尽兜”，纳入低保的防止返贫动态监测1775人发放救助资金2675.435万元，累计救助困难群众18057人次，切实“兜牢兜实”特殊群体保障线。

【社会帮扶】 制定出台《海原县2022年闽宁协作工作方案》，投资7100万元，实施闽宁项目5类26个。积极与华润集团对接，全面落实华润集团定点帮扶海原县框架协议书，研究制定2022年华润集团定点帮扶海原县工作计划，投入帮扶资金3500万元，积极探索定点帮扶工作新模式、新路子。研究制定《海原县“万企兴万村”行动实施方案》，积极争取区市县各类帮扶资金2459.93万元，自治区10家民营企业和商会与海原县10个脱贫村签署“万企兴万村”行动村企结对帮扶意向。调整优化256名帮扶责任人和84名驻村干部，确保驻村干部选得优、下得去、融得进、干得好。

（孙晓鹏、罗舒温）

乡村建设和治理

【城乡规划编制】 完成《海原县国土空间总体规划（2020—2035年）》第二轮成果审查，“三区三线”成果数据正式启用。正在组织编制“多规合一”实用性村庄规划19个，年内共完成25个“多规合一”实用性村庄规划编制。全县累计达到65个，为乡村建设奠定坚实的规划基础。

【基础设施建设】 实施路网改造升级工程，加快推进银昆高速（海原段）和海平高速公路建设，建设村组硬化路76.4公里、生产砂砾路13.7公里。实施完成海原县扬黄灌区高效节水灌溉工程李旺、高崖2个乡镇试点项目，发展高效节水灌溉工程2.04万亩（不含农牧局实施项目）。完成规模化养殖场供水工程建设20处，保障规模化养殖用水需求。加快推进中部干旱带西安供水水源工程PPP项目建设进度，年底将完成工程总体形象进度60%以上。新建4G基站133个、5G基站94个，不断提升宽带覆盖面。推进乡村振兴“一村一年一事”行动，办理民生实事148件，切实解决老百姓的操心事、烦心事。

【城乡面貌提升】 实施棚户区改造，完成棚改任务403套，续建北苑小区基础设施项目和闽宁科技园公租房基础设施项目，改造提升邮政局、兰鑫等老旧小区5个。投入资金7500多万元，实施政府东西街等6条市政道路提升改造，5条市政道路已建设完工，政府南北街已完成招投标。实施李旺镇重点小城镇项目建设，完成关桥乡方堡村美丽宜居村庄建设方案，完成16个农村人居环境综合整治示范村建设，美丽庭院创建率达到50%。扎实推进乡村人居环境改善，集中开展“厕所革命”、污水处理、拆违插绿、巷道硬化、抗震房改造等为一体的立体式综合整治，完成户厕改造建设2159座，完成年度任务的108%，关桥乡、史店乡污水处理站建设完成已竣工，并投入试运行。建立完善村庄保洁管理长效机制，全面落实乡镇常态化清扫保洁机制，推行第三方机构承包运营模式，有效提升城乡面貌。

【文明素养提升】 先后组织党的二十大精神、习近平总书记视察宁夏重要讲话和重要指示批示精神宣讲225场次、自治区第十三次党代会精神宣讲350余场次，开展新时代文明实践大讲堂2期，着力营造文明学习浓厚氛围。大力开展“低彩礼模范户、零彩礼光荣户”选树活动，对适婚女青年家庭逐户摸排、逐人宣传，高额彩礼现象明显改观。开展“移风易俗示范户”“最美家庭”等各类道德模范和先进典型推荐评选，为全面创建自治区文明县城、推进乡村振兴、助推高质量发展提供强大精神动力。开展“铸牢中华民族共同体意识”行动，不断巩固治理成果，使“四个与共”理念和“五个认同”思想扎根海原大地，深入海原人民心灵深处。

【生态文明建设】 坚持把生态建设作为重要任务，紧盯打造生态文明示范县目标，统筹推进坡耕地及小流域综合治理，完成治理面积138平方公里，新增水平梯田3247公顷。深入落实河长制，排查、清理整治河湖“四乱”问题29个，形成“河畅、水清、岸绿、景美”的河湖水生态环境。持续实施大规模国土绿化行动，完成乡村绿化和庭院经济林1.07万亩。围绕南部水源涵养林建设提升、中部防沙治沙等重点工程，完成宁夏南部生态保护和修复15.19万亩，社会投资造林“蚂蚁森林”项目3万亩，村庄绿化及庭院经济林建设1.07万亩，草原修复1.5万亩，南华山管理处造林4万亩。如期实现森林覆盖率11.37%、草原综合植被覆盖度达到65.7%。

【基层社会治理】 构建党组织领导的自治、

德治、法治相结合的基层治理体系，建立“党组织—网格（村民小组）党支部（党小组）—党员联系户”为主体的村党组织体系，全力解决乡村治理中的突出问题。实施“法律明白人”培育工程，培养法律明白人1020人、“骨干”379人，充分发挥示范引领作用。深入推进“雪亮工程”，建设点位并接入智能图控平台500余个。结合“平安乡村”建设，安装大喇叭100余处，有效提升群众自我防范和法律意识。落实“两排查一分析”制度，排查化解各类矛盾纠纷2658起，调解成功1654起。定期开展宗教活动场所“三化”治理“回头看”，深入推进“五进”宗教活动场所活动，依法依规对宗教场所、宗教活动、教职人员有效管理，着力解决宗教领域突出问题。

（孙晓鹏、罗舒温）

党建引领

【基层组织建设】 坚持把基层组织建设作为推动乡村振兴的重要保障，坚持党建引领，突出抓基层、强基础、固基本的工作导向，深化“一抓两整”“六查六强”成果，完成107个三星级及以上示范村党组织和9个示范乡镇创建命名，承办全市抓党建促乡村振兴现场推进会，推广总结5个示范乡镇和15个示范村典型做法。常态化整顿软弱涣散党组织，整顿提升软弱涣散基层党组织和薄弱村17个。深入开展机关党建“三强九严”工程、模范机关创建活动，推动机关党建与业务工作深度融合，提升机关党组织服务乡村振兴能力。实施壮大村集体经济项目122个村，当年实现总收益4879万元，累计收益达1.36亿元。

【人才队伍建设】 实施人才强县战略，树立“注重实绩、崇尚实干”的鲜明用人导向，把政治过硬、群众公认、实绩突出、作风过硬的优秀年轻干部选任到重要岗位上，2022年提拔干部66名，职级晋升106名，纳入后备干部库培养174名，招录公务员81名，招聘事业编制513人，自主招聘高层次人才10人，进一步充实乡村振兴干部队伍。深入实施“新时代基层干部主题教育培训计划”和“换届后领导班子培训计划”，组织开展培训班17期，培训乡镇干部773人次。举办全县“三农”干部“大学习大轮训大宣讲”专题培训班和换届后乡镇领导班子成员培训班等主题班22期，培训干部5538人次，有效解决党员干部不会干、不会为问题。

【作风建设】 始终保持反腐败斗争高压态势，紧盯乡村振兴、民生教育、卫生健康等重点领域，做到有案必查、违纪必究。严格落实中央八项规定精神及自治区“八条禁令”，驰而不息纠“四风”树新风，不断深化“两个年”活动成果，突出整治群众身边腐败和作风问题，持续深化民生保障等领域“中梗阻”“小鬼难缠”问题专项治理，扎实开展违规收送红包礼金和不当收益及违规借转贷或高额放贷专项整治，结合小微权力“监督一点通”服务平台建设，为群众提供便利的监督、咨询和反映渠道，确保权力在阳光下运行。全年严肃查处惠民富民案件2件，巩固拓展脱贫攻坚成果同乡村振兴有效衔接案件5件，促使各级党员干部知敬畏、明规矩、守底线，有效营造了风清气正的良好政治生态。

（孙晓鹏、罗舒温）

交通运输

综 述

【概 况】 海原县交通运输局是全县交通运输业主管部门。2022年有正式在编干部职工共237人，其中，公务员10人，事业编制227人。下辖县公路管理段和县交通运输综合执法大队2个副科级事业单位和1个不定级别事业单位（公路建设管理中心），局机关内设9个股室，局党委下设5个党支部。

【荣 誉】 2022年，海原县交通运输局固定资产投资超额完成，公路管养提质增效，运输服务保障有力，各项工作取得优异成绩，被自治区交通运输厅授予“全区交通运输工作先进集体”荣誉称号。

【道路建设】 2022年年末，全县公路通车总里程达到3511.308公里，公路密度达到55.05公里/百平方公里，其中，国道里程259.614公里（其中国家高速74.112），省道里程468.617公里（其中省级高速100.805公里），乡道里程605.317公里，专用公路104.01公里，村道2073.75公里。

【运输产业】 2022年，全县共有客运企业7家，运营线路109条，客运车辆共623辆（其中，跨省线路2条、客车2辆，跨市线路21条、客车45辆，跨县线路7条、客车13辆，县内农村客运线路65条、客车146辆，城市公交线路14条、车辆60辆，出租车辆357辆）；全县有货运企业97家，货运车辆8132辆（不包括4.5吨以下货运车辆），其中，县内注册6965辆，外地注册1167辆，有B2及以上货运驾驶员21735人。经营区域分布在西北五省区、河南、河北、广东、江苏、浙江、安徽、上海、四川、西藏等省区，主要从事煤炭、百货、蔬菜、水果、钢铁等货物运输。2022年实现年货运经营性收入达14.6亿元，工资性收入达11.7亿元。全县共有机动车维修企业179家，其中二类机动车维修企业6家，三类维修业户173家；机动车驾驶员培训学校3家，其中一类驾校2家，二类驾校1家，教练车263辆，教练员335人；机动车辆检测中心3家。

【固定资产投资】 全年完成交通基础设施固定资产投资28.8亿元，完成计划的122%，超计划完成5.3亿元。银昆、海平高速建设顺利推进，G344李旺至同心段高速公路建成通车，省道205线西安至关庄段开工建设。

【服务乡村振兴】 紧盯村组道路改建、完善产业节点公路，新建村组硬化道路113公里，生产砂砾路13.7公里，改造危桥5座，改建公路站2个。开通3条客货邮商融合运营线路，建设七营、关桥、贾塘3个乡镇客货邮商综合服务站点及贺堡、方堡2个村级客货邮商服务驿站。

【城乡客运】 制定《海原县农村客运高质量发展实施方案》，科学系统、布局完整的网络货运规划体系和农村客运服务体系逐步健全。绿色交通发展扎实推进。争取补贴资金534万元，新购置新能源电动车29辆，全县新能源公交车占比由2020年的13.1%提高至2022年的28.3%。城乡客运一体发展协调推进。调整优化8条城市公交线路，并延伸至城周边5个村庄。完成海原、海兴2个汽车站安全提升改造。购置6辆纯电动公交车，开通海原县城区一体融合发展公交线路并投入试运营，切实解决了干部群众因通勤、就医往返两地之间的出行难题。

【服务纾困解难】 实施货运车辆风险救助3起，发放救助资金48.5万元。完成申请购车贷款联保23户，贷款金额超430万元。依托物流园区、村级党群服务中心、加油站建设3个“司机之家”。特别是在“9·20”疫情期间，在海兴东服务区设立“司机之家”，免费为货车司机周转物品1128件，得到了自治区相关领导的肯定与赞扬，让货车司机深切感受到了家的关怀和温暖。

【公路管养】 精准开展“塑形、强基、护航、五清、利剑”五大专项行动，查处各类涉路违法行为51起、超限超载车辆56辆次、非法营运56起，查处出租车违章经营车辆45辆，查处班线客车违法违规经营3起，查处违法经营机动车驾驶员培训点5家，推动单一“违法检查”向综合“市场监管”转变。公路保障能力显著提升。投资990万元，完成43条农村公路381处水毁维修，路长制实现行政村全覆盖。建设村道安全生命防护工程112公里，安装防护栏80米，完成路况检测2526.04公里。动态完善应急预案管理，加强预案演练和应急队伍建设，及时处置汛期水毁、雨雪恶劣天气等公路安全隐患，行业应急能力全面提升。全县道路交通事故受伤人数、死亡人数和直接经济损失分别比2021年下降51.58%、51.28%和100%。

【安全监管】 研究制定了《海原县交通运输局安全生产百日专项整治行动方案》，明确7个方面12项具体整治内容。狠抓安全学习教育，大力开展“查隐患、抓整改、严管理、保平安”交通领域安全专项整治行动，全年未发生亡人事故，安全生产保持“空”事故。

（王　也）

公路养护

【概　况】 海原县公路管理段内设3个股室，下辖9个公路站，现有职工130人，列养乡道33条602.197公里，桥梁28座/1049.8延米、涵洞688道；兼管各乡镇列养村道827条2071.813公里，桥梁40座/862.28延米、涵洞1566道。有应急抢险车2辆，公路养护车13辆，低配除雪车1辆。

【日常养护】 2022年，海原县公路管理段根据道路养护的季节性作业特点，由县公路管理段每月初向各公路站下达指令性作业计划，月底检查考核并根据考核情况核发当月工资，实行工效挂钩机制。春融季节路面病害较为严重，为了及时准确掌握基础数据，及时组织开展了春季道路路况病害调查，共调查30条708处；夏季以路面保洁为中心，以排水设施清理维护为重点，力争汛期来临前确保各项排水设施畅通完好，降低水毁灾害发生率。截至年底共整修路肩367439米，处置路肩缺口43789立方米，清理边沟665742米，清理塌方29034立方米，整修边坡209260米，处置沉陷14730平方米、翻浆及坑槽1846平方米、边沟85米、路肩25米、拦水带50米、螺纹管66米，疏通涵洞1517道，疏通桥梁泄水孔233座，清扫路面14556公里，修理路肩高草602.19公里，安装护栏80米，清理路面淤泥408420立方米，桥梁检测3014.3延米，路面检测2526.04公里，安装标志牌7块、爆闪灯3块、减速带10米。

【防滑防汛】 海原县公路管理段列养的大部分路段地处山岭重丘区，道路崎岖、海拔高、气温低、多季风，遇降雪易结冰，难以融化，群众出行极易产生安全隐患。为切实保障道路安全畅通，方便群众出行，保障群众生命财产安全，2022年冬春季节降雪后，海原县公路养护部门以雪为令，及时启动《海原县公路管理段除雪防滑保畅工作应急预案》，及时投入防滑保畅工作当中。累计投入人力695人次，机械89台次，铺撒融雪盐26吨，融雪剂212吨，防滑砂1250立方米。夏季汛期以来，牢固树立“防大汛、抢大险、救大灾”的思想意识，强化防汛责任，绷紧防汛保畅安全这条线，组织展开清理塌方、泥石流等水毁抢修工作，开展安全隐患排查、疏通排水设施等。截至年底共完成水毁抢修工程：路基土方17156立方米，水泥路面3136平方米，沥青路面501平方米，混凝土边沟5547米，修理路肩3320米，拦水带1772米，螺旋波纹管428米，流槽24米，钢管涵38米，涵洞24米，警示柱9根，浆砌片石护坡366.25方，安装护栏12米。在最短时间内进行抢修，消除安全隐患，确保广大人民群众畅通出行。

【深化改革】 2022年，海原县公路管理段根据《自治区人民政府办公厅关于印发自治区深化农村公路管理养护体制改革实施方案和自治区推进“四好农村路”高质量发展实施意见的通知》精神，在2019年、2020年派人赴西吉县观摩学习农村公路“路长制”管理经验，提交县人民政府出台了《海原县农村公路“路长制”管理办法（试行）》和《海原县农村公路“路长制”考核细则（试行）》，为海原县公路管养工作奠定了基础。路长办对全县列养乡村道路开展立体化督查指导，对“网格员”是否上路作业、开展路面检查、路面维修等工作进行督查，对辖养村组道路养护维修工作及时进行技术指导，把农村公路病害消灭在萌芽状态，切实提高农村公路管养质量。

（王　也）

交通运输执法

【“五清”专项行动】 2022年，海原县交通执法大队采取固定检查、流动巡查和入企检查相结合的方式，一体化推进专项治理。累计出动执法人员4940余人次，出动执法车辆821车次，检查出租车、客运车辆2309车次，排查社会车辆3239车次；检查运输企业、施工单位、驾校503家次。查处非法营运车辆56辆次，罚款188000元；查处出租车违章经营车辆45辆，罚款11800元；查处班线客车违法违规经营3起，罚款2500元；处理出租汽车投诉案件192起；查处货物运输车辆私改车型21辆；查处道路危险货物运输违法行为1起，罚款3万元；查处海原县内5家机动车驾驶员违法经营培训点，罚款10.5万元；查处客运企业违规经营1起，罚款0.3万元。累计完成行政处罚111起，罚款34.03万元。

【货运车辆超限超载“利剑”专项行动】 2022年，海原县交通执法大队按照全区“利剑”专项行动总体部署，严格落实“一超四罚”制度，强化部门联合，注重协同联动，坚持常态治理和集中整治相结合，路面查堵、源头治理、宣传舆论同步推进，始终保持治超震慑，全县治超工作取得明显成效。累计投入执法人员1935人次、执法车辆278辆次，检查货运车辆5365辆次，巡查源头企业5家，查处超限超载货运车辆56辆次，其中百吨王3辆，组织卸载货物42辆次1416.55吨，移交中卫分局海原县执法大队14辆次、卸载货物420吨，交警扣分202分、罚款39100元；处罚货运车辆不随车携带证件1起，罚款200元；处罚无资格证驾驶货运车辆1起，罚款200元，全县没有发生一起因超限超载引发的交通事故。

【公路安全“护航行动”】 2022年，海原县交通执法大队按照全区“护航”专项行动总体部署，紧紧围绕“安、快、畅、美”交通运输发展目标，有力整治各类公路违法行为，深入开展公路安全保护“护航”行动。累计出动执法车辆188辆次、执法人员892人次，巡逻里程为25030公里。依法清理路面违规摊点、堆积物108处；查处铁轮车、履带车擅自违规上路行为3起。查纠违法非公路标志牌、广告牌12块；查处各类损坏、破坏公路等行为5起；查处违法建筑物、构筑物2处；勘查路产赔（补）偿11起，征缴赔（补）偿费18.72万元。查处违法施工50起。查处违规侵占道路违法行为1起，罚款18000元；查处未处置路面结冰、水毁边沟行为4起；查处货车未遮盖篷布行为6起；查处违规填埋边沟6处长达133米；查处违法穿、跨越公路设施、管线11处；下发公路安全隐患整改通知书15份，跟踪落实整改，有效维护了路产路权。

【交通建设“强基”专项行动】 2022年，海原县交通执法大队累计深入企业督导安全检查59次，检查企业106家次，出动执法检查人员484人次、执法车辆118辆次，排查发现安全隐患问题18条，下发整改通知书6份。督促企业严格落实安全生产主体责任并组织从业人员观看《生命重于泰山》专题片，认真开展从业人员安全教育、安全隐患排查等工作。强化重点时段安全维稳和运输服务保障工作，确保了重点时段和节假日期间的安全稳定。

【执行宣传】 2022年，海原县交通执法大队采用流动和固定相结合的办法，充分利用电子显示屏、横幅、标语及单页等多种形式进行“喜迎党的二十大”、《习近平谈治国理政》第四卷、《习近平法治思想学习纲要》、《中华人民共和国公路法》、《道路运输条例》、“护航”“利剑”“强基”“四清”四大专项行动及“两个办法”、疫情防控、创建卫生城市等宣传，共计展示电子屏标语60余条，悬挂横幅20余幅，张贴标语200余条，发放宣传彩页10000余份。

【常态化扫黑除恶】 2022年，海原县交通运输执法大队坚持常态化开展扫黑除恶专项斗争不放松，严厉打击“黑车”，排查整治工程质量安全隐患，依法保护路产路权，有效遏制货车超限超载，确保广大人民群众安全放心出行。

【为民办实事】　2022年，海原县交通运输执法大队自筹资金1.8万元，为对口帮扶的七营镇高崖村购置了生产灌溉渠闸口20个，解决群众生产灌溉问题。

【队伍建设】　2022年，海原县交通运输执法大队聘请法律顾问开展"月度法律知识"讲座9场次，选派7名执法骨干参加自治区交通运输综合执法局组织的政务和业务培训；组织全体执法人员经常性学习交通运输综合执法业务知识题库和知识竞赛题，检验执法人员知识储备，提升法治思维、法律涵养和用法实效；以不同形式开展执法模拟演练、"以案释法"微课堂、执法人员模拟制作执法案卷。聘请音乐教师教唱《交通执法之歌》《护航》2首执法歌曲，鼓舞全体执法人员士气，增强执法人员的自豪感和荣誉感，激发执法队伍内生动力。有计划开展队列训练、交通指挥手势训练、体能训练等军事体能训练。根据工作需要添置了对讲机等现场执法装备，及时开展执法服装换发工作，有效推行行政执法工作规范化，提高行政执法工作水平。加强行政执法人员资格证管理、申领工作。大队核定编制101人，实有在编人员99人，执法资格证持证率为75%，积极督促没有执法证的25人考取执法资格证。按照交通运输部组织的执法考试，大队积极督促抽取的5名参加执法考试的人员进行线上答题练习，在交通运输部组织的执法考试中取得了理想的成绩。

（王　也）

邮政通信

邮　政

【概　况】 2022年，中国邮政海原县分公司（简称海原邮政公司）全年实现收入1614万元，同比增长14.2%，利润目标全面完成。

【金融业务】 2022年，海原邮政公司全年金融业务实现收入1044万元，增幅9.9%，完成预算目标95.2%。余额规模达到5.3亿元，新增储蓄余额7200万元，较上年多增6200万元。1.经营转型取得成效。AUM金融资产规模5.5亿元，增幅14.5%，价值客户达6796户。其中VIP客户数达1910户。代理金融转型发展理念进一步深化，高效中间业务由趸交向做大期缴规模的发展理念转型较为成功。2.标杆引领作用显现。在全区2022—2023年跨赛第一阶段排名12名；七营营业所获一季度跨赛“全区30强网点”称号，获评2022年度全区“先进集体”，全年余额净增2920万元；建设路营业所开门红保险收入达到“六十万俱乐部”。3.抓项目代发效果明显。2022年小微企业代发10户，代发金额200万元；农民工工资代发9户，代发金额1000万元。4.抓特色经济显著。立足县域特色，学习兄弟单位先进经验，抓关键人，下苦功夫，树“后台+网点”帮扶模式，结合三级物流，走出了适合海原邮政的发展之路，其中，七营玉米款揽储800万元，硒砂瓜款揽储465万元，芹菜款揽储300万元。

【寄递业务】 2022年，海原邮政公司全年实现寄递收入242万元，增幅1%，完成自治区公司目标的85.4%，收入市占率达到集团公司要求的12%的生命线。特快业务持续快速发展，实现收入134.5万元，增幅8%，占寄递业务的55%。开发农村市场潜力，七营、海原新区等支局所收入翻番；在危机中寻先机，疫情期间承接货运司机物资运输项目。大力推动“极速鲜”项目，截至年底“极速鲜”项目实现收入43万元，同比增长120%。强力推进自提点建设，全县自提率达到77.8%，其中，城市自提率77.8%，农村自提率83%。

【邮务业务】 2022年，海原邮政公司依托“项目+活动+产品+数据+融合”模式，稳定存量客户，转变营销方式，拓展销售渠道，实现邮务收入275万元，同比增长35.7%。文传、渠道业务均超额完成全年收入目标。文传专业收入实现204万元，收入增幅排名全市第1，其中报刊专业实现收入155万元，同比增长33%，排名全市第1。分销专业实现收入60万元，同比增长

83%,排名全市第一。

【三级快递物流体系建设】 2022年,海原邮政公司争取政府项目资金近468万元,智慧物流分拣中心已投入使用。大力推动“邮快合作”“交邮合作”,免费进驻关桥公交客运站,郑旗支局所叠加三家民营快递。多措并举协同各方资源,大幅提升邮件分拣处理能力和工作环境,新的处理中心完全满足海原邮政未来五年内邮件处理需求。

【协同发展】 2022年,海原邮政公司以六大协同项目为抓手,全面助推农村市场大开发,推动专业、邮银协同见效。全年发放“融资E”贷款661.92万元,完成进度153.93%,排名全市第一;农产品寄递40.16万元,完成进度80.32%;农产品销售收入完成110万元,完成进度100%;邮生活平台注册完成2636万元,完成进度101%,全区排名第二。BSC营销收入目标完成20.14万元,完成进度183%,全区,排名第一。

【普遍服务】 2022年,海原邮政公司开展普遍服务邮件报刊投递质量提升专项整治,严格落实建制村通邮标准。不断深化巩固“六项禁止类服务问题”专项治理成果,固化服务质量分析会议,注重分析、预判,全县服务质量指标较2021年明显改善。网点签到、签退率、县以上城市党政机关党报党刊妥投率均为100%。机要通信连续多年安全运行。

【疫情防控】 2022年,海原邮政公司党员干部冲锋在前、主动作为,一线员工“逆行”奋战、尽显担当,充分发挥了“国家队”作用。开通收寄绿色通道,组织人员下沉社区执勤值守40余天。全力做好保供保通保畅工作,累计配送防疫物资75吨,配送学生暖心包裹400余件。

【企业党建】 2022年,海原邮政公司深化基层党组织建设达标工程和创先争优活动,做好支部领题破题和三亮三比三评工作。年内发展正式党员2名,入党积极分子1名,递交入党申请书3名。以巡察整改促管理提升。严格落实区公司党委巡察整改工作,针对巡察出的4个方面18个问题,制定67项整改措施,全部完成整改28个,完成阶段性目标且需持续推进的2个。以巡察整改为抓手,着力提升基础管理、党的建设、制度执行等方面的工作。抓实党的纪律建设。认真贯彻落实党风廉政建设责任制,严格落实“一岗双责”“第一责任人”职责。深入开展党风廉政警示教育月活动。深入整治“靠企吃企”“靠邮吃邮”、房屋出租、采购、工程建设等专项检查,确保整改取得成效。结合企业作风建设,营造良好企业氛围,对作风不实、不严等各种行为进行处理通报,全年通报批评10人次。

【企业文化】 2022年,海原邮政公司树先进、立标杆,通过表彰先进工作者、营销能手,掀起良好发展氛围。田喜儒获“全区优秀共产党员”称号;马义学获宁夏首届“塞上江南最美‘骑士’”称号;申明玲在全市“庆三八”演讲比赛中获一等奖;七营营业所获评自治区分公司先进集体。公司工会还组织开展“旺季生产送温暖”、春节期间慰问离退休职工和困难职工系列工作;全面落实2022年度疗休养工作,全年疗休养率达到100%。

(冯忠宝、戴国栋)

电　信

【概　况】 2022年，中国电信海原分公司(简称海原电信公司)认真贯彻落实区市分公司的经营发展策略，切实落实云改数转策略，公司人员团结一心圆满完成党的二十大保障、疫情防控、高层建筑消防专项整治等工作。

【光网质量提升】 2022年，海原电信公司完成海原—省界、海原—冯川隐患标识标牌整改，其中扶正145块，更换、缺失补栽118块，标识标牌刷漆365块，标识除草、清理周围杂物1760余块。完成海原—冯川、海原—省内一干管道入井抽水、清理淤泥杂物，共计封堵管孔、固定接头盒43孔。完成东城路光缆上改下割接共计3.1公里、268条光缆。推进老旧OLT退网及千兆小区割接，完成7台7360老旧OLT退网割接；千兆小区割接4台设备(树台模块局1台、海原母局3台)。对海原不达标杆路进行整治，更换电杆65根；收紧更换拉线93条，抽调综合维护班人员对一二级光衰不达标光缆进行整治，涉及一二级光缆问题的，由综合维护建设班进行调整处理；整治期间共处理一级光缆故障38处，二级光缆故障141处，共计解决光纤不达标600多用户。

【资源及工程建设】 2022年，海原电信公司建成13个点位的FTTH建设，交付端口2496个。完成18个基站光缆布放，布放24芯光缆6.7公里。完成模块局中继光缆布放2段，布放48芯光缆75.5公里。完成西安综合业务区光缆布放48芯光缆22.87公里，24芯光缆8.3公里。无线网建设开通4G基站13个、5G基站32个。

【基础维护】 2022年，海原电信公司完成西安Z01、关庄Z01、关桥Z01、红羊Z01、贾塘Z01、方堡Z01模块局电池更换，曹洼模块局优化加装400安时电池一组。更换母局油机室油机1台(300千瓦)，清除关庄—树台、海原—西安乡镇波分光功率弱化隐患。完成1个C网基站退租设备拆除。完成海原机房S380、M800、7360OLT等老旧设备退网下电。

【装维工作】 2022年，海原电信公司完成全公司全屋Wi-Fi1314部，天翼看家1583部，智能家居150部，云桌面369部，疫情门磁安装7000个，更换光猫712个。宽带装移机当日履约率100%，宽带装移机平均时长10.24小时。宽带当日修履约率100%，宽带重复故障率均小于3.5%，宽带修障平均时长4.4小时。预约及时率均在99.5%以上。各项指标均按公司考核要求完成。全屋Wi-Fi四率严格按规范执行，实行单单核、单单回访，对回访出来的问题工单实行跟踪帮扶处理。加强工单动态管控，提高了装移机效率。对于确因工作量大而忙不过来的区域，及时调派人员进行增援，较好的平衡了工作量不均衡的现象。光衰不达标整治光衰合格率达到98.1%。老旧小区整治有序进行，全年共计整治分光箱325个，整治用户光皮1180个，老旧终端同步更换。满意度修复工单100%完成修复回单。质差用户按期整改，新装宽带小翼管家网关绑定率达到75%以上。做好智慧家庭工程师三、四、五级培训认证工作，登高，低压证培训及复审工作。

【政企支撑】 2022年，海原电信公司完成农业银行、邮政银行、农信社、建设银行、水务局、地震局、县委办、保险公司等多家客户单位的党的二十大保障及机房巡检工作，提升客户服务的满意度。按月向全县重要医疗单位提供网络安全报告，并支撑用户完成网络安全升级。全年累计开通互联网电路40余条，20多所卫生室完成云电脑一体机的安装，全县维护辖区多家重点单位安装安全大脑，其中包括辖区内12家卫生院，以及教育、党政方面多家单位，为用户网络提供安全保障。

【疫情防控】 2022年，海原电信公司按照地方政府及自治区、中卫市、公司有关防控工作要求，扎实做好对疫情防控，做到社会网络保障及人员零感染。在日常管理中，做好工作场地与公共区域的防疫消杀工作；做好防疫工作的物资储备及应急处置能力提升演练。

【工会工作】 2022年，海原电信公司工会充分发挥作用。1.疫情期间，心系一线、每日密切关注疫情动态，通过电话、微信、视频等多种形式对员工进行关怀慰问，了解大家生活现状及存在的困难，进一步疏导员工心理压力。公司工会将关心关爱送到战斗在疫情防控一线的值班值守人员，给他们送去了关怀和慰问，感谢他们为疫情防控做出的贡献。2.持续开展“我为群众办实事”实践活动，完成办公楼、院落及农村划小单元的“四小”建设改造。对职工食堂的环境、硬件设施、配套设施进行升级提升，达到星级评定标准，对食材进行集中招标供应，减少供应链环节，提供新鲜优质的食品供应。对办公环境进行维修改造，让员工在舒适、温馨的环境中工作生活，有效改善了一线员工的工作环境，充分解决了一线员工暑热冬寒问题。对兴仁农村营服中心“四小”进行大力投资建设，改善了办公环境、职工住宿和食堂功能。工会购置日常所需设备和用品，满足员工吃饭、洗澡、取暖、文化、休闲需求，把关怀与温暖送到一线员工的心坎上。建立沟通协调机制，为员工解决在思想、工作、生活上的后顾之忧，确保员工得到公司及家属的认可。年内还组织开展了元宵节猜灯谜活动、三八国际妇女节主题活动、“激情凝聚力量·团队绽放活力”团建活动、大干四季度劳动竞赛活动等，丰富和活跃员工的精神文化生活，调动员工的工作热情和积极性。

【扶贫工作】 2022年，海原电信公司乡村振兴驻村帮扶组人员积极对接海原县高崖政府及联合村部的工作部署，认真开展工作，积极调整工作方式方法，走访边缘户，协调乡村绿化、卫生整治、疫情防控、扶贫国库数据筛查修订、乡村道路修整等事项，并联系扶贫专项资金对“三类人员”进行煤炭、米、面、油等物资帮扶；向8户家中有2名高中以上学生的困难家庭捐赠了现金和励志书籍的；为该村部购置捐赠两辆电动垃圾车，配套捐赠铁锹、扫把等工具等。

（海原电信公司）

移动通信

【概　况】 中国移动通信集团宁夏有限公司海原分公司（简称海原县移动公司）设有网络支局、要客班、营业班3个班组，下辖海城西分局、海城东分局、海兴分局、李旺分局4个分局，共有职工40名。

【网络强国】 2022年，海原县移动公司累计建成物理基站387个；LTE逻辑基站717个，小区1971个;5G基站151个,小区437个;GSM基站202个,小区611个;NB基站45个,小区135个。1.基站覆盖。通过宁夏移动集中网优平台对海原县2G、4G、5G及NB网络MR覆盖采样点进行数据采集、汇总分析,海原县整体网络覆盖优良,全网平均MR覆盖率达到98.80%(注:98.50%为优异)。2.主要机房。海原县移动公司拥有汇聚机房14座,其中城区5座,乡镇9座,承载海原重要业务节点枢纽,全部是双路由保护。3.传输光缆。全县一干、二干、骨干网、接入网、综合业务区等全业务光缆达到1900杆(管)程公里,资源丰富,传输总带宽达到1.6T。4.家庭宽带网络覆盖。年末,海原移动在全县家宽已覆盖用户数10.14万户,共计接入家宽小区841个,涵盖194城镇小区和棚户改造区,647个行政村、自然村和乡镇街道,城市覆盖4.44万户、农村覆盖5.68万户。家宽覆盖率达到97.16%,城市覆盖率为99.8%,农村覆盖率为94.52%。其中移动家庭安防业务已遍布全县所有乡镇,已接入用户2.12万户。5.千兆能力。海原移动共有OLT设备152台,其中76台具备千兆接入能力,具备千兆接入的小区550个,覆盖千兆接入能力用户数8.19万户,千兆覆盖占比84.14%。6.专线能力。海原移动专线已经在全县覆盖168家集团单位上千条链路,涵盖党政军、金融、医疗、教育、国有企业及中小微企业等重点行业。

【疫情防控】 自"9·20"新冠疫情以来,海原县移动公司迅速反应,成立疫情志愿服务小组,海原移动公司加大政企、网络支撑力度,全力协助政府部门及疫情防控指挥小组,配合政府开展疫情提示公益短信,建设和保障云视讯等视频远程会议系统,保障海原供暖公司各换热站正常注水等系列民生保障。9月24日至28日,建设开通和酒店业务71户、开通IMS固话21部,累计开通专线业务3条、处理专线故障28处,保障异网客户企宽业务的建设及交付,提升海原疫情防控信息化能力。

【助力乡村振兴】 2022年,海原县移动公司向对口帮扶的树台乡新庄村派驻了2名驻村队员组成的工作队,脱产开展乡村振兴工作。工作队积极探索数智化乡村建设新模式,为村委会捐赠办公设备,投入3.5万元专项资金,优化新庄村监控软件平台、平安乡村平台服务模块等。

【客户服务】 2022年,海原县移动公司严格落实扶贫、助残、适老服务各项举措,在设立爱心座椅、爱心台席、无障碍通道等适老服务的基础上,推出特定群体优惠政策。针对残疾人用户在享受公司相关优惠的基础上,按照 "语音、流量、宽带、短信"四类出账费用再打8.5折,降低残疾人用户的通信消费支出;针对60岁以上的老年群体,优化推出移动孝心卡、移动孝心包等适用于老年人的资费政策,满足老年客户的通信需求的同时增加安全守护、防诈权益等内容,进一步做好老年人权益保护;推出老年版App,简化页面展示内容,方便老年客户使用。

【社会责任】 2022年,海原县移动公司落实支部书记安全责任制。持续开展不良信息治理,联合公安局做好反诈宣传和治理工作,有效遏制电信诈骗案件的发生,保护群众财产安全。在疫情防控、中共二十大等重大活动保障任务中,巡检预测到位,预案措施得当,重点指标稳定，业务感知良好，实现“三零”保障目标，圆满完成重大通信及网络信息安全保障任务。

（海原县移动公司）

联通通信

【概　况】 中国联合网络通信集团宁夏有限公司海原县分公司(简称海原县联通公司)辖海原城区综合网格和海原乡镇综合网格2个网格。海原城区网格内设支撑中心、渠道中心、政企中心、公众客户中心、营业中心、智家中心。

【营业收入】 2022年末，海原县联通公司出账收入3500万元，其中移网累计出账收入1520.45万元；固网累计出账收入1979.55万元。

【用户发展】 2022年末，海原县联通公司累计发展移网用户40600户，年累计百元用户38970户，出账用户45331户，年累计净增出账用户4731户；年末累计发展宽带7349户，出账用户8536户，宽带年累计净增用户1187户。

【网络建设】 2022年末，海原县联通公司建设900M网络67个，已完成建设17个；建设2.1GNR51个，已完成建设43个。累计完成900M4G基站161个，1.8G的4G基站515个，4G实现行政村全部覆盖，5G基站182个，实现城区、乡镇、较大的行政村全部覆盖。商务楼宇宽带资源接入5家。

（海原县联通公司）

住房和城乡建设

综　述

【概　况】 2022年，海原县住房和城乡建设局辖事业单位5个（城市公用事业管理所、城市管理综合执法大队、工程质量监督站、住房保障和交易服务中心、建设工程招投标管理中心），内设5个股室（综合办公室、村镇建设管理站、城镇建设股、水暖办、园林办）。全系统在编在岗154人。

【重点项目建设】 2022年，海原县共组织实施城乡建设项目36个，其中续建项目10个，新建项目26个，工程概算总投资33亿元。计划年内完成固定资产投资10亿元。完成固定资产投资8.9亿元，完成总额的89%。

【党建工作】 2022年，海原县住建局以创建“让党中央放心，让人民群众满意模范机关”为抓手，学习、对照《中国共产党支部工作条例》要求，落实“三强九严”责任，成立党建工作领导小组，制订工作计划，建立责任清单，形成了“一把手”主抓党建谋划、部署和落实，党委委员各司其职，党务专人负责的工作格局。严格落实“三重一大”制度，对重大事项全部经党委集体研究决定。全年召开党委会议16次，切实做到了党建业务同谋划同部署同落实。完成党员信息系统维护、党费收缴等工作；开展专题研讨12次，主题党日24场次，组织关系转接5人次，收缴党费2.41万元；班子成员、党支部书记上党课7次；班子成员开展调研10余次，形成调研报告5篇，提出推进工作的合理化意见建议20个，解决难点工作40个，办理惠民实事40件。

【疫情防控】 扎实做好疫情防控，通过音像、小喇叭在局机关、小区、建筑工地等人员密集区大力宣传疫情防控要求和知识，着力营造全民防疫氛围；先后选派98名党员干部深入李旺、南苑社区、新区大转盘隔离点、中宁方舱医院参与疫情防控，积极落实防控责任。

【“大学习、大讨论、大宣传、大实践”活动】 紧扣学习贯彻党的二十大和习近平总书记视察宁夏重要讲话、重要指示批示精神“大学习、大讨论、大宣传、大实践”活动要求，制定工作方案、学习计划，及时组织集中学习、研讨交流，上党课，利用“学习强国”、网络、两微一端等渠道，构建线上线下学习联动机制，丰富学习形式，在理论学习的及时性和深入性上下功夫，确保党的二十大和自治区第十三次党代会、中卫市五次党代会、海原县十五次党代会以及习近平总书记视察宁夏重要讲话、重要指示批示精神深入人心、落地见效。全年各党支部集中学习46次，开展理论宣讲10余次、专题党课10余次，撰写心得体会8次500余篇，观看视频8次。

【党风廉政】 开展“廉政警示教育周”和群众身边腐败和不正之风专项整治活动，着力转变作风并取得明显提升；开展以案促改学习1场次，观看警示教育片3次，开展廉政谈话3场36人次、廉政党课2次，寄送廉政家书20余份，着力提高干部职工拒腐防变免疫力。

【县城建设改造】 2022年，实施自治区下达海原县棚户区400套改造任务。已完成认定任务403套，完成任务量的100.75%。续建北苑小区基础设施项目和闽宁科技园公租房基础设施项目。北苑小区基础设施项目和闽宁科技园公租房基础设施项目3号、4号基础设施已全部完工，1号、2号公租房及电商大楼基础设施地下给（排）水、采暖管道已全部完成，已完成工程形象进度的85%。提升改造政府东西街、东城路、政府南北街、建设路、黎明路、文联路6条市政道路。建设路、黎明路、文联路、政府东西街、东城路均已完工；政府南北街已完成招投标。海原县民兵应急器材库建设项目已完工。已完成对邮政局、老工行、皮件厂、蓝鑫、水务局5个小区的楼体及基础设施改造。海原县地震遗址二期绿化项目、海原县2022年城市植绿增绿项目均已完工。县城生活垃圾第一填埋场封场建设项目、集中供热管网及换热站项目和城市热源调配工程已全部完工。海原县农村垃圾收运及处理项目已完成总工程量的70%。实施海原县第二污水处理厂二期扩建工程，已完成基础开挖。实施海原县垃圾压缩中转站提升改造工程（一、二标段），文联路、勉巷2个垃圾压缩站改造工程已完工。三中宿舍楼北侧城墙及东侧围墙加固除险项目已开工建设。李旺镇重点小城镇建设项目已开工建设，投资2660万元，已完成改扩建政府街、商业街、兴旺路、振兴路4条市政道路；关桥乡方堡高质量美丽宜居村庄按照项目整合要求，正在编制项目方案。格兰丽都总建筑面积29.7万平方米，投资12亿元，目前已完成主体工程施工，计划2023年底完工并投入使用；闽宁华府二期总建筑面积10.8万平方米，投资3.5亿元，已完成4栋楼主体工程施工。

【美丽村镇建设】 关桥乡方堡高质量美丽宜居村庄按照项目整合要求，正在编制项目方案。进行16个农村环境综合整治示范村建设。截至2022年12月，海城镇堡子村等16个村庄已全部完成建设内容。2022年实施危房改造307户，抗震宜居农房改造497户。截至2022年12月，已开工建设497户，竣工497户。

（李　博）

行业管理

【质量安全监管】 2022年，海原县住房和城乡建设局以打造标准化工地为目标，狠抓施工质量样板化、操作过程规范化。先后开展在建项目专项检查6项次，下发检查通报6份，整改通知书106份，停工整改通知书7份，行政处罚9家，罚款17.47万元；扣除企业诚信分值8起，关键岗位人员违法违规记分19人次；大力推进“1116”制度建设，严格落实农民工工资保证金制度，农民工工资保证金缴库存率达到100%，共清欠农民工工资近451.92万元。严格落实建筑工地扬尘污染“6个100%”控制措施，按照“谁建设、谁负责，谁施工、谁负责，谁监理、谁负责”的原则，派监督人员对施工现场扬尘治理措施落实不到位的施工企业，下发限期整改通知书26份，停工整改通知书7份，对8人进行诚信扣分处理，4家企业给予处罚。对各建筑企业渣土运输车辆进行统一备案登记，发放运输渣土通行证（一车一证）。

【工程招标管理】 2022年，海原县累计完成房屋建筑和市政基础设施工程招投标活动监管65项（包括勘察、设计、施工、监理），其中参与投标企业共882家，中标总额77048.30万元，全部进入市公共资源交易中心进行招投标活动，采取不见面开评标。应招标工程的招标率均达到100%，实现工程项目应招尽招目标。进一步巩固开展招投标领域突出问题专项治理工作。先后对2家代理机存在不良行为的行为进行扣除诚信分值500，同时对5家投标企业违规处以罚款47953.19元。

【城乡环境整治】 2022年，海原县通过政府购买服务的方式，确定了由第三方服务企业（重庆高洁环境绿化工程集团有限公司）自9月份开始对县城环卫综合保洁进行社会化服务，清扫保洁实行"一日多扫、全天候保洁，垃圾日产日清"。按照农村人居环境整治"五清"要求，对村庄、河道、集镇、市场等重点区域的垃圾进行全面清理，累计清理农村生活垃圾3.98万余吨，清理河道沟渠70余公里，农村95%以上行政村生活垃圾基本得到了治理。推行第三方机构承包运营模式，将关桥、高崖、李旺等12个乡镇辖区主干道路沿线村庄的垃圾收集清运处理委托第三方外包公司运营，竭力推进海原县环卫保洁和垃圾处理规范化、现代化。大力推广城市生活垃圾分类收运体系建设，撤除主街道敞开式垃圾箱，更换为两分类果皮箱，实行收集车辆定时定点上门收集，日收集清运生活垃圾110余吨，城市生活垃圾无害化处理率达100%左右。

【房地产行业监管】 2022年，海原县房地产市场下行趋势明显，完成投资7.1亿元，同比下降38.4%；施工面积67.3万平方米，同比下降29.2%；销售面积1083套16.3万平方米，同比下降28.9%，完成销售额7.3亿元，同比下降23.1%，其中，公积金贷款230套，贷款额1.4亿元，商业贷款720套，贷款额5.28亿元；新建住宅销售均价为4272元/平方米，同比增长6.8%；待售面积19.2万平方米，同比增长3.1%。积极落实区、市促进房地产市场平稳健康发展措施，放宽预售许可形象进度条件，优化商品房预售资金监管，提振市场信心，努力实现"稳地价、稳房价、稳预期"目标。

【公租房管理】 2022年，海原县共排查手续过期、拖欠费用、私自转租等问题住户149户，已完成整改149户。同时，及时将空余房屋按程序分配到符合入住条件的人员办理入住手续，有效保障公租房入住率。

【供水、供热服务保障】 2022年，对锅炉及附属设备进行检修，对供暖效果反映不好的文昌小区、中医院小区、邮政局小区、政府小区、老建行小区、荣锦苑小区和县第四中学部分管网进行彻底改造，对全县供水管网进行全面排查，供水水质达标供给；已完成海盛府城、格兰丽都换热站及一二级管网、东西区热源调配供热管网工程建设，保障冬季县城新建工程供热正常；接待来电、来访、来信400人次，所有信访事项全部妥善解决。

（李　龙）

住房公积金管理

【概　况】 中卫市住房公积金管理中心海原

分中心(简称海原公积金中心),是市住房公积金管理中心的分支机构,按照市住房公积金管理中心的授权负责管理全县住房公积金的管理运作。分中心的机构规格为正科级,经费形式为全额预算,与市中心实行统一的规章制度,进行统一核算,海原分中心核定事业编制5名,科级领导职数2名(一正一副)。2022年有在职人员6人,其中,在编4人,非在编2人。

【公积金缴存】 2022年,海原县住房公积金中心缴存住房公积金2.62亿元,完成年度任务2.2亿元的119.09%;缴存总额24.23亿元,比上年增加2.62亿元,增长12.12%。缴存余额8.77亿元,同比增加0.49亿元,增长5.92%。

【公积金扩面】 2022年,海原县住房公积金中心新增建制单位10家,新增缴存职工916人,完成全年扩面计划的305%。

【公积金提取】 2022年,海原县住房公积金中心提取住房公积金2.13亿元,其中还贷提取1.01亿元;提取总额达到15.52亿元。

【公积金贷款】 2022年,海原县住房公积金中心发放个人住房贷款195笔8487万元,完成年度任务6000万元的141.45%;截至2022年12月底,累计发放个人住房贷款2691笔、金额78067.2万元,同比分别增长10.79%、16.73%。贷款余额31972.92万元,同比增加2.49%。个贷率36.48%,贷款逾期率为零。

【扩大制度覆盖面】 2022年,海原县住房公积金中心充分运用电话、微信公众号、手机App和中心门户网站等新媒体,开展宣传引导和建制工作,全力以赴为企业建制提供便捷服务。依托联动机制,发挥行业优势。充分利用各受托银行服务网点广、客户资源多、营销能力强等行业优势,积极宣传公积金制度,开展非公企业住房公积金建制扩面、催收催缴工作。

【落实使用政策】 2022年,海原县住房公积金中心紧扣“房子是用来住的,不是用来炒的”定位,充分发挥住房公积金在“住有所居、住有宜居”中的保障作用,积极落实住房公积金贷款、提取使用政策,大力支持职工购买保障性首套住房和改善型二套住房,保障不同群体、不同需求的贷款需要,积极推动房地产市场健康发展。

【风险防控】 2022年,海原县住房公积金中心加大账目核查力度,做到业务当天办结,资金及时到账,资金安全运行。建立风险防控系统,结合住建部电子稽查风险平台、宁夏住房公积金监管平台和中心业务管理实际,对风险隐患精准识别、预警排查、实时监控、逐一整改,切实提高业务办理的准确性和防范风险的严密性。

【信息化建设】 2022年,海原县住房公积金中心加强信息化建设,积极拓宽服务渠道。1.提取业务不见面。解除劳动合同和退休的缴存职工通过网上业务厅点击提取申请,办结后资金实时到账,无需跑腿、省时省力。2.查询渠道多样化。通过公积金门户网站、网厅、微信公众号、“我的宁夏”App等缴存职工可查询个人账户信息、缴存明细、提取明细、贷款信息等,缴存单位可查询单位基本信息、职工信息、业务办理情况。3.咨询建议畅通化。职工可通过“12329”热线与客服一对一交流,还可通过门户网站、手机App、微信公众号等咨询公积金相关政策、提出意见和建议。4.推进归集业务在线办理。全县所有缴存单位签约网厅服务实施网上业务办理。

(海原公积金中心)

自然资源和生态环境

综 述

【概 况】 海原县自然资源局成立于2019年3月19日，属海原县政府工作部门，为正科级单位，加挂海原县林业和草原局牌子。核定行政编制14个，事业编制173个。设局长（兼林业和草原局局长）1名、副局长3名（其中1名兼林业和草原局副局长）。下设3个副科级事业单位，分别为海原县不动产登记事务中心、海原县国有林场和草原建设服务中心、海原县林业技术推广服务中心。下设不定级别事业单位9个，分别为海原县规划服务中心、海原县土地储备中心、海原县国土资源执法监察大队、海原县凤凰山林场、海原县瓜瓜山林场、海原县拐洼林场、海原县牌路山林场、海原县西华山林场、海原县月亮山林场。

【国土规划编制】 2022年，海原县规划体系不断完善，引领发展初见成效。1.国土空间规划编制。编制了《海原县国土空间总体规划（2020—2035年）》，划定了生态保护红线，完成了人口与城市规模预测等11个专题研究和总体规划文本及说明，根据自治区下达的基本农田和城市开发边界指标，完成“三区三线”成果上报。成果已通过自治区自然资源厅专家组第二轮审查，正在根据审查意见修改完善。2.村庄规划编制逐步推进。按照集聚提升、城郊融合、特色保护、整治改善、搬迁撤并五种类型，科学分类编制实用性村庄规划。2022年全县编制“多规合一”实用性村庄规划25个，已完成6个移民村（社区）规划编制工作，剩余19个实用性村庄规划受本次疫情影响，公共资源交易中心关闭，目前正在积极对接交易中心挂网招标。3.各类专项规划相继完成。根据海原县“十四五”国民经济发展规划和海原县自然资源“十四五”发展规划，编制完成了《海原县国土空间生态修复规划》《黄河流域生态综合治理与高质量发展先行市海原县生态修复规划（2021—2025年）》《海原县自然资源“十四五”规划（2021—2025年）》《海原县地质灾害防治“十四五”规划（2121—2025年）》。

【用地保障】 2022年，海原县用地保障主动有为，助力项目有序落地。1.历史遗留问题得到妥善化解。通过积极与自治区自然资源厅对接，化解2017年以来符合“边建边报”政策但未报批的项目17个，面积29.6494公顷，妥善化解了土地未报批问题，做到了应化解尽化解。2.新增项目土地报批稳步推进。按照土地要素跟着项目走原则,通过积极主动与发改、交通、农业农村等项目建设单位对接,建立2022年重点项目用地清单,实行销号制管理。完成了贾塘片区1.0万亩高标准农田建设项目等24宗31.74公顷土地预审。完成中部干旱带海原西安供水工程等项目组件报批,项目用地总面积52公顷。3.土地供应市场稳中向好。按照海原县2022年国有土地供应计划,超额完成住宅用地供应指标,完成其他土地供应31宗,面积69公顷;其中,出让4宗、面积10.5公顷,收缴土地出让金6466.12万元;划拨27宗,面积58.96公顷,保障了全县教育、卫生、消防等重点项目的用地。批复临时用地12宗,面积428公顷,用于保障宁夏中卫庙山—李旺35千伏等工程建设。4.保障主导产业用地,耕地"进出平衡"先行先试。为了保障全县高端肉牛等主导产业用地,启动编制了《海原县2022年度耕地进出平衡实施方案》《海原县2022年设施农业重点项目耕地"进出平衡"实施方案》等方案,保障了2546亩设施用地。

【土地权改革】 2022年,海原县完成全县17个乡镇、148个行政村、8.5万余户54.2万块220.2万亩承包地确权登记颁证工作,完成率为99.8%。完成农村宅基地及房屋所有权确权登记外业测量、房地一体权籍调查87706宗,其中符合登簿发证条件的69525宗,已全部发放到位。集体经营性建设用地确权方面,完成全县1642宗、6190亩集体建设用地核实、数据整合建库和档案整理入库工作,经初步审定符合确权发证的363宗,已全部完成发证。完成110个行政村农村集体土地所有权成果更新工作。河湖岸线划界确权方面,完成县域内53条水利部名录河流(道)、50座水库、72座淤地坝、47处水源地的划界、权籍调查、界桩埋设及数据入库工作。完成批而未供土地处置408.86亩(完成率为103%),闲置土地处置165亩(完成率为300%)。争取城乡建设用地增减挂钩跨省域节余指标884.25亩,正在按照自治区自然资源厅验收意见整改完善。完成中心城区土地级别与基准地价更新初步成果,完成集体建设用地和农用地定级与基准地价评估外业核查,完成国有闲置土地、烂尾、集体经营性建设用地摸排外业核查,正在开展内业整理。

【山林权改革】 2022年,海原县山林地资源确权登记扎实推进。已完成19个乡镇152个行政村(社区)、6个国有林场的山林地确权登记工作,全县山林资源确权登记面积440.81万亩,其中,林地面积99.65万亩,草原面积338.9万亩,湿地面积2.26万亩。印发了《海原县关于引导社会资本进山入林推进以林养林以地换林实施方案》等11个文件,流转山林地面积7358.7亩,打造林下经济示范基地4家。市场化植绿增绿新机制逐步建立。整合西华山林场(任湾苗圃)等5个国有林场的现有经营性资产和涉及园林绿化服务相关优质资产组建海原县产业发展集团股份有限公司,下设林草事业部。林业服务管理体系逐步健全。印发了《关于进一步加强海原县集体林地承包经营纠纷调处工作的通知》等文件,建立健全了纠纷调处机制,成立了县山林地承包经营纠纷调解工作领导小组,深化森林草原综合执法改革,落实乡镇执法,切实发挥属地管理职责。

【"放管服"改革】 2022年,海原县自然资源部门持续深化“放管服”改革，提高机关效能。1.不动产日常登记业务有序开展。共办理各类不动产登记共计6966件，其中，权属首次登记3675件，预告及预告抵押1088件，抵押首次登记516件，转移登记1104件，抵押注销登记255件，预告注销登记103件，查封登记70件，解封登记10件，权属注销登记48件，权属变更登记74件，补换证23件。查询10371件，信访3件，诉讼5件。2.城乡规划证书应发尽发。完成规划审批项目33项（建设工程规划许可证28件、乡村建设规划许可证5件）。

【人大代表和政协委员提案办理】 2022年，海原县自然资源部门共承接县人大、政协提案办理件2件，已办理完成2件，完成率为100%。

【助力乡村振兴】 2022年，海原县自然资源部门以“山绿民富”为主线，立足自然资源行业职能职责，全面助力巩固脱贫攻坚成果同乡村振兴有效衔接。1.严格落实国家退耕还林补助政策，兑现退耕补助资金3388万元，涉及37479户、112437人，有效增加退耕农户收入。2.全县续聘选聘生态护林员1270名，每人每年补助1万元，兑现补助资金1270万元，保证了贫困人口增收又护绿。3.为促进人与自然和谐共生，维护好林农权益，给国家公益林区农户兑付森林生态效益补偿179.2万元。4.培育林果产业增收富民，通过建立枸杞监测预报队伍，推广枸杞病虫害“五步法”绿色防控技术，引进企业进行托管服务，开展绿色防控，创建优质丰产示范点等措施，枸杞品质持续提升，枸杞产业效益凸显。通过技术培训，引导参加优质基地评选，引进企业修剪服务等措施，香水梨、红梅杏等林果产业实行生态和经济效益双赢。5.扎实开展种苗质量检验，强化种苗管理，为乡村绿化及庭院经济林供应苗木64.7万株，投资680万元。6.开展单位对口帮扶，帮扶西安镇盐池村北山绿化670亩，投资121万元，帮扶后进村曹洼乡冶套村村庄村道绿化103亩，投资18万元。

【安全生产】 2022年，海原县自然资源局扎实做好安全生产工作。1.常态化落实县疫情防控指挥部疫苗接种、核酸检测、人员排查等实时防疫政策。“9·20”疫情以来，按照县委政府要求，县自然资源局共抽调80余名干部职工下沉下派至各防疫工作一线，配合完成人员管控、核酸检测等相关疫情防控工作。落实单位及监管企业“场所码”申领并严格执行。2.共受理矛盾纠纷信访案件28起，完成办理答复27起，1起正在调查办理。3.建立了乡村地质灾害防治监测人员联络机制。每月一次对各隐患点的变化情况、隐患点监测员到岗情况进行巡查，确保防灾指令和灾情信息及时上报下达进一步压实地质灾害防治责任。对55处地质灾害隐患点设置的标识牌、警示牌进行更新和维护，共更新信息55处，维护标识牌4处。

（蒲彦珍）

生态建设

【植绿增绿】 2022年，海原县按照因地制宜、适地适树、科学造林原则，采用乔灌搭配、针阔混交的方式，完成植绿增绿24.76万亩，其中：宁夏南部生态保护和修复15.19万亩，社会投资造林“蚂蚁森林”项目3万亩，村庄绿化及庭院经济林建设1.07万亩，草原修复1.5万亩，南华山自然保护区管理处造林4万亩。造林面积为全区之最和海原县历年之最。森林覆盖率达到11.37%，草原综合植被覆盖度达到65.7%，海原县林业和草原局获“全国绿化先进集体”称号。

【国土综合整治】 2022年，海原县通过竞争性评审，争取清水河海原段历史遗留废弃矿山生态修复及国土综合整治项目（二期）项目资金2507.4万元，整治面积175.41公顷，年末已完成项目任务的60%。

【矿山地质环境治理】 2022年，海原县对全县46家遗留矿山开展了排查整治，其中：对5家正常生产的矿山企业进行了停产整治，经专家验收达到正常生产条件；对采矿许可证过期的19家机砖厂、3家砂场和未办理过采矿许可证的17家机砖厂全部关闭取缔，通过专家验收38家，剩余1家暂未通过验收；对西华山2家石料厂，已完成资产评估，并经中卫市仲裁委裁决，待县人民政府研究同意后，组织拆除复垦。

（蒲彦珍）

自然资源保护

【耕地保护】 2022年，海原县建成了覆盖全县17个乡镇、148个行政单元、987个自然村数据库，初步确定县、乡、村、组四级责任人1032人，并对自然村界线范围进行矢量化，确保耕地面积不减少、质量不降低。县、乡、村三级签订了耕地保护目标责任书，严格落实属地管理责任，压实乡、村主体责任。

【森林、草原、湿地保护责任制落实】 2022年，海原县以林长制为抓手，建立了覆盖县、乡、村三级的林长组织体系，设置县、乡、村三级林长444名，护林监管员192名，聘用护林员1519名。各级总林长先后开展巡林巡草1700余次，制作林长公示牌180个，通过划分林长责任区域，明确管护职责，森林草原资源得到有效保护与提升。

【林业有害生物防治】 2022年，海原县完成林业有害生物防治6万亩，无公害防治6万亩，无公害防治率100%，成灾面积0.55万亩，成灾率为3.56‰，普查松林面积7.49万亩，加强野生动物联防联控，处置野生动物违法行为19起，救助野生动物5起，国家重点保护野生动植物物种数保护率达到95%以上。

【国有林场管理】 2022年，海原县推进“智慧林业”建设，先后投资2700余万元，建成覆盖南华山自然保护区和6个国有林场重点林区视频监控系统，实现了重点林区和主要路口视频监控全覆盖，南华山自然保护区视频监控覆盖度已达85%以上。对国有林场所有房屋进行了评估鉴定，排查房屋数量29栋，面积3498平方米，拆除危房6栋，面积66平方米。

【禁牧封育和森林草原防火】 2022年，海原县开展森林草原防火及禁牧封育宣传10场次，发放各类宣传材料6万余份，开展禁牧防火检查160余次，消除安全隐患30处，建设防火隔离带1.1万亩。

【宁夏西华山国家级草原自然公园建设】 2022年，海原县编制完成了《宁夏西华山国家草原自然公园总体规划（2021—2025年）》，完成草原生态修复0.56万亩。完成西华山国家草原自然公园草地改良0.5万亩。

【矿产资源管理】 2022年，海原县完成矿业权注销11宗，延续矿业权3宗，新设宁夏回族自治区海原县甘盐池邵庄1号大理岩矿。对正常生产的矿山企业进行了停产整顿，全面完成隐患排查整治，保障了非煤矿山安全生产。

（蒲彦珍）

自然资源执法

【土地动态监管】 2022年，海原县通过动态巡查共下发23批次571个图斑，完成核查举证458个，正在整改115个。

【卫片执法】 2022年，共下发海原县土地卫片图斑4223个，已完成整改3400个，正在督促整改图斑823个。下发矿产卫片共计24个，完成整改11个，完成率为46%。

【森林案件查处】 2022年，海原县按照《全区森林督查案件整改清零行动方案的通知》要求，对2013—2022年国家林业和草原局下发海原县的森林督查疑似图斑数共计1677个，经调查取证，已办理使用林地审核（批）手续及其他因素图斑1425个；疑似违法图斑252个，包括不是案件的87个图斑；无需查处的1个图斑；查处及整改到位的有156个图斑；涉刑案件8起，全部移交公安审查，并做出处罚，已上报国家林草局西北专员办作销号处理。全县已完成督查案件整改清零工作，完成率为99.4%，为全区清零销号完成率最高县市。建立了海原县一般湿地名录，石峡口水库被列为自治区重要湿地。

（蒲彦珍）

生态保护

【概　况】 中卫市生态环境局海原县分局机关核定行政编制5名，事业编制19名。设局长1名，副局长2名，综合执法大队副队长1名，环境监测站站长1名，副站长1名。生态环境综合执法大队核定事业编制9名。生态环境监测站核定事业编制10名。2022年实有在编人员21人，其中，行政编制4人，事业编制16人，空编事业编制3人；海原县生态环境保护综合执法大队在编9人，海原县生态环境监测站在编7人。

【大气环境】 2022年，海原县优良天数为334天，达标率92.8%，与2021年同期相比增加了19天，PM_{10}平均浓度49微克/米^3，完成自治区下达PM_{10}平均浓度52微克/米^{3}的目标；$PM_{2.5}$平均浓度23微克/米^3，完成自治区下达$PM_{2.5}$平均浓度25微克/米^{3}的目标；全县空气质量达到国家二级标准。

【水环境】 2022年，海原县老城区水源地、南坪水库水源地水质均达到Ⅲ类及以上标准，达标率100%。清水河海原段总体水质达到Ⅳ类，达到自治区考核目标。海原县污水处理厂、海兴开发区污水处理厂以及12座农村污水处理站出水水质均达到一级A标准，化学需氧量、氨氮、二氧化硫、氮氧化物4项主要污染物削减量完成区市下达目标任务。

【土壤环境】 2022年，海原县土壤环境质量总体保持稳定，农用地和建设用地土壤环境安全得到基本保障，土壤环境风险得到基本管控。

5月24—30日，中卫市生态环境局海原县分局组织人员深入全县17个乡镇34个自然村开展环保知识进农村宣传周活动（杨万成供图）

【重点项目建设】 2022年，海原县生态环境分局扎实推进污水处理“提质增效”行动，完成了关桥乡、史店乡污水处理站建设并投入试运行，委托专业第三方运营公司对高崖乡、李旺镇等11座农村污水处理站规范运行，出水全部达标排放。

【污染防治攻坚战】 2022年，海原县坚决打好污染防治攻坚战方面。1.加强散煤煤质监管，累计建成高崖乡、七营镇、郑旗乡、贾塘乡、关庄乡等15家清洁煤配送中心，按照“属地管理，分级负责”的原则，强化散煤污染管控，组织相关部门及乡镇成立了联合执法组，加大散煤加工、储运、销售、使用监管巡查力度，清理整治（取缔）非法销售散煤摊点4处。持续推进清洁取暖项目建设，完成了七营镇、贾塘乡人民政府办公楼清洁取暖项目并投入运行，减少了大气污染物的排放，有效防治烟尘污染。2.完成了贾塘乡、七营镇2家乡镇污水处理站水质应急检测，水质均达标。持续推进城镇集中式饮用水水源地环境保护专项行动，进一步整治保护区内环境违法问题，按照“划、立、治”总要求，完成了树台乡相桐（千吨万人）农村水源地规范化建设工程。3.扎实开展“清废行动”，累计排查集中隔离点和医疗机构140家次，规范处置80.84吨医疗废物，所有医疗废物由中卫市新洁垃圾处理有限公司转运集中处理。杜绝医疗废物产生二次污染，提升危险废物环境监管能力和环境风险防范能力，及时消除土壤污染隐患，确保土壤利用安全。

【项目建设管理准入】 2022年，海原县严格按照《建设项目环境管理条例（2021年版）》《建设项目环境影响评价分类管理名录》和生态环境部《关于统筹做好疫情防控和经济社会发展生态环保工作的指导意见》，认真落实环评审批正面清单要求，切实加强建设项目环境影响评价审批。坚决杜绝高耗能、高污染、不符合国家产业政策的项目落户海原。2022年以来，共审批各类建设项目188个。

【排污权有偿使用和交易改革】 2022年，海原县按照《海原县关于开展排污权有偿使用和交易改革实施方案》要求，全面落实排污权有偿使用和交易改革，组织第三方及专业技术人员从严核定排污单位所属行业主要污染物绩效值核定的排放量与环境影响评价批复排放量。共核定初始排污权量分别为：二氧化硫420.1吨、氮氧化物499.1吨、化学需氧量327.5吨、氨氮32.7吨，暂无可交易排污权。同时，根据核定政府储备排污权的要求，海原县对近几年关停的企业进行了核定，共核定排污权储备量为：化学需氧量（COD）182.5吨/年、氨氮（NH3-N）18.25吨/年、二氧化硫（SO_2）160.54吨/年、氮氧化物（NO_X）49.17吨/年，根据自治区关于“政府储备排污权由市级统一储备”的相关规定，已将海原县核定的报送至中卫市生态环境局，由市级政府统一储备。

9月15日，副县长冯磊主持召开海原县生态环境示范县推进会(杨万成供图)

【生态文明建设示范县创建】 2022年，海原县按照《海原县生态文明建设示范县创建工作实施方案》要求，委托生态环境部环境发展中心编制《海原县生态文明建设示范县规划(2022—2026年)》。坚持统筹调度，每月对各乡镇(街道办)及相关部门工作推进情况进行调度。9月上旬由县级分管领导组织召开海原县创建国家生态文明建设示范县工作推进会，听取了各责任部门工作汇报；10月下旬县人大对生态环境保护暨生态文明建设示范县创建工作进行实地视察检查，并听取关于生态文明建设示范县创建工作进展情况的汇报；12月下旬向中卫市报送了中卫市创建生态文明建设示范区海原县进展情况资料及汇报。同时，县政协对全县生态环保工作进行跟踪监督，各乡镇、县直各有关部门尽职尽责，全力参与创建工作，县纪委监委加强督查督办，形成了“分层管理、相互配合、上下联动、良性互动”的工作格局，各项工作正在有序推进。

(杨万成)

南华山国家级自然保护区

【机构设置】 2004年12月，南华山自然保护区经宁夏回族自治区人民政府批准成立。2014年12月，经国务院批准成立宁夏南华山国家级自然保护区。2020年4月10日，自然保护区正式移交自治区林业和草原局管理，成为自治区林业和草原局直属正处级事业单位。2021年，机构上划后，完成了人事档案专审、工资移交、岗位聘任等工作，机构改革工作进展顺利，依据《关于宁夏南华山国家级自然保护区管理处内设机构等事项的通知》文件精神，将原6个基层管理站撤并设为4个管理站。机关下设综合科、资源保护科、科研宣教科3个室站，下辖五桥沟、华山、关门山、马万山4个非经营性正科级管理站。南华山2022年，自然保护区管理处全额预算事业编制57名，有在编人员54人(含2名控编聘用人员)，正处级领导职数1名、副处级领导职数2名、正科级领导职数2名、副科级领导职数9名。

【基础设施建设】 2022年，保护区先后投资2500余万元对南华山自然保护区管理处综合业务、资源管护、科研宣教等基础设施进行了全面改造建设，建成了管理处综合服务用房、科研监测中心、信息机房1884平方米，防火减灾中心600平方米，华山管理站499平方米主体工程建设。关门山、马万山管理站，大南沟、油坊院护林点基础设施改造项目正在全力推进中。

2022年5月，南华山自然保护区管理处办公大楼建成投入使用(丁宁摄)

【自然保护地概况】 宁夏南华山国家级自然保护区位于宁夏中卫市海原县境内，距离海原县城7公里，北纬36°20′06″~36°32′30″东经105°30′30″~105°44′11″。南华山自然保护区属于“自然生态系统类别”，属“森林—灌丛—草原复合型生态系统类型”自然保护区。总面积20121公顷。保护区划分为核心区、缓冲区、实验区3个功能区。其中，核心区6182.78公顷，缓冲区5236.87公顷，实验区8701.35公顷。大地构造上属于秦岭—祁连活动带祁连—北秦岭褶皱系的北祁连加里东褶皱带南华山断褶带。地貌上处于黄土高原腹地西部，宁夏南部，山体呈西北—东南走向，区内山峦起伏，沟壑纵横，最高峰马万山海拔2954.6米，平均海拔2600米左右，沟口海拔一般北麓2000米，南麓2200米，相对高差700~900米左右。南华山自然保护区山涧河谷及山洪沟较多，但地表径流不大，多为间歇性河流，季节性变化大。气候属中纬度内陆中温带半干旱区，属山地气候和大陆性气候，气温由山麓向山顶逐渐降低，南华山平均年降雨量为495毫米。土壤以垂直地带性土壤——灰褐土和以山麓为基带的土壤——黑垆土为主的土壤类型。森林资源：南华山现共有各类林地面积19917.2公顷。其中有林地(乔木林地)506公顷，疏林地14.52公顷，国家特别规定灌木林地6099.88公顷，未成林地3718.96公顷，无立木林地5831.42公顷，其他林地3746.42公顷。植被与植物资源有野生维管植物426种(含种以下单位)，隶属58科、203属。其中，蕨类植物2科、2属、4种；裸子植物2科、5属、6种；被子植物54科、196属、416种。南华山位于黄土高原西部边缘，属黄土高原上的石质中山，主要植被包括寒温性针叶林、温性针叶林、落叶阔叶林、落叶阔叶灌丛、草原、草甸、沼泽等7个植被型、20个群系、21个群丛。野生动物资源有脊椎动物有5纲、26目、57科、126属、173种(含116亚种)。其中，鱼纲2目、3科、8属、9种；两栖纲1目、2科、2属、3种；爬行纲2目、5科、6属、10种(含1亚种)；鸟纲15目、33科、80属、115种(含80亚种)；哺乳纲6目、14科、30属、36种(含35亚种)。以鸟类占优势，哺乳类次之，两栖类最少。昆虫资源有昆虫16目、132科、530种。主要由鞘翅目、鳞翅目、半翅目、双翅目、直翅目和膜翅目种类组成。其中，鞘翅目34科、179种；鳞翅目26科、156种；半翅目18科、56种。主要保护对象有：森林—灌丛—草原复合生态系统及其生物多样性；水源涵养林以及体现森林—草地植被地带性分布的典型自然地段；珍稀濒危野生动植物资源及其栖息环境。国家重点保护野外动物：金雕、大天鹅、鸳鸯、鸢、苍鹰、雀鹰、松雀鹰、大鵟、草原雕、秃鹫、白尾鹞、猎隼、燕隼、红脚隼、红隼、雕鸮、长耳鸮、纵纹腹小鸮、黄嘴白鹭、荒漠猫、兔狲、黄羊、岩羊。国家重点保护植物为发菜、蒙古扁桃、短芒披碱草、华北驼绒藜。

【森林草原防火】 2022年，南华山国家级自然保护区管理处(以下简称南华山管理处)狠抓安全生产与森林草原防灭火的责任落实。1.拓宽学习渠道。先后开展集体学习10次，增强了干部职工消除安全隐患、杜绝事故发生的思想自觉和行动自觉。2.明确责任主体，层层落实责任。划定安全生产—森林草原防火责任区31个，签订安全生产—森林草原防火管理目标责任书43份，编制印发安全生产—森林草原防火工作简报11期，严格落实领导带班和24小时值班制度，在全处形成“谋安全人人有责，保平安事无巨细”的安全生产—森林草原防火工作形势；3.重视安全生产隐患排查整治工作。共排查保护区安全生产和森林草原防火隐患15处，对排查出的风险隐患系统分类，登记造册，跟进整改，逐个销号，已全部完成整改。对横穿保护区103省道段30余处硬隔离缺口，联系中卫市公路养护中心及时进行整改，更换各类标志224个，新建道口标桩44根、道路标柱350根，完成硬隔离3.62公里，投资220万元；排查保护区通信光缆近80公里，整改杆位倒斜光缆5公里；排查供电线路32公里，更换输电线杆168个，架设绝缘导线8.4公里，投资160万元。4.有的放矢，突出实效，全面开展安全生产和森林草原防火宣传工作。悬挂宣传横幅80余条，张贴通告200余份，发放宣传材料10000余份、毛巾600余条，受教群众8000余人次，营造了浓厚的森林草原防火社会氛围。5.立足于保护区工作实际，开设22.93公里的防火隔离带，割草总面积6978亩，减少了可燃物载量，同时强化门禁管理和“防火码2.0”推广使用力度，切实做到封住山、看住人、管住火。

【林长制工作】 2022年，南华山管理处以全面推行林长制为抓手，召开保护区林长制工作会议1次、签发保护区总林长令1份、组织保护区各级林长累计巡林20余次、林长制配套制度上墙16套、与周边乡镇签订生态保护责任书6份、完善了林长制工作台账，全面推进自治区市县乡村五级林长制工作落实落地。积极协调4个管理站联合开展打击非法破坏野生动植物资源活动，目前共开展专项行动28次，收缴狩猎枪支1支，清除捕猎网线6套共3000余米，诱捕猎套10套，弹弓13支，打击偷牧夜牧行为20余次，制止取土挖沙行为15次。扎实开展了林业有害生物和野生动物疫源疫病防控工作，对落叶松红腹叶蜂、落叶松球蚜、松材线虫、杉针黄叶甲等进行了全面跟踪监测，森林草原资源管护成效明显，有序推动了保护区林长制各项工作顺利开展。

南华山生态修复项目建设现场（张国亮摄）

【生态修复】 2022年，南华山保护区共投资4215万元，完成人工生态修复任务4万亩、草原生态修复治理补助资金项目6万亩，其中生态修复乔木林项目2万亩、灌木林项目1万亩、退化林改造项目1万亩、草原鼠害防治3万亩、草原虫害防治2万亩、草原修复治理1万亩。9月8日，自治区林草局组织局系统内副处级以上领导干部赴南华山生态修复项目观摩学习，受到了一致肯定。

【资源保护与人类活动管控】 2022年，南华山保护区全面推行落实禁牧封育和人类活动排查监测工作目标责任制，进一步强化措施，细化责任，明确任务，切实做到责任到位、措施到位、工作到位。形成了管理处、管理站、自然村三级网格化管理体系，全年共打击偷

表14 2022年南华山自然保护区重点项目建设统计表

项目名称	投资金额(万元)	项目内容
中央财政林业草原生态保护恢复项目	730	主要用于保护设施设备采购、管护站点及巡护道路维修维护、科研监测及宣教工程和保护能力提升工程建设
自然保护地、草原、湿地等生态修复项目	4215	完成人工生态修复任务4万亩、草原生态修复治理补助资金项目6万亩,其中生态修复乔木林项目2万亩、灌木林项目1万亩、退化林改造项目1万亩、草原鼠害防治3万亩、草原虫害防治2万亩、草原修复治理1万亩
基础设施建设提升改造项目	2500	完成了管理处机关综合服务用房1884平方米、防灾减灾中心600平方米和华山管理站管理服务用房499平方米项目建设工作。建设保护区实验区边界围栏15公里、界碑8座、界桩266个

牧行为13次,打击非法捕猎行为4次,制止非法采砂11次,有效遏制了保护区内偷牧、非法猎捕野生动物、破坏保护区生态环境行为,有效巩固南华山建设成果。

【"智慧南华山"建设】 2018年来,南华山保护区先后投资2100余万元建设"智慧南华山"平台,现已形成集森林防火智慧指挥平台、视频监控系统、无人机巡护、手持终端地面巡护等于一体的天地空无死角巡护监管系统,视频监控覆盖度已达85%以上。完成了森林覆盖率调查,剔除植被覆盖类型已改变的森林图斑、补充新增的森林图斑及衔接森林图斑监测数据等5项工作,完成成果报告提交,2022年宁夏南华山国家级自然保护区森林覆盖率30.37%。委托宁夏大学设置大面积入侵物种标准样地,放置65个各类诱捕器,标本采集不低于3份。积极开展野生动物监测考察工作,联合东林大学共同推进,以网格为划分,每公里网格安装1台红外相机,共计33台,拍摄范围能有效覆盖整个保护区。已监测到野生动物10余种,红外相机拍摄照片2000余张。野生动植物监测、气象因子和生态因子采集、病虫害监测等远端硬件设备正在全面布设中。通过"智慧南华山"建设,实现了重点林区和主要路口视频监控全覆盖,视频监控覆盖度已达85%以上,森林草原火灾预警、扑救指挥、科研监测、人类活动监管等能力得到全面提升。

"智慧南华山"平台投入使用(张国亮摄)

【有害生物监控防治】 2022年,南华山保护区完成森林病虫害监测与防治,监测松材线虫、落叶松红腹叶峰、黄叶甲10万亩,防治鼠害、虫害5万亩。其中,使用生物药剂雷公藤甲素1.08吨,投入器械510台次、劳动力300人次,累计防治草原鼠害3万亩、虫害2万亩,绿色防治比例100%;监测落叶松红腹叶峰寄主面积0.67万亩、黄叶甲寄主面积0.11万亩、松材线虫病寄主面积7.6009万亩,472个林班。

(马宏福、张国亮)

教育体育

综 述

【概　况】 2022年,海原县有学校273所,其中小学190所(县城小学11所,乡镇中心小学11所,村级小学78所,教学点90个);中学19所(高级中学2所,完全中学1所,初级中学10所,九年一贯制学校6所);职业技术学校1所;特殊教育学校1所;幼儿园62所(其中普惠性民办幼儿园2所)。有教职工4821人,其中在编4744人,特岗77人;女教职工2624人,专任教师4814人。按学校类别分高中学校856人、职中145人、初中1382人、小学2219人、幼儿园88人、特殊教育学校17人、局机关等114人。有在校学生84047人。其中女生41546人(占49.43%),少数民族学生74273人(占88.37%);学前幼儿学生11375人,其中小学学前班3005人,在园幼儿8370人,女生5646人,少数民族学生9979人;小学阶段在校学生38849人,其中女生18686人,少数民族学生34771人;初中阶段在校学生19172人,其中女生9387人,少数民族学生17023人。普通高中在校学生11612人,其中女生6325人,少数民族学生9931人;中等职业在校生2985人,其中女生1481人,少数民族学生2526人;特教学校在校生54人,其中女生21人,少数民族学生43人。有寄宿制学校29所,其中小学9所,一贯制学校6所,初级中学10所,高级中学2所,完全中学1所,职业技术学校1所,住校生28674人(小学2107人,初中14782人,高中8800人,职中2985人)。

【党建工作】 2022年,海原县教育系统发展党员25名,培育"三星级"以上基层党组织44个,成立党组织领导下的团校20个,落实53所公办学校党组织全覆盖,采取联合组建、挂靠组建、派入党建指导员等形式推进民办机构党组织建立全部覆盖,实施党组织领导的校长负责制,完成52.5%。落实党组理论学习中心组学习17次、支部书记讲党课108场,组织报告会7场次,覆盖30所学校3000余人次,并紧紧围绕立德树人根本任务,聚焦教育改革、育人方式、办学模式、评价体系、考试制度等教育重点领域开展专题研讨,不断用党的创新理论武装头脑、指导实践、推动工作。

【思政教育】 2022年,海原县教育部门全面推进习近平新时代中国特色社会主义思想"三进"(进教材、进课堂、进头脑)工作,发挥海原县思政课建设联盟作用,常态化开展思政课联盟成员专题研讨会,以"课程思政"为导向，聚焦三全育人（全员育人、全程育人、全方位育人）、德育教育、思政精品课打造等9个方面，深挖思政课育人功能，全年组织思政课教师参加习近平新时代中国特色社会主义思想学生读本全区课堂教学比赛，5人获二等奖。

【党风廉政】 2022年，海原县教育体育局深化运用政治巡察整改成果，着力举一反三、建章立制，局机关19个问题、各学校518个问题，已全部完成整改。对标基础教育质量提升相关项目资金专项审计反馈的11个问题，已完成整改6个，逐步完成整改3个，未完成整改2个。召开了海原县教育系统干部警示教育大会和海原县教育系统违规收送红包礼金和不当收益及违规借转贷或高额放贷专项整治工作动员会议，通过党员干部自我检视、自查自纠、谈心谈话和召开专题民主生活会等形式，切实做到教育系统党员干部全覆盖。突出抓好重点节日和日常落实中央八项规定精神、纠治“四风”，持续开展群众身边腐败和不正之风专项整治，给予2人党纪处分、1人开除公职处分。

【效能考核】 2022年，海原县教育体育局积极承接自治区考核海原县2022年涉及教育部门的效能目标考核任务，按照《2022年度中卫市效能目标管理考核实施方案》，对标教育部门所承担的重点工作、职能任务，及时将效能目标考核方案印发到每一个责任股室，落实一把手牵头抓总、分管领导抓细抓实，落实13项目标任务，有人管、有人督、有落实、有成效，确保2022年全县效能目标考核，教育工作在2021年的基础上争创佳绩。

【教育改革】 2022年，海原县教育领域深化改革，重点聚焦学校办学效益、学生全面发展、体教全面融合、师资队伍建设、教育大局稳定、政策落地见效六个方面21项改革任务。课后服务已实现义务教育阶段学校全覆盖；对全县44名校长和44名会计进行了交流轮岗；严格按照《海原县2022年学前及义务教育阶段招生工作方案》落实全县起始年级招生；紧盯《海原县中小学教师“县管校聘”改革工作实施方案》完成跨校竞聘187人；组建“政府督学+专兼职督学”督导队伍，实现6个片区55个法人单位挂牌督导全覆盖，提升督导实效。所有改革任务已于9月底前全部完成。

（金海军）

教育教学

【学前教育】 2022年，海原县开工建设李旺镇新源村幼儿园，落实幼儿学位180个。加强幼儿园“两教一保”（2名专任教师，1名保育员）人员培训，通过配备县级学前专职教研员，采取分层次、分类别、分区域等方式开展教科研工作，建立教师“结对子”和城乡园长互派制度，常态化开展骨干教师送教下乡活动，持续实施《幼儿园工作规程》和《幼儿园教育指导纲要（试行）》，为各幼儿园购置配备必要的课桌凳、图书柜、文具架、玩具柜、户外大型活动器材和儿童绘画读本，以游戏为基本活动，实现了优质学前教育资源共享，县域学前教育水平稳步提升。按照“划片招生、就近入学”原则，推进幼儿园招生规范、公平、公正。2022年，全县学前三年毛入园率达90.50%。

【义务教育】 2022年，海原县投资14113万元，完成海原县第八小学项目建设，推进海原县第三小学教学楼、海兴开发区第二中学、三河中学宿舍楼等项目建设进度，撤并学校5所，持续改善学校办学条件和优化学校布局。对标基础教育质量提升行动，以“五大工程”为抓手，以“5+1”系列活动为途径完成系列活动80余场次，完成视导学校40所，围绕中考举办专题讲座53场次，创建全区创新素养名师工作室2个，申报创新实验室项目1个，组织教师参加各类比赛，获得区级奖项26人、市级奖项17人，初步形成“学教研评”一体化教研格局。以中卫市教育局、银川市教育局战略合作框架协议为新的教育增长点，落实4所初级中学、5所小学和银川名校开展结对帮扶，在校长办学治校策略、教师信息素养提升等方面引进优质教育资源，提升学校办学吸引力。严格按照《海原县2022年学前及义务教育阶段招生工作方案》，采取“划片+摇号”的方式，落实小学、初中起始年级招生，逐步化解“乡村弱”“县城挤”“择校热”“大校额”“大班额”等制约教育发展不均衡的问题。全面认真落实学前至高中阶段各类惠民政策，已落实教育资助资金2387.8万元，惠及学生42482名，实现农村义务教育阶段学生零辍学，义务教育阶段儿童无因贫辍学。2022年，中考全县600分以上学生达到1301人，小学适龄儿童入学率100%，初中适龄少年入学率99.27%。

【高中教育】 2022年，海原县投资5167万元，落实海原县第一中学附属工程、兴海中学扩建项目，进一步改善普通高中办学条件，2022年秋季学期起停止海原县高级中学七年级招生，逐步化解“大班额”“大校额”问题，同时通过“县管校聘”改革，在全县范围内为3所高中调配教师42人，将教师资格不符的29名教师调配到相应学段缺编学校任教，确保教育教学需求和高考综合改革保障。认真落实普通高中国家课程方案和课程标准，组织县级教研员参加自治区新高考改革专题培训，强化市、县、校三级教研机构建设和教研工作对课程改革的支持力度，加强学校基于育人方式改革与高考综合改革的条件保障，积极引导学校建立学生发展指导制度，加强对学生理想、心理、学习、生活、职业生涯规划等方面指导，落实海原县高级中学与银川市唐徕回民中学、兴海中学与育才中学结对帮扶。鼓励学校积极开展科技、外语、艺术、体育、劳动教育，形成高中办学特色，努力办宁南山区的名校。

【职业教育】 2022年，海原县落实与宁夏明德祥玉信息技术有限公司开展校企合作，由企业出资建设一汽4S店并投入运营。持续深化园艺技术专业与宁夏聚升农业科技有限公司、中餐烹饪与宁夏鼎盛嘉豪餐饮有限公司、工业机器人技术应用专业与江西科升教育科技有限公司等企业合作，深化“校企合作、产教融合、工学结合、知行合一”。充分发挥职业教育服务地方经济发展的能力，对标四个“示范县”建设，积极争取肉牛产业专业建设，持续发挥电子商务专业优势，拓展多平台带货渠道，实现当地优势特色产品远销，县职业教育的适应性不断增强，高职分类考试录取率达100%，中等职业教育成为高中阶段教育新的增长点。

【“互联网+教育”】 2022年，海原县投资4224万元，为海原二中、海原二小、李旺中学等40余所学校购置配备单人课桌椅30070套、一体机422套、教师计算机294台，安装护眼灯4896盏，强化计算机网络教室、智慧教室、录播教室、智慧阅览室等资源教室建设。

（金海军）

教育师资

【教师资源配置】 2022年，海原县通过核增的周转编制、退休教师空出编制，纳入全区事业招考99名，通过自主招聘的方式引进紧缺学科高层次人才9名，招聘公费师范生共39名，招考特岗教师27名，有效缓解了乡村学科性教师短缺、高中教师短缺、职业教育师资薄弱的问题。

【教师待遇】 2022年，海原县以庆祝第38个教师节为契机，开展2022年教师节典型模范教师宣传报道和“我为教师亮灯”等活动，表彰先进集体30个、先进个人90名，慰问老校长、四有好老师等代表40人。精准兑现2022年度校(园)长津贴、班主任津贴和寄宿制学校绩效工资总计1623.71万元。为130名在乡村学校任教满15年、25年符合评聘条件且业绩突出的乡村教师评聘高、中级职称(职务)。积极争取双定向(定向职称、定向使用)职称180名、高级职称60名、一级职称310名、初级职称300名，有效打通教师职业上升通道。

【教师办公环境】 2022年，海原县投资354.95万元，用于维修改造曹洼乡中心小学、甘城乡九年一贯制、关庄乡九年一贯制、九彩乡九年一贯制、西安小学、三河中学、李俊中学等学校校舍。为县城121名新入职无住房教师申请公租房100套，让教师舒心从教、安心从教。

【“县管校聘”改革】 2022年，海原县按照《海原县中小学教师“县管校聘”改革实施意见》，建立“竞争择优、能上能下”的用人机制和聘用合同管理机制，形成校内直聘、校内竞聘、跨校竞聘等多种形式竞争上岗和组织统筹调剂相结合的教师资源配置模式，全县42个县管校聘改革实施法人机构，涉及210所中小学、4561名教师，完成校内直聘979名，校内竞聘3400名，参加跨校竞聘187名(其中幼儿园跨校竞聘到小学1名)，实现了教师岗位“活起来”和教学热情“燃起来”。

(金海军)

校园治理

【校园安全管理】 2022年，海原县实施校园治理五大行动，聘请司法局等部门专业人员127人担任法治副校长和法治辅导员，做到法治教育制度化、经常化。印发《海原县贯彻落实全区教育系统“忠诚保平安 喜迎二十大”校园安全大排查大整治工作实施方案的通知》《海原县人民政府教育督导室委员会办公室关于开展校园安全大排查大整治专项督导督查的通知》，通过开展校园大排查大整治专项行动，确保全县校园安全形势稳定向好。

【校园及周边综合整治】 2022年，海原县加强校园及周边综合整治，重点整治流动商贩不规范经营、校园周边200米范围内存在娱乐性经营场所、商铺向学生偷售香烟、“三无食品”、低俗玩具及非法出版物等问题。开展扫黑除恶，加强校园欺凌问题整治。

【安全教育】 2022年，海原县将中小学生安全教育纳入年度教育教学课程安排，开展卫生防疫、食品安全、消防安全、道路交通、用电安全、防溺水、防震减灾等安全教育活动，有效预防各类安全事故发生。

【组考安全】 2022年,海原县中高考、成人高考及中考阅卷等考试工作,实现了疫情防控“零失误”、试卷保管“零泄密”、考务组织“零差错”、保障服务“零投诉”,圆满实现了“平安考试”的工作目标。

【线上教学质量】 面对“9·20”突发疫情,海原县教育系统立即启动了《海原县教育系统新型冠状病毒肺炎疫情防控工作应急预案(修订版)》,建立了“局班子+教研室+学校+家长”的四层督导模式,全县义务教育阶段、普通高中、职业中学通过线上教学学生人数达72618人,教研室共巡课1663节,确保线上教学落实五育并举和“双减”工作要求,落实应上尽上。

(金海军)

教育督导

【概　况】 2022年,海原县人民政府教育督导室(简称教育督导室)紧紧围绕全县年度教育工作重点,立足教育质量核心和立德树人根本任务,推进管、办、评,严格落实自治区和中卫市教育督导委员会的各项任务目标,扎实做好年度重点教育工作督导评估,推进责任督学挂牌督导和督学入校视导,进一步增强全县各学校依法办学的意识,加强办学规范性督导。

【教育督导机构建设】 2022年,海原县教育工委制定出台了《海原县深化新时代教育督导体制机制改革的实施方案》,将教育督导体制机制改革作为全面深化改革的重要内容。并积极加强和健全了教育督导机构建设,根据工作需要,在教育督导室办公室配备2名督导工作人员,确保了各项教育督导工作有序有效开展。

【督学队伍配备与管理】 2022年,全县有责任督学34名,分配至全县乡镇和各校,使各级各类学校责任区督学达到了全覆盖。为加强督学队伍建设,促进督学管理科学化、规范化、专业化,强化督学实绩考核,根据《宁夏回族自治区督学管理办法》的要求,县教育体育局印发了《海原县责任督学管理办法(试行)》和《海原县责任督学考核办法(试行)》及责任督学考核细则,对责任督学加强管理和考核,形成长效机制。

【2022年政府履行教育职责自评】 4月,遵照《自治区人民政府教育督导委员会办公室关于开展2022年市县级人民政府履行教育职责评价工作的通知》,海原县教育体育局专门召开教育履行职责评价工作部署会议,对县级履行教育职责的12个方面45项内容进行安排部署,做好迎接检查工作。教育部门扎实做好问题查摆,明确责任清单、问题清单,督促有关部门履行教育职责,做到促整改、促建设,切实提高教育政策落实。

【国家义务教育质量检测】 2022年5月,海原县印发《海原县2022年义务教育质量监测工作实施方案》,组织实施2022年国家义务教育质量监测。全县有20所中小学校(初中8所,小学12所)被确定为国家义务教育质量监测样本校。5月25—26日,县教育督导室对样本学校四年级和八年级学生语文、音乐、美术、英语教师和班主任教师、学校校长、县教育管理人员相关因素进行了监测。各义务教育学校高度重视,制定工作方案,并加强宣传教育,让广大师生、家长和社会充分了解国家开展义务教育质量监测的目的和意义,积极支持监测工作。

【春秋季开学专项督导检查】 2022年，海原县教育督导室组织全县责任督学分别对所辖责任区学校（幼儿园）春秋季开学准备工作进行为期一周专项督导。督导检查主要从以下方面开展督查：本学期学校工作计划制定情况；物资准备和条件保障；校园及周边安全隐患排查和排除；教职工人员变动和工作调整；全校开学会议召开情况；教职工到岗、履职情况；学生报到和控辍保学情况；疫情防控和校园卫生及重点部位消毒情况；开课及学校工作秩序情况；学校工作及生活设施设备运行情况；学校在办学方面存在的突出问题和实际困难。在春季开学督查中，责任督学积极支持学校，学校积极配合责任督学开展督导工作。对责任督学发现学校存在的问题，学校做到能改即改，不能即改的积极应对，照单接受，想办法解决。经梳理，学校做到立查立改的问题281条。对全县各校（园）普遍存在的168个共性问题，限期整改。在秋季开学检查中，经督查，共梳理出146个的问题。对上述问题，经责任督学蹲点跟踪督促整改，各校（园）能自身解决的都落实整改到位，学校不能落实的积极呈报上级和相关部门解决。

【幼儿园办园行为第二周期督导评估】 11月16—18日，海原县教育体育局专门成立县督导评估领导小组及评估组，对25所幼儿园办园行为工作进行了第二周期督导评估。各幼儿园先完成自评，上传至教育部幼儿园办园行为督导评估系统，督导室组织责任督学进行网络督评，提交后，由中卫市进行市级督评。经中卫市教育督导委员会办公室督评，25所幼儿园在办园行为评估中6所优秀、15所良好、4所合格。

【校园安全大排查大整治专项督导督查】 5月10—11日，根据《海原县人民政府教育督导委员会办公室关于开展校园安全大排查大整治专项督导督查的通知》安排，海原县教育督导室组织责任督学，组成7个专项督导组，深入全县各校（园）就21项校园安全大排查大整治工作进行了实地督查。通过现场查看、随机访谈、查阅资料等方式，实地督查了各学校贯彻落实上级安全有关文件和会议精神、开展安全隐患排查治理专项行动以及日常安全管理、安全教育的工作情况。对督查中发现的问题，当场向学校反馈提出整改意见和建议，并作出督导检查反馈报告。

【“双减”和“五项工作”专项督查】 2022年，海原县教育督导室对“双减”和“五项管理”这两项教育热点难点问题先后进行了2次专项督导。在督导过程中，共下发督导整改通知书69份，印发2次专项督导通报，进行专项督导治理。从4月开始，教育督导室和教体局民职股多次组织了“双减”工作专项督导检查。针对“双减”工作中校外培训机构落实“9个严禁、15个不得”情况，逐校排查整治，确保“双减”落地见效，做到校外培训机构全覆盖、无死角。全县具有营业执照的14家培训机构，除3家非学科类机构照常开课外，8家机构处于停业整顿中，3家处于关闭状态。同时重点对所有中小学“五项管理”（中小学生作业、睡眠、手机、读物、体质五个方面的管理）工作，特别是制度建设、作业管理、体质锻炼、课后服务情况、作息时间落实情况进行了督导检查。对学校落实“8条红线、20项督查”重要内容、43项具体任务，进行逐校排查整治，确保“五项管理”落地见效，并形成长效机制，常抓不懈。

【学校疫情防控督导检查】 9月1—10日，海原县教育督导室组织34名责任督学，深入全县中小学、幼儿园，督导检查校园疫情防控工作，要求各全县级各类学校织密疫情防护网，全面做好校园应急机制启动情况，重点对校舍、消防、危险化学品、特种设备、校园周边环境等进行全覆盖、拉网式排查，着力防范化解重大安全风险，保证秋季开学期间不发生安全事故。同时，要求责任督学持续加强明察暗访和专项督查工作，通过明察暗访、入校督促指导和蹲点指导相结合方式开展专项督查，切实加大追责力度，使广大教职工明确牢固树立“疫情就是命令，防控就是责任”思想，督促学校用心、用力落实好疫情防控各项措施，确保学校常态化疫情防控和教育教学工作扎实有效推进。

【责任督学挂牌督导】 持续开展责任督学挂牌督导常规工作，坚持每月不少于2次督导检查学校工作，经常性开展挂牌督导要求的八个经常性督导事项的随访督查及各类专项督导项目，并督促各校、幼儿园针对督导报告，制定切实有效的整改方案或年度工作计划，并在日常管理中予以落实。

（金海军）

体　育

【公共体育设施排摸登记】 2022年，海原县扎实开展全县公共体育健身设施摸排登记上报工作。对全县1个管委会、17个乡镇148个行政村和11个社区的体育健身器材进行统计摸排。年末已完成摸排并开展汇总上报工作。

【公共体育设施建设】 2022年，海原县新建1个社区多功能运动场、1个儿童乐园、2个全民健身站点工作室，完成了全民健身中心和体育馆场馆智慧化平台建设。

【全民健身活动】 2022年，海原县广泛开展全民健身活动。结合疫情防控常态化举办体育线上亲子体育嘉年华活动；为喜迎冬奥，营造冬奥的热烈氛围，先后配合海原县纪委、组织部等部门在全民健身中心开展了丰富多彩的新年线下体育健身活动；以备战自治区十六运为目标，举办了“奔跑吧·少年”暨备战十六运“以赛代训”篮球赛等系列赛事。各种赛事活动的开展有效带动了群众健身锻炼，丰富了群众业余体育文化生活，增强了全民健身的意识，激发了健身热情，营造了全民健身的良好氛围。

【各级各类赛事】 2022年，海原县积极参加各级各类赛事。组织参加了“体育彩票杯”宁夏第五届农民篮球争霸赛并取得了第二名的好成绩。承办了自治区第十六届运动会青少年排球（甲组）赛，组队参加了自治区第十六届运动会田径、排球、篮球、羽毛球、跆拳道、摔跤、轮滑、速滑8个青少年比赛项目，并取得短道速滑项目1500米第八、1000米第七，羽毛球项目男子双打第六，跆拳道项目55公斤级第五，田径项目男子5000米第三、1500米第四、女子3000米第四、1500米第四，排球项目第四。

【国民体质检测】 9月10日至11月15日，海原县组织县内500余名不同性别、年龄段的城乡居民进行了体质检测，受测者体质健康合格率达到95.85%。

（金海军）

科学技术

科技服务

【概　况】 海原县科学技术局(简称县科技局),下辖海原县科技服务中心1个事业单位。机构改革后,主要负责贯彻执行国家、区、市创新驱动发展战略方针,拟订海原县创新驱动战略及科技发展、引进自治区外智力等规划、计划,并组织实施。承担自治区及市级重点研发计划、企业后补助、社会发展、软科学研究、成果推广等各类科技项目申报指导和跟踪管理;负责农业新品种和先进适用技术的试验、示范及推广;协调农业科技园区和农村科技服务体系建设,培育科技示范基地、示范户;承担海原县"科技下乡""科技活动周"及科技培训的组织、协调和实施等职责。2022年,全局有人员13人,全部为大专以上学历,中级以上职称6人。

2022年,海原县全社会R&D投入强度达到0.18%,培育自治区科技型中小企业3家,国家科技型中小企业10家,国家高新技术企业1家,自治区农业高新技术企业1家,备案自治区技术创新中心2家,登记科技成果3项,技术合同成交额占GDP比重为0.17%。

【科技政策服务】 2022年,海原县制定《海原县关于实施科技强县行动提升县域创新能力的实施意见》,为提升县域科技创新能力和支撑引领县域经济社会高质量发展提供必要保障措施,引导、组织企事业单位申报各类科技型企业,落实各项惠企政策,积极开展"宁科贷"(指宁夏科技型中小微企业风险补偿资金贷款业务)业务。开展"大学习大轮训大宣讲"、企业家创新精神培育等"线上""线下"科技政策培训30场1000余人。开展"送政策入企业进基地""旱作农业集成技术观摩"等活动,走访县直部门21个、乡镇17个、合作社23家、企业35家,发放科技创新政策汇编500余本,征集科技需求17项。与石嘴山银行合作,为3家企业发放"宁科贷"650万元,实现"宁科贷"业务"零"的突破,解决了企业融资难的问题。及时兑现科技后补助资金25万元。

【科技项目服务】 2022年,海原县争取实施自治区重点类型发项目"海原县有机旱作及高效节水农业技术集成创新与示范"等项目7大类33个,补助资金912.59万元;统筹县财政资金100万元,实施县内科技计划项目6个。建设科技示范基地10个6724亩,引进马铃薯新品种9个、小杂粮新品种13个、饲草新品种9个,引进集成创新示范肉牛"TMR饲喂"、马铃薯"四位一体垄面覆膜集雨"、小杂粮"渗水地膜波浪式精量机穴播"和"富硒苜蓿生产"等技术15项。修改完善《海原县科技计划项目管理办法》，落实自治区科技评价制度改革，及时召开各类科技项目启动及廉政谈话会，进一步规范了项目管理，确保资金的安全运行。自治区科技厅牵头在海原县召开"全区有机旱作及高效节水农业技术集成创新与示范项目现场观摩会"，自治区有关部门、周边市县科技部门负责人及海原县相关部门、乡镇、合作社负责人参加了现场会，对海原县科技引领产业发展、科研项目带动创新的经验做法给予充分肯定，为宁夏南部及中部干旱带有机旱作及节水农业树立了样板典范。

【创新主体培育服务】 2022年，海原县实施企业家创新精神培育行动，召开"企业家创新精神培育培训班"线下培训1期50人，组织县内企业参加全区企业家创新精神培育线上培训班12期600人次。新培育自治区科技型中小企业3家、国家科技型中小企业10家、自治区农业高新技术企业1家、国家高新技术企业1家，自治区农业高新技术企业和国家高新技术企业分别实现"零"的突破；新培育自治区技术创新中心2家；建设自治区医疗实践基地2个（宁夏医学影像临床医学研究中心海原县诊疗技术实践基地、宁夏骨科与运动康复临床医学研究中心海原县诊疗技术实践基地），县人民医院申报的"腹腔镜辅助结直肠经自然腔道取标本手术基层推广与应用示范"获得自治区科技惠民项目支持。指导4家非企业单位和2家规上企业归集研发经费1570万元（企业投入51.8万元，非企业事业单位1518.2万元），较上年增长45.5%，R&D投入强度达0.18%。2020—2021年海原县全社会R&D投入强度增速较快，在全区22个县（市、区）中排第5位，地方财政科研投入年增长30%，首次获得自治区以奖代补资金200万元。完成技术合同交易额登记1700万元，占地区生产总值的0.17%。

【乡村产业振兴服务】 2022年，海原县新培育科技特派员22人，实施自治区科技特派员创业服务项目12个，建设自治区科技特派员社会化服务站2个（宁夏艺恒农业发展有限公司、宁夏锦彩生态农业科技发展有限公司），组织科技特派员与乡村振兴指导员及"三区"科技人才组团，引进新品种31个、新技术16项、建立科技示范基地2900亩。开展巩固拓展脱贫攻坚成果同乡村振兴有效衔接考核评估反馈问题整改和大起底大排查大整改工作，高质量完成5个方面6个具体问题整改任务。推进宁夏中卫农业科技园区肉牛产业园建设，引进新技术、新品种、新设施13项，打造"牛王谷"中国（宁夏）良种牛繁育中心；充分发挥自治区有机旱作农业示范园区展示的作用，引领全县有机旱作农业高质量发展。

【科技成果转化服务】 2022年，海原县贯彻落实《自治区人民政府办公厅关于促进科技成果转移转化的实施意见》，实施自治区科技成果引进示范项目5个，引进新品种14个，示范新技术15项。推广成熟科技成果马铃薯"四位一体"膜上覆土种植技术20万亩、小杂粮精量穴播技术5万亩枸杞新品种"科杞6082"及篱架栽培技术100亩，以及牧草新品种及配套集成技术等，提升了乡村产业振兴能力和县域科技创新能力。登记科技成果，完成科技成果登记3项（一种生物可降解膜材料、宁夏海原县优势特色产业优质高效生产综合配套技术集成示范、高效种植养殖技术集成与示范），转让科技成果2项（海原县马铃薯种薯繁育及旱作节水高效种植技术、海原县优势特色小杂粮产业高效优质栽培技术示范与推广）。

【科普宣传服务】 2022年，海原县科技部门广泛开展科普活动，结合"科技活动周""科技工作者日"及文化卫生科技"三下乡"等活动，采取集中宣传和实地培训指导相结合，开展宣传培训21场次，发放各类科普资料8万多份。开展新时代文明实践活动，县科技局、县科协联合打造"海原县新时代文明实践科普服务基地"，组织科普志愿者开展专题宣讲，营造了"处处有科普、人人学科学"的良好氛围。

（霍建宗）

农业技术推广

【有机肥替代化肥项目】 2022年，海原县农技推广中心在全县开展压砂地生态修复与地力培肥试验示范，示范面积30842亩（完成招标采购工作，用于秋施肥），开展压砂地生态修复与地力培肥示范，建立压砂地退出地力培肥标准化示范园区3个，开展压砂地退出生态修复有机肥试验研究3项，在压砂地退出区建立应用效果定点监测点8个，开展"优新品种+有机肥替代化肥+覆膜保墒+水肥一体化+病虫草害绿色防控"技术模式，累计宣传培训技术人员及农户100余人次。

【化肥减量增效项目】 2022年，海原县农技推广中心在全县推广测土配方施肥技术100万亩次，技术覆盖率稳定在90%以上。在海城镇武塬村完成肥料效应、化肥利用率、旱作节水、有机肥等田间试验7个，开展农户施肥调查100户。

【新品种、新技术推广】 2022年，海原县农技推广中心在西安镇付套村引进番茄、红葱等新品种，建立蔬菜新技术集成示范基地100亩，开展品种比较试验、推广蚯蚓生物有机肥不同施肥、生物菌肥喷施、水肥一体化集成技术4项；在西安、高崖设施日光温室内建成秸秆生物反应堆技术示范200亩，加大对日光温室连作土壤的改良和培肥，实现设施蔬菜生产的连续性；在西安镇付套设施蔬菜生产园区建成蚯蚓套种套养技术示范100亩，加快促进生物有机肥的综合利用；采购水肥一体化首部设备，为设施蔬菜生产提供便利的水肥条件，实现水肥智能化管理，达到节本增效的目的。在贾塘乡建成以辣椒为主的蔬菜标准园1个，引进辣椒新品种20个，推广蔬菜生产"三零"技术、水肥一体化、生物菌剂利用、蚯蚓粪肥利用、病虫综合防控等技术，引导和带动蔬菜新品种、新技术的大面积推广应用；在西安镇付套村，鼓励企业积极流转土地，集中连片新建设施农业130.12亩，提升瓜菜生产档次，解决海原县"菜篮子"单一的现象；在压砂地退出区建成西甜瓜良种繁育基地1个，引进新品种31个，开展试验3项，成功筛选适宜当地生产的西瓜品种2个，为压砂地退出接续产业发展提供更新换代品种。加大对全县瓜菜生产的监管和技术服务，为瓜菜产业提质增效提供科技支撑。

【现代种业提升工程项目】 2022年，海原县农技推广中心开展玉米新品种试验示范。在李旺镇韩府村开展扬黄灌区玉米区域试验和引种备案、生产试验10项,参试品种90个,选择表现突出的玉米品种进行审定备案;在海城镇武塬村开展旱作区早熟组、极早熟组、青贮扩区玉米区域试验、生产试验40项,参试品种400个,为旱作区选择优新玉米品种提供科学依据。在海城镇武塬村建设小杂粮展示示范园区1个。开展优质旱作杂粮新品种、新技术试验、示范、展示工作。引进谷子、糜子、大豆、荞麦、胡麻等杂粮新品种62个,以新品种、新技术示范推广,引导和带动海原县小杂粮高质高效发展。加强种子质量监管。联合执法大队对全县种子质量和种子市场进行监管,检查各类种子经销门店42次,出动人次54人次,小麦仟样10个,玉米已审查备案110个,玉米扦样送检种子12个,大豆扦样送检种子8个,马铃薯扦样送检种子9个,备案种子经销网点65家。加大对种子经营执法情况进行监督管理,年度内开展种子经营人员培训5场次,培训种子经营人员124人次,发放种子进货台账124本、销售台账520本、种子监管“一账通”1240本、《中华人民共和国种子法》宣传册1000册,确保海原县种子安全和种子市场的规范运行。

【农作物病虫害防控项目】 2022年,海原县农技推广中心完成全县农作物病虫监测及宣传培训工作。以农药减量增效、大力推广农作物病虫害统防统治及绿色防控为目标,分别在海城镇堡子村建立马铃薯病虫害绿色防控示范区1个,面积1000亩;海城镇武塬村建立马铃薯统防统治核心示范园区1个,面积1000亩;关桥乡麻春村建立硒砂瓜绿色防控示范区1个,面积1200亩;七营镇大豆药剂拌种示范区1个,面积1000亩,李旺镇大豆药剂拌种示范1个,面积1000亩;西安镇胡湾村小麦药剂拌种示范1个,面积350亩,关庄乡关庄村小麦拌种示范1个,面积350亩;建设小麦统防统治及绿色防控示范基地1个,面积2450亩。

【马铃薯绿色高质高效行动项目】 2022年,海原县农技推广中心通过开展统筹高产攻关、优化集成绿色新技术,实现马铃薯稳产增产和效益提升。建设以“四位一体”及膜上覆土技术为主的马铃薯示范县,建设马铃薯病虫害绿色防控面积9万亩,示范区单位面积化肥农药用量低于当地水平,病虫害绿色防控全覆盖、危害损失率控制在5%以内,示范带动县节本增效5%以上;建立万亩片5个,每个示范点都完成千亩以上集中连片种植;万亩片内布设千亩方20个;千亩方内布设百亩田30个,辐射带动全县马铃薯“四位一体”及膜上覆土技术栽培面积20万亩以上;马铃薯百亩田平均单产2590.8公斤;千亩方平均单产2081.9公斤以上;万亩片平均单产1511.7公斤以上;核心示范区单产3345.5公斤以上。

【小杂粮绿色高质高效行动项目】 2022年,海原县农技推广中心在全县创建小杂粮绿色高质高效行动示范1个,通过开展统筹高产攻关、优化集成绿色新技术,实现小杂粮稳产增产和效益提升。建设以谷子、糜子、荞麦为主的小杂粮示范县建设10万亩,其中,万亩片5个,片内布设千亩方20个,面积2万亩;辐射带动全县小杂粮种植10万亩以上。示范区单位面积化肥农药用量低于当地水平,病虫害绿色防控全覆盖、危害损失率控制在5%以内，示范带动县节本增效5%以上。以武塬“三品一标”示范基地为基础，示范带动全县小杂粮产业的健康发展。

【农业生产与水利救灾资金项目(第一批、第三批)】 2022年，海原县农技推广中心在全县主要小麦种植区开展小麦病虫害统防统治及绿色防控，完成防控面积3.2127万亩；完成玉米和玉米大豆复合种植病虫害防控及化学控旺面积1.591万亩。项目区防治效果≥90%，危害损失率≤5%，绿色防控技术覆盖率达100%；农药利用率41.5%以上；利用农药助剂和改善喷药机械等方式减少农药使用量25%以上，项目使用农药包装废弃物回收率100%；农户满意度100%。

（罗成林、方业成）

气象监测服务

【概　况】 海原县气象局(站)始建于1957年12月，为国家基本气象站，位于海原县海城镇北坪梁，区站号为53806。其主要业务有地面气象观测、天气预报、气象服务、农业生态气象服务、人工影响天气、气象防灾减灾等项目。2022年，有在编人员11人，其中参公人员3人，事业编8人。下辖海原县气象台一个直属事业单位。

【预警预报服务】 2022年年初，海原县气象局与县应急管理局、县农业农村局、县自然资源局等新成立部门联系，就气象防灾减灾工作及时进行协商沟通，收集整理各级负责人手机信息，及时开展预报预警服务。预报预警信息发布已100%覆盖各部门、乡镇、行政村等。年内，发布预警预报信息170条，气象短信348条。其间遇重大天气过程及时通过电话、传真、微信群、QQ邮箱等开展服务，通过手机短信平台及时发送预报预警雨量信息，发布各类预报预警雨量短信156条，230万人次。及时印发各类灾害性天气防范通知13份。

【汛期气象服务】 2022年春运、中考、高考期间，海原县气象局主动提供具有针对性和实用性的气象服务专题产品，积极做好决策服务、公众服务。提前5天重点关注灾害性、转折性天气，做好灾害性天气的监测预报预警，切实发挥防灾减灾第一道防线作用。全年发布《农用天气预报》10期，《气象信息专报》61期、《森林火险预报》57期，预警预报信息170条、气象短信348条、微博消息818条、开展墒情监测26次、农情调查8次。

【人工影响天气】 2022年，海原县气象局在汛前制定完善人工影响天气作业制度、岗位责任制度、设备、弹药登记档案，与各作业点所在乡镇联系签订人影安全责任书，对全县范围内布设的固定作业点和移动作业点作业人员、作业设备、弹药存储、作业记录等进行检查1次。年内，抓住有利天气条件适时开展人工影响天气作业共计82点次，其中实施火箭增雨防雹作业60点次，发射人工增雨火箭弹92枚；实施烟炉增雨作业22点次，燃烧碘化银烟条142根。

【安全生产】 年内，海原县气象局召开安全生产专题会议2次，调整安全生产工作领导小组等非常设机构，印发《2022年安全生产工作要点》等。汛前开展内部消防安全、业务用电及网络安全隐患排查，针对区、市局汛前综合检查提出的安全生产相关问题，做好整改落实。对全县人影作业点人员、设备、弹药存储、作业记录等进行检查,确保人影安全。联合海原县应急管理局印发《关于做好全县雷电防护装置安全检测工作的通知》,联合县工信商务局印发《关于开展全县成品油销售企业防雷安全专项检查的通知》,并对危化企业防雷防静电安全进行检查。积极参加自治区、市气象局执法人员培训,提升监管能力和水平。2022年,每逢重要节点、重大节假日,及时组织开展升放气球安全监管5次。

【全面从严治党】 2022年,海原县气象局学习《中共宁夏气象局党组落实党内监督工作责任实施办法(试行)》,加强对领导干部的日常监督,经常开展批评和自我批评。紧盯元旦、春节等关键节点开展明察暗访,发送短信等廉政提醒,强化对党员干部的作风监督。坚决正风肃纪,对职工出勤情况和工作作风进行明察暗访,并纳入职工绩效考核。按照《中共中卫市气象局党组关于印发持续推进巡察常态化整改清单的通知》要求,对照《2022年中卫市、县(区)气象局党组持续推进巡察发现问题常态化整改问题、任务、责任清单》逐一梳理、压实整改主体责任,按要求落实各项整改任务。做好巡察"后半篇"文章,持续推进巡察常态化。围绕党的政治建设,组织干部职工开展交流研讨,培育"党建聚动能、气象卫海城"党建品牌,经考核,海原县气象局党支部成功晋升为三星级党支部。6月,成功创建"让党中央放心、让人民群众满意"模范机关,并通过"党员示范岗""青年先锋岗"等充分发挥党支部战斗堡垒作用。

(徐露娜)

地震监测

【概　况】 海原县地震局为县人民政府所属正科级事业单位。单位人员参照公务员管理,核定全额预算编制6个。有在职人员7人,其中,公务员6人,事业编制人员1人。领导职位为一正两副。

【基础建设】 2022年,海原县地震局强化基础建设,有序开展地震监测工作。调整宏观观测员队伍,对全县24处地震宏观观测点中条件不符、不能胜任工作的15名宏观观测员进行更换,制定印发《海原县地震宏观观测点运行管理办法》,进一步加强和完善了地震宏观观测点建设。开展会商分析研判。5月中旬与地震台会商上报《海原县2022年中地震趋势会商报告》,并参加由中卫市地震局牵头的2022年中卫市地震趋势会商会议,对可能与地震有关的异常现象和地震预测意见进行综合分析研究。在"6·4"中卫市沙坡头区宣和镇3.0级地震、"6·9"海原县西安镇盐池3.6级地震、"7·13"固原市原州区3.5级地震发生后,收集地震参数,上报震情速报续报,组织地震应急"第一响应人"和宏观观测员核查伤亡人数、房屋毁坏、财产损失等情况。

【地震灾害防御】 2022年,海原县地震局常态化开展房屋设施抗震设防信息采集录入工作。印发《海原县房屋设施抗震设防信息采集管理办法》,建立信息采集员工作队伍149人,对全县2021年度已建设完成的1707栋加固工程和21栋新建工程房屋设施抗震设防数据信息进行采集,全面完成年度工作任务。

对新建、改建、扩建的学校、医院和一般性工程的抗震设防执行情况进行专项检查，推进减震、隔震等技术的应用，加强建设工程地震安全监管。认真落实防震减灾工作部署，针对建设工程抗震设防办理不及时，甚至不办理的情况，依据《中华人民共和国防震减灾法》《宁夏回族自治区房屋建筑抗震设防管理办法》等有关规定，通过函的形式向发改、住建、自然资源等部门予以告知。全年办理抗震设防要求确认书共9项。落实地震断裂带避让碑保护工作。对全县27个地震活断层避让标识牌（碑）情况进行定期检查，确保现有地震活动断层避让标识牌（碑）完好。

"5·12"防震防灾演练

【体制机制建设】 2022年，海原县地震局提请县人民政府对防震减灾工作领导小组组成人员进行了调整，编制印发《海原县防震减灾"十四五"规划》，县联合县应急管理局，建立海原县地震应急"第一响应人"队伍331人，由抗震救灾成员单位、乡镇、行政村及社区人员组成，确保一旦发生地震各相关部门能立刻响应。制定印发《海原县地震局内部管理制度》《海原县地震局应急预案》《关于〈进一步规范建设工程抗震设防确认审批办事指南和办事流程〉的通知》等文件，完善各项制度，加强人员管理，规范办理程序，提高行政效率。在"5·12"防灾减灾日、"7·28"唐山大地震纪念日等时间节点，联合县应急管理局、学校，组织学生开展地震应急疏散演练活动。

【地震科普】 2022年，海原县地震局扎实开展"地震科普·携手同行"主题活动。与县教体局、县科协联合印发《海原县"地震科普·携手同行"活动试点工作安排》，针对26个试点学校捐赠防震减灾科普图书1040本，培训防震减灾科学传播师26名，组织50余名教师参加线上培训班。在五一劳动节、"5·12"防灾减灾日、"科技活动周"、"7·28"唐山大地震纪念日等时间节点，通过设立咨询台、发放地震科普宣传品、科普宣讲、参观地震博物馆、配合开展应急演练和微信转发防震知识等形式，广泛开展宣传活动。全年发放科普读物5000余本、海原大地震100周年宣传品600余套，地震博物馆参观人次3000余人，宣传美篇阅读量1000余次。结合自治区第十三次党代会精神宣传工作，对地震遗址广场周边内容不合时宜、陈旧破损的10块宣传栏进行清理、更换。

5月12日，海原地震博物馆开馆试运行

【地震博物馆升级改造】 2022年，海原县地震博物馆升级改造工程全面完成。年末，博物馆主体工程、附属工程、布展工程及展品征集全面完成，正在会同相关部门组织竣工验收。五一开馆试运行以来，通过图文展板、实物展示、多媒体技术等方式，向观众推广展示了科学的地震防、抗、救知识和方法，截至年末已接待3000余人。 （罗成梅）

文化旅游

综　述

【概　况】 海原县文化旅游广电局(简称文广局)是县人民政府组成部门,挂海原县文物局牌子。核定行政编制7名。设局长(兼文物局局长)1名,副局长2名(其中1名兼文物局副局长),实有人员8人。所属设不定级别事业单位5个(文化馆、图书馆、文物管理所、文化综合执法大队、农村广播电视公共服务中心);所属国有企业2个(海原县花儿演艺有限公司、海原县电影院)。2022年有事业编制人数46人,实有人员46人,其中专业技术人员45人,具有正高级职称1人,副高级职称3人,中级职称23人,初级职称11人。其中女干部19人,占比41.3%;年龄35岁以下8人,占比17.4%,36岁至45岁19人,占比41.3%,46岁至59岁19人,占比41.3%。

【荣　誉】 2022年,海原县被自治区“两晒一促”活动办公室评为“两晒一促”大型文旅推介活动第二季最佳优品推荐奖。广场舞视频《舞出中国红》入选国家公共文化云“一城一舞”名录。参加西北五省(区)宁夏花儿歌会,海原籍4名歌手分别摘得银奖、铜奖。舞蹈《西路军》、小品《谁动了婆婆的养老金》获得中卫市表演和创作一等奖。关桥乡关桥村、关桥乡方堡村被评为宁夏特色旅游村。关桥村被文化和旅游部评为全国乡村旅游重点村。

2月15日,海原县举行元宵节社火巡演(宋国兵供图)

【文化惠民】 2022年,海原县成功举办2022年海原县百姓春节联欢晚会、“我们的中国梦”——文化进万家广场文艺惠民演出、海原县“岁月留痕”老照片展、谷文昌先进事迹展等活动120余场次;开展2022年海原县“新春走基层·文化进万家”三下乡、“送戏下乡”“戏曲进乡村”文化惠民演出活动150场次,开展“我有拿手戏”群文风采大展演活动8场次,农村电影放映2100余场次;开展海原县文化工作者服务支持艰苦边远地区、基层业务骨干能力提升培训班等专项培训学习6次，培训人员1000余人次；开展暑期少儿艺术公益培训班，培训少儿224人；开展2022年宁夏"文化进万家——视频直播家乡年"活动，开展"云游非遗·畅享海原"影像展，拍摄《海原剪纸》《皮影戏》《非遗里的海原年味》等9部视频，向国家公共文化云推送线上慕课12节。积极申报第五批市级非遗代表性项目传承人31人，非遗项目6项；成功举办海原县2022年"文化和自然遗产日"非遗传承展演暨第五届方棋大赛及花儿、曹氏武术、剪纸刺绣等非遗展演展示活动，当日非遗产品线上线下等销售320余件15万余元。

【百姓春晚】 2022年，海原县成功举办2022年"福虎奔腾开盛景 普天同庆中国年"百姓春节联欢晚会，采取线上与线下同步直播的方式举行，国家公共文化云、央视频、黄河云等共计播放量403263次，快手、抖音等播放量200322次，为全县人民和全国网民献上了一场精美的文化盛宴，受到了观众和广大网民的好评，并被评为"全国乡村村晚示范展示项目"，自治区文旅厅致信海原县通令表扬。

1月26日，海原县举办2022年百姓春节联欢晚会（宋国兵供图）

【文艺创作】 2022年，海原县文广部门创排老百姓喜爱的《爱的约谈》《婆婆进城》《谁动了婆婆的养老金》等20余部文艺作品。积极申报创编花儿剧目《不负青山不负塬》，已完成剧本创作，成为国家艺术基金2023年度资助项目。启动了"海原黄河文化系列丛书"申报和编创工作，计划利用3年时间重点编创出版《国宝海原》《非遗海原》《翰墨海原》《诗韵海原》《花儿海原》《家风海原》等系列丛书。《国宝海原》和《非遗海原》已完成初稿，本土文化集成工作迈出重要一步。

【全民阅读】 2022年，海原县开展了"诵读国学经典，传承中华文化——海原县国学经典诵读线上阅读打卡""我的中国梦——'悦读辞旧岁 书香迎新年'线上国学知识竞答"，《中华人民共和国公共文化服务保障法》《中华人民共和国公共图书馆法》宣传，"全民阅读.书香海原"阅读征文，"4·23"世界读书日及图书服务宣传周等系列活动50余场次，参与读者20000余人次。支持县看守所、武警中队、甘城乡双井小学建设完成流动图书室建设，配置书架2个及图书1000册，并给县未成年人保护中心补充图书200余册。投资45万元建成"图书驿站"1处。投放文旅促消费券4000张，拉动文化消费12万元。投入近80万元，支持关庄、九彩、甘城、关桥乡对乡镇文化站和文化广场进行了维修改造，全县"干部群众日阅三卷，少年儿童朝诵暮弦"的氛围日渐形成。

【文物保护】 2022年，海原县投资1200多万元完成国家级文保单位柳州城址、北嘴城址本体保护项目建设，支持关桥乡完成红色展馆改造提升，完成菜园古村落、天都山石窟、元龙山石窟、凤岭龙山寺石窟、金佛沟石窟等13个项目申报及计划书编制工作；完成史店乡油坊院村南华山自然保护区围栏建设工程中新石器时代墓葬的抢救性清理及地下文化遗存的钻探、第二批自治区不可移动及可移动革命文物名录报送工作。投资35万元，完成博物馆消防问题整改，消除安全隐患17处。完成海原县铸牢中华民族共同体意识教育基地展馆设计。同时，依托文物资源，挖掘旅游潜力，推动文物与相关行业的融合发展，努力让文物活起来。

【广电播出】 2022年，海原县投资200万元完成海原县发射台、李旺转播站、凤凰山发射站节目传输设备进行备份更新及李旺转播站新机房搬迁，并对李旺发射站发电机房进行全面维护维修；完成全区700兆频率电视频道迁移工作及海原发射台、李旺转播站、新区凤凰山发射站广播电视发射系统设备的安装调试工作。围绕迎接宣传贯彻党的二十大精神，认真组织安全播出大排查，常态长效开展境外电视传播秩序和打击非法卫星地面接收设施集中整治行动，实现了重大会议、重要活动安全播出“零事故”。充分利用应急广播体系，宣传疫情防控科学知识。自新冠疫情发生后，每天播发通知、通告及宣传音频90条/次。

【乡村旅游】 2022年，海原县以乡村旅游为重点，大力实施与农业采摘、观光、体验等相结合的乡村旅游产业发展。整合各类资金800万元打造了甘盐池人民公社、史店乡红梅杏基地、关桥梨花谷、贾塘乡后塘村农业采摘观光园和白崖村窑洞广场；举办“相约5·19，一起去旅游”主题宣传活动。完成第三季“晒文旅·晒优品·促消费”大型文旅宣传推介活动，拍摄了海原5分钟宣传片、1分钟短视频，配合宁夏电视台完成了20分钟书记、县长访谈录和30秒直播带货推广片；成功举办关桥梨花节（线上）、史店田拐红梅杏采摘节、西安镇、贾塘乡文化旅游节等旅游节事活动，全方位推介海原县文旅资源。累计吸引游客78.9712万人次，旅游收入2121.0663万元，开创了“农文旅商”融合发展新局面；完成自驾游线路、天都老庄生态旅游村等旅游项目申报，外出招商工作2次。申报全国乡村旅游重点村1个、宁夏特色旅游村2个、文明旅游示范单位1个、A级旅游厕所1座，有效推动海原县文化旅游产业向高质量发展迈进。

开展“5·19”旅游日宣传活动（田杰供图）

【文化市场执法】 2022年，海原县文化市场综合执法部门开展“双随机、一公开”执法检查、交叉检查、暗访检查、专项检查等，建立健全信用监管制度，建立和完善文化市场警示名单、黑名单制度。结合重大节会时段，开展网吧、娱乐场所、旅行社、打非治违、校园周边、“两会”、国庆期间等文化旅游市场专项整治行动。全年共计检查各类文化市场经营单位1504家次，出动3008人次，组织开展文旅市场各类专项行动10次，联合检查5次，立案查处4起（网吧1起、出版物经营场所3起），办结案件4件，罚款5600元，下达责令停止经营通知书5份。处理各类投诉12起（其中“12345”市民热线6起，电话投诉6起），均已按时办结。收缴非法出版物168本，查办出版物市场案件1起，查办销售疑似侵权产品案件1起，行政审批出版物经营许可证3件。

【深化改革】 2022年，海原县文广局承担改革任务5项，完成5项。1.严格落实自治区文化生态保护区建设管理暂行办法，建立海原县文化生态保护区建设管理机制。中卫市作为申报主体已被自治区评定为自治区级文化生态保护区。2.深化文物保护利用改革，贯彻落实自治区《关于加强文物保护利用改革的实施方案》。按照《海原县关于加强文物保护利用改革的实施方案》要求，已完成各项改革任务。3.深化文化市场综合执法改革，落实《自治区文化市场综合行政执法事项指导目录》《自治区文化市场综合执法培训师资管理办法》，结合海原县实际抓好工作落实。已组建成立了海原县文化市场综合执法大队，完成机构、人员、编制划转等工作，并配备了行政执法设备等，确保做到依法行政，依法办案，公正执法。4.对标自治区出台文化艺术类校外培训机构设置标准，结合海原县实际督导非学科类校外培训机构落实“双减”目标。已完成全县3家文化艺术类校外培训机构换证，逐步推进“双减”工作落实。5.持续深化公益性文化事业单位改革，推动人事、收入分配、经费保障等各项制度改革，制定《海原县公益性文化事业单位法人治理结构工作方案》，创新文化馆、图书馆、博物馆内部运行机制。已印发《海原县文化馆、图书馆、博物馆位法人治理结构建设工作方案》，并有序推进落实。

【疫情防控】 “9·20”疫情突发后，海原县文广局通过腾讯视频会议系统召开“疫情防控与安全生产‘两手抓、两手硬、两不误’专题会议”，安排部署文化旅游系统疫情防控工作，立即安排33名下沉干部到社区报到，投入各自工作岗位，做好突发疫情防控工作。并按照“246”督导机制组织工作人员按照行业领域进行了疫情防控工作督查检查。每日不定时、不间断检查县城台球室34家、网吧5家、歌舞娱乐场所19家、游戏游艺场所1家、酒吧2家、旅行社2家、星级酒店3家、足浴店（带影院）2家、电影院2家、校外艺术培训学校5家，疫情期间已全部暂停营业。检查各类文化和旅游市场经营场所975次，出动执法人员2925人次，执法车辆42辆次，联合检查1次，下达责令整改通知书2份。同时，按照文化和旅游部文件要求，自9月23日起全县暂停旅行社及在线旅游企业经营进出该地的跨省团队旅游及“机票+酒店”业务。待无中、高风险区后，恢复旅行社及在线旅游企业经营进出海原县的跨省团队旅游及“机票+酒店”业务，筑牢文化旅游领域疫情防控防线。

（宋国兵）

文化活动

【百姓春晚演出活动】 1月26日，由文化和旅游部公共服务司、全国公共文化发展中心、宁夏文化和旅游厅指导，中共海原县委、县人民政府举办的2022年海原县百姓春节联欢晚会在海原县艺术中心剧场举行。国家公共文化云、央视频、黄河云视等媒体平台春节晚会实况进行现场直播。本场晚会由序幕《百花迎春来》、上篇《团圆福虎到》、下篇《多彩海原梦》、尾声《百年再起航》4个部分组成，演出舞蹈、小品、器乐演奏、歌曲、杂技、情景朗诵、戏曲表演等各类节目16个。整台晚会气势恢宏、美轮美奂，节目内容健康向上，贴近实际、贴近群众、贴近生活，具有很强的思想性、艺术性、观赏性，富有极强的时代特征和地域特色。截至1月27日上午9时，国家公共文化云、央视频、黄河云、移动、快手、抖音、视频号等播放量736295次。

1月26日，2022年海原县百姓春节联欢晚会在海原县艺术中心剧场举行

【元宵节社火巡展活动】 2月15日，由中共海原县委宣传部、县文广局主办，县文化馆、各乡镇综合文化站承办的元宵节社火巡展演活动在县城政府街、黎明路、文联路、南门广场等主要街道广场举行，来自全县各乡镇的20支社火队1800余人参加了表演，2万余名广大市民观看巡展演活动。

【“传承雷锋精神，志愿服务基层”菜单式文化服务主题活动】 3月2日，县文化馆组建文化志愿者服务队，到曹洼乡脱烈村开展了“传承雷锋精神，志愿服务基层”菜单式文化服务主题活动。此次活动按照服务单位“列菜”、群众“点菜”、服务单位“送菜”的模式进行服务，本着贴近实际、贴近群众、贴近生活的原则，选派专业人员，从舞蹈、声乐、器乐、戏剧、曲艺等方面开展系列辅导，受到了群众欢迎。

菜单式文化服务主题活动现场

【端午节戏曲专场演出活动】 6月3日晚，由海原县文广局、三河镇人民政府主办，海原县文化管三河镇分馆承办的海原县2022年“喜迎二十大　建功新时代”我们的节日·端午节戏曲专场演出活动在三河镇秉宏文化大院举行。专场演出活动演出了秦腔经典折子戏《红灯记》选段《痛说革命家史》及传统秦腔剧《二进宫》《苏武牧羊》《白逼宫》等一个个经典唱段。演员们精湛的演技、高亢的唱腔，赢得了在场戏迷朋友阵阵掌声。

【2022年“文化和自然遗产日”非遗宣传展演暨第五届方棋大赛】 6月10日，由中共海原县委宣传部、县文广局主办，县文化馆承办的“喜迎二十大·建功新时代”2022年全国“文化和自然遗产日”宣传展演暨第五届方棋大赛在县人民广场举行。非遗宣传展示展演活动形式多样、内容丰富，“乡村振兴·非遗同行”海原县2022年“非遗购物节”展示展销、“云游非遗·畅享海原”影像展、新认定县级非物质文化遗产项目代表性传承人培训班、非遗进

校园、文化遗产系列宣传等10余项活动精彩纷呈。104名方棋选手参加了方棋大赛。

方旗大赛

【"非遗购物节"活动】 6月11日，由县文广局主办、县文化馆承办的海原县2022年文化和自然遗产日"非遗购物节"活动在县人民广场举行。活动以"连接现代生活　绽放迷人光彩"为主题，剪纸、刺绣、二毛皮制作技艺、砖雕、木雕、蛋雕、泥哇呜、皮影、胡湾舞狮、曹氏武术、烙画、仿古手工艺品制作技艺、打梭、高崖高跷等10多项各级非物质文化遗产代表性项目现场亮相，推出了形式多样、内容丰富的线下"非遗购物节"活动。同时主动与阿里巴巴、京东、抖音电商、快手、小红书等平台联系，采取直播等方式开展了线上销售活动，开放了海原县非遗就业扶贫工坊展览区、生产区，让观众在观展的同时，体验剪纸、刺绣加工、生产技艺，体验"活态"传承，开放了海原县非物质文化遗产传承基地博物馆非遗展馆、民俗展馆；发放了印有宣传标语的各类非遗宣传品，为广大市民呈现了一场别样的文化遗产盛会。

【海原·漳浦文化艺术作品交流展】 7月15日，闽宁协作漳海情——海原·漳浦文化艺术作品交流展在海原县非物质文化传承基地博物馆举行。海原、漳浦两县领导佘瑞东、黄健鹏等及海原县各部门单位干部职工、漳浦海原两县有关艺术家参加了开幕仪式。这是海原漳浦两县建立协作以来首次举办的文化艺术交流活动，旨在推动两县文化艺术深度融合、互学互助。活动由两县县委宣传部主办，两县文广局、两县文联承办。

【暑期少儿艺术公益培训活动】 7月18日，由县文广局、团县委主办，县文化馆承办的海原县2022年"感恩奋进新征程，建设美丽新宁夏"暑期少儿艺术公益培训暨大学生"七彩假期"社会实践活动在新建成的海原县文化馆举行。培训班共设9个门类、14个班次，包括音乐、舞蹈、美术等各个方面，对不同年龄阶段的学生进行不同层面的专业启蒙和特色教育。此次培训班共招收学员224名，培训为期一个月。

【学习谷文昌先进事迹图片展】 8月12日，由漳州市文化和旅游局、中卫市旅游和文化广电体育局主办，中共海原县委宣传部、福建省援宁(海原)工作组、漳州市援宁(海原)专技工作队、海原县文化旅游广电局、海原县文联、漳州市图书馆、漳州艺术学校承办，谷文昌文化研究院、海原县文化馆、海原县博物馆协办的学习谷文昌先进事迹图片展在海原县博物馆开展。主办方领导及数百名干部职工参加了开展仪式并参观了展览。

(文化馆)

融媒体

【概　况】 海原县融媒体中心于2019年11月19日在原县广播电视台的基础上组建成立，为县委直属正科级(公益一类)事业单位，归县委宣传部领导。中心设置主任1名,副主任2名。配备有主任1名,副主任2名。按照《海原县媒体深度融合发展改革方案》,融媒体中心人员由事业编制和备案人员两部分构成,核定人员总量66名,其中事业编制28人。2022年,海原县融媒体中心有人员52人,其中在编人员29人,备案招聘人员18人,"三支一扶"及大学实习生5人;中心下设办公室、总编室、新闻信息采集中心、新媒体工作室、编辑分发中心、安全播出部6个职能部门。配备有手持4K高清摄像机13套,航拍设备5套,高标清电视节目编辑系统10套,媒资管理系统1个,电视节目高清播出系统2套,实景演播室1个,虚拟演播室系统1套,播音员提词器系统1套,高清直播系统2套。

【媒体平台开设】 2022年末,海原县融媒体中心自己开办的媒体平台有4个,分别为海原电视台、海原TV微信公众号、海原手机台和海原电视台门户网站;注册开通的第三方媒体平台有14个,分别是视频号、人民号、新华号、抖音号、央视频、央视频移动网、"学习强国"、黄河云视、头条号、搜狐号、大鱼号、百家号、微博、短视频。

电视媒体每天的播出时间18小时,开设了4个栏目(或节目),分别为《海原新闻》《天气预报》《影视剧场》《动漫乐园》。电视台自办节目每天15分钟左右,内容为《海原新闻》《天气预报》和其他专题类节目。网络媒体微信公众号、手机台、门户网站内容主要以传播新闻资讯、政务信息、便民生活服务为主,每年播出新闻2000余条,转载推送新闻资讯、文字图片、短视频、H5、宣传海报、宣传漫画、科普知识、公告、通知等各类信息3000余条。第三方媒体平台主要以发布海原新闻资讯、短视频、H5、图片预览等新媒体产品为主,拥有受众约5万人,各平台年点击量累计约1000万人次。

表15 2022年海原县融媒体平台一览表

开设方式	媒体平台名称
自办媒体平台	海原电视台
	海原TV微信公众号
	海原手机台
	海原电视台门户网站
开通第三方平台	视频号
	人民号
	新华号
	抖音号
	央视频
	央视频移动网
	"学习强国"
	黄河云视
	头条号
	搜狐号
	大鱼号
	百家号
	微博
	短视频
合计	18

11月8日,海原县召开庆祝第二十三个记者节座谈会(杨喜供图)

【经费保障】 海原县融媒体中心运营经费保障以财政托底为主、市场化运营为补充。实行年度经费包干制。县财政每年除正常核拨编制内人员工资、绩效外,另外每年核拨273

万元，用于中心备案人员工资和事业发展、项目建设等。2022年，县财政压缩核减经费，实际年度预算经费为150万元。

【融媒体新闻宣传】 2022年，海原县融媒体中心聚焦“举旗帜、聚民心、育新人、兴文化、展形象”的使命任务，紧盯乡村振兴、产业发展、生态保护、疫情防控、文明创建等重点工作开展新闻宣传，持续推动县委各项决策部署落地见效，为全县经济社会发展营造良好舆论氛围。

冒着雨雪完成拍摄任务(杨喜供图)

【理论宣传引导】 2022年，海原县融媒体中心坚持用习近平新时代中国特色社会主义思想凝心铸魂，确保全县上下在思想上、政治上、行动上始终跟党中央保持高度一致。在融媒体中心微信公众号、手机App、官网开设了《喜迎二十大》《感恩奋进新征程 建设美丽新宁夏》《非凡十年》等多个专栏。通过转载转发主流媒体理论文章和重点报道，制作H5、海报、图解等形式，深入宣传党中央重大决策部署，引导广大干部群众坚定信念，听党话、感党恩、跟党走。各平台共转发理论文章450余条，转载中央及自治区市重点报道1300余条，其中推送各类国内资讯500余条，确保理论宣传天天有、重大报道日日发、国内资讯及时推。

【重大主题宣传】 2022年，海原县融媒体中心大力实施新闻创优提质工程，先后策划了《喜迎二十大 礼赞新海原》《深入学习宣传贯彻自治区第十三次党代会精神》《奋进新征程 建功新时代》等栏目，全方位跟踪报道县委、县政府的中心工作、重大工作部署，持续推动县委各项决策部署落地见效。共采访报道新闻1178条，拍摄制作短视频564个，发布政务信息公示公告94条，制作公益广告52个，推送各类链接2017个。开展了关桥梨花节、田拐村红梅杏采摘节、西安镇茴香花海旅游节暨甘盐池滩羊美食节等系列节庆活动的主题采访。制作“众志成城 抗击疫情”短视频100个，传播防疫知识，解读防疫政策，凝聚抗疫力量。拍摄“肉牛标准化养殖”短视频20期，推动肉牛产业发展。利用视频号直播平台，开展“2022年百姓春节联欢晚会”“海原：红色热土上的红火日子”“喜迎二十大专题文艺晚会”等线上直播服务活动，同步转播自治区及各市、县的线上直播活动92次。

【讲好海原故事】 2022年，海原县融媒体中心加强与中央、自治区市主流媒体的沟通联系，积极推送海原好声音、宣介海原好故事，提升海原美誉度。400余条新闻及短视频被中央、自治区及中卫市主要媒体刊播。其中，中央媒体刊播5条(新华社3条，《中国工人日报》1条，《中国乡村干部报》1条)，自治区级媒体刊播77条(宁夏电视台21条，宁夏新闻网56条)；69条新闻或短视频被“学习强国”学习平台刊播。《关桥乡方堡村村民挥泪送别驻村第一书记穆海彬》《2021，我们的山海情》获得2021年度宁夏好新闻奖三等奖，《我们的山海情》入选第32届中国新闻奖基础类奖项宁夏参评作品；《宁夏海原：非凡十年 “路通村兴”》作为全区县级融媒体唯一作品参选“学习强国”2022年秋季赛；累计向黄河云视发送信息

1938条。利用人民号、新华号、抖音、快手、今日头条发布新闻信息715条，一大批新闻稿件或新媒体作品经各大媒体平台转发后，阅读量、点击量大幅攀升，有力提高了海原的知名度，对外展示了海原改革发展新形象。

讲好海原故事(杨喜供图)

【网络公益宣传】 2022年，海原县融媒体中心围绕践行社会主义核心价值观、生态文明建设、未成年人身心健康、弱势群体救助等主题，运用微博、微信、微视频和客户端等新媒体手段，组织开展了网络公益主题宣传活动。开设"网络中国节""家风家教"等25个网络公益宣传板块，制作转载公益广告324个。录制发布新时代文明实践微课堂20期，拍摄播出5期"移风易俗我有言　乡村干部这样说"短视频、"移风易俗快板说"等节目，倡导文明社会风尚，提升群众文明素养。

【媒体融合发展】 2022年，海原县融媒体中心把推动媒体深度融合发展作为创新新闻舆论工作的一项基础性工程，从体制机制、生产流程、运行方式、人才培养等方面整体推进，充分运用新技术新应用创新媒体传播方式，促进传统媒体和新兴媒体融合发展。1.完善管理体制机制。完善《全员绩效考核管理制度》《媒体发布审稿制度》等一系列管理制度，从机构设置，人员配置等方面着力完善管理体制机制。2.健全综合考评体系。实行"一体策划、一次采集、多种生成、多元发布"的生产流程，全力打造合理便捷的新闻生产模式，实现多元考核，综合评价。3.构建媒体传播新局。坚持移动优先战略，把"两微一端"和网络新媒体建设运营作为重点，资源向移动端倾斜，在抖音、快手、今日头条等14个商业网站平台注册开通了账号，实现了发布渠道由单一发布到矩阵发布的跨越发展，形成了"多端发布、多点覆盖、多元发展、全媒传播"的发展格局。4.优化媒体服务功能。积极推进"媒体+"服务，将24个县直机关、12个乡镇和5个本地生活服务类微信公众号聚合到融媒体平台微矩阵，实现数据共建共享共融互通，一站式访问；开通了党建、政民互动和政务公开专栏，及时跟进党政部门对群众反映问题的反馈和解决情况，推动解决热点难点问题。

【广播电视安全播出】 2022年，海原县融媒体中心不断强基固本，夯实安全播出基础。严格落实节目发布"三审制""重播重审制"，安全播出水平稳步提升。为迎接党的二十大召开，结合安全生产月和全区广播电视和网络视听安全播出保障工作专项检查，开展了电视播出、发射、供配电、消防、网络安防、信号传送等系统的应急演练6次，实施了网络安全等级保护测评、市电双回路安装铺设、购置核心交换机备份等网络安全整改，促进网络安全风险防范更加紧实。

【年度热播节目】 2022年，海原县融媒体中心充分发挥新闻本土化特色，全年共拍摄制作短视频564个，经微信公众号、视频号、客户端、"学习强国"学习平台等网络平台转发后，受到社会各界热议和好评，收视率、阅读量、点击量大幅提升。《宁夏海原：春华秋实又是一年丰收季》被“学习强国”学习平台刊播后，点击量达430万人次；《2021，我们的山海情》入选第32届中国新闻奖基础类奖项宁夏参评作品。

海原县融媒体中心演播室(杨喜供图)

(杨 喜)

广电网络

【概 况】 中国广电宁夏网络有限公司海原县分公司(简称海原网络公司)，于2011年3月注册成立，是海原县唯一从事有线电视网络建设和运营的新型国有文化企业。2022年有员工10人，总资产4000万元。

【业务发展】 2022年，海原网络公司积极参与县内部门信息化项目建设，已在全县形成了县、乡、村三级贯通的光纤网络和家庭云平台，实现了服务居民高质量文化生活重要基础信息化设施的全域覆盖，承建了电子政务外网、应急管理、应急广播、平安城市、天网工程、雪亮工程、政府购买有线电视服务、互联网+教育等多类信息化项目以及“学习强国”、智慧教育专区、空中课堂、政务公开、电视图书馆、科普中国等多项信息化应用，充分体现了广播电视网络强大的影响力、承载力、服务力、渗透力、发展力。

(杨志才)

图书发行

【概 况】 宁夏海原新华书店有限公司(简称新华书店)始建于1956年，隶属于黄河出版传媒集团有限公司，是宁夏新华书店发行集团有限公司下属子公司。2022年，该公司有在职员工8人，其中具有大专及大专以上学历7人，高级发行员5人；中级发行员3人。公司下设有经理室、办公室、财务室、业务室、门市部。海原县城现有中心店、运动广场店图书销售实体店2个，共计营业面积600多平方米，经营各类图书、音像制品和电子出版物，门市陈列图书品种4000余种，同时设有送书上门、代邮、代购、缺书登记、新书介绍等多种服务项目，极大地丰富和满足了全县广大人民群众的文化生活和文化需求。

【经济指标】 2022年，海原新华书店销售图书码洋1712万元，其中教材教辅销售码洋1576万元，门市部一般图书销售136万元。

【党政图书征订发行】 2022年，海原新华书店主动加强与宣传部门的沟通协调，全力以赴做好党政类图书的征订发行工作。全年发行《中国共产党宣传工作简史》、《国家安全知识百问》、《百年初心成大道党史学习教育案例选编》、《百年大党面对面》、《总体国家安全观学习纲要》、《习近平法治思想学习纲要》、《习近平谈治国理政》第四卷、《让群众过上好日子》、《中国共产党的一百年》、《习近平经济思想学习纲要》共计6948册，保障了当地党政机关、企事业单位和社会各界的学习需求。

【营销活动】 2022年，海原新华书店紧抓节假日时间节点，在门市开展形式多样的图书营销活动，满足广大读者的精神文化需求，助力节日文化消费。门市不断推陈出新，分别推出打折优惠、有奖销售、买一赠一等营销活动，并利用店外电子屏对活动内容进行全方位、多层次的宣传，营造浓厚的阅读文化氛围。在店内显著位置设置重点主题出版物展台，在显著位置摆放书花造型、展板等方式，加大宣传力度，营造喜庆氛围，吸引读者眼球，刺激消费。

【基础建设】 2022年，海原新华书店为提升门市形象，扩大社会影响力，对门市店内店外环境进行整治，改变了以往破旧面貌。坚持“读者第一，服务至上”的服务理念，店内免费为读者提供口罩、消毒凝胶，在读者座椅上放置棉垫。及时合理调整门市布局，根据销售情况，添置少儿书架，优化图书品种，更好地满足读者阅读需要，暖心周到的服务。

【助力全民阅读】 2022年，海原新华书店联合县图书馆分别在海原县海盛幼儿园、海原县关庄乡九年制学校、海原县双井小学、海原一小、税务局、海城镇北海村相继开展了“阅读经典 品读人生”“农家书屋飘书香 文化惠民促振兴”阅读分享会。

【流动销售】 2022年，海原新华书店按照“七进”（进机关、进企业、进农村、进社区、进学校、进景区、进军营）要求，组织员工先后深入海城镇高台寺社区、海城镇武塬村、西安镇西安社区、树台乡树台社区、史店乡大川村、关桥乡梨花小岛旅游区、高崖乡新民村、海城镇北海村、关庄乡九年制学校、县城南门广场等乡镇开展流动售书12次。

【公益事业】 2022年，海原新华书店积极投身公益事业，充分发挥国有文化企业的社会责任和担当，先后为海原县委党校、海原县海盛幼儿园、海城镇北海村捐赠图书516册，码洋1.6万元，联合海原县税务局第三党支部、人保财险海原支公司党支部开展“三月春风暖校园 志愿服务献爱心”主题党日活动，并为海原县特殊教育学校学生捐赠学习用品。

【疫情防控】 海原新华书店组织员工下沉东城社区利民花园小区开展疫情防控工作。下沉员工无私奉献、勇于担当，用实际行动保卫全县人民的身体健康和生命安全，为打赢这场疫情防控阻击战、早日恢复正常生活贡献了力量，彰显了国企作为。

（般大伟）

文旅集团

【概　况】 海原县文旅产业发展集团有限公司（简称文旅集团）成立于2020年8月13日，为独资国有企业，公司下设财务部、发展规划部、景区营销管理部和党群行政综合部。现有职工9人，本科及以上学历人数5人，占比56%；专科及以下学历人数4人，占比44%；拥有中高级专业技术职称人数2人。

【宣传营销】 2022年4月，海原县文旅集团开通了公司微信公众号和抖音官方营销平台，共推送海原景区景点宣传文案40余条，阅读量超5万次；视频号、抖音、快手平台发送作品15个，平台粉丝量在不断增长，有效地宣传了海原县旅游资源。成立了宁夏立安国际旅行社海原营业部，并与海原金桥旅行社合作开展旅游景区景点宣传和县内外游客的递接。完成了《海原县旅游景点分布图》出版印刷工作，向全县各乡镇、单位（部门）、车站、宾馆、饭店等免费发放，悬挂张贴。利用“5·19”中国旅游日的有利时机，在人民广场举办了以“相约5·19 一起去旅游”为主题的宣传推介活动，通过播放“两晒一促”大型文旅推介活动宣传片、发放宣传折页、现场讲解等方式向广大群众宣传海原县的景区景点等旅游资源。委托宁夏星图科技有限公司设计制作了《海原县全域旅游导览图》，完成了全域旅游示范县创建指标之一。参与完成了全区第一季“晒文旅·晒优品·促消费”（“两晒一促”）大型文化和旅游推介活动之海原篇，全方位展示了海原的特色文化、旅游资源和特色产品。策划制作完成了4集公益扶贫短片《凉都花海 山海情原》，并在人民视频、中国乡村振兴等平台完整播出，多角度宣传了海原的历史文化、名胜古迹、风土人情、特色产品及脱贫攻坚成果。配合县委宣传部、文广局成功举办了2022年“相约红梅杏园 乐享农家生活”为主题的田拐红梅杏采摘节、“悠悠丝路情 醉美滩羊肉”为主题的海原县西安镇第三届乡村文化旅游节暨甘盐池首届滩羊文化美食节，累计接待游客40万余人次，共计销售红梅杏、秋杂粮、枸杞等海原特色农产品及特色小吃900余万元，借文化旅游节契机，制作系列视频，并在多家媒体平台上进行了宣传推广，吸引了众多自治区内游客到海原游玩。

后塘村农业观光园的乡野美味食材（田杰供图）

【景区创建】 2022年，海原县文旅集团完成关桥乡贺堡河流域、华润希望小镇2个AA级乡村旅游景区的评审并批复。通过A级景区创建，提升了景区品质和服务，推进了景区与周边旅游融合发展，为开发形式多样、独具特色、个性突出的休闲旅游业态和产品打下坚实基础。

【后塘农业观光园】 2022年，海原县文旅集团完成了海原县后塘村农业休闲观光园规划及前期建设任务。并于9月10—12日成功举办以“美丽后塘·果蔬飘香”为主题的采摘节活动。通过海原县融媒体中心、海原县文广局和海原县文旅集团微平台进行宣传推广，阅读量达2.8万次；朋友圈广告投放曝光量30万次；活动期间累计接待游客1.5万人次；当地特色小吃销售额11万元，观光园果蔬销售额11.2万元；特色农产品销售额5.3万元。同时，通过后塘农业观光园的建设及开园解决了当地群众就业难的现状，全年雇佣当地群众3000多人次，发放务工人员工资43万余元，有效带动了农民增收，为乡村振兴注入活力，填补了贾塘乡在旅游景点上的空白。

【旅游规划】 2022年，海原县文旅集团完成了《海原县文化旅游产业发展规划（2021—2025年）》《海原县贺堡河流域梨园风情区控制性详细规划》《海原县天都山旅游区控制性详细规划》；制定了海原县文化旅游产业发展集团有限公司发展规划书，为文化旅游产业发展奠定了良好的基础。

【旅游资源整合运营】 海原县文旅集团委托宁夏众和资产评估有限公司对天都山景区和哨马营震柳资产价值进行了评估，天都山评估共计净值1694万元，哨马营震柳评估共计净值为147.2万元。对非遗传承基地和海原地震博物馆进行了初步评估，概算分别为1.4亿元和4200万元，待资产划转后，对天都山景区、哨马营震柳景区、非遗基地、地震博物馆进行资源整合，提升改造基础设施建设，扩大运营范围。5月，县文广局将天都山游客服务中心划转文旅集团管理。甘盐池种羊场与文旅集团达成口头协议，将甘盐池怀旧打卡地划转文旅集团运营。公司已委托海原县甘盐池清爽旅游服务合作社试运营。

田拐村乡村旅游节小姐姐带货直播开播了(田杰供图)

【文创产品设计研发】 2022年，海原县文旅集团组队随同海原县党政考察团前往北京依文集团考察学习、座谈交流，开拓了文创产品研发、设计的思路，并就剪纸刺绣等文创产品的开发达成意向合作，完成了《海原县手工艺产业项目合作实施方案》，同时与海原非遗传承人座谈讨论，就生产销售剪纸刺绣文创产品达成共识。

【企业党建】 2022年，海原县文旅集团健全集团公司党支部班子标准化、规范化建设，完善了公司党建工作制度、党支部理论学习制度等。严格落实全面从严治党责任，完善了“三重一大”决策制度及党支部前置研究讨论重大事项实施办法，让权力在阳光下运行，杜绝了一切徇私舞弊、以权谋私的现象。依照党章和有关法律法规，从确权明责入手，正确处理党在公司的重要性，努力构建协调运转、有效制衡的公司治理机制，党支部、董事会、监事会和职代会议事规则规范有效运行。

【内部管理】 2022年，海原县文旅集团认真贯彻落实《海原县国有企业改革三年行动实施方案》精神，明确了公司董事会、监事会和经理层的工作职责，围绕法人治理，制定了章程规则等制度，使公司各项工作做到依法行事、有章可循，规范明确。加强国有资产管理，对非遗基地和地震博物馆进行了详细的规划和市场调研，做了初步的经营方案，确定了下一步经营方向和经营模式。制定了公司外部职业经理人选聘办法，公开招聘公告及制度；健全公开、平等、竞争、择优的招聘制度，实行有利于吸引和留住关键岗位核心骨干人才的政策，签订人员劳动合同，缴纳“五险一金”，将企业用工集中管理，盘活公司内部人才资源，优化人工成本，促进人才高效有序流转。

甘盐池旅游节上的趣味活动打陀螺比赛的热闹现场(田杰供图)

卫生健康

综 述

【概 况】 2022年,海原县有各级各类医疗卫生机构225家,其中自治区级医疗机构分支机构1家,县级公立医院2家,妇幼保健机构1家,专业公共卫生机构2家,乡镇卫生院19家(含杨明卫生院、罗山卫生院),社区卫生服务站6家,标准化村卫生室157家,民营医院2家,个体诊所35家。全县医疗机构核定编制床位1402张(含宁南医院),实际开放床位1714张,每千人拥有床位数5.2张。县乡两级医疗卫生机构共核定事业编制1098个,备案编制486个。有各类卫生人员1820人,其中在编人员1076人,备案管理人员407人,单位自聘337人。在编人员中,正高级职称34人,副高级职称150人,中级职称299人,初级及以下593人;研究生11人,本科学历800人,专科学历197人,中专及以下学历68人;35岁及以下有434人,36~50岁有472人,50岁以上有170人。

【医疗卫生体制改革】 2022年,海原县全面推进医疗健康总院实体化运行,制定印发《海原县深化公立医院薪酬制度改革实施方案》,落实分级诊疗和双向转诊,制定了高血压等疾病的分级诊疗技术方案,根据双向转诊的临床标准,积极引导患者实行双向转诊、分级诊疗。县人民医院与37家区内外三级医院,县域内19家乡镇(中心)卫生院建立了"远程会诊"平台。全县所有乡镇卫生院、标准化村卫生室均接通政务外网、医保专网,实现一卡通就医结算全覆盖。依托"闽宁""京宁"等对口帮扶项目,共引进下沉资深专家124名,强化人才引进实效,增强帮扶带教力度,有效缓解了群众"看病难、看病远"的问题。

【基层医疗卫生服务】 2022年,海原县推广"互联网+医疗健康"服务,2家公立医院完成电子健康码注册使用工作,实现了自助挂号、自助缴费、自助打印检查检验报告等服务。持续推进"优质服务基层行"。全县5家卫生院已达到国家推荐标准,2家卫生院已达到国家基本标准。

【卫生县城创建】 2022年,海原县广泛深入开展病媒生物防治。根据病媒生物生态习性,安装灭蝇灯2245个,布设粘蟑纸2万张、粘鼠板4万份,设置毒饵站1074个,聘请专业消杀公司对机关单位、社区等地进行了消杀作业。病媒生物防治工作已顺利通过自治区爱卫办评估验收,2023年1月11日,创建自治区卫生县城成功通过线上技术评估验收。全面落实控烟行动。完成自治区、中卫市直属单位100%创建无烟单位;县直部门81.9%的单位创建无烟单位,其中50%的单位通过自治区市爱卫办评估验收和命名。

【全民健康水平提升】 2022年,海原县加强宣传教育,推进健康知识普及。通过多种形式广泛开展宣传,共发放宣传品3万余份、展板30块,悬挂横幅50余条,在县电视台和《健康海原》栏目定期宣传艾滋病防治知识,受教育人员10万余人次,发放各种宣传品、药具3万余份。累计开展各种健康知识讲座100余场次,健康宣传活动180余场次,发放各种宣传品10万余份,群众健康知识知晓率达到95.3%。大力开展健康促进场所建设。2022年健康促进医院建设100%全覆盖,健康促进学校建设达到78.8%,健康促进机关建设达到74%,健康促进企业建设达到50%,健康促进社区(村)建设达到26%。

【巩固健康扶贫成果】 2022年,海原县围绕"基本医疗有保障"的标准要求,开展"四查四补"工作,共排查问题13个,已完成整改13个。严格落实脱贫人口和三类监测人群的37种大病集中救治、慢病签约服务,夯实医疗救助托底保障工作。成立147个家庭签约服务团队,对脱贫人口和三类重点监测人群的患病人口建立了健康扶贫记录卡,全县脱贫人口和三类重点监测对象签约率达到100%,大病、重病患者季度履约率均为100%,高血压、糖尿病等四种慢病季度履约率达96.63%。

【基本公共卫生服务】 2022年,海原县开展重大慢性非传染性疾病机会性筛查,全县风险评估共2952人,任务完成率为65.6%。加大意外死亡综合防治,进一步提高高血压等慢性病规范服药率和管理率,全县共报告死亡病例1881例,粗死亡率5.64‰。落实传染病及人畜共患性疾病、地方病综合防控措施,严格按照要求开展国家免疫规划、艾滋病防治、结核病防治项目。

【卫生健康领域突出问题专项整治】 2022年,海原县围绕医疗行业乱象治理、招标采购秩序治理、医药卫生体制改革等方面深入开展自查自纠,共查找问题8892个,已整改8863个,整改率达到99.67%。

(王媛媛、罗起燕)

公共卫生

【居民健康档案建立和管理】 2022年末,全县应建档33.3518万份,电子建档数40.2万份,电子建档率120.54%;其中,有效档案40.2万份,有效建档率100%。有动态记录的档案数为21.3万份,动态使用率52.9%。

【健康教育】 2022年,海原县全年提供健康教育印刷资料323种,10.11万份;健康教育音像资料325种,播放11911小时;健康教育宣传栏更新147次,开展公众健康咨询服务活动222次,接受咨询21415人;举办健康知识讲座263次,参加人数17635人。各基层医疗卫生单位都能结合新冠病毒疫情防控和各种卫生健康主题日,开展了内容丰富、形式多样的宣传活动。

【预防接种及免疫规划档案】 2022年,海原县各基层医疗卫生单位冷链运转正常,温度记录及时完整,疫苗账物相符;认真抓好扩大国家免疫规划实施工作，切实做好适龄儿童计免建卡、建证、接种工作，2022年应建立预防接种证人数37647人，已建立接种人数37647人，建证率100%。入学、入托接种证查验及常规疫苗查漏补种工作。各基层医疗卫生机构已完成常规疫苗查漏补种工作，并且资料保存完整。

【4~6岁儿童健康管理服务】 截至12月底，全县0-6岁儿童35452人，活产数3451人，新生儿访视3398人，新生儿访视率达98.46%；0~6岁儿童健康管理32882人，儿童健康管理率为92.75%，0~6岁儿童眼保健和视力检查人数32385，检查覆盖率为91.35%。

【孕产妇健康管理服务】 截至12月底，全县孕产妇总数3435人，早孕建册3398人，早孕建册率为98.92%；产后访视3305人，产后访视率96.21%。

【老年人健康管理服务】 2022年，全县在册65岁及以上老年人33443人，全县已接受健康管理的老年人26953人，老年人健康管理率为80.59%，全县接受健康年检的老年人28797人，老年人体检率为86.11%。

【慢性病患者健康管理】 2022年，全县高血压患者管理任务数18985人，已管理高血压患者人数27783人，任务完成率146.34%，按照规范要求进行高血压患者健康管理人数24436人，高血压患者规范管理率87.95%。全县2型糖尿病患者管理任务数4862人，已管理2型糖尿病患者人数7448人，任务完成率153.19%，按照要求进行规范管理的2型糖尿病患者6179人，糖尿病规范管理率为82.96%。

【严重精神障碍和惊厥型癫痫患者健康管理】 2022年，全县严重精神障碍患者任务数1401人，已管理严重精神障碍患者1679人，报告患病率为5.03‰，按照规范管理的严重精神障碍患者1654人，规范管理率98.51%。全县惊厥型癫痫患者任务数471人，已管理惊厥型癫痫患者506人，管理任务完成率107.43%。

【传染病防治及突发公共卫生事件报告和处理】 2022年，全县各基层医疗卫生单位共发现传染病36例，通过传染病疫情报告信息系统报告传染病36例；新冠无症状患者185例，确诊4例，共计189例，传染病发病率307.93/10万，传染病疫情报告及时率100%，2022年度无突发公共卫生事件发生。

【结核病患者健康管理】 2022年，全县共转诊疑似肺结核患者485例，转诊到位476例，转诊到位率为98.14%；65岁以上老年人及糖尿病患者结核病筛查，应筛查32734，实筛查例24261，筛查率74.12%，推荐转诊PPD强阳性患者171例，确诊新患者4例。2022年已完成枯水期、丰水期及每季度龙头水水质监测工作，按时在政务网公示。2022年，共报告死亡病例1881例，粗死亡率5.64‰，距离6‰的报告任务还有差距。肿瘤登记已覆盖辖区所有医疗机构，累计报告肿瘤病例340例，今年以来，共报告肿瘤病例272例，其中死亡82例，已全部录入死因监测系统，死亡/发病比为0.3。全县肿瘤发病死亡报告率为1.95‰，远低于指标要求的3.5‰。

【地方病防治】 2022年，全县包虫病专项B超筛查7014人，采集血清2303份、家犬粪样1061份，无主犬粪样80份，监测屠宰牛羊1001只。包虫病人管理96人，B超复核75张。2022年度包虫病防治目标任务基本完成；布病：全县17个乡镇的47村分批次在不同时段开展了布病现场干预与血清筛检工作，干预宣教2.8万余人，采集血清5979份，筛检阳性率0.95%。确诊布病患者37人，筛检率0.62%。当年网报布病357人，建档管理随访317人。建档管理289人，建档率80.95%。按规定要求随访268人，治愈237人。

【卫生计生监督协管】 截至12月底，发现的卫生计生监督事件或线索次数976个，报告的事件或线索次数976个，卫生监督协管报告率100%。协助开展饮用水卫生、学校卫生、非法行医和非法采供血、计划生育实地巡查次数844次。

【中医健康管理】 2022年，全县按照规范进行中医健康管理的老年人数26974人，全县老年人中医药健康管理服务率为80.79%；接受中医药健康管理服务的高血压患者数23898人，高血压患者中医药健康管理服务率85.73%；接受中医药健康管理服务的糖尿病患者数6465人，糖尿病患者中医药健康管理服务率86.91%。

【重大慢性非传染性疾病机会性筛查】 2022年，海原县重大慢性病机会性筛查干预工作稳步推进，按照《自治区卫生健康委办公室关于印发全区“三高共管”医防融合慢性病管理试点工作方案的通知》要求，将高血脂纳入全区重大慢性病机会性筛查干预管理工作范围，并于4月中旬制定印发了《海原县居民血脂异常机会性筛查干预管理技术方案》，该项工作已全面启动；要求二级以上医疗机构按照项目要求，提升首诊血压检测率，指导基层规范做好慢病管理。年末，全县风险评估共2952人，其中，心血管病评估909人，高血压评估715人，糖尿病评估645人，脑卒中评估325人，慢阻肺评估104人，肺癌评估17人，消化道癌评估237人，任务完成率为65.6%。

（王媛媛、罗起燕）

健康海原建设

【体制机制】 海原县成立了以县长为组长，四大机关分管领导为副组长，相关部门负责人为成员的健康海原建设领导小组，负责健康海原建设及全民健康水平提升行动工作组织实施；印发《海原县全民健康水平提升行动实施方案》《海原县全面健康水平提升行动实施方案工作任务台账》等文件，将健康海原建设及全民健康水平提升行动工作纳入年度县委、县政府效能目标管理考核；建立了领导包抓机制和工作推进机制；组织召开了政府专题会、推进会、专家咨询委员会等会议；安排健康海原建设工作专项资金55万元，为健康海原建设及全民健康水平提升行动有序开展、扎实推进提供了坚强的组织保证和制度保障。

【健康促进县建设】 2022年，海原县成立了健康素养促进行动项目专家指导组；组建了多个行业150多人健康科普专家库；从公共服务补助资金中列支资金，保障工作经费。强化建设健康促进县。建设健康促进县通过了自治区评估验收，同时接受了国家建设健康促进县评估验收。全年建设健康促进机关56个、学校36所、医院21家、企业2家、健康村（社区）42个及示范家庭150户；健康主题公园2个；健康宣传街6条；健康步道10条，悬挂健康宣传横幅105条，有力地促进了居民健康理念形成。

【健康科普】 2022年,海原县在各部门(单位)、村(社区)及县各级医疗卫生单位开展健康“六进”巡讲,不断普及合理膳食、营养平衡、疫情防控等健康知识;在融媒体中心开设《健康海原》栏目;各部门(单位)在院内或者楼道必须有健康宣传栏。全县发放健康宣传品达118种,3564万份;组织讲座达100场次;开展活动达150场次;设置健康宣传栏达450块。

【重点领域和重点人群健康教育】 2022年,海原县依托新时代文明实践中心、文化大院屋等,不断推进健康教育进学校、进乡村、进家庭。为辖区居民开展有针对性的健康教育。结合重点领域和重点人群的健康教育工作要求,县教体局、妇联等单位联合针对妇女、儿童、老人、残疾人等开展健康教育工作,活动达50场次。

【健康素养监测】 2022年,海原县规范开展健康素养监测。为确保健康素养监测数据来源科学、规范、真实、有效,准确掌握全县居民健康素养水平,经统计局审批,制定下发《2022年海原县居民健康素养监测工作方案》,并对《全国居民健康素养监测调查问卷》进行备案,有望在2021年24.35%健康素养水平基础上增加两个百分点。

【健康环境建设】 2022年,海原县续建南门广场、东城生态园和地震遗址一期,新建县城街道临星植绿增绿等9个项目;累计完成植绿增绿任务16.88万亩;累计完成其他生态修复工程9.11万亩;建设美丽宜居村庄16个;围绕“城市十乱”加大巡查处置力度;农村92%以上行政村生活垃圾基本得到了治理;大力推广城市生活垃圾分类收运体系建设,城市生活垃圾无害化处理率达100%左右;污水处理达到国家一级A排放标准,城市污水处理率达97%以上。共清理生产生活垃圾3.12万余吨,清理农业生产废弃物16.4万吨,群众参与环境整治3.5万人次;完成改造农村户厕2000座,完成2159座,完成任务率108%,15个农村“厕所革命”整村推进村基本完成,农村卫生厕所普及率从去年的31.27%增加到2022年的34.6%,普及率明显得到提高。全县生态环境质量持续改善,6月被宁夏回族自治区生态环境保护领导小组办公室评为全区打赢蓝天保卫战先进集体荣誉称号,优良天数达标率93.9%(剔除沙尘天气),水质均达到Ⅲ类标准,达标率为100%,实现污染地块安全利用率达到国家要求。全面整治街道广场、公园绿地环境卫生。在做好常态化清扫保洁的基础上,加大机械洗扫作业和洒水喷雾降尘频次,每天出动机械清扫车辆16台次,对主街道进行全面洗扫及洒水喷雾降尘,每周对沿街公交站台、垃圾箱、雨水口等城市家具进行清洗;集中清理卫生死角,清理街道两侧空地杂草15000余平方米、清理沟渠垃圾杂物3600米,清理垃圾杂物400余吨。对街道“牛皮癣”进行全面清理,健全完善环卫长效管理机制,全面落实“以比促净、以评助改”工作方法和组长检查、主任巡查、所长督查“三查”管理模式,发现问题及时反馈整改,全力提升环境卫生质量。连续七年保持食品、药品、特种设备安全“零事故”态势;全域创建“自治区食品药品安全区”,切实保障群众饮食用药安全。加强水源保护和水质监测,生活饮用水水质合格率达100%;常住户自来水普及率达99%,供水保证率达95%以上,集中供水率达99.7%,水质达标率达到100%。

【学校健康促进】 2022年,海原县实施健康知识普及行动。各学校定期开展健康教育知识讲座和主题班会;利用课前、课间、课后以及课余时间认真做好学生健康知识的传授教育;利用校宣传栏、班级黑板报每月举办一期健康教育专刊;结合寒暑假、五一、十一黄金周等长假,印发告家长健康倡议书;结合全国青少年爱国主义读书教育活动和"禁毒日"等活动,开展"珍爱生命"主题健康教育活动。开展学生眼视力保护保健。进一步落实国家体育与健康课程标准,认真执行眼保健操流程,强化体育课和课外锻炼,在各级各类学校严格落实每天上下午各做1次眼保健操。实施控烟行动。各校醒目位置设立"禁止吸烟""无烟办公室"等标志,提醒教职工和外来客人禁止吸烟;利用课堂、宣传栏等积极开展吸烟危害宣传;开展"拒吸第一支烟,争做阳光少年"等专项宣传活动;学生中开展"创建无烟学校"签名活动;各校针对吸烟教师制定了相关禁止吸烟制度。实施心理健康促进行动。各学校开设了心理健康教育课,将心理学的基本常识直接引进课堂,来实现心理健康知识的普及;结合学生实际,确立了多维的发展目标,通过心理辅导、咨询和各类活动,对学生进行适当的心理干预。增进学生对自我心理健康的关注,促进学生健全人格的形成。实施学生体质健康促进行动。认真落实好"三操两课一活动",确保学生每天1小时体育锻炼时间,愉悦学生身心,强健学生体魄,落实体育课程标准,开齐、开足体育课,学生体质健康优良率达94.35%。六是实施传染病防控促进行动。各学校围绕重点疾病防治,健全各种健康教育制度,做到各校师生人人知晓传染病防控知识、人人会防控各种传染病。

【全民健身行动】 2022年,海原县加强基础设施建设。以建设全民健身公共服务体系为重点,坚持体育事业公益性。加大街道(乡镇)、社区(行政村)、居民小区、公园、休闲广场健身设施建设,打造"10分钟健身圈",推动学校体育设施免费开放。加强科学健身指导服务,广泛开展全民健身赛事活动,营造良好的全民健身氛围。城乡居民《国民体质测定标准》合格以上的人数比例达到92.75%,经常参加体育锻炼的人数达海原县42.8%。推动基层体育组织建设。指导各乡镇、村、社区成立社会体育指导员协会、农民体育协会、老年人体育协会等,推动各类体育社会组织向基层延伸。鼓励社会组织下沉社区,积极参与承办社区各类线上线下全民健身赛事活动,带动居家健身。已圆满完成第十六届运动会青少年组排球、高校组排球、群众组排球、青少年组摔跤4个项目赛事活动。

【实施控烟行动】 2022年,海原县将各部门(单位)、各乡镇爱国卫生运动和城乡环境卫生工作纳入全县综合目标管理考核。开展创建无烟单位活动,制定控烟制度,设立禁烟标志,开展控烟宣传,发放禁烟标识牌2000个、不向未成年人售烟温馨提示牌1500个,落实控烟措施。按照市爱卫办要求完成青少年烟草检测工作任务。对全县所有党政机关进行督导、检查,督促落实创建活动的硬件建设和档案资料的完善,巩固无烟单位创建工作成效。已完成自治区、市直属单位100%创建无烟单位,县直部门100%的单位创建无烟单位,其中100%的单位通过区市爱卫办的评估验收命名。

【医疗卫生服务体系建设】　2022年，海原县重点打造7个临床重点专科（县人民医院：儿科、心内科、神经内科、中医科。县中医医院：糖尿病科、肺病科、心血管病科）。充分发挥自治区人民医院宁南院三级甲等医院优势，帮助县人民医院打造医疗服务水平高、人才梯队后劲足、医院管理成效优的现代化高水平医院。加快推进县域医共体信息化平台建设。年末县人民医院已与区内外多家三级医院，县域内19家乡镇（中心）卫生院建立“远程会诊”平台。县、乡、村三级医疗卫生机构电子病历规范率提升至98%以上。

【医疗救治保障】　2022年，海原县人民医院脑卒中中心、胸痛中心、创伤中心、危重症孕产妇急救中心、新生儿急救中心通过自治区评估验收，成功打造了肝胆外科等5个区级重点专科，县中医医院成功打造2个区级、1个市级重点专科，大幅提升了全县医疗救治保障能力；持续推进“优质服务基层行”，李旺镇中心卫生院达到国家推荐标准，树台、西安等8家乡镇卫生院通过基本标准；落实“三个一批”的分类救治机制，对1144名37种大病患者全部进行集中救治；规范管理慢病患者11043人，管理率100%；40名重病患者全部落实政府兜底保障政策。

【疾病预防控制】　2022年，海原县印发了《海原县重大慢性非传染性疾病医疗机构机会性筛查干预管理工作方案（试行）》等文件，成立了海原县重大慢性非传染病机会性筛查干预管理工作领导小组及7个专家工作组。全县常住居民33.35万人，建立规范化居民电子健康档案327500份，规范化电子健康档案建档率98.20%，高血压、糖尿病患者规范管理人数分别为26543人、7085人，规范管理率为95.52%、95.26%，65岁及以上老年人健康体检10439人，健康体检率36.23%，按照规范要求开展体检人数9380人，65岁及以上老年人健康管理率32.55%。在管严重精神障碍患者1704人，按照规范要求管理患者1554人，规范管理率91.20%。累计报告死亡病例1013例，报告粗死亡率3.04‰，报告肿瘤病例503例，完成全年报告任务数的43.10%。农村适龄妇女免费“两癌”筛查10129人。规范实施产前筛查及新生儿疾病筛查项目，产前筛查率81.61%；新生儿疾病筛查数2306人，新筛率96.89%，新生儿听力筛查2364人，听筛率99.33%。全县基层医疗机构“中医馆”已实现全覆盖，县中医医院建立了“治未病”站及自治区级重点专科——针灸科，县人民医院正在积极打造重点专科——中医科。2022年，海原县为乡、村两级医疗机构配置了中药药片柜、多功能牵引床、中药熏蒸治疗机、神灯、煎药机等10余种设备，配备中药饮片普遍在300种以上，为标准化村卫生室配备了中成药（均达90种以上）和艾灸器、火罐、电磁治疗仪等中医理疗设备，鼓励乡、村两级充分利用中医药技术为辖区群众服务。

【妇幼健康促进】　2022年，海原县适龄妇女“两癌”目标人群筛查率达到60%以上，新生儿疾病筛查、耳聋基因筛查率分别达到98.96%、98.48%，产前筛查率达到81.4%；对全县农村适龄妇女及城镇无业适龄妇女进行两癌筛查宣传，对1名符合救助条件的“两癌”患病妇女予以联系救助。保障母婴安全，孕产妇零死亡。

【核酸检测设施建设】　2022年，海原县两家县级公立医院设立了预检分诊室、发热门诊，对2家医疗卫生单位的预检分诊全部实行“软”变“硬”改造，全县单管核酸检测能力达到每日3000人份。

（王媛媛、罗起燕）

疾病预防与控制

【传染病网络直报和检测】 2022年，海原县报告法定传染病20种1032例，报告发病率309.43/10万，与2021年（222.68/10万）相比报告发病率上升1.98%。其中乙类报告14种901例，占报告87.31%，与上年度相比报告发病率上升37.35%。丙类报告6种131例，占报告12.69%，与上年度相比报告发病率下降了63.20%。全年报告手足口病10例，均按要求开展采样送样。

【传染病报告质量调查】 2022年，全县24家医疗单位共报告传染病797例，及时报告796例，及时报告率97.5%，及时审核796例，及时审核率为100%。

【艾滋病防治】 2022年，全县开展艾滋病筛查19578人次，检出阳性4人。年末管理艾滋病81人，现治疗77人，治疗率为95.06%（77/81）；2022年美沙酮门诊入组治疗31人，服药人员10人，全年共服药2978人次，服用美沙酮药品55000毫升。

【新冠疫情防控】 2022年，海原县加强组织领导，落实防控责任。2022年新冠疫情防控依然严峻，疾控中心完善了新冠疫情防控应急预案，调整了应急防控领导小组，分工明确、职责清晰、落实到人。明确了专家组，流调组，采样检测组，消杀组，后勤保障组的成员及责任。加强物资储备，做好后勤保障。及时采购储备了防护服、防护口罩、消毒液等应急物资，为海原县应对突发疫情提供了有效的保障，定期对储备的各类应急物资进行认真的梳理，及时采购补充短缺物资，保障疫情处置的需要。加强疫情监测，严格应急值守。疾控中心按照国家、自治区市县的相关要求，采取更严格的措施，强化疫情监测应对，执行24小时值班值守，密切关注疫情上报信息，做到早发现、早报告、早处置。时时保持备战状态，随时迎战。强化培训，规范疫情处置。疾控中心组织开展了传染病暨新冠疫情防控流行病学调查技术培训及穿脱防护服操作培训和实验室生物安全培训等培训班，对新型冠状病毒感染的疫情防控方案、个案调查表、消毒技术方案，实验室生物安全知识等内容开展培训。进一步细化工作流程，确保各项防控措施有效落实；宣传疫情防控科学知识，维护社会大局稳定。加强宣传工作，通过多途径向社会宣传和讲解有关新冠疫情防控知识，强调正确引导，宣传科学防控，不信谣、不传谣。讲清疫情特点、防治要点，让群众安心。在疫情防控期间，疾控中心的广大职工冲在前，做表率，切实发挥了先锋模范作用。

【免疫规划预防接种与疾病监测】 2022年，海原县免疫规划工作常规运转12次，各单苗接种率均达99%以上。全年一类疫苗应种84107剂次，实种84057剂次，接种率99.94%。二类疫苗累计接种10647剂次。全年共报告疑似异常反应11例（1例反应待定，10例一般反应），均做规范处理并上报。疑似麻疹病例报告1例(已排除),全县无AFP病例及流脑、乙脑病例报告。

【入学入托接种证查验】 2022年,海原县全年共查验学校和托幼机构258所,覆盖率达100%。查验新入学入托儿童1551人,查验率为100%,其中有证儿童1537人,无证儿童14人,补证14人,补证率为100%。有证漏种儿童725人,应补种846针次,已补种815针次,完成96.33%。

【脊灰等免疫规划疫苗查漏补种】 2022年4月,海原县在全县开展了0~6岁儿童脊灰等免疫规划疫苗查漏补种活动。全县共摸底适龄儿童34746人,应补种318人,实补种307人,补种率为96.5%。

【结核病防治】 2022年度海原县乡镇卫生院共转诊疑似肺结核患者485例,其中主动到位476例,主动到位率为98.14%,转诊确诊肺结核患者4例,访视督导管理肺结核患者135例,按要求完成全年督导任务。在"3·24"世界防治结核病日组织开展了多形式的宣传活动,发放宣传材料10000余份,进学校开展结核病防治知识讲座,共计3000余名师生聆听了讲座。对全县65岁以上老年人及糖尿病患者进行结核病筛查,应筛查32734例,实际筛查24261例,筛查率为74.12%。

【公共卫生监测】 2022年,全县共上报食源性疾病监测个案调查177例,审核177例,未发生食物中毒。全县共监测放射工作人员44名,县中医院一名工作人员个人剂量超标,已责令整改。全年农药中毒报告3例,县医院职业病体检33人次,已录入上报审核。对全县22所中小学开展学校学生营养监测工作,监测项目均符合要求。对全县68处供水工程进行抽样检测,在枯水期、丰水期分别抽取水样57份。通过检测枯水期和丰水期出厂水、末梢水合格率均为100.00%,二次供水合格率为100%。2022年6—9月份完成了蚊媒监测任务,海原县蚊密度低于正常监测水平。对全县57所医疗单位进行院感监测工作,检验结果均达标。

【地方病防治】 1.碘缺乏病监测。在全县重点乡镇碘盐监测300份,碘盐覆盖率为100%,碘盐合格率98.67%。2.氟中毒监测。氟中毒检测20630人,检出氟斑牙1名,氟斑牙检出率0.19%,现有氟骨症病人89例。3.布病防治。采集布病高危人群血清5979份,检出阳性37份,阳性率0.62%。布病发病率109.14/10万,2021年91.14/10万,比2021年上升19.74%。4.包虫病防治。B超筛查21769人,确诊病人9例,采集血清样2303份,阳性55份,阳性率2.39%。犬驱虫15754只,驱虫率89.55%。有包虫病患者99人,建档管理96人,建档管理率96.97%。

【鼠疫防治】 1.黄鼠密度调查。4、7月份共调查样方640公顷,捕鼠217只,平均黄鼠密度0.34只/公顷。夜行鼠调查。4—9月份共调查10800夹次,捕鼠78只,平均捕获率为0.72%。2.家屋鼠调查。4—9月份共调查1800夹次,捕鼠62只,平均捕获率为3.44%。3.黄鼠体蚤调查。4—9月份共梳检黄鼠1060只,染蚤鼠523只,获蚤总数为965匹,平均染蚤率为49.34%,平均蚤指数0.91。4.病原学及血清学监测。4—9月份共剖检黄鼠1060只,蚤培养858组1416匹,血清检验1022份,检验结果均为阴性。

【业务培训和督导】 2022年,海原县疾控中心分别对全县从事免疫规划、地方病、结核病、慢性病等工作的专干、村医及新冠疫情防控相关人员进行了线下和线上培训，培训达1500余人；全年完成了4次基本公共卫生服务督导工作。

（王媛媛、罗起燕）

卫生监督

【概　况】 2022年，海原县卫生监督所在岗各类人员25人，其中在编在岗18人，招聘3人（包括后勤1人），其他类4人。在编工勤人员6人、专技人员12人；在编本科学历以上学历9人、年龄45岁以上的8人、其余都在30岁以上。单位内设稽查科、医疗卫生监督科、学校与职业卫生生活饮用水卫生监督科、公共场所卫生监督科、办公室和财务室6个科室。辖区监管单位有卫生监督对象858家，其中各级各类医疗卫生机构287家、学校94家、公共场所432家、供水单位11家、职业危害用人单位33家、职业病体检机构1家。

【监督指标】 2022年，全县858家被监管单位监督覆盖率100%，32家“双随机”抽检任务完成率100%，完结率100%。落实卫生行政许可一次性告知承诺制，全年新许可公共场所88家，延续6家，变更5家，注销4家。共查处各类违法案件28件，已结案26件，未结案2件，合计罚款14.66万元。圆满完成疫情防控期间、重大节假日期间、高考期间的卫生监督保障工作。

【疫情常态化防控】 2022年，海原县卫生监督所全力做好疫情防控常态化工作。1.确保能够随时启动应急预案，明确工作方案，明确各科室责任，能够随时安排部署全所疫情防控工作。2.组织卫生监督员参加区、市、县组织的新冠疫情防控知识培训会议37次，参会学习49人次，内部组织培训会议19次，参会学习399人次。通过参会学习增强了卫生监督人员疫情防控知识。组织全县民营医院、个体诊所负责人和感染科主任参加县卫生健康系统新冠防控知识培训会议3次，进一步提高基层医疗卫生机构疫情防控意识，落实传染病预检分诊责任。3.组织疫情防控宣传3次，制作宣传栏7个、条幅9条、宣传展板1个及通过电视屏、电子屏不间断播放疫情防控视频、标语，增强群众疫情防控意识，营造全民共同参与疫情防控社会氛围。4.强化应急值班和应急物资储备。集中使用、统一调度，切实保障疫情防控工作需要。5.对县医院、县中医院、县妇幼保健计划生育服务中心、县疾病预防控制中心等23家医疗机构和6家社区卫生服务站进行了全面监督检查。督促强化就医场所消毒、医务人员个人防护及其他各项疫情防控措施的落实。6.加强公共场所等人员密集场所管理。检查防疫措施落实情况；对大中型超市进行疫情防控工作监督检查，确保公共场所疫情防控工作有效进行。

【学校卫生监督】 2022年，海原县卫生监督所联合教育、市场监管局等多个部门针对学校传染病防治、学生健康体检、生活饮用水卫生和校园教学、生活设施配备情况和复课前新冠疫情防控工作检查验收。全年对全县94家学校完成了日常监督检查，监督覆盖率达100%，针对6家教室课桌椅不符合国家相关标准的学校，给予了警告。

【职业卫生培训】 4月25日至5月1日，海原县卫生监督所组织开展第20个《中华人民共和国职业病防治法》宣传周活动，组织召开了线上启动会及培训会议。在《中华人民共和国职业病防治法》、企业职业危害因素申报、“三同时”制度、职业危害警示告知、检测监控措施、职业危害防护设施、防护用品发放管理、职业健康监护、职业危害事故报告与救援等方面，对全县33家相关用人单位的职业卫生管理人员进行了线上专项治理企业培训。随后随机抽取用工企业进行监督检查，检查内容包括疫情防控组织机构、人员健康状况监测及个人防护、防控物资储备及民工生活区域消毒和环境卫生等。

【公共场所监管】 2022年，海原县卫生监督所开展公共场所量化分级管理和节日公共场所卫生安全专项检查等常规工作，全年共检查公共场所经营单位432家，监督覆盖率达100%，下达卫生监督意见书527份。针对无公共场所卫生许可证及健康证的6家公共场所给予行政处罚，均已结案，罚款金额合计6500元。

【生活饮用水卫生监管】 2022年，海原县卫生监督所对全县2家集中式供水单位、9家二次供水单位进行了监督检查，检查主要从卫生许可证、人员健康证、卫生管理制度、水源地卫生管理、饮用水消毒及周边环境卫生等方面进行了检查。检查发现：县城集中供水单位各项管理制度落实到位，水源地及周边环境卫生符合卫生学的要求，人员健康证齐全，水质日常消毒落实到位。农村集中式供水单位大部分消毒不到位，周边环境卫生不符合卫生要求，供水人员未办理健康证上岗工作。针对存在的问题，卫生监督员下达了卫生监督意见书要求立即整改，并严格落实各项供水卫生管理制度，保障饮用水卫生安全。

【医疗机构日常监管】 2022年，海原县卫生监督所对全县287家医疗机构开展了日常监督检查同时对医疗机构不良执业积分管理进行了评分。对三家消毒措施不到位、医疗废物处置不合理的村卫生室进行处罚合计1.1万元，对三家重复使用一次性医疗器械、医疗废物处置不规范的诊所，进行处罚合计2.1万元。利用医疗机构年度校验之机，审查、整改、规范不合法的行为。对各医疗机构医疗废弃物处置和医疗执业行为进行了进一步的规范。

【卫生监督管理服务】 海原县卫生监督所严格规范审批程序，提升管理服务水平。全年新许可公共场所88家，延续6家，变更5家，注销4家。

【卫生监督宣传】 海原县卫生监督所通过发放宣传册、宣传画、宣传品、印制展板、宣传标语的方式对《中华人民共和国医师法》、《中华人民共和国民法典》、《中华人民共和国基本医疗卫生与健康促进法》、《中华人民共和国职业病防治法》、“打击非法行医”、“民族团结进步创建”等进行了宣传。发放各类宣传册、宣传画、宣传品3000余份，发放科普读物600余份，接受群众咨询15000余人次。

【打击非法行医及非法医疗美容专项治理】 海原县卫生监督所加大行政执法力度，严厉打击各类违法行为，非法行医行为明显减少，2022年仅立案非法行医案件1例。通过严格规范医疗机构美容服务、严厉打击无证开展医疗美容开展专项整治活动、严查非法生产经营使用药品和医疗器械行为、严打虚假医疗美容广告等措施，2022年全年未发现非法医疗美容活动。

【医疗废物和污水处置专项整治】 海原县卫生监督所成立专项小组，重点针对医疗机构的预检分诊点、发热门诊、感染性疾病科、口腔科、妇产科、微生物实验室以及暂存点等重点科室，检查医疗废物管理组织、制度、应急方案的建立和落实情况；检查是否分类规范分类、收集转运医疗废物；微生物实验室是否做到感染性废物先灭菌再处置、是否存在将医疗废物混入其他废物和生活垃圾的行为；是否存在非法倒卖医疗废物行为；对全县各类医疗卫生机构是否严格落实危险废物转移联单制度；从事医疗废物分类收集、运送、登记、暂时贮存工作人员的职业卫生安全防护知识培训情况；未经病人血液、体液、排泄物污染的一次性输液瓶、输液袋的处置情况；医疗污水消毒剂投放是否规范；水质监测、微生物监测、余氯监测是否合格；是否与第三方水质监测公司签订水质监测合同；医疗污水转运记录等情况。在检查中发现，部分医疗机构仍然存在医疗废物与生活垃圾混放、医疗废物未按类别分置于专用容器的现象，个别医疗机构的医疗污水消毒剂未规范投放及登记，医疗废物废水专职管理人员的个人防护不到位。针对上述存在问题，卫生监督员当场予以指导，并下达卫生监督意见书责令改正。

【打击非法应用人类辅助生殖专项整治】 2022年，海原县卫生监督所通过日常监督检查、打击非法行医等专项任务联合开展现场检查、网络搜索线索、接受投诉等方式收集违法违规信息，监督所重点整治发布不良广告信息以及中介违规经营、非法使用药品和医疗器械、非法应用人类辅助生殖技术等违法违规行为。

【医疗机构健康体检专项整治】 2022年，海原县卫生监督所过现场检查、查阅资料、询问医务人员或患者等方式，重点检查了医疗机构开展健康体检是否取得卫生健康行政部门的许可登记；从事健康体检的人员资质是否符合要求；负责签署健康体检报告的医师是否符合要求；开展外出健康体检是否备案并符合相关要求；是否出具虚假或者伪造健康体检结果和从业人员健康体检报告；是否开展非诊断需要对儿童微进行量元素监测，不得将微量元素监测作为体检等普查项目。通过专项检查发现个别医疗机构健康体检项目目录多于实际开展体检项目、部分体检报告体检项目结果医师签名不规范等问题，针对发现的问题加强日常监管，督促及时整改到位，对整改不到位的单位进行了严肃处理。

（王媛媛、罗起燕）

计划生育服务

【生育登记服务】 2022年，海原县按照《中共中央、国务院关于优化生育政策促进人口长期均衡发展的决定》，坚持依法、公正、公开、高效、便民的原则，对一、二、三孩全面落实生育登记制，生育登记服务实行首接负责制、委托代理代办制、一次性告知制度和承诺制等规定，全面实施网上登记或窗口申请登记，将生育登记全面下放到各乡镇，最大程度方便群众办事,有效提升生育登记服务能力。

【计划生育惠民政策落实】 2022年,全县审核申报各项计划生育奖励扶助对象4408人次,申请国家、自治区和县级奖励扶助资金共计382万元。资金通过奖扶对象个人社保卡逐月审核兑现,经审核,扶助对象当月死亡的,次月退出并停发扶助资金,全年兑现扶助资金373.967万元,资金兑现率和准确率均为100%。组织各乡镇业务人员对各项目扶助对象的信息全部进行补充采集完善,按时完成了1957个提前奖励扶助对象、225户领取独生子女保健费的独生子女家庭及特殊家庭护理补贴、一次性抚慰金等项目的信息录入和审核工作。

【特殊家庭“三个覆盖”】 2022年,海原县按照《海原县开展计划生育特殊家庭联系人制度等“三个全覆盖”专项行动实施方案》要求,以各乡镇人民政府为责任主体,对辖区内16户特殊家庭确定一名乡镇干部、一名村(社区)干部和一名乡村卫计干部“2+1”作为联系人,共确定联系人45人,明确了联系帮扶关系,为特扶家庭制作发放了“爱心联系卡”,畅通联系人与帮扶家庭的联络渠道。将特扶对象全部纳入家庭医生签约服务,切实保证重点签约、优先服务。为特扶对象提供优先便利就医“绿色通道”。并对计划生育特殊家庭的“三个全覆盖”工作进行专项评估,确保达到100%。

【婴幼儿照护服务】 2022年,海原县注册婴幼儿照护机构5家,完成备案机构3家,完成备案托位数310个,完成了自治区下达目标任务的102.3%。

【涉计划生育党内法规和规范性文件清理】 2022年,海原县对涉及计划生育内容的党内规范性文件进行了梳理,共清理出与修改后的《中华人民共和国人口与计划生育法》《宁夏回族自治区人口与计划生育条例》不一致不衔接的规范性文件10个,已报请海原县委清理废止。

(王媛媛、罗起燕)

妇幼保健

【概 况】 2022年,海原县有区级综合医院1所,县级医疗单位有县医院、中医院、妇幼保健计划生育服务中心各1所,乡镇卫生院19所,6个社区卫生服务站,共配备县、乡两级妇幼专干56名,村医268名,妇幼卫生三级网络健全。

【妇幼健康工作指标】 2022年,海原县产妇总数3764人,健康管理3630人,活产3794人,孕产妇健康管理率95.68%、住院分娩率100%、新法接生率100%;筛查高危孕妇1298人,高危筛查率34.89%,高危孕妇分娩839人,住院分娩839人,高危住院分娩率100%,无孕产妇死亡。7岁以下儿童35794人,健康管理33906人,儿童健康管理率94.738%;3岁以下儿童15095人,系统管理13864人,系统管理率91.84%;5岁以下儿童死亡20例,死亡率5.27‰,婴儿死亡9例,死亡2.37‰,新生儿死亡3例,新生儿死亡率0.79‰;出生缺陷医院监测人数3474例,出生缺陷9例,出生缺陷发生率58.38/万。

【住院分娩】 2022年,全县有区级助产机构1家(宁南医院),县级3家,分别是县人民医院、县中医医院、县妇计中心,乡镇助产机构10家。

【增补叶酸预防神经管缺陷】 2022年,全县共发放叶酸16010瓶，叶酸应服5261人，实际服用5198人，服用率98.83%，依从人数4949人，依从率95%。

【母婴传播】 2022年，全县14家助产机构开展产前保健孕妇数3386人，孕期门诊接受HIV抗体、梅毒、乙肝检测4044人。查出乙肝表抗阳性164例，梅毒阳性2例，艾滋抗体阳性0例。住院分娩3462人，其中孕期咨询检测3462人，仅产时咨询、检测18人，孕期检测率98.3%。梅毒阳性产妇2人，梅毒阳性产妇分娩活产2人，乙肝表面抗原阳性产妇数155人，乙肝表面抗原阳性产妇分娩活产155人，免费注射乙肝免疫球蛋白新生儿155人。

【儿童营养改善】 2022年，全县发放营养包80990盒，应服10928人，实际发放10863人，发放率99.41%，调查人数10582人，营养包有效服用人数10924人，有效服用率95.52%。

【婚前医学检查】 2022年，全县应检查人数2276人，实际免费婚检2462人，婚检率为92.45%（2021年92.89%），查出患病251人，其中指定传染病105人，性病5人，总患病率11.03%。

【新生儿疾病筛查】 2022年，全县助产机构活产数为3474人，采血3472人，采血率为99.94%。不合格血片0张，血片合格人数3472人，合格率100%。可疑阳性89例。确诊8例。其中苯丙酮尿症（PKU）4例、先天性甲状腺功能低症（CH）4例、肾上腺皮质增生症（CAH）0例、葡萄糖6磷酸脱氢酶缺乏症（G6-PD）0例，48种疾病筛查确诊0例。新生儿免费听力筛查3441人，筛查率为99.05%，听力障碍确诊1例；耳聋基因筛查人数3459人，筛查率为99.57%.阳性人数59人。采血率较上年度有所上升，群众健康知识效率有所提高。

【两癌筛查】 2022年，全县农村适龄妇女宫颈癌、乳腺癌筛查任务11200人，完成11202人，完成率100.01%。城镇无业适龄妇女宫颈癌、乳腺癌筛查任务2000人，完成2000人，完成率100%。宫颈癌筛查需做阴道镜检查416人，实际已做172人，确诊病例1例（浸润癌），活检160人，HPV感染933人；乳腺癌筛查需要做钼靶451人，已做66人。

【妇幼保健项目宣传】 2022年，海原县利用讲座、培训、入户访谈、手机短信、微信、县有线电视台宣传等方式加强妇幼卫生项目宣传，提高群众对妇幼卫生项目的认知度。全年发放项目宣传资料3万余份，制作宣传展板10块，举办大型宣传活动8场次，发放各类宣传折页2万份，发放宣传毛巾2700余条、手提袋1300个、围裙1600个，门帘4000条、宣传纸杯20000个、宣传抽纸1000盒。

【妇幼保健培训】 2022年，县妇计中心安排业务骨干参加国家级、自治区、市级中短期项目管理培训32人次，参加区、市级专家视频培训会议80余人次。聘请自治区市级业务专家开展业务培训、临床带教100余人次。

（王媛媛、罗起燕）

社会生活

人民生活

【城镇居民收入】 2022年,海原县城镇居民人均可支配收入30980.4元,同比增加1502.3元,同比增长5.1%。其中,人均工资性收入26782.0元,同比增加1303.5元,增长5.1%;人均经营净收入1777.8元,同比增加74.0元,增长4.3%;人均财产净收入541.6元,同比增加24.0元,增长4.6%;人均转移净收入1879.0元,同比增加100.8元,增长5.7%。

【农村居民收入】 据国家统计局海原调查队调查资料显示:2022年,海原县农村居民人均可支配收入12744.5元,同比增加1003.0元,增长8.5%。其中,人均工资性收入5948.3元,同比增加469.4元,增长8.6%;人均经营净收入为4403.7元,同比增加373.2元,增长9.3%;人均财产净收入81.9元,同比增加-25.9元,增长-24.0%;人均转移净收入为2310.7元,同比增加186.3元,增长8.8%。

【城镇居民生活消费支出】 据国家统计局海原调查队调查资料显示:2022年,海原县城镇居民人均生活消费支出16508.5元,同比下降730.2元,下降4.2%。其中,人均食品烟酒支出5069.4元,同比下降21.7元,下降0.4%;人均衣着支出1652.5元,同比下降242.2元,下降17.2%;人均居住类支出3061.6元,同比下降321.4元,下降9.5%;人均生活用品及服务类支出1221.4元,同比下降127.0元,下降9.4%;人均交通通信类支出2283.3元,同比下降75.0元,下降3.2%;人均教育文化支出1858.9元,同比下降128.0元,下降6.4%;人均医疗保健支出1152.6元,同比下降4.4元,下降0.4%;其他用品及其他服务方面的消费314.1元,下降26.7元,下降7.8%。

【农村居民生活消费支出】 据国家统计局海原调查队调查资料显示:2022年,海原县农村居民人均生活消费支出9728.5元,同比下降1036.0元,下降9.6%。其中,人均食品烟酒支出3125.7元,同比下降139.1元,下降4.3%;人均衣着类消费支出664.1元,同比下降79.9元,下降10.7%;人均居住类消费支出1816.7元,同比下降219.6元,下降10.8%;人均生活用品及服务消费支出605.8元,同比下降80.5元,下降11.7%;人均交通通信类消费支出1260.7元,同比下降146.3元,下降10.4%;人均教育文化娱乐消费支出1133.7元,同比下降77.2元,下降6.4%;人均医疗保健消费支出1038.2元,同比下降279.8元,下降21.2%;其他用品及其他服务方面的消费83.7元，下降13.5元，下降13.9%。

【CPI涨势】 1—12月，海原县CPI（消费者物价指数）累计上涨2.5%，涨幅较上年同期上涨0.9个百分点，高于全区平均涨幅0.2个百分点。构成居民消费价格的八大类商品和服务涨幅较上年同期呈“七升一降”态势。其中食品烟酒、居住、生活用品及服务、交通和通信、教育文化和娱乐、医疗保健、其他用品和服务类价格分别上升0.8%、2.4%、0.7%、5.9%、0.1%、7.4%、2.1%；衣着类价格下降1.4%。

（海原调查队）

人力资源和社会保障

【概　况】 海原县人力资源和社会保障局（简称人社局）是海原县政府工作部门，主要承担拟订人力资源社会保障事业发展规划、政策措施并组织实施，负责促进就业工作，统筹推进社会保险体系，牵头推进深化职称制度改革，落实事业单位人员招聘、培养、使用，落实事业单位人员工资收入分配政策，统筹实施劳动人事争议调解仲裁和保障农民工工资清欠等职责。内设4个股室（办公室、劳动和社会保障股、事业单位人事管理股、工资福利股）。下属副科级单位4个（海原县就业创业人才服务局、海原县社会保险事业管理中心、海原县劳动保障监察执法局、海原县人事劳动争议仲裁院），其中，海原县就业创业人才服务局、海原县劳动保障监察执法局、海原县人事劳动争议仲裁院为参公单位，海原县社会保险事业管理中心为事业单位。

【就业创业】 2022年，海原县搭建平台，力促城乡劳动力转移就业。举办了就业援助月、春风行动、就业帮扶、高校毕业生专场招聘会等6次，达成外出务工意向登记3200余人。加强与区内外劳务对接，达成3000人劳务合作意向。紧盯全县36个移民安置点和关桥、高崖、西安3个压砂瓜退出种植区，举办就业创业帮扶现场会18次。“点对点”向企业输送转移就业人员32批1409人。培训劳务中介组织法人、劳务经纪人及就业创业干部100人，培训劳务工作人员72人。抢抓季节性务工机遇，向青海等枸杞采摘基地集中免费输送采摘工7批1300人，季节性枸杞务工达1.2万人以上。加强闽宁劳务协作，向福建点对点输送务工人员806人。年内全县购买“铁杆庄稼保”70599人，转移就业10.83万人（脱贫劳动力40525人），创收19.1亿元。精准施策，鼓励脱贫劳动力积极就业。开展职业技能培训2377人（脱贫劳动力1135人），“两后生”培训33人，脱贫劳动力驾驶员培训167人，职业技能培训个人直补111人。兑付劳务奖补资金12277人3075.03万元。兑付19家帮扶车间就业补贴725人201.32万元，扶持帮扶车间复工复产吸纳就业1038人。开展失业登记1398人，职业指导、职业介绍2000余人次。公益性岗位托底安置就业930人（城镇公益性岗位360人）。严把政策关口，发放灵活就业人员社会保险补贴67人24.95万元。新增城镇就业1307人，城镇失业人员再就业369人，城镇就业困难人员就业105人，均超额完成目标任务。落实政策，以创业促进稳岗就业。开展创业培训330人，农村致富带头人培训270人，发放全民创业贷款8174万元。培育创业实体511个，创造新岗位958个,创业带动就业2267人,分别完成目标任务的146%、147%、151%。多措并举实名服务高校毕业生超过1万人次。“三支一扶”在岗服务388人,机关事业单位实习生在岗服务299人,企业青年见习生在岗服务93人,安置困难高校毕业生公益性岗位42人。失业保险基金支出1009.37万元,切实助企纾困促发展。

【社会保险】 2022年,海原县全面推进全民参保登记。全县企业、机关事业单位、城乡居民基本养老保险参保23.71万人,失业、工伤保险参保1.12万人、2.37万人,均完成参保任务的100%以上。新开工项目工伤保险参保率达96%。认真落实社会保险政策。按照先保后征的原则,对2022年符合条件的被征地农民全部纳入养老保险范围。为35725名城乡居民养老保险待遇人均增资15元,人均养老金提高到226元。为10822名企业职工退休人员人均增资136元,人均月领取养老金2269元;为4094名机关事业退休人员人均调资188元,人均月领取养老金5369元。截至12月份,全县基本养老保险享受待遇50566人,发放69191万元,发放率100%。支付取暖费、民族团结奖、遗属丧葬费和抚恤金共计11453万元。工伤保险享受待遇人数241人,支付待遇676.34万元,发放率100%。为9650名低保、特困、重度残疾、易返贫致贫四类监测对象落实政府代缴养老保险费及补贴资金95.25万元。落实减税降费政策,全县基本养老保险、失业保险、工伤保险降低缴费费率受益企业356家,受益金额1959.35万元。缓缴47家中小微企业社会保险费625万元。

【招才引才】 2022年,海原县严格程序,完成了海原县项目投资服务中心等单位人员划转、调动工作。监督指导县教体局完成自主招聘周转池教师工作,对210名拟聘用人员办理聘用手续。完成242名事业单位工作人员的招录工作。聚焦教育、卫健等领域急需紧缺高层次人才需求,为16名研究生办理手续。安置公费师范生39人,农村订单定向医学生14人。

【基层人才队伍建设】 2022年,海原县申报成功卫生领域知名专家基层服务行活动,全力助推乡村振兴。人社部门联合各乡镇、各单位认真摸排事业人才信息,初步建立全县事业人才信息库。深入实施人才强县战略,对县内2家国企18名管理、专技人才和7家企业39名经营管理人才信息进行摸排采集,为企业经营和企业引进人才提供基础数据支撑。大力选拔推荐人才,推荐评选自治区青年拔尖人才培养工程1人;推荐以海原县人民医院为载体新建海原县医疗健康保障专家服务基地。积极组织开展网络学习培训,促进全县专技人员知识更新、补充、拓展和提高。配套装修8套公租房,增加人才公寓数量。

【职称评聘晋升】 2022年,海原县双定向聘任正高级岗位13人,副高级岗位169人。完成专技岗位晋级333人,工勤35人。严格按照岗位设置比例,对编制调整的6个事业单位重新进行岗位设置。认真做好2021年事业单位工作人员年度考核工作。制定印发了《海原县事业单位管理岗位职员等级晋升制度工作实施方案》,全县管理岗位职员等级晋升共计20人。

【根治欠薪】 2022年,海原县严格落实工作责任。制定印发了《海原县全面根治拖欠农民工工资实施意见》《海原县2022年根治拖欠农民工工资工作任务分工方案》,压实工作责任,为解决拖欠农民工工资突出问题提供了有力的组织保障。狠抓欠薪线索办结。始终坚持“四个一批”(即源头移送一批、协调化解一批、依法查处一批、引导诉讼一批)工作措施,充分发挥“1+5+N”工作机制作用,化解线上线下欠薪线索335条,为775名农民工追回劳动所得882.5万元,欠薪线索办结率100%。加大预警平台应用。全县主动监察数据、欠薪线索办理数据录入率均达到100%;已有552个在建工程项目(标段)纳入平台监管,其中在建项目(标段)328个,通过系统支付农民工工资23707.54万元,项目入库率、数据录入率均居全区前列。推动保障制度落实。按照新标准督促施工企业办理农民工工资保证金手续399个项目(标段),涉及保额5735.02万元,开设备案农民工工资专用账户344个项目(标段),线上审核备案劳动合同29393份。畅通仲裁维权渠道。接收劳动争议仲裁案件129件,不予受理14件,立案处理115件,审结109件,仲裁结案率达94.8%,时效内结案率100%,调解94件,调解成功率86.24%,裁决12件(其中终局裁决3件),裁决率11%,其他3件,仲裁终结率100%。

(范富岩)

医疗保障

【概　况】 海原县医疗保障局于2019年1月28日挂牌成立。2022年,核定24个编制。其中行政编制5名,设局长1名,副局长2名;下设医疗保障服务中心一个事业机构,有事业编制19名。

【城镇职工基本医疗保险】 2022年,海原县城镇职工基本医疗保险参保单位366家,参保职工20550人。其中,在职职工15246人,退休职工5304人,缴费基数总额102451.99万元,基本医疗保险基金收入10880.8万元。统筹基金支出2739.68万元,公务员医疗补助和大额医疗补助支出592.77万元,个人账户支出5717.21万元。其中职工住院3912人次,医疗总费用3626.66万元,统筹支付2046.96万元,公务员医疗补助和大额医疗补助支出562.31万元,自费594.68万元,个人账户支付209.08万元;职工门诊大病17790人次,总费用827.44万元,统筹支付487.2万元,大额医疗补助支出30.46万元,自费20.5万元,个人账户支付215.43万元;普通门诊统筹116192人次,医疗总费用1382.26万元,统筹支付205.52万元,自费446.28万元,个人账户支付854.01万元;药店购药404196人次,总费用4184.55万元,个人账户支付4183.56万元;享受生育保险待遇生育医疗费用241人次,82.31万元;女职工生育津贴149人次,298.19万元;男职工生育津贴289人次,119.02万元。

【城乡居民基本医疗保险】 2022年,海原县落实资助参保工作,城乡特困供养人员、孤儿、二级以上重残人员、无城镇职工基本医疗保险的离休干部遗孀每人补助330元、个人不缴费;对重点优抚对象、高龄低收入老年人、低保对象、纳入相关部门监测范围的脱贫不稳定户、边缘易致贫和突发严重困难人口定额补助270元,个人缴费60元;对三级中度残疾人员定额补助240元,个人缴费90元;对未纳入乡村振兴部门监测范围的已脱贫人口定额补助210元,个人缴费120元。特殊困难群体人员有多重身份的，个人缴费按就低原则执行。城乡居民基本医疗保险参保缴费人数为372786人，完成自治区下达参保任务数369100人的101%。城乡居民基本医疗保险基金收入34924万元。基本医疗基金支出22053.34万元，大病保险支付2340.2万元，其他支付（医疗救助等）3129.13万元。其中城乡居民住院44763人次，住院总费用35194.98万元，统筹支付19361.48万元，大病保险支付2340.2万元，其他支付（医疗救助等）2283.36万元，自费5598.64万元。门诊统筹535188人次，医疗总费用1691.57万元，统筹支付1085万元，自费59.84万元；门诊大病73445人次，总费用3249.98万元，统筹支付1606.86万元，其他支付（医疗救助）845.77万元，自费73.87万元。

【医疗救助】 2022年，海原县贫困人口总数为141015人，筛查出不属于参保范围463人，实际参保缴费140552人，参保率100%。其中，脱贫不稳定人数为2345人，边缘易致贫户人数为3995人，突发严重困难户人数614人，低保对象人数为50278人，已脱贫户人数为68992人。医疗救助人员参保缴费资助人数139707人，补助资金3397万元。住院救助17416人次，住院救助资金数2283.36万元；门诊救助49800人次，支出845.77万元。

【重点贫困人口检测认定】 2022年，海原县执行自治区民政厅、医保局于2021年3月联合下发的《关于进一步规范申请医疗救助家庭经济状况核对工作的通知》规定，对因病致贫家庭患病人员申请医疗救助程序。各乡镇人民政府、街道办事处负责受理辖区内医疗救助对象申请人提交的申请材料，根据信息核对结果提出审核意见。民政部门负责对医疗救助对象申请人家庭开展经济状况核对，并将核对结果及时反馈申请人户籍所在地乡镇人民政府、街道办事处。医疗保障部门根据医疗救助办法有关规定，对符合条件的申请人实施医疗救助。此项工作要求建立和完善部门沟通协作机制。民政部门、医疗保障部门都确定了专门的联络人员，对因病致贫家庭患病人员医疗救助工作中出现的信息不完整、审核周期长等问题，及时沟通解决，让数据多跑路，群众少跑腿。原则上，申请人只需到所在街道、乡镇提交申请，只跑一次。对乡镇人民政府、街道办事处办理业务环节出现的问题，民政部门和医疗保障部门应按照职责分工，主动与乡镇人民政府、街道办事处进行沟通，督促并协助解决问题。

【因病返贫救助】 2022年，海原县落实重特大疾病医疗保障和城乡医疗救助政策，降低因病返贫致贫救助门槛。严格执行国家医疗保障待遇清单制度规定，按照自治区基本医疗保险政策统一、待遇普惠，全面清理医疗保障扶贫领域的过度保障政策。坚持基本医保公平普惠政策和大病保险倾斜政策，巩固大病保险保障水平，保持大病保险起付线稳定在9500元，政策范围内支付比例稳定在60%左右。在大病保险普惠待遇政策基础上，特困人员（含孤儿）、低保对象（含高龄低收入老年人）和返贫致贫人口，实施大病起付线降低至3000元、支付比例提高5个百分点的大病保险倾斜政策。对不属于享受倾斜支付的脱贫人口，取消脱贫攻坚期内超常规措施安排，统一转为按规定享受基本医保、大病保险、医疗救助三重制度保障。对特困人员（含孤儿）、低保对象（含高龄低收入老年人）、纳入相关部门监测范围的脱贫不稳定、边缘易致贫和突发严重困难人口，完善统一规范的医疗救助制度，严格执行基本医保“三个目录”（即基本医疗保险药品目录、基本医疗保险诊疗项目目录及基本医疗保险医疗服务设施项目）规定，统筹门诊慢特病救助保障，门诊慢特病和住院救助共用5万元的年度救助限额，在年度救助限额内，对扣除各类医疗保险支付部分后的门诊慢特病和住院救助剩余合规费用，特困人员（含孤儿）按照100%比例给予救助；低保对象（含高龄低收入老年人）和纳入相关部门监测范围的脱贫不稳定、边缘易致贫和突发严重困难人口按照80%比例给予救助。经过三重制度保障后，对规范转诊，年度救助限额为16万元。已脱贫人口和纳入民政部门低收入人口监测范围的低保边缘人口中发生高额费用的大病患者，因病返贫致贫救助对象的年度救助起付线由原来的3万元，降低到2万元，年度门诊慢特病和住院累计总费用，扣除基本医保、大病保险支付部分，剩余合规费用达到2万元及以上的人员确定为因病返贫致贫救助对象。经过基本医保、大病保险支付后，年度累计超过5000元起付线的剩余合规费用，按照70%比例给予救助，年度救助限额为16万元。最大程度防范因病返贫致贫现象发生。提高门诊慢特病救助保障水平，降低因病返贫致贫救助门槛，提高监测户和其他脱贫户门诊慢特病保障水平。

【医保经办服务】 2022年，海原聚焦打通“最后一公里”，精准解决医保经办服务堵点。基于自治区电子政务云、大数据、云计算等技术开发了“一站式”结算平台，贫困人员先住院、后付费，在医院结算时只需承担个人自付部分，解决了垫资、跑腿之忧，及时承接了民政部门承担的医疗救助和卫健部门承担的健康扶贫政府兜底保障职能，改造优化了贫困人口医疗费用直接结算系统，推进城乡居民基本医疗保险、大病保险和医疗救助信息共享、服务衔接，提升贫困人口院端“一站式服务、一窗口办理、一单制结算”服务水平。建立“不见面、马上办、最多只跑一趟”的经办服务机制。规范贫困人口跨省异地结算手工报销资料和时限，20个工作日内完成拨付工作，彻底疏通了结算“堵点”。

【医保改革】 2022年，海原县从9月1日起按照《中卫市开展基本医疗保险按区域点数法总额预算和按病种分值付费省级试点工作实施方案》精神，全面推进基本医疗保险DIP付费方式改革。截至2022年年底，海原县有6家医疗机构进行职工DIP支付结算，9家医疗机构进行居民DIP支付结算。2022年9—12月职工住院费用DIP支付结算717人次，总费用407.60万元，基本统筹（含大额）发生额279.33万元，按DIP付费金额309.04万元；2022年9—12月居民DIP支付结算7498人次，总费用5402.20万元，基本统筹发生额3261.23万元，按DIP付费金额3476.69万元。

【医保基金监管】 2022年，海原县医疗保障部门扎实开展医疗保障突出问题专项治理，认真落实《自治区医保局关于印发〈医疗保障领域突出问题参照清单〉的通知》精神，参照问题清单，建立问题台账。对两定机构进行全覆盖督导检查，全年共督导检查医疗机构15家，对涉及的问题要求立行立改。移交参保患者诈骗医保基金1人，已立案，涉及医保基金6.7万元。4月，开展为期一个月的医保基金监管集中宣传月活动。印制《医疗保障政策汇编》1000份、《宁夏回族自治区实施〈医疗保障基金使用监督管理条例〉办法》单行本10000份、毛巾10000条、纸杯100000个、《巩固拓展医疗保障脱贫攻坚成果有效衔接乡村振兴》政策折页80000份。按照《中卫市医疗保障局关于海原县医药机构违规问题移交转办的函》要求,对辖区内定点医药机构违规问题进行了处罚。

【“互联网+医保”】 从2021年10月份医保经办服务和信息化平台运行以来,海原县经办服务中心全面完成了15项编码的贯标工作、完成了医疗机构HIS系统改造、完成了积压件清零任务。全县所有34家医疗机构和90家零售药店实现“一站式服务、一单制结算”,实现医保结算即时结算。根据《自治区医疗保障局关于进一步做好2021年医保电子凭证推广应用工作的通知》文件,继续进行医保电子凭证推广和激活。2022年,海原县参保人数为390230人,目标激活人数为312184人,目标激活率为80%,实际激活人数为300709人,激活率78.37%。医保电子凭证结算占比平均为5.40%。

【异地就医直接结算】 2022年,海原县推进跨省异地就医直接结算范围,取消备案到定点医疗机构的数量限制,取消需就医地审批盖章程序,积极推进电话申请备案、微信申请备案、互联网备案、手机App备案等多样化服务渠道,实现了区内生育医疗费用、生育津贴在医院端窗口“一站式”结算申领。从2020年10月1日起全面取消自治区内备案及转诊转院,实现了“一单制结算、一站式办理”。按照自治区统一安排部署,积极推进门诊费用跨省直接结算工作,宁南医院、县人民医院、县中医医院完成了门诊跨省异地就医结算定点医疗机构,完成了HIS系统改造升级,实现了与全国医疗保障信息系统联网互通。截至12月底,全县跨省异地备案累计3752人,直接结算3072人次,门诊就诊结算2240人次,住院就诊结算832人次,总费用2411.26万元,医保支付1727.58万元,个人账户支付39.18万元,实现与全国27个省市住院及门诊费用的直接结算。

【疫情防控】 “9·20”突发新冠疫情后,海原县医疗保障部门出台印发《海原县医疗保障局关于做好新冠疫情防控工作方案》,成立以党组书记、局长为组长,副局长为副组长,各股室负责人为成员的海原县医疗保障局新冠疫情防控工作领导小组,明确了工作职责和工作要求,启动了医疗保障应急工作机制,确保确诊新冠患者不因费用问题影响就医,确保收治医院不因支付政策影响救治工作。为确保海原县疫情防控措施落实到位,及时向县域内定点医疗机构预拨医保基金。预拨宁夏人民医院医保基金200万元、海原县人民医保基金200万元、海原县中医医院医保基金100万元。全面落实医疗保障待遇政策,防止疫情扩散将国家卫生健康委关于《新型冠状病毒感染的费用诊疗方案》覆盖的药品和医疗服务项目,全部临时纳入医保基金支付范围。在未实现系统联网结算前,实行医保中心端手工报销,保证及时支付患者费用,打消患者就医顾虑。对异地就医患者先救治后结算,报销不再执行异地转外就医支付比例调减控制性规定,减少患者流动带来的传染风险。对病人的医保诉求,对接参保省做好异地就医备案。对收治的医院,相关医疗费用不纳入医院总额预算控制指标。

【完善保障机制】 完善职工和城镇居民高血压、糖尿病门诊大病费用保障机制。建立完善门诊“两病”用药药品的医保支付标准，政策范围内支付比例达到50%至75%，建立不超过12周用药量的门诊用药长期处方制度，减少群众购药次数。城镇职工及城乡居民基本医疗保险住院费用政策范围内报销比例分别达到80%、70%以上，广大参保人员在医疗保障领域的获得感、安全感、幸福感明显提升。

（单学平）

民 政

【概 况】 2022年，海原县民政局有干部职工37名。其中局长1名，副局长2名；工作人员25名；安置退役军人；政府购买服务人员3名。下属事业单位有城乡低保中心及社会救助中心、海原县殡葬管理所、海原县儿童福利院及未成年人保护中心。局机关设办公室、财务室、基层政权和社区治理股、城乡低保和社会救助中心、社会事务股、区划地名办、行政审批及社会组织股7个职能股室。有海原县中心敬老院、海原县阅海养老服务中心、海兴开发区敬老院3所敬老院，50个儿童之家，8个日间照料中心。

【社会救助保障对象】 2022年12月，全县农村低保64893人，脱贫人口享受城乡低保28111人（农村27133人，城市978人），占脱贫人口的25.1%。高龄津贴3391人；集中供养230人，分散供养483人；孤儿及事实无人抚养儿童704人；困难残疾人生活补贴9161人；重度残疾人护理补贴5585人。全年新增农村低保3689人，取消3318人；新增高龄津贴374人，取消557人；新增特困供养49人，取消61人；孤儿及实施无人抚养儿童新增88人，取消141人。

【困难救助补助资金发放】 截至2022年12月，海原县累计发放各类困难群众救助补助资金33363.94785万元（其中节日等补贴2197.872万元、取暖费706.41万元），发放残疾人“两项补贴”2062.72万元。发放救助资金2675.435万元，累计救助困难群众18057人次。民政救助对象791人，每人发放0.195万元，发放金额160.245万元。保持救助政策稳定，兜底保障力度不减，巩固脱贫攻坚成果，实行“快速响应、先行救助”，有效解决困难群众遭遇的突发困境，切实做到“应救尽救”。结合因病致贫刚性支出综合评估家庭贫困程度，将患重大疾病的困难群众纳入单独申请低保范围，切实保障其基本生活；将海原籍困难群体肾透析患者（包括参加城乡居民医疗保险的特困供养人员、最低生活保障对象、孤儿、高龄、低收入家庭、重度残疾人、重点优抚对象、贫困家庭患病人员）给予门诊医疗临时救助，截至12月，共救助14人，发放救助金20.47万元。

【增发生活补贴】 2022年，海原县为全县城乡低保对象、特供养人员等困难群体，增发一次性生活补贴600元，发放人数57593人，发放3469.26万元。

【提高救助标准】 2022年，海原县提高城乡低保、孤儿、特困和临时救助等“四项”社会救助保障标准。其中城乡低保标准，由每月600元提高到650元，财政月人均补差水平由428元提高到456元；农村最低生活保障标准由每人每年4560元提高5520元，财政月人均补差水平由289元提高到323元;机构内养育孤儿和社会散居孤儿津贴标准,分别提高到每人每月1500元、1000元。严格落实城乡特困和临时救助标准与城乡低保标准挂钩机制,城乡特困供养标准按照城乡低保月标准1.3倍执行;个人对象、急难型家庭、支出型家庭三种类型临时救助,分别按照不低于城市低保月标准1.5倍、2倍和3倍执行。

【落实特殊人群保障政策】 2022年,海原县健全社会救助家庭经济状况机制。加强部门信息共享,联县合乡村振兴局和县残联,对脱贫人口每月进行数据比对,精准识别,防止返贫动态监测人口2487人纳入低保1775人。建立"渐退"机制。对就业后家庭人均收入超过当地最低生活保障标准的低保家庭,根据实际情况给予6~18个月以内的低保渐退期,年末,全县享受"渐退期"466户524人。执行"单人保"政策。将低保边缘家庭的重病患者、重度残疾人以及三级、四级精神残疾人和智力残疾单独纳入低保范围,年内全县享受"单人保"政策855人。执行刚性支出扣减政策。对教育支出、医疗支出等刚性支出及受疫情影响收入减少的群众实行"刚性支出扣除"等政策对就业产生的必要成本,在核算家庭收入时适当给予扣减,其中,对普通家庭成员就业收入可按当地最低工资标准的20%~30%扣减就业成本,残疾人就业收入可按当地最低工资标准的50%扣减就业成本,其中有151户194人已享受刚性支出扣减政策。精准识别"整户保"。对因患有重大疾病、家庭出现重大变故的家庭实时监测,调整保障类别,年末,全县"全家保"兜底保障对象1129户、2961人,反馈至乡镇,按程序纳入监测对象。靶向施策"困难群体"。对全县36个移民安置点、44个原深度贫困村和压砂地退出种植户的困难家庭进行摸排,将低保边缘户中符合救助条件的困难居民及时纳入低保或给予临时救助,年内,全县"36个移民点"享受低保2500户、3661人,压沙瓜退出种植困难户纳入低保1018户、1447人,低保边缘户1139人,单人保855人,单老户1750人,双老户2777户、5534人。加强物价跟踪监测。落实社会救助和保障标准与物价上涨挂钩联动机制,适时启动机制,7月份、8月份对全县城乡低保对象、特困人员、孤儿及事实无人抚养儿童发放价格临时补贴,发放人数117176人,发放金额243.16万元(城市户籍每人每月发放24元,农村户籍每人每月发放20元);9月份对全县城乡低保、特困供养人员、孤儿及事实无人抚养儿童、低保边缘户及各类救助对象家庭成员发放每人发放价格临时补贴,发放人数131792人,发放金额263.584万元(每人发放20元)。开展特困老年人帮扶。筹措资金10.668万元,为全县特困供养人员和80岁以上高龄老人3556人购买意外伤害保险(每人保费30元)。

【临时救助救急救难】 2022年,海原县持续做好临时救助救急救难工作。建立乡镇临时救助备用金制度,对未纳入低保范围,疫情影响无法返岗复工、连续3个月无收入来源、生活困难且失业保险政策无法覆盖的农民工等未参保失业人员,经本人申请,按照当地城市低保月标准3倍,发放一次性临时救助金。对已确诊为新冠患者的低保对象、特困供养人员、孤儿、流浪乞讨人员和领取高龄津贴人员,　在实施相关救助基础上,按照城市不低于3000元、农村不低于2000元的标准，发放一次性生活补贴。

【服务类社会救助】 2022年，海原县筹措资金245.8万元，通过购买引入专业社会组织参与社会救助、婚俗改革、未成年人救助保护工作，对海城街道办黎明社区辖区内社会救助家庭中生活不能自理的老年人、未成年人、残疾人提供生活照料、送医陪护等服务类救助；对三河镇辖区内社会救助家庭开展摸底排查，业务培训及政策宣传工作；对七营镇和关庄乡开展婚俗改革试点工作。

【城乡社区治理】 2022年，海原县围绕2022年重点任务清单和19项重点任务，接续推动城乡社区治理11项“微政策”落地，巩固“六增”成效，推动“六提”升级。常态落实“街道(社区)吹哨、部门报到”“双报到双报告”制度，全面落实社区治理“一书三单”制度，签订共筑共建协议书83份。为进一步夯实全县公共卫生网底，协同卫健部门在全县范围内设立159个村(居)公共卫生委员会。全县148个行政村全部修订了村规民约，11个居委会制定了居民公约。严格落实村(居)委会成员资格联审机制，完成55个村(居)委会委员、主任的补选，选优配强村委会班子，为乡村振兴奠定干部队伍基础。认真开展社区万能章治理回头看行动。圆满完成民政部重点工作综合评估。对全县148个村、11个社区的全国基层政权建设和社区治理信息系统录入工作进行监测和指导，各项指标均达到90%以上。以微网格筑牢疫情防控线。为强化社区网格化防控体系，切实做好基层一线常态化疫情防控各项工作，海原县以五户或一楼栋为一小网格，将18个乡镇(街道)原有1096个大网格细化为14492个小网格，在做好防护，避免交叉感染的前提下，每个小网格以互相帮助为主，互相监督为辅，小网格长通过网格群、微信群，及时推送疫情防控阶段性政策，积极协调配合网格内人员排查、核酸检测、居家监测、反映合理诉求等，打造出坚固的小区(村)抗疫防线。

【社团管理】 2022年，全县登记各类社会组织38家(其中社会团体17家、社会服务机构21家)，备案1013个。全县共有注册专业社工16人，已建成18个社会工作服务站。社会组织中建有独立党支部3个，组建联合党支部1个，功能型党支部2个，挂靠组建党支部3个，非公经济和社会组织党工委下派党建指导员3个。根据《海原县社会组织主要成员联审办法》，已联审9家新成立的社会组织。引导社会组织将党的领导和社会主义核心价值观以及铸牢中华民族共同体意识写入社会组织章程。开展乡镇(街道)社会工作服务站建设工作，海原县建成1所社会工作服务指导中心，在每个乡镇(街道)建成1所社工站，实现全覆盖。2022年海原县社会组织承接政府购买服务项目11个，涉及资金299.8万元。实名注册志愿者43914人，涉及志愿服务项目2507个。成立志愿服务队450个，累计开展志愿服务时长157.3万小时。根据《海原县建设志愿服务站点和规范志愿服务的通知》要求，海原县建成志愿服务站21个。

【未成年人救助保护】 2022年，海原县率先在全区推进未成年人救助保护中心转型升级，创建全国未成年人保护示范县。积极与自治区民政厅和县人民政府争取，先后投入106万元用于未成年人救助保护中心基础设施改造提升，年末中心已全面完成改造，并投入使用。联合社工组织，选拔具有相关工作经验、责任心强的7名工作人员，成立未成年人权益督查专班，负责对全县开展未成年人保护工作情况及存在的突出问题进行跟踪指导，对侵害未成年人权益的恶性案件、重大事件进行挂牌督办。先后组织全县各成员单位召开13次个案会商联席会议，共商解决困境未成年人重点问题，为涉及未成年人疑难危急个案处置提供协调保障，形成全县上下联动、相互支持、协同推进的工作局面。完成孤儿养育津贴提标工作。通过专项治理对县域内困境儿童进行了摸排走访，确保孤儿及事实无人抚养儿童"应保尽保"，2022年发放孤儿和事实无人抚养津贴881.1万元。

【全国未成年人保护示范县创建】 2022年，海原县成立了由县委书记、县政府县长任"双主任"的未成年人保护工作委员会，各乡镇（街道）、村（居）均成立了由书记任组长的未成年人保护工作领导小组，形成以党委（组）书记抓未保工作的三级未成年人保护工作机制。率先在全区推进未成年人救助保护中心转型升级，成为连接县、乡、村三级未成年人保护体系的中枢平台。积极创建全国未成年人保护示范县，通过打造数字未保平台、未成年人保护宣传一条街、拍摄书记话未保、创建全国未成年人保护示范县专题片等方式，在17个自媒体平台，累计发布761条未成年人保护相关信息，浏览量达81万余次，组织儿童主任、儿童督导员、未保中心工作人员、社工培训4场，培训总人数311人，营造了浓厚的创建氛围。

【婚姻登记管理服务】 4月，对县婚姻登记中心设备进行全面升级，实现智能化设备服务。8月实现全区婚姻登记"跨区通办"功能，方便群众婚姻登记工作。县内13个乡镇已完成婚姻纸质档案移交工作，其余4个乡镇因疫情影响，正在移交中，进一步规范婚姻档案管理工作。年末，已完成新婚办理2009对，离婚办理335对，补发结婚登记1365对，补发离婚登记43对，修改错误信息43条。

【殡葬管理服务】 2022年，海原县拟定了《海原县灌区乡镇公益性公墓建设实施方案》，先行推行灌区乡镇公益性公墓建设，加快推进殡葬领域改革。成立了由主管副县长任组长的海原县巩固和深化"活人墓"等突出问题整治规范工作领导小组，制定工作方案，在全县范围内进行"活人墓"、超标准墓位、家族墓等问题进行拉网式排查，年内未发现违规现象。

【婚姻习俗改革】 2022年，海原县对全县各村"一约一会"、婚丧嫁娶和高额彩礼进行了督查指导，会同乡镇指导各村委会修订完善了红白理事会章程，年末，督导指导移风易俗村（居）覆盖面达70%。对村两委班子成员、红白理事会理事成员进行培训，切实提高乡村两级干部落实移风易俗，引导文明新风工作能力。

【流浪乞讨人员管理】 2022年，海原县救助流浪乞讨人员共9人次，其中，外来流浪乞讨人员5人次，返乡流浪乞讨人员2人次，遣送流浪乞讨人员2人次。

【民政项目建设】 2022年，海原县未成年人保护中心转型改造提升项目投资50万元，已竣工验收并投入使用；2022年老饭桌项目投资295.36万元，已完成项目总工程量的100%，已组织竣工验收并交付使用；海兴开发区敬老院基础设施改造提升和消防改造项目投资733万元，已完成项目总工程量的100%，由于海兴开发区敬老院设立为集中隔离点无法组织竣工验收;海原县城乡公益性墓地扩建项目投资375万元,已完成项目总工程量的100%,即将组织竣工验收;中心敬老院老年养护楼项目投资1800万元,于9月2日开工建设,目前基本完成基础浇筑,已完成项目总工程量的60%,于11月中旬完成主体二层建设;海原县树台养老院项目投资1400万元,由于9月20日疫情影响,10月23日完成公开招投标,11月6日进场开工。

【地名和区划工作】 4月,海原县对民政部反馈的1985条地名信息进行修改。成立了第二阶段国家地名信息库数据质量建设行动工作专班,联系第三方公司,有序推进工作。制定了《海原县标准化地名规范管理工作实施方案》,持续清理整治不规范地名。完成与沙坡头区和中宁县县界联检工作,总结的"四员"工作机制得到自治区民政厅的高度认可,并作为宁夏边界联检成功范例和创新工作向民政部报送。

(杨文雅)

退役军人事务

【概　况】 海原县退役军人事务局于2018年11月29日挂牌成立,设局长1名,副局长2名,核行政编制5名。下设退役军人服务中心1个事业单位,核事业编8名。2022年,海原县退役军人事务局完成街道办南苑、东城、建设3个100人以上社区全国示范型退役军人服务站创建工作;双拥模范县创建中期验收评估通过自治区双拥工作领导小组办公室验收。

4月25日,海原县退役军人事务局举行退役军人、其他优抚对象优待证首发仪式(马晶晶供图)

【双拥工作】 2022年,海原县持续巩固双拥模范县创建成果,年末全县双拥中期验收评估已通过自治区双拥工作领导小组办公室验收。3个100人以上(村)社区全国示范型退役军人服务站创建工作,顺利通过验收。全年走访慰问驻地部队、重点优抚对象等退(现)役军人家庭,发放慰问金为集训民兵送去慰问品。开展新兵入伍"四尊崇"、退役返乡"五关爱"活动,联合县人武部为新兵举行欢送仪式并购买物资。一名"兵支书"获自治区首届"最美退役军人"称号。持续开展"法律法规政策落实年"活动,大力宣传《中华人民共和国退役军人保障法》等相关法律法规,营造尊法、学法、知法、用法和"让军人成为全社会尊崇的职业"的良好氛围。深入开展国防教育,举办"国防教育暨军民鱼水情"专场文艺晚会,印发宣传材料2000份,制作展板4张。有序开展海原"崇军行动",以"普惠支持+优待尊崇"等形式整合优抚资源,涉及金融、医药等10个领域92个项目,已签约单位及个体企业129家。

【优抚褒扬】 2022年,海原县落实送立功喜报等政策,为一等功、三等功和优秀士兵送立功喜报，发放慰问金。开展关爱老兵活动，全年完成优待证办理，办理进度达到100%。完成新增优抚对象申报审批，足额发放各类优抚资金。组织优抚对象开展免费体检，为优抚对象解决各类补助金，发放困难生活补助金、物价补贴。投资1014.83万元对牌路山烈士陵园进行改扩建，充分打造好爱国主义教育和革命传统教育的阵地。

【退役军人就业安置】　2022年，海原县对全县未就业退役军人进行摸排并建立台账，一对一制定就业创业措施。共推送招聘信息200多条，提供用工岗位150个。累计解决公益性岗位、辅警岗位、廉租房，推荐优秀退役军人进入村“两委”班子。为自主就业退役士兵发放一次经济补助金，组织退役士兵参加技能培训。联系各相关部门、对接承担安置任务企业，及时完成退役士兵安置任务。

（马晶晶）

应急管理

综 述

【概 况】 海原县应急管理局于2019年1月24日成立。按照全县机构改革统一安排，新组建的海原县应急管理局将县安全生产监督管理局的职责，县政府办公室的应急管理职责，县公安局的消防管理职责，县民政局的救灾职责，县国土资源和环境保护局的地质灾害防治、县水务局的水旱灾害防治、县农牧局的草原防火、县林业局的森林防火相关职责，以及县防汛抗旱、减灾、抗震救灾、森林防火指挥部(委员会)的职责等进行整合。下设海原县安全生产执法大队和应急救援事务服务中心2个事业单位。经全县统一人员划转和2022年执法改革，2022年末有工作人员46人，其中行政编制9人、事业编制25人、行政工勤1人，政府招聘1人，空编1人。

2022年，海原县安全生产执法大队更名为海原县应急管理综合执法大队，为县应急管理局所属不定级别事业单位。按照属地管理原则，实行“局队合一”管理体制，统一行使县域内危险化学品、烟花爆竹、矿山、工贸等行业领域安全生产监管执法，以及地质灾害、水旱灾害、森林草原火灾等有关应急抢险和灾害救助、防震救灾等方面的行政处、行政强制职能职责。县应急管理综合执法大队核定全额预算事业编制10名(将原县安全生产执法大队连人带编整体划转6名，从县应急救援事务服务中心连人带编调剂4名)。调剂后，海原县应急救援事务服务中心核定全额预算事业编制16名。

【“五进”宣传教育】 2022年，海原县有序推进“五进”宣传教育，通过开展“安全生产月”、安全生产宣传教育“七进”等宣传教育活动，把安全生产知识和警示教育案例送入企业、学校、机关、社区、农村、家庭和公共场所等单位，深入民心，切实提高了广大群众的安全意识，营造了浓厚的安全发展氛围。同时全面开展安全教育培训，通过安全监管系统执法人员轮训、“百千万”安全培训工程、各行业领域企业安全生产管理人员培训等一系列培训，有效提升从业人员和社会公众安全意识和安全素质，各类事故和伤害事件减少，促进安全生产形势进一步持续稳定好转。

【李旺镇消防救援站建设】 2022年，新建海原县李旺镇消防救援站，可就近及时辐射处置邻近乡镇高崖乡、七营镇发生的火灾等各类灾害事故，有利于改善海原县的消防安全现状条件，从整体上提高消防救援能力和防灾、减灾、救灾能力。

【应急物资储备】 2022年突发疫情后，海原县通过自治区市调拨、接收红十字会捐赠及采购等方式储存物资，先后向各乡镇、部门及集中隔离场所累计配发配送医疗物资25类87.4万余件，配发配送应急物资19类2.4万余件。全力保障了各乡镇、部门及集中隔离点医护人员和基层一线工作人员的正常防护需求。

【民生救助责任险】 2022年，为县境内人口购买民生救助公众责任保险，保险单价为2元/人，保费总计为90万元/年。全年累计赔付金额64.2万元，赔付案件7起，其中，溺水案件5起、火灾1起、房屋倾塌1起。

（田　平）

安全生产

【概　况】 2022年，海原县共发生生产安全事故3起，死亡3人。亿元GDP生产安全事故死亡率为0.0303，控制在年度指标0.1228以内。有效应对洪涝、风雹、低温冷冻等自然灾害5次，下拨中央救灾资金298万元、冬春救助资金764万元，受益群众达15799人次，未发生自然灾害亡人事故及较大自然灾害事故。

【压实安全责任】 2022年，海原县强化党政领导干部领导责任，制定印发《县委、县政府领导干部2022年度安全生产重点工作职责清单》，县委常委会多次听取全县应急管理及安全生产工作汇报，研究解决突出问题；县政府常务会议将安全生产列为固定议题，逢会必讲，分析形势，安排部署相关工作。修订了《海原县安全生产责任制规定》《海原县应急管理指挥部成员单位应急管理、安全生产、防灾减灾救灾工作责任清单》，对各负有安全生产监管职责的部门及责任人安全生产行政责任进一步细化，增加了失职追责、尽职免责措施，厘清了行业部门安全生产责任，对负有监管职责的部门通过预警提醒、约谈督办、考核巡查等方式，促进“三个必须”落到实处。企业单位全员定责，制定出台《海原县安全生产黑名单制度暂行办法》《海原县安全生产约谈实施办法（试行）》《海原县安全生产举报奖励办法》等法规文件，加强安全生产监管执法，促进了企业安全生产主体责任落实，严格实行维稳和综治目标管理责任制，推动社会治安综合治理的深入发展。

【安全生产专项整治】 2022年，海原县开展安全生产专项整治三年行动，紧盯整治重点任务，明确目标、细化责任，制定16个“任务分解表”，细化攻坚任务469项，已经全部完成。县级排查政府部门层面突出问题26个，已整改26个，制定制度措施28条，已完成28条。县级排查整改企业层面重大隐患5处，排查整治一般隐患6379处，成立督导检查组802个，督导检查次数6108次，检查单位9112家，督导问题5146个；行政处罚59次，停业整顿26家，罚款46.679万元，形成制度成果101条。有效建立了公共安全隐患排查和安全预防控制体系，推进了安全生产由企业被动接受监管向主动加强管理转变、安全风险管控由政府推动为主向企业自主开展转变、隐患排查治理由部门行政执法为主向企业日常自查自纠转变。

【重大安全隐患化解】 2022年，海原县落实安全生产硬措施，化解重大安全风险隐患。2022

年深刻吸取各类事故教训，全面贯彻落实国务院安委会15条、自治区20条、中卫市及海原县36条硬措施，强化重点领域、重点时段安全防范，集中开展安全生产大检查、燃气、危化品“两个集中整治”专项行动，努力消除各类事故隐患。全面开展安全生产大检查。全县范围内集中开展各行业安全生产大检查，共组织督查组121个，出动人员448人次，监督检查生产经营单位418家次，排查整治隐患问题298个。

【危险化学品风险集中治理】 2022年，海原县加强对危险化学品企业的日常监管，对全县加油站、加气站和液化气充装站、长输油气管线等企业进行了全面检查，运用“互联网+执法”“互联网+监管”等信息系统，检查危险化学品经营企业152家次，查处安全隐患15处，下达整改通知书3份，行政（当场）处罚决定书3份，立案查处6起，罚款24.8万元，均已收缴到位，隐患均已整改。

（田　平）

灾害防御

【防汛工作】 2022年召开防汛工作会2次、会商调度会8次，举行防汛演练4场，发布工作提示7期、工作信息2次，启动应急响应11次，出动抢险救援救灾及转移安置739人次。

【防火工作】 2022年防火期，海原县人民政府颁发了禁火令，与各乡镇、森防指成员单位签订了森林草原防灭火目标管理责任书，在沿林区重点路段清理林下可燃物3500亩，各乡镇结合植绿增绿大会战对县乡村道路林带防火除草7500亩，基本消除了全县主干道路火险隐患。

【应急救援队伍建设】 2022年，海原县组建县级应急救援队伍12支1286人，乡镇及部门专业抢险队伍26支1597人，基干民兵抢险队伍22支900人，群众机动抢险队伍50支3189人。与蓝天救援队、海兴建筑工程有限公司签订应急救援框架协议。

【军地应急处置演练】 2022年，海原县组织开展了军地联合应急处置演练，演练模拟分别从气象监测预警、群众紧急疏散、被困人员解救、水库坝体管涌决口等10余项科目检验了各专项预案的科学性和可操作性，为今后的应急处置、预案修订等方面提供了宝贵的经验。

（田　平）

消防救援

【概　况】 海原县消防救援大队（简称消防大队）驻地位于海原县城政府东街。2022年，消防大队有消防救援人员、政府专职队员、消防文员共53人，大队部编制人员4人（实有人员4人）、12名消防文员，下辖1个消防救援站，即海城镇消防救援站（编制有干部3人、消防员12人），有消防执勤车辆7台、消防监督业务用车3台。2022年，海原县消防救援大队全年共接警出动244起，出动车辆537辆次、出动警力2624余人次，疏散被困群众60人次、抢救被困人员44人次，抢救财产价值2203.2万元。其中，辖区发生火灾事故111起，直接经济损失144万余元。大队有效处置完成“5·31”史店乡酸性洗涤液罐车渗漏事故、“6·25”兴仁郝川人员被困事件、“7·6”同心服务区稀硝酸罐车泄漏事故、“7·11”强降雨城市排水排涝、“8·13”特大暴雨城市排水排涝、“12·14”曹洼四道湾荒山火灾等一系列急难险重任务，最大限度地保护了人民群众生命财产安全，树立了消防救援队伍的良好形象。

【消防安全责任体系建设】 2022年，海原县消防救援大队多次面对面向县委、县政府主要领导汇报消防工作，报请县政府常务会、专题会议解决影响消防安全治理、城市消防站建设等内容的问题。报请县安委会、县消安委会召开5次全体（扩大）会议研究部署消防安全工作，联合县应急、住建、市管、工信、商务等部门开展联合检查25次，推动辖区9个乡镇均建成基层消防安全监管“一委一办一中心”，协调县乡村振兴局在全县24个易地扶贫搬迁安置点配备消防器材建成微型消防站，并将乡镇村微型消防站、易地扶贫移民村消防水池纳入县委乡村振兴战略工作实施之中。联合县市场监管局、县住建局出台彩钢板建筑联合监管工作机制，联合国网供电公司出台电气消防安全管理协作机制。

【火灾隐患整治】 2022年，海原县消防救援大队以消防安全大检查行动为抓手，结合本辖区实际，持续开展针对性的消防安全专项治理，加大消防监督检查力度，实施广泛排查、联合执法25次，整治消防车通道9次，排查违规搭建、违规采用易燃可燃材料的彩钢板单位数12家，依法拆除、更换彩钢板面积1250平方米，努力实现“全覆盖、无盲区”，切实消除各类消防安全风险。全年共帮扶指导各类单位和场所1053家次，督促整改火灾隐患或违法行为798处，临时查封场所20处，责令“三停”单位4家，下发行政处罚决定书14份，罚款16.42万元，圆满完成了冬奥会、冬残奥会、全国“两会”、自治区第十三次党代会、党的二十大等重大活动及重要节日消防安保任务。

【宣传教育平台建设】 2022年，海原县消防救援大队协调推动拓展宣传教育平台建设。始终将宣传消防法律法规和消防安全常识为提升全民安全意识的重要工作来抓，推动与县融媒体中心签订2022年度消防宣传合作协议，连续两年开展线上119消防宣传月启动仪式，推动联合县教育体育局举行中小学生消防安全读本无偿捐赠仪式，协调联合县委宣传部等多部门发布冬春季节火灾防范倡议书，协调联合县教育体育局开展“全民消防学习云平台”、“我眼中的火焰蓝”故事讲述征集评选活动及消防安全教育暑期专项行动。紧盯重要节庆、法治宣传月、“5·12”防灾减灾日、安全生产月、“119”宣传月等重点时间节点，邀请一等功臣撒占才、宁夏非物质文化遗产花儿传承人黄亚等拍摄公益宣传广告，开展多种形式消防主题宣传活动50余次，消防站对外开放20余次，发放宣传资料3万余份，公益性消防宣传受众人数达2万余人。所辖海城站帮助走失双胞胎女孩寻找家人的救助报道被《中国消防》和宁夏新闻网、宁夏观察等自治区主流新媒体广泛报道。

【应急练兵】 2022年，海原县消防救援大队围绕主业抓练兵，以战斗力标准检验队伍打赢能力。聚焦“全灾种、大应急”职能定位，紧紧围绕实战打赢制胜能力，从难、从严摔打锤炼队伍，有效承担各类灾害事故应对处置。严格落实每周对重点单位开展熟悉演练工作，重点单位熟悉率达到100%，以辖区六熟悉演练为抓手，以水源普查为切入点检查市政消火栓

200余个，对辖区地下、危化品等重点单位、场所开展实地熟悉演练80余次，制定数字化预案45份，结合辖区实际特点重点开展了森林草原实战演练5次，地震应急拉练3次，水域救援训练5次，防疫洗消6次，山岳救助培训2次，切实提升队伍专业化水平。

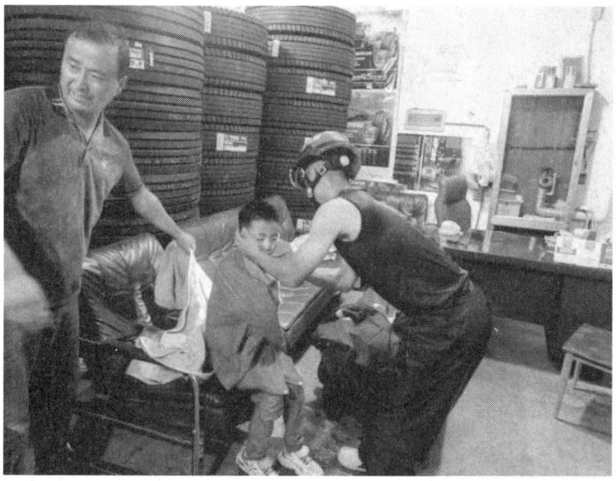

援救受灾人员（马明有摄）

【基础设施建设】 2022年，海原县消防救援大队业务用房项目完成主体封顶；海原县田拐村乡村消防科普教育基地、海原县应急消防科普教育基地已建成投入使用；对营区供暖主管道进行升级改造，将消防站备勤楼打造成“暖窝”。海原大队业务用房项目位于海原大队营区内，总建筑面积1225平方米，二层框架结构，车库一层层高5.7米，餐厅一层层高5.4米，二层层高4.2米，配套建设场地及道路硬化、给水、排水、供暖、供电等附属工程。2022年，海原应急救援大队已邀请县质监站会同设计、监理、施工等单位组成验收小组，对新建海原大队业务用房项目主体进行了核验，经现场核验和资料审查，验收小组一致认为工程符合相关质量规范要求，工程主体符合工程验收标准。海原大队业务用房已完成项目主体核验工作，可以进入下一步施工工序。

【应急救援综合响应机制构建】 2022年，海原县消防救援大队着眼“大应急”体系建设，加强与政府部门单位的协作共建、联合培训，先后与县应急管理局、县地震局、县人民医院等10余家单位签订了联勤联训协议；创新编制森林草原火灾扑救远距离供水灭火操，与南华山国家级自然保护区管理处开展业务比武交流活动，与县自然资源局及其所属的国有林场森林消防救援队开展常态化联合演练；积极参与县上各类多种地质灾害综合演练，社会联动力量出动迅速，效果明显。

【政治建设】 2022年，海原县消防救援大队以主题教育为主线，推出“震柳”教育品牌，不断丰富教育形式，拓展载体，切实筑牢思想根基。以理想信念、性质宗旨、职能使命和光荣传统教育为重点，先后开展了党的二十大精神、两会精神、心理健康等教育，设立“火焰蓝便民服务站”，组建疫情防控“青年突击队”，组织搬运防疫物资10万余件，积极开展义务植树活动，组织慰问辖区困难老党员和抗战老兵活动。

【党建工作】 2022年，海原县消防救援大队坚持以党建促发展。始终坚持党对消防救援队伍的绝对领导，在重大安保和突发疫情时，第一时间发出政治动员令。先后与团县委、县武装部等多个党组织开展10次联学联建联合党日活动，有效推动了单位间深入交流，构建了“资源共享、优势互补、互相促进、共同提高”的工作新格局。

【队伍正规化建设】 2022年，海原县消防救援大队坚持四句话总方针、“两严两准”建队标准，战斗力标准、24小时战备模式和中国特色消防救援队伍建设道路“五个不动摇”，继续弘扬部队光荣传统和优良作风。重点突出了应急救援主力军和国家队职能定位,始终把职能任务拓展作为褒奖队伍、推动发展、保民平安的重要基石,着力从救援理念、职能任务、能力素质、装备器材、基础设施等方面推动转型升级;坚决贯彻落实消防救援队伍新条令、纲要,落实各项队伍管理规章制度,开展队伍正规化建设、安全“九五”创建、从严管酒治酒等活动,进一步规范队伍建设和管理,时刻保持应急战备良好状态。

【廉政建设】 2022年,海原县消防救援大队全力打造干净担当的政治生态。始终将党风廉政建设摆在首位,作为重大政治任务抓紧抓实。组织指战员观看廉政警示教育片《零容忍》《贪欲之祸》《交易之警》等警示教育片5次,廉政提醒谈话26人次,利用队站电子屏等载体播放廉政标语30余条,参观廉政警示教育基地1次,教育队员明纪明规,切实筑牢拒腐防变思想防线。

“7·11”应急救援(马明有供图)

【“7·11”应急救援】 7月11日凌晨4时起,县城降雨量激增,一时间城区多处出现内涝和雨水倒灌现象,居民住房和车辆通行安全受到严重威胁。海原县消防救援大队闻警即动、多方配合、多点布阵,助民于危难,救民于水火。截至7月11日14时,海原县消防救援大队共接到群众报警16次,辖区社区和乡镇电话求助11次,共出动24次,出动车辆37辆次,出动人员143人次,成功疏散47人,抢救被困群众2人。

【“8·13”特大暴雨救援】 8月13日傍晚开始,海原县出现强降雨天气,截至14日00时30分,海城镇累计降雨量130毫米,史店乡米湾村113.4毫米,贾塘乡后塘村89.4毫米,郑旗乡中坪村82.6毫米,海城镇谢塬村81.24毫米,郑旗乡郑旗村65.44毫米,西安镇小河村38.4毫米,西安镇白吉村32.44毫米,其他乡镇均在10毫米以下。此次降水天气过程中,海城镇累计降雨量130毫米,为1961年有气象记录以来历史极值。降雨当晚,海原县立即启动防汛Ⅲ级应急响应,各部门、各乡镇干部迅速下沉,党政主要领导靠前指挥,动员一切力量开展本轮强降雨应急处置工作。海原县消防救援大队共救出被困人员11人,疏散群众20余人,对存在安全隐患区域的30户、100人进行紧急避险转移,确保人员安全。

参加“8·13”特大洪灾救援

(马明有)

乡镇(街道)概览

海城镇

【概　况】 海城镇地处海原县中部,属于海原县的城郊乡镇。东邻史店乡,南邻树台乡与南华山国家级自然保护区,西邻西安镇,北邻关桥乡,乡政府驻地设在海原县城建设路。总面积241.4平方公里,辖山门、水洼、王井、堡子、高台、武塬、段塬、北海新村8个行政村、66个自然村。2022年,有常住人口6899户、26641人。历年退耕还林面积2.3万亩。

【荣　誉】 2021年12月,海城镇被农业农村部授予全国种植业"三品一标"基地称号;2022年4月,海城镇被自治区文明委授予自治区级文明乡镇称号。

【脱贫攻坚成果巩固】 2022年,海城镇纳入防止返贫动态监测对象53户、214人。全年完成农业产业补贴837.1万元,小额贴息228.56万元,劳务奖补314万元,公益性岗位工资308.6万元,全年脱贫户人均纯收入为13303.61元,同比增长12.85%。以常态化开展"四查四补"工作为主线,结合全县大起底大排查大整改工作,共排查93个问题,现已全部整改完成。主动认领《海原县2021年度巩固拓展脱贫攻坚成果同乡村振兴有效衔接考核评估问题》14个方面65条问题,严格对照自治区调研督导巩固拓展脱贫攻坚成果同乡村振兴有效衔接反馈问题13个方面57个具体问题,进行全面排查,立行立改,现已全部整改完成,并长期坚持。扎实做好数据信息维护。按时完成2148户、8106人脱贫户信息采集、系统录入更新和53户214人未消除风险监测对象帮扶成效评估录入工作;完成8个行政村和5909户农户的乡村建设信息采集工作。

武塬村小杂粮基地(田进龙供图)

【产业发展】 2022年,海城镇肉牛存栏7383头,其中高端肉牛5998头,全年完成见犊补母2614头,高端肉牛补栏1001头,撬动金融支持500万元,农户增收97.8万元。"一村一品"成效显现。依托海城武塬村国家小杂粮"三品一标"认证名片,聚焦"品种培优、品质提升、品牌打造”，加快科技成果转化，完成小杂粮绿色高效高产示范基地13000亩，增收1300万元；持续推进特色产业转型升级，建成工厂化育苗中心、蔬菜冷藏集散中心，串点连线成面，完成红葱特色种植6800亩，增收2000万元，迈出建设山门村“西北红葱第一镇”坚实步伐；立足王井城郊区位优势，完成“设施+露地”模式的西芹、西瓜、辣椒、番茄等叶菜和茄果类蔬菜500亩，增收150万元，“城郊菜篮子基地”成效显著。“稳粮保供”取得实效。在高台村、堡子村、武塬村集中连片种植旱作春小麦6500亩，积极探索大豆玉米“2+3”“3+3”“4+4”等带状复合种植模式，在武塬村、水洼村种植2020亩，增收500万元；大力推广马铃薯“起垄膜下滴灌”高效节水技术、垄面集雨“四位一体”高质高产技术，在武塬村、堡子村完成马铃薯高标准示范基地3000亩，增收300万元。农业基础不断夯实。扎实开展农田水利基本建设，新建高标准农田1.72万亩，广泛发动农民群众参与，完成农田道路整修20.2公里，抢收秋粮6.27万亩，增施腐熟农家肥2.96万亩，机深松整地6.5万亩，秸秆打捆500吨，农业生产条件得到极大改善。劳务产业长足发展。采取担保贷款支持创业就业、提供就业信息点对点输送和有序引导自发外出务工等方式，多措并举稳岗、拓岗、增岗，全年外出务工6282人，人均创收约2.75万元；安排乡村振兴公益性岗位210人、光伏公益性岗位91人、就业创业公益性岗位126人、护林员岗位95人；大力开展技能培训，全年完成技能培训100人。村集体经济驶入“快车道”。大力实施村集体经济突破提升行动，通过提能力、添动力、激活力、强内力、聚合力，为村集体经济纾困赋能，为4个村注入扶持资金400万元，全镇村集体经济达到31万元，3万元以下薄弱村全部清零。金融扶持力度不减。联合银行，为1278户脱贫户发放贷款共6286.74万元，为187户农户发放“富民贷”1390万元。为有效防止农户返贫，宣传引导全镇8333名脱贫户和监测户购买“乡村振兴健康保”，733名妇女购买“爱妮保”，4882名务工人员购买铁杆庄稼保。全年支付衔接资金1484.52万元，支付率为100%。

公路环境卫生整治(田进龙供图)

【乡村建设】 2022年，海城镇统筹推进人居环境整治、植绿增绿、秋季农田水利建设等工作，努力营造生态宜居新农村。坚持“四美”目标，以厕所革命、垃圾清理、污水治理为工作重点，全方位开展农村人居环境大整治行动，持续加大对341国道、海西公路、华润大道等交通要道和农村生活垃圾治理力度，推进示范村、提升村建设，完成武塬村垃圾分类示范村，堡子人居环境示范村的建设，农村人居环境整治机制进一步完善；坚持数量服从质量、进度服从实效，完成户厕改造326户，开展“回头看”完成问题整改58户。生态环境治理短板得到进一步补齐。河长制、林长制责任进一步压实，各级环保督察反馈的问题全部整改到位，秸秆禁烧工作成效显著，连续多年零火点，马凤莲被评选为全国最美“河湖卫士”。切实保护耕地,全年完成图斑整改442宗,制止乱占耕地163宗,拆除违法建筑4宗,整治非煤矿山采石点1个,复垦45亩。持续推进春秋植绿增绿护绿行动,全年完成种植各类树木70068株,森林覆盖率达11%,涂红刷白11.97万株,树木抚育68.8公里。基础设施得到进一步完善。聚焦群众基础设施短板,落实7个村的“一村一年一事”项目、堡子村人居环境整治示范村建设项目、山门村集配中心建设项目、北海村仓库建设项目,完成5个村道路硬化项目5.055公里。按照户申请、村审核、镇审批的方式,完成9户抗震房改造工作,扎实推进自建房专项整治工作,完成辖区内17423个自建房摸排与录入工作,群众住房安全进一步保障。

【民生服务】 2022年,海城镇全年新增低保186人,退出低保285人,新增高龄26人,新增享受残疾两项补贴29人;全年完成民生代办6882件,完成村级民生代办2746件;为全镇133户监测户、边缘户和突发困难户发放平价煤399吨;认真做好拥军优属工作,在八一建军节前夕,对困难退伍军人发放补助,确保双拥工作落到实处。全镇8个行政村“儿童之家”实现全覆盖。组织开展“关爱成长,与你同行”“画笔润童心 艺彩放光芒”等主题活动6次,累计受益儿童406人;与县教育体育局对接,对辖区内学校老旧暖气进行修缮更换,确保供暖正常,实现办学效益和质量双提升。文化事业快速发展。完善镇村综合文化服务中心软硬件配备,用好文化广场,举办“送戏下乡”“喜迎二十大、奋进新征程”等文化惠民活动5场次,并积极组织群众开展广场舞、秦腔、春台会、联欢活动等,丰富群众文化娱乐生活,提高群众文化生活水平。

【乡村治理】 2022年,海城镇大力推广“乡风文明积分制”,评选最美庭院23户,最美媳妇、最美环卫28人,各村村两委、网格员、党员带头签订移风易俗责任书437份,开展移风易俗主题党日活动1次,组织包村领导深入各村开展移风易俗宣讲9次,选树1对低额彩礼新人参加“礼约鹊桥,情定华山”青年集体婚礼,召开武塬村第二届乡贤座谈会,实现“新乡贤治乡”乡村治理新模式。广泛开展“一村一法律顾问”和“法律明白人”培育工程,拓展法律服务领域,实现了法律服务全覆盖,聘请镇级法律顾问1人,培育法律明白人38人、法律明白人骨干17人,依法办理行政复议和行政应诉案件,完成诉讼开庭8起,诉前调解15起,行政复议2起。安全生产平稳推进。以“时时放心不下”的责任感,按照“355”工作原则,用心用情用力做好信访工作。全年接收上级转办信访案件28件、“12345”工单159单、群众来访19件、党政领导信箱投诉6件,共计214件,已化解211件,化解率98.6%,摸排重点人员5人,重要事件1件,并落实包保责任。开展“法治进乡村”“移风易俗进村社”“网络电信和养老诈骗”等宣传活动10余场次,邀请律师以亲身受理案件为案例进行了深刻的讲解,告诫群众不仅要看好自己的手机,更要保护好自己的“两卡”。常态化开展安全生产隐患排查,加强隐患排查整改,落实长效管理机制,重点对道路交通、非煤矿山、建筑施工、森林火灾、校园安全、食品药品、防溺水等重点行业领域进行严格监管,累计完成安全生产检查7次,发放安全生产倡议书2000余份。依法处理违法案件,完成案卷整理8件,其中乱倒垃圾案卷1件，非法放牧案卷7件，共处罚金4220元。针对“7·11”“8·13”特大暴雨，投入资金50余万元，累计抢修水毁道路、环境整治200余处，并积极对接县民政局、县应急管理局发放救灾补贴31.51万元。

（田进龙）

三河镇

【概　况】 三河镇位于海原县东部，东邻原州区炭山乡，南邻原州区三营镇，西邻郑旗乡，北邻七营镇，镇政府驻地唐堡村，西距海原县城63公里。2022年末，全镇总面积262.4平方公里，辖黑城、唐堡、四营、六窑、富陵、代店、辽坡、团庄、小河、坪路、苋麻、红城、鹭海13个行政村，兴业、凤凰2个社区。有人口15244户、51050人；其中城镇人口28202人，占总人口的55.24%；回族人口24723人，占总人口的48.43%。有耕地面积12.23万亩，退耕还林面积4.848万亩。2022年实现地区生产总值12.16亿元，同比增长8%；农村居民人均可支配收入达15120元，同比增长12%；脱贫人口人均纯收入14900元，增长19%。

【脱贫攻坚成果巩固】 2022年，三河镇争取资金1710.2万元，实施到人到户项目33个，兑付资金1689万元，兑付率98.8%；逐村逐户识别纳入三类监测对象16户、82人，采取“一户一档”“一户一专班”办法，精准落实帮扶措施，消除风险3户9人；实现村村通硬化路，自来水入户率100%，基本医疗保障、贫困患者医保、大病救治、家庭医生签约服务全覆盖；安排选聘公益性岗位520个，有效解决困难群体收入问题；鹭海村豆制品加工厂，团庄村文化活动中心顺利建设；实施危房改造48户；对接水投公司，解决130户群众饮水问题；制定常态化“四查四补”工作方案，坚持问题导向，查实问题根源，实化整改措施，明确整改责任，建立问题台账，全力整改落实，排查149个问题，销号112个问题。

【产业发展】 2022年，三河镇突出高端肉牛主导产业，完成富陵肉牛养殖园区二期项目，鹭海肉牛养殖园区项目正在加紧推进，补栏肉牛1720头，产犊4510头，新培育养殖大户25户，规模养殖场5家，专业合作社3个，养殖示范村2个，全镇肉牛饲养量突破1.85万头；围绕区域特色农业，纵深推进“四调四化”，全镇枸杞、蔬菜种植面积分别达到1.2万亩、1.6万亩，呈现出规模化、标准化、集约化、产业化发展的良好态势；整治撂荒地658.5亩，种植小麦4069亩、玉豆套种7123亩、玉米8.3万亩；在小河村实施高效节水灌溉7900亩，发挥联农带农作用，持续改善农业生产条件，减少生产成本；建立一点一策，充分利用闽宁帮扶资金，盘活富陵村出户入园后空置圈棚，种植菌菇123棚，年创收110.7万元。

【民生服务】 2022年，三河镇硬化道路9.66公里，改善生产路13.5公里，修建漫水桥1处，实施灌溉渠系建设5.2公里，维修村道49处；采取“劳务经纪人+人力资源机构+企业”的工作模式，组织开展“点对点”精准输送，新增劳务经纪人11人，输出劳动力1.3万人，创收2.5亿元，获评全区就业创业工作先进集体；全面落实学前保教、义务教育阶段学生“两免一补”、高中生助学补贴等政策，落实雨露计划549人次；优化最低生活保障纳入退出审核机制,新增低保人员223户、252人,退出682户、842人,发放各类救助资金158万元。

【环境整治】 2022年,三河镇构建"包村领导+村党组织书记+村两委成员+村民组长+网格员+志愿者+保洁员"整治体系,建立"镇、村、组"三级联动机制,全面清理房前屋后、河道沟渠、村庄巷道等乱堆乱放、乱搭乱建等,实施人居环境整治示范村建设项目1个,完成卫生厕所革命296户,填埋报废沼气池1469处;按照"一矿一策、一矿一方案、一矿一责任人"要求,扎实推进非煤矿山整治,完成砖厂拆除恢复治理8个;按照"道路林荫化,庭院果园化"的目标,聚焦移民点、美丽村庄、城边村等重点区域,采取房前屋后和板块植绿相结合,新植树木2.5万株;扎实推动农田水利基本建设,完成抢收秋粮8.9万亩,平田整地1.4万亩,机深翻2.1万亩,回收残膜25吨,整修农田道路4公里,树木抚育7.35万株。

【社会治理】 2022年,三河镇建立"公开接访、定期下访、重点约访、包案督访、带案回访""五访"机制,主要领导带头落实接访制度,班子成员每月主动下访,对易发访情主动问需提前介入,变群众上访为干部下访,先后处理答复民生热线91起,调解矛盾纠纷615起,办理法律援助案件初审17起,接访来访群众162人次。全面贯彻落实"1+6"政策文件精神,打通基层治理"大动脉",有效破解治理难点,镇级民生服务中心全年接待来访群众12100人次,受理、办理、代办各类事项4397件,村级民生服务代办点接待群众8200人次,受理、办理、代办各类事项2796件,真正实现了数据多跑路,群众少跑腿,服务群众零距离。

【铸牢中华民族共同体意识示范点建设】 2022年,三河镇以"中华民族一家亲,同心共筑中国梦"为总目标,成功打造凤凰社区和兴业社区铸牢中华民族共同体意识示范点,获评中卫市民族团结进步先进集体。

【移风易俗】 2022年,三河镇充分发挥五分钱文明实践积分超市的富陵经验,广泛开展"文明实践,志愿先行"志愿服务活动,打造村级新时代文明实践站15个,成立志愿服务小队83个,开展各类新时代文明实践活动810余次,努力实现凝聚群众,引导群众,以文化人,成风化俗。依托新时代文明实践站(所)开展系列宣传活动,引导群众树立文明新风、晒幸福生活、讲模范故事,实现你追我赶的向上氛围;发挥红白理事会作用,多措并举开展移风易俗活动;坚持疏堵结合,探索建立收受给付婚嫁彩礼报备制度,加强全过程监督引导,举办"三河镇推动移风易俗,弘扬时代新风倡议大会"5场,发放倡议书3000余份,签订承诺书4200余份、选树抵制高价彩礼先进典型24个,逐步形成典型引路、示范带动的新风尚。

(马正虎)

李旺镇

【概　况】 李旺镇位于海原县东部扬黄灌区,东以清水河与同心县工团镇分界,南接七营镇、郑旗乡,西邻贾塘乡、关桥乡,北连高崖乡,镇政府驻地团庄村,西距海原县城70公里。总面积346.3平方公里,辖李果园、团庄、李旺、马莲、红圈、杨山、北滩、罗川、杨堡、二道、韩府、七百户、新源、团结14个行政村,76个自然村,108个网格区。有户籍人口12138户、42360人;其中城镇人口8356人,占总人口的19.73%;回族人口39566人,占总人口的93.4%。有耕地面积20万亩,其中水浇地6.9万亩。2022年,先后被评为市级民族团结进步示范镇和自治区级民族团结示范镇。

【脱贫攻坚成果巩固】 2022年,李旺镇以"六大提升行动"为抓手,严格落实防返贫动态监测和"四查四补"常态化帮扶机制及"四个不摘"工作要求,分类实施4类62项壮大产业、乡村建设等项目;按照"一表两图三清单",深入开展"大起底、大排查、大整改"活动,积极认领整改各类反馈问题127个。全力保障低收入人口和特殊群体基本生活,发放各类救助资金2653.4万元。持续巩固1972户、7446人脱贫人口,41户、174人监测人口脱贫成果,落实到户补贴资金1108.46万元;脱贫人口人均纯收入达14045.78元,增速20.91%,脱贫人口收入持续增加。年末,全镇有脱贫人口1965户、7406人,监测户43户、182名。享受城乡低保待遇人员5126人,其中,城镇低保81人,农村低保5045人。扶贫公岗192人,光伏公岗118人,就创公岗125人。

新建的肉牛养殖场

【产业发展】 2022年,李旺镇夯实粮食安全根基,做优做强"一主四特"产业。狠抓粮食安全。完成春小麦种植5900亩(示范点集中种植2300亩)、玉豆套种8500亩,完成下达任务的140%和121%,产值分别为448万元、987万元;实施高效节水灌溉项目9420亩,产值1455.4万元;种植玉米5.6万亩,产值9380万元。抓好肉牛补栏和示范村建设。新增基础母牛2555头;巩固肉牛养殖示范村5个,打造标准化肉牛养殖示范户62户;新建100头以上肉牛养殖场2家。2022年,全镇有肉牛产业工作站1处,肉牛养殖示范村5个,肉牛养殖示范户135户,家庭农场及养殖合作社70家,50头以上规模养殖场13座,建设"出户入场"项目3个。全镇牛存栏17475头(其中基础母牛10804头),羊存栏38228只。持续抓好特色产业。打造二道拱棚西瓜种植基地1处、2135亩,产值1936万元,基地劳务创收400万元;种植红葱6000亩,收入8384万元。持续壮大交通运输业。打造团庄、李旺、韩府、红圈4个汽贸运输示范村,全镇现有大型货运车辆1466辆,货运司机3407人,年运输业产值8.4亿元。持续强化劳务产业。全镇实现劳动力转移就业8426人,创收1.64亿元,实现劳务就业创业增收。

【民生服务与社会治理】 2022年,李旺镇紧盯群众"急难愁盼"问题。抓好疫情防控。坚持"外防输入、内防反弹"总策略,紧盯重点领域、重点人群、关键环节,全力保障人民群众健康安全,有效应对"9·20"突发疫情,快速果断处置各村突发疫情。抓稳安全生产。扎实开展安全生产专项整治三年行动,排查整改13个领域安全隐患91处,整改违法乱占耕地374

处,抗震房改造76户。夯实社会治理基础。排查化解各类矛盾纠纷289起,有效解决李旺老街道改造及团庄、杨山土地纠纷等多年遗留问题,协调推进西三线、城乡供水、344国道改造等一批重大项目,社会治理效能明显提升。

李旺镇市政道路(兴旺街)建设现场

【环境整治】 2022年,李旺镇扎实推进乡村建设。落实"一村一年一事"项目14个,人大代表建议5个。常态化开展农村人居环境整治工作,打造李果园人居环境整治示范村,巩固示范村1个,提升村2个;整治河道26公里;完成厕改203座,整改历年问题厕所383座。排查整治自建房31户。乡村绿化1.5万株,生态环境质量持续提升。

【项目建设】 2022年,李旺镇围绕道路交通、汽车物流、农业、水利、教育、卫生健康、人居环境和电力等领域,争取相关部门支持,实施项目15个,投入2.2亿元。加强城镇基础设施建设。以自治区批复支持重点小城镇建设为契机,改造提升基础设施,推动汽车物流园区一期项目、消防救援站项目落地。改扩建"一横三纵"4条市政道路1.6公里,改造李旺老街道1.4公里,杨山、韩府等村组道路建设9.8公里,解决了多年道路通行不畅"顽疾"。加强产业基础设施建设。健全联农带农机制,促进产业融合发展,实施二道村拱棚西瓜设施农业项目建设,红葱、小杂粮特色产业种植项目,扬黄灌区高效节水灌溉工程、渠道维护,泵站改造等项目;新建杨堡村、新源村、罗川村高端肉牛养殖园区,产业基础设施更趋完善。加快社会事业项目建设。实施了罗川村老年饭桌,中心卫生院门诊楼、新源村幼儿园项目建设、移民安置点基础设施改造、李果园村人居环境示范村项目等。

(李旺镇)

西安镇

【概　况】 西安镇位于海原县西部,东南接海城镇,东北靠关桥乡,南毗树台乡,北以沙沟河与沙坡头区兴仁镇分界,距海原县城18公里。4月21日,海原县人民政府撤销甘盐池种羊场代管盐池村职能,移交西安镇规范管理。2022年末,全镇总面积518.8平方公里,辖西安、小河、园河、白吉、菜园、付套、薛套、范台、胡湾、盐池10个行政村,68个自然村。有户籍人口8979户、31437人。其中回族人口15264人,占总人口的48.55%;农业人口7656户、29187人;常住人口6141户、24310人。全镇有耕地面积28万亩,退耕还林2.75万亩,有水库2座、机井237眼,为全县主要库井灌区之一。先后获得"人民满意的公务员集体""自治区文化扶贫工程贫困地区村综合文化服务中心建设先进集体""中国农业普查先进集体""2018—2021年度自治区文明单位""2022—2024年度自治区文明乡镇"等称号。

【产业发展】 2022年,西安镇做大做强肉牛产业。紧盯“肉牛示范县”创建任务，全年新增高端肉牛2153头，其中完成新增及扩群增量1300头；全镇牛存栏达到17774头，其中高端肉牛8374头（基础母牛6968头，其中新增2064头）；打造肉牛养殖示范户100户（其中5~15头89户，20~50头6户，50头以上示范场5户）；完成见犊补母3439头。种植青贮玉米1.5万亩、禾草2.2万亩。做优做精瓜菜产业。全年种植瓜菜8000亩（其中设施温棚1000亩、露天蔬菜7000亩）。鼓励长隆合作社新建蔬菜日光温棚2000亩，辐射带动压砂地退出转型，建成2000亩覆膜西瓜基地。扶持旺农合作社新建日光温棚51座，带动50户农户发展高效农业，实现户均增收1万元。巩固园河1000亩广州菜心、付套1000亩番茄及菌菇、薛套1100亩辣椒。完成小茴香种植1.5万亩，实现丰产丰收。完成粮食安全种植任务8000亩、秋杂粮种植3万亩。做实做活劳务产业。依托驻地企业优势，针对性开展技能培训150人，实现就近务工1120人，其中稳定就业179人，发挥劳务经济人作用，带动外出务工6900人，全年劳动力转移就业输出8002人，实现创收1.5亿元。高度重视有就业意愿的残弱群体，聘用各类公益性岗位人员590人。

付套村闽宁百草园扶贫车间

【乡村振兴】 2022年，西安镇精准监测重点人群。对全镇6000户常住户常态化开展走访摸排，全年新纳入防返贫监测8户、26人，精准制定“一户一策”，用足用活公益性岗位、兜底保障、临时救助、行业帮扶等相关政策，逐项紧盯落实，消除风险5户、16人。严格落实帮扶政策。对全镇2645户、10386人已脱贫人口，严格落实“四个不摘”要求，全年兑付产业资金1032万元，小额信贷1.6亿元，贴息245.3万元。脱贫户、监测户大病医疗签约率100%，实施大病医疗救助49人25万元。义务教育阶段学生零辍学。动态清零发现问题。紧扣“三保障一巩固”要求，开展三轮大排查大整改，对自治区市县各级各类反馈的66个问题和主动排查发现的456个问题立行立改，动态清零。

【生态建设】 2022年，西安镇有序推进乡村建设。精准编制“一心两廊三区”产业发展规划、薛套村“多规合一”、菜园村古村落规划设计。全面完成“一村一年一事”项目，配合完成海平高速、S205、西安供水三大项目工程征地协调，新建10万方蓄水池2座，铺设输水管道7.3公里。大力开展环境整治。以“五色人群”管理为抓手，发动义务工5.2万人次修剪树木60余万株，植绿增绿1.2万株，拆除复垦砖厂8个，整治卫片反馈问题14处，创建“环境卫生达标户”5505户、“最美庭院”1006户，完成厕所改造290座。重点打造示范村庄。投入689万元实施范台、盐池人居环境整治示范村项目；打造甘盐池人民公社古堡情怀驿站打卡地1处；完成西安闽宁示范村建设，完成盐池移民点堆肥场建设。

2022年4月，西安镇被自治区文明委授予“自治区文明乡镇”称号

【社会治理】 2022年，西安镇分类管理社会人群。将常住户分红、黄、蓝、绿、白五色人群精细化管理，突出红色党员人群先锋模范，黄色村干部公益岗位人群示范带头，蓝色脱贫户人群感恩支持，绿色低保户人群主动响应，白色一般户人群积极配合。深化运用于推进肉牛产业发展、人居环境整治、疫情防控、疫苗接种、“两险”收缴、矛盾化解等重点工作，实现了万人义务、千人防控、百人参与矛盾化解、红黄蓝绿人群十日完成医疗收缴的显著成效。逐层靠实网格责任。健全完善“镇、村、组、户”四级网格化机制，压实党政领导包片责任、班子成员包村责任、镇村干部包组责任、网格员包户责任，有力推进各项重点工作，全年信访案件数量明显下降。完成创建铸牢中华民族共同体意识示范村2个。

【公共服务】 2022年，西安镇有幼儿园2所，完小6所，教学点10处，学前教育阶段286人，在校小学生694人，适龄儿童及少年入学率为100%。乡卫生院1所，医护人员45人其中执业医师标准化卫生室10所，注册执业村医17人。镇级综合文化站1处，建成10个村“农家书屋、文化大院、文化长廊、文化休闲广场”为一体的基层文化阵地。

（马　斌）

七营镇

【概　况】 七营镇位于海原县东部，东接甘城乡，南临三河镇，西接郑旗乡，北接李旺镇。全镇总面积267.96平方公里，辖五营、张堡、马莲、南堡、七营、柴梁、马堡、下套、北咀、杨堡、盘河、高崖、八营、砖窑14个行政村，91个自然村，镇人民政府驻地七营村，西距海原县城73公里。银平公路、福银高速、宝中铁路贯穿全镇南北。全镇有林地面积6.56万亩，草地面积24.53万亩，湿地面积903.84亩。有耕地面积12.9万亩(水浇地9.4万亩，旱地3.5万亩)，退耕还林5.4万亩。2022年，全镇户籍人口9512户、34033人，其中回族人口19353人，占总人口的57%；常住户6851户、26245人。2022年，全镇农民人均可支配收入13725元，同比增长9.6%。

【脱贫攻坚成果巩固】 2022年，七营镇新增监测人口15户、66人，对49户、200人未消除风险监测人口加强跟踪监测，因户因人精准制定“一户一策”。持续加强脱贫人口动态管理，对全镇1459户、5663名脱贫人员及172户、704名监测人员信息进行全面摸排更新，新增人员71人，减少人员104人，并及时跟进修改防返贫监测数据库，确保数据精准精细。2022年脱贫人口人均纯收入达16233.76元，同比增长24.1%，其中人均工资性收入8536.78元，人均生产经营性净收入3847.38

元,人均财产性收入34.27元,人均转移性收入3815.33元。全年边缘户种植养殖项目补贴资金兑付10.08万元,脱贫户"健康保"实现全覆盖。完成危房改造36户,铺设自来水管道6.75公里,人饮抢修主支管道47处,新增自来水入户45户。完成2022年春季、秋季雨露计划311人次审核工作,兑付雨露计划资金46.2万元,慢病签约服务覆盖率达到100%,脱贫户、监测户医疗保险和铁杆庄稼保全覆盖。制定完善6个移民点"一表两图三清单",开工建设南堡村、马堡村"出户入场"牛场建设项目,建成张堡村移民点蘑菇棚28座,南堡村蘑菇棚1座,开辟产业发展新渠道。硬化下套村、马堡村巷道4公里,配套南堡、下套移民点小型垃圾箱305个,电动清运车5辆,环卫设施配备大幅提升。建成南堡村移民点人居环境整治项目,铺设面包砖等,有效提升村容村貌。完成"十三五"劳务移民房屋产权分割借款收缴2户4.21万元、抗震房改造11户。主动认领考核评估反馈问题13个方面60个问题,完成整改60个。全面开展"大起底、大排查、大整改"工作,排查出存在问题1679个,已完成整改1669个,正在整改10个。做好140名乡村振兴公益岗位、116名光伏公益岗位人员的选续聘及工资发放工作。通过扶贫资产回头看,对2013年以来扶贫资金形成的资产进行了统计整理,共涉及546项8233.02万元,对37项扶贫资产移交财务室登记,并同步移交相关办公室(中心)和村委会登记,落实管护责任。

【产业发展】 2022年,七营镇紧盯海原县"一主四特"产业布局,大力发展肉牛、玉米、小杂粮、枸杞等主导产业,壮大富民产业。1.肉牛产业。抓住全县肉牛产业支持政策,新(扩)建棚圈已打点52户,建成18户。开展"富民贷"230户2836万元,落实西门塔尔基础母牛扩规106户368头,新增325户1501头,出栏4569头,全镇见犊补母1214户3788头,牛存栏达到11170头。创建肉牛标准化养殖示范户54户,饲草配送298户1385吨。2.种植业。围绕种植产业规划布局,种植春小麦、玉米、枸杞、瓜菜等。实施1.29万亩高效节灌项目,先行先试,坚持联农带农,完成7000亩玉豆套种、5000亩春小麦种植。全镇完成玉米种植7.45万亩,青贮玉米4500亩、马铃薯2900亩、秋杂粮9000亩、瓜菜3400亩,撂荒地耕种1900亩,禾草种植15000亩,产业结构调整效果明显。3.就业创业。积极开展就业岗位信息发布、技能培训组织、定点转移就业等服务,稳定输出劳务8324人,劳务创收1.53亿元。加大就业补贴力度,对镇域灵活就业人员675人发放劳务奖补共200万余元。组织群众参加大型现场招聘会1场1200人次,意向性签约务工人员42人。完成劳动力技能培训300人次,转移就业7856人,群众收入途径进一步拓宽,确保群众稳定增收。4.商贸物流产业培育。全镇大型货运车辆达到895辆,货车司机1779人,快递物流公司7家,汽车运营修车商户66家。成立货运司机党支部、司机之家,争取客货邮商一体化项目,最大限度服务群众、促进就业,助推全镇经济社会发展。

【项目建设】 2022年,七营镇实施项目22个,总投资金额6595万元。其中续建项目4个,已全部竣工;新建项目18个,七营村防涝排洪项目、七营村高质量美丽宜居村庄建设绿化项目、马堡村移民点路面排水及下水维修工程、移民安置点基础设施改造项目、五营村人居环境整治示范村建设项目5个项目已竣工;新建文化广场2座,高质量完成“七营镇重点小镇”发展规划和张堡、马莲等6个村庄“多规合一”规划编制,完成政府街、青年街、文化街项目改造规划设计工作。

【生态环境】 2022年,七营镇建成“七营文化广场”,春季新栽及补植补造苗木、庭院经济树木7697株,栽植各类灌木316株,栽植和播种各种花卉12350平方米,乡村道路绿化覆盖率全面提升。健全镇村两级河长责任体系,镇村两级河长巡河170余次,定期对镇辖区河道进行整治,清扫河道卫生,防止河道污染。建立“户保洁、村收集、镇清运”保洁机制,全面打造马莲环境整治示范村和七营、五营环境整治提升村,出动车辆200车次,投入劳动力360人次,清除垃圾6000吨,清除乱搭乱建、乱堆乱放、乱贴乱画200余处,拆除危房31间,环境卫生“红榜”机制运行顺畅,村容村貌大幅提升。发放2000余份禁牧封育条例宣传单,张贴56份禁牧告知书。拆除私搭乱建棚圈42处,对偷牧羊只经济处罚2.5万余元,有效遏制偷牧现象发生。召开林改培训会15次,参培人数达500余人次,制作张贴标语35条,印制发放林改资料汇编及知识问答1500册。落实“门前三包”责任制,对辖区内道路及重点村落,每天进行两次往返环境巡查,重点整治街面占道游商、门前乱堆乱放、擅自设置广告牌匾等违法行为,走访商户单位1500余次,对50家存在堆物堆料外经营卫生不整洁的商户进行规范整治。开展宣传活动30余次,整治农户占道经营行为35次。

【民生保障】 2022年,七营镇实施全民接种计划,全镇3~11岁儿童接种率91.07%,60岁以上老年人接种率91.02%,18岁以上第三针接种率84.03%。加大社会兜底保障力度,新增低保337人、取消87人;高龄补贴新增34人、取消26人;新申请办理残疾证25人,累计落实残疾人护理补贴546人,新增生活补贴3人,累计生活补贴885人,两项补贴总计1431人。组织开展文化下乡活动2场,新社火展演6场。

【基层党建】 2022年,七营镇召开党委会议32次,党委中心组学习12次,干部集中理论学习33次。发展积极分子30名,接收预备党员13名,按期转正16名,培养入党积极分子41名。各党支部全年开展形式多样的主题党日活动12次,组织生活会2次。开展党风廉政建设专题会议4次,组织生活会2次,民主生活会2次。在农村发展党员违规违纪排查中处理违规违纪党员5人,其中,党内警告3人,诫勉谈话2人。

【新时代文明实践】 2022年,七营镇建成新时代文明实践所1个、新时代文明实践站14个,开展各类活动200余次,共撰写活动信息简报85期,被媒体宣传报道16次。积极践行志愿精神,共建志愿服务队70支。评选各类示范户63户,积极推广文明实践积分制,建成运行积分超市14个。全年举办移风易俗倡议大会5场,签订承诺书6000余份,评定抵制高价彩礼先进典型9个。

【社会治理】 2022年,七营镇共排查化解各类矛盾纠纷25起,先后办理“12345”热线186件,全部化解,办理网上信访12件,群众满意度100%,办结回复率达到100%。镇派出所被评为自治区党的二十大安保维稳先进单位。开展镇域餐饮服务单位和企事业单位使用燃气安全检查，建立台账10家，检查20余次，对违法行为及时督促责任人予以整改。开展宗教场所房屋安全排查3次，排查整改安全隐患3处。深入开展安全生产宣传，与14个行政村签订七营镇安全生产目标管理任务，开展安全生产宣传4次，召开镇村级会议4次，悬挂宣传标语68条，发放宣传材料3000余份。

（七营镇）

甘城乡

【概　况】 甘城乡位于海原县东部，西距海原县城110公里。东接甘肃环县毛井镇，南接固原市原州区炭山乡、西七营镇，北接同心县张家塬乡，是两省（宁夏、甘肃）四县（海原县、原州区、同心县、环县）的接合部。全乡总面积228.29平方公里，耕地9.5万亩，退耕还林4.89万亩，生态草原17.92万亩。辖甘城、双井、吴渠、乔畔、三台、武塘、久坪7个行政村，34个自然村。2022年，全乡户籍人口2526户、8492人；常住户1010户、3596人。其中回族人口5662人，占总人口的66.67%；脱贫户568户、1981人，监测户20户73人。全乡牛存栏3428头，肉牛养殖户399户（脱贫户271户），2022年肉牛补栏95户408头，其中新增45户225头（脱贫户7户37头），出栏332户1425头；羊存栏2.1万只。

【脱贫攻坚成果巩固】 2022年，甘城乡动态监测全乡990户3485人常住户（其中脱贫户568户1981人）家庭情况，对排查出19户70人易返贫致贫人员开展精准帮扶。健全问题动态清零长效机制，全面开展大起底大排查大整改工作，先后共排查出6个方面69条问题，整改销号69条，县直部门协同解决5条。认领2021年国家后评估反馈问题57条，已全部完成整改销号。

【产业发展】 2022年，甘城乡落实春季覆膜7000亩，玉豆套种1101亩，种植春小麦5050亩、玉米20029亩、杂粮5592亩、薯类1716亩，全年支付粮补资金616110.43元。坚持“扩牛稳羊”总体思路，全乡紫花苜蓿留床面积4.5万亩，2022年棚圈建设28个，发动群众养牛贷款80户850万元，购置高端肉牛408头。建成并投用三台村130只滩羊养殖合作社，已建成乔畔、武塘村壮大村集体经济合作社项目。红梅杏种植总面积11012亩，其中精细管护丰果期红梅杏4500亩；种植西瓜1000亩。年内培养15名劳务经济带头人，组建劳务小分队7支，带动就业人员1712人，增收3647.3万元，发放劳奖补31.71万元，劳务经济大幅提升。

【生态环境】 2022年，甘城乡在乡村道路两侧种植国槐、香花槐5750株，垂柳650株，庭院经济种植果树7430株，断带补植1540株。修剪道路两侧树木12740株，抚育经果林4000亩。对盘甘公路、S202省道及村庄道路两侧5.6万株树木逐一修剪，加强管护。清理盘甘路、S202省道沿线、重点巷道、农户房前屋后“五堆”1324吨，建筑垃圾4600吨。拆除土墙及残垣断壁1421米，清理沟渠7处。

房前屋后大整治

【乡村建设】 2022年,甘城乡实施抗震房建设12户;建设实施垃圾中转站一处,解决乔畔村193户生活垃圾分类及收集难问题;建成屋檐滴水节水设施691户,搭建节水管7000米,搭建铁槽18000米,解决牲畜用水和庭院经济补灌问题;实施完成双井村、吴渠村、三台村、乔畔村一村一年一事道路硬化6.96公里,“以工代赈”项目6公里。

【乡村治理】 2022年,甘城乡借鉴新时代枫桥经验,推进“三治融合”(自治、德治、法治),开展新时代文明实践活动,运足运活“积分超市”,开展文明村、文明户、移风易俗示范户、“好媳妇”“好公婆”等评选活动,成功举办庆元旦秦腔广场舞演出和闹元宵文化会演,建成双井小学爱心书屋,配强村级图书室,乡风文明进一步促进;开展综治信访、国家安全培训7场次,地毯式摸排矛盾纠纷12场次,受理信访纠纷案件4起,全部成功化解调处;持续开展电信网络诈骗和养老诈骗宣传劝导工作,全乡反诈App下载注册2639人,位居全县第一;一以贯之加强普法教育,开展乡村干部普法、禁毒宣传5场次,开展干部集中学法7场次,开展集中法治宣传8场次;常抓不懈开展道路交通、非煤矿山、危险化学品、消防安全、食品安全、森林草原防火、校园安全、人员密集场所等安全生产专项检查35次,发现并整改问题6个。

新建的三台村新时代文明实践站一隅

【铸牢中华民族共同体意识】 2022年,甘城乡先后组织开展铸牢中华民族共同体意识主题宣传教育7场次,主题宣讲26场次,悬挂宣传横幅22条,乡域内电子屏播放主题宣传标语35条,受教育群众达3600人次。

【民生服务】 2022年,甘城乡适龄儿童入学率、九年义务教育控辍保学率均达到自治区要求,建档立卡户基本医疗保障和大病医生签约服务全覆盖。累计纳入低保947人,残疾288人(享受生活补贴164人,护理补贴124人),孤儿7人,特困供养19户、19人。

(甘城乡)

高崖乡

【概　况】 高崖乡位于海原县东北部清水河谷地带,平均海拔1500米。东接同心县王团镇,南接李旺镇,西接关桥乡、贾塘乡,北接同心县兴隆乡。全乡总面积127.21平方公里,辖红古、红岸、三分湾、联合、草场、高崖、高湾、香水、新民、振兴10个行政村,69个自然村，乡人民政府驻地高崖村，西南距海原县城55公里。2022年末，有户籍人口7490户、28701人，其中回族人口23084人，占总人口的80.43%；有常住户6396户、21170人。2022年，农民人均可支配收入14185元，同比增长8.9%。

【脱贫攻坚成果巩固】　2022年，高崖乡多措并举，实现巩固拓展脱贫攻坚成果同乡村振兴有效衔接。1.抓好常态化动态监测帮扶。全乡共有监测对象46户198人，2022年纳入11户43人，全部落实针对性的帮扶措施。2.抓好政策帮扶。2022年，共发放产业补贴332.87万元，公益性岗位工资66万元，扶贫小额信贷贴息资金90.4万元。持续落实就业帮扶，全年新增安置公益性岗位40人，全乡公益性岗位总数达到306人，发放劳务奖补79.51万元，脱贫人口务工1360人。3.抓好收入提升。针对253户人均纯收入低于1万元、440户增收低于全县平均收入、14户收入不增反降的脱贫户，逐户制定增收措施、建立收入计划表，逐项紧盯落实。脱贫人口人均纯收入达到15025元，增速18.63%，收入结构持续优化，造血功能显著增强。4.抓好移民搬迁后续帮扶。扎实推进百万移民致富提升行动，围绕移民产业、就业、社会融入三件大事，大力开展“出户入园、腾棚种菌、腾人务工”三大增收行动。建成新民村肉牛“出户入园”集中养殖园区，全面推行“支部+村集体+合作社+养殖户”模式，大力发展肉牛产业，年内已入园396头，其中养殖户324头，村集体经济合作社72头（新增牛犊26头），村集体直接经济效益20万元以上。发展菌菇种植，改造菌棚10座，种植菌棒50000棒，棚均收入3000元以上。成立劳务工作站，多措并举增加就业机会，协调当地在建项目就近就地用工95人，全年实现务工就业500人次，收入850万元以上。5.抓好问题整改。完成2021年国家巩固拓展脱贫攻坚成果后评估反馈13类64个问题整改，全面整改全县大起底大排查大整改自查656个问题以及自治区市县巩固脱贫攻坚督查反馈问题，通过问题整改，干部工作作风进一步改进，工作机制进一步完善，工作成效显著增强。

【产业发展】　2022年，高崖乡抢抓机遇抓项目，实现特色产业高质量发展。1.发展壮大肉牛产业。抢抓全面建设“肉牛养殖示范县”重大机遇，集中力量打造肉牛特色优势产业，组建肉牛发展工作专班、紧盯新增养殖户和存栏1~5头养殖户，实行包干推进、挂图作战、专项督查考核，确保肉牛补栏能快则快、能早则早。年内已补栏高端基础母牛1468头，新增犊牛5289头，全乡牛存栏18557头，良种化率84%，肉牛产业年创收3000万元以上。2.全力培育压砂地退出接续产业。全面退出压砂地3450亩，继续种植硒甜瓜，全乡种瓜总面积达到7600亩，较退砂前增长600亩，瓜产业年创收4100万元，增长400万元，人均增收800元左右。3.高质高效推进高效节水灌溉。全面完成高崖、草场2个村高效节水灌溉项目，共建成7个灌溉系统，辐射面积11100亩，全部种植粮饲兼用玉米，实现了农业增产和水资源高效利用。4.稳步推进种植业结构调整。认真落实粮食安全，全年种植春小麦4000亩、玉豆套种7000亩、玉米53000亩（粮饲兼用玉米30000亩），实施枸杞提质增效3500亩、苹果3000亩，种植业年创收1.2亿元左右。5.持续拓展劳务产业增收效能。在

10个村成立了劳务工作站,优化就业服务,大力开展“春风行动”“就业帮扶现场推进会”等活动,开办肉牛饲养培训班1期50人,积极引导工程建设项目在当地用工1200余人次,全年实现务工5700人次,务工创收1亿元以上。6.大力支持交通运输业发展。壮大驾驶员队伍,积极开展驾驶员“增照学照”计划,2022年累计培训A照28人、B照114人,全乡驾驶员达到1220人,大型货运车辆551辆,年创收7000万元以上,农户增收能力进一步增强,预计2022年实现人均可支配收入14185元,较2021年增长8.9%。

【生态环境】 2022年,高崖乡以抓常态长效为手段,实现乡村生态环境美丽宜居。1.抓好村庄清洁整治。坚持村内村外、户内户外一体推进,定期组织群众开展村庄清洁行动,突出清理死角盲区,累计投入人力5000余人次,机械1000余台次,拆除违章建筑和乱搭乱建225处,清理房前屋后乱堆乱放3000余吨、清理垃圾5000余吨。2.健全常态机制。实行村“两委”班子包自然村、网格员包巷包户、公岗人员包区域、农户门前“三包”的全方位责任体系,将环境卫生治理纳入村规民约,引导村民参与村庄共建共治共享。大力开展积分兑换,定期开展先进典型评选,形成正向激励,提高村民维护村庄环境卫生的主人翁意识。3.加强基础设施建设。以“一村一年一事”为抓手,聚焦短板弱项,积极争取项目支持,实施了高湾村人居环境整治示范村项目,高标准完成新民村环境综合整治和学校维修改造项目,高湾村硬化道路2公里,在三分湾、红古、联合3个村维修砌护农渠4.7公里,安装闸门200个,为振兴、香水、红岸村安装太阳能路灯300盏,完成草场村户厕改造123座,全乡公共服务水平、农业生产条件进一步得到加强。4.持续推动生态保护。深入开展非煤矿山治理行动,拆除到期砖场2家。加大非法盗采古生物化石打击力度,配合县自然资源局对石峡口山内40余处盗洞实施了爆破,设置警示牌5处,查处盗挖行为8起,依法处置盗采人员20余人,罚没发电机3台、盗挖工具和生活用品近百件。5.巩固植绿增绿成效。全年种植庭院经济林2200余株,绿化树木6700余株,在高湾村、香水村沿国道344两侧种植树篱16000余平方米,实现了绿树环绕、环境优美。

【乡村治理】 2022年,高崖乡深入开展安全生产专项整治三年行动,压实各行政村“属地管理”责任,聚焦暑期防溺水工作,加强水域管理和巡查工作,建立汛期24小时值守制度,在西河沿线搭建帐篷6个,全面保障石峡口水库行洪安全。建立安全隐患定期排查整改制度,及时完善安全防护设施设置,规范警示标识标志,做到排查一处整治一处。开展学校、商铺食品安全生产大检查11次,监督整改安全隐患100余处。批评教育电动车、三轮车违规载人2000余人次。开展反诈宣传活动4次,发放反诈宣传彩页、养老反诈“一封信”1500余份、海报500余份,“国家反诈中心”App下载注册8187人。坚持发展新时代“枫桥经验”,扎实开展“大排查、大化解、大整治”行动,排查矛盾纠纷14起,调解成功14起。办理信访转办件17个,“12345”政府服务热线办件108个,市长信箱7个,接待群众来访144人,全部实现有效化解,办结率100%。大力开展普法教育,围绕《习近平法治思想学习纲要》等学习书目，共开展中心组学法9次，干部集中学法21次。聘请法律顾问为全乡重大决策提供法律咨询，参与疑难复杂纠纷和重大信访问题的化解。加强执法队伍建设，坚持执证上岗、亮证执法、文明执法，依法立案9起，其中禁牧封育1起、盗挖古生物化石8起。主动公开到户资金、社会救助等政府信息61次，自觉接受群众监督，让权力在阳光下运行。

【新时代文明实践】 2022年，高崖乡建成乡级新时代文明实践所1个，10个行政村全部建成新时代文明实践站，打造新时代文明实践试点村1个，组建文明实践志愿服务队伍57支，志愿者数量达到600余人，开展文明实践活动280余场次，受益群众1万余人。

【铸牢中华民族共同体意识】 2022年，高崖乡打造新民村铸牢中华民族共同体意识文化长廊，编辑完成铸牢中华民族共同体意识小故事1册，编辑小故事19个。全面完成宗教场所自建房安全隐患排查，办理宗教场所公户23个，完成5座闲置宗教场所转让使用。制定《高崖乡宗教界崇俭戒奢教育活动方案》，开展集中学习2次，上门送学17人次。

【社会民生】 2022年，高崖乡严格落实低保、残疾、孤儿、困难群众临时救助等民生保障政策。截至10月底，新增低保118人，取消94人，共发放低保金82.3万元，发放高龄补贴245人71万元，发放残疾人生活补贴5620人次62万元，护理补贴3978人次47.7万元，发放孤儿补贴71人7.1万元，发放临时救助9次997人19.6万元。广泛宣传动员，引导群众积极缴纳医疗保险，全力做到"应保尽保"，确保不发生因病致贫，2022年医疗保险参保24393人，完成率98.5%以上。积极参演全县春晚文艺大会演，开展送戏下乡3场，举办"喜迎二十大、奋进新征程　我有拿手戏"群众文艺风采大展演活动1次。

（高崖乡）

关桥乡

【概　况】 关桥乡位于海原县东北部，处海原、同心、中宁、沙坡头四县（区）交界。东接贾塘乡，南接史店乡、海城镇，西接西安镇与沙坡头区兴仁镇，北接高崖乡与同心县兴隆乡、中宁县徐套乡。全乡总面积584.41平方公里，下辖关桥、张湾、马湾、方堡、贺堡、八斗、脱场、王湾、冯湾、罗山、麻春11个行政村、87个网格。乡政府驻地关桥村西南至海原县城30公里，海同、关麻公路贯穿全境，交通便利。2022年，有户籍人口9142户、31672人，其中回族21147人，占总人口的66.77%；有常住户6347户、24346人，占户籍人口的76.87%。全乡总耕地面积22.8万亩。2022年，人均纯收入14895.62元，同比增长20.31%；脱贫人口实现人均纯收入14623.71元，同比增长15.37%。

【脱贫攻坚成果巩固】 2022年，关桥乡巩固脱贫成果，严防返贫致贫。1.以整改促工作落实。以入户实地走访的方式组织乡村两级干部以及驻村工作队对全乡脱贫户2872户11027人（含脱贫不享受政策户369户）、监测户41户166人开展摸底排查，加强监测预警，实行动态管理、动态清零，筑牢防返贫监测帮扶底线。2.落实好"两不愁三保障"帮扶政策，严格按照"四不摘"要求，全面贯彻落实好帮扶政策,对低收入人口持续跟踪监测,从产业、就业、医疗、住房、教育、社会保障等多方面解决群众的迫切所需,巩固拓展好脱贫攻坚成果,增强同乡村振兴的有效衔接。3.做好易地扶贫后续扶持工作,为推动移民致富提升行动各项工作落地见效,持续提升移民安置区群众生活幸福感,结合麻春、马湾、脱场3个移民安置区实际,重点解决产业、就业、社会融入三件事情,因地制宜发展带动能力较强的富民产业,通过特色种植养殖、劳务输出、就近务工等形式,多渠道实现稳步增收。4.推进"一村一年一事"。紧盯群众所需所盼,充分尊重群众意愿,每年每村集中力量办成一件惠民实事,2022年完成10个"一村一年一事"项目。5.开展困难群体就业援助。安置各类公益性岗位共676人,其中乡村振兴公益性岗位311人、光伏公益性岗位124人,就业公益性岗位134、自然资源公益性岗位107人,培育劳务经纪人21人。

【产业发展】 2022年,关桥乡特色产业发展稳步推进。1.巩固发展特色优势农业。坚持"一主四特"产业发展总体思路,利用贺堡河流域冷凉湿润的环境条件,发展西芹等蔬菜3400亩,创收2380万元。大力推广"龙头企业+合作社+基地+农户"模式,依托专业合作社,推进农副产品深加工产业发展,加快形成香水梨精深加工、果蔬、饲料、乡村休闲旅游等产业链条,进一步提升价值链、延长产业链、完善利益链,推动乡域经济整体高质量发展。2.全力发展高端肉牛产业。按照海原县肉牛产业发展实施方案,紧盯任务目标,多措并举,积极组织乡村干部赴张掖、武威等地考察和采购肉牛。全乡肉牛存栏达到5488头,相比2021年增加460头,肉牛出栏241头,完成基础母牛扩群提质项目验收,2022上半年验收犊牛306户1021头,下半年犊牛验收工作正在有序开展,助推肉牛产业健康发展。种植紫花苜蓿1万亩,大麦0.4万亩,高粱等饲草1.5万亩,玉米2.3万亩,着力保障区域内优质饲草均衡供应,促进畜牧养殖业健康稳定发展。3.完成压砂地退出产业转型重点工作。积极落实退砂后耕地整理工作,牵头组织由村集体社会化统一实施机深松,完成机深松面积23094亩。落实有机肥采购和配备到田工作,配备有机肥面积23094.42亩,配备发放覆膜、拉水罐等物资,覆盖玉米等其他作物7455.5亩,富硒瓜15638.92亩,其中籽粒瓜种植面积7743.5亩,种苗瓜种植面积7895.42亩。完成滴灌带面积8553.97亩,旧棚改造159.25亩,压砂地自然修复1957.68亩,2022年7月西瓜上市销售结束,群众收入和情绪基本稳定。4."离土"产业助农增收致富。立足我乡资源优势,大力发展劳务输出、交通运输,多渠道提高贫困群众收入。2022年全年完成技能培训8期377人,转移就业7614人,劳务创收12410万元,其中脱贫劳动力转移就业3630人,劳务创收6309万元。完成劳务奖补561户808人192.64万元。全乡货运车辆达到420辆,交通运输行业从业人员达到887人。

【民生服务】 2022年,关桥乡按照兜底线、织密网、建机制的要求,努力提升为民办事效率,持续抓好低保、特困、优抚等政策落实,着力解决群众急难愁盼问题,确保群众安居乐业。1.落实城乡最低生活保障政策。2022年新增农村低保280人,取消农村低保369人、新增高龄津贴12人,办理残疾人证98人,最新持证残疾人数1070人，新增残疾两项补贴65人。2.优化城乡医疗救助服务。发放困难群众临时救助981人130万元，申报60岁居民基本养老待遇85人，办理丧葬费86人，准生证103人。3.落实重点优抚对象优待政策。通过及时发放现役军人家属优抚费，落实各项退役军人优抚政策，2022年慰问现役军人家属、优抚对象及军烈属，发放慰问金。解决困难退役军人最低生活保障，组织重点优抚对象体检，办理退役军人优待证。4.持续推进文化教育。“乡村大舞台”唱响百姓心声，冯湾村开展“喜迎党的二十大”广场舞比赛，麻春村开展“迎中秋 推动移风易俗”活动，邀请专业秦腔剧团开展秦腔演出。各村利用春节、清明、端午等传统节日，开展送戏下乡演出10场次。

【人居环境】 2022年，关桥乡扎实推进人居环境整治。1.清理垃圾3400吨，清除村内私搭乱建等临时建筑物、乱贴乱画315处，清除残垣断壁496处。配齐垃圾清理设施，聘用保洁员330名，实行定点、定人、定时垃圾清运；配有小型垃圾箱1000余个，大型垃圾箱103个，实行了“户集—村收运”的垃圾处理模式。2.组织多部门开展联合行动，在全乡范围内认真开展排查，对排查出的污染源建立问题台账并进行跟踪销号。同时，大力开展生态环保、乱占耕地整治专项行动，充分利用日常巡查、突击检查、随机抽查、鼓励举报等措施，对污染环境、占用耕地的企业和个人进行严格执法，确保关桥乡耕地与生态环境得到有效保护。3.以创建自治区、市、县级乡村治理示范村为契机，着力推进美丽乡村建设，打造冯湾村、麻春村两个人居环境整治示范村，实施配备户用垃圾箱1500个、整修道路3公里、整治护坡7处、打造人居活动场所5处等项目，全乡创建美丽庭院3400余个，并大力实施农村生活污水处理、卫生改厕、安全饮水、植绿增绿、道路畅通、产业培育等。

【党建引领】 2022年，关桥乡强化党建引领，提升工作质效。选配大专以上村干部1名，调整配优党支部书记1名，选育村级后备力量31人，确保每村至少有1名35岁以下大专学历党支部后备人员，培育致富带头人127人；推进“导师帮带”制，择优选定导师12人，精准确定帮带对象24人；创建四星级村1个、三星级8个、二星级2个。每季度进行党建促评，实行分管党建领导“末位包抓”制度，对各村党建季度评促结果进行排名通报，倒数第一、二的行政村分别由乡党委副书记、组织委员亲自包抓指导；全力做好颁发工作，按照程序严格摸排，对5名符合条件老党员颁发“光荣在党50年”纪念章，对14名情况特殊党员实施党内关怀慰问。研究制定《关桥乡干部管理制度》，规范干部管理，提升干部工作作风。在疫情防控等艰难险重的工作中，成立4个临时党支部，让党旗在艰难险重工作一线高高飘扬。

【乡风文明建设】 2022年，关桥乡成立乡新时代文明实践工作领导小组，高标准建成新时代文明实践所1个、实践站11个、组建志愿服务队伍7支，招募注册志愿者380余名，研究制定了《关桥乡新时代文明实践所（站）管理办法（试行）》，在关桥村、方堡村打造关桥乡新时代文化长廊2处，制作新时代文明实践宣传铁艺36个。结合“五大振兴”、“四个示范县”建设、“五分钱工程”构建58个指标体系，制定积分制度,设立关桥新时代文明实践积分超市,激励引导广大群众积极参与乡村振兴、人居环境整治、移风易俗等活动,弘扬正能量,传递新风尚。年内,全乡共开展积分兑换5次,涉及5村123户,兑换积分逾23400分。通过党课、廊亭宣讲、入户宣讲、微宣讲等形式开展习近平总书记系列重要讲话精神及自治区第十三次党代会精神65场次,发放宣传彩页3000余份。依托关桥堡会议遗址和红军井等红色资源,为广大党员群众开展党史及红色文化宣讲活动接待160场次、2000余人次;组建成立关桥乡"小小红色宣讲志愿服务队",聘请关桥学区和关桥中学40名学生利用课余时间在红军西征展厅讲解5次。

【乡村治理】 2022年,关桥乡创新治理模式,引领乡村善治新机制。开展关桥乡麻春村"庆丰收、树典型、喜迎党的二十大"农民丰收节暨麻春最美人表彰活动,对36名在"四个示范县"建设及移风易俗方面的模范代表进行表彰奖励,通过表彰树立典型,引领社会风尚,正向引导、移风易俗,推动形成比家风、比致富、比整洁的浓厚氛围,助力乡村振兴。研究制定《关桥乡2022年移风易俗实施方案》,发放移风易俗宣传手册3200余份,签订移风易俗承诺书5300余份;充分发挥党员干部在治理高价彩礼推进移风易俗中的"关键少数"作用,强化示范引领。充分发挥村规民约和"红白理事会"的作用,倡导"婚事新办、丧事简办、喜事小办"的文明新风。开展"梦想启航 振兴家乡"关桥乡大学生奖励资助活动,为282名新考录大学生、研究生资助49.2万元,其中争取宁夏水发集团、宁夏康园种植养殖专业合作社、宁夏艺恒农业发展有限公司捐赠爱心公益助学金9万元。对接宁夏宏伟鼎诚新型建材有限公司、宁夏旭升建设工程有限公司开展"献爱心,送温暖"活动,为全乡120户困难群众、党员及6个老年饭桌送去价值4.9万元的慰问品,为麻春村村民董文允3个大学生孩子资助0.6万元。

【铸牢中华民族共同体意识】 2022年,关桥乡依托关桥堡红色教育基地、深入传承红色基因,打造铸牢中华民族共同体意识教育馆。在关桥村打造民族团结文化广场1处,民族团结亭1处,在方堡村打造团结教育基地1处,石榴籽文化长廊1处。制作民族团结铁艺36处,编写2022年关桥乡铸牢中华民族共同体意识"石榴籽"故事上册,编印"石榴籽"口袋书4000本、分发"石榴籽"手提袋2000个;开展"铸牢中华民族共同体意识 喜迎党的二十大胜利召开"2022年关桥乡"民族团结进步月"启动仪式暨"我们的节日——中秋节"诗歌朗诵比赛,并在"中华民族一家亲 同心共筑中国梦"横幅前,举行签名活动。

【信访工作】 2022年,关桥乡探索建立"三道防线四项机制防范化解矛盾风险隐患"制度机制,全乡上下共摸排矛盾纠纷30余次,排查纠纷数9起,化解9起;先后受理信访案件16件、办结13件,3件正在办理中,7件信访积案,已化解3件,受理"12345"投诉件共124起,办结124起。

(邓 雨)

郑旗乡

【概 况】 郑旗乡地处海原县中东部,东接三河镇、七营镇，南接九彩乡，西接贾塘乡、曹洼乡，北接李旺镇。面积357.34平方公里，辖郑旗、吴湾、中坪、西沿、撒台、南山、撒堡7个行政村，乡人民政府驻地郑旗村，西北距海原县城37公里。2022年末，全乡户籍人口6003户、23542人（其中回族人口23496人，占总人口的99.80%，属纯回族乡）；常住人口2432户、10110人。全境平均海拔1838米，东南部属半湿润山地丘陵区，西北部属半干旱黄土丘陵区，水流条件为库井灌区。全乡现有耕地面积17.3万亩，其中农作物种植面积9.78万亩，退耕还林2.9万亩。全乡范围内共有1条县级河流、5条乡级河流，流经22个自然村，总流域面积256.6平方公里。境内已探明矿藏资源有石膏、铁铜矿石、石沙等；野生植物有蕨菜、甘草、发菜、苦苦菜等90余科400余属800余种。所辖7个行政村均为脱贫村，脱贫户1471户、6248人，监测户100户、466人（已消除风险81户、363人，未消除风险19户、103人）。2022年实现社会总产值5.23亿元，同比增长13.1%；实现农民人均可支配收入12035元，同比增长9.3%；脱贫户人均纯收入12654.15元，同比增长14.8%。

【脱贫攻坚成果巩固】 2022年，郑旗乡严格落实“四个不摘”要求，以“六大提升”行动为抓手，扎实推进巩固拓展脱贫攻坚成果同乡村振兴有效衔接。1.健全防返贫监测预警机制。结合常态化“四查四补”工作，对辖区内所有群众进行全面摸排，逐户研判风险点，将符合条件6户纳入监测对象，防止“体外循环”，对全乡19户监测对象进行动态监测，按照“缺什么、补什么”的原则，精准制定“一户一策”，并持续跟踪和更新帮扶成效。2.着力增加农民收入。紧盯“两个高于”目标，严格落实“一表两图三清单”工作机制，对1471户、6248人脱贫户，100户、466人监测对象（未消除风险19户、103人）逐户制定增收目标，逐人落实帮扶计划，采取鼓励发展种植业、补栏出栏发展养殖业、点对点输送和劳务经纪人带动发展务工产业等方式，精准制定增收措施，确保群众收入稳步提升。3.严格落实反馈问题整改。根据自治区“后评估”等各级各类检查反馈问题整改，结合郑旗乡实际，研究制定整改方案，主动认领13个方面56个具体问题，年内已全部完成整改。同时开展“大起底大排查大整改”工作，聚焦排查因灾房屋受损、供水管网冻点、农村人居环境整治、村组道路破损、内生动力不足等方面具体问题1411个，已全部完成整改。其中房屋改造32户（返乡无房户新建住房21户，抗震房改造11户）；自来水改造提升10户，主管道维修14处，冻点维修23处，管道改造提升2公里，新建100立方米蓄水池2座；硬化道路4.6公里，维修生产道路110余公里。

【产业发展】 2022年，郑旗乡围绕全县“一主四特”产业布局，加快产业结构调整，促全乡产业发展走区域化布局、标准化生产、融合化发展的路子。1.粮食安全。全乡完成粮食作物种植6.96万亩。其中，春小麦5000亩、大豆0.1万亩、玉米1.38万亩、杂粮3.2万亩、马铃薯1.78万亩，同比增长8%。2.牛产业。全乡肉牛存栏7340头，现有养牛户810户，300头以上2家，100头左右牛场6家，50~100头肉牛以上牛场4家，家庭标准养殖棚圈1350座，配套建设青储池28座。年内，依托蒲家山肉牛养殖园区区位优势，积极引进500头以上养殖规模企业入驻新建千头牛场,发挥现有10家养殖合作社、养殖大户等新型经营主体带动作用,鼓励农户大力发展肉牛养殖,今年新增100头规模牛场1家、50头以上规模牛场达到2家,打造20头以上养殖示范户43家,年底牛存栏将达到7500头左右。积极开展“保母扩群”行动,认真落实基础母牛扩群提质工作,通过金融贷款、棚圈政策扶持等,鼓励动员280户养殖户县外采集西门塔尔基础母牛1245头,其中扩群增量101户383头,新增179户862头,脱贫户完成补栏106户419头。3.特色产业。坚持“以水定产”的原则,促郑旗村、吴湾村西芹种植面积稳定在5000亩左右,葱韭蒜900亩,硒砂瓜56亩。积极发挥村集体经济联农带农作用,在中坪村完成辣椒种植500亩。4.劳务产业。立足全乡外出人口多的实际,采取点对点输送、劳务经纪人带动等方式,加大劳务输出力度,全年转移就业超过7500人,劳务创收8500万元以上。西沿扶贫车间吸纳就业人员34人,其中建档立卡户17人。争取公益性岗位、护林员、巡河员等岗位名额,解决353名贫困人口就近就业,工资报酬每人每年近1万元。郑旗村河道治理项目、包家山玉豆套种项目、撒台村人居环境整治项目以及西沿、中坪、撒堡村小麦种植项目就近吸纳务工人员超300人次,人均增收超5000元。5.村集体经济。7个村村集体经济项目于2021年已全部完成且运行良好,中坪、吴湾、西沿于2020年完成建设牛场,撒台、郑旗、撒堡、南山4个村于2021年将村集体经济分别投入4个牛场,7个村每年收益分红5万元。

【乡村建设】 2022年,郑旗乡把建设美丽乡村作为促进乡村振兴的重点任务。1.环境整治。以环境整治示范村建设为抓手,常态化开展村庄清洁提升行动,加快推进农村厕所革命,建立农村保洁长效机制。新建撒台村人居环境整治示范村,巩固提升吴湾村、西沿村2个环境整治示范村,深入整治郑旗、中坪、南山、撒堡村,建好院内院外“两小园”,实现村子、院子面貌焕然一新。认真开展农村问题厕所“回头看”排查整改工作,排查问题厕所479座,完成整改196座。2.植绿增绿。抢抓春秋两季植绿增绿有利时机,全力做好主干道路补植补造及树木管护抚育,完成乡村绿化树木补植任务6300株,组织集中树木补水1次,拔除今往年种植死树8984株,乔木涂红刷白13000余株,整治林带105亩。3.项目建设。聚焦产业发展和民生服务短板,积极对接县乡村振兴局、县农业农村局、县交通局等部门,完成“一村一年一事”项目建设7个,新建撒台村人居环境整治示范村1个,维修南山村村部、郑旗村村级活动场所、西沿村村部老年饭桌房屋3个,硬化中坪村、吴湾村、撒堡村主干道路4.5公里,补齐民生服务短板。

【乡村治理】 2022年,郑旗乡健全治理体系,整合治理资源,提高治理能力,持续推动乡村治理水平。1.法治乡村建设。加强综合执法办人员业务培训,严格按照法定职责和权限执法,将宅基地建设、违法乱占耕地、偷牧溜牧等涉农事项纳入法治化轨道,实地核查乱占耕地卫片疑似违法图斑97处,依法查处拆除违建6处,完成耕地流出图斑核查举证132处。查处偷牧违法案件37起,查处河道非法采砂案件2起。2.矛盾纠纷调处化解。建立“乡党委+村党支部+网格党小组”三级乡村治管体系，完善乡村联动、部门互动的矛盾纠纷化解机制，着力破解群众所需所盼的热点难点问题，筑牢发展的安全根基。解决信访局转办件6件，“12345”平台转办件30件，自查矛盾纠纷化解26件。3.精神文明建设。采取“积分制管理+文明实践”，探索建立爱心超市，把民风治理、移风易俗与文明实践紧密结合，实现7个行政村积分兑换互通互换。深入推进移风易俗，切实发挥红白理事会作用，广泛开展文明村、文明家庭等评选创建活动，坚决遏制天价彩礼、大操大办、薄养厚葬等陈规陋习，着力营造文明乡风、良好家风、淳朴民风。

【民生服务】 2022年，郑旗乡有初级中学1所，在读学生1034人；中心小学1所，完小4所，教学点8所，在校学生1425人；幼儿园3所，在校学生367人。乡卫生院1所，村卫生室7个。7个行政村共划分59个大网格450个小网格。现有低保享受人员2471人、五保享受人员17人、高龄186人、残疾人601人。年内，强化对城乡低保人员实行动态管理，切实做到应保尽保，全乡有2495名低保人员（2022年新增低保148人），通过年审及日常动态监管，共核查清理出不符合享受低保对象121人，追回不符合最低生活保障金119685元；为全乡937人次发放临时救助162.385万元（其中疫情防控期间困难人员、灵活就业人员、低保家庭享受临时救助8.385万元）；为466名残疾人及时足额发放政策性补贴；针对审计反馈疑点数据问题，积极主动认领，追回不符合残疾人两项补贴3.704万元，按时限要求全部整改落实到位；统筹抓好城乡居民养老保险、基本医疗保险参保工作，年末完成基本医疗保险缴费7074人，缴费率40.42%，完成居民养老保险缴费779人，完成率8.8%。开展食品药品、道路交通、防汛抗旱等行业领域安全大排查大整治12次，解决安全隐患问题47个，有效遏制重特大事故的发生，持续做好安全生产工作，有计划、有针对性地开展隐患大排查大治理行动，最大限度保障群众生命财产安全。

【党建引领】 2022年，郑旗乡党委下设基层党支部9个（7个农村党支部，1个机关党支部和1个离退休党支部），共有党员322人，其中农村党员258名。年内，乡党委通过党委中心组理论学习、党员干部集中学习、专题研讨、读书班和“三会一课”、主题党日等多种形式，围绕深入学习贯彻习近平总书记视察宁夏重要讲话精神和第十三次党代会精神等，邀请县委党校讲师开展宣讲活动2场次，包乡领导专题宣讲1场次，乡党委政府主要领导及各包村领导主动下沉各党支部开展宣讲16场次，交流发言22人次，撰写心得体会共270余份，引导党员干部深入学习、系统领会、准确把握，全面提升干部队伍素质和能力水平。创建7个村新时代文明实践站，开展抵制高额彩礼、弘扬社会正能量等志愿活动12场次，参与人数800余人次；扎实做好新时代民族宗教工作，完成合坊并寺6座，“五进”任务清真寺24座，确保意识形态工作始终与党委中心工作同频共振、同心同向。建立梯次培育机制，吸引致富能人、退伍军人及回乡创业青年积极向党组织靠拢，累计培育农村致富带头人84人，村级后备干部14名，吸收入党积极分子21人，发展党员6人，为党组织输送新鲜血液，有效提高“两个带头人”融合度。调优配强驻村第一书记和驻村工作队队员21名，采取“日常督查+考勤管理+调阅日志”方式，实施“一月一晒单、一月一评估、一月一通报”管理办法，促使驻村第一书记发挥“顶梁柱”作用。严格落实党风廉政建设。牢固树立责任意识、风险意识、落实意识，让廉政意识贯穿工作始终，在党政班子会、乡村干部大会上多次部署党风廉政建设和反腐败工作，在重大节日前期及时进行廉政提醒谈话，提醒党员干部以身作则，带头严格遵守规定，自觉接受社会监督，当好廉洁从政的表率。

（郑旗乡综合办）

贾塘乡

【概　况】 贾塘乡地处海原县东部，东接郑旗乡，南接曹洼乡，西接史店乡，北接关桥乡。总面积301.02平方公里，辖贾塘、王塘、后塘、马营、黄坪、南河、堡台、双河、贾塘新村共9个行政村、61个自然村。乡人民政府驻地贾塘村，西至海原县城23公里。2022年末，全乡有户籍人口9087户、31649人（其中回族人口28945人，占总人口的91.46%）；常住人口5141户、18979人。乡境自然地貌以山间盆地、梁峁山地和小型河谷阶地为主，耕地面积15.8万亩，退耕还林面积4.71万亩，年均降雨量300~400毫米，平均气温7.1℃，无霜期145~165天，是一个以传统种养业为主的山区乡镇。交通便利，黑海高速（留有高速出口）、黑海公路、海李公路、贾李公路、贾双公路、曹黄公路穿境而过，到县城约30分钟、到中卫约120分钟，61个自然村全部通柏油路或硬化路。公共服务健全，驻乡单位有派出所、司法所、信用社、邮政所、供电所，初级中学1所、乡属完全小学1所、中心小学8所，辖区内就读学生3652人，适龄儿童及少年入学率为100%。乡卫生院1所，医护人员20人。村卫生室14所，注册执业村医18人。

【脱贫攻坚成果巩固】 2022年，贾塘乡紧扣防止规模性返贫底线任务，建立健全防止返贫监测和帮扶预警机制，持续开展“八必访”，畅通渠道，提前干预、精准施策，现有监测对象52户、221人（其中脱贫不稳定户6户、30人，边缘易致贫户6户、23人，突发严重困难户40户、168人），2022年新纳入19户、92人，均为突发严重困难户，逐户逐人建立“一户一策”帮扶措施，坚决守好“一条底线”。全年共兑付种植养殖补贴665.7万元，全年转移劳动力7416人（其中贫困劳动力为2974人），发放劳务奖补234万元，解决公益性岗位254人。针对自治区“后评估”、自治区市县督察组等各级各类检查反馈，认领14方面64个问题，已整改13个方面63个问题，1个问题正在整改当中。同步开展“大起底大排查大整改”工作，对全乡5141户常住户进行排查，建立排查台账5141份，共发现12个方面1523个问题，已完成11个方面1507个问题，剩余16个问题正在整改中。

【产业发展】 2022年，贾塘乡将牛产业作为群众增收致富的主导产业，抓扩规增量，通过政策扶持、金融贷款鼓励群众积极发展肉牛养殖，年末全乡养殖户1183户（占常住户的23%），肉牛存栏16969头，其中基础母牛9137头（占总量的54%），见犊补母740户2225头。抓标准化建设，围绕圈棚建设、饲草储存、科学喂养、粪污处理、动物防疫、品种优化等打造标准化养殖示范户40户、示范场6个，腌制青贮11402.72吨，腌制黄贮1943.4吨，种植饲草52664.56亩。抓服务保障，在金融等方面强化政策扶持，落实防疫包片责任和饲草配送，强化上门服务，开展饲草种植及肉牛养殖技术培训5次，组织赴西吉县观摩学习1次，积极对接肉牛集团、华润五丰拓宽销路，增强群众发展积极性。羊产业上，建成双河村区级滩羊养殖示范村，打造300只以上5户，100~299只15户，50~99只28户。生猪存栏184户、1878头。种植业突出抓特色产业，借力"三塘灌区"节水灌溉，种植蔬菜6109亩（其中5000亩基地1个）、种植西瓜1万亩（其中3000亩基地3个），推行"党建+企业+合作社+农户"模式，成功在后塘村试点"村集体+农户"利益衔接机制，带动20户种植麒麟瓜60亩，取得有效成果。采取"基地+"联农带农模式建成示范基地4个，种植春小麦5129亩、玉豆套种5200亩，种植小杂粮1.6万亩（其中1000亩基地3个）。探索农村旅游新模式，在后塘村创新发展休闲观光农业，建成集农业生产、采摘观光、休闲旅游、农事体验于一体的田园综合体，游客量达3000人以上，开拓壮大了贾塘乡发展新动能。紧盯秋季农田水利建设任务，完成秋粮抢收8.49万亩，树木抚育管护68公里，清理整修渠道1.5公里，农田道路整修8公里，树木补植2000株，残膜回收322吨，机深松整地3.35万亩，建成黄坪村和后塘村千亩高标准农田水利基本建设示范点，切实筑牢农业产业"耕"基。加强耕地动态监管，完成乱占耕地整改182宗，卫片执法图斑整改80宗，拆除违法建筑、乱搭乱建9处，坚决守好耕地红线。对2023年产业发展开展到户摸底，统筹谋划农业发展。

【乡村建设】 2022年，贾塘乡建成贾塘村北山洼自然村环境整治示范村1个，贾塘街道垃圾中转站1处，公共厕所2座；建成贾塘新村文体广场1处、实施卫生厕所户厕改造235户；硬化村组道路16公里，砂化道路6.672公里，铺设渠道1.9公里，建设500立方米人饮蓄水池1个，危房改造55户。

【民生服务】 2022年，贾塘乡巩固"两基"成果，义务教育阶段入学率达100%，对新考录的306名大学生发放补助，营造教育振兴浓厚氛围。发放健康知识和防癌宣传折页8000多份；完成计生工作和"两癌"筛查。举办"我有拿手戏"群众文演活动、防电信网络诈骗主题宣传活动、"弘扬建党精神 汇聚奋进力量"庆七一主题系列活动，丰富了群众生活，满足了人民群众日益增长的精神文化需求。城乡居民基本医疗保险缴费13568人，完成率为53.69%。成立9个家庭医生服务队，对辖区糖尿病、高血压等慢性疾病签约率达100%。全乡新增养老待遇领取168人；加强低保动态监管，新增农村低保160户、182人，取消低保248户、252人，新增高龄29人，取消42人，发放平价煤涉及250户、749吨。实施慰问困难、老党员等退役军人。成立贾塘乡劳务站，发挥宣传、组织能力对接用工基地，提供就业岗位，让就业保障进一步提升。

【新时代文明实践】 2022年，贾塘乡以新时代文明实践站所为载体，"积分超市"文明新风评比为抓手，发挥"一约四会"作用，完善"红黑榜"曝光激励制度，积极推动移风易俗，推动乡风文明发展，组织志愿者服务活动106

次,评树先进典型86人;建立健全党支部负责、社会协同、公众参与、法治保障、科技支撑的现代乡村治理体制,以自治增活力、以法治强保障、以德治扬正气,形成"共建共治共享"的稳定社会治理格局,提升农民群众的参与感、获得感、幸福感和安全感。

【铸牢中华民族共同体意识】 2022年,贾塘乡全年学习统战和民族宗教会议精神10余次,教职人员考核4次,培训学习1次,创建黄坪村、后塘村铸牢中华民族共同体意识示范村2个,其中后塘村被评为市级民族团结进步先进集体。

【社会治理】 2022年,贾塘乡全年共解决县信访局转办件6件,处置"12345"信访件120件,联合调处各类纠纷135件。开展安全生产大检查342次,检查商户243家,排查并消除安全隐患85处。建立地质灾害群测群防网络监控机制。全乡有地质灾害点1处,全年开展灾点日常巡查25次,农村公路日常巡查38次,发放防灾避险宣传页5000余份。全年召开禁牧封育、草原森林防火部署会和推进会12次,及时传达贯彻区市县会议精神,成立工作专班,强化责任落实。全年开展禁牧封育暨森林草原防火巡查63次,惩处偷牧46次。其中当场处罚37次,立案9次,已结案7次,罚款均已上交。处理村干部、护林员6人;发现村民焚烧秸秆、点火18次,教育警告20人次。

【党的建设】 2022年,贾塘乡全年组织周一乡村干部集中学习28次、党委理论学习中心组学习10次、"乡村振兴学堂"3次,开展座谈讨论6次,全面提升干部队伍素质和能力水平。全年召开党委会议24次,召开民主生活会2次,组织召开专题推进会议及季度工作会议16次,提升基层党组织建设水平,创建五星级党组织1个、四星级党组织4个、三星级党组织3个、二星级党组织1个。加强党员队伍建设,培养入党积极分子31名,发展预备党员9名,开展入党积极分子和发展对象专题培训班1期。扎实开展违规收送红包礼金和不当收益及违规借转贷或高额放贷专项整治行动,共召开专项整治工作会7次,集中学习6次,签订承诺书53份,发放宣传单页90份,聚焦重点领域、重点岗位,开展全覆盖谈心谈话82人次,让纪律和规矩挺在前面。全年共受理案件10件,其中初核了结4件,立案办结5件,正在审理1件。

(张　方)

史店乡

【概　况】 史店乡位于海原县中部,东接贾塘乡,南接曹洼乡与南华山国家级自然保护区,西接海城镇,北接关桥乡。面积265.85平方公里,辖史店、徐坪、苍湾、田拐、大川、米湾、前川7个行政村,55个自然村,乡人民政府驻地史店村,西北距海原县城7公里。2022年末,全乡有户籍人口6690户、23715人(其中回族人口21118人,占总人口的89.05%);常住户3384户、15228人(其中脱贫户1637户、6001人,防返贫监测户28户、117人)。耕地面积14.1万亩,退耕还林面积3.46万亩,紫花苜蓿留床面积2.1万亩。牛存栏8567头,羊存栏20112只。2022年全乡地区生产总值2.41亿元,同比增长8.5%;农村居民人均可支配收入12656.25元,同比增长12.5%,其中脱贫人口人均可支配收入达到13910.97元,同比增长20.12%。

【脱贫攻坚成果巩固】 2022年,史店乡扎实开展防返贫动态监测。采取农户自主申报、基层干部排查、部分筛选预警等互为补充、相互协同的方式,落实一户一表、一月一摸排等工作机制,按照常态化开展防返贫监测动态,全乡共识别纳入监测户28户、117人,其中脱贫不稳定户6户、30人,边缘易致贫户9户、42人,突发严重困难户13户、45人。2022年新识别纳入监测对象5户、15人。精准制定帮扶措施。围绕农业产业和就业创业,组织乡村干部进村入户,与群众面对面帮助谋划2022年产业到户和收入增收精准计划,找准收入增长点,逐户建立增收台账表,落实"月跟踪核算"机制,确保帮扶措施落实到位,脱贫人口收入稳步增长。持续巩固脱贫成果。安全住房方面,完成危房改造14户,扎实开展自建房整治工作,拆旧建新6户,封存6户,加固维修3户,实现了危房不住人,住人无隐患。安全饮水方面,维修破损管道25处,维修联户井5座,更换DN50-100闸阀30台,更换锁闭阀37个,更换水表50块,维修入户管15户。义务教育方面,配合教育部门对全乡义务教育阶段学生登记在册,建立月排查机制,形成了"控辍保学"常态化机制。落实"雨露计划"补助194人29.1万元,做到应补尽补。基本医疗保障方面,2022年医疗保险参保人数20412人,参保率达96.28%,脱贫户和"三类人员"已全部参保,参保率100%。就业保障方面,因人施策开发村庄卫生保洁员等公益性岗位331个,广泛宣传劳务奖补政策,打通用人单位与务工人员"最后一公里",全乡劳务输出6160人(其中集中输出3691人,自发输出2469人),同比增加373人,6个月以上务工人数2335人,同比增加256人。问题整改方面,紧盯"两个高于"目标,创新制定"一表两图三清单"工作机制,扎实开展2021年度巩固拓展脱贫攻坚成果同乡村振兴有效衔接中央、区、市、县检查反馈问题和自查发现问题整改工作,认领整改考核评估反馈问题14个方面66条。坚持"1321+N排查法",组织开展"大起底大排查大整改"问题整改工作,累计排查整改问题15方面1839个问题(含1089户收入问题户),常态化开展"四查四补"工作,逐项建立整改台账。年末已自查8个方面38个问题,全部完成整改。

【产业发展】 2022年,史店乡夯实产业基础,做强富民产业。1.做强做大肉牛产业。依托海原县肉牛产业后续补贴政策,完成基础母牛补栏579头,完成见犊补母1855头。巩固提升徐坪、苍湾、大川肉牛养殖示范村建设,优化"出户入园"养殖模式,苍湾村肉牛养殖合作社带动养殖户13户,探索发展村集体肉牛养殖30头。紧紧抓住饲草保障、配送关键环节,借助壮大村集体项目资金支持在史店村建成一处饲草加工配送中心,建设苍湾、徐坪2个青贮饲草种植基地,完成青贮玉米种植1.56万亩,饲用玉米1.43万亩,饲草(禾草)种植1.72万亩,为肉牛养殖提供饲草保障。2.做精做细特色产业。持续巩固提升红梅杏、红葱产业新业态,探索实施"党支部+村集体+农户+基地"模式,建立土地入股、农户参与、风险共担、效益共享管护机制,加大红梅杏管护力度,完成红葱种植1280亩,借助红梅杏基地及美丽村庄,发展农村休闲观光旅游产业,成功举办田拐村第四届乡村文化旅游节,推动产业、生态、旅游融合发展，实现群众增收、生态保护双赢。3.夯实粮食安全根基。依托全县关于春小麦、玉米大豆带状复合种植政策机遇，打造春小麦种植集中连片千亩点3个，共完成春小麦种植4000亩。鉴于全县玉豆套种实际，探索实施“党支部+合作社+基地+农户”的种植模式，通过合作社土地流转带动农户连片种植2003.39亩。

【产业融合发展】 2022年，史店乡在田拐村实施了旱作节水“坡改梯”工程，投入资金2350万元，建成1万亩红梅杏基地，配套建设了3眼机井、5个5000立方米以上的水池，红梅杏基地5年内每亩享受1200元退耕还林补助，挂果后该产业将为脱贫户人均增收1100元以上。依托红梅杏基地，打造文化旅游示范村，延长产业链条，拓宽了农民增收致富渠道，有效促进了特色产业、文化旅游产业、生态修复融合发展。

【人居环境】 2022年，史店乡补齐基础短板，改善人居环境。1.常态化开展环境整治。拆除残垣断壁260米，危旧房屋78座，清理生活垃圾120吨，建筑垃圾198吨，农业废弃物3吨，“五堆”清理220处，农户配备垃圾箱200个。实施大川村人居环境整治示范村项目，完成住户入口道路硬化2045平方米，面包砖铺设2683平方米等工程。2.持续实施国土绿化工程。按照抓点保线，见缝插绿的方式，突出G341、S204、李海公路3条干线公路，完成乡村绿化种植14193株，苗木灌溉1.75万株，苗木修剪8.56万株，涂红刷白5.6万株。同时，坚持“栽新”与“管旧”相结合，对全乡历年绿化苗木进行抚育管护，有效保障苗木成活率。3.高质量推进基本农田建设。抢抓秋冬季有利时机，坚持“谋”字在先，“早”字当头，“实”字跟进，“严”字保障，全乡投工投劳近百人次，动用机械车辆近134车次，完成平田整地3.67万亩，河道治理1.1公里，清理渠道2.6公里，农田道路整修4.5公里，农田林网建设800株，残膜回收42.61吨，秋粮抢收6.59万亩。4.全力推进重点项目建设。按照补短板、强弱项的工作思路，续建完成田拐村文化旅游示范提升项目及2021年乡村振兴示范乡建设项目，继续实施2022年乡村振兴示范乡建设项目，完成道路硬化7.492公里，场地硬化2539.5平方米。配合县环保局建成污水处理站一座并投入使用；完成农村户厕改造178户；围绕“基础设施、产业发展、公共服务、乡村治理、农村改革”，实施“一村一年一事”项目，涉及6个村，道路硬化9.8公里，购置配备垃圾箱、垃圾清运设备；规划实施小流域综合治理项目34526亩，已全部完成。

【社会治理】 2022年，史店乡强化治理效能，维护社会稳定。持续优化“1+3+1”乡村治理体系，田拐村被农业农村部认定为第二批全国乡村治理示范村。建成便民服务代办点8个，设立史店村新时代文明实践积分超市。扎实开展维护社会稳定风险隐患大排查大化解大整治行动，坚持领导接访下访和包案化解信访问题机制，全乡共调解矛盾纠纷72起，立卷调解24宗。常态化开展扫黑除恶斗争，“平安史店”建设扎实推进，完成反诈App下载注册5210人次，全乡发生电信诈骗案件1起，较去年下降50%。

【铸牢中华民族共同体意识】 2022年，史店乡积极推进史店村铸牢中华民族共同体意识示范创建工作，持续巩固宗教领域突出问题治理成果，宗教领域和顺稳定。

【党的建设】 2022年，史店乡深入实施农村党建"一抓两整"和"六查六强"行动，完成前川村软弱涣散党组织整顿工作，成功迎接县委第三巡察组对乡党委开展的巡察工作，认领整改反馈问题3方面15条。规范落实"三会一课""党员主题党日活动""四议两公开"等制度；扎实开展"三大三强"行动，审查筛选出名致富带头人83人，成功举办致富带头人培训班1期30人次，培育入党积极分子13人，预备党员7人。

（史店乡）

曹洼乡

【概　况】 曹洼乡位于海原县中南部，东接郑旗乡，南接九彩乡、红羊乡，西接华山国家级自然保护区，北接史店乡、贾塘乡。总面积222.97平方公里，辖曹洼、脱烈、硝沟、白崖、冶套5个行政村，26个自然村，乡政府驻地曹洼村，西距海原县城23公里。2022年末，全乡有户籍人口2783户、8965人（其中回族人口5943人，占总人口的66.29%），常住人口1439户、5333人。乡境地貌形态属黄土丘陵区，海拔1950米，年均降雨量350~450毫米，水流条件为库井灌区，现有耕地面积11.12万亩（基本农田9.02万亩），退耕还林地2.2万亩。中静公路、曹黄公路、曹杨公路穿境而过。境内有水冲寺新石器文化遗址、脱烈堡边塞文化遗迹、曹家洼红色战斗遗址、白崖"窑洞记忆"广场等人文自然景观。

【脱贫攻坚成果巩固】 2022年，曹洼乡D级房屋全部清零，农户自来水入户率达100%，供水保障率、水质达标率达100%，广播电视入户率达100%，所有村组通动力电和宽带网，5个贫困村如期全部销号，757户、2710人建档立卡户全部脱贫。全年新纳入监测户7户、22人，未消除风险监测户26户、96人。2022年全乡脱贫户人均纯收入为15381.91元，比上年增加2065.56元，增速达到15.51%。

【产业发展】 2022年，曹洼乡突出抓好高端肉牛主导产业，全年新增补栏基础母牛1231头，新增肉牛养殖户51个（脱贫户43个），推行优质冻精1500枚，新产犊牛1386头，预计出栏1031头，新增棚圈7789.79平方米，新增标准化肉牛养殖场2个，开展肉牛养殖培训讲座4期，发放"养牛贷""富民贷"金融贷款85笔1094.9万元。年末全乡肉牛存栏9075头（基础母牛2996头、育肥牛6079头），肉牛专业合作社17家、家庭农场1个、饲草面积1.5万亩，紫花苜蓿留床3.7万亩，玉米种植1.97万亩。

产业项目集中连片。曹洼村的华润曹洼草畜一体化养殖示范基地，投资2.95亿元，占地1380亩，总建筑面积9.1万平方米；脱烈村的中沙绿城万亩种植基地，是集"节水应用、技术推广、良种繁育、集约管理"为一体的大型综合农业示范基地，基地共流转252户农户土地1.37万亩；曹洼老虎自然村的中国（宁夏）良种牛繁育中心于2021年建成投运，"中国西部牛王谷"正在规划中；硝沟村南川自然村有占地1400余亩的天然牧场；冶套村的海华、博亿2家肉牛养殖专业合作社，各存栏逾500头，具有运行规范化、流程标准化、养殖科学化、农民职业化等特点。曹洼乡已成为全县高端肉牛养殖示范乡。

【项目建设】 2022年,曹洼乡做好"牛王谷"项目建设土地流转及移民迁出区房屋拆除工作,在全县率先探索建设饲草料(柠条)加工配送中心,建成并投入试产,争取华润希望乡村项目落户曹洼引领建设宜居宜业示范村庄,千头肉牛场二期建设、美丽宜居村庄建设改造等项目按期建成并竣工验收。

【人居环境】 2022年,曹洼乡落实"路长制""河长制""林长制",以"一拆二改三清四化"为抓手,结合"新时代文明积分超市""卫生示范户"奖励机制,在全乡范围内扎实开展农村人居环境整治提升行动,圆满完成春秋季植树造林任务,县级第三方抽检全乡树木成活率81.5%。

【社会治理】 2022年,曹洼乡全年信访办结率100%。开展执法巡查276次,全乡安全生产形势持续稳定向好。建立乡村志愿服务队25支、志愿者188人,组织志愿者队伍开展志愿活动35次。

【民生服务】 2022年,曹洼乡严格各类民政服务对象审核,全乡有低保887户、1217人;高龄81户、81人;特困供养分散13户、14人、集中8户、9人;孤儿10户、13人;持证残疾人364人。规范运行老年人餐桌1个、"儿童之家"5个。退役军人、文化建设、卫生医疗、妇女儿童、民兵武装等各项工作健康发展。

【党的建设】 2022年,曹洼乡积极做好迎接党的二十大和自治区第十三次党代会学习宣传贯彻各项工作,扎实开展铸牢中华民族共同体意识示范乡创建工作,持续开展"一抓两整"示范创建行动,示范村党组织创建达80%,深入开展"小鬼难缠""中梗阻"问题专项治理"回头看"活动,持续正风肃纪,干部队伍作风明显好转。

【铸牢中华民族共同体意识】 曹洼乡有回族、汉族、蒙古族、彝族四个民族,少数民族人口占总人口的69%。近年来,曹洼乡整合资金200余万元,建成"铸牢中华民族共同体意识"群众教育基地,装修布置红色馆、农耕馆、法治馆等展馆6座,搜集整理老物件、老照片300余件,编辑整理《西征红军过曹洼》等书籍23本,年均常态化举办民族团结宣传教育活动10余场次。脱烈、曹洼2个行政村成功创建自治区级和市级民族团结进步示范村。曹洼乡2019年成功创建为第九批宁夏民族团结进步创建示范单位。

(田　伟)

九彩乡

【概　况】 九彩乡位于海原县东南部,东接三河镇,南接李俊乡,西靠红羊乡,北接郑旗乡、曹洼乡,乡政府驻地九彩村,西北至海原县城60千米。总面积169.69平方公里,辖九彩、马圈、新庄、元套4个行政村,20个自然村。2022年户籍人口1876户、6928人,其中回族6917人,占总人口的99.84%。乡境内为典型的黄土高原沟壑区,海拔1800米左右,年平均降雨量约400毫米,平均气温7℃,耕地面积9.08万亩,退耕还林2.29万亩,紫花苜蓿留床面积4.5万亩,主要农作物有小麦、玉米、秋杂粮等,年均种植面积稳定在4.5万亩左右。全乡牛存栏5696头、羊存栏9659只。中静、郑九、九寺公路横穿全境。2022年,全乡有干部44人(在岗42人),其中行政编12人,事业编23人,三支一扶及西部计划等其他人员9人。领导班子由9名成员组成,配备7人,空缺2人。

【脱贫攻坚成果巩固】 2022年,九彩乡紧盯“两不愁三保障”,持续巩固脱贫成果。常态化抓好控辍保学,实现义务教育阶段学生零辍学。完成医保缴费5549人,脱贫户和边缘易致贫户参保率100%,总参保率达95%。全面排查安全住房问题,改造抗震房1户、返乡无房户4户。全力保障安全饮水,抢修新庄、元套、九彩联户井主管9处、马圈红井蓄水池入口管道1处,改造供水设施20余处,维修分散供水设施5户,新增自来水入户9户,建成2000立方米蓄水池1座,有效保障安全饮水。开展防返贫动态监测,严守致贫返贫底线。健全完善防返贫动态监测帮扶机制,包保干部、驻村工作队、村“三委”、网格员入户摸排,先后上报确定监测对象11户53人,因户因人精准制定“一户一策”帮扶计划,全面动态落实帮扶措施。及时摸排行业部门预警反馈信息,协调现居住地将非常住的2户11人突发严重困难户纳入监测范围。落实产业扶持政策,增强群众增收后劲。种植玉米、饲草等作物3.01万亩,完成春小麦、玉豆套种0.49万亩,兑付补贴186.50万元。转移劳动力1937人,劳务创收约2083万元(其中脱贫劳动力外出务工679人,收入408万元),兑付劳务奖补33.97万元,培训铲车操作员50人;安置各类公岗130人、护林员42人。发放小额贷款1118.94万元、“富民贷”861.00万元,兑付贴息资金41.20万元。

【乡村建设】 2022年,九彩乡完成元套、九彩高标准农田建设3.38万亩,改良土壤3.13万亩。整修生产路39.82公里(其中修建砂砾路16.02公里、生产路23.8公里)。完成退耕还林补植补造1.1万亩,中部防沙治沙造林0.48万亩,改造水源涵养林0.65万亩,马圈110亩红梅杏种植基地建设。完成九彩、元套村沟头防护5处,建成谷坊12座。新建寺阳塘淤地坝1座,完成大泉沟延伸治理125米。完成九彩人居环境整治示范村建设、新庄蓄水池周边环境整治提升、元套村至杨马村0.4公里砂砾路整修及排水边沟砌护等“一村一年一事”项目,建设寺阳路桥、寺阳至马湾6.7公里硬化路维修、元套和九彩2.21公里村组道路硬化项目。协调供电部门投资320万元,完成马圈村、元套村养殖业发展用电线路改造三期工程,保障肉牛养殖扩规用电需求。

九彩村饲草配送点

【产业发展】 2022年,九彩乡建立“企业+合作社+养殖户”改良体系,组织合作社专业人员、养殖户代表等实地选牛,先后引进区内外西门塔尔高端肉牛1300多头,逐步淘汰品种不纯的牛230头;聘请专家现场指导冷配繁育、疫病统防统治、饲草料调制等,提升冷配改良服务能力,户企联合全面扩繁改良,高端牛良种化率达92%。采取支部政策引领、合作社示范带动、养殖户积极参与的方式,当年新建棚圈66座,培育壮大示范养殖户41户、200头以上规模养殖场5家、1000头以上标准化养殖企业1家,全乡高端牛存栏5696头。建成饲草配送点2处、牧草收割合作社2家、高端肉牛科技示范园1家,负责饲草料调运配送,牛产业规模效益不断凸显。完成元套村扶持壮大村集体经济联农带农项目,以成本价为群众提供代耕代种代收服务;统筹整合基础母牛补栏补贴、见犊补母、饲草配送补贴、示范户补贴、帮扶资金等365.49万元用于牛产业发展;引导企业为农户提供最新的饲草料和品牌牛成交价等市场信息及代销代购服务,指导养殖户及时补栏、适时出栏,持续延伸产、育、销全产业链;户均年牛产值收入达万元,牛产业增收效益充分显现。

元套村机械化收割合作社收割青贮

【民生服务】 2022年,九彩乡全面落实教育、医疗、社会保障等各项惠民政策。享受"两免一补"407人、"雨露计划"95人、大学新生奖励25人;配齐配全乡村常用药品,辖区群众慢性病签约服务全覆盖;全年新增低保97人,清退52人,现有享受低保政策对象912人、孤儿养育津贴22人、特困供养对象10人,发放各类救助救灾资金80.50万元,切实做到"应扶尽扶、应保尽保"。惠农资金及时兑付到位。2022年全乡发放退耕还林补贴110.71万元,耕地地力保护补贴299.96万元,一次性种粮补贴27.34万元,生态奖补117.17万元,受益人口1729户6837人。

【乡村治理】 2022年,九彩乡着力打造九彩村铸牢中华民族共同体意识群众教育基地,有效治理大泉沟水土流失和村庄排水问题,消除中静路、周边住户及学校地质滑坡的安全隐患,更好地引导群众凝聚共识,不断增强听党话、感党恩、跟党走的思想共识。评选"兴业致富户""邻里和睦户"等示范户61户,修订完善村规民约,发挥红白理事会作用,健全积分制,引导村民崇尚社会新风尚,自觉抵制陈规陋习;创建新时代文明实践站,成立志愿服务队16支,开展活动60余场次。开展矛盾纠纷和风险隐患大排查大化解大整治行动,通过思想教育、政策解读、走访沟通等方式促进社会和谐稳定。组织法治宣传12场次,调处化解纠纷9件,办理"12345"热线65件。完成反电信诈骗App注册1621人,完成任务量的59.1%。压紧压实属地责任,持续有效推进安全生产专项整治三年行动。排查处置安全领域1处风险隐患,全年无重大群体性事件、安全生产事故发生,辖区社会和谐稳定,基层治理效能显著提升。

【党建引领】 2022年,九彩乡压实党建主体责任,定期组织召开党建专题例会,压实党委班子成员党建联系点指导职责,从严落实"三会一课"、支部主题党日、组织谈心谈话等党建制度,党建责任进一步细化。发展党员工作扎实推进。严格党员发展程序,新发展党员2名,吸收入党积极分子13名。坚持"村为重点,村病乡治、抓乡促村",对照"一抓两整"示范乡创建三个清单,深入推进"两个带头人"工程,培育致富带头人48人、村级后备干部13人。组织村“两委”干部参加能力素质提升培训班，乡村干部、驻村工作队周一例会学习、“乡村振兴主题培训班”，通过集中培训、专题辅导、座谈交流等方式，提升乡村干部素质能力。严格落实中央八项规定精神及自治区市县相关规定，常态化组织节假日明察暗访、警示教育20余次。从严开展违规违纪收送红包礼金和不当收益及违规借转贷或高额放贷专项整治工作，党风廉政建设向纵深推进。

（罗小东）

李俊乡

【概 况】 李俊乡位于海原县南部，海拔1770米，距海原县城75公里，中静公路、潘西公路、红李公路在此交会，是西吉、海原、固原市原州区三县（区）的地理中心。面积210.55平方公里，辖李俊、团结、红星、蔡祥、联合、蒿滩6个行政村，26个自然村。2022年末，有户籍总人口2444户、8703人（其中回族人口8047人，占户籍总人口的92.46%）；常住1430户、5803人。全乡有耕地面积42421.33亩，其中库灌水浇地6176.42亩。有退耕还林面积35222.74亩，生态林18861.57亩，草地面积107234.14亩，是全市“一带两廊”规划布局中的生态旅游小镇。

2022年，乡属企事业单位有派出所、司法所、信用社、邮政所、供电所，九年一贯制学校各1所、教学点6个，幼儿园1所，有义务教育阶段在校学生1657名，适龄儿童入学率为100%。有乡卫生院1所，医护人员22人。村卫生室6所，注册执业村医6人。乡级综合文化站1处，文化管理员2名。沿街商铺59家，宾馆5家，餐饮店10家，加油站和停车场各1座。

【脱贫攻坚成果巩固】 2022年，李俊乡严格落实“四个不摘”要求，健全防返贫动态监测和帮扶机制，常态化开展“四查四补”，紧盯“两项收入”变化、“三保障”和饮水安全，新纳入动态监测户15户67人，精准制定“一户一策”，全面落实帮扶措施。聚焦自治区后评估反馈问题整改工作，扎实开展大起底大排查大整改，梳理认领涉及全乡的12个方面58个问题，制定整改措施131条，建立台账，列出清单，真查真改，见底清零。先后完成安全住房提升改造5户，维修自来水管道37处，卫生厕所29座，安排公益性岗位230个，兑付各类衔接资金503.42万元。2022年脱贫人口人均纯收入13040.62元，同比增长15.17%。

【产业发展】 2022年，李俊乡引导农户通过土地经营权流转、租赁等方式，加大撂荒地整治，推广种植青贮玉米，提高种植效益。2022年完成春小麦种植3279亩，玉米大豆带状复合种植1100亩，玉米及其他秋杂粮种植16800亩，禾草种植5078亩。按照“家家种草、户户养牛、小群体、大规模”的思路，帮助养殖户算好成本账、效益账、时间账，指导农户及时科学出栏，并补栏西门塔尔等优质基础母牛，不断提高肉牛良种率。全乡现有牛养殖户699户，牛存栏4413头，其中5头以上的养牛户390户；养羊户343户，羊存栏8423只。2022年全乡扩规增量121户389头，新增养牛户42户170头，全乡已出栏牛1356头，羊2467只，实现收入1824.56万元。培育劳务经纪人12

名，积极组织开展2022年就业创业帮扶现场会和中卫市2022年高校毕业生专场招聘会，参与应聘人员达到180余人，有组织化输出劳务282人，协调21个在李施工企业本地用工720人次。2022年累计输出2794人，实现劳务创收6355万元。其中脱贫劳动力输出1231人，创收2252.7万元，较2021年均有增长(2021年累计输出2265人，创收3782.5万元，脱贫劳动力输出1148人，创收1836.8万元)。劳务奖补兑付312户327人，兑付奖补资金80万元。

【乡村建设】 2022年，李俊乡聚焦影响农民群众切身利益的难事和实事，围绕特色产业发展、基础设施改善、乡村社会治理3方面重点短板弱项，全年实施重点项目12个，其中配合县直部门完成项目8个，涉及“一村一年一事”项目4个，包括蔡祥村人居环境整治示范村建设项目、红星村山洪沟治理项目、李俊村村组道路硬化项目和蒿滩村高标准农田建设项目；涉及水利项目2个，为海原县杨明河农村水系综合治理工程(金佛—三百户段)和联合村海子水库除险加固工程，涉及林业项目1个，为海原县2022年南部水源涵养建设工程，其他建设项目1个，为红星村堆粪场建设项目。由李俊乡负责推进重点项目4个，涉及团结村村组道路硬化项目、续建乡政府附属用房建设项目、新建政府西街公共卫生间建设项目、联合村拦水墙建设项目，有效完善了乡村基础设施短板。

【人居环境】 2022年，李俊乡坚持“宜乔则乔、宜灌则灌、宜草则草”的原则，春秋季共种植各类苗木10398株，四季刺玫12000丛，并完成缠膜、浇水补灌、修剪涂红刷白等抚育管护工作，成活率达到92%。扎实开展农村人居环境综合整治，积极动员全乡志愿服务队、公益性岗位人员先后出动车辆3365台次，投入人工1834人次，拆除破旧危房2处120平方米、残垣断壁1处12米；清运“五堆”1254处28735吨；清理清淤农业生产主渠、干渠、河沟河道17处。使用挖掘机997小时，使用装机1102小时，大翻斗车376车次，小翻斗1127车次，农用车1325车次，建设垃圾分拣站1座，总计兑付农村人居环境治理资金109万元。持续推行河长制、林长制监管，进一步明确水资源保护、河道堤防保护、退耕还林、封山禁牧和执法监管等任务，乡村面貌持续改善，人居环境明显提升。

【社会治理】 2022年，李俊乡全年共排查受理各类矛盾纠纷72件，处理“12345”工单34件，信访转办件13件，处理群众来访及排查问题22件。全面依法加强宗教事务管理。始终绷紧安全生产之“弦”，以三年专项整治行动统揽安全生产工作全局，严格落实“党政同责、一岗双责”要求，聚焦道路交通、水域、危险化学品、食品药品、自建房等重点领域，压责任、强宣传、摸底数、除隐患、抓监督，大力开展安全生产排查整治，一年来全乡范围内未发生重大刑事案件和重大安全事故，社会总体保持稳定。

【铸牢中华民族共同体意识】 2022年，李俊乡紧紧围绕铸牢中华民族共同体意识示范县创建工作，扎实开展民族团结进步创建活动，打造铸牢中华民族共同体意识示范村2个。

(海慧贤)

红羊乡

【概　况】 位于海原县南部，地处南华山与月亮山交会地带，东接曹洼乡、九彩乡，南接李俊乡、西吉县白城乡，北接海城镇、史店乡。乡政府驻地红羊村北距海原县城49公里。总面积340.11平方公里，辖杨明、张元、安堡、前进、红羊、刘套、术川、石塘、红堡9个行政村，43个自然村。2022年末，有户籍人口4288户14065人，其中回族人口8449人，占总人口的60.07%。全乡有脱贫户926户3500人，监测户106户460人，其中未消除风险监测户36户167人，2022年共纳入监测户7户32人。

【脱贫攻坚成果巩固】 2022年，红羊乡聚焦"一收入两不愁三保障"和安全饮水，全面开展"大排查大起底大整改"及"集中排查"工作，排查出各类问题15类1176个，已全部完成整改，并纳入监测对象6户28人。通过开展集中排查"回头看"，重点对全家低保户、单老户、双老户、医疗自费超过2万元、近期患重病人员、家庭重要劳动力残疾、家中上高职及大学人数较多的、家庭收入偏低等九类人群的收入进行了再核查，进一步细化完善了"八必访"台账，尤其对48户全家保、47户单老户、103户双老户是否有返贫风险，乡村两级进行了综合分析研判。常态化开展"四查四补"。紧盯原深度贫困村、脱贫户和三类监测人口，实行"月排查、月上报、月通报"制度。共排查出问题4类117个，已销号4类69个，剩余涉及县级行业部门的问题，乡政府正在积极对接各行业部门，进行整改。抓好问题整改落实。主动认领2021年度巩固拓展脱贫攻坚成果同乡村振兴有效衔接考核评估反馈13个方面60个问题，已全部完成整改，并长期坚持。并严格对照自治区督导检查2022年巩固拓展脱贫攻坚成果同乡村振兴有效衔接工作反馈问题，举一反三，进行了全面排查，立行立改，现已整改完成，并长期坚持。落实补贴政策。全乡加强涉农资金管理，提高资金使用的精准度和效益，完成兑付产业补贴资金670.72万元，公益性岗位资金1—10月份工资兑付68万元，小额信贷贴息资金一至三季度兑付78.6万元，环境整治资金兑付90万元，劳务奖补资金兑付56.32万元，资金支出合计1009.92万元，支出率达到94.1%。2022年脱贫户人均纯收入达到16544.08元，同比增长19.51%。

【产业发展】 2022年，红羊乡加快发展农业产业。种植马铃薯5.15万亩，实现产值5150万元，户均达到1.2万元；玉豆套种0.3万亩；实行作物倒茬，种植青贮玉米1.72万亩，实现产值1720万元；秋杂粮1.5万亩、小麦1.1万亩、其他作物2.7万亩。多措促进务工就业。开展挖掘机技能培训1期50人次，总计输送劳动力2928人，其中脱贫劳动力1490人，占比50.9%。提质扩规肉牛产业。聚焦打造高端肉牛产业示范县，完成基础母牛补栏459头，审批报备棚圈建设用地9户45594.75平方米，建成300头牛以上规模养殖场1家，50头牛以上规模养殖场3家。扶持壮大村集体经济。采用"党支部+村集体+农户"的模式，壮大村集体经济。投入专项资金250万元，新建红羊、安堡村集体养殖合作社；投资55万元，改造杨明、刘套村集体养殖牛场基础设施条件；4个村集体养殖合作社养殖规模达到肉牛121头、羊400余只。

【环境整治】 2022年,红羊乡坚持每周五大扫除日制度,充分利用“五色人群”基层治理模式,配套实施积分超市制度,分户明确环境整治义务和奖励任务,全乡共投入人力4670余人次、车辆180辆车次、清理垃圾点320处,清运垃圾190余吨。平田整地2.16万亩,整修生产路11公里,回收残膜205吨,农机深耕4.79万亩,整修田埂18处、3.6公里,清理地埂及公路沿线杂草16吨,清理整治河道32公里。持续开展植绿增绿行动。围绕“生态文明示范县”创建,采取人居环境整治、河道治理与植绿增绿一体推进,将村道及河道两侧垃圾坑、荒滩地等整修成适宜栽植树木的地块,按照单行株间混交,多行行间混交方式,采取挖坑、换土、栽植、灌水一体推进栽植树木,全年累计植树37900株,树木抚育53000株,打造了30公里林荫村道,美化了乡村环境。补齐基础设施短板。实施杨明、石塘等村道硬化工程,新建硬化道路6.1公里。维修杨明村移民安置点主道路500米,整理修缮护坡200米,建设公厕1座、篮球场1个;实施张元、红羊、前进村小流域治理项目,共砌护坡1155米、排水槽490米、沟道治理1500米、修建过水路面2处37米;实施张元村谢套安置点改造提升项目,打造微景观9处,砌护排水渠200米、排水沟2处,铺设护坡砖1300平方米;为21户群众安装了保温井;抢修大型水毁村道13处340米,实施红羊村人居环境整治及道路安全隐患整治项目,清除S103与S204交叉路口土山,土方约5200平方米。

【民生服务】 2022年,红羊乡严格落实惠民帮扶政策。为群众办理相关民政事项2199余件,累计发放残疾人补贴297人次59.251万元,临时救助937人次122万元。医疗收缴完成68.2%,8042人;养老收缴完成30.2%,1627人。

【综合治理】 2022年,红羊乡扎实做好信访维稳工作。做好信访工作,共接访受理各类信访事件48件,其中“12345”民生服务平台43件,已全部办结;上级交办件5件,已办结5件。共排查出风险隐患8起,已全部化解;排查矛盾纠纷23起,已全部调解成功。组织对辖区内30处宗教场所开展了安全隐患和矛盾纠纷专项排查活动,下发整改通知单,进行督促,确保各项宗教政策落实到位。推动“国家反诈中心”App下载工作,组织乡村干部进村入户宣传反电诈,帮助群众下载“国家反诈中心”App,持续推进扫黑除恶斗争常态化,全面开展“八五”普法。

【安全生产】 2022年,红羊乡严格落实安全生产责任。组织开展安全培训9场450余人次,联合县交警部门开展“农用车载人专项治理”,签订农用车辆安全责任书1100余份、深入田间地头发放宣传单1000余份。针对马铃薯收购点运输车辆安全问题,签订安全责任协议书6份,开展早晚督查46次,确保马铃薯收购安全有序。加强禁牧封育和森林草原防火宣传,组织开展护林员培训4次400余人,开展防火演练1次,签订防火安全承诺书1840份。开展居民用气情况专项整治行动、“反三违”专项行动、防溺水工作等,共入户排查1620余户,小型饭店12家,累计检查安全生产领域生产经营单位73处,共发现各类隐患40处,完成整改40处。

(王　雪、何秀梅)

树台乡

【概　况】 树台乡位于海原县西南部。东邻海城镇，南接红羊乡与南华山国家级自然保护区，西邻甘肃白银市平川区种田乡、复兴乡，北邻西安镇。乡政府驻地树台村，东北至海原县城32公里。总面积387.48平方公里，辖树台、红井、大嘴、龚湾、新庄、相桐、二百户、韩庄、浪塘9个行政村，62个自然村。2022年末，有户籍人口7542户、27763人，其中回族人口21830人，占总人口的78.63%。

树台乡有正式在编干部53人（公务员22人，事业编31人）。乡政府内设9个办公室（中心），有党支部11个，党员419人。

马铃薯覆膜种植

【产业发展】 2022年，树台乡坚持以草定畜，不断推广优质青贮玉米和紫花苜蓿种植，全乡玉米种植1.2万亩，禾草种植2.08万亩，留床紫花苜蓿3万亩。建成标准化棚圈舍430座、青贮池45座，配送饲料500余吨。在饲草种植基础上，严格落实县委"两调一增"举措，全乡新增养牛户113户，新增户补栏516头，新增基础母牛1050头。发展家庭农场6家，10头以上养殖户169户。完成红井村20户肉牛养殖示范户建设。全乡基础母牛存栏量6157头，牛饲养量达9850头，肉牛产业规模初见成效。全乡羊饲养量3.1万只。发挥仲玺和圆莉两家合作社的作用，鼓励合作社购买马铃薯种管收全过程机械，采取全托管和半托管模式，为全乡农户的马铃薯种植提供社会化种植服务。2022年全乡马铃薯种植4.6万亩，其中"四位一体"种植3万亩。在大嘴村建成马铃薯干洗、分拣加工车间，引进粉条加工设备，带动周边农户4000余人次就业。联合关庄、红羊乡等马铃薯种植集中片区，依托"西海固"品牌，进一步拓宽马铃薯销售渠道。小麦、玉豆套种大力推广。以适宜本乡推广种植的红芒小麦、蒙豆640号等品种为主推品种，完成全乡小麦种植1.84万亩，其中集中连片种植0.403万亩；完成玉米大豆带状复合种植0.3万亩。劳务产业长足发展。采取担保贷款支持创业就业、提供就业信息点对点输送和有序引导自发外出务工等方式，多措并举稳岗、拓岗、增岗，全年外出务工6340人，其中政府组织、劳务经纪人和中介机构转移就业1002人，人均创收约2.5万元，共计创收约1.58亿元。安排乡村振兴公益性岗位202人、光伏公益性岗位98人、就业创业公益性岗位116人、护林员岗位95人。大力开展技能培训，全年完成两个移民村技能培训150人。金融扶持助力产业发展，联合农村商业、邮政等银行，为1691户脱贫户发放贷款共8293.46万元，为35户农户发放"富民贷"517万元。为有效防止农户返贫，宣传引导全乡8597名脱贫户和监测户购买"乡村振兴健康保"，733名妇女购买"爱妮保"，4640名务工人员购买铁杆庄稼保。全年支付衔接资金1484.52万元，支付率为97%。

浪塘村道路绿化(李小龙摄)

【脱贫攻坚成果巩固】 2022年,树台乡9个行政村共摸排出防止返贫监测户25户116人,对其采取“一帮一”制度。完成全乡2138户脱贫户和123户监测户(含已消除风险户)防返贫App收入信息采集,完成率100%;完成农民收入监测预警平台基本信息采集6819户,完成率100%。脱贫户收入持续提升。紧盯“两个高于”目标,抓住经营性收入和工资性收入“两项关键”,运用好产业发展奖补政策,持续推行“一表两图三清单”工作机制,“一户一策”制订收入增长计划、精准给予帮扶、定期分析研判,确保“四项收入”绝对值持续增长,2022年全乡脱贫户人均纯收入12887.96元,增速16.56%。抓好问题整改落实。常态化开展“四查四补”工作,全年共排查出64个问题,已全部完成整改。结合全县大起底大排查大整改工作,主动认领海原县2021年度巩固拓展脱贫攻坚成果同乡村振兴有效衔接考核评估问题14个方面60条问题,严格对照自治区调研督导巩固拓展脱贫攻坚成果同乡村振兴有效衔接反馈问题共13个方面48个具体问题,进行全面排查,立行立改,已全部完成整改,并长期坚持。扎实做好数据信息维护。按时完成2138户8545人脱贫户信息采集、系统录入更新和25户116人未消除风险监测对象帮扶成效评估录入工作。完成9个行政村和3516户农户的乡村建设信息采集工作。对2022年实施的66个项目全部完成项目维护、绩效评价、报账信息等工作。2023项目库共储备79个项目,其中产业项目69个,就业项目10个,产业资金占比78.28%。

【乡村建设】 2022年,树台乡推进红井、大嘴两个村的提升改造工程,不断提升道路基础建设;完成树台至种田公路升级改造6.7公里和树台、相桐、新庄村级道路硬化3公里。筑牢村级阵地建设,完成二百户和大嘴村部改造项目。持续推进厕所革命,完成相桐村户厕改造任务216座,2019—2020年厕所改造系统App录入759座。S205线西安至关庄段公路项目树台境内征地协议签订完成100%,房屋拆迁协议签订完成75%。安全住房全力保障。全乡完成危房改造27户,其中返乡无房户改造17户,抗震房改造10户。自建房屋共计摸排6366座,发现问题104座,完成整改共计104座,整改完成率100%。民生实事全面完成。完成龚湾村河道治理1.8公里、相桐村坡改梯“二合一”项目1.9万亩、树台乡中心村及集镇附近连接线巷道硬化3公里3件人大建议。完成红井村和大嘴村人居环境提升、韩庄和新庄路边排水边沟修砌、龚湾村洪沟治理、浪塘村7000米道路绿化、树台村0.82公里村组道路硬化、相桐村1.3公里巷道硬化和二百户村1.68公里生产路新建等9个村“一村一年一事”项目。植绿增绿全面投入。完成乡村绿化种植19077株,庭院经济林1360株。修剪树木65980株,树木灌水4次,并进行乡级禁牧巡查200余次。环境整治全面开展。拆除乱搭乱建123处，垃圾倾倒点138处，危旧棚圈15座；整治坡面56处，农户院落310座，清理五堆450余处，清运生产生活垃圾1350吨；按需新增配置五立方垃圾箱45个。完成二百户河道露天砂场清理，有效解决河道沿线"脏、乱、差"现象。

【乡村治理】　2022年，树台乡持续推进平安乡村建设。信访工作持续向好。坚持畅通信访渠道，规范信访程序，维护信访秩序，落实信访责任。全年共接待群众来信来访39次，完成信访转办件17件、受理"12345"政务服务热线纠纷154件。完成"国家反诈中心"App安装任务量7722人，完成率100%。与9个村签订禁毒工作目标责任书，组织开展8次禁种铲毒工作，举办法律法规普法宣传教育活动20次，悬挂宣传横幅200余条，发放宣传单20000余份，努力营造良好的法治环境，确保全乡社会安定有序。民族宗教和谐稳定。在树台中心广场打造铸牢中华民族共同体意识及新时代文明实践教育基地1处。做好辖区内61处宗教场所教职人员每周五民族宗教政策宣讲60余场次。持续巩固"三化"治理和宗教场所"五进"活动成效。组织宗教人员参加自治区市县宗教政策培训58人次。对全乡61处宗教场所消防安全进行全面检查，拆除存在安全隐患彩钢房21处共1275平方米。安全生产稳步推进。认真贯彻落实"党政同责、一岗双责、齐抓共管、失职追责"安全生产责任，扎实开展安全生产大检查7次，食品药品检查4次，道路安全检查8次，依法整治河道乱挖乱采等问题3次，查出安全生产隐患37处已全部整改，全年无重大安全生产事故发生。

【社会民生】　2022年，树台乡新增低保313户352人，特困供养1人，事实无人抚养1人，残疾66人。发放临时救助4次共132.93万元，疫情期间发放临时救助18人3.51万元。全年完成民生代办5224件，完成村级民生代办3349件。认真做好拥军优属工作，在八一建军节前夕，对困难退伍军人发放补助，确保双拥工作落到实处。为全乡122户监测户、边缘户和突发困难户发放平价煤366吨。2023年度全乡城乡居民基本医疗保险参保任务量23170人，已完成参保21226人，截至12月30日参保率91.61%，形成"主要领导统筹，包村领导负责，包村工作组+驻村工作队+村三委攻坚"工作机制，确保完成全年参保任务。文化事业快速发展。完善乡综合文化服务中心软硬件配备，用好文化广场，举办"送戏下乡""喜迎二十大、奋进新征程'我有拿手戏'群众文艺风采大展演"等文化惠民活动，并积极组织群众开展广场舞、秦腔、联欢活动等，丰富群众文化娱乐生活，提高群众文化生活水平。深入推进基础教育质量提升行动，申请教育专项资金配套完善树台乡九年一贯制学校和幼儿园桌椅板凳及书写白板等基础教育设施，乡政府积极协调配备路灯8座。持续做好困难家庭学生补助工作，2022年新增"雨露计划"补助专科生300名，对2022年新考入二本及以上的154名大学生，每人给予2000元资助，共计30.8万元。

（李小龙）

关庄乡

【概　况】 关庄乡位于海原县西南部。东邻红羊乡,南邻西吉县白城乡,西邻甘肃会宁县刘寨乡、新源乡与白银市平川区复兴乡,北邻树台乡。乡政府驻地下窑儿村,北至海原县城67公里。总面积125.6平方公里,辖窑儿、关庄、宋庄、高台、庙湾5个行政村,32个自然村。2022年末,有户籍人口2587户、8280人,是海原县唯一的一个纯汉族聚居乡。

【脱贫攻坚成果巩固】 2022年,关庄乡细化分解任务,紧盯脱贫人口收入、"三保障"和饮水安全重点工作,确保收入持续增长。实现人均纯收入17878.86元,同比增长18.5%,其中工资性收入7472.14元,占比21.63%;生产经营性净收入6507.11元,占比36.4%;转移性收入3867.19元,占比21.63%;财产性收入32.42元,占比0.18%,四项收入与2021年相比绝对值均稳定提高。健全扶贫资金资产监管机制,建立监管台账,按进度支付各类衔接资金726.93万元,支付率90%。完成国家考核评估、自治区审计、自治区后评估、自治区调研督导反馈的共计25个方面131条问题的整改清零,完成"大起底、大排查、大整改"自查乡级层面94条问题整改。

【产业发展】 2022年,关庄乡扩大种植业规模,完成小麦种植0.89万亩、玉豆套种0.1万亩;完成高标准农田建设3.8万亩。加快产业结构调整步伐,完成"四位一体"膜上覆土全机械化旱作马铃薯种植4.1万亩,示范开展"五位一体"马铃薯种植0.4万亩,打造庙湾村1200亩马铃薯新品种示范基地,禾草种植1.4万亩。全乡牛存栏520头,羊存栏12694只,禽类存栏2240只。完成基础母牛补栏209头,完成任务数的近70%,高端肉牛养殖实现从无到有的突破。注重培养新型农业经营主体。累计成立农民专业合作社24个(其中国家级1个,自治区级1个,市级1个,县级21个),家庭农场26个,新建成"璞薯园"牌粉条加工厂1个。

【环境整治】 2022年,关庄乡累计拆除有安全隐患自建经营性房屋24间,清理"五堆"4200余吨,卫生死角64处;完成S205线101户征地和42户房屋拆迁补偿;完成村道硬化4.7公里,养护维修道路30余公里;加大辖区河、渠、沟道巡查整治力度和秸秆禁烧和禁牧封育监管。累计种植庭院经济林5700株,各主干道种植树木14500株,实现常态化管理,完成庙湾村人居环境整治示范村建设,开展一星级"美丽庭院"评选活动,表彰农户184户。

【村级集体经济】 2022年,关庄乡争取资金300万元扶持庙湾村肉羊养殖、宋庄村农商服务、高台村高端肉牛养殖三个村集体经济,均已运行并产生效益。在全县率先实现村集体经济全覆盖,窑儿村2022年村集体经济收入有望突破20万元。

【疫情防控】 "9·20"中宁突发疫情后,关庄乡迅速响应、快速行动,专题学习《新型冠状病毒肺炎防控方案(第九版)》和优化疫情防控工作二十条措施,研究制定《关庄乡全域新冠病毒核酸检测工作实施方案》《关庄乡创建"无疫村"工作实施方案》,11名乡村干部抽调疫情防控一线。35名乡干部全部下沉,25名"村两委"成员、15名驻村工作队队员、32个网格员、96名志愿者协同作战,5个村被县民政局评定为"无疫村"。

【基层党建】 2022年,关庄乡有三星级党组织3个,四星级党组织1个,五星级党组织1个,"一抓两整"示范村占比100%,2022年被命名为海原县第一批党建工作示范乡镇。全年累计开展中心组学习20次、政治理论学习35次、交流研讨12次,完成班子成员、村"两委"成员全员轮训和全体党员学习培训;完成"村级后备干部"入库19人、"两个带头人"申报51人;新成立功能性党组织1个,发展党员3人,开展党务工作人员培训2期,组织发展党员培训1期。

【文明创建】 2022年,关庄乡打造完成1个新时代文明实践所和5个新时代文明实践站,累计开展各类志愿活动120余次。投入资金15万元,实现文明实践积分超市全覆盖,兑换积分2万元。打造"铸牢中华民族共同体意识"主题广场1个,改造提升乡文化站,为沿街路灯安装宣传亮化牌。指导各村修订完成村规民约,完善红白理事会婚丧嫁娶事前、事中、事后监管机制。研究制定《关庄乡移风易俗包保宣传劝导工作方案》,累计召开移风易俗宣讲会27次,组织移风易俗志愿队开展志愿活动25次,在全乡范围内实现婚嫁彩礼不超过5万元。

(李冬梅)

海城街道办

【概　况】 海城街道成立于2008年4月,区域面积31.47平方公里,辖东城、南苑、西湖、北坪、建设、文联、团结、黎明、幸福9个社区,设11个党(总)支部,有小区56个、平房区19个。2022年,有户籍人口17409户、49165人,常住人口23452户、82626人。有中共党员565名,专职网格员54名,"十二五""十三五"累计劳务移民1426户、5764人。

海城街道核定行政编制20名、事业编制37名(含机关后勤编制3名),实行编制实名制管理。核定领导职数共8名,其中设党工委书记1名,副书记兼办事处主任1名,副书记兼任纪委书记、县监委派出监察办公室主任1名,副主任4名,武装部长1名。事业单位各核定主任1名(副科级)。截至2022年12月在编行政人员19名,事业和工勤人员37名。

【脱贫攻坚成果巩固】 2022年,海城街道办探索建设主要领导亲自抓、分管领导具体抓、包居(委会)领导直接抓的工作机制,1429户移民户"三保障"持续巩固、移民搬迁户安全饮水实现全覆盖。聚焦"收入"这一核心,鼓励2750名外出务工移民户创收5625万元,兑付劳务奖补、贷款贴息、公益性岗位补贴等资金316.309万元,紧盯"两个高于"目标,脱贫户人均纯收入达14105.31元,较2021年增长19.2%。立足防止返贫,动态开展"防返贫"监测工作,确定监测户8户38人,消除风险1户9人,175条问题全部整改到位。

【民生服务】 2022年,海城街道办坚持民生与发展统筹推进,辖区义务教育阶段入学率100%,全面落实建档立卡户"先诊疗、后付费"机制,防止建档立卡户因病返贫致贫,坚持低保动态管理、应保尽保,落实困难救助帮困政策,新增城市低保138户164人,特困供养1户1人,新增高龄4户4人;发放困难群众临时救助1878万元。疫情期间,为19名困难人员全面完成困难群众救助补助资金审计发现问题专项治理自查整改工作，取消违规享受低保资格42人，追回违规资金96380元，不断提升困难群众救助管理水平。

【文明县城创建】 2022年，海城街道办紧盯创城工作中的薄弱环节和问题短板，以卫生城市创建为契机，开展“环境整治”志愿服务活动，清理建筑垃圾及生活垃圾1600余吨，确保背街小巷、社区小区等人居环境持续提档升级。根据难易程度、影响项目区缓急程度，妥善解决征地拆迁遗留问题，成功化解房屋征收26户、土地49户214.114亩，确保重点项目顺利推进。按照县委、县政府决策部署，累计摸排危房657户，针对存在严重安全隐患的房屋拆除1户，重建5户，加固4户，搬离110户，切实做到“危房不住人，人不进危房”。

【综合治理】 2022年，海城街道办以创建平安街道为目标，持续开展常态化扫黑除恶专项斗争工作，坚持发挥排查调处机构的作用，定期组织拉网式集中排查调处活动，排查调处各类矛盾纠纷88件，化解率100%，实现了人在格中走、事在格中办、矛盾在格中化解。加大综治宣传力度，通过悬挂条幅、发放宣传单、宣传彩页等形式，切实营造“出门有法、抬头见法、知法守法、办事循法”的法治氛围。建立完善133名帮教对象电子信息档案，形成完善的帮教工作系统。扎实开展“安全周”“安全月”等专项安全活动，以春秋、汛期安全隐患检查和隐患治理为抓手，共治理安全隐患53处，防汛隐患21处。

【铸牢中华民族共同体意识】 2022年，海城街道办坚持以铸牢中华民族共同体意识为主线，打造黎明社区、东城社区铸牢中华民族共同体意识主题广场和示范长廊。依托新时代文明实践站、“道德讲堂”“板凳讲堂”等载体，组建“红石榴宣讲队”入户宣讲共覆盖群众2.5万人次。深入开展移风易俗“五个一”专项行动，重新修订完善居民公约9个，开展移风易俗宣讲会、板凳会23场次。创新推进“5分钱”工程，开展“积分兑换”“先进典型”表彰活动，对40名“致富能手”“最美志愿者”等进行了奖励。持续开展“民族团结故事我来讲”实践活动，通过汇编民族团结小故事、开展“民族团结月”主题文艺会演等活动，有效促进了各民族交往交流交融。

【党建引领】 2022年，海城街道办党工委扎实开展“大学习、大讨论、大宣传、大实践”活动，创新开展“楼栋会”“巷道会”“片区会”11场次，让自治区第十三次党代会精神和党的二十大精神为街道发展指引方向。不断深化“四联四化”(即联动责任，推进领导体制一体化；联建组织，推进城市党建区域化；联创和谐，推进治理服务精细化；联享资源，推进基础保障标准化)机制，构建“党建+服务”“一核多元”社区治理架构和“三社(即社区、社会组织、社会工作专业人才)联动”治理模式，选配81名社区工作者、2426名楼栋长、单元长、巷道长，增设563名小网格长，79个驻区单位、1153名县直机关党员干部主动参与社区治理；“爱心课堂”“四点半课堂”“爱满黎明”“红色共享小屋”等公益服务为居民提供舒心服务，“一厅+N室”的9个社区阵地建设全部达标；“三方五步”(“三方”指社区、居民监督团和项目工程方，“五步”是指项目建设中收集问题、确定议题、协商议事、分流落实、监督评审等五个民主协商议事步骤)民主议事流程、

"党建引领+业委会+物业+驻区单位+社会资源"、"1+3+X"等管理模式逐步形成，构建移民社区治理架构，探索了一批社区治理品牌。

【作风建设】 2022年，海城街道办党工委坚决落实中央八项规定及其实施细则精神，扎实开展违规收送红包礼金和不当收益及违规借转贷或高额放贷专项整治，坚持把纪律挺在前面，不断加强干部队伍作风建设，全年累计开展督查检查32次，下发通报19期，对1名干部进行了立案审查、2名干部进行了组织处理。

（海城街道综合办）

甘盐池种羊场

【概　况】 甘盐池种羊场于1949年成立，1958年划归宁夏回族自治区畜牧厅管理，2007年划归中卫市委托海原县管理，为中卫市政府直属正处级事业单位。有土地约26万亩，其中耕地约1万亩，建设用地约800亩（未利用约200亩），草地约24万亩，办公场所1处（约2400平方米），交易市场1处（占地20.24亩），公务车辆3辆。2022年，种羊场核定编制23人，其中全额编制11人（处级领导3人，科级干部4人，一般工作人员4人），差额编制人员12人，实有在编人员16人，其中全额编制7人（副处级领导2人，科级干部2人，一般工作人员3人，以上人员含县内调整人员），差额编制人员9人。

【撤销代管盐池村职能】 2003年10月9日，自治区人民政府下发《关于调整西吉 隆德 彭阳 海原四县乡镇行政区划的批复》，决定撤销盐池乡并整建制划入西安乡，设立西安镇。2007年县政府将盐池行政村委托甘盐池种羊场代管至今。为促进甘盐池种羊场科学健康发展，理顺代管盐池村管理工作机制，依据《中国共产党农村基层组织工作条例》《中华人民共和国村民委员会组织法》有关规定，经县委组织部、县委政研室、县农业农村局、县民政局等部门调研，根据甘盐池种羊场和盐池村村民意愿，2022年4月21日，海原县人民政府经报请海原县委常委会会议研究同意，印发《关于撤销甘盐池种羊场代管盐池村职能移交西安镇规范管理的通知》，决定撤销甘盐池种羊场代管盐池村职能，移交西安镇规范管理。

（李凯华）

人物　荣誉

人物传略

【陈君健】　(1934年4月—2023年1月)男,汉族,中共党员,上海市人,中学高级教师。1956年毕业于上海师范学院中文系,1958年支援宁夏来到海原县,先后在罗川、罗山、关桥等乡村学校任教24年。面对农村艰苦的生活环境,他任劳任怨,尽职尽责,深受各族群众喜爱。1982年,他被选拔到新成立的海原县回民中学任教,先后任语文教研组组长、副校长。他思想活跃,在学校开素质教育先河,带动了学校教学质量全面提升。教学之余,他还开展教学研究,先后发表论文17篇。他获"全国五一劳动奖章",先后获全国教育系统劳动模范、国家教委劳动模范、自治区特等劳动模范等称号,《宁夏日报》以《沙漠中的骆驼》为题报道了他的先进事迹。他热爱海原,以海原县为第二故乡,为了扎根海原,他将父母亲的骨灰迁葬海原。春蚕到死丝方尽,蜡炬成灰泪始干。他将一生最美好的年华全部奉献给了海原县的教育事业。1986年9月,他调任海原县地方志办公室主任,先后参与编写《海原县志》《海原县教育志》《宁夏教育志》的编纂工作。退休后,他到上海教科院实验中学继续任教。2023年1月9日,他因病逝世于银川,享年89岁。按照遗愿,他的骨灰葬于海原县公墓。

新闻人物

【一等功臣撒占才】　男,回族,1998年2月出生,海原县郑旗乡郑旗村老瓜川自然村人。2016年撒占才应征入伍,服役于新疆军区陆军某红军团。入伍后,吃苦耐劳、积极奋进、认真钻研,先后多次在所在部队各类军事运动、比武中获得嘉奖。2018年,在部队团、师两次比武竞赛400米障碍科目夺冠,荣立个人三等功一次。2019年,他在部队的层层选拔中脱颖而出,参加了"国际军事比武"安全环境项目比赛,一举获得单组赛、射击赛、接力赛三个第一和团体金牌。2020年,他又在"强军有我、使命在肩"群众性实践活动,以1分31秒34刷新400米障碍赛纪录。撒占才以优异成绩,被新疆军区政治部给予记"一等功"表彰奖励。2022年1月28日,中卫市退役军人事务局、中卫市军分区、海原县人民政府、海原县人民武装部在撒占才家中举行隆重举行向一等功臣报喜送达仪式，在海原县被传为佳话。因成绩优异，撒占才被部队保送南京炮兵学院学习深造。

【全国五好家庭马瑜家庭】 马瑜，男，回族，中共党员，宁夏中宁人，1992年出生，现为国家税务总局海原县税务局干部；马瑜妻子周小琴，女，回族，中共党员，宁夏中宁人，现在同心县一所乡镇寄宿制中学担任班主任。夫妻二人一个在税务甘做敬业奉献的“一滴水”，一个在学校乐做学生成长的“引路人”。虽相隔异地，却能举案齐眉同甘共苦，风雨无阻孝老爱亲，向上向善传承家风，邻里团结互帮互助。马瑜先后从事过纳税服务、征收管理、办公室、税务稽查等工作，多次被评为优秀公务员，记三等功1次、个人嘉奖2次，获“全国税务系统精神文明建设先进工作者”称号。2022年5月，马瑜家庭被全国妇联授予第十三届“全国五好家庭”称号。

先进模范

【全国疫情防控工作成绩突出个人候选人摆彦鹏】 男，回族，1987年1月出生，宁夏海原人，2012年6月毕业于西南大学经济管理学院工商管理系，先后在海原县郑旗学区、红羊乡政府、县住建局工作。2017年11月入职海原县公安局治安大队。2019年，因工作成绩突出，他被评为县住建局“先进个人”。新冠疫情暴发后，他写下请战书，被安排参加卡扣执勤查验工作。全县公安机关启动高等级勤务运行机制以后，他又被抽调到县住建局疫情防控办公室，承担起全局疫情防控协调工作。他走遍全县所有疫情卡点，累计对全县9个公路检查站、5个火车站检查站现场督查、视频督查1000余次，下发整改通知140余份。收集、整理、上报疫情防控940份。2021年，他被中卫市公安局记个人三等功。2022年海原县“8·24”“8·25”疫情发生后，他采取得力措施，连续工作72小时，成功实现密接者8小时内转运至隔离点，24小时内形成闭环流调，次密接者、风险人员和重点场所全部管控到位。因疫情防控工作成绩突出，2022年12月，他被自治区公安厅推选为全国疫情防控工作成绩突出先进个人候选人。

【全国农村集体产权制度改革工作先进个人姜海刚】 男，汉族，中共党员，1975年3月出生，宁夏海原人，毕业于宁夏农业学校园艺蔬菜专业，在职大学学历，1997年7月参加工作，先后在海城镇农业服务中心、海原县农业技术推广服务中心、县农业产业化办公室、县农业开发服务中心、县农村合作经济经营管理站工作，历任县农业技术推广服务中心副主任、县农业产业化办公室副主任、县农业综合开发服务中心副主任。2019年10月，任县农村合作经济经营管理站站长。他长期服务于农业科技岗位。担任农经站站长后，围绕全县“一主四特”产业发展，推行“党组织+公司+基地+农户”和“党组织+专业合作社(协会)+农户”等模式，培育扶贫农民专业合作社81家，扶持合作社88家，示范带动建档立卡贫困户5000余户。带动农户年增收300元左右，有力助推了产业脱贫进程。2022年12月，他被农业农村部评为全国农村集体产权制度改革工作先进个人。

【全国统计系统先进个人田进虎】 男，回族，中共党员,1974年11月出生,宁夏海原人。研究生学历,1992年参加工作,曾先后任海原县统计局副局长,史店乡党委副书记、乡长,西安镇党委副书记、镇长,县政协常委、提案委员会主任,县水务局党委委员、副局长,县安监局局长,县统计局党组书记、局长,县委办主任等职。他爱岗敬业,在不同岗位取得突出业绩,曾先后获评全国安全生产监管监察先进个人、第三次全国农业普查自治区级先进个人、第四次全国经济普查自治区级先进个人、第七次全国人口普查自治区级先进个人、全区国家贫困地区重大专项普查先进个人等。2022年8月,他被国家统计局授予全国统计系统先进个人称号。

【全区人民满意公务员黎恩生】 男,回族,中共党员,宁夏海原人,1984年10月出生,中南财经政法大学硕士研究生,2012年1月参加工作。历任海原县人民法院副主任科员,县政府法制办专职副主任,县政府办党组成员、副主任、信访局局长,海城街道党工委副书记、办事处主任,海城街道党工委书记。他在信访局工作期间,努力探索创新信访接待新模式,连续获得全国及自治区市全国信访"三无"县称号,全区信访工作先进单位、中卫市效能目标考核先进集体,中卫市信访积案化解先进集体、中卫市信联办信访工作先进集体等荣誉。群众对信访工作满意度不断提高,信访工作整体形象不断提升。在海城街道工作期间,坚持以人民为中心的工作理念,创新工作方式方法,带头践行"一线工作法",经常深入社区及居民家中了解社情民意,实地解决和答复居民的"操心事、烦心事、揪心事"。2022年11月,他被授予全区"人民满意公务员"称号。

【全国绿化先进集体海原县林业和草原局】 近年来,海原县林业和草原局大力实施三北防护林建设、天然林保护、新一轮退耕还林及南华山外围区域水源涵养林建设提升等重点工程,累计完成造林面积65.57万亩,其中新造林29.27万亩(乔木林9.14万亩,灌木林20.13万亩),封山育林9.6万亩,新一轮退耕还林9.2万亩。大力发展自治区特色产业,培育出了枸杞、苹果、红梅杏等特色经济林产业6.7万亩,其中枸杞3.3万亩、香水梨0.8万亩、红梅杏1.4万亩、苹果1.2万亩。截至2020年底,全县森林覆盖率达到9.5%,草原覆盖度达到65.7%。辖区内6个国有林场全面完成改革任务,有效管护林地面积67.93万亩。由于绿化工作成绩突出,2019年8月,海原县林业和草原局被全国绿化委员会授予全国绿化先进集体荣誉称号。2022年8月,又被全国绿化委员会、人力资源和社会保障部、国家林业和草原局三部门联合授予全国绿化先进集体称号。

【全国公安机关爱民模范集体海原县公安局李旺派出所】 2021年以来,海原县公安局李旺派出所践行和发展新时代"枫桥经验",努力打造"塞上枫桥"派出所。以办群众最关心的"民生案"为着力点,建立了"快速处警、快速受理、快速办案"机制,紧盯群众反映强烈的突出治安问题和治安热点、难点、乱点开展整治,对娱乐场所、宾馆招待所、网吧等重点行业场所、出租房屋等区域开展清查整治,严厉打击"黄赌毒"等违法犯罪,有效净化社会治安环境。2021年共接处警675起,立行政案件81起,与治安大队联合查处赌博案件4起,打击处理25人;查处关乎群众切身利益的案件17起,行政拘留28人。着力打造人民调解、司法调解、行政(治安)调解、诉前调解、仲裁调解、信访调解“六位一体”的矛盾纠纷多元化调解机制,在辖区14个行政村,学校、卫生院、市场监管等重点驻镇单位也成立了相应的人民调解委员会(办公室),滚动排查发现家庭、邻里、医患、劳资、债务及涉校等各类矛盾纠纷可能引发的风险隐患,开展矛盾纠纷排查化解340余起,深化源头防范风险隐患50余起,及时解决人民群众利益诉求20余起。全面推行“365天×24小时”公安政务服务模式,实现了“让信息多跑路,让群众少跑腿”的目标,全面提升了人民群众的满意度和幸福感。将李旺辖区划分为14社区警务室,将社区警务工作新机制与社区治理有效融合,创新“1443”社区警务工作模式,将警务室建成群众“家门口的派出所”。2022年5月25日,在全国公安系统英雄模范立功集体表彰大会上,被授予全国爱民模范集体称号。

【全国水土保持工作先进集体海原县水务局】 海原县水务局在积极践行“节水优先、空间均衡、系统治理、两手发力”治水思路,坚持绿水青山就是金山银山的理念,抢抓黄河大保护大治理历史机遇,坚持预防保护恢复生态环境、综合治理控制水土流失两手抓,实现了生态、经济和社会效益齐发展,有力地支撑了海原县经济社会发展。截至2021年年底,全县累计治理水土流失面积2846.51平方公里,治理率达64.6%,水土流失面积及强度实现双减;森林面积达76.6万亩,森林覆盖率达10.24%,林草覆盖度达65.7%;坡耕地梯田化率达80%以上。2019—2021年,完成国家水土保持重点工程项目21项,实际完成水土流失治理面积412.61平方公里。先后制定完善了《海原县水土保持监督管理制度》等10多项水土保持管理制度,形成了相对完善的制度体系。充分利用水平梯田、淤地坝、紫花苜蓿、柠条等水土保持设施,显著改善了农业生产条件,为海原县高端肉牛产业发展提供了饲草料支持、在树台关庄红羊等乡建成富硒马铃薯标准化种植基地2万亩、打造了“关桥梨花小镇”品牌、建设了田拐村万亩红梅杏基地、牌路山森林公园等生态旅游景点,有力地促进了当地经济的发展。由于工作业绩突出,2021年以来,海原县水务局先后被自治区党委、自治区政府授予“全区脱贫攻坚先进集体”称号,被水利部评为“全国农村饮水安全脱贫攻坚先进集体”,被自治区水利厅表彰为“全区农村饮水安全脱贫攻坚先进集体”,2020年和2021年连续两年被自治区水利厅全区水土保持目标责任考核为优秀等次。2022年12月,被水利部授予“全国水土保持先进集体”称号。

新任领导

【佘瑞东】 男,汉族,中共党员,1974年10月出生,宁夏吴忠人,1997年7月参加工作,1999年5月加入中国共产党,华北水利水电学院土木系工业与民用建筑专业毕业,中央党校研究生学历。历任共青团宁夏回族自治区委员会宣传部副主任科员、主任科员、宁夏青年志愿者协会副秘书长,共青团宁夏回族自治区委员会权益部副部长,共青团宁夏回族自治区委员办公室副主任,共青团宁夏回族自治区委员会权益部副部长、部长,共青团宁夏回族自治区委员办公室主任，共青团宁夏回族自治区委员会副书记、党组成员、宁夏青年创业就业基金会第一届理事会理事长，自治区民政厅党组成员、副厅长，中卫市委常委、副市长、中卫工业园区党工委书记。2022年3月，任中卫市委副书记、海原县委书记、海兴开发区党工委书记。

【张　鹏】　男，汉族，1971年9月出生，宁夏中卫人，1999年3月加入中国共产党，1992年7月参加工作，宁夏党校研究生学历。历任中卫市防汛抗旱指挥部办公室副主任，沙坡头区东园镇党委书记、镇长，宣和镇党委书记、镇长，文昌镇党委书记、镇长，中卫市沙坡头区党工委委员、管委会副主任，海原县委常委、副县长，中卫市信访督办局局长、市发展和改革委员会主任、市人民政府秘书长等职务。2021年8月，任海原县委副书记、海原县人民政府代县长，10月任海原县委副书记、县长，12月任中卫市政协第五届委员会副主席、海原县委副书记、海原县县长。2022年2月，兼任海兴开发区党工委副书记、管委会主任。

【杨　和】　男，回族，1967年12月出生，宁夏海原县人，1991年1月加入中国共产党，1989年7月参加工作，研究生学历。曾任海原县委副科级组织员，县委办副主任，县政府党组成员、办公室主任，海城镇党委书记，中卫市政府办公室科长、市政府副秘书长、政务服务中心主任，沙坡头区委副书记（正处级），中卫市住房和城乡建设局党委书记、局长等职。2021年1月，任海原县人大常委会党组书记、主任。系中国共产党中卫市第四次代表大会代表，宁夏回族自治区第十二届人民代表大会代表。2022年3月，任海原县人大常委会党组书记、主任、二级巡视员。

【李雪峰】　男，汉族，中共党员，宁夏中卫人，1971年11月出生，大学学历。历任中卫市委组织部副科级组织员、党员电化教育中心副主任、主任、干部教育科科长，中卫市非公有制经济组织党工委专职副书记，中卫市非公有制经济组织和社会组织党工委专职副书记等职。2020年4月，任海原县委委员、常委、组织部部长、党校校长。2022年12月，任海原县委副书记。

【陶鸿波】　男，汉族，中共党员，1975年　10月出生，宁夏中卫人，毕业于宁夏大学机械设计制造及其自动化专业。2000年7月应征入伍，历任装甲某师修理营排长、副连长、指导员、副营长，装甲某师装备部轮式车辆装备科副营职助理员、正营职助理员，装甲某旅保障部车辆科科长等职。2013年3月转业，先后任中卫市工业和信息化局规划与技术改造科科长，市云计算和大数据发展局党组成员、副局长。2022年4月，任中卫市海兴开发区管委会党工委副书记、管委会常务副主任（正处级）。

【常伟海】　男，汉族，中共党员，宁夏中卫人，1973年4月出生，大学学历。1990年12月应征入伍，历任二十一集团军某副连干事、政治指导员、政治处干部股股长，中卫军分区政治部副营职干事、沙坡头区武装部政工科长、海原县人武部军事科正营职参谋等职。2012年转业后，历任中卫市委宣传部主任科员、文化教育科科长，中卫市文化体育新闻出版广电局党组成员、副局长，中卫市文化体育新闻出版广电局党组成员、副局长，中卫市旅游和文化体育广电局党组成员、副局长，中卫市纪委监委派驻第五纪检监察组组长、市交通运输局党组成员等职。2022年5月，任海原县委常委、纪委书记、县监察委员会代主任（12月当选主任）。

【冯　磊】 男，汉族，1984年3月出生，宁夏灵武人，在职研究生学历，中共党员。曾任自治区人民政府办公厅副处级秘书。2021年7月，任海原县人民政府党组成员、副县长；10月，兼任关桥乡党委书记。2022年6月，任海原县委常委、县人民政府常务副县长。

【康晓伟】 男，汉族，1982年5月出生，宁夏中宁人，大学学历，中共党员，历任中宁县余丁乡党委委员、副乡长，中卫市委组织部组织二科副科长、科长、组织一科科长兼市党代表联络办公室主任、人才工作科科长，中卫市非公有制经济组织和社会组织党工委专职副书记，中卫市委组织部副部长等职。2022年12月，任海原县委常委、组织部部长、党校校长。

【马晓宏】 男，汉族，中国民主建国会会员，宁夏中卫人，1973年2月出生，毕业于宁夏农学院园林系林学专业，1996年参加工作，曾先后任中卫市统计普查中心副主任、主任，沙坡头区经济发展局副局长（正科级）、发展和改革局副局长（正科级）、统计局局长，中卫市第三产业服务中心主任（副处级）、民建中卫市总支副主委、主委等职。2022年12月，任海原县人大常委会副主任、民建中卫市总支主委。

【吴佳伟】 男，汉族，中共党员，1981年11月出生，宁夏中卫人。2002年1月参加工作，曾先后任中卫市沙坡头区蒿川乡副乡长，中卫市人大常委会农环卫办公室副主任，中卫市人大常委会办公室科长，沙坡头区宣和镇人大主席、镇长，沙坡头区人民政府办公室党组书记、主任等职。2022年12月，任海原县人民政府党组成员、副县长。

【徐青山】 男，汉族，中共党员，1970年10月出生，宁夏中卫人，大学学历。历任中卫市中级人民法院审判员（副科级）、正科级审判员、民事审判第一庭副庭长、民事审判第二庭庭长、民事审判第三庭庭长，中卫市人民检察院党组成员、检察委员会专职委员、四级高级检察官。2022年2月，任海原县人民法院党组书记、代院长；12月，任海原县人民法院党组书记、院长。

【张维军】 男，汉族，中共党员，1972年1月出生，宁夏吴忠人，大学学历。1992年8月参加工作，曾先后任宁夏盐池机械化林场二道湖分场副场长、林场办公室主任，宁夏哈巴湖国家级自然保护区管理局副局长（其间，2015年2月至2016年1月在固原市泾源县挂职锻炼，任县委常委、政府副县长）、自治区政府政务服务中心林业厅窗口首席代表（兼）等职。2022年8月，任宁夏南华山国家级自然保护区管理处党支部书记、主任。

【王继飞】 男，汉族，中共党员，博士研究生学历，宁夏吴忠人，1981年2月出生，2005年参加工作，先后任宁夏贺兰山国家级自然保护区管理局科研宣传教育科技术员、助理林业工程师、副科长，宁夏贺兰山国家级自然保护区管理局马莲管理站副站长（主持工作）、站长，宁夏贺兰山国家级自然保护区管理局办公室主任，宁夏贺兰山国家级自然保护区管理局科研科科长等职。2022年4月任宁夏南华山国家级自然保护区管理处党支部副书记、副主任。

【魏学理】 男,汉族,中共党员,中央党校大学学历,宁夏海原人,1964年10月出生,1986年参加工作,曾先后任海原县纪委副科级纪检员,海原县纪委委员、常委、副书记,关桥乡党委副书记、乡长、书记、人大主席,南华山自然保护区管理处党支部书记、副主任,宁夏南华山国家级自然保护区管理处副主任(正科级)等职。2022年2月,任宁夏南华山国家级自然保护区管理处党支部委员、副主任。

先进个人名录

全国先进个人

中国流动科技馆"筑梦·流动十年"宣传活动优秀个人

张怀东　海原县科协党组成员、副主席

中国邮政储蓄银行工会"2020—2022年中国邮政储蓄银行巾帼建功标兵"

刘　静　邮政储蓄银行海原县支行行长

2022年度全国林业和草原生物灾害防控优秀测报员

张秀红　海原县国有林场和草原建设服务中心干部

自治区先进个人

全区最美退役军人

马志虎　海原县贾塘乡第一支书

平安宁夏建设先进个人

马　媛　海原县委政法委办公室主任

贺小平　海原县人民法院党组成员、副院长

白山丹　海原县人民检察院检委会委员、第一检察部主任

全区人民满意公务员

黎恩生　海原县海城街道办党工委书记

自治区三八红旗手

马会珍　海原县统计局党组书记、局长

马月芳　海原县贾塘乡党委书记

李　燕　海原县人民法院综合审判庭庭长

李　红　海原县第一小学教师

第三届宁夏离退休专业技术人才突出贡献奖

蒋儒龄　海原县科技局退休干部

全区国家贫困地区重大专项普查先进个人

田进虎　海原县统计局原党组书记、副局长,中共海原县委办公室主任

党丽虹　海原县统计局干部

全区安全生产工作先进个人

罗晓东　海原县应急管理局干部

全区法院先进个人

李　燕　海原县人民法院综合审判庭庭长

全区人社系统先进个人

张永生　海原县人力资源和社会保障局四级主任科员

张琛琦　海原县劳动保障检查执法局局长

马彦龙 海原县就业创业局副局长

自治区公安厅记功嘉奖先进个人

三等功 姬 军 田志伟 刘振有 杨金龙 田 明 包 龙 金 鹏 夏志向

嘉 奖 马大千 马忠明 李 虎 田 军 马文媛 马 云 马 霆 田玉虎 金兆龙 杨敏云 靳小勇

通报表扬成绩突出个人 马 健

中国邮政储蓄银行宁夏分行、中国邮储银行工会宁夏分行委员会2022年度优秀支行长

刘 静 邮政储蓄银行海原县支行行长

宁夏首届"塞上江南最美'骑士'"

马义学 中国邮政集团有限公司海原县分公司邮递员

国网宁夏电力有限公司劳动模范

马国锋 国网海原县供电公司经理、党总支副书记

国网宁夏电力公司二十大保电先进个人

杨国宏 国网海原县供电公司职工

中卫市先进个人

全市民族团结先进个人

罗尚东 海原县委统战部副部长

李 博 海原县住建局干部

马忠玉 海原县卫健局党委委员、副局长

邹德强 海原县农业农村局党委委员、副局长

田 地 海原县曹洼乡党委书记

王春梅 海原县李俊乡党委副书记

杨 静 海原县西安镇干部

许万祥 海原县李旺镇团庄村党支部书记

张占阳 海原县关桥乡关桥村党支部书记、村委会主任

李德福 海原县郑旗乡吴湾村党支部副书记

贺 瑞 海原县红羊乡红羊村党支部书记、村委会主任

吴 鑫 海原县第三中学教师

马翠萍 海原县李旺镇中心小学教师

罗 军 海原县第四中学党支部书记、校长

刘 静 邮政储蓄银行海原县支行党支部书记、行长

田大奇 海原县海城街道西关清真寺教职人员

民兵工作先进个人

田小军 海原县海城街道办党工委委员

"最美乡镇"政法委员

李 波 海原县李旺镇党委委员、副书记、政法委员

中卫市法院先进个人

李 梅 徐占旗 马晓萍

先进集体

全国先进集体

第九批全国民族团结示范县

海原县

全国信访工作示范县

海原县

全国健康促进县建设达标县

海原县

全国卫健系统“优质服务基层行”达标单位

海原县树台乡卫生院

海原县三河镇卫生院

全国科普信息队伍建设优秀组织单位

海原县科学技术协会

全国科技工作者日活动优秀组织单位

海原县科学技术协会

全国信访系统先进集体

海原县信访局

2019—2021年度全国森林草原防火工作先进集体

海原县林业和草原局

2022年度先进国家级中心测报点

海原县国有林场和草原建设服务中心

全国节约型机关

中国共产党海原县纪律检查委员会

海原县人大常委会办公室

海原县人民政府办公室

海原县政协办公室

中共海原县委党史和地方志研究室

共青团海原县委

海原县教育体育局

海原县人力资源和社会保障局

海原县司法局

海原县农业农村局

海原县乡村振兴局

自治区先进集体

自治区精神文明建设先进集体

海原县卫生健康局

自治区文明乡镇

海原县海城镇

海原县西安镇

自治区文明村

海原县三河镇唐堡村

海原县三河镇六窑村

自治区文明校园

海原县第二小学

平安宁夏建设先进集体

海原县信访局

海原县公安局城关派出所

全区“劳动者”之歌文艺汇演舞蹈类节目一等奖

海原县职业技术学校

全区五四红旗团委

海原县高级中学团委

自治区三八红旗集体
海原县人民医院

全区实施妇女儿童发展规划先进集体
海原县教育体育局

全区国家贫困地区重大专项普查先进集体
海原县统计局

全区就业创业工作先进集体
海原县三河镇人民政府

全区民族团结进步示范乡镇
海原县李旺镇

全区应急管理系统(安全生产)先进集体
海原县应急管理局

全区2022年度生态环境系统工作先进集体
中卫市生态环境局海原县分局

自治区家庭教育指导服务示范学校
海原县第三小学

“应急先锋”军地联合应急演练优秀组织单位
海原县卫生健康局

自治区公安厅记功嘉奖先进集体
集体二等功 海原县公安局看守所
海原县公安局
集体三等功 海原县公安局特警队
海原县公安局交巡警大队
海原县公安局政工监督室(信访室)
集体嘉奖 海原县公安局网络安全保卫大队
海原县公安局七营派出所

全区人力资源和社会保障工作先进集体
海原县社保中心

第二批自治区优秀学校
海原县第二中学
海原县幸福花园幼儿园

自治区防震减灾工作先进单位
海原县地震局

全区工业稳增长突出贡献单位
海兴开发区

全区工业稳增长突出贡献企业
宁夏中车新能源有限公司

甘宁两省(区)三市五县(区)鼠疫联防先进集体
海原县海城鼠疫监测点

中国邮政储蓄银行宁夏分行2022年度先进党支部
邮储银行海原县支行党支部

全区邮政系统先进集体
中国邮政海原分公司七营营业所

健康宁夏建设考核二等奖
海原县卫生健康局

全区深化“放管服”改革以奖代补政策考核三等奖

海原县审批服务局

宁夏儿童体育运动获奖

团体第一名　海原县第二幼儿园

团体第二名　海原县第一小学

团体第三名　海原县第一幼儿园

海原县幸福花园幼儿园

海原县东城幼儿园

团体优胜奖　海原县第三幼儿园

海原县第五幼儿园

中卫市先进集体

全市民族团结进步先进集体

海原县人民检察院

国家税务总局海原县税务局

海原县七营镇人民政府

海原县三河镇人民政府

海原县海城街道东城社区

海原县贾塘乡后塘村

海原县职业技术学校

海原县闽宁纺织制品有限公司

附 录

表16 2022年中共海原县委发文一览表

月	日	文号	文件标题
1	15	海党发1号	关于中共海原县委员会推荐中国共产党第二十次全国代表候选人推荐人选的报告
1	15	海党发2号	关于确定中共海原县委员会出席中国共产党宁夏回族自治区第十三次代表大会代表候选人推荐人选情况的报告
3	14	海党发3号	关于终止杨青龙同志中卫市第五次党代会代表资格的请示
3	17	海党发4号	关于印发《海原县委常委会2022年工作要点》的通知
4	7	海党发5号	关于印发《中共海原县第十五届委员会巡察工作规划(2022—2026年)》通知
4	15	海党发6号	中共海原县委 海原县人民政府关于印发《关于进一步加强基层治理体系和治理能力现代化建设的实施方案》的通知
5	8	海党发7号	中共海原县委 海原县人民政府关于印发《海原县2021年度巩固拓展脱贫攻坚成果同乡村振兴有效衔接考核评估问题整改方案》的通知
5	5	海党发8号	关于印发《中共海原县第十五届委员会常务委员会工作规则》的通知
5	9	海党发9号	中共海原县委员会 海原县人民政府 关于印发《海原县2022年全面推进乡村振兴重点工作实施方案》的通知
5	9	海党发10号	中共海原县委员会 海原县人民政府关于印发《国家乡村振兴重点帮扶县海原县巩固拓展脱贫攻坚成果同乡村振兴有效衔接实施方案》的通知
5	19	海党发11号	中共海原县委员会 海原县人民政府关于印发《海原县关于实施科技强县行动提升县域创新能力的实施意见》的通知
7	7	海党发12号	中共海原县委员会关于深入学习宣传贯彻自治区第十三次党代会精神的通知
7	7	海党发13号	中共海原县委员会关于印发《海原县贯彻落实自治区第十三次党代会报告主要任务分工落实方案》的通知
7	29	海党发14号	关于广泛开展习近平总书记视察宁夏重要讲话和重要指示批示精神"大学习、大讨论、大宣传、大实践"活动的实施方案
9	9	海党发15号	中共海原县委员会 海原县人民政府关于表彰2021—2022学年度全县教育工作先进集体和先进个人的决定
9	13	海党发16号	中共海原县委员会 海原县人民政府关于废止和宣布失效涉计划生育县委文件的决定
9	22	海党发17号	中共海原县委印发《关于进一步加强作风建设提升工作质效实施方案》的通知
9	30	海党发18号	关于海原县有关县级领导同志疫情防控和经济补短板任务分工的通知
11	15	海党发19号	印发《关于认真学习宣传贯彻党的二十大精神的实施方案》的通知
12	30	海党发20号	中共海原县委员会 海原县人民政府 关于印发《关于新形势下加强反恐怖工作的实施方案》的通知
12	31	海党发21号	中共海原县委员会 海原县人民政府关于印发《关于贯彻落实自治区第十三次党代会精神纵深推进全面深化改革的实施方案》的通知

表17　2022年中共海原县委办公室发文一览表

月	日	文号	文件标题
2	18	海党办发1号	关于印发《海原县委常委会2021年度党史学习教育专题民主生活会整改清单》的通知
2	18	海党办发2号	中共海原县委办公室 海原县人民政府办公室印发《关于加强社会主义法治文化建设的实施方案》的通知
2	22	海党办发3号	关于印发《中共海原县第十五届委员会第一轮巡察各巡察组组长副组长及工作人员授权任职和巡察组任务分工》的通知
2	21	海党办发4号	中共海原县委办公室 海原县人民政府办公室关于印发《海原县2022年项目建设攻坚行动方案》《海原县2022年县级领导包保重点项目"五定"方案》的通知
3	2	海党办发5号	中共海原县委办公室 海原县人民政府办公室关于印发《海原县推进全域科普工作实施方案》的通知
3	16	海党办发6号	关于印发《2022年海原县全面从严治党党风廉政建设和反腐败工作主要任务分工方案》的通知
4	9	海党办发7号	关于印发《海原县维护政治安全工作实施方案》的通知
4	11	海党办发8号	中共海原县委办公室 海原县人民政府办公室关于印发《海原县党委和政府及有关部门生态环境保护责任》的通知
4	14	海党办发9号	关于印发海原县文学艺术界联合会第三次代表大会筹备实施方案的通知
4	14	海党办发10号	中共海原县委办公室 海原县人民政府办公室关于印发《海原县"扩大有效投资攻坚年"活动实施方案》的通知
4	6	海党办发11号	关于印发《海原县2022年宣传思想工作要点》的通知
4	14	海党办发12号	中共海原县委办公室 海原县人民政府办公室关于印发《海原县深化应急管理综合行政执法改革实施方案》的通知
5	12	海党办发13号	中共海原县委办公室 海原县人民政府办公室关于2021年度效能目标管理考核结果的通报
5	26	海党办发14号	关于印发《贯彻落实〈海原县委常委会2022年工作要点〉重点工作分工方案》的通知
6	2	海党办发15号	关于调整优化县纪委监委派驻机构的通知
6	6	海党办发16号	关于印发《海原县巩固拓展党史学习教育成果推动党史学习教育常态化长效化实施方案》的通知
6	7	海党办发17号	关于印发《关于巩固全县政法队伍教育整顿成果推进全面从严管党治警的实施方案》的通知
6	9	海党办发18号	关于印发《海原县宣传贯彻习近平总书记在庆祝中国共产主义青年团成立100周年大会上的重要讲话精神工作的方案》的通知
6	27	海党办发19号	关于印发《中共海原县第十五届委员会第二轮巡察各巡察组组长副组长及工作人员授权任职和巡察组任务分工》的通知
6	29	海党办发20号	关于县委常委工作分工的通知
6	29	海党办发21号	中共海原县委员会 海原县人民政府关于印发《海原县天然林保护修复制度实施方案》的通知
6	27	海党办发22号	关于印发海原县花儿艺术演艺有限公司改革实施方案的通知
7	7	海党办发23号	关于印发《自治区第十三次党代会精神宣讲工作方案》的通知
7	27	海党办发24号	中共海原县委办公室 海原县人民政府办公室关于印发《海原县"十四五"退役军人服务和保障规划》的通知
8	5	海党办发25号	中共海原县委办公室 海原县人民政府办公室关于印发《海原县生态文明建设示范县创建工作实施方案》的通知
8	1	海党办发26号	中共海原县委办公室 海原县人民政府办公室关于印发《海原县属国有企业违规经营投资责任追究暂行办法》的通知
8	15	海党办发27号	关于建立干部下沉网格包保机制的通知
8	18	海党办发28号	印发《关于加强和改进新时代海原县政协工作的实施意见》的通知
8	25	海党办发29号	中共海原县委办公室 海原县人民政府办公室关于印发《海原县生态环境风险和安全生产隐患大起底大排查大整治实施方案》的通知
8	28	海党办发30号	关于印发《海原县委"大学习、大讨论、大宣传、大实践"活动推进工作机制》
8	14	海党办发31号	印发《关于加强新时代廉洁文化建设的实施方案》的通知
9	8	海党办发32号	中共海原县委员会办公室 海原县人民政府办公室印发《关于建立健全〈海原县国民经济和社会发展第十四个五年规划和二〇三五年远景目标纲要〉实施机制的意见》的通知
9	16	海党办发33号	中共海原县委员会办公室 海原县人民政府办公室关于印发《海原县2022年古韵南华乡村振兴项目实施方案》的通知
9	25	海党办发34号	关于印发《海原县文明素养提升行动实施方案》的通知
10	21	海党办发35号	中共海原县委办公室海原县人民政府办公室关于印发《海原县政府投资建设项目招投标管理办法（试行）》《海原县政府采购项目采购管理办法（试行）》的通知
10	25	海党办发36号	关于印发《海原县新时代文明实践县、乡镇、村（社区）三级书记任务清单》的通知

续表 17

月	日	文号	文件标题
8	14	海党办发 37 号	中共海原县委员会办公室　海原县人民政府办公室关于印发《海原县建设乡村全面振兴示范县实施方案》的通知
10	26	海党办发 38 号	中共海原县委办公室 海原县人民政府办公室关于印发《海原县 2022 年度效能目标管理考核办法》的通知
11	2	海党办发 39 号	中共海原县委办公室 海原县人民政府办公室　海原县人武部政治工作科 关于印发《海原县退役军人工作政策制度改革实施方案》的通知
11	14	海党办发 40 号	关于印发《海原县深化安全可靠应用替代工作实施方案》的通知
11	25	海党办发 41 号	关于印发《中共海原县第十五届委员会第三轮巡察各巡察组组长副组长及工作人员授权任职和巡察组任务分工》的通知
11	22	海党办发 42 号	关于印发《全县党的二十大精神宣讲工作方案》的通知
11	30	海党办发 43 号	印发《关于深入开展党的二十大和习近平总书记视察宁夏重要讲话指示批示精神“大学习、大讨论、大宣传、大实践”活动的实施方案》的通知
12	7	海党办发 44 号	关于县委常委工作分工的通知
12	11	海党办发 45 号	中共海原县委员会办公室　海原县人民政府办公室关于印发《海原县贯彻落实第二轮中央生态环境保护督察反馈意见整改方案》的通知
12	13	海党办发 46 号	中共海原县委员会办公室　海原县人民政府办公室关于印发《海原县落实〈全区、全市稳经济保民生政策措施〉的实施方案》的通知
12	21	海党办发 47 号	关于印发《海原县共青团基层组织改革工作实施方案》的通知

表 18　2022 年海原县人民政府、县政府办公室重要发文一览表(选录)

月	日	文号	文件标题
1	26	海政发 3 号	关于印发《海原县人民政府工作规则》的通知
4	14	海政发 15 号	关于印发海原县统筹整合使用财政涉农资金管理暂行办法的通知
4	20	海政发 61 号	关于印发《海原县突发事件总体应急预案》的通知
1	12	海政办发 1 号	关于印发海原县松材线虫病疫情防控五年攻坚行动方案(2021—2025 年)的通知
1	26	海政办发 2 号	关于印发《海原县人民政府常务会议工作规则》《海原县人民政府专题会议工作规则》的通知
3	31	海政办发 13 号	关于印发海原县 2022 年乡村振兴健康保工作实施方案的通知
3	31	海政办发 14 号	关于印发海原县 2022 年现代枸杞产业高质量发展任务分工方案的通知
4	11	海政办发 16 号	关于印发海原县 2022 年政策性农业保险实施方案的通知
4	20	海政办发 19 号	关于提高我县城乡居民最低生活保障标准及孤儿养育津贴标准的通知
4	20	海政办发 20 号	关于印发海原县粮食行业信用体系建设工作方案的通知
4	24	海政办发 21 号	关于印发《海原县地质灾害应急预案》的通知
5	7	海政办发 23 号	关于印发《海原县残疾人保障和发展“十四五”规划》的通知
5	26	海政办发 26 号	关于聘请县人民政府法律顾问的通知
5	27	海政办发 27 号	关于印发海原县 2022 年法治政府建设工作要点的通知
6	1	海政办发 28 号	关于印发海原县 2022 年政务公开工作要点的通知
6	28	海政办发 35 号	关于印发《2022 年海原县深化“放管服”改革重点任务分工方案》的通知
6	28	海政办发 36 号	关于公布海原县人民政府 2022 年度重大行政决策事项目录的通知
7	4	海政办发 41 号	关于印发海原县农村客运高质量发展实施方案的通知
7	18	海政办发 42 号	关于印发《海原县妇女发展规划(2021—2030 年)》和《海原县儿童发展规划(2021—2030 年)》的通知
8	12	海政办发 49 号	关于印发海原县用水权确权成果报告的通知
10	30	海政办发 59 号	关于印发《海原县关于加快推进政务服务标准化规范化便利化的实施方案》的通知
11	10	海政办发 67 号	关于印发海原县行政许可事项清单(2022 年版)的通知
12	27	海政办发 85 号	关于印发海原县城环卫综合保洁市场化服务监督考核管理办法的通知
12	28	海政办发 86 号	关于印发《海原县消防事业发展“十四五”规划》的通知
12	30	海政办发 87 号	关于印发《海原县 2023 年医疗人才“组团式”帮扶工作方案》的通知

海原县2022年国民经济和社会发展统计公报

海原县统计局

（2023年5月22日）

2022年，是实施“十四五”规划的关键之年。面对错综复杂的外部环境和多重超预期因素冲击，在海原县委、县政府的坚强领导下，全县上下坚决贯彻落实党的二十大精神，坚持稳中求进工作总基调，高效统筹安全生产和经济社会发展，有力应对各种风险挑战，有效实施稳经济保增长促发展一揽子政策措施，全县经济运行保持总体发展平稳，产业质效优化提升，人民生活持续改善，社会事业统筹推进，高质量发展取得新成效，经济社会发展迈出新的坚实步伐。

一、综合

初步核算，2022年全县地区生产总值完成98.86亿元，按不变价格计算，同比增长6.0%。分产业看：第一产业增加值18.57亿元，同比增长5.7%；第二产业增加值23.97亿元，同比增长16.6%；第三产业增加值56.32亿元，同比增长2.6%。三次产业结构为18.8∶24.2∶57.0。从三次产业对经济增长的贡献看：第一产业对经济增长贡献率18.9%，拉动经济增长1.1个百分点；第二产业对经济增长贡献率54.8%，拉动经济增长3.3个百分点；第三产业对经济增长贡献率26.3%，拉动经济增长1.6个百分点。按常住人口计算，人均地区生产总值29223元，同比增长5.0%。

年末全县户籍人口13.21万户45.56万人。其中，城镇人口9.02万人，乡村人口36.54万人，城镇人口比重为19.80%。男女性别比为114.2（以女孩为100），全年全县人口出生率11.25‰，人口死亡率3.96‰，人口自然增长率7.29‰。年末全县常住人口9.78万户33.95万人，年平均人口33.83万人。其中，城镇人口12.26万人，乡村人口21.69万人，城镇人口比重（常住人口城镇化率）为36.11%。其中，回族24.85万人，占总人口的73.20%；汉族9.01万人，占总人口的26.54%；其他少数民族0.09万人，占总人口的0.26%。其中，男性17.99万人，女性15.96万人，平均家庭人口数3.47人/户。出生人口0.51万人，出生率15.08‰；死亡人口0.24万人，死亡率7.09‰；自然增长人口0.27万人，自然增长率7.99‰。

全年全县城镇新增就业1307人，同比增加159人。全县劳务输出10.84万人，同比增加0.76万人。全年全县CPI累计上涨2.5%，涨幅较上年同期上涨0.9个百分点，高于全区平均涨幅0.2个百分点。其中，食品烟酒、居住、生活用品及服务、交通和通信、教育文化和娱乐、医疗保健、其他用品和服务类价格分别上涨0.8%、2.4%、0.7%、5.9%、0.1%、7.4%、2.1%；衣着类价格下降1.4%。

二、农业

全年全县完成农林牧渔业总产值37.72亿元，同比增长6.1%，完成增加值19.31亿元，同比增长5.8%。其中，完成农业总产值21.12亿元，同比增长2.7%；完成牧业总产值14.83亿元，同比增长12.2%；完成林业总产值0.62亿元，同比增长60.2%；完成农林牧渔服务业总产值1.15亿元，同比增长8.2%。

全年全县粮食总产量23.23万吨，比上年增加2.56万吨，同比增长12.4%。其中，夏粮产量1.08万吨，同比增长29.1%；秋粮产量22.15万吨，同比增长11.7%。

年末生猪存栏2.19万头，同比下降6.3%，出栏2.83万头，同比下降11.5%；牛存栏14.64万头，同比增长14.9%，出栏6.12万头，同比增长8.4%；羊存栏61.57万只，同比增长26.3%，出栏49.91万只，同比增长9.2%；家禽存栏20.47万只，同比下降4.6%，出栏22.97万只，同比下降11.1%。

全年全县猪牛羊禽肉产量2.12万吨，同比增长6.0%。其中，猪肉产量0.22万吨，同比下降10.4%；牛肉产量0.99万吨，同比增长8.6%；羊肉产量0.87万吨，同比增长10.0%；禽肉产量0.04万吨，同比下降19.7%。牛奶产量3.5万吨，同比增长26.1%。禽蛋产量0.27万吨，同比下降21.3%。

三、工业和建筑业

全年全县实现工业增加值12.75亿元，同比下降3.6%，占地区生产总值比重12.9%。其中，规模以上工业增加值同比增长1.0%。在规模以上工业中，分经济类型看：国有控股企业增加值同比增长6.5%；股份制企业同比增长7.0%；非公有工业同比下降42.5%。分门类看：制造业增加值同比增长7.8倍，电力、热力、燃气及水生产和供应业同比下降48.6%。

全年全县规模以上工业企业实现利润总额8.97亿元，同比增长26.4%。分门类看：制造业实现利润总额0.04亿元，同比增长2.2倍；电力、热力、燃气及水生产和供应业实现利润总额8.93亿元，同比增长26.0%。全年全县规模以上工业企业每百元营业收入中的成本64.8元，比上年增加19.9元；每百元资产实现的营业收入55.4元，比上年增加26.1元；年末规上工业企业资产利润率14.6%，比上年末增长2.8个百分点。

年末全县发电装机容量211.34万千瓦，同比下降6.2%。并网风电装机容量135.3万千瓦，同比下降0.7%；并网太阳能发电装机容量76.04万千瓦，同比下降14.6%。

全年全县建筑业实现增加值11.26亿元，同比增长43.2%。全县具有资质等级的总承包和专业承包建筑企业10家，完成建筑业总产值6.47亿元，同比增长1.8倍；完成建筑业房屋建筑施工面积62.41万平方米。其中，房屋新开工面积0.36万平方米；完成房屋建筑竣工面积5.81万平方米，竣工价值1.21亿元。

四、服务业

全年全县服务业实现增加值56.32亿元，同比增长2.6%。其中，农林牧渔服务业实现增加值0.74亿元，同比增长8.2%；批发和零售业实现增加值8.39亿元，同比增长2.1%；交通运输、仓储和邮政业实现增加值9.13亿元，同比增长1.4%；住宿和餐饮业实现增加值1.15亿元，同比下降0.3%；金融业实现增加值3.70亿元，同比增长4.1%；房地产业实现增加值3.47亿元，同比增长0.1%；营利性服务业实现增加值6.64亿元,同比增长18.3%;非营利性服务业实现增加值23.07亿元,同比下降0.1%。全年全县规模以上服务业企业实现营业收入0.89亿元,同比增长20.3%。

五、贸易

全年实现社会消费品零售总额29.46亿元,同比下降0.6%。分地区看:城镇地区实现零售额16.73亿元,同比增长1.0%;乡村地区实现零售额12.73亿元,同比下降2.5%。分行业看:批发业实现零售额9.51亿元,同比增长0.3%;零售业实现零售额16.91亿元,同比下降1.1%;住宿业实现零售额0.14亿元,同比下降14.4%;餐饮业实现零售额2.90亿元,同比增长0.4%。分消费形态看:餐饮收入3.04亿元,同比下降0.4%,商品零售26.42亿元,同比下降0.6%。

六、固定资产投资

全年全县完成固定资产投资(不含农户)同比增长9.3%。其中,县属投资同比下降22.9%,区属投资同比增长67.5%。分投资主体看:国有投资同比增长85.3%,民间投资同比下降82.1%。

在县属项目投资中,第一产业投资同比增长262.2%;第二产业投资同比下降50.0%,其中,工业投资同比下降50.0%,新能源投资同比下降59.3%,高耗能投资同比下降55.5%,生产性投资同比下降18.5%;第三产业投资同比增长26.1%,其中,基础设施投资同比增长78.0%。

全年全县房地产开发企业完成投资7.15亿元,同比下降38.4%。其中,住宅投资5.08亿元,同比下降37.8%;商业营业用房投资1.53亿元,同比下降35.9%。年末全县住宅待售面积19.23万平方米,比上年末增加0.58万平方米。

七、财政金融

全年全县一般公共预算收入完成2.50亿元,完成年度预算106.4%,同比增长5.1%,扣除留抵退税因素后增长11.6%。其中,税收收入完成1.24亿元,完成年度预算88.3%,同比下降8.9%,扣除留抵退税因素后增长2.9%;非税收入完成1.26亿元,完成年度预算133.6%,同比增长23.8%。全县一般公共预算支出完成62.17亿元,同比增长0.6%。

截至12月末,金融机构人民币各项存款余额100.05亿元,同比增长10.9%。其中,住户存款余额65.00亿元,同比增长14.9%;非金融企业存款余额9.89亿元,同比增长30.9%;机关团体存款余额25.13亿元,同比下降3.5%。人民币各项贷款余额87.26亿元,同比增长10.0%。其中,住户贷款余额74.70亿元,同比增长14.1%;企(事)业单位贷款余额12.56亿元,同比下降9.3%。

八、人民生活和社会保障

全年全县常住居民人均可支配收入15448元,同比增长7.5%。按常住地分:城镇常住居民人均可支配收入30980元,同比增长5.1%。其中,工资性收入26782元,同比增长5.1%;经营净收入1778元,同比增长4.3%;财产净收入542元,同比增长4.6%;转移净收入1879元,同比增长5.7%。农村常住居民人均可支配收入12745元,同比增长8.5%。其中,工资性收入5948元,同比增长8.6%;经营净收入4404元,同比增长9.3%;转移净收入2311元,同比增长8.8%;财产净收入82元,同比下降24.0%。全县居民人均消费支出10662

元,同比下降9.1%。按常住地分:城镇居民人均消费支出16021元,同比下降7.1%。其中,食品烟酒类消费支出5069元,同比下降0.4%,占城镇居民人均消费支出比重31.6%。农村居民人均消费支出9729元,同比下降9.6%。其中,食品烟酒类消费支出3126元,同比下降4.3%,占农村居民人均消费支出比重32.1%。

年末全县基本养老保险参保人数23.75万人。其中,城镇机关事业单位、企业职工参保人数3.62万人;城乡居民养老保险参保人数20.13万人。失业保险参保人数1.13万人。工伤保险参保人数2.77万人。全年收缴基本养老保险费3.21亿元;实发养老保险待遇6.13亿元。年末全县参加基本医疗保险人数39.33万人,同比增长0.5%。其中,参加职工医疗保险人数2.05万人,同比增长3.3%;参加城乡居民统筹医疗保险人数37.28万人,同比增长0.4%。参加生育保险人数1.51万人,同比增长3.0%。基本医疗保险基金收入4.58亿元,同比增长8.3%。其中,职工医疗保险基金收入1.09亿元,同比增长12.2%;城乡居民医疗保险基金收入3.49亿元,同比增长7.1%。基本医疗保险基金支出3.34亿元,同比增长5.5%。其中,职工医疗保险基金支出0.90亿元,同比增长22.6%;城乡居民医疗保险基金支出2.37亿元,同比下降2.5%。

九、交通和邮电

年末全县公路通车总里程达到3585.087公里,公路密度达到56.21公里/百平方公里。按行政等级分:国道里程260.497公里(包含普通国道186.385公里和国家高速74.112公里);省道里程475.623公里(包含省级高速100.805公里和普通省道374.818公里);乡道里程602.011公里;专用公路104.01公里;村道2142.946公里。按技术等级分:高速公路174.917公里,一级公路13.367公里,二级公路287.47公里,三级公路463.067公里,四级公路2646.266公里。

年末全县共有客运企业7家,运营线路111条,客运车辆共623辆。全县现有货运企业97家,货运车辆9333辆(不包括4.5吨以下货运车辆)。其中,县内注册5431辆,外地注册3902辆。现有B2及以上货运驾驶员21456人。

年末全县共有邮政支所20处。邮政行业业务收入3347.59万元,同比增长6.6%。邮政行业业务总量2732.74万元,同比增长3.9%。快递业务总量85.16万件,同比增长9.4%;国内普通包裹0.54万件,同比下降14.3%;函件0.23万件,同比下降48.9%;报刊累计286.95万份,同比增长24.9%;杂志累计7.89万份,同比增长10.8%。

十、文教卫生

2022—2023学年,全县现有学校273所。其中,小学190所(县城小学11所,乡镇中心小学11所,村级小学78所,教学点90个);中学19所(高级中学2所,完全中学1所,初级中学10所,九年一贯制学校6所);职业技术学校1所;特殊教育学校1所;幼儿园62所。

全县现有教职工4821人(在编教师4744人、特岗教师77人)。其中,女教职工2624人,专任教师4814人。按学校类别分:幼儿园教职工88人,小学教职工2219人,初中教职工1382人,高中教职工856人,特殊教育学校教职工17人,职业中学教职工145人,局机关等职工114人。

全县共有教学班2407个，在校学生84047人。其中，女生41546人，占49.4%。学前幼儿11375人（女生5646人）。其中，小学学前班3005人；在园幼儿8370人。小学阶段38849人（女生18686人）。初中阶段19172人（女生9387人）。普通高中11612人（女生6325人）。职业中学2985人（女生1481人）。特殊教育学校54人（女生21人）。

年末全县共有卫生行政部门1家，各级各类医疗卫生机构225家。其中，区级医疗机构分支机构1家，县级公立医院2家，妇幼保健机构1家，专业公共卫生机构2家，乡镇卫生院19家，社区卫生服务站6家，民营医院2家，标准化村卫生室157家，个体诊所35家。全县医疗机构核定编制床位数1402张。各类卫生技术人员1820人，全县在册执业（助理）医师总数750人。

十一、资源、环境和应急管理

全年全县总用水量14368.38万立方米，同比增长24.9%。其中，生活用水823.54万立方米，同比下降3.4%；农业用水13500.25万立方米，同比增长27.1%；生态用水38.5万立方米，同比增长28.3%。全年全县完成造林面积10126公顷。其中，新造林面积5180公顷，退化林修复4380公顷。森林抚育面积667公顷。

全年全县平均气温为9.1℃，较常年偏高1.0℃；年总降水量为342.4毫米，较常年同期偏少45.4毫米。日照时数2410.5小时，较常年偏少269.9小时。全年全县累计优良天数334天，有效监测天数360天，达标率92.8%，与上年同期（优良天数316天，有效监测天数357天，达标率88.5%）相比，优良天数增加19天，达标率上升4.3个百分点。PM10平均浓度49μg/m^3，较上年同期（45μg/m^3）上升8.9%；PM2.5平均浓度23μg/m^3，较上年同期（19μg/m^3）上升21.1%。

全年全县共发生生产安全事故3起，死亡3人，未发生较大及以上生产安全事故，单位地区生产总值生产安全事故死亡率0.0303人/亿元。

十二、乡村振兴

2022年，全县共有脱贫人口25836户101010人，新识别纳入监测对象192户813人，有未消除风险监测对象626户2682人（其中：脱贫不稳定户150户678人，边缘易致贫户130户554人，突发严重困难户346户1450人）。全年全县脱贫人口人均纯收入达14153元，同比增长16.44%；监测对象人均纯收入达12535元，同比增长22.86%。

全年全县义务教育阶段适龄儿童（少年）入学率、小学六年和初中三年巩固率100%；救治大病患者1471人次，脱贫人口和三类重点监测对象家庭医生签约率100%，大病、重病患者季度履约率均为100%；完成危房改造355户、抗震宜居房改造142户；新增及改造自来水入户720户，提标改造供水能力不足的管道44公里。

全县建成中国（宁夏）良种牛繁育中心、高端牛交易市场和肉牛全产业链屠宰厂“三个平台”，全县肉牛饲养户达到2.8万户，存栏量15.1万头，基础母牛存栏达到9.3万头，良种化率达90%；建成马铃薯“五位一体”标准化示范基地20万亩、小杂粮和瓜菜示范基地各5万亩，马铃薯、小杂粮、瓜菜、枸杞种植面积分别稳定在31万亩、30万亩、15万亩、3.3万亩以上;开展各类技能培训2577人次,发放创业贷款8124万元,转移就业10.8万人,创收19.1亿元。

注释:

[1]本公报中的年度数据均为初步统计数据。正式数据以《海原县2022年经济要情手册》为准。部分数据因四舍五入的原因,存在分项与合计不等的情况。

[2]地区生产总值、各产业增加值和人均地区生产总值绝对数按现价计算,增长速度按不变价格计算。

[3]第四次全国经济普查后,对地区生产总值、社会消费品零售总额等历史数据进行了修订。

[4]根据第七次全国人口普查结果,对2018—2019年年末常住人口城镇化率数据进行了修订。

[5]资料来源:本公报中户籍人口数据来自县公安局,物价和居民收入数据来源于国家统计局海原调查队;发电装机容量数据来自国网中卫供电公司;财政数据来源于县财政局,交通数据来源于县交通运输局,金融数据来源于中国人民银行中卫市中心支行,邮政数据来源于市邮政管理局,教育、卫生、就业、社会保障、环境和安全生产等数据来源于相关部门。

海原县人民政府工作规则

（海政发〔2022〕3号）
（2022年1月26日发布）

第一章 总 则

第一条 根据《中华人民共和国宪法》《中华人民共和国地方各级人民代表大会和地方各级人民政府组织法》《宁夏回族自治区人民政府工作规则》《中卫市人民政府工作规则》，结合海原县人民政府工作实际，制定本规则。

第二条 县人民政府工作的指导思想是：高举中国特色社会主义伟大旗帜，以习近平新时代中国特色社会主义思想为指导，全面贯彻落实党的十九大和十九届历次中央全会精神，深入学习贯彻习近平总书记视察宁夏重要讲话精神，全面落实中央、区市和县委各项决策部署，切实把党的领导贯穿政府工作全过程和各方面，弘扬伟大建党精神，完整、准确、全面贯彻新发展理念，主动融入新发展格局，坚持稳中求进工作总基调，坚持以供给侧结构性改革为主线，统筹发展和安全，保持经济平稳较快增长，保持社会大局和谐稳定，保持同心协力团结局面，为加快建设黄河流域生态保护和高质量发展先行区先行市、继续建设经济繁荣民族团结环境优美人民富裕的美丽新宁夏贡献海原力量。

第三条 县人民政府坚持执政为民、依法行政、实事求是、民主公开、务实清廉工作准则，建设人民满意的忠诚政府、法治政府、服务政府、实干政府、廉洁政府。

第二章 组成人员

第四条 县人民政府由下列人员组成：县长、副县长、办公室主任和各局局长。

第五条 县人民政府组成人员要旗帜鲜明讲政治，增强“四个意识”，坚定“四个自信”，做到“两个维护”，捍卫“两个确立”，牢记“国之大者”，不断提高政治判断力、政治领悟力、政治执行力。要模范遵守宪法和法律，认真履行职责，为民务实，严守规矩和纪律，勤勉廉洁。县人民政府各部门必须依照法律、法规和规章行使职权，贯彻政府各项工作部署，转变政府职能，改进工作作风，创新管理方式，增强执行能力，提高行政效能。

第六条 县人民政府实行县长负责制，县长领导县人民政府的工作，副县长协助县长工作。其中负责常务工作的副县长协助县长处理政府日常工作。

第七条 副县长按分工负责处理分管工作；受县长委托，负责其他方面的工作或专项任务，并可代表县人民政府进行外事活动。对于重要情况，要及时向县长报告；对于重大事项，要在认真调查研究和充分论证的基础上，向县长提出解决问题的建议。涉及其他副县长分管的工作，要同有关副县长商量决定。

第八条 政府办公室主任在县长领导下，协助负责常务工作的副县长处理县人民政府的日常工作，领导政府办公室的工作。

第九条 县长离海期间，受县长委托，由负责常务工作的副县长主持政府工作。如负责常务工作的副县长在此期间也不在海，按任职排序确定一名副县长主持政府工作。

第十条 县人民政府办公室主任、各局局长负责本部门的工作，并根据法律法规和县人民政府有关决定，在本部门职权范围内履行职责。

县人民政府各部门要各司其职，各负其责，顾全大局，协调配合，切实维护团结统一、政令畅通，坚决贯彻落实党中央、国务院和区市党委、政府决策部署和县委、县政府各项工作部署。

第三章 行政职能

第十一条 县人民政府及各部门要坚决维护政令统一，深入贯彻落实党中央、国务院和区市党委、政府决策部署，完整准确全面贯彻新发展理念，围绕推动高质量发展，建设现代化经济体系，加强和完善经济调节、市场监管、社会管理、公共服务、生态环境保护等职能，厘清政府和市场、政府和社会关系，深化简政放权、放管结合、优化服务，深化行政审批制度改革，形成权界清晰、分工合理、权责一致、高效运转、法治保障的机构职能体系，创造良好发展环境，提供基本均等公共服务，维护社会公平正义，加快推进政府治理体系与治理能力现代化。

第十二条 认真履行经济调节职能，完善宏观调控体系，加强经济形势研判，科学研究调控目标和政策取向，有效实施区间调控、定向调控、相机调控、精准调控，主要运用经济、法律手段并辅之以必要的行政手段引导和调控经济运行，稳增长、促改革、调结构、惠民生、防风险、保稳定，促进经济持续健康发展。

第十三条 认真履行市场监管职能，推进公平准入，积极创造公平、公正、公开和正义的法治环境，完善行政执法、行业自律、舆论监督、群众参与相结合的市场监管体系。建立健全社会信用体系，完善信用监督和失信惩戒制度，整顿和规范市场秩序，促进大众创业、万众创新，激发市场活力和社会创造力，形成统一开放、竞争有序、制度完备、治理完善的高标准市场体系。

第十四条 加强和创新社会治理，进一步完善党委领导、政府主导、社会协同、公众参与、法治保障的县域社会治理体制，全面落实“1+6+1”政策文件，建设人人有责、人人尽责、人人享有的社会治理共同体。坚持标本兼治、系统治理、依法治理、源头治理、综合治理，构建统一领导、权责一致、权威高效的应急能力体系，防范化解重大安全风险，及时应对处置各类灾害事故，保障人民群众生命财产安全。

第十五条 认真履行公共服务职能，完善公共政策，健全政府主导、社会参与、覆盖城乡、可持续的基本公共服务体系，增强公共服务能力，促进基本公共服务均等化。

第十六条 认真履行环境保护职能，坚持人与自然和谐共生的基本方略，践行绿水青山就是金山银山的理念，实行最严格的生态环境保护制度，构建政府为主导、企业为主体、社会组织和公众共同参与的环境治理体系，统筹推进山水林田湖草沙综合治理、系统治理、源头治理，建设天蓝、地绿、水美的美丽新海原。

第十七条 加快转变政府职能，持续深化“放管服”改革，建设职责明确、依法行政的政府治理体系，提高政府治理效能，优化营商环境。加强数字政府建设，推动公共数据开放共享，推进政务信息化共建共用，提升数字化政务服务效能，实现更多政务服务事项网上办、掌上办、一次办和跨区域通办、跨省通办。

第四章 依法行政

第十八条 县人民政府及各部门要强化法律思维和责任思维，带头维护宪法和法律权威，按照职能科学、权责法定、执法严明、公开公正、廉洁高效、守法诚信的目标要求，坚决履行法治政府建设主体责任，深入推进依法行政，把政府各方面工作纳入法治化轨道，不断提高依法行政的能力和水平。

第十九条 县人民政府根据需要，制定行政规范性文件，修改或者废止不相适应的行政规范性文件和其他政策性文件、决定。

第二十条 县人民政府各部门制定的行政规范性文件，必须符合宪法、法律、法规和国家的方针、政策及县人民政府的决定，严格遵守法定权限和程序。涉及两个以上部门职权范围的事项，要充分听取相关部门的意见，并由县人民政府制定行政规范性文件或其他政策文件，或由有关部门联合制定行政规范性文件。其中，涉及公众利益、社会关注度高的事项及重要涉外、涉港澳台侨的事项，应事先请示县人民政府。部门制定的行政规范性文件必须依法报县人民政府备案，由司法行政部门审查并定期向政府报告。

第二十一条 行政规范性文件应定期清理，确保与经济社会发展相适应，有效维护法制统一。

第二十二条 按照行政执法与经济利益脱钩、与责任挂钩的原则，理顺行政执法体制，加强行政执法队伍建设，依法科学设定行政执法机关的职责和权限，相对集中行政处罚权和行政许可权，推行综合执法，促进行政执法透明规范、合法公正。

第五章 政务公开

第二十三条 县人民政府及各部门要认真贯彻《中华人民共和国政府信息公开条例》，坚持以公开为常态、不公开为例外，围绕权力运行全流程、政务服务全过程，全面推进决策公开、执行公开、管理公开、服务公开、结果公开。

第二十四条 完善重大决策预公开制度，涉及群众切身利益、需要社会广泛知晓的重要改革方案、重大政策措施、重点工程项目和行政规范性文件等，除依法应当保密的外，决策前应当采取便于社会公众参与的方式，广泛听取公众意见，并以适当方式公布意见收集和采纳情况。

第二十五条 完善政策解读机制，按照“谁起草、谁解读”的原则，推进政策性文件与解读方案、解读材料同步组织、同步审签、同步部署。完善政务舆情收集、研判、回应和处置机制，对涉及的政务舆情、媒体关切、突发事件等热点问题，及时发布权威信息，认真回应关切，正确引导舆论。

第二十六条 建立健全利益相关方、公众代表、专家、媒体等列席县人民政府有关会议等制度，增强决策透明度。对涉及公众利益、需要社会广泛知晓的会议和事项，应通过新闻发布会、广播电视、网络和新媒体等形式向社会公开。

第二十七条 高度重视政务舆情回应工作，完善政府新闻发言人制度，切实增强舆情意识，落实回应责任，对涉及特别重大、重大突发事件的政务舆情及时举行新闻发布会。

第六章 监督制度

第二十八条 县人民政府自觉接受县人民代表大会及其常务委员会的监督，认真负责地报告工作，接受询问和质询，依法备案行政规范性文件。自觉接受县政协的民主监督，虚心听取意见和建议。

第二十九条 县人民政府及各部门要加强同县人大代表和政协委员的联系，认真办理人大代表建议和政协委员提案，定期向县人民代表大会常务委员会报告和向县政协通报办理情况，主动公开办理结果。

第三十条 县人民政府及各部门要严格执行行政复议法，加强行政复议指导监督，纠正违法或不当的行政行为，依法及时化解行政争议；要强化对行政执法活动的监督，严格实行行政执法责任制、评议考核制和行政执法过错责任追究制，切实做到严格、规范、公正、文明执法。

第三十一条 县人民政府及各部门要自觉接受社会公众和新闻舆论的监督，重视群众反映和新闻媒体报道的问题，认真调查核实有关情况，及时依法处理和改进工作，重大问题要向社会公布处理结果。重视群众和其他组织通过网络等多种方式对行政行为实施的监督。

第三十二条 县人民政府及各部门要重视人民群众来信来访和网上信访，定期召开会议研究解决信访工作中的重要问题，健全、完善和落实好督查、考核等工作制度。进一步完善信访工作制度，畅通和规范群众诉求表达、利益协调、权益保障渠道，维护信访秩序。县人民政府领导同志及各部门负责同志要亲自阅批重要的群众来信和网上信访、定期接待群众来访，协调处理疑难复杂信访问题。

第三十三条 县人民政府及各部门公职人员要依照有关法律的规定自觉接受国家监察机关的监督。县人民政府及各部门要依照有关法律的规定接受人民法院依法实施的监督，做好行政应诉工作，尊重并自觉履行人民法院的生效判决、裁定，同时要自觉接受审计等部门的监督。对监督中发现的问题，要认真查处、整改并向县人民政府报告。

第三十四条 县人民政府及各部门要加强行政系统内部监督，严格执行行政规范性文件备案审查制度，依法履行行政复议职责，及时发现并纠正行政机关违法或者不当的行政行为，依法及时化解行政争议。加大政府行政执法监督平台建设力度，充分发挥其监督作用。主动征询和认真听取各乡镇人民政府和海城街道办、甘盐池种羊场的意见和建议。

第三十五条 县人民政府及各部门要严格执行工作责任制，严格绩效管理，加强对重大决策部署落实、部门职责履行、重点工作推进以及自身建设等方面的考核评估，健全激励约束、容错纠错机制，进一步激励新时代新担当新作为，提高政府公信力和执行力。

第七章 决策机制

第三十六条 县人民政府及各部门应当坚持科学决策、民主决策和依法决策原则，完善公众参与、专家论证、风险评估、合法性审查和集体讨论决定的重大决策机制，健全重大决策的规则和程序，增强公共政策制定透明度和公众参与度。凡直接关系人民群众切身利益且对社会稳定、公共安全等方面可能造成较大影响的重大决策事项，须把社会稳定风险评估作为必经程序，决策前均应进行评估。

第三十七条 县人民政府及各部门在重大决策过程中，要充分发挥智囊机构和专家学者的咨询参谋作用，自觉运用前期预测、效益评估、公开招标、比选择优等决策手段，确保决策理念的先进性、导向的正确性、内容的系统性、操作的可行性。

第三十八条 凡涉及国务院《重大行政决策程序暂行条例》和《宁夏回族自治区重大行政决策规定》《中卫市人民政府重大行政决策事项目录》的内容以及地方性法规草案和政府规章等，由县人民政府全体会议或常务会议讨论决定。

第三十九条 县人民政府各部门提请政府讨论决定的重大决策建议，必须符合国家、自治区、中卫市和全县有关法律、法规、规章、政策规定和发展规划，进行充分调查研究，并经研究、咨询机构等进行必要性、科学性、可行性和可控性论证评估及合法性审查；涉及相关部门的，应充分协商；涉及乡镇（街道办、甘盐池种羊场）的，应事先征求意见；涉及重大公共利益和公众权益、容易引发社会稳定问题的，要进行社会稳定风险评估，通过社会公示或举行听证会等多种形式听取各方面意见。

第四十条 县人民政府作出重大决策前，要及时向县委报告。对依法应由县人民代表大会及其常务委员会讨论决定的事项，要及时提请县人民代表大会及其常务委员会审议。对全局性的工作和政协委员普遍关心的重要问题，主动与县政协协商。根据需要，通过召开座谈会等形式，听取民主党派、社会团体、专家学者、社会公众等方面的意见和建议。

第四十一条 县人民政府及各部门应当结合实际，确定年度决策事项目录，并向社会公布；应当建立健全决策信息反馈机制和决策后评估机制，及时跟踪和反馈重大决策执行情况，为决策的不断完善和优化提供客观依据。

第八章　会议制度

第四十二条　县人民政府会议包括全体会议、党组会议、常务会议、县长办公会议和专题会议。县人民政府工作中的重大事项，必须经全体会议或常务会议讨论决定。对紧急和突发性重大事件，来不及召开会议而又必须及时处理的，分管副县长协调处理后，向县长报告。

第四十三条　县人民政府全体会议由县长、副县长、政府办公室主任和各局局长组成。

根据需要可安排各乡镇（街道办、甘盐池种羊场）主要负责同志，县政府直属事业单位、区市驻海有关单位主要负责同志列席。必要时，可邀请县委、人大常委会、政协，监察委员会，县人民法院、检察院，各民主党派、工商联、人民团体负责同志和无党派人士列席。

县人民政府全体会议一般每半年召开一次，由县长召集和主持。主要任务是：

（一）传达贯彻党中央、国务院以及区市党委、政府和县委的指示、决定和会议精神；

（二）讨论和决定县人民政府工作中的重大事项；

（三）部署县人民政府的重要工作；

（四）通报全县经济社会形势。

第四十四条　县人民政府党组会议由县人民政府党组书记或党组书记委托党组副书记召集并主持，县人民政府党组成员出席，邀请非中共党员副县长列席。会议召集人可根据需要指定有关人员列席会议。

县人民政府党组会议应有半数以上党组成员出席方能召开，一般每月召开2次，遇有重要情况可随时召开。主要任务是：

（一）传达贯彻习近平新时代中国特色社会主义思想、习近平总书记重要讲话和重要指示批示精神；

（二）贯彻落实党中央、国务院及区市党委、政府和县委重大决策部署；

（三）研究部署政府工作中的发展战略、重要工作和重大事项；

（四）研究政府党组建设和政府系统党的建设重大事项；

（五）审议政府工作人员任免；

（六）其他应当由党组会议讨论和决定的重大问题。

第四十五条　县人民政府常务会议由县长、副县长和政府办公室主任组成，应有半数以上组成人员出席方能召开。

县人民政府办公室副主任；县发展和改革局、司法局、财政局、审计局、政府督查室主要负责同志和政府法律顾问固定列席常务会议；根据会议内容需要，可安排各乡镇（街道办、甘盐池种羊场）、各有关部门（单位）主要负责同志列席会议。

县人民政府常务会议一般每月召开2次，如有需要可临时召开。由县长或县长委托常务副县长召集并主持。主要任务是：

（一）传达贯彻党中央、国务院及区市党委、政府和县委的指示、决定和会议精神；

（二）研究向自治区、中卫市请示、报告的重大事项和提请县委审议的重大事项；

（三）贯彻落实县人民代表大会及其常委会的决议、决定，审议需提请县人民代表大会及其常务委员会审议的议案、重要的工作报告草案和讨论决定的重大事项；

（四）落实政府常务会议定期学法制度，审议重要的行政规范性文件；

（五）审议海原县国民经济和社会发展长远规划、年度计划、财政预决算及年度审计报告等；定期分析研判全县经济运行情况，研究事关经济社会发展、风险防范、乡村振兴、环境保护、改革创新、社会管理、改善民生等方面的重大政策措施；

（六）审议政府重大投资、重大建设、重要资源配置、社会分配调节、国有资产监督管理等方面的重大事项，民生工作和关系公众切身利益或者社会关注度高的其他重大事项；

（七）审议预算外追加资金超过100万元（含100万元）以上事项，涉及财税政策和有关国有资产处置事项；

（八）审议以县人民政府名义授予的先进集体、先进个人荣誉称号和表彰决定；

（九）审议政府部门和各乡镇人民政府的重要请示事项；

（十）审议奖惩等事项；

（十一）审议其他重大事项。

第四十六条　县长办公会议由县长召集并主持，有关副县长和政府办公室主任参加。县长办公会议不定期召开。根据需要安排有关部门、单位负责同志参加会议。主要任务是：

（一）研究处理政府日常工作中的重要事项；

（二）分管副县长职权范围内难以决定、需提请县长研究决定的重要事项；

（三）涉及两位及以上副县长的分管工作范围、需提请县长研究决定的重要事项；

（四）县长认为应当由县长办公会议审议的其他事项。

第四十七条　县人民政府专题会议由县长、副县长按照分工主持召开，可根据需要安排有关乡镇（街道办、甘盐池种羊场）、部门（单位）负责同志参加会议。主要任务是：

（一）研究处理属于县人民政府既定工作安排、需要组织实施的具体事项；

（二）研究处理属于副县长分管职责范围、需要统筹协调的工作事项；

（三）研究处理需要提交县人民政府常务会议、县长办公会议审议的行政规范性文件和重大事项等。

（四）研究预算追加事项。严格预算管理，如确需追加的由部门提请分管副县长研究并就具体事项提出明确意见，涉及资金100万元（不含100万元）以下的，依据部门分管副县长会议纪要，交财政部门提出追加意见，由分管财政副县长审定后，按程序办理。涉及资金100万元以上的经部门分管副县长审签意见，报分管财政副县长审签后，提请县人民政府常务会议审定。

第四十八条　县人民政府全体会议议题由县长确定。党组会议议题由党组书记提出，或由党组副书记、政府党组成员提出建议，报党组书记确定。常务会议议题由呈报部门报请分管副县长研究，形成专题会议纪要，并由分管副县长在呈报单上审签后，政府办公室根据分管副县长批示意见梳理汇总，将初步形成的议题单及相关材料报县长审定；尚未协调一致的议题，原则上不提交会议审议。县长办公会议、专题会议议题由政府办公室审核提出，报会议召集人审定；县长主持召开的会议议题须经政府办公室主任审核。

第四十九条 县人民政府全体会议、党组会议、常务会议、县长办公会议和专题会议的组织工作，由县人民政府办公室负责。

第五十条 县人民政府组成人员应提前做好工作安排，确保按时参加会议。副县长、政府办主任不能出席会议的，应在会前向县长请假；其他参会人员因故不能参加的，应在会前向主持会议的县长、副县长或政府办公室主任请假，并委托本部门（单位）分管负责同志参加，由县人民政府办公室汇总后报告。

政府党组会议、常务会议、县长办公会议、专题会议议题，如分管副县长或提请部门（单位）主要负责同志不能参加会议，原则上不予列会。

第五十一条 县人民政府全体会议、党组会议、常务会议和县长办公会议纪要，经办公室分管副主任、主任、副县长审核后，由县长或主持会议的常务副县长签发；会议讨论决定的事项，宜于公开的，应及时报道。新闻稿须经县人民政府办公室相关副主任、主任审核，如有需要报县长或常务副县长审定。县人民政府专题会议纪要，经分管副主任、主任审核后，由主持会议的县长或副县长签发。副县长召开的专题会议，如涉及全局的重大事项等，应在会前或会议纪要签发前报告县长同意。

第五十二条 严格落实基层减负、精简会议有关要求，实行会议计划管理，严格控制以县人民政府名义召开的全县性会议，确需召开的要列入年度计划，未列入计划的严格按程序报批。县人民政府各部门召开的全县性会议，人数不超过200人，时间不超过半天；县长出席的会议，可根据工作需要安排与会议主题密切相关的乡镇（街道办、甘盐池种羊场）和政府各部门主要负责同志参加；副县长出席的会议，原则上不要求各乡镇（街道办、甘盐池种羊场）和政府各部门主要负责同志参加，确需参加的，报县长批准。应由部门召开的全县性会议，不以县人民政府或县人民政府办公室名义召开，不邀请各乡镇（街道办、甘盐池种羊场）负责同志出席，每年不超过1次，特殊情况按程序审批。可采取小范围、小规模研究问题、协调解决问题的专题会议，不开泛泛部署工作和提要求的会议；能用电话、文件等形式部署的不再开会，能召开视频会议的不召开现场会议，视频会议一般不要求海城镇、街道办以外地区的同志到县主会场参会。从严把控副县长参会规格，副县长集中出席重要会议，由县人民政府办公室统一安排；一般性工作会议只安排分管副县长出席，其他副县长不陪会；副县长一般不出席政府各部门召开的部门工作性会议（兼任部门主要负责同志的除外）。要精简会议规模、压缩参会范围，带头开短会、讲短话，在全县性会议上主讲，时间一般控制在1小时以内。除有重要审议事项的会议外，一般不安排分组讨论。

第九章 公文审批

第五十三条 各乡镇（街道办、甘盐池种羊场）、各部门（单位）报送县人民政府的公文，应符合《党政机关公文处理工作条例》和《党政机关公文格式》的规定。除县人民政府领导同志交办事项和必须直接报送的绝密事项外，一般不得直接向县人民政府领导个人报送公文。

县人民政府各部门和各乡镇人民政府报送县人民政府的公文，应按上行文的要求，由该单位主要负责同志签发。县人民政府部门管理机构（事业单位）、乡镇（街道办、甘盐池种羊场）所辖行政村、社区不得直接向县人民政府报送公文。

第五十四条　各乡镇（街道办、甘盐池种羊场）、各部门（单位）报送县人民政府审批的公文，政府办公室按照来文处理工作制度和县人民政府领导分工呈批，分管副县长可根据需要转请其他副县长核批，重大事项报县长审批。

第五十五条　县人民政府公布的决定、命令（令）、提请县人民代表大会及其常务委员会审议的人事任免等议案，由县长签署。

第五十六条　以县人民政府名义制发的上行文，经政府办公室主任、分管副县长审核后，由县长或常务副县长签发，重大事项必须报县长签发。以县人民政府名义制发的平行文和下行文，经政府办公室主任审核后，由分管副县长签发；如有需要，报县长签发。

以县人民政府办公室名义发文，一般事务性的，经副主任审核后，由政府办公室主任签发；涉及重点工作、重要任务、重大事项的，由分管副县长或县长签发。

以县人民政府名义签署的合作协议，由承办部门（单位）结合工作实际草拟文本，在广泛征求相关方面意见建议和司法行政部门合法性审查的基础上，按程序由分管副县长和常务副县长审核、报县长审定后签署。

第五十七条　县人民政府及各部门要按有关规定，进一步精简公文和简报。部门职权范围内的事务，由部门自行发文或联合发文，不得要求县人民政府批转或政府办公室转发。凡法律、行政法规已作出明确规定的，一律不再制发文件。没有实质内容、可发可不发的文件简报，一律不发。

属县人民政府主管部门负责的事项，其他部门或各乡镇（街道办、甘盐池种羊场）应当直接报送有关主管部门处理；县人民政府及政府办公室接到各单位报送此类事项，直接转送有关主管部门处理，需要时要求有关主管部门反馈处理情况和结果。

第十章　执行落实

第五十八条　县人民政府及各部门要加强工作的计划性、系统性和预见性，及时对年度工作进行安排部署，并根据形势和任务变化适时进行调整。

第五十九条　县人民政府及各部门要建立责任明确、协调有序、运行高效的工作机制。县人民政府的日常工作，属于副县长分管范围内的，由分管副县长负责处理；涉及跨分管范围的重点工作，原则上明确一位副县长牵头负责，相关副县长配合。涉及多个部门职责范围的事项，明确由一个综合部门或主管部门牵头负责，相关部门配合。

第六十条　县人民政府对既定的工作目标、措施和确定的事项，实行目标责任考核制度，考核结果作为县效能目标管理考核的主要内容以及县人民政府奖惩和推荐使用干部的重要依据。

第六十一条　县人民政府组成人员应当带头执行政府决策，所有行政机关、公务员以及其他有关单位和人员应当认真执行政府决策。未经县人民政府同意，任何单位和个人不得擅自变更或停止执行政府决定。

第六十二条 负责县人民政府决定事项落实的部门和单位，要以保证质量为前提，在规定期限内将落实情况向县人民政府报告；未能按要求落实的，必须书面递交详细的情况说明。县人民政府对有关部门和单位落实决定事项不符合要求的，要提出改进的意见和建议；对存在较大问题的，责成承办部门限期整改。同时，由政府督查室负责，对决定事项的落实情况定期或不定期进行督查和分析，及时向县人民政府报告，并视情向各乡镇(街道办、甘盐池种羊场)、各部门通报。

第六十三条 县人民政府要认真贯彻落实国务院《政府督查工作条例》《宁夏回族自治区人民政府督查工作规则》，加强和规范政府督查，提高督查实效。下列事项应当纳入政府督查范围，由政府督查室全程督查、及时催办，保证按要求时限落实到位：

(一)党中央、国务院和国家各部委以及区市党委、政府和各厅局统一安排部署或者下发公文、签订责任书，要求县人民政府及各部门落实的事项；

(二)《政府工作报告》确定的工作任务和政策措施；

(三)全县重大决策和工作部署；

(四)县人民政府全体会、党组会、常务会、县长办公会和专题会议决定的事项；

(五)人大代表建议、政协提案及民生实事落实情况；

(六)全县重大项目建设及重点工作落实情况；

(七)“县长信箱”、人民网地方留言板、“互联网+督查”、政府网站等网民留言办理情况；

(八)县人民政府领导交办的事项。

通过对政府重要决策的督办检查，随时了解和解决决策实施中出现的新情况、新问题，对决策实施过程中出现的重要问题及解决建议，要及时报告县人民政府。

第六十四条 分管副县长和政府办主任负有督促检查有关责任单位落实政府决策的职责，应当定期过问决策执行情况，及时协调解决执行过程中出现的问题；涉及多位副县长分管且问题复杂的，可以提请县长或者常务副县长召开会议，研究解决存在的问题，完善落实决策的措施。

第六十五条 县人民政府应加强政府内部对决策执行情况的监督，对不执行或者推诿、拖延执行政府决策的单位及有关责任人给予通报。

审计部门要将政府专项资金使用等决策的执行情况纳入跟踪审计或者效益审计范围，加强经济责任审计工作，并将审计报告报县人民政府。

第六十六条 县人民政府决策及执行各环节的行为主体均应纳入过错责任追究的范围。对违反有关规定作出的错误决策或者不执行、延误执行、擅自改变政府决策，造成重大损失或者严重不良影响的，有关责任人员应当承担相应责任。

第十一章 应急管理

第六十七条 坚持底线思维，完善应急预案,加强应急演练,健全应急值守联动机制,构建统一指挥、专常兼备、反应灵敏、上下联动的应急管理体制。

第六十八条　县人民政府各部门和各乡镇(街道办、甘盐池种羊场)是向县人民政府报告重要紧急情况(含突发事件信息)的责任主体。要全面落实值班值守责任,严格按照节假日值班带班分类要求,认真执行24小时专人值班和领导干部在岗带班、外出报备等制度,遇有重要紧急情况第一时间请示报告并采取应对处置措施。加强值班管理和督促检查,强化信息报告时效性和主动性,对发生迟报、谎报、瞒报、漏报行为的,严肃追究责任。

第十二章　纪律作风

第六十九条　县人民政府组成人员在调查研究、会议活动、改进文风、请示报告、公务接待、新闻报道、待遇管理等方面,严格执行《中共中央政治局贯彻落实中央八项规定实施细则》精神,自治区党委《关于深入贯彻中央八项规定精神进一步加强和改进自治区党委常委会作风建设的若干意见》和“八条禁令”精神,中卫市委《关于深入贯彻中央八项规定精神进一步加强和改进市委常委会作风建设的实施意见》,以及县委《关于深入贯彻中央八项规定精神进一步加强和改进县委常委会作风建设的实施意见》,严守政治纪律和政治规矩,带头贯彻执行,力戒形式主义、官僚主义、享乐主义和奢靡之风,做到有令必行、有禁必止。

第七十条　县人民政府组成人员必须坚决执行政府决定,如有不同意见可在内部提出,在政府没有重新做出决定前,个人不得有任何与政府决定相违背的言论和行为。县人民政府各部门发布涉及政府重要工作部署、经济社会发展重要问题、与群众利益密切相关事项的信息,要经过严格审定,重大情况要事先向县人民政府请示。

第七十一条　县人民政府组成人员要严格遵守保密纪律和外事纪律,严禁泄漏国家秘密、工作秘密或者因履行职责掌握的商业秘密等,坚决维护国家的安全、荣誉和利益。

第七十二条　县人民政府组成人员必须严格遵守请假报备纪律,县长与常务副县长一般不同时外出。县长出访、出差和休假,按照相关规定,需提前3天向市委、市政府请假,向自治区政府办公厅报备;副县长出访、出差和休假,需事先向县委书记、县长请假。县人民政府各部门主要负责同志出访、出差和休假,需事先按程序向县委书记、县长和分管副县长请假,并报县委办公室、政府办公室备案。

第七十三条　县人民政府组成人员要认真贯彻全面从严治党要求,严格执行领导干部廉洁从政各项规定,不得利用职权和职务影响或特定关系人谋取不正当利益,不得违反规定干预或插手市场经济活动,不断增强拒腐防变能力。加强对亲属和身边工作人员的教育和约束,决不允许搞特权。

县人民政府及各部门要严格执行财经纪律,艰苦奋斗、勤俭节约,坚决制止奢侈浪费,严格执行住房、办公用房、车辆配备等方面的规定,严格控制差旅、会议经费等一般性支出,严格控制因公出国(境)团组数量和规模。

第七十四条 县人民政府及各部门对职权范围内的事项要按程序和时限积极主动地办理,对不符合规定的事项要坚持原则不得办理;对因推诿、拖延等官僚作风及失职、渎职造成影响和损失的,要追究责任;对越权办事、以权谋私等违规、违纪、违法行为,要严肃查处。

第十三章 附 则

第七十五条 本规则适用于县人民政府组成部门、直属事业单位。

第七十六条 本规则自公布之日起执行。2018年4月17日县人民政府印发的《海原县人民政府工作规则》(海政发〔2018〕35号)同时废止。以往制定的相关规则与本规则不一致的,以本规则为准。

海原县人民政府常务会议工作规则

（海政发〔2022〕2号）
（2022年1月26日发布）

第一章 总 则

第一条 为推进县人民政府决策科学化、民主化、法治化、制度化，进一步提升县人民政府常务会议（以下简称常务会议）决策质量和行政能力，根据《海原县人民政府工作规则》，制定本规则。

第二条 常务会议是讨论决定县人民政府工作中重大事项的决策性会议，坚持民主集中制，实行行政首长负责制。

第三条 常务会议坚持以习近平新时代中国特色社会主义思想为指导，按照推进国家治理体系和治理能力现代化要求，依照宪法法律行使职权、履行职责、开展工作。坚决执行党的理论路线方针政策，坚决贯彻党中央、国务院和区市党委、政府的决策部署，全面落实县委、县人大及其常委会的重要指示、决议和决定，坚持依法决策、科学决策、民主决策。

第二章 会议组成

第四条 常务会议由县长、副县长和政府办公室主任组成，由县长召集并主持。必要时，县长可委托常务副县长召集并主持。常务会议必须在组成人员超过半数时方能召开，原则上每月召开2次，如有需要可临时召开。

第五条 县人民政府办公室副主任；县发展和改革局、司法局、财政局、审计局、政府督查室主要负责同志和政府法律顾问固定列席常务会议；根据会议内容需要，可安排各乡镇（街道办、甘盐池种羊场）、各有关部门（单位）主要负责同志列席会议。

第六条 常务会议由政府办公室主任负责协调，政府办公室负责会务组织、会议决定事项督促落实等工作。

第三章 议事范围

第七条 常务会议主要任务是：

（一）传达贯彻党中央、国务院及区市党委、政府和县委的指示、决定和会议精神；

（二）研究向自治区、中卫市请示、报告的重大事项和提请县委审议的重大事项；

（三）贯彻落实县人民代表大会及其常委会的决议、决定，审议需提请县人民代表大会及其常务委员会审议的议案、重要的工作报告草案和讨论决定的重大事项；

（四）落实政府常务会议定期学法制度，审议重要的行政规范性文件；

（五）审议海原县国民经济和社会发展长远规划、年度计划、财政预决算及年度审计报告等；定期分析研判全县经济运行情况，研究事关经济社会发展、风险防范、乡村振兴、环境保护、改革创新、社会管理、改善民生等方面的重大政策措施；

（六）审议政府重大投资、重大建设、重要资源配置、社会分配调节、国有资产监督管理等方面的重大事项，民生工作和关系公众切身利益或者社会关注度高的其他重大事项；

（七）审议预算外追加资金超过100万元（含100万元）以上事项，涉及财税政策和有关国有资产处置事项；

（八）审议以县人民政府名义授予的先进集体、先进个人荣誉称号和表彰决定；

（九）审议政府部门和各乡镇人民政府的重要请示事项；

（十）审议奖惩等事项；

（十一）审议其他重大事项。

第八条 下列情形之一的，不纳入审议范围：

（一）属各乡镇（街道办、甘盐池种羊场）和县政府职能部门职权范围内或者相关部门（单位）能够协商解决的；

（二）依照分工可由县长、副县长独立处理的事项或副县长之间能够协商解决的；

（三）未按规定完成征求意见、公众参与、专家论证、风险评估、合法性审查以及集体讨论决定等重大行政决策程序的；

（四）各有关方面意见经协商后仍然分歧较大的；

（五）未经县长同意而临时动议的；

（六）其他不符合常务会议议事范围的事项。

第四章 议题提交

第九条 提交常务会议审议的议题，原则上于会前一周报县政府办公室，提交部门应在深入调查研究、组织专家评审、广泛听取意见、主动协调会商和反复修改完善的基础上形成。议题在提交常务会审议前，应按照有关规定完成以下相关准备工作：

（一）涉及出台重大政策措施的议题，应由提交部门牵头，会同有关部门开展调查研究，广泛征求意见，拟定决策备选方案，并开展合法性审查。决策备选方案包括决策依据、利弊分析、效果预期、实施措施等内容，并附部门书面意见、听证报告、风险评估报告、合法性审查意见等书面材料，供决策参考。

（二）涉及全县空间规划、重大经济社会发展规划、产业规划、控制性详细规划、改革举措和重大投资、重大项目、重要资源配置、社会分配调节等专业性、技术性较强的议题，要按照有关规定，根据需要，征求区市相关部门意见，组织决策咨询机构或召开政府相关部门、专家、群众代表参与的咨询论证会进行论证，并与空间发展规划、国民经济和社会发展计划等对照衔接。

（三）涉及城乡建设、交通运输、环境保护、文化教育、医疗卫生、社会公益、公共服务、价格调整等关系群众切身利益的重要议题，要通过新闻媒体、网络征集广大群众建议或举行听证会等形式，广泛征求社会公众意见。

（四）涉及法律问题的议题，应由县司法局进行合法性审查，并出具书面意见。涉及重要规划和项目建设事项的，应征求县发展改革、财政、自然资源等部门的意见。涉及增加财政支出或新增支出项目的，应征求县财政部门的意见。涉及表彰奖励事项的，应征求县纪委监委及组织、人力资源社会保障、财政等部门的意见。涉及其他行政机关职权的，应征求相关行政机关的意见。

（五）涉及制定市场准入、产业发展、招商引资、招标投标、政府采购、经营行为规范、资质标准等涉及市场主体经济活动的行政规范性文件和其他政策措施，提交部门应当进行合法性、公平性、竞争性审查。

第十条　凡提交常务会议审议的议题，提交部门主要负责同志是第一责任人，原则上会前应协调一致。分管副县长要先行召开专题会议研究，广泛征求各方面意见，形成明确意见后提交政府常务会审定。提交部门须事先按议题涉及范围，征求各乡镇（街道办、甘盐池种羊场）和相关部门的意见，主动进行协商，取得一致意见。协商不一致的，视情况由政府办相关副主任协调，报请分管副县长研究。涉及多位副县长的，由提出议题的副县长与其他副县长协调，取得一致意见。副县长协调后意见仍不一致的，又确需提交会议研究的议题，应报请县长审示。汇报材料要列明各方理据，并提出倾向性意见后提交会议审议。

第五章　议题审核

第十一条　提交常务会议审议的议题由县政府办公室承办，由呈报部门按程序填报《海原县人民政府常务会议议题呈报单》，经呈报部门负责人审签后，报请分管副县长审签。县政府办公室根据分管副县长专题会议纪要和批示意见梳理汇总，经办公室主任审核后，报请县长审定。县长未明确指示或签批意见的，不列入会议研究议题。

第十二条　议题审核坚持成熟一个即报一个，不允许临时动议或会前仓促报送。会前1个工作日内报送的议题，原则上列下次常务会议审议。议题要件不齐、程序不完备的，退回提交部门完善后重新提交。如重大复杂问题，提交部门主要负责同志或分管副县长提前向县长汇报说明，提高会议决策效率。

第十三条　分管副县长不能出席会议的，除上级有紧急时限要求的工作外，原则上不提交其分管工作议题上会研究。如议题有明确的时限要求须在规定时间作出决定，而分管副县长因出差、出访等原因无法出席的，要书面提出意见，经县长同意后可安排上会。特别重大或突发公共事件和紧急工作，经县长同意后可随时安排上会。

第六章　会议组织

第十四条　会议确定后，由县政府办公室负责起草常务会议通知，经办公室副主任审核、主任审签后制发，并告知参会人员有关会议时间、地点、议题内容以及其他特殊要求等，认真做好会议通知记录。

第十五条 提交单位要按照政府常务会议要求，认真准备常务会议有关材料。主要包括：

（一）提交审议的正式文本。如请示、报告以及代拟的政府文件草案等。

（二）议题有关情况的说明。主要包括议题的必要性和制定的经过，主要法律政策依据、议题主要内容，合理性和可行性，拟出台的措施对经济、社会可能产生影响的评估分析等，适合需公开的，必须同时提供相关解读材料。

（三）议题有关附件。如法律审查意见、社会公示和听证报告、调查论证报告、征求意见的说明、其他对决策有重要参考价值的资料等，尽量采用表格、图表、数据对比等形式，力求简明直观。

第十六条 会议材料由县政府办公室审核，严把文字关、格式关、政策关、法律关、政治关，并按程序提前呈报分管副县长审签。报经领导审定同意后的文稿材料，提交部门不得擅自改动。

第十七条 原则上应由提交部门主要负责同志汇报，主要负责同志因故不能参加会议的，应在会前向县长报告，经同意后委托分管负责同志参加会议并汇报相关议题。

第十八条 讨论时，会议主持人根据需要指定列席人员发言，列席人员的意见代表本单位的意见，不得发表与本单位此前最终书面意见不一致的意见。相同意见一般不再重复。

第七章 会议决定

第十九条 根据行政首长负责制的原则，县长或其委托召集会议的常务副县长在充分听取各方面意见的基础上，对审议议题最终作出通过、原则通过、不通过或其他决定。

第二十条 下列情形之一的，由县长或其委托召集会议的常务副县长决定不予通过或者暂不作出决定：

（一）议题重要内容论证不充分或者有遗漏，需要重新组织论证的。

（二）各方面意见分歧较大，需要进一步协商和协调的。

（三）其他不宜立即作出决定的情形。

第二十一条 县政府办公室按照规范格式作好会议记录，详细完整地记录议题的讨论情况及最后决定，如有不同意见应当载明。

常务会议纪要由县政府办公室起草，涉及法律的内容由县司法局予以把关，涉及有关部门事项的由该部门予以核稿，经办公室副主任、主任审核，报副县长、常务副县长审签，由县长签发。县长委托常务副县长召集会议的，由常务副县长签发。议题提交单位和政府办公室要根据会议精神，对拟印发的文件抓紧修改、会签、审核、报批。县政府常务会议讨论通过的拟以县政府党组名义报县委常委会审定的议题和报县人大常委会审议的议案，须在会议结束后5个工作日内报送；县政府常务会议讨论通过的拟印发文件，须在会议结束后5个工作日内印发。

常务会议纪要是各乡镇(街道办、甘盐池种羊场)、政府各部门执行会议决定的内部文件,不作为对外作出行政行为的直接依据。除涉密内容外,根据相关规定,可依申请公开。

第二十二条 除特殊情况和议题外,常务会议一般安排县内媒体记者报道,重大事项视情邀请区市新闻单位报道。新闻稿一般须由办公室副主任或主任审定;如有需要,报常务副县长或县长审定。

第八章 会议纪律

第二十三条 县政府领导同志接到会议预通知或通知后,应事先安排好活动日程,保证出席会议。如不能出席会议,应及时向县长或委托召集会议的常务副县长请假。

列席单位应由主要负责同志参加会议,主要负责同志因特殊原因不能参会的,应提前书面向县政府请假,经县长审批同意后委派本单位熟悉议题情况、能够决定议题相关事项的负责同志参加。已明确反馈参会的列席人员,未经批准不得擅自缺席或更换。除提交部门负责同志可带1名副职外,其他单位一律不得带副职或其他工作人员。列席人员名单要报县政府办公室备案。县政府办公室定期对常务会议参会情况进行通报。

第二十四条 与会人员要严格遵守会议纪律,不得办理与会议无关的事项,严格遵守保密纪律,未经同意,不得随意传播、散布会议内容,注意保管文件材料,标有“会后收回”或有密级的文件,会后应退还工作人员,无关人员不得随意进出会议室。

第二十五条 会务工作人员做好与会人员签到、分发会议材料、会议记录、会场照应等工作,确保会议秩序、列席人员应提前候会,根据会议议题顺序,服从工作人员引导,依次进入会场,议题结束后即行离会。

第九章 决策执行

第二十六条 常务会议决定事项以常务会议纪要为准,各乡镇(街道办、甘盐池种羊场)、政府各部门、各直属事业单位必须坚决执行,不得擅自改变,认真落实会议决定事项,提高工作效率,在规定时限内完成办理工作,并按时报送办理情况,单位主要负责同志承担第一责任人职责。

分管副县长和政府办公室主任要全力推动相关部门抓好落实,分管副主任要协助督促落实。除会议有明确时限要求外,一般在会后1个月至2个月内办理完毕,特殊情况需延期办理的,应提前说明情况。

第二十七条 有关部门要按照政府信息公开相关规定,加强文件公开解读工作、以县人民政府或政府办公室名义印发的主动公开的文件,于文稿正式印发3个工作日内在政府门户网站上公开;以部门名义印发或联合印发的主动公开的文件,于文稿正式印发3个工作日内在政府门户网站公开。牵头起草部门要会同有关方面同步做好政策解读和舆论引导。

第二十八条 县政府办公室要加强对会议决定事项的催办,督查室要加强对会议决定事项办理情况的督办,定期汇总和通报办理情况。

第二十九条 常务会议材料，包括会议通知、批示文件、会议文件、会议记录、参会人员名单等一并由县政府办公室立卷、归档，以备查询。

第十章 附 则

第三十条 本规则由县政府办公室负责解释。

第三十一条 本规则自印发之日起施行。2018年4月17日县人民政府办公室印发的《海原县人民政府常务会议工作规则》(海政办发〔2018〕49号)同时废止。此前有关规定与本规则不一致的，以本规则为准。

海原县人民政府专题会议工作规则

（海政办规发〔2022〕2号）

（2022年1月26日发布）

第一章　总　则

第一条　为进一步提高县政府专题会议质量和效率，切实精简会议，根据《海原县人民政府工作规则》，结合工作实际，制定本规则。

第二条　县政府专题会议根据工作需要，不定期召开。

第三条　县政府专题会议由县长、副县长主持召开。

第二章　会议任务

第四条　县政府专题会议要体现专的特点，落实议定事项，解决具体问题。研究事项为：

（一）研究处理属于县人民政府既定工作安排、需要组织实施的具体事项；

（二）研究处理属于副县长分管职责范围、需要统筹协调的工作事项；

（三）研究处理需要提交县人民政府常务会议、县长办公会议审议的行政规范性文件和重大事项等；

（四）研究预算追加事项。严格预算管理，如确需追加的由部门提请分管副县长研究并就具体事项提出明确意见，涉及资金100万元（不含100万元）以下的，依据部门分管副县长会议纪要，交财政部门提出追加意见，由分管财政副县长审定后，按程序办理。涉及资金100万元以上的经部门分管副县长审签意见，报分管财政副县长审签后，提请县人民政府常务会议审定。

县政府专题会议要依法、规范、高效。属于部门（单位）事权的不研究，调研准备不充分的不研究，临时动议的不研究，已有明确规定的不研究。

第三章　确定议题

第五条　提交县政府专题会议研究的议题，提交部门（单位）应做好以下相关准备工作：

（一）涉及出台提交县政府常务会议的重大政策措施议题，提交部门（单位）牵头会同有关部门（单位）开展调查研究、意见征求、合法性审查等。

（二）涉及政策性、专业性、技术性较强的议题，根据需要，征求区市相关厅局意见，组织决策机构或召开咨询论证会议进行论证。

（三）涉及关系群众切身利益的议题，要广泛征求社会公众意见。

（四）涉及法律、法规、政策的议题，应由县司法行政部门进行合法性审查，并出具书面意见。涉及表彰奖励事项的议题，应征求相关部门意见。

第六条　提交县政府专题会议研究的议题，提交部门（单位）要先行召开会议研究，形成明确意见后，及时向分管副县长汇报，根据分管副县长意见，确定上会研究议题。

第七条　县政府办公室要对议题是否成熟进行严格把关，确保材料完整准确、程序合法合规。如提请部门（单位）主要负责同志不能参加会议的议题，原则上不予列会。

第四章　会议组织

第八条　县政府专题会议由县政府办公室牵头组织并具体承办。

第九条　参会人员根据议事内容确定，由县政府办公室会同有关单位提出建议名单，可根据需要邀请政府法律顾问列席。按程序报会议主持人审定。

第十条　县政府专题会议议题、时间确定后，由县政府办公室负责通知参会部门（单位），各提交议题部门（单位）准备会议材料。涉密议题文件按保密规定办理。

第十一条　参加会议人员应提前熟悉会议材料，客观公正、依法依规提出意见建议。县政府办公室工作人员要如实做好会议记录。

第十二条　县政府专题会议纪要由县政府办公室根据会议讨论和议定情况草拟，原则上在会议结束后2个工作日内形成初稿，按程序审核送签。

第十三条　按照“谁主持、谁签发，谁决策、谁负责”的原则，县政府专题会议纪要原则上由会议主持人签发，重大事项报县长签发。

第十四条　会议纪要印送县长、相关县领导及议题中明确需办理工作事项的部门（单位）。未经县政府办公室主任同意，原则上不得复制、外借。

第十五条　县政府办公室负责，按照规定做好会议资料归档管理工作。

第五章　决策落实

第十六条　县政府专题会研究决定的事项，各乡镇（街道办、甘盐池种羊场）、各部门（单位）必须严格落实，不得借故推诿扯皮或拖延不办。

第十七条　专题会议议定事项由县政府督查室负责督查督办。

第十八条　县政府专题会议决定提请县政府常务会议研究审议的议题，由呈报部门负责填报海原县人民政府常务会议议题呈报单，按程序报签。对追加预算外资金100万元（含100万元）以上的议题，经部门分管副县长和分管财政的副县长分别审签后，由呈报部门负责填报海原县人民政府常务会议议题呈报单，按程序报签。

第六章　会议纪律

第十九条　参加县政府专题会议的人员必须按时到会,不得无故缺席或迟到、早退。

第二十条　县政府办公室负责做好专题会议考勤。参加会议人员必须按会议通知要求准时参加会议,因故无法参加会议,必须提前向县政府办公室请假,无故不参加会议的必须书面向县政府作出说明。

第二十一条　参加会议人员要做好保密工作,未经同意、不得擅自录音、摄像,不得传播、扩散专题会议讨论的问题及会议内容。

第七章　附　则

第二十二条　本规则由县政府办公室负责解释。

第二十三条　本规则自印发之日起施行。

海原县公共租赁住房分配入住管理暂行办法

（海政办规发〔2022〕4号）
（2022年12月24日发布）

第一章 总 则

第一条 为进一步完善我县保障性住房分配、入住、管理，优化整合保障性住房房源，统筹解决城镇低收入家庭、新就业人员和外来务工人员的住房困难问题，根据《住房和城乡建设部 财政部 国家发改委关于公共租赁住房和廉租住房并轨运行的通知》（建保〔2013〕178号）和《宁夏回族自治区公共租赁住房建设分配入住管理暂行办法》（宁建发〔2015〕101号），结合我县实际，制定本办法。

第二条 本办法适用于本县范围内公共租赁住房的分配、入住、监督及运营管理。

第三条 本办法所称公共租赁住房，是指由政府投资筹集，或由政府提供政策支持、社会力量筹集并纳入政府统一管理，限定建设标准，按优惠价格面向城镇中等偏下和低收入住房困难家庭、新就业无房职工和在城镇稳定就业的外来务工人员出租的保障性住房。

第四条 相关单位职责：

县住建局是本县公共租赁住房管理的主管部门，负责组织公共租赁住房建设、筹集和分配入住管理工作；

海兴开发区规划建设局负责海兴开发区公共租赁住房分配、入住和管理工作；

县发改局负责公共租赁住房租金标准定价工作；

县财政局负责公共租赁住房租赁补贴、维修资金的筹集与拨付；

县民政局负责审核申请公共租赁住房家庭的最低生活保障、重大疾病救助、贫困、单亲等情况；

县退役军人事务局负责审核申请公共租赁住房家庭的烈士遗属、伤病残军人复转情况；

县残联负责审核申请公共租赁住房家庭成员残疾情况；

县自然资源局负责审核申请公共租赁住房家庭的房产情况；

县公安局负责审核申请公共租赁住房家庭的车辆情况；

县人社局负责审核申请公共租赁住房家庭财政供养、领取养老费、新就业人员情况；

县教体局负责审核申请公共租赁住房家庭成员在县城就读小学和幼儿园情况；

海城街道办、各乡镇人民政府负责辖区内居民（家庭）申请公共租赁住房的受理、核查、初审、公示等工作。

第五条 公共租赁住房的建设管理应当遵循统筹规划、政府主导、社会参与、保障基本、动态管理、公平公正和严格监管的原则。

第二章 申请对象和条件

第六条 公共租赁住房由县人民政府统一管理，实行分类保障。具有海原县海城街道办户籍的城市中、低收入住房困难家庭、县城新就业人员、外来务工（陪读小学生、幼儿园学生家庭）人员等，符合公共租赁住房申请条件的，可以申请配租县城公共租赁住房。

其他乡镇城镇户籍中、低收入住房困难家庭申请配租海兴开发区公共租赁住房。

申请对象按规定缴存的住房公积金和养老保险、医疗保险、农林合作社股金，拥有6万元以下车辆及10万元以下的注册资金，不计入可支配收入。

第七条 申请公共租赁住房应以家庭为单位，由户主或者委托一名具有完全民事行为能力的家庭成员作为申请人；申请人及共同申请的家庭成员之间具有法定的赡养、抚养或扶养关系，且在本县居住；申请人配偶及未达到法定结婚年龄的子女应作为共同申请的家庭成员。

第八条 凡参加棚改且人均安置面积大于15平方米，不得申请公租房。棚改被征收户确需过渡安置的，由政府提供公租房过渡安置，不再发放过渡安置费。

第九条 本县城镇中、低收入住房困难家庭申请公共租赁住房，应当同时符合下列条件：

（一）家庭成员具有本县海城街道办户籍；

（二）家庭人均纯收入低于上年度城镇居民人均可支配收入；

（三）在本县无住房或者家庭现有住房人均建筑面积在15平方米以下。

符合以上条件的户籍为三孩家庭的，根据我县公共租赁住房配租实际情况，优先进行配租。

第十条 新就业人员、外来务工（陪读小学生家庭）人员申请公共租赁住房，应当同时符合下列条件：

（一）新就业人员。

1.新参加工作且本人及父母在本县城无住房；

2.所在单位（企业）未提供职工宿舍。

（二）长期稳定居住的外来务工（陪读小学生、幼儿园学生家庭）人员。

1.在本县城无住房或参加县城棚户区改造家庭人均安置面积低于15平方米；

2.必须是外来务工及陪读小学生或幼儿学生家庭。

（三）引进的高层次创业、创新人才和专业技术人才申请租赁保障性住房的，由县人才办统一组织办理。

第十一条 县住房和城乡建设局应结合住房保障覆盖面要求和住房保障实际需求情况，定期调整公共租赁住房申请条件，经县人民政府批准后公布执行。

第三章 审核程序

第十二条 公共租赁住房申请人需提交的材料。

（一）统一提交材料：

1.公共租赁住房申请表；

2.申请人及共同申请家庭成员的身份证件、户口簿、婚姻状况复印件证明材料；

3.申请人及共同申请家庭成员收入情况证明材料；

4.申请人及共同申请家庭成员现住房情况证明材料；

5.申请人及共同申请家庭成员拥有车辆情况证明；

6.申请人及共同申请家庭成员工商注册情况证明；

7.申请人及共同申请家庭成员参加县城棚户区改造补偿安置情况证明；

8.申请人及共同申请家庭成员残疾、低保、烈士遗属、伤病残复转军人、重大疾病等情况证明。

（二）本县新就业职工（家庭）另需提供下列材料：

1.人社局出具的1年以上（含1年）的就业证明材料；

2.本人及父母在县城住房证明材料；

3.单位提供职工无宿舍证明。

（三）本县外来务工人员另需提供下列材料：

1.县人社局备案的劳务合同及一年工资流水；

2.陪读小学生家庭需提供教体局出具的孩子在县城小学及幼儿园就读证明材料。

第十三条　申请人应当根据规定提交申请材料，并对申请材料的真实性负责。申请人应当书面同意审核机关核实其申请信息。

第十四条　申请公共租赁住房，按照下列程序进行：

（一）初审。

1.申请人户籍属海城街道办的，向户籍所在地社区提出申请，社区对提供的相关证明材料进行调查核实，海城街道办5个工作日内提出初审意见，符合条件的在海城街道办公示5个工作日，对公示无异议或经查证异议不成立的，将初审意见和申请材料报县住房和城乡建设局。

2.新就业职工向用人单位提出申请，由用人单位统一报送单位上级主管部门对提供的证明材料进行调查核实，5个工作日内提出初审意见，符合条件的，统一在申请人所在的单位公示5个工作日，对公示无异议或经查证异议不成立的，将初审意见和申请材料报县住房和城乡建设局。

3.外来务工人员（陪读小学生家庭）申请公共租赁住房的，由务工（陪读）所在地社区对提供的证明材料进行调查核实，海城街道办5个工作日内提出初审意见，符合条件的在海城街道办公示5个工作日。对公示无异议或经查证异议不成立的报县住房和城乡建设局。

（二）复审。县住房和城乡建设局接到初审意见和申请材料，会同海城街道办、自然资源、公安、民政、市场监管、教体、人社等部门对申请人住房情况、车辆、户籍、特殊家庭、劳动合同备案、财政供养、领取养老金、工商注册登记等信息，依次在3个工作日内进行调查核实，提出审核意见。县住房和城乡建设局将审核结果反馈给各乡镇及街道办。

（三）公示审核。县住房和城乡建设局对符合条件申请人进行公示，公示期为5个工作日。公示期满，对公示无异议或经查证异议不成立的，登记为公共租赁住房轮候对象。

申请人对审核结果有异议的，在15日内向县住房和城乡建设局申请复核。

第四章　分配管理

第十五条　县住房和城乡建设局应根据房源和轮候家庭情况，在公共租赁住房分配前，制定分配方案，分配方案应明确分配对象、分配原则、分配标准、分配程序等内容，并将分配方案报县住房保障领导小组会议研究。

第十六条　轮候期内，家庭成员、户籍、收入、住房等状况发生变化，轮候家庭在年度审查和日常核查中，经审核不再符合公共租赁住房保障条件的，县住房和城乡建设局书面告知申请人及海城街道办、用人单位，取消轮候资格。

第十七条　符合下列条件之一的申请人，优先予以公共租赁住房保障：

（一）享受城镇最低生活保障的家庭和零就业家庭；

（二）一、二级残疾人员和重大疾病救助对象；

（三）烈士遗属等重点优抚对象；

（四）劳动模范、见义勇为人员家庭；

（五）女方单亲孤儿（提供男方死亡证明）及孤儿家庭；

（六）符合市、县（区）政府规定的其他优先保障对象。

第十八条　公共租赁住房配租户型及面积应与配租对象的家庭人口规模、家庭结构等相适应。一般情况下，2人户以下（含2人）配租建筑面积40平方米，3人户以上（含3人）配租建筑面积40平方米以上。

第十九条　公共租赁住房房源不足时对轮候家庭分类保障，由县住房和城乡建设局通过公开摇号或抽签等方式确定，并将配租结果在媒体和网站公示。

分配对象确定后，可按照申请人身体状况、年龄大小等情况优先安排配租一楼。 第五章　租赁管理

第二十条　公共租赁住房租赁实行合同管理，租赁合同应当明确房屋用途和使用要求、租金标准及支付方式、租赁期限、房屋维修责任及退出机制、违约责任等内容。承租人应根据合同约定，按时缴交租金及物业管理等相关费用。租赁期限一般为1至3年，租赁期满需要续租的，承租人应在租赁期满3个月前提出申请，经审核符合条件的，可以续租并签订租赁合同。

第二十一条　保障对象确定具体房源后，在15日内无正当理由未签订租赁合同，视为自动放弃，需要继续轮候的，应当重新提出申请。

第二十二条　县政府投资建设的公共租赁住房租金由县住房和城乡建设局或海兴开发区规划国土建设局按管理范围统一收取，上缴县财政。公共租赁住房租金实行差别化管理，按申请人家庭收入状况按一、二、三、四、五档缴纳租金，具体条件和租金标准如下：

一档：1元/每平方米/每月。保障对象：

1.家庭成员中有1~2级重度残疾和有重特大疾病的低收入家庭；

2.失去双亲的孤儿家庭；

3.申请人年龄务必达到男60岁、女55岁以上（不是申请人的，在同一户口上年龄达到男60岁、女55岁以上的不作为租金核算的标

准），或因残、因病及其他原因完全丧失劳动能力家庭（直系亲属有固定收入的除外）；

二档：3元/平方米/月。保障对象：家庭成员享受低保家庭或为三孩家庭；

三档：6元/平方米/月。保障对象：其余符合条件的住房困难户；

四档：8元/平方米/月。保障对象：家庭成员中有财政供养（不含领取抚恤金、养老金）人员或三年内拥有6万元以上车辆及人均纯收入高于上年度城镇居民人均可支配收入的家庭；

五档：政府统筹房源中建筑面积大于50平方米的房源，人均配租面积超出15平米的，按市场价10元/平方米/月标准收取（不含一、二档）；

租住家庭在租住期间家庭收入有变化的要重新分类调档。

第二十三条 公共租赁住房租金，原则上按照适当低于同地段、同类型住房的租金水平的70%确定。租金标准根据住房县城市场价格水平实行动态管理，一般3年调整公布一次，或者根据县城住房租金变化情况适时调整，报县人民政府批准后执行。

第二十四条 公共租赁住房实行租赁合同制管理，出租人与承租人签订书面租赁合同。租赁合同中载明租赁面积、设施设备、租金标准、租赁期限，维修责任、违约责任、退出机制以及物业服务、水，电，燃气、供热费用缴纳等事项，合同明确双方的权利、义务。承租人签订合同之日，按2500元标准一次性缴纳租赁保证金，以保证租赁合同的正常履行，租赁合同期满或终止，无违约责任的退还保证本金，违约的从保证金中抵扣应承担的相关费用。

第二十五条 县住房和城乡建设局应当会同相关部门对公共租赁住房保障对象实施动态管理，县住房和城乡建设局、民政局、乡镇民生服务中心（社区居委会）等相关单位对申请人应当采取定期走访、抽查等方式，及时掌握公共租赁住房保障家庭的人口、收入及住房变动等情况，对不符合公共租赁住房保障条件的家庭，收回已配租的公共租赁住房。

承租人的家庭户籍、人口、收入、资产、住房、工作等情况发生变化时，应及时向县住房和城乡建设局报告。若需调换公共租赁住房的，应提出书面申请。

第二十六条 不符合公共租赁住房承租条件的住户，由县住房和城乡建设局下发责令退出通知书，并在收到通知书之日起10日内腾退住房；确有特殊困难的，经县住房和城乡建设局房产所核实批准后，给予1~6个月的过渡期限。过渡期内按原租金标准缴纳租金。不能及时腾退住房的，自不再符合条件之日起按照县城市场价格标准缴纳租金，由县住房和城乡建设局申请县人民法院依法强制清退。

第二十七条 公共租赁住房承租人有下列行为之一的，由县住房和城乡建设局解除租赁合同，收回公共租赁住房，取消其住房保障资格，记入个人住房保障信用档案；5年内不得再次申请公共租赁住房；

（一）承租人同一户口的所有人员凡转租、转借被核查核实的，取消原承租人住房保障资格；经审核现居住租（借）人符合申请条件的，依据公租房相关管理规定办理相关入住手续。

（二）采取提供虚假证明材料等欺骗方式

取得公共租赁住房的；

（三）转租、转借或者擅自调换所承租公共租赁住房的；

（四）改变所承租公共租赁住房用途的；

（五）破坏或者擅自装修所承租公共租赁住房，拒不恢复现状的；

（六）在公共租赁住房内从事违法活动的；

（七）无正当理由连续3个月以上闲置公共租赁住房的；

（八）延期3个月拖欠租金的。

第二十八条 承租人应当自觉服从出租人按规定管理，对拒不服从管理的，按照合同约定执行或收回房屋，不能及时收回的由县住房和城乡建设局申请人民法院依法强制执行。

第二十九条 公共租赁住房实行社会化物业管理，物业服务费按政府指导价收取。配建的公共租赁住房，其物业服务纳入所在项目统一管理。物业服务企业在同等条件下可优先聘用小区内公共租赁住房承租家庭中有劳动能力的人员从事相应的物业服务工作。

第三十条 政府投资的公共租赁住房维修养护费用，主要通过公共租赁住房租金收入以及配套商业服务设施租（售）金收入解决，不足部分由财政预算安排解决。

第三十一条 公共租赁住房的所有权人及其委托的运营机构，不得改变公共租赁住房的保障性住房性质、用途及其配套设施的规划用途。

第三十二条 公共租赁住房的申请人对县住房和城乡建设局的复核结果有异议的，应当自收到书面告知书之日起60日内向县人民政府或上一级主管部门申请行政复议，或自收到书面告知书之日起6个月内向人民法院提起行政诉讼。

第三十三条 保障家庭及其家庭成员、社会各界对相关部门履职情况进行监督。县住房和城乡建设局和有关部门、乡镇（管委会）、海城街道办有下列行为之一的，对其主管领导和工作人员依据有关规定追究责任：

（一）未按规定对申请材料进行初审或者审核的；

（二）未按规定建立公共租赁住房和保障对象档案的；

（三）未按规定公示或公开保障对象、住房保障信息的；

（四）对违规行为未及时处理的；

（五）未履行本办法规定的其他职责的。

第三十四条 广泛接受社会各界监督举报，对转租和改变公租房使用性质的，一经查实，予以取消公租房租住资格。

第三十五条 县纪委监委、审计等部门应定期对公共租赁住房申请、审核、保障情况及后续管理情况进行监督检查，对存在的问题提出整改意见，对工作人员滥用职权、徇私舞弊的，依法给予处分；情节严重的，移送司法机关处理。

第五章 附 则

第三十六条 海兴开发区公共租赁住房分配、入住、管理参照本办法执行。

第三十七条 本办法自2023年1月24日起施行，有效期至2025年1月23日。原《海原县人民政府办公室关于印发海原县公共租赁住房分配入住管理暂行办法的通知》（海政办规发〔2021〕4号）同时废止。

海原县人民政府办公室
关于提高我县城乡居民最低生活保障标准
及孤儿养育津贴标准的通知

（2022年4月21日发布）

（海政办发〔2022〕19号）

根据自治区民政厅 财政厅《关于提高我区城乡居民最低生活保障标准及孤儿养育津贴标准的通知》（宁民发〔2022〕4号）精神，现提高我县城乡居民最低生活保障标准及孤儿养育津贴标准。

一、最低生活保障标准

按照城市最低生活保障标准由每人每月600元提高到650元，财政月人均补差水平不得低于455元，农村最低生活保障标准由每人每年4560元提高到5520元，财政月人均补差水平不得低于322元的要求分别提高城乡居民最低生活保障标准。

（一）城市居民最低生活保障标准。城市最低生活保障标准由每人每月600元提高到650元，提标后城市低保月人均补差水平由423元提高到455.99元，其中城市低保A类保障对象低保补助标准由每人每月560元提高到650元，B类保障对象低保补助标准由每人每月470元提高到560元，C类保障对象低保补助标准由每人每月390元提高到400元。

（二）农村居民最低生活保障标准。农村最低生活保障标准由每人每年4560元提高到5520元，提标后农村低保月人均补差水平由290元提高到323.59元，其中农村低保A类保障对象低保补助标准由每人每月400元提高到420元，B类保障对象低保补助标准由每人每月300元提高到330元，C类保障对象低保补助标准由每人每月240元提高到280元。

二、孤儿养育津贴标准

未成年人保护中心机构内临时监护照料的事实无人抚养儿童由每人每月1249元提高到1500元；社会散居孤儿（含感染艾滋病病毒儿童）由每人每月937元提高到1000元；事实无人抚养儿童标准参照社会散居孤儿津贴标准执行，分别从每人每月937元、531元统一提高到1000元。

三、执行时间

新的城乡居民最低生活保障标准和孤儿养育津贴标准自2022年1月1日起执行。

海原县用水权确权成果报告

（海政办发〔2022〕49号）
（2022年8月12日发布）

按照区、市用水权改革有关要求，在县委、县政府的统一领导下，按照《县人民政府办公室关于印发海原县用水权确权工作方案的通知》（海政办发〔2021〕86号）要求，全面贯彻落实确权指导思想，坚持确权基本原则，对标确权目标任务，积极创新工作思路，抓实调查，抓细确权，对标自治区分配的“十四五”管控指标，对全县农业、工业及规模化畜禽养殖业用水进行现状调查统计，合理核定确权对象，科学核定确权参数，调查数据经各乡镇认真复核并公示后，编制完成了《海原县用水权确权成果报告》。

一、工作目标

在全面调查摸清海原县水资源及其开发利用现状的基础上，根据自治区用水权改革要求，严格按照宁夏“十四五”用水权管控指标方案中相关指标及技术要求，全面完成海原县农业、工业和规模化畜禽养殖业用水权确权工作，为全县水资源合理开发、高效利用、有效保护等工作提供支撑。

二、确权范围及对象

对全县范围内的生产用水进行确权，包括农业、工业和规模化畜禽养殖业，按照水源划分包括黄河水、当地地表水和地下水（淡水）。

三、确权方法

按照《宁夏回族自治区用水权确权指导意见》，采用定额法确权。定额取值按《自治区人民政府办公厅关于印发宁夏回族自治区有关行业用水定额（修订）的通知》（宁政办规发〔2020〕20号）执行。

根据用水权改革精神，对于利用咸水（矿化度≥2g/L）等非常规水的不予确权，可按照用水权确权的标准进行水量核定，实行台账管理，落实有效监管。

四、确权单元

（一）农业用水权确权到村组或最适宜计量单元

本次农业用水权确权涉及14个乡镇的107个村组，确权对象1372个，其中：机井1205个，水库12个，干渠直开口101个，河道自流取水口14个，扬水泵站40座。用水权确权单元1497个。

经现场调查统计，确定海原县总灌溉面积53.0万亩，其中：扬黄灌区27.47万亩（其中高效节灌3.49万亩，含三塘灌区0.98万亩），库井灌区25.53万亩（其中高效节灌7.0万亩）。根据调查统计，全县扬黄灌区现状高效节灌率为12.72%，库井灌区现状高效节灌率为27.42%。

按照《宁夏回族自治区用水权确权指导意见》要求，“十四五”末扬水灌区高效节灌率达到80%，库井灌区高效节灌率达到90%，统筹已建及规划高效节水灌区，对标高效节灌率目标值，本次确权对各取水口畦灌面积和高效节灌面积进行调整，调整后全县扬黄灌区高效节灌率为80.8%，库井灌区高效节灌率为90.5%。调整后全县总灌溉面积53.0万亩，其中：扬黄灌区27.47万亩（其中高效节灌22.19万亩，含三塘灌区0.98万亩），库井灌区25.53万亩（其中高效节灌23.11万亩）。

根据非常规水不确权的要求，扣除咸水灌溉面积后，本次全县农业用水确权面积35.73万亩（未超出自治区管控面积44.9万亩），其中：扬黄灌区27.47万亩（其中高效节灌22.19万亩，含三塘灌区0.98万亩），库井灌区8.26万亩（其中高效节灌7.56万亩）。实行台账管理面积17.27万亩，其中：机井灌区（地下咸水）16.31万亩（其中高效节灌14.67万亩），非常规水灌区（关桥乡水库灌区及河道灌区）0.96万亩（其中高效节灌0.88万亩）。

（二）工业用水权确权到工业企业

本次调查工业企业共33个，目前申请注销及停运7个，故将26个工业企业纳入本次确权范围，其中：在公共供水管网覆盖范围内25个（其中确权2个，台账管理23个），不在公共供水管网覆盖范围的1个（确权1个）。

（三）规模化畜禽养殖业用水权确权到规模化畜禽养殖企业、合作社或养殖大户

规模化指标参照农业农村部规模化养殖场标准：生猪存栏300头以上，奶牛存栏100头以上，肉牛存栏100头以上，羊存栏500只以上，蛋鸡存栏2000只以上，肉鸡存栏5000只以上。其他畜种可根据生产特点参照《畜禽养殖污染物排放标准》（GB18596-2001）猪当量进行换算。

本次规模化畜禽养殖业用水权确权或台账管理的企业、合作社或养殖大户共计170个，其中：在公共供水管网覆盖范围内119个，不在公共供水管网覆盖范围的51个（主要取用地下水和河道水）。

五、确权成果

本次海原县农业、工业、规模化畜禽养殖业用水确权总量为7157.43万平方米，按水源分黄河水确权总量6173.51万平方米，地下淡水总量676.59万平方米，地表水取水量307.33万平方米。其中：农业用水确权量为7061.35万平方米，其中黄河水6122.28万平方米，地下淡水631.74万平方米，地表水307.33万平方米。工业用水确权量为18.62万平方米，其中公共管网内黄河水3.0万平方米，公共管网外地下水15.62万平方米。模化畜禽养殖业用水确权量为77.46万平方米，其中公共管网内黄河水48.23万平方米，公共管网外地下水29.23万平方米。

六、水量平衡分析

（一）取水指标总量

自治区“十四五”用水权管控指标方案分配海原县取水总量1.3亿平方米，按水源分当地地表水0.04亿平方米，黄河水1.03亿平方米，地下水0.21亿平方米（含清水河城乡供水工程水量0.11亿平方米），非常规水0.02亿平方米；按行业分生活用水0.23亿平方米，工业用水0.02亿平方米，农业用水0.97亿平方米，生态用水0.08亿平方米（含冬灌生态效应用水0.06亿平方米）。

（二）分行业水量平衡分析

本次农业、工业、规模化畜禽养殖业确权取水总量为7868.32万平方米。其中：确权农业取水总量为7747.46平方米（其中黄河水6808.39万平方米，地下淡水631.74万平方米，地表水307.33万平方米），预留指标2426.87平方米（其中西安供水水源工程2000万平方米，三塘灌区426.87万平方米），故全县农业取水总量为10174.33平方米，自治区“十四五”管控指标方案分配农业取水指标10300万平方米（含冬灌生态效应用水600万平方米），本次农业取水总量未超农业取水指标，结余水量125.67万平方米（为非常规水）。

确权工业取水总量为26.63万平方米，自治区“十四五”管控指标方案分配工业取水指标为200万平方米，本次工业取水总量未超工业取水指标，结余水量173.37万平方米。

确权模化畜禽养殖业取水总量为94.24万平方米。目前海原县生活用水取水许可量为1037.51万平方米，其中黄河水872.52万平方米，地下水145.14万平方米，地表水为19.85万平方米，自治区“十四五”管控指标方案中生活用水取水指标为2300万平方米，预留清水河城乡供水工程水量1100平方米，本次可用生活用水取水指标为162.49万平方米，故本次规模化畜禽养殖业取水总量未超指标值，结余水量68.25万平方米。

（三）分水源水量平衡分析

本次确权黄河水取水总量为6880.94万平方米，其中农业用水取水总量6808.39万平方米，工业用水取水总量11.01万平方米，规模化畜禽养殖业用水取水总量61.54万平方米。目前海原县生活用水黄河水取水许可量为872.52万平方米。自治区“十四五”管控指标方案中黄河水取水指标为10300万平方米，预留西安供水工程2000万平方米取水指标、三塘灌区426.87万平方米取水指标，本次可用黄河水取水指标为7000.61万平方米，故本次黄河水取水总量未超指标值，结余水量119.66万平方米。

本次确权地下淡水取水总量为677.81万平方米，其中农业用水取水总量631.74万平方米，工业用水取水总量15.62万平方米，规模化畜禽养殖业用水取水总量30.45万平方米。目前海原县生活用水地下水取水许可量145.14万平方米，自治区“十四五”管控指标方案中地下淡水取水指标2100万平方米，预留清水河城乡供水工程水量1100平方米，本次可用地下淡水取水指标为854.86万平方米，故本次地下淡水取水总量未超指标值，结余水量177.05万平方米。

本次地表水取水总量为309.57万平方米，其中农业用水确权取水总量为307.33万平方米，规模化畜禽养殖业用水确权取水总量为2.24万平方米。目前海原县生活用水地表水取水许可量为19.85万平方米，自治区“十四五”管控指标方案中地表水取水指标为400万平方米，本次可用地表水取水指标为380.15万平方米，故本次地表水取水总量未超指标值，结余水量70.58万平方米。

本次核定非常规水取水总量为125.67万平方米（利用率达到62.8%），均为农业用水取水。自治区“十四五”管控指标方案中非常规水取水指标为200万平方米。故本次非常规水取水总量未超指标值，结余水量74.33万平方米。